≫ 출제·해설위원

김창욱	안산 고잔고
길대환	포천 관인고
신기하	前) 수원 수원외고
신형철	성결대 파이데이아학부 외래교수
윤수진	울산 다운고
오영미	헤아림한국사교육연구소
윤재희	대구 경화여고
이대희	대구 대건고
이세영	서울 미림여고
이승임	춘천 강원사대부고
이은영	헤아림한국사교육연구소
이현숙	춘천 강원사대부고
이호우	인천 연수여고
이화영	수원 천천고
정성필	서울 우신고
최진욱	대구 대건고

구성과 특징

이론편 | 핵심 내용 정리

단원마다 자주 출제되는 주제를 바탕으로 정리하여 제시하였습니다. 어려운 용어 설명, 추가 설명, 사진, 지도, 도표 등을 보조단에 수록하였으며, 시험에 빈출되는 주제는 중요 표시를 통해 짚어 볼 수 있도록 구성하였습니다.

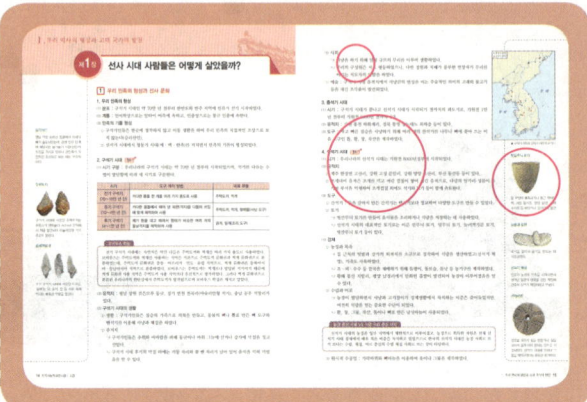

이론편 | 역사 자료 제시

본문의 이해를 돕기 위해 관련된 사료, 사진, 지도, 도표, 읽기자료 등을 수록하였습니다. 특히 자주 출제되는 사료들을 본문 내용과 연결하여 사료 해석에 도움을 줄 해설과 함께 제시하였습니다.

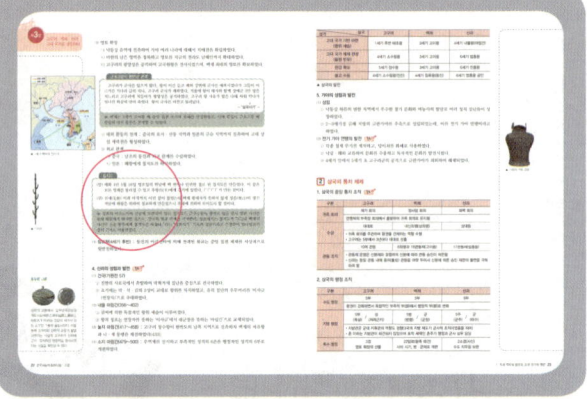

문제편 | 대표 기출 문제 제시

단원별로 자주 출제되는 대표 기출 문제를 선별하여 한국사능력검정시험을 대비할 수 있도록 하였습니다. 문제마다 문항 유형을 분석하여 문제의 유형과 의도를 파악할 수 있도록 제시하였습니다.

문제편 | 기출 문제 분석

문제에 대한 완벽한 이해를 돕기 위해 해설을 자세하게 제시하였으며, 오답피하기를 통해 틀린 부분을 확인할 수 있도록 하였습니다. 또한 참고를 통해 핵심 내용이나 심화 내용을 제시하였으며, 보기항으로 자주 제시되는 키워드를 하단에 정리하였습니다.

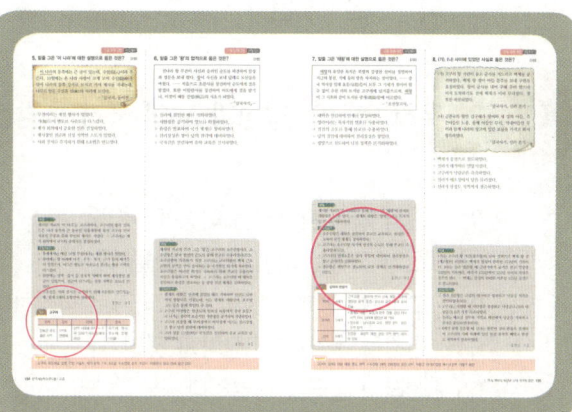

사료편

이론편에 제시한 자주 출제되는 사료 외에 출제되었던 사료나 출제가 예상되는 사료를 단원별로 정리하여 도움글과 함께 제시하였습니다. 또한 사료와 연관된 핵심 내용을 간략하게 정리하였습니다.

테마편

한국사능력검정시험에 자주 출제되는 세계 문화유산과 자연유산, 세계기록 유산, 인류 무형 유산, 세시풍속, 지역의 역사를 간략하게 정리하여 제시하였습니다. 또한 자주 출제되는 인물들을 시대순으로 연표와 함께 구성하였습니다.

차례

이 / 론 / 편

I. 우리 역사의 형성과 고대 국가의 발전

01 ·· 선사 시대 사람들은 어떻게 살았을까? 14
02 ·· 초기 국가는 어떤 모습이었을까? 18
03 ·· 고구려 · 백제 · 신라, 고대 국가로 성장하다 21
04 ·· 한강을 누가 먼저 장악할 것인가? 24
05 ·· 신라가 삼국을 통일하다 27
06 ·· 통일 신라의 발전 29
07 ·· 발해의 성립과 발전 32
08 ·· 고대의 경제생활과 사회 모습 34
09 ·· 고대의 문화 38

II. 고려 귀족 사회의 형성과 변천

01 ·· 태조 왕건, 후삼국을 통일하다 44
02 ·· 통치 체제의 정비 46
03 ·· 문벌 귀족 사회의 성립과 동요 49
04 ·· 고려의 대외 관계 52
05 ·· 공민왕의 반원 자주 정책과 신진 사대부의 성장 54
06 ·· 고려 시대 전시과와 경제적 특징 57
07 ·· 고려 시대 사람들은 어떻게 살았을까? 61
08 ·· 찬란한 중세의 문화 65

III. 조선 유교 사회의 성립과 변화

01 ·· 조선의 건국과 국가 기틀의 마련 74
02 ·· 중앙 · 지방 조직, 과거 제도, 군사 제도의 특징 76
03 ·· 사림의 성장과 붕당의 형성 80
04 ·· 조선 전기의 경제와 사회 83
05 ·· 조선 전기의 문화 88
06 ·· 조선의 대외 관계와 양 난의 극복 93
07 ·· 붕당 정치의 전개와 탕평책 99
08 ·· 조선 후기의 경제 변화 103
09 ·· 조선 후기의 사회 변동 107
10 ·· 조선 후기 문화의 새 경향 111

IV. 국제 질서의 변동과 근대 국가 수립 운동

01 ·· 흥선 대원군의 개혁과 통상 수교 거부 정책　118
02 ·· 개항과 불평등 조약의 체결　121
03 ·· 근대적 개혁의 추진과 위정척사 운동　123
04 ·· 개항 시기의 주요 사건들　125
05 ·· 국제적 대립의 격화와 조선의 대응　130
06 ·· 마침내 황제국을 표방하다　134
07 ·· 일제의 국권 침탈 과정은 어떻게 전개되었을까?　137
08 ·· 항일 의병 운동과 애국 계몽 운동　139
09 ·· 개항 이후 사람들은 어떻게 살았을까?　142

V. 일제 강점과 민족 운동의 전개

01 ·· 일제의 통치 방식은 어떻게 변화했을까?　148
02 ·· 일제 강점기 국내 독립운동(1)　151
03 ·· 일제 강점기 국내 독립운동(2)　155
04 ·· 일제 강점기 국외 독립운동　159
05 ·· 일제 강점기 사람들은 어떻게 살았을까?　163

VI. 대한민국의 발전과 현대 세계의 변화

01 ·· 광복과 대한민국 정부의 수립　168
02 ·· 민주주의의 시련과 발전　173
03 ·· 경제 성장과 사회·문화의 발전　179
04 ·· 북한의 실상과 경제난　184
05 ·· 통일을 위한 노력　186
06 ·· 동북아시아의 영토와 역사 갈등　188

문 / 제 / 편 ·········· 192
사 / 료 / 편 ·········· 260
테 / 마 / 편 ·········· 310

한국사 능력검정시험 안내

한국사능력검정시험 개요

학교 교육에서 한국사의 위상은 날로 추락하고 있는데, 주변 국가들은 역사 교과서를 왜곡하고 심지어 역사 전쟁을 도발하고 있습니다. 한국사의 위상을 바르게 확립하는 것이 무엇보다 시급한 실정입니다.

이러한 현실에서 우리 역사에 관한 패러다임의 혁신과 한국사 교육의 위상을 강화하기 위하여 국사편찬위원회에서는 한국사능력검정시험을 마련하였습니다.

국사편찬위원회는 우리 역사에 대한 관심을 제고하고, 한국사 전반에 걸쳐 역사적 사고력을 평가하는 다양한 유형의 문항을 개발하고 있습니다. 이를 통해 한국사 교육의 올바른 방향을 제시하고, 자발적 역사 학습을 통해 고차원적 사고력과 문제 해결 능력을 배양하고자 합니다.

1 한국사능력검정시험의 목적

- 우리 역사에 대한 관심을 확산·심화시키는 계기를 마련함
- 역사 교육의 올바른 방향을 제시함
- 균형 잡힌 역사의식을 갖도록 함
- 고차원적 사고력과 문제 해결 능력을 육성함

2 한국사능력검정시험의 특징

한국사능력검정시험은 한 나라의 국민으로서 가져야 하는 기본적인 역사적 소양을 측정하고, 역사에 대한 전 국민적 공감대를 형성하기 위한 시험으로 다음과 같은 특징을 갖고 있습니다.

- **한국사 학습 능력을 측정할 수 있는 대표적인 시험입니다.**

- **응시자의 계층이 매우 다양합니다.**
  한국사능력검정시험은 입시생이나, 각종 채용시험과 같은 동일한 집단이 아니라, 다양한 연령층과 직업군을 가진 사람들이 응시하고 있습니다. 한국사에 대한 관심과 애정만 있다면 응시자의 학력 수준이나 연령 등은 더욱 다양해질 것입니다.

- **국가기관인 국사편찬위원회가 주관합니다.**
  우리의 역사에 대한 자료를 관장하고 있는 교육부 직속 기관인 국사편찬위원회가 주관·시행함으로써, 수준 높고 참신한 문항과 공신력있는 관리를 통해 안정적인 시험 운영을 하고 있습니다.

- **참신한 문항 개발에 노력하고 있습니다.**
  단순 암기 위주의 보편적인 문항보다는 다양한 영역에서 여러 접근 방법을 통해 풀 수 있는 참신한 문항, 탐구력을 증진할 수 있는 문항 개발을 통해 기존 시험의 틀을 탈피하려고 노력하고 있습니다.

- **'선발 시험'이 아니라 '인증 시험'입니다.**
  합격의 당락을 결정하는 선발 시험의 성격이 아니라 한국사의 학습 능력을 인증하는 시험입니다.

3 한국사능력검정시험의 출제유형

한국사능력검정시험의 문항은 역사 교육의 목표 준거에 따라 다음의 **여섯 가지 유형**으로 구분됩니다.

- **역사 지식의 이해**
  역사 탐구에 필요한 기본적인 지식, 즉 역사적 사실·개념·원리 등의 이해 정도를 묻는 영역입니다.

- **연대기의 파악**
  역사의 연속성과 변화 및 발전을 이해하고 있는지를 묻는 영역입니다. 역사 사건이나 상황을 시대 순으로 정확하게 이해하고 인과 관계를 파악할 수 있는가를 묻습니다.

- **역사 상황 및 쟁점의 인식**
  제시된 자료에서 해결해야 할 구체적 역사 상황과 핵심적인 논쟁점, 주장 등을 찾을 수 있는지를 묻는 영역입니다. 문헌자료, 도표, 사진 등의 형태로 주어진 자료에서 해결해야 할 과제를 포착하거나 변별해내는 능력이 있는지를 측정합니다.

- **역사 자료의 분석 및 해석**
  자료에 나타난 정보를 해석하여 그 의미를 파악할 수 있는가를 묻는 영역입니다. 정보의 분석을 바탕으로 자료의 시대적 배경과 사회적 의미를 해석할 수 있는가를 측정합니다.

- **역사 탐구의 설계 및 수행**
  제시된 문제의 성격과 목적을 고려하여 절차와 방법에 따라 역사 탐구를 설계하고 수행할 수 있는 능력이 있는가를 묻는 영역입니다.

- **결론의 도출 및 평가**
  주어진 자료의 타당성을 판별하고, 여러 자료를 종합하여 결론을 도출할 수 있는가를 묻는 영역입니다.

한국사능력검정시험 안내

4 시험 요강

- **시험 주관 및 시행 기관** : 국사편찬위원회

- **응시 자격**
  - ▸ 한국사에 관심 있는 대한민국 국민(외국인도 가능)
  - ▸ 상급 학교 진학 희망자
  - ▸ 한국사 학습자
  - ▸ 기업체 취업 및 해외 유학 희망자 등

- **시험 종류 및 평가 등급**

시험종류	고급	중급	초급
인증 등급	1급(70점 이상)	3급(70점 이상)	5급(70점 이상)
	2급(69~60점)	4급(69~60점)	6급(69~60점)
문항 수	50문항(5지 택1형)	50문항(5지 택1형)	40문항(4지 택1형)

*100점 만점(문항별 1~3점 차등 배점)

- **평가 내용**

시험 구분	등급	평가 내용
고급	1, 2급	한국사 심화 과정으로 차원 높은 역사 지식, 통합적 이해력 및 분석력을 바탕으로 시대의 구조를 파악하고, 현재의 문제를 창의적으로 해결할 수 있는 능력 평가
중급	3, 4급	한국사 기초 심화 과정으로 한국사에 대한 기본적인 이해를 바탕으로 한국사의 흐름을 대략적으로 이해할 수 있는 능력과, 전반적인 이해를 바탕으로 한국사의 개념과 전개 과정을 체계적으로 파악할 수 있는 능력 평가
초급	5, 6급	한국사 입문 과정으로 한국사에 대한 흥미와 관심을 가지고 있으면 누구나 이해할 수 있는 기초적인 역사 상식을 평가

5 활용 및 특전

- ▸ 2012년부터 한국사능력검정시험 2급 이상 합격자에 한해 안전행정부에서 시행하는 행정외무고등고시에 응시 자격 부여
- ▸ 2013년부터 한국사능력검정시험 3급 이상 합격자에 한해 교원임용시험 응시 자격 부여
- ▸ 국비 유학생, 해외파견 공무원, 이공계 전문연구요원(병역) 선발 시 국사 시험을 한국사능력검정시험(3급 이상 합격)으로 대체
- ▸ 일부 공기업 및 민간 기업의 사원 채용이나 승진 시 반영

6 응시정보

• **시험 시간**

등급	시간	내용	소요 시간
고급 (1급, 2급)	10:00~10:10	오리엔테이션(시험 시 주의 사항)	10분
	10:10~10:15	신분증 확인(감독관)	5분
	10:15~10:20	문제지 배부 및 파본 검사	5분
	10:20~11:40	시험 실시(50문항)	80분
중급 (3급, 4급)	10:00~10:10	오리엔테이션(시험 시 주의 사항)	10분
	10:10~10:15	신분증 확인(감독관)	5분
	10:15~10:20	문제지 배부 및 파본 검사	5분
	10:20~11:40	시험 실시(50문항)	80분
초급 (5급, 6급)	10:00~10:10	오리엔테이션(시험 시 주의 사항)	10분
	10:10~10:15	신분증 확인(감독관)	5분
	10:15~10:20	문제지 배부 및 파본 검사	5분
	10:20~11:20	시험 실시(40문항)	60분

• **시험결과 발표**

▶ 성적통지 방법 : 응시자가 인터넷 성적 조회 및 성적통지서, 인증서 출력

- 별도의 성적통지서, 인증서를 발급하지 않음
- 이전에 희망자에 한해 발급하던 인증카드는 제8회 한국사능력검정시험부터는 발급하지 않습니다.
- 한국사능력검정시험 홈페이지에서 출력한 인증서만 인증 효력이 있습니다.

한국사능력검정시험
고 급

이론편

역사를 잊은 민족에게 미래는 없다.
- 단재 신채호 -

I

우리 역사의 형성과 고대 국가의 발전

01 선사 시대 사람들은 어떻게 살았을까?
02 초기 국가는 어떤 모습이었을까?
03 고구려·백제·신라, 고대 국가로 성장하다
04 한강을 누가 먼저 장악할 것인가?
05 신라가 삼국을 통일하다
06 통일 신라의 발전
07 발해의 성립과 발전
08 고대의 경제생활과 사회 모습
09 고대의 문화

Ⅰ. 우리 역사의 형성과 고대 국가의 발전

제1장 선사 시대 사람들은 어떻게 살았을까?

1 우리 민족의 형성과 선사 문화

1. 우리 민족의 형성

(1) **분포** : 구석기 시대인 약 70만 년 전부터 한반도와 만주 지역에 인류가 살기 시작하였다.
(2) **계통** : 언어학상으로는 알타이 어족에 속하고, 인종상으로는 몽골 인종에 속한다.
(3) **민족의 기틀 형성**
  ① 구석기인들은 한곳에 정착하지 않고 이동 생활을 하여 우리 민족의 직접적인 조상으로 보지 않는다(승리산인).
  ② 신석기 시대에서 청동기 시대(예·맥·한족)를 거치면서 민족의 기틀이 형성되었다.

승리산인
평남 덕천 승리산 동굴에서 아래턱뼈가 출토되었는데, 현생 인류 단계에 해당하는 슬기슬기 사람(신인)의 특징을 가지고 있으나 한민족의 직접적인 조상으로 보는 데는 부정적이다.

2. 구석기 시대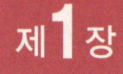

(1) **시기 구분** : 우리나라의 구석기 시대는 약 70만 년 전부터 시작되었으며, 석기를 다듬는 수법이 발달함에 따라 세 시기로 구분된다.

주먹도끼

구석기 시대에 사용된 주먹도끼는 프랑스의 생따슐(St. Acheul) 유적에서 처음 발견되어 아슐리안형 석기라고도 불린다.

시기	도구 제작 방법	대표 유물
전기 구석기 (70~10만 년 전)	커다란 몸돌 한 개를 여러 가지 용도로 사용	주먹도끼, 찍개
중기 구석기 (10~4만 년 전)	커다란 몸돌에서 떼어 낸 파편(격지)을 다듬어 쓰임에 맞게 제작하여 사용	주먹도끼, 찍개, 팔매돌(사냥 도구)
후기 구석기 (4~1만 년 전)	쐐기 등을 대고 때려서 형태가 비슷한 여러 개의 돌날격지를 제작하여 사용	긁개, 밀개(조리 도구)

슴베찌르개

후기 구석기 시대에 사용된 도구로, '슴베'는 낫, 호미, 칼 등 자루 속에 박히는 뾰족한 부분을 말한다.

> **모비우스 학설**
>
> 전기 구석기 시대에는 자연석을 약간 다듬은 주먹도끼와 찍개를 여러 가지 용도로 사용하였다. 모비우스는 주먹도끼와 찍개를 사용하는 지역을 기준으로 주먹도끼 문화권과 찍개 문화권으로 분류하였는데, 주먹도끼 문화권은 중동·아프리카·인도·유럽 지역으로, 찍개 문화권은 동북아시아·동남아시아 지역으로 분류하였다. 모비우스는 주먹도끼는 찍개보다 발달된 석기이기 때문에 찍개 문화권 사용 지역을 주먹도끼 사용 지역보다 후진적으로 평가하였다. 그러나 찍개 문화권으로 분류된 우리나라의 한탄강에서 주먹도끼가 발견됨으로써 모비우스 학설은 깨지고 말았다.

(2) **유적지** : 평남 상원 검은모루 동굴, 경기 연천 전곡리(아슐리안형 석기), 충남 공주 석장리가 있다.

(3) **구석기 시대의 생활**
  ① 생활 : 구석기인들은 짐승의 가죽으로 의복을 만들고, 동물의 뼈나 뿔로 만든 뼈 도구와 뗀석기를 이용해 사냥과 채집을 하였다.
  ② 주거지
    ㉠ 구석기인들은 추위와 비바람을 피해 동굴이나 바위 그늘에 살거나 강가에 막집을 짓고 살았다.
    ㉡ 구석기 시대 후기의 막집 터에는 기둥 자리와 불 땐 자리가 남아 있어 음식을 익혀 먹었음을 알 수 있다.

③ 사회
  ㉠ 사냥을 하기 위해 일정 규모의 무리를 이루며 생활하였다.
  ㉡ 무리의 구성원은 서로 평등하였으나, 다만 경험과 지혜가 풍부한 연장자가 무리를 이끄는 지도자의 역할을 하였다.
④ 예술 : 구석기 시대 유적지에서 사냥감의 번성을 비는 주술적인 의미의 고래와 물고기 등을 새긴 조각품이 발견되었다.

3. 중석기 시대

(1) 시기 : 구석기 시대가 끝나고 신석기 시대가 시작되기 전까지의 과도기로, 기원전 1만 년 전부터 기원전 8000년 전까지이다.
(2) 유적지 : 강원 홍천 하화계리, 경북 통영 상노대도 최하층 등이 있다.
(3) 도구 : 작고 빠른 짐승을 사냥하기 위해 여러 개의 잔석기를 나무나 뼈에 꽂아 쓰는 이음 도구인 톱, 활, 창, 작살을 제작하였다.

4. 신석기 시대

(1) 시기 : 우리나라의 신석기 시대는 기원전 8000년경부터 시작되었다.
(2) 유적지
  ① 제주 한경면 고산리, 강원 고성 문암리, 강원 양양 오산리, 부산 동삼동 등이 있다.
  ② 조개더미 유적은 조개를 먹고 버린 껍질이 쌓여 생긴 유적으로, 다량의 알카리 성분이 유기물 부식을 억제하여 조개껍질 외에도 석기와 토기 등이 함께 출토된다.
(3) 도구
  ① 간석기 : 돌을 갈아서 만든 간석기는 뗀석기보다 정교하여 다양한 도구를 만들 수 있었다.
  ② 토기
    ㉠ 빗살무늬 토기를 만들어 음식물을 조리하거나 식량을 저장하는 데 사용하였다.
    ㉡ 신석기 시대의 대표적인 토기로는 이른 민무늬 토기, 덧무늬 토기, 눌러찍기문 토기, 빗살무늬 토기 등이 있다.
(4) 경제
  ① 농경과 목축
    ㉠ 집 근처의 텃밭과 강가의 퇴적지를 소규모로 경작하여 식량을 생산하였고(신석기 혁명), 가축도 사육하였다.
    ㉡ 조·피·수수 등 잡곡을 재배하기 위해 돌괭이, 돌보습, 돌낫 등 농기구를 제작하였다.
    ㉢ 황해 봉산 지탑리, 평양 남경리에서 탄화된 좁쌀이 발견되어 농경이 이루어졌음을 알 수 있다.
  ② 수렵과 어로
    ㉠ 농경이 발달하면서 사냥과 고기잡이가 경제생활에서 차지하는 비중은 줄어들었지만, 여전히 식량을 얻는 중요한 수단이 되었다.
    ㉡ 활, 창, 그물, 작살, 돌이나 뼈로 만든 낚싯바늘이 사용되었다.

> **농경 중심 사회 VS 수렵 채집 중심 사회**
> 신석기 시대의 농경은 일부 지역에서 제한적으로 이루어졌고, 농경으로 획득한 자원은 전체 신석기 시대 경제에서 매우 적은 비중을 차지하고 있었으므로 한국의 신석기 시대를 농경 사회로 보기 보다는 수렵, 채집, 어로 중심의 수렵 채집 사회로 보는 것이 타당하다.

  ③ 원시적 수공업 : 가락바퀴와 뼈바늘을 이용하여 옷이나 그물을 제작하였다.

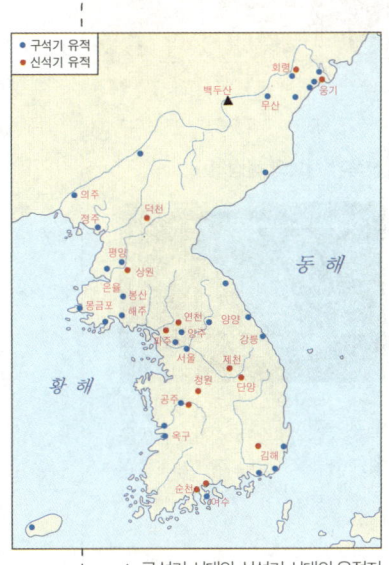
▲ 구석기 시대와 신석기 시대의 유적지

빗살무늬 토기

밑 모양이 뾰족하거나 둥근 형태이며, 서울 암사동, 평양 남경, 김해 수가리 등 바닷가나 강가에서 발견된다.

갈돌과 갈판

곡식을 갈아서 음식을 만드는 데 사용하였다.

신석기 혁명
인류가 농경과 목축을 시작하면서 생겨난 일련의 변화를 산업 혁명에 견주어 신석기 혁명이라고 부른다.

가락바퀴

섬유를 꼬아서 실을 만들거나, 실을 꼬아서 길게 이어 붙이는 용도로 사용되었다. 신석기 시대에 옷이나 그물을 제작하였다는 중요한 증거이다.

신석기 시대의 움집터

햇빛을 많이 받는 남쪽에 출입문을 두고, 움집의 중앙에 취사와 난방을 위한 화덕을 두었다. 화덕이나 출입문 옆에는 저장 구덩을 만들어 식량이나 도구를 저장하였다.

(5) 주거
  ① 신석기인들은 강가나 바닷가에 움집을 짓고 생활하였다.
  ② 움집은 바닥이 원형이거나 모서리가 둥근 사각형이며, 깊이 0.5~1m 정도의 움을 파고 약 4~5명이 생활하기에 적당한 크기로 제작되었다.

(6) 사회
  ① 신석기인들은 혈연에 바탕을 둔 씨족을 기본 단위로 하였으나, 점차 배우자를 다른 씨족에서 구하는 족외혼을 통하여 부족 사회를 이루었다.
  ② 씨족은 자급자족하는 경제 독립체로, 다른 씨족의 영역 안에서 채집과 수렵을 금지하였다.
  ③ 신석기 시대는 지배와 피지배 관계가 발생하지 않은 평등 사회였다.

(7) 원시 신앙
  ① 애니미즘(Animism) : 농사에 영향을 끼치는 자연 현상이나 자연물에 정령이 깃들어 있다고 생각하고 이를 숭배하는 신앙으로, 태양과 물에 대한 숭배가 으뜸이었다.
  ② 샤머니즘(Shamanism) : 영혼이나 하늘을 인간과 연결시켜 주는 존재인 무당과 그 주술을 믿는 신앙이다.
  ③ 토테미즘(Totemism) : 자기 부족의 기원을 특정 동식물과 연결시켜 숭배하는 신앙이다.
  ④ 영혼 숭배 : 사람이 죽더라도 영혼은 없어지지 않는다고 믿는 신앙이다.

(8) 예술 : 신석기인들은 흙을 빚어 구운 얼굴 모습, 동물 모양의 조각품, 조개껍데기 가면, 조가비 · 뼈 · 이빨로 만든 치레걸이 등을 제작하였다.

조개껍데기 가면

풍요와 다산을 기원하고 악귀를 물리치려는 종교적인 목적에서 만들어진 것이라고 추측된다.

2 청동기와 철기의 보급

1. 청동기 시대 〔중요〕

(1) 시기 : 우리나라의 청동기 시대는 기원전 2000년경에서 기원전 1500년경에 본격화되었다.

(2) 유적지
  ① 청동기 시대의 유적은 랴오닝 성, 지린 성을 포함하는 만주 지역과 한반도에 걸쳐 널리 분포하였다(여주 흔암리, 부여 송국리 유적).
  ② 청동기 유적 분포 지역에서 비파형 동검, 거친무늬 거울, 민무늬 토기 등이 출토되어 이 지역이 동일한 문화권이었음을 알 수 있다.

미송리식 토기

평북 의주 미송리 동굴에서 처음 발굴된 토기이다. 청천강 이북, 랴오닝 성과 지린 성 일대에 거주하던 청동기인들이 만든 것으로 생각된다. 거친무늬 거울, 비파형 동검, 고인돌과 함께 고조선을 대표하는 유물이다.

(3) 유물
  ① 청동기 : 비파형 동검과 거친무늬 거울 등이 있다.
  ② 석기 : 반달 돌칼, 바퀴날 도끼, 홈자귀 등 신석기 시대보다 간석기가 더욱 다양화 · 보편화되었다.
  ③ 토기 : 토기 제작 기술이 발달하여 덧띠새김무늬 토기, 미송리식 토기, 민무늬 토기, 붉은 간 토기 등이 만들어졌다.

(4) 농경
  ① 조, 보리, 콩, 수수 등 밭농사가 중심이 되었지만, 일부 저습지에서는 벼농사가 시작되었다.
  ② 돌도끼, 홈자귀, 반달 돌칼 등 신석기 시대보다 개선된 농기구를 이용하였다.

(5) 주거
  ① 농토와 우물 같은 식수원이 확보된 구릉지 등에서 거주하였으며, 배산임수에 밀집 취락을 형성하였다.
  ② 움집의 형태는 대체로 직사각형이며, 점차 지상 가옥으로 발전하였다.
  ③ 화덕이 한쪽 벽면으로 이동하였고 저장 구덩을 따로 설치하였으며, 창고와 목책 등 방어와 관련된 시설을 설치하였다.

반달 돌칼

곡식의 이삭을 자르는 데 사용되었다.

구분	신석기	청동기·철기
위치	주로 바닷가나 강가	강과 평야를 낀 배산임수의 구릉 지대
형태	• 원형, 모가 둥근 사각형 바닥 • 깊이 0.5~1m 움을 판 지하 구조	• 직사각형 바닥 • 점차 지상 가옥화(주춧돌 이용) • 철기 시대에 지상 목조 가옥 등장
취사	내부 중앙에 화덕 설치	화덕이 한쪽 벽면으로 이동
저장 시설	화덕과 출입문 옆에 저장 구덩이 설치	• 벽을 돌출시켜 저장 구덩이 설치 • 독립 건물로 창고 설치
크기	4~5명 거주	용도에 따라 넓이 다양

▲ 주거 형태 비교

(6) 사회
  ① 배경 : 생산력이 증가하고 사회 조직이 발달하자 사회 변화가 발생하였다.
  ② 남녀의 역할 분화 : 남성은 농경과 전쟁, 여성은 집안일을 담당하는 가부장적인 가족 제도가 발생하였다.
  ③ 계급 분화 : 잉여 생산물을 분배하고 사유화하는 과정에서 빈부 격차와 계급 분화가 발생하였다.
  ④ 군장 등장 : 경제력이나 군사력이 우세한 부족이 이웃 부족을 정복하면서 권력을 가진 지배자(군장)가 등장하였다.
  ⑤ 선민사상 : 정치권력과 경제력이 우세한 지배층은 스스로 하늘의 자손이라 믿었다.
  ⑥ 고인돌 : 청동기 시대의 대표적인 무덤인 고인돌은 지배층의 정치권력과 경제력을 반영한다.
(7) 종교 : 제사장이나 족장의 종교적·정치적 요구에 맞는 칼, 거울, 방패 등이 제작되었다.
(8) 예술
  ① 다산과 풍요를 비는 제의 장소였을 것으로 추정되는 울주 대곡리 반구대 바위그림에는 사람과 짐승을 비롯한 각종 생활 장면 등이 그려져 있다.
  ② 고령 장기리 바위그림의 기하학 무늬 중 동심원은 태양을 상징하는 것으로, 풍요를 기원하는 의미로 해석된다.

2. 철기 시대

(1) 시기 : 기원전 5세기경 만주와 한반도 지역에 철기가 보급되었다.
(2) 도구 : 철제 농기구와 철제 무기 등 철제 도구를 사용하였고, 청동기는 의식용 도구로 변화하였다.
(3) 독자적인 청동기 문화의 발전
  ① 비파형 동검과 거친무늬 거울과는 형태가 다른 세형 동검과 잔무늬 거울이 나타났다.
  ② 세형 동검은 평양을 중심으로 한반도 전역에서 발견되며 한국식 동검으로도 불린다.
  ③ 청동기를 제작하는 거푸집이 함께 발견되어 한반도에서 청동기 문화가 독자적으로 발전하였음을 알 수 있다.
(4) 토기 : 민무늬 토기, 덧띠 토기, 검은 간 토기 등이 만들어졌다.
(5) 무덤 : 구덩이에 나무널을 묻은 널무덤과 항아리 두 개를 이어 만든 독무덤이 만들어졌다.
(6) 중국과의 활발한 교류
  ① 중국과의 교류 : 철기 시대의 유적지에서 명도전·반량전·오수전 등 중국 화폐가 출토되어 중국과 활발하게 교류하였음을 알 수 있다.
  ② 한자의 전래 : 경남 창원 다호리 유적에서 붓이 출토되어 우리나라에서 철기 시대에 이미 한자가 사용되었음을 알 수 있다.

청동기 시대의 집터

청동기 시대의 집터는 직사각형 형태가 많으며, 여러 집자리 터가 밀집되어 있다.

고인돌

유네스코 세계 위원회는 2000년 12월에 고창, 화순, 강화의 고인돌 유적지를 세계 문화유산으로 지정하였다.

▲ 세형 동검

▲ 명도전

I. 우리 역사의 형성과 고대 국가의 발전

제2장 초기 국가는 어떤 모습이었을까?

1 고조선의 건국과 발전

1. 고조선의 건국: 고조선은 족장(군장) 사회를 통합하여 가장 먼저 국가로 발전하였는데, 단군왕검이 청동기 문화를 기반으로 기원전 2333년 건국하였다.

2. 단군의 건국 이야기
(1) 기록: "삼국유사(일연)", "제왕운기(이승휴)", "세종실록 지리지", "응제시주(권람)", "동국여지승람(노사신 등)" 등 고려 후기와 조선 전기의 기록에 주로 등장한다.
(2) 내용: 선민사상, 농경 사회, 토테미즘, 홍익인간의 건국 이념, 이주민인 환웅 부족과 토착민인 곰 숭배 부족(웅녀)의 연합 등 다양한 역사적 사실이 담겨 있다.

3. 세력 범위
(1) 중심지: 고조선은 랴오닝 지방을 중심으로 성장하여 한반도까지 발전한 것으로 보인다.
(2) 고조선의 성장 과정과 세력 범위: 탁자식 고인돌, 비파형 동검, 미송리식 토기, 거친무늬 거울의 출토 범위를 통해 추정할 수 있다.

4. 발전
(1) 성장
  ① 기원전 5세기경 철기가 전래되고 세형 동검을 제작하는 등 독자적인 청동기 문화를 발전시켰다.
  ② 기원전 4세기 후반 고조선의 군장은 왕을 칭하기 시작하였으며, 기원전 3세기경에는 왕위의 세습이 이루어졌다.
(2) 대외 관계: 전국 7웅 중 연과 대립할 정도로 강성하였으며, 진과의 충돌을 피하기 위해 외교적인 노력을 기울였다.
(3) 통치 조직 정비: 위만 조선을 전후한 시기에 상·대부·장군 등의 관직명이 나타나는 등 통치 조직이 정비되었다.

5. 위만 조선
(1) 성립
  ① 중국의 진·한 교체기에 위만 집단을 비롯한 수많은 유이민이 고조선으로 유입되었다.
  ② 위만은 점차 세력을 키워 준왕을 쫓아 내고 왕위를 차지하였고(기원전 194), 쫓겨난 준왕은 남쪽의 진국으로 망명하여 세력을 형성하고 '한왕'이라고 칭하였다.
(2) 발전
  ① 위만 조선이 철기 문화를 적극 수용하면서 경제가 크게 성장하였다.
  ② 우세한 경제력과 무력을 바탕으로 정복 전쟁을 벌여 영토를 넓혔다.
  ③ 중국의 한과 남방의 진이 직접 교역하는 것을 막고 중계 무역의 이득을 독점하였다.
  ④ 위만 조선과 흉노의 연합을 두려워한 한의 견제로 한과 대립하였다.
(3) 멸망
  ① 약 1년간 한 무제의 공격에 맞섰으나 지배층의 내분으로 멸망하였다(기원전 108).
  ② 한은 고조선의 옛 영역에 4개의 군현을 설치하고, 지방관(태수, 현령)을 파견하여 통치하였다.

단군의 고조선 건국

단군이 고조선을 건국한 사실은 "삼국유사" 등의 기록을 따르고 있다. 고조선의 건국 기년은 "동국통감"의 기록을 근거로 기원전 2333년으로 추정하고 있다.

고조선 중심지 논쟁

고조선 중심지에 대한 설은 고조선이 랴오닝 성을 중심으로 성장하여 한반도(대동강 유역)까지 발전하였다는 랴오닝 중심설, 대동강을 중심으로 성장하였다는 대동강 중심설, 랴오닝 성에서 대동강으로 중심지가 이동하였다는 중심지 이동설이 있다.

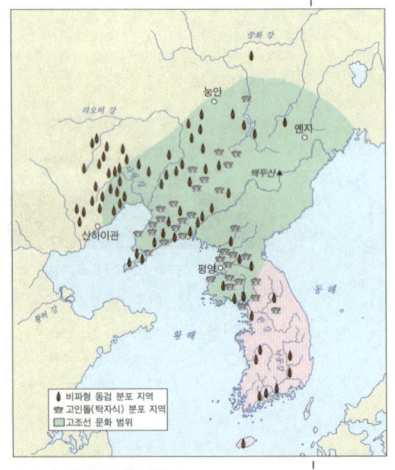

▲ 고조선의 문화 범위

위만 조선의 의미

위만은 본래 연으로 이주해 살던 고조선 사람이다. 이는 위만이 고조선으로 망명해 들어올 때 상투를 틀고 조선인의 옷을 입고 있었던 사실, 위만 조선에 토착민 출신의 지배자가 많았던 사실, 국호를 조선이라고 그대로 유지한 사실들을 통해 알 수 있다. 따라서 위만 조선은 중국의 정복 왕조나 식민 정권이 아니라 고조선을 계승한 나라로 보아야 한다.

6. 고조선의 사회

(1) **8조법** : 권력과 경제력의 차이, 재산의 사유화로 인한 형벌과 노비의 발생, 노동력과 사유 재산 보호 등의 내용을 읽을 수 있다.

(2) **변화** : 한 군현 설치 이후 법 조항이 60여 개조로 증가하고 풍속이 각박해졌다.

> **8조법**
>
> 대개 사람을 죽인 자는 즉시 죽이고, 남에게 상처를 입힌 자는 곡식으로 갚는다. 도둑질을 한 자는 노비로 삼는다. 용서를 받고자 하는 자는 한 사람마다 50만 전을 내게 한다. …… 여자는 모두 정숙하여 음란하고 편벽된 짓을 하지 않았다.
> – "한서" –
>
> ➤ 고조선 사회는 개인의 노동력과 사유 재산을 중시한 계급 사회였다.

2 여러 나라의 성장

1. 부여

(1) **위치** : 만주 지린 성 일대 및 쑹화 강 유역의 넓은 평야 지대에 위치하였다.

(2) **정치·경제·사회**
  ① 1세기 초 왕호를 사용하고 중국과 외교를 맺으며 세력을 확대하였다.
  ② 농경과 목축을 겸하였고, 말·주옥·모피를 특산물로 생산하였다.
  ③ 왕이 중앙을 다스리고, 그 아래 마가·우가·저가·구가라 불리는 4부족장이 사출도를 지배하며 5부를 형성하였다.
  ④ '가'들이 왕을 추대하였으며, 자연재해로 나라에 흉년이 들면 왕에게 그 책임을 물었다.

(3) **풍속**
  ① 순장 : 왕이 죽으면 왕의 뒤를 따라 사람들을 함께 묻는 순장이 이루어졌다.
  ② 영고 : 12월에 열리는 제천 행사인 영고는 수렵 사회의 전통을 이은 것으로 추정된다.
  ③ 우제점법 : 소를 죽여 굽으로 점을 치는 우제점법이 있었다.
  ④ 형사취수제 : 형이 사망할 경우 형수를 아내로 삼았다.

(4) **법률** : 도둑질을 한 경우 12배로 책임을 지우는 1책 12법이 있었다.

(5) **역사적 의의** : 만주를 무대로 하여 두 번째로 등장한 국가이며, 고구려나 백제의 건국 세력이 부여의 계승자임을 자처하였다.

2. 고구려

(1) **위치** : 압록강의 지류인 동가 강 유역의 졸본 지방에서 건국되었다.

(2) **정치·경제·사회**
  ① 부여에서 이주해 온 주몽이 건국하였다(기원전 37).
  ② 활발한 정복 활동으로 평야 지대를 확보하고 국내성으로 천도하였다(기원후 3).
  ③ 한군현을 공략하여 요동으로 진출하였으며, 옥저를 복속하고 공물을 징수하였다.
  ④ 5부족 연맹을 형성하였으며, 중대 범죄자는 제가 회의에서 사형에 처하기도 하였다.
  ⑤ 왕 아래 상가, 고추가 등 대가들이 각기 사자, 조의, 선인을 거느릴 수 있었다.

(3) **풍속**
  ① 서옥제 : 데릴사위제의 일종인 서옥제라는 혼인 풍속이 있었다.
  ② 동맹 : 제천 행사로는 10월에 열리는 추수 감사제인 동맹이 있었고, 왕과 신하들이 국동대혈에서 시조신인 주몽에게 제사를 지냈다.
  ③ 부여와 비슷한 풍속으로 1책 12법, 우제점법, 형사취수제가 있었다.

연맹 왕국의 특징
- 왕이 출현하였으나 권한은 미약하였다.
- 부족장들은 독자적인 영역을 지배하였다.
- 제천 행사는 국가적 행사로 격상되었다.

▲ 여러 나라의 성장

서옥제

혼인을 정한 뒤 신부 집의 뒤꼍에 조그만 집을 짓고 그곳에서 자식을 낳고 살다가 자식이 장성하면 아내를 데리고 신랑 집으로 가는 제도이다. 사위가 처가에 장기간 체류하면서 노동력을 제공하고 봉사하기 위한 것이었다.

제2장 초기 국가는 어떤 모습이었을까?

3. 옥저와 동예

(1) **위치**: 함경도와 강원도 북부의 동해안에 위치하였다.

(2) **정치**
① 읍군이나 삼로라 불리는 군장이 자기 부족을 다스리는 군장 사회였다.
② 위치상 선진 문물 수용이 늦었으며, 고구려의 압박으로 지속적으로 발전하지 못하였다.

(3) **옥저의 경제·풍속**
① 함흥평야를 중심으로 농경이 발달하고 해산물이 풍부하였으나 고구려에 공납을 바쳤다.
② 민며느리제: 일종의 매매혼인 민며느리제라는 혼인 풍속이 있었다.
③ 골장제: 장례 풍속으로는 가족이 죽으면 시체를 가매장하였다가 나중에 뼈만 추려 장례를 치르는 골장제와 가족 공동 무덤 제도가 발달하였다.

(4) **동예의 경제·풍속**
① 무천: 제천 행사로는 10월에 열리는 무천이 있었다.
② 족외혼: 씨족 사회의 전통이 남아 있어 족외혼이 엄격하였다.
③ 책화: 부족의 고유 영역을 중시하여 다른 부족의 경계를 침범할 경우 가축이나 노비로 변상하였다.
④ 특산물: 단궁(활), 과하마(사람을 태우고 과실나무 아래를 지날 수 있는 말), 반어피(바다 표범 가죽) 등이 유명하였다.
⑤ 기타: 명주와 삼베를 짜는 방직 기술이 발달하였다.

4. 삼한

(1) **위치**: 한반도의 중남부 지역인 충청도, 전라도, 경상도 일대에 위치하였다.

(2) **정치·사회**
① 형성과 발전: 위만 조선의 성립과 멸망 과정에서 발생한 고조선의 유이민에 의해 새로운 문화가 보급되고 토착 문화와 융합하면서 마한, 진한, 변한의 연맹체가 성립하였다.
② 목지국: 삼한 전체를 이끄는 마한왕(진왕)에는 마한의 소국인 목지국의 지배자가 추대되었다.
③ 정치 지배자: 세력이 큰 지배자(군장)는 신지나 견지로 불렸고, 세력이 작은 지배자는 읍차나 부례로 불렸다.
④ 제정 분리: 천군이 다스리는 신성한 지역인 소도는 왕이라 하더라도 함부로 할 수 없었다.

> **삼한의 소도와 천군**
> 산과 바다 사이에 흩어져 살며, 모두 50여 개의 나라로 이루어져 있다. 인구는 큰 나라의 경우에 만여 가, 작은 나라의 경우에 수천 가로, 총 10만여 호이다. …… 짚으로 지붕을 덮은 흙집에서 사는데, 그 모양이 마치 무덤과 같으며, 문은 윗부분에 있다. …… 귀신을 믿어서 국읍에 각각 한 사람씩을 세워 천신의 제사를 주관하게 하는데, 이를 천군이라고 한다. - "삼국지" 위서 동이전 -

▶ 삼한의 별읍 중 하나인 소도는 천군이 지배하는 신성 지역으로 군장의 세력이 미치지 못하였다. 천군은 농경과 종교에 관한 의례를 주관하였다.

(3) **경제**
① 농업: 철제 농기구를 사용하여 벼농사가 발달하였다.
② 철 수출: 삼한에서 생산된 철은 낙랑·왜 등에 수출되었다.

(4) **풍속**
① 제천 행사: 제천 행사로는 5월의 수릿날과 10월의 계절제가 있었다.
② 기타: 주구묘가 축조되었고, 소나 말을 순장하는 풍속이 있었다.

민며느리제
장차 며느리로 삼을 여자아이를 남자 집에서 데려다 키운 후, 성년이 되면 신랑 쪽에서 신부 쪽에 예물을 주고 혼인하는 풍습이다.

솟대
나쁜 기운을 물리치고 마을을 보호한다는 솟대는 소도와 관련된 것으로 보인다.

마한의 무덤(주구묘)
주구묘는 주검을 안치하는 매장 주체부 둘레에 방형으로 주구(도랑)가 돌려져 있는 무덤을 말한다.

Ⅰ. 우리 역사의 형성과 고대 국가의 발전

제3장 고구려·백제·신라, 고대 국가로 성장하다

1 고대 국가의 성립과 발전

1. 고대 국가의 성립
(1) **국가의 발전 단계** : 군장 국가에서 연맹 왕국으로, 연맹 왕국에서 고대 국가로 발전하였다.

구분	연맹 왕국	중앙 집권 국가
왕위	연맹 내에서 선출되거나 교체	세습(형제 상속 → 부자 상속)
군장	독립적 영역 지배, 독자적으로 관리를 거느림	왕권에 복속 → 중앙 관리·중앙 귀족화
특징	왕권 미약, 부족장 회의로 중대사 결정	왕권 강화, 영역 국가, 율령 반포, 불교 수용

(2) **고대 국가의 특징** : 왕권 강화, 영토 확장, 율령 반포, 불교 수용의 특징이 나타난다.

2. 고구려의 성립과 발전
(1) **건국(기원전 37)** : 부여에서 내려온 이주민과 압록강 유역의 토착민이 연합하여 건국하였다.
(2) **태조왕(53~146)** : 옥저를 복속하고 5부족 중 계루부에서 왕위를 독점적으로 세습하였다.
(3) **고국천왕(179~197)**
  ① 부족적 성격의 5부를 행정적 성격의 5부로 개편하였다.
  ② 왕위 계승을 형제 상속에서 부자 상속으로 교체하였다.
  ③ 국상 을파소의 건의를 받아들여 진대법을 실시하였다.
(4) **동천왕(227~248)** : 위를 견제하고 한반도와 중국을 연결하는 교통의 요지인 서안평을 공격하였으나 실패하였다.
(5) **미천왕(300~331)** : 서안평을 점령하고 이어서 낙랑군과 대방군을 축출하였다.
(6) **고국원왕(331~371)** : 선비족 전연(모용황)의 침입(342)으로 수도가 함락당하고 백제의 근초고왕에게 공격을 당하였다.
(7) **소수림왕(371~384)**
  ① 전진과 국교를 수립하였으며, 순도에 의해 불상과 불경이 전래되었다.
  ② 태학을 설립하여 유학을 보급하였고, 율령을 반포하여 국가 조직과 체제를 정비하였다.

3. 백제의 성립과 발전
(1) **건국(기원전 18)** : 고구려 계통의 유이민 세력과 한강 유역의 토착민이 결합하여 건국하였다.
(2) **고이왕(234~286)**
  ① 왕권이 강화되어 왕위를 형제 상속하였다.
  ② 낙랑과 대방군을 공격하고 한강 유역을 완전히 장악하였다.
  ③ 6좌평과 16관품을 설치하였으며, 관리의 복색을 제정하였다.
  ④ 율령을 반포하였으며, 관리가 뇌물을 받거나 횡령할 시에는 3배를 배상하도록 하였다.
  ⑤ 서진에 사신을 파견하였다.
(3) **근초고왕(346~375)**
  ① 불안정하던 왕권을 강화하여 왕위를 부자 상속으로 바꾸었다.
  ② 왕실의 위엄을 높이기 위하여 고흥이 "서기"라는 역사서를 편찬하였다.

율령

'율(律)'은 형법, '영(令)'은 행정법을 말한다. 성문법을 통해 왕권을 합법화하여 국왕을 정점으로 한 귀족 관료들의 위계질서를 정하고, 일원적인 법 체계에 의해 국가 통치 기준을 마련하였다. 율령의 반포를 통해 중앙 집권 국가 체제가 정비되었다.

고구려의 국내성 터

졸본 지역은 본래 소노부의 근거지였다. 국내성 천도는 계루부 세력이 힘을 키우는 기회가 되었으며, 대외적으로 한군현의 위협으로부터 멀어지고 영토 확장을 이루어 경제적으로 성장하는 계기가 되었다.

백제의 석촌동 돌무지무덤

백제 초기의 무덤은 고구려와 유사한 돌무지무덤 형식으로 만들어졌다. 이를 통해 백제 건국 세력과 고구려의 관계를 짐작할 수 있다.

③ 영토 확장
  ㉠ 낙동강 유역에 진출하여 가야 여러 나라에 대해서 지배권을 확립하였다.
  ㉡ 마한의 남은 영역을 정복하고 영토를 지금의 전라도 남해안까지 확대하였다.
  ㉢ 고구려의 평양성을 공격하여 고국원왕을 전사시켰으며, 백제 최대의 영토를 확보하였다.

근초고왕의 평양성 공격

고구려가 군사를 일으켜 왔다. 왕이 이를 듣고 패하 강변에 군사를 매복시켰다가 그들이 이르기를 기다려 급히 치니, 고구려 군사가 패하였다. 겨울에 왕이 태자와 함께 정예군 3만 명을 거느리고 고구려에 쳐들어가 평양성을 공격하였다. 고구려 왕 사유가 힘을 다해 싸워 막다가 빗나간 화살에 맞아 죽었다. 왕이 군사를 이끌고 물러났다.
– "삼국사기" –

▶ 백제는 3세기 고이왕 때 중앙 집권 국가의 토대를 형성하였고, 이에 힘입어 근초고왕 때 활발히 대외 활동을 전개할 수 있었다.

④ 대외 활동의 전개 : 중국의 요서·산동 지역과 일본의 규슈 지역까지 진출하여 고대 상업 세력권을 형성하였다.
⑤ 외교 관계
  ㉠ 중국 : 남조의 동진과 외교 관계를 수립하였다.
  ㉡ 일본 : 왜왕에게 칠지도를 하사하였다.

칠지도

(앞) 태화 4년 5월 16일 병오일의 한낮에 백 번이나 단련한 철로 된 칠지도를 만들었다. 이 칼은 모든 병해를 물리칠 수 있고 후왕(侯王)에게 주기에 알맞다. □□□□가 만든 것이다.
(뒤) 선세(先世) 이래 아직까지 이런 칼이 없었는데 백제 왕세자가 뜻하지 않게 성음(聖音)이 생긴 까닭에 왜왕을 위하여 정교하게 만들었으니 후세에 전하여 보이도록 할 것이다.

▶ 일본의 이소노까미 신궁에 보관되어 있는 칠지도는 근구수왕이 왕자로 있을 당시 일본 사신을 통해 왜왕에게 하사한 것으로, 양국의 친교 관계를 시사한다. 일본에서는 칠지도가 "372년 백제의 사신이 신공 황후에게 칠지도를 바쳤다."라는 "일본서기" 기록의 실물이라고 주장하며 임나일본부설의 근거로 이용하였다.

(4) **침류왕**(4세기 후반) : 동진의 마라난타에 의해 전래된 불교는 중앙 집권 체제를 사상적으로 뒷받침하였다.

4. 신라의 성립과 발전

(1) 건국(기원전 57)
  ① 진한의 사로국에서 출발하여 박혁거세 집단을 중심으로 건국하였다.
  ② 초기에는 박·석·김의 3성이 교대로 왕위를 차지하였고, 유력 집단의 우두머리를 '이사금(연장자)'으로 추대하였다.
(2) **내물 마립간**(356~402)
  ① 김씨에 의한 독점적인 왕위 세습이 이루어졌다.
  ② 왕의 칭호는 연장자를 뜻하는 '이사금'에서 대군장을 뜻하는 '마립간'으로 교체되었다.
(3) **눌지 마립간**(417~458) : 고구려 장수왕이 한반도의 남쪽 지역으로 진출하자 백제의 비유왕과 나·제 동맹을 체결하였다(433).
(4) **소지 마립간**(479~500) : 우역제를 실시하고 부족적인 성격의 6촌을 행정적인 성격의 6부로 개편하였다.

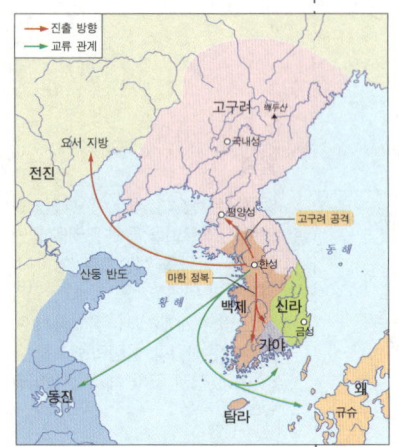
▲ 4세기 백제의 전성기

▲ 칠지도

호우명 그릇

신라의 고분에서 '을묘년국강상광개토지호태왕(乙卯年國岡上廣開土地好太王)'이라는 명문이 새겨져 있는 호우명 그릇이 출토되었다. 이를 통해 고구려와 신라의 교류가 활발하였다는 사실과 고구려가 신라에 군사·정치적인 영향력을 행사하였다는 사실을 확인할 수 있다.

성격 \ 삼국	고구려	백제	신라
고대 국가 기반 마련 (왕위 세습)	1세기 후반 태조왕	3세기 고이왕	4세기 내물왕(마립간)
고대 국가 체제 완성 (율령 반포)	4세기 소수림왕	3세기 고이왕	6세기 법흥왕
한강 확보	5세기 장수왕	3세기 고이왕	6세기 진흥왕
불교 수용	4세기 소수림왕(전진)	4세기 침류왕(동진)	6세기 법흥왕 공인

▲ 삼국의 발전

5. 가야의 성립과 발전

(1) 성립
   ① 낙동강 하류의 변한 지역에서 우수한 철기 문화와 벼농사의 발달로 여러 정치 집단들이 성장하였다.
   ② 2~3세기경 김해 지방의 금관가야를 주축으로 성립되었는데, 이를 전기 가야 연맹이라고 하였다.

(2) 전기 가야 연맹의 발전 **중요**
   ① 각종 철제 무기를 제작하고, 덩이쇠를 화폐로 사용하였다.
   ② 낙랑·왜와 교류하며 문화를 수용하고 독자적인 문화를 발전시켰다.
   ③ 4세기 말에서 5세기 초 고구려군의 공격으로 금관가야가 쇠퇴하여 해체되었다.

▲ 가야의 철제 갑옷

2 삼국의 통치 체제

1. 삼국의 중앙 통치 조직 **중요**

구분	고구려	백제	신라
귀족 회의	제가 회의	정사암 회의	화백 회의
	연맹체의 부족장 회의에서 출발하여 귀족 회의로 유지됨		
수상	대대로	내신좌평(상좌평)	상대등
	• 귀족 회의를 주관하며 왕권을 견제하는 역할 수행 • 고구려는 5부에서 3년마다 대대로 선출		
관등 조직	10여 관등	6좌평과 16관등제(고이왕)	17관등제(법흥왕)
	• 관등제 운영은 신분제와 결합하여 신분에 따라 관등 승진이 제한됨 • 신라는 동일 관등 내에 중위(重位) 관등을 여럿 두어서 신분에 따른 승진 제한의 불만을 극복하려 함		

2. 삼국의 행정 조직

구분	고구려	백제	신라
수도 행정	5부	5부	6부
	왕권이 강화하면서 독립적인 부족적 부(部)에서 행정적 부(部)로 변화		
지방 행정	5부(욕살) / 성(처려근지)	5방(방령) / 군(군장)	5주(군주) / 군(태수)
	• 지방관은 군대 지휘관의 역할도 겸함(3국의 지방 제도가 군사적 조직이었음을 의미) • 촌 이하는 지방관이 파견되지 않았으며 토착 세력인 촌주가 행정과 군사 실무 담당		
특수 행정	3경 영토 확장의 산물	22담로(왕족 파견) 사비 시기, 방·군제로 개편	2소경(사신) 수도 치우침 보완

I. 우리 역사의 형성과 고대 국가의 발전

제4장 한강을 누가 먼저 장악할 것인가?

1 삼국의 교류와 경쟁

1. 고구려의 팽창

(1) 광개토 대왕(391~413)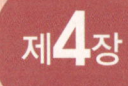

① 영토 확장
  ㉠ 소수림왕 시기 국가 체제 정비를 바탕으로 활발한 정복 활동을 벌여 요동과 만주 지역, 그리고 한강 이북까지 영토를 확장하였다.
  ㉡ 신라의 요청을 받아들여 신라를 공격한 왜를 격퇴한 뒤 한반도 남부 지역까지 영향력을 확대하였다.

② 연호 사용 : 우리나라 최초로 '영락'이라는 연호를 사용하여 중국과 대등한 나라임을 대내외에 알렸다.

(2) 장수왕(413~491)

① 외교 관계 : 북위와 교류하는 동시에 남조를 이용하여 북위를 견제하는 외교를 전개하였다.

② 평양성 천도 : 국내성에서 평양성으로 천도(427)하고 남진 정책을 추진하였다.

③ 영토 확장
  ㉠ 흥안령 일대를 장악하고 백제의 수도인 한성을 함락하였으며, 한강 전 지역을 장악하고 중부 지역까지 영토를 넓혔다.
  ㉡ 5세기경 고구려의 세력 강화와 대외 팽창으로 백제와 신라가 서로 동맹을 맺고 고구려에 대응하였다.

▲ 5세기 고구려의 전성기

충주 고구려비

5월에 고려대왕 상왕공은 신라 매금과 세세토록 형제처럼 지내기를 원하였다. …… 매금의 의복을 내리고 …… 상하에게 의복을 내리라는 교를 내리셨다. …… 12월 23일 갑인에 동이매금의 상하가 우벌성에 와서 교를 내렸다.

▶ 충주 고구려비는 장수왕이 한반도의 중부 지역을 장악한 후 이 지역이 고구려의 영토임을 알리기 위해 세운 척경비이다. 충주 고구려비에는 고구려 왕이 신라의 왕과 신하들에게 의복을 내려 주었다는 기록이 있는데, 이를 통해 5세기 양국 관계를 파악할 수 있다.

충주 고구려비

고구려 장수왕 때 남한강 상류 지역을 고구려가 점령하였음을 보여 준다.

무령왕릉

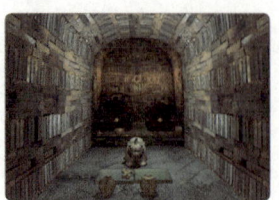

중국 남조의 영향을 받은 벽돌식 무덤이다. 관의 재료로 일본산 금송이 사용되었는데, 이는 백제가 중국 및 일본과 활발하게 교류하였음을 보여 준다.

2. 백제의 중흥

(1) 동성왕(479~501)
  ① 결혼 동맹을 맺어 신라와의 유대 관계를 강화하였다.
  ② 웅진 지역의 토착 세력을 등용하여 왕권 강화를 추진하였다.

(2) 무령왕(501~523)
  ① 동성왕 말기에 발생한 반란을 진압하고 지배 세력을 재편하였다.
  ② 22담로에 왕자와 왕족을 파견하여 지방에 대한 통제력을 강화하였다.
  ③ 적극적인 구휼 정책을 실시하여 민심을 수습하고, 금강 유역을 개발하여 경제 기반을 확충하였다.
  ④ 중국 남조의 양에 두 차례 사신을 보내는 등 교류를 활발히 하여 고구려를 견제하였다.

> **양직공도**
>
> 보통 2년(521) 그 왕 여융(무령왕)이 사신을 보내 표문을 올려 말하기를, "여러 차례 고구려를 물리쳤습니다."라고 하였다. …… 22개의 담로가 있어 모두 왕의 자제와 종족을 나누어 그곳에 두었다. …… 언어와 의복은 고구려와 거의 같지만, 걸을 때 두 팔을 벌리지 않는 것과 절할 때 한쪽 다리를 펴지 않는다.
>
> ▶ 중국 양의 원제가 그린 화첩인 양직공도에는 백제 사신의 그림과 기록이 남아 있어 6세기 초 백제의 대외 관계에 대해 살펴볼 수 있다.

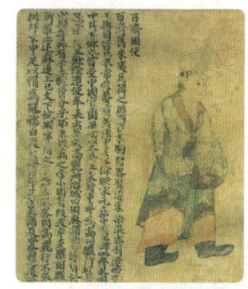

양직공도
중국 양을 찾아온 백제·왜 등의 외국 사신들의 모습을 그리고, 그 나라의 풍습 등을 소개한 화첩이다. 위 그림은 백제 사신의 모습이다.

(3) **성왕(523~554)**
① 백제를 중흥시키기 위해 대외 진출에 유리한 사비(부여)로 천도(538)하고 국호를 '남부여'로 바꾸었다.
② 양과 외교 관계를 유지하고 신라와 동맹을 강화하였으며, 가야에도 영향력을 행사하였다.
③ 승려 노리사치계를 왜에 보내 불교를 전해 주고 양국의 친선 관계를 강화하였다.
④ 중앙 관서를 22부로 정비하고, 지방을 5부·5방제로 개편하는 등 체제를 정비하였다.
⑤ 신라의 진흥왕과 연합하여 한강 유역을 탈환하고 한강 하류의 6군을 회복하였다.
⑥ 회복한 한강 하류 지역을 신라가 빼앗자 왜 및 가야와 연합하여 신라 보복에 나섰다.
⑦ 관산성 전투에서 신라에 패하고 성왕이 전사하면서 백제의 중흥 시도는 좌절되었다.

(4) **무왕(600~641)**
① 신라에 대한 집요한 침공과 영토 회복 노력으로 실추된 왕권을 회복할 수 있었다.
② 남북조로 분열된 중국을 재통일한 수·당과 긴밀한 외교 관계를 유지하였다.
③ 익산에 왕궁평성을 건설하고 미륵사를 세우는 등 익산 천도를 계획하였으나 이루지 못하였다.

신라의 왕호 변천
거서간(귀인) → 차차웅(무당, 제사장) → 이사금(연장자, 계승자) → 마립간(대군장)으로 변화하였고, 지증왕 때에 이르러 왕권이 강해지면서 '왕'이라는 칭호를 사용하였다.

3. 신라의 성장 [중요]

(1) **지증왕(500~514)**
① 이사부를 보내 우산국(울릉도)를 복속시키고, 경상도 북부 지방까지 영토를 확장하였다.
② 소로 밭을 가는 우경이 시작되었고, 수리 사업이 진행되면서 농업 생산력이 증대되었다.
③ 동시전을 설치하여 시장의 상행위를 감독하였고, 순장을 금지하여 노동력의 손실을 막았다.
④ 국호를 '신라'로 정하고 왕의 칭호도 '마립간'에서 '왕'으로 바꾸었다.

(2) **법흥왕(515~540)**
① 병부 설치, 율령 반포, 17관등제 시행, 골품 제도 정비를 통해 왕 중심의 집권 체제를 갖추어 나갔다.
② 상대등을 두어 귀족 회의를 주재하고 귀족의 이익을 대변할 수 있도록 하였다.
③ 불교를 공인하여 왕 중심의 체제를 뒷받침하는 사상적 기초를 마련하였다.
④ 백제를 통해 중국 양과 교류하고 금관가야를 병합하였다.
⑤ 연호를 '건원'이라 제정하여 국력의 신장을 과시하였다.

이차돈 순교비
귀족들의 반발로 공인받지 못하던 불교가 이차돈의 순교를 계기로 법흥왕 때 공인되었다. 이 비석은 이차돈의 공적을 기리기 위해 헌덕왕(817) 때 제작되었다.

(3) **진흥왕(540~576)**
① 정복 사업
  ㉠ 적성 지방을 점령하고 한강 상류 지역을 확보하였다(단양 적성비).
  ㉡ 성왕이 차지하고 있던 한강 하류 지역을 점령하였다(북한산비).
  ㉢ 대가야를 정벌하고 낙동강 유역을 확보하였다(창녕비).
  ㉣ 함흥평야로 진출하였다(황초령비, 마운령비).
② 씨족 사회의 청소년 집단을 국가적 조직인 화랑도로 개편하였다.
③ 거칠부로 하여금 "국사"를 편찬하도록 하였다.

▲ 6세기 신라의 전성기

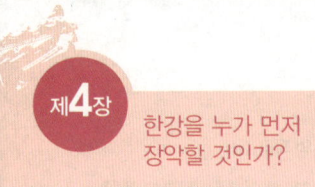

제4장 한강을 누가 먼저 장악할 것인가?

> **진흥왕 순수비**
>
> 짐은 하늘의 은혜를 입고 …… 사방으로 영토를 개척하여 널리 백성과 토지를 획득하니, 이웃 나라가 신의를 맹세하고 화친을 청하는 사절이 서로 통하여 오도다. 스스로 헤아려 옛 백성과 새 백성을 두루 어루만지고자 하였으나, 오히려 말하기를 왕도의 덕화가 고루 미치지 않고 은혜가 베풀어짐이 없다고 한다. 이에 무자년 8월에 관경(管境)을 순수(巡狩)하여 민심을 살펴 위로하고, 물건을 내려주고자 한다.
>
> — 황초령비 —
>
> ▶ 진흥왕은 정복 활동을 통한 영토 확장을 기념하여 단양 신라 적성비와 4개의 순수비를 건립하였다.

▲ 북한산 진흥왕 순수비

2 후기 가야 연맹의 성립과 쇠망

1. 성립 [중요]

(1) **발전** : 5세기 이후 경상도 산간 내륙(고령, 합천, 거창, 함양 등)에 경상도 해안 지역으로부터 앞선 철기 및 토기 기술이 전해지면서 빠르게 발전하였다.

가야의 중심 세력 이동

- 4세기 중반까지 금관가야 지역에서 마구류, 갑옷, 화살촉, 화려한 부장품 등이 발굴되었지만, 5세기 초 이후 김해 대성동 고분군이 급격히 축소되고 조잡한 유물만 발굴된다.
- 4세기 후반부터 고령 대가야 유적지(현재 지산동 부근)를 중심으로 대규모 무덤과 고구려 영향을 받은 철갑 및 종전보다 강한 화살촉 등의 유물이 발굴된다.
- 금관가야 정치 집단이 일본에 대규모로 이주하여 4세기 후반 이후 일본에서 스에키가 발굴된다.

> **대가야의 발전**
>
> 시조는 이진아시왕인데, 그로부터 도설지왕까지 대략 16대 520년이다. 최치원이 지은 이정 스님의 전기에 이르기를, "가야 산신인 정견모주가 천신인 이비가지에게 감응을 받아 뇌질주일과 뇌질청예를 낳았는데, 뇌질주일은 이진아시왕의 별칭이고, 뇌질청예는 수로왕의 별칭이다."라고 하였다.
>
> — "신증동국여지승람" —
>
> ▶ 금관가야 쇠퇴 이후 한동안 침체에 빠진 가야는 고령의 반파국을 중심으로 다시 부흥하였다. 옛 가야의 영역을 거의 회복한 반파국은 5세기 중반 '대가야국'으로 국호를 고치고 후기 가야 연맹의 맹주가 되었다. 수로왕을 대가야의 시조인 아진아시왕의 동생으로 지칭하는 신화는 이 시기에 변형된 것으로 보인다.

(2) **세력 확장** : 고령의 반파국은 가야산의 야로철광을 개발하고, 백제와 왜를 연결하는 교역을 중계하며, 가장 빠르게 세력을 확장하였다.

(3) **후기 가야 연맹** : 5세기 후반 반파국은 국호를 대가야로 바꾸고 후기 가야 연맹을 형성하였다.

2. 변화

(1) **5세기 중엽** : 중국 남제에 사신을 파견하였으며, 백제와 함께 신라에 구원병을 보내 고구려군을 물리치기도 하였다.

(2) **6세기**
  ① 6세기 초 백제 무령왕의 영토 팽창에 밀려 호남 동부 지역을 상실하고 신라와 혼인 동맹을 맺었다.
  ② 6세기 중엽 백제 성왕의 외교적 공세에 밀려 내부적으로 연맹에 분열이 나타났으며, 이 무렵 대가야의 악사 우륵이 신라에 투항하였다.
  ③ 이사부가 이끄는 신라군의 기습을 받은 대가야가 멸망하였다(562).

3. 영향 [중요]

(1) **일본**
  ① 가야의 토기 기술은 신라 토기와 일본 스에키에 직접적인 영향을 주었다.
  ② 일본은 가야 철기 문화의 영향을 받아 5세기에 자체적으로 철 생산이 가능하게 되었다.

(2) **신라** : 대가야의 우륵이 가야금을 전하였다.

▲ 가야의 금관

I. 우리 역사의 형성과 고대 국가의 발전

제5장 신라가 삼국을 통일하다

1 고구려와 수·당의 전쟁

1. 동아시아 정세 변화
(1) 수의 통일 : 남북조로 분열되었던 중국이 수에 의해 통일되었다.
(2) 남북 세력과 동서 세력의 대립 : 고구려·돌궐·백제·왜의 남북 세력과 신라·수의 동서 세력이 서로 대립하였다.

2. 고구려와 수의 전쟁
(1) 발단 : 수가 고구려를 침략하려 하자, 고구려가 요서 지방을 선제 공격하였다.
(2) 수 문제의 침략(1차) : 수 문제가 30만 대군을 동원하였지만 실패하고 되돌아갔다.
(3) 수 양제의 침략(2차) : 수 양제가 113만 대군을 동원하였지만 요동성을 함락시키지 못하였고, 30만 별동대는 살수에서 을지문덕에 대패하였다(살수 대첩, 612).
(4) 영향 : 고구려는 국제적인 지위가 높아졌고, 수는 각지에서 일어난 반란으로 멸망하였다.

▲ 6세기 말~7세기 동북아시아의 국제 정세

3. 고구려와 당의 전쟁
(1) 배경
  ① 고구려는 당의 침입에 대비하여 천리장성(비사성~부여성)을 축조하였다.
  ② 연개소문이 대막리지가 되어 정치·군사권을 장악하고 강경한 대당 정책을 유지하였다.
(2) 당 태종의 침략
  ① 당군이 연개소문의 정변과 고구려의 신라 공격을 구실로 고구려를 침입하였다.
  ② 고려에 침입한 당군은 요동성과 백암성을 함락시키고 안시성을 공격하였다.
  ③ 군과 민이 힘을 합쳐 안시성을 지켜 냄으로써 당군을 물리칠 수 있었다(안시성 싸움, 645).
(3) 영향
  ① 중국의 침략으로부터 고구려뿐만 아니라 한반도를 지켜 냈다.
  ② 고구려의 국력이 쇠약해지고 연개소문 사후 내분으로 이어졌다.

2 신라의 삼국 통일

1. 백제와 고구려의 멸망
(1) 나·당 동맹
  ① 백제의 잦은 공격에 맞서 김춘추가 연개소문를 찾아가 동맹을 교섭하였으나 실패하였다.
  ② 고구려와의 동맹 교섭에 실패한 김춘추는 고구려 원정에 빈번히 실패한 당 태종을 찾아가 동맹을 제의하여 성공하였다(나·당 동맹, 648).

> **나·당 동맹**
> 지금 짐이 고구려를 치려는 것은 너희 신라가 두 나라 사이에 매번 침해를 받아 편안한 날이 없음을 가련히 여긴 것이다. 산천도 토지도 내가 탐하는 바가 아니다. …… 내가 두 나라를 평정하면 평양 이남 백제의 토지는 전부 너희 신라에게 주어 길이 편안토록 하려 한다. - "삼국사기" -
>
> ▶ 김춘추는 당 태종을 만나 전쟁 후에 "백제의 영토와 평양 이남의 고구려 땅을 신라에게 준다."라는 영토 분할에 합의하였다.

나·당 동맹
신라는 백제 의자왕의 공격으로 대야성을 비롯한 40여 성이 함락되는 등 고립이 계속되어 돌파구가 필요하였고, 고구려 침략에 실패한 당 역시 신라를 이용하여 한반도를 장악하고자 하였다. 이에 648년 양국 사이에 나·당 동맹이 체결되었다.

제5장 신라가 삼국을 통일하다

(2) 백제의 멸망과 부흥 운동
① 황산벌 전투에서 백제의 결사대가 신라군에게 패배하였다.
② 백제의 사비성이 나·당 연합군에 함락당하면서 멸망하였다(660).
③ 복신, 흑치상지, 도침 등이 왕자 풍과 함께 주류성과 임존성에서 백제 부흥 운동을 전개하였으나 실패하였다.
④ 왜의 수군이 백제의 부흥 운동을 지원하기 위해 나섰으나, 백강 전투에서 패배하고 쫓겨 갔다.

(3) 고구려의 멸망과 부흥 운동
① 연개소문 사후 지배층의 내분으로 국력이 약해진 상태에서 나·당 연합군의 공격을 받아 평양성이 함락당하여 멸망하였다(668).
② 안승, 검모잠, 고연무 등이 한성과 오골성에서 전개한 고구려 부흥 운동이 실패하였다.

2. 나·당 전쟁과 신라의 삼국 통일

(1) 당의 한반도 지배 야심 : 당이 웅진도독부, 계림도독부, 안동도호부를 두고 한반도 전체를 지배하려 하였다.
(2) 매소성·기벌포 전투 : 신라가 고구려·백제 유민과 연합하여 매소성 전투와 기벌포 해전에서 당군을 격퇴하였다.
(3) 삼국 통일 완성 : 안동도호부를 요동으로 밀어 내고 대동강과 원산만을 경계로 이남의 영역을 점유하였다.

▲ 백제와 고구려의 부흥 운동

▲ 신라의 삼국 통일

매소성 전투

가을 9월에 설인귀가 숙위 학생 풍훈의 아버지 김진주가 본국에서 처형당한 것을 이용하여 풍훈을 이끌어 길잡이로 삼아 천성을 쳐들어 왔다. 우리의 장군 문훈 등이 맞아 싸워 이겨서 1천4백 명을 목 베고 병선 40척을 빼앗았으며, 설인귀가 포위를 풀고 도망감에 전마 1천 필을 얻었다. 29일에 이근행이 군사 20만 명을 거느리고 매소성에 주둔하였는데, 우리 군사가 공격하여 쫓고 말 3만 380필을 얻었으며, 그 밖의 병기도 이만큼 되었다.
– "삼국사기" –

▶ 신라의 매소성 전투 승리는 나·당 전쟁에서 승기를 잡는 결정적인 계기가 되었다. 이후 신라는 기벌포에서 설인귀가 이끄는 당군을 또다시 크게 물리쳤다.

3. 삼국 통일의 한계와 역사적 의의

(1) 한계 : 통일 과정에서 당 세력을 끌어들였고, 만주 지역을 상실한 불완전한 통일이었다.
(2) 의의
① 고구려, 백제, 신라의 삼국민이 합심하여 당을 물리치고 자주적으로 삼국을 통일하였다.
② 삼국의 문화와 경제를 하나로 융합하여 새로운 민족 문화를 성립할 수 있는 토대가 마련되었다.

삼국의 동질 의식

삼국 간의 치열한 전쟁은 상호 대결 의식을 바탕으로 하고 있었다. 그러나 고구려가 멸망하고 당이라는 공동의 적에 대처하게 되면서 대결 의식보다는 동질 의식이 뚜렷하게 형성되었다. 이는 나·당 전쟁 과정에서 백제·고구려계 유민들의 결속으로 드러난다. 동질 의식은 점차 삼국의 주민을 하나의 통일체로 만드는 데까지 발전하였다.

제6장 통일 신라의 발전

1 통일 신라의 발전

1. 왕권의 강화

(1) 태종 무열왕
① 최초의 진골 출신 왕으로, 이후 무열왕의 직계 자손이 왕위를 세습하였다.
② 시중(집사부의 장관)의 기능을 강화하여 상대등의 세력은 상대적으로 약화되었다.

(2) 문무왕 : 나·당 전쟁(매소성·기벌포 전투)을 승리로 이끌고 삼국 통일을 달성하였다(676).

(3) 신문왕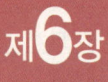
① 신문왕이 즉위한 해에 일어난 김흠돌의 난을 진압하며 귀족 세력을 숙청하였다.
② 문무 관리에게 관료전을 지급하고, 귀족의 경제 기반이었던 녹읍을 폐지하였다.
③ 9주 5소경 제도를 정비하였고, 달구벌(대구) 천도를 시도하였다.
④ 고구려인과 말갈인까지 중앙군에 편제하여 9서당 조직을 완비하였다.
⑤ 문무왕을 위해 감은사와 문무 대왕릉을 조성하였고, 만파식적 설화가 전해진다.
⑥ 국학을 설치하여 관리를 양성하였다.

> **녹읍 폐지, 관료전 지급**
>
> • (신문왕 7년) 교서를 내려 문무 관료들에게 토지를 차등 있게 주었다.
> • (신문왕 9년) 봄 정월에 중앙과 지방 관리들의 녹읍을 폐지하고 해마다 조(租)를 차등 있게 주고 이를 일정한 법으로 삼았다.
> — "삼국사기" —
>
> ▶ 신라의 관리는 일하는 대가로 녹읍을 지급받았는데, 녹읍은 수조권뿐만 아니라 토지의 노동력 징발권까지 행사할 수 있었다. 신문왕의 녹읍 폐지는 결국 토지에 속한 노동력 징발을 금지한 것으로 진골 귀족의 경제적 기반을 약화시킨 것이다.

(4) 성덕왕
① 국가의 토지 지배력 강화와 수취 체제 정비를 위해 백성에게 정전을 지급하였다.
② 발해(장문휴)가 당의 등주를 공격하였을 때, 당의 요청으로 발해의 남부를 공격하였다.
③ 적극적인 외교를 통해 당으로부터 패강(대동강) 이남에 대한 영유권을 인정받았다(735).

(5) 6두품의 진출 : 골품제의 제한으로 신분적 차별이 있었으나, 전제 왕권을 뒷받침하며 왕의 조언자 또는 정치적 실무자의 역할을 하면서 세력을 확장하였다.

2. 왕권의 동요

(1) 경덕왕
① 진골 귀족의 견제로 왕권이 흔들리기 시작하였다.
② 부왕의 업적을 기리고자 성덕 대왕 신종의 제작에 들어갔으나 후대(혜공왕)에 완성되었다.
③ 진골 귀족의 반발로 녹읍이 부활하였고, 사원의 면세전도 증가하여 국가 재정을 압박하였다.

(2) 혜공왕
① 무열왕계의 왕위를 계승한 마지막 왕으로, 8살의 어린 나이에 즉위하자 왕권의 기반이 약해 대공의 난·96각간의 난이 발생하는 등 정치가 혼란스러웠다.
② 김지정이 반란을 일으켜 혜공왕을 살해하였고, 이후 상대등 김양상이 김지정을 진압한 후 선덕왕으로 즉위하였다(김지정의 난, 780).

김춘추의 왕위 계승
진덕 여왕을 마지막으로 성골의 대가 끊기자 삼국 통일 과정의 주역이었던 김춘추가 진골로서는 최초로 왕위에 오르게 되었다. 이후 무열왕계가 왕위를 계승하며 왕권이 강화되었다.

달구벌(대구) 천도 계획
신문왕의 천도 계획은 왕경에 근거지를 둔 진골 귀족의 반발과 막대한 비용 문제로 실현되지 못하였지만, 기존 귀족 세력을 견제하고자 하는 왕권 강화 정책의 한 방편으로 모색되었다.

문무 대왕릉

삼국 통일을 이룩한 문무왕은 자신의 시신을 불교식으로 화장하여 동해에 묻으면 용이 되어 동해로 침입하는 왜구를 막겠다고 유언하였다. 이에 시신을 화장하여 대왕암 일대에 뿌리고 장례를 치렀다고 한다.

패강진
성덕왕 시기 패강 유역에 대한 영유권을 공식적으로 인정받고 이 지방에 대한 개척을 시작하였다. 군현을 설치하는 작업을 거쳐 선덕왕 시기(782) 패강진(황해도 평산)을 설치하였다. 한주와 구별되는 군사적인 성격의 독자적 광역권으로 이 지역을 통치하였다.

김지정의 난(780)
혜공왕 시기 전제 왕권이 한계에 도달한 상황에서 진골 귀족의 대대적인 반란이 일어났다. 그중 왕족 김지정은 혜공왕의 정치적 문란함을 모함하며 반란을 일으켜 혜공왕을 살해하였으나, 상대등 김양상의 반격으로 역시 목숨을 잃었다. 김양상은 이후 선덕왕으로 즉위하였다.

제6장 통일 신라의 발전

	~ 지증왕	법흥왕~진덕 여왕	무열왕~혜공왕	선덕왕~경순왕
"삼국사기"	상대		중대	하대
	성골		무열계 왕권 강화	내물계 왕권 쇠퇴
"삼국유사"	상고	중고	하고	
	고유 왕명	불교식 왕명	중국식 시호	

▲ 신라의 시기 구분

2 통일 신라의 통치 체제

1. 통일 신라의 중앙과 지방 통치 체제

구분		통일 신라
중앙	국정 총괄	시중 : 집사부의 장관, 진골 출신 임명, 왕권 옹호 역할 담당
	행정 기구	집사부 아래 13부 : 병부(군사·국방), 조부(공물·부역), 창부(재정·회계), 위화부(관리 임명), 예부(의례·교육)
	감찰 기구	사정부
	교육 기관	국학
지방 행정 구역		• 9주 5소경 : 전국을 9주로 분리, 수도 보완을 위해 5소경 설치, 주 아래 군·현을 설치하여 지방관 파견, 군·현 아래 촌은 촌주가 지배, 특수 행정 구역으로 향·부곡 설치 • 지방 견제 : 상수리 제도, 외사정 파견
군사		• 9서당 : 중앙군, 고구려·백제·말갈인을 포함하여 구성 • 10정 : 지방군, 주에 1정씩 배치하고 한주에는 2정 배치

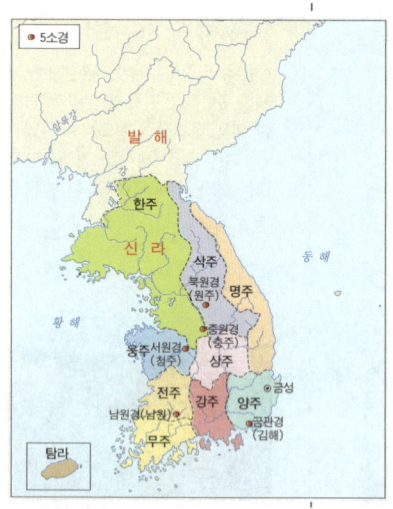

▲ 지방 행정 조직

9서당

구성인	군대
신라인	녹금 서당, 자금 서당, 비금 서당
백제인	백금 서당, 청금 서당
고구려인	황금 서당, 벽금 서당, 적금 서당
말갈인	흑금 서당

서당은 진평왕 시기 처음 설치된 이후 신문왕 시기에 9개가 완비되었다. 초기의 서당은 신라인으로 구성되었으나, 백제와 고구려가 멸망한 후 그 유민을 수용하여 9서당을 완성하였으므로 민족 통합의 성격을 가지고 있었다.

품주(稟主)

진흥왕 시기에 설치(565)된 조세 출납을 담당하는 재정 기관이다.

2. 특징

(1) 집사부와 시중의 권한 강화

① 집사부는 진덕 여왕이 품주를 개편하여 만든 최고 행정 관서이며, 왕명을 받들고 행정 부서를 관장하였다.

② 집사부의 장관인 시중(중시)에는 진골 출신이 임명되었다.

③ 6두품은 대개 집사부의 차관직인 시랑에 임명되어 왕권을 보좌하며 세력 확대를 기대하였다.

(2) 지방 행정 체제

① 9주 5소경 제도는 균형적인 지역 발전과 효율적인 지방 통제를 목적으로 하였다.

② 향·부곡에 속한 사람은 양민에 비해 차별을 받았으며, 향·부곡은 조선 전기에 소멸하였다.

③ 지방 견제를 위해 외사정을 파견하고, 지방 귀족의 자제를 볼모로 삼는 상수리 제도를 실시하였다.

> **5소경**
>
> 지증왕 때 설치된 소경은 신라가 새로 편입한 영토의 피정복민을 회유하기 위해 중앙 귀족이나 그 자체를 원 거주지에서 각 5소경으로 이주시킨 특수 지방 행정 구역이다. 신문왕 때 고구려 유민들이 세운 보덕국을 없애고, 그 주민을 이주시켜 남원 소경을 만들면서 5소경 체제가 완성된다. 5소경의 위치와 이름에 변화가 있었지만, 일반적으로 북원 소경(강릉)·금관 소경(김해)·서원 소경(청주)·남원 소경(남원)·중원 소경(충주, 국원 소경의 개칭)을 말한다.

3 신라 말 호족 세력의 성장과 후삼국의 성립

1. 신라의 왕권 약화와 사회 혼란
(1) 귀족 연합 정치 운영
  ① 사회 모순과 권력 다툼 속에서 혜공왕이 살해되고 내물왕계가 왕위를 계승하는 신라 하대가 시작되었다.
  ② 왕권은 약화되었으며, 중앙 귀족들 사이에 왕위 쟁탈전이 빈번하게 일어났다.

(2) 국가 재정 악화와 사회 혼란 심화
  ① 지배층의 사치와 향락으로 국가 재정이 악화되어 농민에 대한 수탈이 심화되었다.
  ② 농민의 부담이 늘어난 상황에서 자연재해가 발생하고 전염병이 돌자 각지에서 농민 봉기가 발생하였다.

신라 말의 농민 봉기

> 진성 여왕 3년(889), 나라 안의 여러 주·군에서 공부를 바치지 않으니 창고가 비고 나라의 쓰임이 궁핍해졌다. 왕이 사신을 보내어 독촉하자, 곳곳에 도적이 벌떼처럼 일어났다. 이에 원종·애노 등이 사벌주(상주)에 의거하여 반란을 일으키니 왕이 나마 벼슬의 영기에게 명하여 잡게 하였다.
>
> — "삼국사기" —

▶ 신라 말 진골 귀족들 간의 왕위 쟁탈전과 사치스러운 생활로 농민의 부담이 가중되었다. 특히 9세기 이후 자연재해까지 발생하자 이를 견디지 못한 농민들이 곳곳에서 농민 봉기를 일으켰다. 진성 여왕 3년(889) 신라 사벌주(상주)에서 원종과 애노가 봉기를 일으켰고, 진성 여왕 10년(896) 붉은색 바지를 입고 저항한 농민군의 무리인 적고적이 봉기를 일으켜 한때 수도를 위협하였다.

2. 새로운 세력의 성장
(1) 호족
  ① 호족은 성주나 장군을 자칭하던 지방의 토착 세력으로, 정부의 통제에서 벗어나 독립적인 정치 세력으로 성장하였다.
  ② 출신 성분은 권력 투쟁에서 밀려난 몰락한 중앙 귀족, 무역 종사 재력가, 군진 세력(군인), 지방 토착 촌주 등이었다.
  ③ 6두품 출신의 유학생 및 선종 승려 등과 결탁하여 신라 골품제를 비판하였다.

(2) 6두품 세력
  ① 신라 중대에 왕권과 결탁하여 세력 확대를 위해 노력하였다.
  ② 신라 말기 골품제의 한계로 인해 호족과 결탁하거나 은둔하였다.

3. 후삼국의 성립
(1) 후백제(900)
  ① 군인 출신인 견훤이 완산주(전주)에 후백제를 건국하였는데, 우세한 경제력을 바탕으로 후삼국 시기 군사적 우위를 확보하였다.
  ② 의자왕의 복수를 내세우며 신라에 적대적인 입장을 견지하였고, 신라의 경주를 침략해 경애왕을 살해하는 등 신라인의 민심을 잃어 삼국 통일의 주도권을 고려에 넘겨주었다.

(2) 후고구려(901)
  ① 신라 왕족 출신인 궁예가 송악(개성)에 후고구려를 건국하였다.
  ② 국호를 마진으로 바꾸고 철원으로 천도한 후 국호를 다시 태봉으로 바꾸고 새로운 관제를 마련하면서 후백제와 경쟁하였다.
  ③ 궁예는 지나친 조세 수탈과 미륵 신앙을 이용한 전제 정치로 인해 왕건에게 축출되었다.

신라 말 왕위 쟁탈전
- 김헌창의 난(822) : 선덕왕이 죽은 뒤 김헌창이 자신의 아버지(김주원)가 왕이 되지 못한 데 불만을 품고 반란을 일으켰다.
- 장보고의 난(846) : 해상 무역으로 성장한 장보고가 왕위 쟁탈전에 가담하여 신무왕을 즉위시켰다. 훗날 장보고는 문성왕 때 제거되었으며, 이후 청해진도 폐쇄되었다(851).

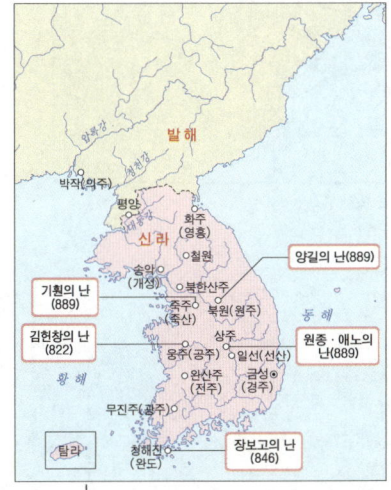

▲ 신라 말의 농민 봉기와 왕위 쟁탈전

후고구려의 도읍 이동

후고구려(송악) → 마진(철원) → 고려(송악)

왕건

송악(개성)을 근거지로 하여 성장한 호족 세력으로, 궁예 밑에서 활동하며 덕망을 쌓았다. 패강진 등의 군진 세력·해상 세력을 규합하였고, 나주 지역에서 후백제를 공략하였다. 이후 궁예를 몰아내고 삼국 통일을 달성하였다.

Ⅰ. 우리 역사의 형성과 고대 국가의 발전

제7장 발해의 성립과 발전

1 발해의 성립과 발전

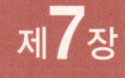
▲ 발해 5경

1. 발해의 건국 [중요]

(1) 건국(698) : 대조영(고왕)이 고구려 유민과 다수의 말갈 집단을 이끌고 만주 동부 지역으로 이동하여 발해를 건국하였다.

(2) 발해의 성격
① 황제국 표방 : 독자적인 연호를 사용하고, 묘지에 '황상', '황후'라는 표현을 사용하는 등 대외적으로 중국과 대등한 황제국임을 표방하였다.
② 고구려 계승
  ㉠ 발해의 지배층 대다수가 고구려 유민으로 구성되었다.
  ㉡ 일본에 보낸 국서에 '발해왕'을 '고려국왕'이라고 지칭하였다.
  ㉢ 고구려 양식을 계승한 무덤·온돌 장치·석탑·불상 등이 발견된다.

> **발해의 고구려 계승**
>
> • 발해 말갈의 대조영은 본래 고구려의 별종이다. 고구려가 망하자 대조영은 그 무리를 이끌고 영주로 이사하였다. …… 대조영은 드디어 그 무리를 이끌고 동쪽 계루의 옛 땅으로 들어가 동모산을 거점으로 하여 성을 쌓고 거주하였다. 대조영은 용맹하고 병사 다루기를 잘하였으므로 말갈의 무리와 고구려의 남은 무리가 점차 그에게 들어갔다.
> – "구당서" –
> • 부여씨와 고씨가 망한 다음에 김씨의 신라가 남아 있고 대씨의 발해가 북에 있으니 이것이 남북국이다. …… 저 대씨는 어떤 사람인가 바로 고구려 사람이다. 그들이 차지하고 있던 땅은 어떤 땅인가. 바로 고구려의 땅이다.
> – 유득공, "발해고" –

➡ 고구려가 멸망한 이후 당이 고구려의 영토를 관장하였다. 그러나 거란족이 반란을 일으킨 틈을 타서 고구려의 유민이었던 대조영이 무리를 이끌고 동모산에서 발해를 건국하였다. 조선 후기의 실학자인 유득공은 발해를 건국한 세력이 고구려계 유민이고, 그 영역이 고구려의 땅이었으므로 발해의 역사를 우리의 역사로 보아야 한다고 주장하였다.

2. 발해의 발전 [중요]

(1) 무왕(연호 '인안')
① 발해의 성장으로 당이 흑수부 말갈을 이용하여 발해를 견제하자 무왕이 장문휴를 보내어 당의 등주를 공격하였다.
② 무왕은 거란·돌궐과 함께 대당 강경책을 펼쳤으나 재위 말기에 거란이 당에 격파되고 돌궐에 내분이 발생하자 당에 화친 정책을 취하였다.

(2) 문왕(연호 '대흥')
① 당과 친선 관계를 맺고 당의 제도와 문물을 적극 수용하였다.
② 신라와는 상경에서 시작하여 동해안을 따라 신라에 이르는 신라도를 이용하여 교류하였다.
③ 3차례 발해의 수도를 옮겨 주변 말갈을 견제하고, 지역을 균형적으로 개발하였다.

(3) 선왕(연호 '건흥')
① 대부분의 말갈을 복속시켰으며, 요동 지역에 진출하는 등 영토를 크게 확장하여 '해동성국(海東盛國)'이라 불렸다.
② 광대한 영토를 효과적으로 통치하기 위하여 5경 15부 62주의 지방 행정 제도를 완성하였다.

무왕과 그의 동생 대문예

당이 흑수부 말갈을 이용하여 발해를 견제하려 하자 무왕은 동생 대문예에게 흑수부 말갈을 공격하라고 지시하였다. 그러나 당의 장안에 머물던 대문예가 당의 강성함을 보고 무왕의 출정 명령에 반대하였다. 이에 무왕은 거듭된 출정 명령을 거부한 대문예를 처벌하고자 하였으나 이를 눈치 챈 대문예가 당으로 망명하였다. 그러자 무왕은 장문휴에게 당의 등주를 공격하라고 지시하였다. 이후 무왕은 거란·돌궐과 힘을 합해 당을 압박하였다.

문왕의 천도

동모산에서 시작된 발해는 문왕 시기 중경을 건설하고 1차 천도를 실시하였다. 이후 중경에서 상경으로, 다시 상경에서 동경으로 총 3차례에 걸쳐 천도를 실시하였다.

3. 발해의 대외 관계

(1) 당과의 관계
  ① 건국 초기부터 발해와 대립 관계였던 당은 흑수부 말갈을 이용하여 발해를 견제하고자 하였다.
  ② 문왕 때부터 당과 화친 정책을 취하면서 교류가 활발히 진행되었다.

(2) 거란·돌궐과의 관계
  ① 발해가 당과 대립 관계였을 때 발해는 거란 및 돌궐과 연합하여 당에 저항하였다.
  ② 거란과 돌궐이 쇠퇴하자 발해는 당과 화친 정책을 취하였다.

(3) 신라와의 관계
  ① 당의 요청을 받은 신라가 발해에 군대를 파견하여 대립하였으나, 문왕 때에 이르러 신라도를 통해 서로 교류하였다.
  ② 쟁장 사건(사신 간 자리다툼)과 등제 서열 사건(빈공과 합격 서열 다툼) 등 경쟁 사건이 발생하였다.

(4) 일본과의 관계 : 신라를 견제하기 위해 무왕 때 처음 국교를 맺었으며, 이후 발해 사신이 30여 차례 일본을 방문하였다.

4. 발해의 멸망

(1) 멸망(926) : 선왕 이후 귀족들의 권력 투쟁이 격화되던 중에 10세기 초 부족을 통일한 거란족의 침략으로 멸망하였다.
(2) 부흥 운동 : 발해 멸망 후 부흥 운동이 진행되었으나 실패하였고, 발해 왕자 대광현은 고려에 망명하였다.

2 발해의 통치 체제

1. 발해의 통치 체제

구분		통일 신라
중앙	국정 총괄	대내상 : 정당성의 장관
	행정 기구	3성 6부 : 좌·우사정의 이원적 체계
	감찰 기구	중정대
	교육 기관	주자감
	서적 관리	문적원
지방 행정 구역		5경 15부 62주
군사		• 10위 : 중앙군, 왕궁·수도 경비 • 지방군 편성

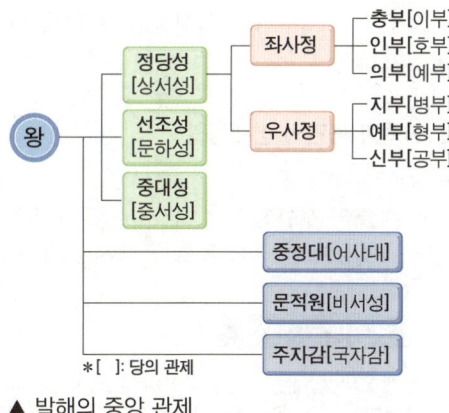

▲ 발해의 중앙 관제

2. 특징

(1) 중앙
  ① 3성 6부 제도는 당의 제도를 수용하였으나, 명칭과 운영에서 독자성을 유지하였다.
  ② 국가의 중대사는 정당성에서 결정하였으며, 정당성의 장관인 대내상이 국정을 총괄하였다.

(2) 지방
  ① 5경은 상경 용천부·중경 현덕부·동경 용원부·남경 남해부·서경 압록부를 말한다.
  ② 전국을 15부로 나누고 부 아래에 62주를 편성하였다.
  ③ 부에는 도독을, 주에는 자사를, 현에는 현승을 두었다.

쟁장 사건(897)

발해 왕자 대봉예가 당에 사신으로 갔을 때 신라 사신보다 윗자리에 앉기를 청하였으나 당이 거부한 사건이다.

등제 서열 사건(906)

당의 빈공과 등제 석차에서 신라의 최언위가 발해의 오광찬보다 앞서자 당에 사신으로 와 있던 오광찬의 아버지가 빈공과 석차 변경을 요구하다 거부당한 사건이다.

발해의 멸망과 부흥 운동

발해의 마지막 왕인 대인선이 통치하던 시기는 중국이 5대 10국으로 분열된 때였다. 이러한 혼란을 틈타 거란족이 흥기하였는데, 거란은 중국을 공략하기에 앞서 발해를 먼저 공격하여 멸망시켰다. 이후 발해를 다시 부흥시키기 위해 '후발해국', '정안국', '대발해국' 등이 등장하였지만 모두 실패하였다.

정당성

정당성의 명칭은 당의 재상들이 정무를 처리하는 정사당에서 유래하였다. 당의 상서성에 해당하는 기구였지만, 발해 최고 기관의 역할을 하였다. 당의 3성이 정책 결정, 정책 심의, 정책 집행의 업무를 분담하여 서로 견제하도록 한 것과 달리 발해의 정당성은 내내상에 권력이 집중되어 있었다.

I. 우리 역사의 형성과 고대 국가의 발전

제8장 고대의 경제생활과 사회 모습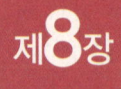

1 삼국의 경제생활

1. 삼국의 경제 정책
(1) **전쟁 활동과 경제 정책** : 정복 지역에서 공물을 거두었고, 전쟁 포로는 노비로 삼았으며, 군공을 세운 자에게는 식읍을 지급하였다.
(2) **세금 제도 마련** : 조세는 재산을 기준으로 하여 호(戶) 단위로 곡물과 포로 거두었고, 공물은 특산물로 거두었으며, 역은 15세 이상의 남자에게서 징발하였다.
(3) **농민 경제 안정 정책**
   ① 농업 생산력을 증대하기 위해 철제 농기구를 보급하였고, 소를 이용한 경작 방식인 우경을 장려하였으며, 황무지 개간과 저수지 확충을 위해 노력하였다.
   ② 흉년 시 곡식을 대출해 주는 진대법(고구려 고국천왕)이 실시되었다.
(4) **수공업과 상업**
   ① 초기 수공업은 주로 노비가 무기와 장신구를 제작하는 방식이었으나, 국가 체제가 정비된 이후에는 해당 관청에 수공업자를 소속시켜 제작하는 방식으로 바꾸었다.
   ② 상업은 수도와 대도시를 중심으로 이루어졌으며, 소지왕 때 처음 시장이 개설된 이후 지증왕 때 동시와 감독 관청인 동시전이 설치되었다.
(5) **무역**
   ① 주로 공무역 형태로 이루어졌으며, 4세기 이후 크게 발달하였다.
   ② 고구려는 남북조 및 북방 유목민과, 백제는 남조 및 왜와 교류하였다.
   ③ 신라는 고구려와 백제를 통해 중국과 교류하다가 한강 유역을 장악한 이후 중국과 직접 교류하였다.

2. 귀족과 농민의 경제생활
(1) **귀족**
   ① 귀족은 개인적으로 재산·녹읍·식읍·노비를 소유하고 풍족한 생활을 하였다.
   ② 농민보다 유리한 생산 조건으로 부를 축적하였고, 고리대를 활용하였다.

> **귀족의 경제생활**
> 재상의 집에는 녹이 끊이지 않으며, 노비가 3천 명, 갑옷과 무기와 소, 말, 돼지의 수가 이와 맞먹는다. …… 곡식을 남에게 빌려주고 이자를 받아 늘리는데 기간 안에 갚지 못하면 노비로 삼아 일을 시켰다.
> - "신당서" -

▶ 신라의 귀족은 고리대를 통해 빚을 갚지 못한 농민을 노비로 만들고 사치스럽고 호화로운 생활을 즐겼다.

(2) **농민**
   ① 사유지와 소작지를 경작하였으나 비료 기술이 낙후되어 연작이 불가능하였으므로 생산력이 낮았다.
   ② 국가의 각종 사업이나 전쟁에 동원되거나 물자를 조달해야 하였다.
   ③ 국가의 과도한 수탈로 인해 노비·유랑민·도적으로 몰락하였다.

식읍
공신과 왕족 등에게 지급한 토지로, 조세 수취와 노동력 징발이 가능하였다.

삼국의 토지 측량 단위
- 고구려 : 경무법(경묘법), 밭이랑 기준
- 백제 : 두락제, 파종량 기준
- 신라 : 결부법, 수확량 기준

진대법(賑貸法)
고국천왕이 을파소의 건의를 받아들여 실시한 제도로, 춘궁기(3월~7월)에 곡식을 대여한 후 수확기(10월)에 갚게 하였다. 이러한 빈민 구휼 제도는 고려 시대에 의창 제도로, 조선 시대에 환곡 제도로 발전하였다.

녹읍
관리들이 복무의 대가로 국가로부터 지급받은 토지로, 조세와 특산물을 거두고 노동력을 징발할 수 있었다.

2 남북국 시대의 경제 변화

1. 통일 신라의 경제 정책
(1) 삼국 통일 후 경제 조치
  ① 삼국 통일 후 피정복 지역의 갈등을 해소하고 사회를 안정시키기 위해 노력하였다.
  ② 조세는 수확량의 10분의 1을, 공물은 촌락 단위로 지역의 특산물을, 역은 16세~60세 남자를 대상으로 군역과 요역을 부과하였다.
(2) 민정 문서 : 신라 장적, 신라 촌락 문서
  ① 조세와 요역을 부과하기 위해 만들어진 세금 장부로, 일본 도다이 사 쇼소인에서 발견되었다.
  ② 촌주가 매년 변동 사항을 조사하여 자연촌 단위로 3년마다 작성하였다.
  ③ 4개 촌락의 이름, 마을의 영역, 호구(戶口)·가축·수목(樹木)의 감소 등이 기록되어 있다.
(3) 토지 제도 개편
  ① 신문왕 시기 관료전을 지급하고, 식읍을 제한하였으며 녹읍을 폐지하였다.
  ② 성덕왕 시기 왕토 사상에 근거하여 정전을 지급하였다.

2. 통일 신라의 경제 활동
(1) 시장의 증가
  ① 인구와 농업 생산력의 증가로 인해 동시 이외에도 효소왕 시기에 서시와 남시가 설치되었고, 시장을 다스리던 관아인 서시전과 남시전도 설치되었다.
  ② 신문왕 때 9주 5소경이 정비되면서 각 소경과 주요 거점 도시에 시전이 설치되었다.
(2) 대외 무역
  ① 당과의 긴밀한 관계로 공·사무역이 발달하여 산동 반도와 양쯔 강 하류에 신라방·신라촌(신라인 거류지), 신라소(신라인 자치 행정 기구), 신라관(여관), 신라원(절) 등이 설치되었다.
  ② 쓰시마 섬과 규슈에 신라 무역소를 설치하는 등 8세기 이후 일본과의 무역이 활발히 전개되었다.
  ③ 장보고가 청해진을 설치하고(828), 해상 무역권을 장악하였다.

3. 귀족과 농민의 경제생활
(1) 귀족 : 신문왕 때 녹읍이 폐지되고 관료전이 지급되면서 경제적 특권이 제한되었지만, 금입택(金入宅)에 사는 등 호화로운 생활을 하였다.
(2) 농민
  ① 이전에 비해 농업 생산력은 늘었지만 과도한 세금 부담으로 경제생활은 여전히 불안정하였다.
  ② 전세는 생산량의 10분의 1 정도였고, 삼베·명주실·과실류 등을 공납으로 납부하였다.
  ③ 특수 행정 구역인 향·부곡민은 농민보다 더 많은 공물을 부담하였다.

4. 발해의 경제 발달
(1) 농업 : 밭농사 위주로 철제 농기구를 널리 사용하였으며, 목축과 수렵이 발달하였다.
(2) 수공업 : 철·구리·금·은 등 금속 가공업과 직물업, 도자기업 등이 발달하였다.
(3) 상업 : 상경 용천부 등 도시와 교통의 요충지에 상업이 발달하였다.
(4) 무역
  ① 당·신라·거란·일본과 대외 무역을 전개하였으며, 산동 반도에 발해관을 설치하였다.
  ② 대당 무역의 수출품은 모피·인삼·불상·자기 등이고, 수입품은 비단·책 등이다.

▲ 민정 문서

촌주위답	촌주에게 주어진 토지
연수유답	국가로부터 인정받은 농민의 개인 소유지로 성덕왕이 지급한 정전에 해당
내시령답	관료에게 지급한 토지
관모답	관청 경비를 위한 토지

▲ 민정 문서에 나타난 토지

관료전
관료들이 복무의 대가로 국가에서 받은 토지이다. 조세를 수취할 수 있는 수조권만 받았다.

왕토 사상(王土思想)과 정전 지급
왕토 사상은 모든 토지가 왕의 것이라는 사상이며, 이를 근거로 정전이 지급되었다. 그러나 실제로 모든 토지를 국가에서 지급했다기보다는 이미 있던 사유지를 국가가 인정해 주고, 토지가 없는 백성에게는 국유지를 지급하였을 것으로 이해된다.

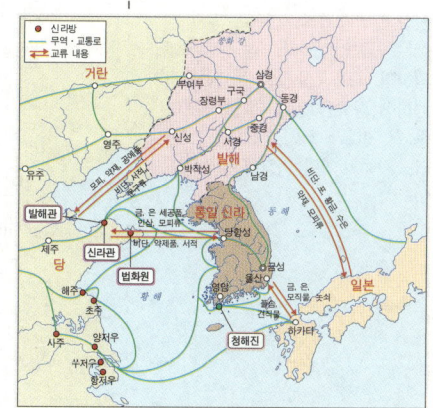
▲ 남북국 시대의 무역로

I. 우리 역사의 형성과 고대 국가의 발전 **35**

제8장 고대의 경제생활과 사회 모습

3 삼국의 사회

1. 사회 계층과 신분 제도
(1) **신분 사회의 형성** : 정복 전쟁으로 부족이 통합되는 과정에서 위계 서열이 성립하여 신분 제도가 형성되었다.
(2) **초기의 신분 제도** : 부여·초기 고구려·삼한 등의 신분에는 가·대가·호민·하호·노비 등이 존재하였다.
(3) **삼국 시대의 신분** : 삼국 시대에 이르면 신분이 율령 등을 통하여 법적 구속력을 가지게 되며, 귀족·평민·천민으로 엄격히 구분되었다.

2. 고구려의 사회 모습
(1) **사회 계층** : 왕족 고씨를 비롯한 5부 출신의 귀족이 국정을 운영하였으며, 평민은 대부분 농민으로 국가에 세금을 납부하였고, 피정복민이나 몰락한 평민은 노비가 되었다.
(2) **사회 제도** : 반역·반란·적에게 항복한 자·전쟁에 패한 자·도둑질한 자 등에 대한 엄격한 형벌이 적용되었으며, 진대법과 같은 사회 제도가 실시되었다.
(3) **사회 풍습** : 형사취수제와 서옥제의 풍습이 있었고, 평민은 자유롭게 교제와 결혼을 하였다.

3. 백제의 사회 모습
(1) **사회 문화** : 언어·풍속·의복은 고구려와 비슷하며, 일찍부터 중국과 교류하며 선진 문화를 수용하였다.
(2) **지배층의 생활** : 지배층으로는 왕족(부여씨)과 8성의 귀족이 있으며, 한문에 능숙하였고, 투호·바둑·장기 등의 오락을 즐겼다.

> **백제의 형벌**
> - 사람을 죽인 사람은 노비 3명을 바쳐야만 죄를 면한다. — "구당서" 동이열전 백제 —
> - 부인이 간음을 하면 그 여자를 남편 집의 종으로 삼는다. — "주서" 이역열전 백제 —
> - 형벌을 보면 모반하거나 전쟁에서 퇴각한 자 및 살인을 한 사람은 참수하였다. 도적질한 사람은 유배시키고 도적질한 물품의 2배를 물게 하였다. 부인으로서 간통죄를 범하면 남편 집의 계집종으로 삼았다. — "주서" 이역열전 백제 —
>
> ▶ 백제를 비롯한 삼국의 형벌은 가부장 사회의 특징과 노비제, 사유 재산제가 강조되었다. 또한 국가에 대한 반역·모반·퇴각은 가혹하게 다루어졌다.

4. 신라의 사회 제도 [중요]
(1) **화백 회의** : 고구려나 백제에 비해 중앙 집권화가 늦게 이루어져 부족의 대표들이 국가의 중대사를 결정하는 합의제적 전통이 오랫동안 유지되었다.
(2) **골품 제도**
  ① **성립** : 지배층을 위한 신분 제도로 법흥왕 때 법제화되었다.
  ② **성격** : 개인의 일상생활·사회 활동·정치 활동을 엄격히 제한하였기 때문에 6두품의 불만이 컸다.
  ③ **내용**
    ㉠ 골품 제도는 처음 왕족을 대상으로 하는 골제와 일반 귀족을 대상으로 하는 두품제가 각기 별도의 체계를 갖고 있다가 법흥왕 때 하나의 체계로 통합되었다.
    ㉡ 성골은 김씨 중에서 왕이 될 수 있는 최고 신분을 의미하며, 진덕 여왕은 마지막 성골이었다.
    ㉢ 진골은 왕이 될 수 없는 왕족을 지칭하나 성골이 소멸된 후에는 진골이 왕이 되었다.

무용총 벽화

신분에 따라 사람의 크기가 다르게 표현되어 있다.

초기의 신분 제도
- 가(加), 대가(大加) : 부여·고구려 시대 권력자들을 의미한다. 호민을 통하여 읍락을 지배하는 한편, 자신이 거느리는 관리와 군사력을 통해 세력을 확장한 후 차츰 중앙 귀족으로 편입되었다.
- 호민(豪民) : 경제적으로 부유한 평민 계층으로, 귀족과 하호 사이에 위치하며, 귀족을 대신하여 하호를 지배하였다.
- 하호(下戶) : 일반적으로 농업에 종사하는 평민이며, 전쟁 물자의 조달을 담당하거나 잡역부로 동원되었다.
- 노비 : 읍락의 최하층으로, 주인에게 예속되어 생활하는 천민이었다.

백제 8성 귀족
진씨·해씨·국씨·목씨·사(택)씨·연씨·백씨·협씨를 말한다.

화백 회의
신라의 귀족 회의 기구로, 의결 방식은 만장일치였다. "삼국유사"에 의하면, 4곳의 신령스러운 땅을 지정하여 중요한 일이 발생하면, 이 중 한 곳에서 회의를 하였다고 한다. 화백 회의의 의장은 상대등이었다.

② 6두품은 두품제의 최고 지위를 의미하며, '득난(得難)'이라고도 하였다.
⑩ 6두품에서 4두품은 관리가 될 수 있는 상위 계급이며, 3두품~1두품은 통일 이후 평민, 백성이 되었다.

골품 제도에 의한 가옥 규제

> 진골. 방은 길이와 너비가 24자를 넘지 못하고 장식 기와를 덮지 못하며 …… 6두품. 방은 길이와 너비가 21자를 넘지 못하고 장식 기와를 덮지 못하며 …… 5두품. 방은 길이와 너비가 18자를 넘지 못하고 느릅나무를 쓰지 못하며, 장식 기와를 덮지 못하고 …… 4두품에서 백성. 방은 길이와 너비가 15자를 넘지 못하고 느릅나무를 쓰지 못하며 ……. – "삼국사기" –

▶ 신라는 골품에 따라 가옥의 크기와 장식까지 규제하는 등 개인의 일상생활에서 정치 활동에 이르기까지 엄격하게 제한하였기 때문에 신라 말 사회 모순이 증폭되었다.

(3) 화랑도
① 원시 사회 청소년 집단에서 기원하였으며, 화랑(귀족 자제)과 낭도(귀족~평민)로 구성되었다.
② 진흥왕 때 국가적인 조직으로 정비되었으며, 삼국 통일 과정에 중요한 역할을 담당하였다.
③ 화랑도는 계층 간의 대립과 갈등을 조절하고, 전통적 사회 규범과 질서를 익히며, 인재 양성의 기능을 하였다.
④ 세속오계는 원광이 화랑에게 알려준 계율이다.

4 남북국의 사회

1. 통일 신라의 사회 [중요]

(1) **민족 통합**: 삼국 통일 과정 중 백제와 고구려의 유민을 포용하여 신라의 관등을 부여해 주거나 중앙군인 9서당에 편성하였다.

(2) **골품 제도의 변화**
① 진골은 중앙 관청의 장관직(시중, 상대등 등)을 독점하였고, 합의를 통하여 국가의 중대사를 결정하였다.
② 6두품은 학문적 식견과 실무 능력을 바탕으로 국왕을 보좌하며 세력을 확장하였으나, 골품제의 제약으로 신라 말 반사회적 성향을 띠거나 은둔하였다.
③ 3두품에서 1두품은 일반 평민과 동등하게 간주되었다.

(3) **통일 신라 말의 사회 모순**
① 지방에 대한 통제력이 약화되면서 지방에서 세력을 키운 호족과 선종 승려들이 신흥 세력으로 성장하였다.
② 귀족들의 정권 다툼, 대토지 소유 확대, 지방 통제력 약화, 자연재해 증가 등으로 농민의 고통이 가중되었다.
③ 진성 여왕 때 농민에게 과도하게 조세를 강요하자 원종과 애노의 난을 시작으로 농민 봉기가 전국적으로 확산되었다.

2. 발해의 사회

(1) **신분 구성**
① 지배층은 왕족 대씨와 귀족 고씨 등의 고구려계 사람이며, 피지배층은 다수가 말갈인이었다.
② 말갈인은 고구려 전성기 때 고구려에 편입되었으며, 그들 중 일부는 지배층이 되었다.

(2) **문화**: 상층 사회에서는 당에 유학하여 빈공과에 응시하는 등 당의 문화를 적극 수용하였고, 하층 사회에서는 고구려나 말갈의 전통 생활을 오랫동안 유지하였다.

신라 관등표

등급	관등명	진골	6두품	5두품	4두품	공복
1	이벌찬					자색
2	이 찬					
3	잡 찬					
4	파진찬					
5	대아찬					
6	아 찬					비색
7	일길찬					
8	사 찬					
9	급벌찬					
10	대나마					청색
11	나 마					
12	대 사					황색
13	사 지					
14	길 사					
15	대 오					
16	소 오					
17	조 위					

진골은 관직 등급에 제한이 없었지만, 6두품은 6등급까지, 5두품은 10등급까지, 4두품은 12등급까지 제한이 있었다.

세속오계(世俗五戒)
- 사군이충(事君以忠): 충성으로써 임금을 섬김
- 사친이효(事親以孝): 효도로써 어버이를 섬김
- 교우이신(交友以信): 믿음으로써 벗을 사귐
- 임전무퇴(臨戰無退): 싸움에 임해서는 물러남이 없음
- 살생유택(殺生有擇): 산 것을 죽임에는 가림이 있음

골품 제도의 모순과 6두품

신라 말 왕권이 약화되고 진골 중심의 골품 체제에 여러 가지 사회 모순이 드러나자 6두품은 반사회적인 경향을 보였다. 최치원은 시무 10여 조를 올렸으나 진골 귀족들의 반대로 실현하지 못하고 은둔 생활을 하였으며, 최승우는 후백제의 견훤에게 들어가 봉사하였고, 최언위는 고려로 들어가 활동하였다.

Ⅰ. 우리 역사의 형성과 고대 국가의 발전

제9장 고대의 문화

1 삼국 시대의 문화

1. 한자·유교·역사서

(1) 한문의 토착화 현상 : 이두와 향찰을 이용하여 한문을 표기하는 토착화 현상이 나타났다.

(2) 유교 교육과 역사 편찬

구분	고구려	백제	신라
유교 교육	태학(소수림왕), 경당(장수왕)	5경박사, 역박사, 의박사	임신서기석에 유교 내용 기록
역사	"신집" 5권(이문진, 영양왕)	"서기"(고흥, 근초고왕)	"국사"(거칠부, 진흥왕)

신집
소수림왕 때 편찬된 것으로 추정되는 "유기" 100권을 이문진이 요약하여 5권으로 편찬하였다(600).

2. 불교·도교 〈중요〉

(1) 각국의 불교 수용

구분	고구려	백제	신라
전파	전진의 순도	동진의 마라난타	고구려의 묵호자
공인	소수림왕(372)	침류왕(384)	법흥왕(527)

호국 불교
불교는 국가 체제의 정비 및 국가의 정신적 통일에 이바지하였다. 특히 신라에서 이러한 성격이 두드러졌는데, 불교식 왕명, 세속오계, 왕즉불 사상(왕이 곧 부처), 진종 설화(왕족이 전생에 부처의 혈통) 등이 그 예이다. 백제의 미륵사나 신라의 황룡사는 대표적인 호국 불교 사찰이다.

(2) 고대 불교의 특징
① 지배층 중심으로 수용되었으며, 호국 불교의 성격이 강하였다.
② 음악·미술·건축·공예 등 고대 문화 발전에 기여하였다.

(3) 도교의 특징
① 산천 숭배, 신선 사상, 불로장생 등은 귀족 사회에서 환영을 받으며 삼국에 널리 전해졌다.
② 고구려의 도교 : 당에서 "도덕경"을 보내온 사실, 연개소문의 도교 장려, 강서고분의 사신도 등을 통해 확인할 수 있다.
③ 백제의 도교 : 산수무늬 벽돌, 백제 금동 대향로, 사택지적비 등을 통해 확인할 수 있다.

▲ 강서대묘 사신도 중 현무도

▲ 산수무늬 벽돌

▲ 백제 금동 대향로

3. 과학 기술과 금속 기술

(1) 천문학과 수학
① 천문 현상은 농경과 관련이 있고 왕의 권위를 하늘과 연결시켜 주기 때문에 국가에서 중요하게 관리하였다.
② 고구려는 고분에 별자리를 그려 넣거나 천문도를 제작하였고, 신라는 첨성대를 세워 천체를 관측하였다.
③ 석탑 등 각종 건축물에 수학 지식을 활용하였다.

(2) 금속 기술 : 백제의 칠지도와 금동 대향로, 신라의 금관 등을 통해 삼국 시대의 수준 높은 금속 기술을 확인할 수 있다.

4. 글씨·그림·음악

(1) 서예 : 광개토 대왕릉비의 서체와 명필로 유명한 신라의 김생이 유명하다.
(2) 그림 : 신라의 천마도, 신라의 솔거가 황룡사 벽에 그린 노송도가 유명하다.
(3) 음악 : 신라의 백결선생(방아타령), 고구려의 왕산악(거문고, 악곡), 가야의 우륵(가야금)이 유명하다.

▲ 첨성대

5. 탑 · 불상 중요

구분	고구려	백제		신라	
탑	목탑 건설 추측	익산 미륵사지 석탑	부여 정림사지 5층 석탑	황룡사 9층 목탑(복원)	경주 분황사 모전 석탑
불상	연가 7년명 금동 여래 입상	서산 용현리 마애 여래 삼존상		경주 배동 석조 여래 입상	

6. 고분 · 고분 벽화

고구려	• 돌무지무덤 : 초기 무덤 양식, 중국 지안 지역에 밀집, 장군총 • 굴식 돌방무덤 : 후기 무덤 양식으로 돌방을 만들고 벽과 천장에 벽화 그림, 중국 지안의 무용총 · 각저총, 평안도의 강서 고분 · 덕흥리 고분 · 쌍영총, 황해도의 안악 3호분 • 초기 무덤에는 무덤 주인의 생활상이 벽화로 표현, 후기로 갈수록 사신도와 같은 상징적인 벽화를 그림, 모줄임 천장
백제	• 한성 시기 : 돌무지무덤이 축조되어 고구려 계통임을 상징, 석촌동 고분 • 웅진 시기 : 굴식 돌방무덤과 중국 남조의 영향을 받은 벽돌무덤 축조, 공주 송산리 고분군 • 사비 시기 : 굴식 돌방무덤 축조, 부여 능산리 고분군
신라	• 돌무지덧널무덤 : 통일 이전 시기에 축조되었으며, 구조상 도굴이 어려워 많은 껴묻거리 출토, 황남대총 · 천마총

모줄임 구조

돌무지무덤		벽돌무덤
장군총	석촌동 고분	무령왕릉

▲ 다양한 고분 양식

중국 지안 통구 고분

중국 지안 지역 통구 평야에 분포하는 고구려 고분군의 총칭이며, 이 지역을 6개의 고분군으로 구분하였다. 이중 우산하 고분군은 가장 많은 고분이 밀집되어 있는 곳으로 모두 3,900여 기의 무덤이 있는데, 이곳의 대표적인 무덤으로는 장군총, 각저총, 무용총, 오회분 등이 있다.

7. **삼국 문화의 일본 전파** : 백제를 중심으로 삼국의 선진 문화가 전래되어 일본의 야마토 정권과 아스카 문화 발전에 영향을 주었다. 중요

(1) **고구려** : 고구려의 승려 담징(종이와 먹 제조 방법, 호류 사의 금당 벽화)과 혜자(쇼토쿠 태자의 스승) 등이 문화를 전수하였다.

(2) **백제** : 아직기(태자에게 한자 가르침), 왕인(천자문, 논어 전파), 노리사치계(불경, 불상 전파), 5경박사 · 의박사 · 역박사 · 공예 기술자 등이 활동하였고, 호류 사 백제 관음상과 백제 가람 양식에 영향을 주었다.

(3) **신라** : 일본에 조선술, 축제술을 전해 주었다.

(4) **가야** : 철기 문화와 토기 제작술을 전파하였다(일본의 스에키에 영향).

▲ 금동 미륵보살 반가 사유상   ▲ 목조 미륵보살 반가 사유상(일본)

제9장 고대의 문화

2 남북국 시대의 문화

1. 유학과 학문의 발달

(1) 교육 기관
  ① 통일 신라는 교육 기관으로 국학(신문왕)을 설치하고, 경전 독해 능력을 평가하는 독서삼품과(원성왕)를 실시하였다.
  ② 발해는 교육 기관으로 주자감을 설치하였다.

(2) 학문 활동
  ① 김대문은 신라 문화를 주체적으로 인식하려는 노력에서 "화랑세기(화랑들의 전기)", "고승전(승려들의 전기)", "한산기(한산주의 지리책)" 등을 저술하였다.
  ② 강수는 외교 문장가로 활동하였고, 설총은 이두를 정리하고 신문왕에게 '화왕계'를 바쳤다.

(3) 도당 유학생 : 최치원은 당의 빈공과에 급제하여 시무 10여 조를 건의하였고, "계원필경('토황소격문' 유명)"과 "사산비명('득난'이라는 표현 등 6두품에 대한 정보 제공)"을 저술하였다.

▲ 최치원

2. 불교의 발달

(1) 통일 신라의 승려

원효	• "대승기신론소", "금강삼매경론", "판비량론"을 편찬하여 불교의 사상적 기준 마련 • 일심 사상(모든 것이 한 마음에서 나옴 : "십문화쟁론"), 화쟁 사상(여러 종파 융합) • 아미타 신앙(나무아미타불이라는 염불만 외우면 극락왕생할 수 있다는 신앙)으로 불교 대중화에 기여
의상	• "화엄일승법계도"를 저술하여 화엄 사상(모든 존재는 상호 의존적 관계) 정립 • 부석사 건립, 관음 신앙(자비로 중생을 구제하는 보살)으로 불교 대중화에 기여
혜초	중국 둔황 석굴에서 발견된 "왕오천축국전" 저술

부석사

의상이 문무왕의 명으로 창건하였으며, 이후 화엄종의 중심 사찰 역할을 하였다. 부석사에는 선묘 이야기가 전해지는데, 의상이 당에 유학 갔을 때 만난 선묘라는 여자가 의상이 귀국할 때 용이 되어 의상을 보호하였고, 부석사 창건 시에는 큰 바위가 되어 도둑의 무리를 쫓아냈다고 한다. 무량수전 뒤에 있는 부석(浮石)이라는 바위가 바로 용이 된 선묘라고 전해진다.

(2) 선종
  ① 6세기 중국 달마가 창시하였으며, 9세기 도의선사에 의해 신라에 처음 전래되었다.
  ② 선종은 교종과 달리 '불립문자(不立文字)'를 주장하며 실천 수행을 통한 깨달음을 강조하였다.
  ③ 지방 문화 성장에 기여하였고, 신라 말 호족 및 6두품의 사상적 기반이 되었다.
  ④ 선종의 영향으로 승탑과 탑비가 다수 제작되었다.

> **선종의 발전**
>
> 선종은 문자를 통해 깨달음을 얻는 교종과는 달리 참선을 통해 마음 속의 진리를 깨닫는 것을 강조한 종파이다. 9세기 도당 승려인 도의선사에 의해 처음 선종이 전래되었지만 교종 승려의 반대에 직면하게 되었다. 그러나 이후 교세를 확장하여 9산 선문을 형성하게 되었고, 선종 세력은 호족 및 6두품과 함께 고려 사회 건설의 주역이 되었다. 특히 9산 선문 중 가장 늦게 개창한 해주의 수미산 광조사는 왕건과 그의 외척 세력인 황보 씨의 후원으로 건설되었다.

3. 풍수지리설

(1) 내용
  ① 9세기 도선에 의해 중국으로부터 신라에 유입되었다.
  ② 도참 신앙과 결부되어 미래를 예측하거나 지방의 중요성을 부각시키면서 신라 중앙 정부의 권위를 약화시켰다.

(2) **영향** : 비보사탑(산천의 지세를 점쳐서 결정한 자리에 세우는 절이나 탑)의 조성에 영향을 주었다.

4. 인쇄술의 발달

(1) **제지술의 발달** : 불교 문화의 발달로 불경을 대량 인쇄하면서 제지술이 발달하였다.

(2) **무구정광대다라니경** : 751년(경덕왕) 무렵에 제작된 것으로 추측되는 세계에서 가장 오래된 목판 인쇄물이며, 불국사 3층 석탑의 해체 복원 공사 중에 발견되었다.

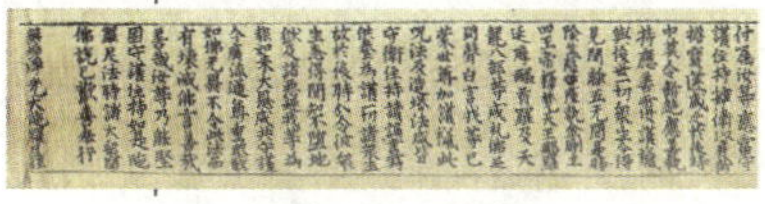

▲ 무구정광대다라니경

5. 건축 · 탑 · 불상 중요

통일 신라		발해	
 다보탑	 불국사 3층 석탑	 영광탑	 이불병좌상
 감은사지 3층 석탑	 진전사지 3층 석탑	 함화 4년명 비상	 발해 석등
 쌍봉사 철감선사 승탑	 석굴암 본존불	 용머리상	 짐승 얼굴 기와
 법주사 쌍사자 석등		 발해 기와	 돌사자 상

불국사
경주에 있는 통일 신라의 사찰로, 김대성이 경덕왕 시기 부모를 위해 지었다고 전해진다. 불국사 내에는 석가탑, 다보탑, 청운교, 백운교 등이 있다.

석굴암
경주 토함산 중턱에 있는 인공 석굴 사원으로, 경덕왕 시기 김대성이 전생의 부모를 위해 지었다고 전해진다. 종교 · 예술뿐만 아니라 건축학 · 기하학 · 수리학 등이 돋보이는 작품이다.

영광탑
8~10세기에 벽돌로 만든 발해의 전탑으로, 중국 동북 지역에 현존하는 탑 중에 연대가 가장 오래되었다. 또한 동북 지역에서는 보기 드문 누각식 형태를 갖추고 있는데, 당의 건축 기법과 유사한 면을 보여 당과 발해의 밀접한 문화 관계를 엿볼 수 있다.

6. 고분 중요

통일 신라	불교의 영향으로 화장 유행, 굴식 돌방무덤 조성, 신라만의 독특한 양식으로 봉토 주위에 12지 신상을 조각한 둘레돌 배치
발해	• 정혜 공주묘 : 굴식 돌방무덤, 모줄임 천장 구조가 고구려와 유사, 묘비와 함께 돌사자상 출토 • 정효 공주묘 : 벽돌무덤, 당 영향, 묘지와 벽화 발굴, 무덤 위에 벽돌로 쌓은 탑 존재

7. 일본에 건너간 통일 신라 문화
원효, 강수, 설총 등에 의해 불교 및 유교 문화가 전해져 7세기 후반 일본 하쿠호 문화의 성립에 영향을 주었다.

김유신 묘

지름이 30m에 달하는 원형 무덤으로, 통일 신라의 대표적인 무덤 양식인 12지 신상을 새긴 둘레돌을 배치하였다.

한강을 둘러싼 삼국 간의 각축

▲ 화성 당성(경기 화성 상안리)

▲ 단양 온달 산성(충북 단양 하리)

한강 유역은 인구가 많고, 비옥한 농토가 넓게 펼쳐져 있어 물자 생산이 풍부하였으며, 남한강과 북한강 및 황해로 연결되는 수상 교통이 발달하였다. 이에 삼국은 군사적·경제적 요충지인 한강 유역을 차지하고 삼국 간의 경쟁에서 유리한 위치를 차지하기 위해 노력하였다.

한강 유역을 먼저 차지하고 있던 백제는 4세기 후반 근초고왕이 한강 유역과 바닷길을 통해 활발한 대외 활동을 전개하였고, 중국의 요서 지방과 산동 지방, 동진 및 일본 규슈 지역과 교류하였다.

고구려는 5세기 장수왕 때 백제의 수도인 한성을 차지하고 남한강 상류의 충주 지방까지 차지하였다. 최고의 전성기를 맞이한 고구려에 대항하기 위해 백제와 신라는 동맹을 강화하였다.

고구려가 세력이 약해진 틈을 타 6세기 백제와 신라는 한강을 차지하기 위해 반격에 나섰고, 신라 진흥왕은 한강 상류 지역을, 백제 성왕은 한강 하류 지역을 회복하였다. 그러나 신라의 기습 공격으로 백제는 한강 하류 지역을 빼앗겼고, 이로써 신라는 삼국 항쟁의 패권을 차지할 수 있는 기반을 마련하고 당항성을 통해 중국과 직접 교류를 할 수 있게 되었다.

II

고려 귀족 사회의 형성과 변천

01 태조 왕건, 후삼국을 통일하다
02 통치 체제의 정비
03 문벌 귀족 사회의 성립과 동요
04 고려의 대외 관계
05 공민왕의 반원 자주 정책과 신진 사대부의 성장
06 고려 시대 전시과와 경제적 특징
07 고려 시대 사람들은 어떻게 살았을까?
08 찬란한 중세의 문화

Ⅱ. 고려 귀족 사회의 형성과 변천

제1장 태조 왕건, 후삼국을 통일하다

▲ 고려의 후삼국 통일

1 고려의 건국

1. 건국
(1) **왕건의 등장** : 왕건은 송악(개성) 지역의 호족으로, 서해 해상 및 군진 세력(예성강, 패강진, 혈구진)을 기반으로 성장하였다.
(2) **고려의 성립**
  ① 궁예의 수하에 있던 왕건은 궁예가 폭정을 일삼자 그를 몰아내고 왕위에 올랐다.
  ② 철원에서 고구려 계승 의식을 내세우며 고려를 건국하고(918), 자신의 근거지인 송악으로 수도를 옮겼다(919).

2. 후삼국 통일(936)
(1) **통일 정책** : 지방 세력을 흡수·통합하고 신라에 우호적인 정책을, 후백제에 무력 정복 정책을 시행하였다.
(2) **신라의 귀부** : 태조는 후백제의 공격을 받은 신라를 도와 신망을 얻은 후 신라 경순왕의 항복을 받아 냄으로써 전쟁 없이 신라를 통합하였다(935).
(3) **후백제 정벌** : 왕위 계승을 둘러싸고 내분이 일어난 후백제를 일리천 전투에서 물리치고 민족의 재통일을 이루었다(936).
(4) **발해 유민 포용** : 발해가 거란에 멸망(926)당하자 고려는 발해의 유민을 포용하여 민족의 완전한 통일을 이루었다.

2 국가의 기틀 마련

1. 태조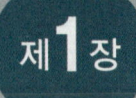
(1) **민생 안정 정책** : 태조는 민생을 안정시키기 위해 호족이 지나치게 세금을 거두지 못하도록 하고, 세금을 10분의 1로 낮추었으며, 빈민을 구제하기 위해 흑창을 설치하였다.
(2) **호족 회유·통제 정책**
  ① 회유 : 개국 공신과 지방 호족을 관리로 등용하고 역분전을 하사하였으며, 유력한 호족 가문과 혼인을 맺어 왕실의 외척으로 삼는 혼인 정책과 왕씨 성을 하사하는 사성 정책을 실시하였다.
  ② 통제 : 지방 호족을 견제하고 지방 통치를 보완하기 위해 사심관 제도와 기인 제도를 실시하였다.
(3) **북진 정책**
  ① 고구려 계승 : 발해 유민을 포용하였으며, 고구려를 계승한다는 의미로 국호를 '고려', 연호를 '천수'라 하였다.
  ② 서경 설치 : 고구려의 수도였던 서경(평양)을 북진 정책의 전진 기지로 삼고, 서경 분사 제도를 마련하였다.
  ③ 반거란·반여진 정책 : 반거란 정책을 표방하면서 북방 지역을 개척하였고, 태조 말에는 여진족을 정벌하고 청천강에서 영흥만까지 영토를 확보하였다.
(4) **숭불 정책** : 불교를 국교화하여 왕권 강화와 사상 통일을 도모하고, 연등회와 팔관회의 개최를 강조하였다.

사성 정책
태조는 호족을 포섭하기 위해 유력 호족에게 왕실과 같은 왕씨 성을 부여하였다.

사심관 제도
중앙의 고위 관직으로 올라온 지방 세력을 출신 지역의 사심관으로 임명하여 부호장 이하의 향직 임명과 치안 통제를 책임지도록 하였다.

기인 제도
통일 신라의 상수리 제도를 계승한 일종의 인질 제도로, 지방 호족의 자제를 수도로 불러들여 출신지의 일에 대해 자문하도록 하였다.

분사(分司) 제도
서경을 부도(副都)로 생각한 고려에서 개경의 관아를 서경에도 나누어 설치한 제도이다.

(5) **정치 안정** : 태조는 "정계"와 "계백료서"를 저술하여 관리가 지켜야 할 규범을 제시하고, 훈요 10조를 남겨 후대 왕들이 나아가야 할 정책 방향을 제시하였다.

훈요 10조

1조 불교의 힘으로 나라를 세웠으므로, 사찰을 세우고 주지를 파견하여 불도를 닦도록 하라.
4조 우리나라와 중국은 지역과 사람의 인성이 다르므로 중국의 문화를 반드시 따를 필요가 없으며, 거란은 짐승과 같은 나라이므로 그들의 의관 제도는 따르지 말라.
5조 서경은 우리나라 지맥의 근본이 되니, 100일 이상 머물러라.
6조 연등은 부처를 섬기는 것이고, 팔관은 하늘, 산, 물, 용신을 섬기는 것이므로 소홀히 하지 말라.

▶ 태조가 유훈으로 남긴 훈요 10조에는 불교 중시(1조, 6조), 거란 배척(4조), 북진 정책(5조)의 내용이 담겨 있다.

2. 광종

노비안검법(956)	불법적으로 노비가 된 사람들을 조사하여 원래 신분으로 되돌려 줌 → 호족과 공신의 경제적·군사적 기반 약화, 국가 재정 확대, 왕권 안정
과거제(958)	후주에서 귀화한 쌍기의 건의로 실시 → 유학을 익힌 신진 인사 등용 → 신·구 세력 교체, 왕권 강화
공복 제정(960)	복색에 따라 관리의 등급 구분 → 위계질서 확립
칭제 건원	'황제'를 칭함, 독자적인 연호(광덕, 준풍) 사용 → 국왕의 권위 상승, 자주성 확보
공신 숙청	개혁에 반발하는 호족과 공신 숙청 → 시위군 강화

3. 성종

(1) **유교 정치 이념 채택** : 최승로의 상소문을 전면적으로 채택하고, 유교 정치 이념에 따라 국가의 기반을 정립하였다.

최승로의 시무 28조

7조 국왕이 백성을 다스림은 집집마다 가서 돌보고 날마다 이를 보는 것은 아닙니다. 이 때문에 수령을 나누어 보내어 백성의 이익과 손해되는 일을 살피게 하는 것입니다. 청컨대 외관을 두십시오.
13조 우리나라에서는 봄에는 연등회를, 겨울에는 팔관회를 베풀어 사람을 많이 동원하여 힘든 일을 시키니, 이를 줄여서 백성이 힘을 펴게 하십시오.
20조 불교는 몸을 닦는 근본이며 유교는 나라를 다스리는 근원이니, 몸을 닦는 것은 내생을 위한 것이며, 나라를 다스리는 일은 곧 오늘의 할 일입니다. 오늘은 극히 가깝고 내생은 지극히 먼 것이니, 가까운 것을 버리고 먼 것을 구하는 일이 그릇된 일이 아니겠습니까?
– "고려사절요" –

▶ 최승로의 시무 28조는 성종 때 이루어져야 할 정치 개혁을 모두 28개 조목으로 나누어 견해를 솔직하게 피력한 것이다. 현재 28조 중 알 수 있는 내용은 22조뿐이며, 나머지 6조는 전하지 않는다. 시무 28조에는 지방관 파견을 통한 중앙 집권(7조), 유교 정치 이념 수용(20조) 등의 주장이 담겨 있다.

(2) **중앙 집권 체제의 확립**

중앙 관제	당의 제도를 받아들여 2성 6부를 중심으로 하는 중앙 관제 마련
지방 제도	12목 설치(983), 지방관 파견, 향리 제도 마련(지방의 중소 호족을 향리로 편입)
분사 제도 강화	• 서경을 부도로 중시 → 상평창을 비롯해 분사국자감, 수서원(개경은 비서성), 분사태의감, 분사사헌대 등 설치 • 분사 제도는 태조 때부터 시작되어 예종 때 완성 → 묘청의 서경 천도 운동 이후 폐지
유학 교육의 진흥	국자감 정비, 12목에 경학박사와 의학박사 파견, 과거 제도 정비, 문신월과법(문신에게 매달 시 3편, 부 1편을 지어 바치게 함) 시행
사회 제도	노비환천법 시행, 흑창을 의창으로 바꾸어 설치(빈민 구제), 상평창 설치(물가 조절)

청주 용두사지 철당간

광종의 연호인 '준풍' 3년(962)에 만들어졌다는 글씨가 새겨져 있다.

최승로의 상소

최승로의 상소문은 5조 정적평과 시무 28조로 구분되는데, 5조 정적평은 태조 이래 경종까지 왕의 정치적 업적을 평가하고 좋은 점만 본받을 것을 권고하였다. 광종의 훈신 숙청에 대해서는 비판하였다.

노비환천법

최승로가 노비안검법의 폐단을 지적하자 양인이 된 노비 가운데 옛 주인을 경멸하고 모욕하는 자를 다시 노비로 돌아가게 하는 법을 제정하였다(987).

Ⅱ. 고려 귀족 사회의 형성과 변천

제2장 통치 체제의 정비

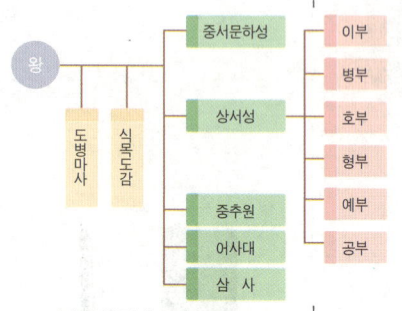

▲ 고려의 중앙 관제

1 중앙 통치 조직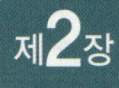

1. 2성 6부제 : 당의 3성 6부와 송의 제도를 고려의 실정에 맞게 조정하여 2성 6부를 근간으로 하는 국가 통치 조직을 정비하였다.

2. 중서문하성
(1) 역할 : 최고의 중앙 관서로, 국가의 정책을 심의·의결하였으며, 장관인 문하시중이 국정을 총괄하였다.
(2) 구성 : 국가의 정책을 심의하는 재신(2품 이상)과 정책의 잘못을 비판하는 낭사(3품 이하)로 구성되었다.

3. 상서성
(1) 역할 : 실제 정무를 나누어 담당하는 6부를 두고 중서문하성에서 결정된 정책을 집행하였다.
(2) 병부 중시 : 당과는 달리 이부·병부·호부·형부·예부·공부의 순서로 6부의 서열이 정해졌다.

4. 중추원 : 송의 추밀원을 모방하여 설치된 기관으로, 중추원의 추밀(2품 이상)은 군사 기밀을 관장하고, 승선(3품 이하)은 왕명을 출납하였다.

5. 어사대 : 풍속을 교정하고 관리의 비리를 감찰하였는데, 어사대의 관원은 중서문하성의 낭사와 함께 대간으로 불렸다.

6. 도병마사와 식목도감
(1) 도병마사 : 국방과 군사 문제를 담당하였으며, 고려 후기에 도평의사사로 개편된 이후 국가 최고 회의 기구로 발전하였다.
(2) 식목도감 : 임시 기구로서 법제, 시행 규칙, 격식의 제정 문제를 취급하였다.
(3) 도병마사와 식목도감의 특징
① 고려의 독자적인 기구로, 재신과 추밀이 모여 국가의 중대사를 결정하였다.
② 재신과 추밀 중심의 정치 체제는 고려 정치의 귀족적인 성격을 보여 준다.

7. 대간(대성, 성대)
(1) 구성 : 중서문하성의 낭사와 관리 감찰 기구인 어사대의 관원으로 구성되었다.
(2) 권한 : 왕이나 정책의 잘못을 비난하는 간쟁, 잘못된 왕명을 시행하지 않고 되돌려 보내는 봉박, 관리의 임명과 법령의 개폐에 동의하는 서경의 권한을 행사하였다.
(3) 기능 : 정치 운영의 견제와 균형을 이루는 역할을 하였다.

8. 삼사 : 송의 제도를 모방하였으나 송과는 달리 화폐와 곡식의 출납에 대한 회계 업무만 담당하였다.

9. 기타 기구 : 왕의 교서와 외교 문서를 작성한 한림원(옥당), 경연 및 장서를 담당한 청연각과 보문각, 역사 편찬을 담당한 춘추관, 천문 관측을 담당한 사천대 등이 있었다.

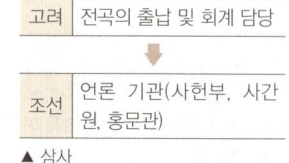

▲ 삼사

2 지방 행정 조직의 정비

1. 정비 과정
(1) **12목** : 성종 2년(983) 처음으로 12목을 설치하고 지방관을 파견하였다.
(2) **5도 양계** : 중기 이후 5도(일반 행정 구역)와 양계(군사 행정 구역)로 정비되었다.

2. 지방 행정 조직

5도	• 상설 기관이 없는 일반 행정 구역, 안찰사 파견(도내의 지방 순찰) • 도에 주·군·현 설치, 지방관 파견(모든 지역에 지방관이 파견되지 못함)
양계	• 북방의 국경 지대에 양계(동계·북계) 설치, 병마사 파견 • 군사적 요충지에 진 설치
3경 4도호부 8목	• 삼경제 : 풍수지리설과 관련, 처음에는 개경, 서경(평양), 동경(경주)을 중시하였으나 문종 때 동경 대신 남경(서울) 설치 • 전국을 4도호부(일반 행정의 중심지), 8목(군사 방비의 중심지)으로 나눔(1018)
특수 행정 구역	• 향·부곡은 국가 공유지 경작, 소는 국가에서 필요한 물품 생산 • 주현을 통한 중앙 정부의 통제를 받음 • 향·소·부곡민은 양인 신분이었으나 일반 농민보다 차별 대우를 받고 더 많은 조세를 부담함, 국학 입학과 과거 응시 금지

향·소·부곡

신라에서 주군을 설치할 때 그 전정, 호구가 현의 규모가 되지 못하는 곳에는 향이나 부곡을 두어 소재지의 읍에 속하게 하였다. 고려 때 또 소라고 칭하는 것이 있었는데, 금소·은소·동소·철소 …… 자기소·어량소·강소의 구별이 있어 각각 그 물건을 공급하였다.
– "신증동국여지승람" –

▶ 향과 부곡은 통일 신라 시대부터 이미 존재하였고, 소는 고려 시대에 처음 등장하였다. 특수 행정 구역인 향과 부곡의 주민은 농업에 종사하였고, 소의 주민은 대부분 수공업과 광업에 종사하였는데, 여기에서 생산된 물품을 나라에 공물로 납부하였다.

3. 특징
(1) **지방관 파견** : 군·현을 비롯하여 진까지 중앙에서 지방관을 파견하였다.
(2) **주군과 속군** : 지방관이 파견되는 주현보다 파견되지 않는 속현이 더 많았으며, 주군(현)에 파견된 수령이 몇 개의 속(군)현을 관할하였다.
(3) **향리**
 ① 조세나 공물의 징수, 노역 징발 등 실제적인 행정 사무는 향리가 담당하였다.
 ② 외역전을 지급받았고 문과 응시가 가능하였다.

3 군역 제도와 군사 조직

1. 중앙군(2군 6위)
(1) **편제** : 직업 군인으로 편성된 중앙군은 군적에 올라 군인전을 지급받았고, 그 역은 자손에게 세습되었다.
(2) **2군 6위** : 국왕의 친위 부대인 2군(응양군, 용호군)은 현종 때 설치되었고, 수도의 경비와 국경의 방어를 담당하는 6위는 성종 때 설치되었다.
(3) **중방** : 2군 6위의 상장군과 대장군은 중방이라는 무신 회의 기구에 모여 국방 문제를 협의하였다.

지방 행정 조직

고려 건국 초에는 호족 세력이 강하여 지방에 대한 효율적인 통치가 이루어지지 못하였으나, 성종 때 중앙 집권이 강화되면서 지방 행정 조직이 정비되었다.

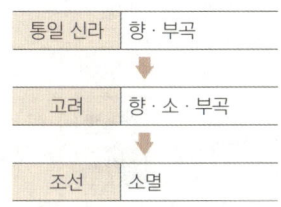

▲ 특수 행정 구역의 변천

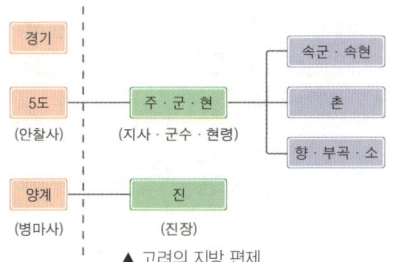

▲ 고려의 지방 편제

제2장 통치 체제의 정비

2. 지방군
(1) **편성** : 16세 이상 60세 미만의 양인 장정으로 편성되었다.
(2) **주현군** : 5도와 경기에 주둔하는 의무병으로, 치안과 경비를 담당하는 보승군·정용군과 일품군(노동 부대)으로 이루어졌다.
(3) **주진군** : 국경 지역인 양계의 상비군으로서 초군·좌군·우군으로 구성되었는데, 대체로 양계의 토착인이었다.

3. 특수 부대
(1) **광군** : 정종 때 거란의 침입에 대비할 목적으로 설치된 호족 연합 부대로, 서경에 광군사를 설치하여 관할하도록 하였다.
(2) **별무반**
  ① 여진과의 전투에서 고려군이 매번 기병에 패하자 숙종 때 윤관의 건의로 설치되었다.
  ② 신보군(보병)·신기군(기병)·항마군(승병)으로 편성된 여진 정벌을 위한 특수군이다.
(3) **삼별초**
  ① 최우가 집권하면서 개경의 치안 유지를 위해 설치(1219)한 야별초에서 비롯되었다.
  ② 대몽 항쟁의 주력을 이룬 삼별초는 야별초에 소속한 군대를 좌별초와 우별초로 나누고, 몽골군에 포로가 되었다가 탈출한 병사들을 신의군에 편성하여 조직하였다.

4. 관리 등용 및 교육 제도
(1) **과거** 〔중요〕
  ① **목적** : 광종 9년(958) 호족의 세력을 약화시키고, 왕권을 강화할 목적으로 시행하여 유교적 소양을 갖춘 인재를 등용하였다.
  ② **종류**

문과	• 제술과 : 문학적 재능과 정책 시험 • 명경과 : 유교 경전 이해 능력 시험
잡과	법률·회계·지리 등 실용 기술학 시험, 기술관 선발(역과 없음)
승과	교종과 선종을 구분하여 승려 선발, 승계 부여 → 숭불 정책을 편 고려의 특징이 드러남
무과	공양왕 때 잠시 채택, 고려가 문반 중심의 사회라는 근거

  ③ **응시 자격**
    ㉠ 법제적으로 양인 이상이면 누구나 응시가 가능하였으나, 제술과와 명경과는 주로 귀족과 향리가 응시하였고, 농민은 주로 잡과에 응시하였다.
    ㉡ 반역자, 천인, 불충한 사람, 향·소·부곡민은 응시할 수 없었다.

(2) **음서** 〔중요〕
  ① **내용** : 공신이나 5품 이상 고위 관료의 자손 등은 과거를 거치지 않고 관료로 임명되어 지위를 세습하였는데, 이는 고려 관료 체제의 귀족적 특성을 보여 준다.
  ② **대상** : 공신과 종실의 자손 외에도 5품 이상 관료의 아들·손자·사위·동생·조카 등에게 음서의 혜택이 주어졌다.

(3) **교육 제도** : 관리 양성과 유교 교육 진흥을 위해 교육 기관이 설치되었다.

관학	• 국자감(국학) : 개경에 설치한 최고 교육 기관, 유학 교육(국자학·태학·사문학으로 구성, 각각 3·5·7품 이상의 관리 자제 입학), 기술학 교육(율학·서학·산학 교육) • 향교 : 지방에서 유교적 소양을 갖춘 인재 양성 목적, 각 주마다 설립
사학	• 최충의 9재 학당(문헌공도) 및 사학 12도라 불리는 사학 융성 • 사학으로 인해 국자감 교육이 위축되자 관학 진흥을 도모하기 위해 7재와 양현고 설치

주현군
고려 시대 각 지방의 주와 현에 두었던 군대이다. 평상시에는 농사를 지으면서 군역을 담당하였다.

척경입비도

윤관이 함경도 일대에 있던 여진족을 몰아내고 9성을 개척한 뒤 고려의 땅이라고 새긴 비를 세우는 모습을 그린 그림이다.

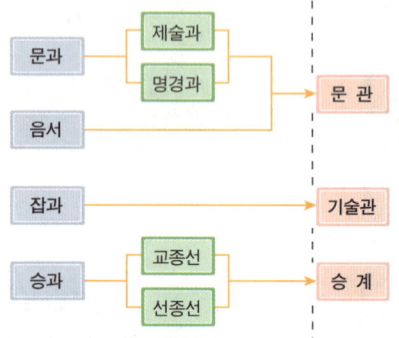

▲ 고려의 관리 등용 제도

II. 고려 귀족 사회의 형성과 변천

제3장 문벌 귀족 사회의 성립과 동요

1 문벌 귀족 사회의 성립

1. 문벌 귀족의 형성
(1) **형성**: 성종 이후 중앙 집권 국가 체제가 확립되면서 지방 호족 출신이나 신라 6두품 계열의 유학자들을 중심으로 문벌 귀족 사회가 형성되었다.
(2) **특징**
① 문벌 귀족은 과거제와 음서를 통하여 관직에 진출하였고, 여러 세대에 걸쳐 고위 관직자를 배출하였다.
② 문벌 귀족은 비슷한 가문끼리 혼인 관계를 맺어 결속을 강화하고 권력을 유지하였으며, 특히 왕실과 혼인 관계를 맺어 정권을 장악하였다.

2. 문벌 귀족의 특권
(1) **정치적 특권**: 중서문하성과 중추원의 고위 관료가 되어 정국을 주도하였으며, 과거와 음서를 통해 자손들이 권력을 독점하고 세습하였다.
(2) **경제적 특권**: 국가로부터 관직에 따라 과전과 세습이 허용되는 공음전을 지급받아 경제력을 독점하였다.

3. 문벌 귀족 사회의 동요
(1) 문벌 귀족 사회의 모순
① 갈등
㉠ 12세기에 이르러 문벌 귀족 중심의 사회가 형성되면서 권력을 둘러싸고 문벌 귀족 사이에 갈등이 발생하였다.
㉡ 과거를 통해 새롭게 진출한 지방 출신의 신진 관료들이 왕과 손을 잡고 개혁을 추진하면서 문벌 귀족과 대립하였다.
② 주요 사건: 정치 세력 간의 대립과 갈등이 표면으로 드러나 이자겸의 난과 묘청의 서경 천도 운동이 발생하였다.

> **문벌 귀족 사회의 폐단**
>
> 이자겸의 아들들이 앞다투어 큰 집을 지어 집들이 거리에 이어졌다. 세력이 더욱 커짐에 따라 뇌물이 공공연하게 오고 갔다. 사방에서 바치는 음식과 선물이 넘치게 되니 썩어서 버리는 고기가 항상 수만 근이나 되었다. 남의 토지를 빼앗고 종들을 시켜 수레와 말을 빼앗았다. 가난한 백성들이 모두 수레를 부숴 버리고 말을 팔아 버리니 길이 시끌벅적하였다. - "고려사" -

➤ 문벌 귀족을 대표하는 이자겸은 왕실과의 혼인을 통해 정권을 장악하고 백성의 재산을 빼앗는 등 부정부패를 일삼았다. 이렇듯 문벌 귀족의 횡포가 심화되면서 고려 문벌 귀족 사회의 모순이 표출되었다.

(2) **이자겸의 난(1126)** 〔중요〕
① 원인: 경원 이씨 가문의 이자겸이 외척 세력으로 권력을 장악하자 인종과 측근 세력이 결집하여 이자겸의 축출을 시도하였다.
② 전개: 이자겸과 척준경이 연합하여 반란을 일으키고 권력을 장악하였으나 인종이 척준경을 이용하여 이자겸을 제거한 후 척준경도 탄핵하여 제거하였다.
③ 결과: 국왕의 권위가 실추되고 문벌 귀족 사회의 붕괴가 촉진되었다.

강민첨 초상

고려 문벌 귀족의 복식을 보여 준다.

⑯ 예종 ─ 문경 태후 (이자겸의 딸)
⑰ 인종 ─ 폐비(이자겸의 딸) / 폐비(이자겸의 딸)

▲ 이자겸 집안과 왕실의 혼인

제3장 문벌 귀족 사회의 성립과 동요

(3) 묘청의 서경 천도 운동(1135)

① 배경
　㉠ 인종은 이자겸의 난으로 실추된 왕권을 회복하고 민생을 안정시키기 위해 개혁을 추진하였다.
　㉡ 인종이 묘청과 정지상 등 서경 세력을 중심으로 개혁을 추진하면서 김부식 등 개경 세력과 대립하게 되었다.

② 전개
　㉠ 서경 세력이 풍수지리설을 내세워 서경 천도를 추진하였다.
　㉡ 서경 세력은 서경에 대화궁을 건설하고 금을 정복할 것(금국 정벌)과 왕을 황제라 칭하고 연호를 사용할 것(칭제 건원)을 주장하였으나 개경 세력이 이에 반대하였다.
　㉢ 서경 세력은 서경 천도를 통한 정권 장악에 실패하자 서경에서 국호를 '대위', 연호를 '천개'라 하고 난을 일으켰으나 약 1년 만에 김부식에 의해 진압당하였다.

③ 결과 : 문벌 귀족 사회의 모순이 심화되었으며, 분사 제도와 3경제가 폐지되었다.

▲ 묘청의 세력 범위

구분	서경파	개경파
주도 세력	서경 지역의 신진 관료	개경 중심의 문벌 귀족
사상	풍수지리설	유교
대외 정책	북진 정책, 금국 정벌	금의 사대 요구 수용(송에게 이용 당할 것 우려)
성향	진보적	보수적
역사 의식	고구려 계승 의식	신라 계승 의식

▲ 서경파와 개경파

묘청의 서경 천도 운동

• 제가 보건대 서경 임원역의 땅은 풍수지리를 하는 사람들이 말하는 아주 좋은 땅입니다. 만약 이곳에 궁궐을 짓고 옮겨 앉으시면 천하를 다스릴 수 있습니다. 또한 금이 선물을 바치고 스스로 항복할 것이요, 주변의 36개 나라가 모두 머리를 조아릴 것입니다.
• 금년 여름 서경 대화궁의 30여 곳에 벼락이 떨어졌으니 만약 이곳이 길한 땅이라면 하늘은 반드시 그와 같지 않을 것이니, 그곳에 재난을 피하러 간다는 것은 잘못이 아닙니까? 하물며 지금 서경은 (추수가) 끝나지 않았는데 만약 거동하면 반드시 농작물을 짓밟을 것이니, 이것은 백성을 어질게 하고 사랑하는 뜻이 아닙니다.
－ "고려사" －

▶ 묘청 등 서경 세력은 풍수지리설을 내세우며 서경으로 천도할 것을 주장하였다. 그러나 김부식 등 개경 세력은 서경이 길한 땅이라는 주장을 비판하며 유교 사상에 근거하여 서경 천도에 반대하였다.

2 무신 정권

1. 무신 정변(1170)

(1) 배경
　① 권력을 독점한 문벌 귀족이 문신을 우대하고 무신을 차별 대우하였다.
　② 하급 군인은 군인전을 제대로 지급받지 못하고 수시로 잡역에 동원되었다.

(2) 무신 정변의 발발 : 정중부·이의방 등 무신들이 의종의 보현원 행차를 계기로 무신 정변을 일으켜 문신들을 죽이고 의종을 폐한 후 명종을 옹립하여 권력을 장악하였다.

무신 정변의 발발

대장군 이소응은 무인이기는 하나 얼굴이 수척하고 힘도 약하여 어떤 사람과 수박희를 하다가 이기지 못하고 달아났다. 한뢰가 갑자기 앞으로 나서며 이소응의 뺨을 때리자 이소응이 섬돌 아래로 떨어졌다. 왕과 모든 신하가 손뼉을 치면서 크게 웃었으며 임종식과 이복기도 이소응을 모욕하였다. …… 정중부가 …… 말하기를, "이소응은 무관이나 벼슬이 3품인데 어째서 이처럼 심한 모욕을 하는가!"라고 하니 왕은 정중부의 손을 잡고 달래서 말렸다. 이때 이고가 칼을 뽑고 정중부에게 눈짓하였으나 정중부가 그것을 중지시켰다. 날이 저물어 일행이 보현원에 거의 도착하자 이고와 이의방이 먼저 가서 왕의 명령이라 속이고 순검군을 모아 두었다. 그리고 왕이 문에 들어가고 모든 신하가 물러나올 때 이고 등이 직접 임종식과 이복기를 문에서 죽였다.
－ "고려사" －

▶ 일부 젊은 문신들이 나이 많은 무신을 모욕하자 누적되었던 무신들의 불만이 의종 때 이르러 폭발하였다. 정중부와 이의방 등 무신들은 의종의 보현원 행차를 기회로 정변을 일으켜 문신들을 제거하고 의종을 폐한 후 명종을 옹립하는 무신 정변을 일으키고 정권을 장악하였다.

고구려 안악 3호분의 수박희

수박은 주로 손을 써서 상대를 공격하거나 수련하는 우리나라의 전통 무예이다.

(3) 무신 정권에 대한 반발 진압 : 무신 집권에 반발하여 김보당의 난, 조위총의 난, 귀법사 승려의 난 등이 일어났으나 이를 모두 진압하였다.
(4) 초기 무신 정권
① 정권을 장악한 무신은 중방을 중심으로 국정을 주도하였다.
② 무신들은 토지와 노비를 늘리고 사병을 기르며 서로 세력 경쟁을 하였다.
③ 무신 간의 권력 다툼이 일어나 정중부·경대승·이의민·최충헌으로 최고 집권자가 교체되었다.
④ 최충헌이 권력을 잡으면서 무신들 사이의 권력 다툼이 끝나고 이후 4대 60여 년간의 최씨 정권이 전개되었다.

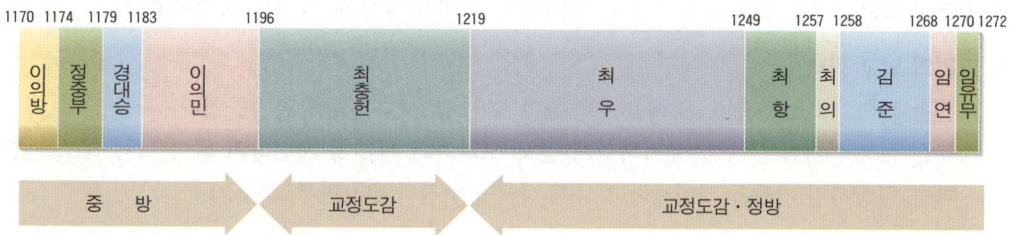

▲ 무신 집권자의 변천과 지배 기구

2. 최씨 무신 정권의 성립
(1) 최충헌
① 봉사 10조 건의 : 무신 정권기의 혼란을 극복하기 위해 봉사 10조의 사회 개혁책을 명종에게 제시하였으나 자신의 집권을 정당화하는 명분으로 삼았다.
② 교정도감 설치 : 최충헌은 집권 후 교정도감을 설치하여 권력을 장악하고 반대 세력을 제거하였으며, 사병 집단인 도방을 확대하여 신변 경호를 강화하였다.
(2) 최우
① 서방 설치 : 서방을 설치하여 문인을 등용함으로써 행정적인 능력을 적극 활용하였다.
② 정방과 삼별초 설치 : 자신의 집에 정방을 설치하여 인사권을 장악하고 관리를 등용하였으며, 삼별초를 만들어 도방과 더불어 군사 기반으로 삼았다.

3. 무신 집권기 하층민의 봉기
(1) 배경
① 무신들이 권력과 군사를 사유화하면서 농민에 대한 수탈이 심화되어 농민의 생활이 궁핍해졌다.
② 무신 정변 이후 천민 출신 최고 권력자가 등장하는 등 신분제의 동요와 하극상의 풍조가 일어나 하층민의 사회의식을 각성시켰다.
(2) 항쟁의 발생
① 공주 명학소의 난(1176) : 공주 명학소에서 망이·망소이 형제가 난을 일으키자 명학소를 충순현으로 승격시켜 무마시켰다.
② 만적의 난(1198) : 최충헌의 사노비인 만적이 신분 해방 운동을 외치며 봉기하였다.
③ 김사미·효심의 난(1193) : 운문에서 김사미, 초전에서 효심이 각각 봉기하여 연합 전선을 구축하고 경주를 중심으로 신라 부흥 운동을 전개하였다.
④ 기타 : 최광수가 서경을 중심으로 고구려 부흥 운동(1217)을, 이연년이 전라도 담양을 중심으로 백제 부흥 운동을 벌였으나 성공하지 못하였다(1237).

교정도감
최충헌 이래 무신 정권의 최고 정치 기관으로, 교정소라고도 하였다. 정적의 감시 및 제거, 감찰 등 국가의 중요한 사무를 총괄하였다.

정방
최우가 사저에 설치한 인사 담당 기구이다. 정방에는 정식 관원이 배치되었고 정안(政案)에 따라 직접 인사 행정을 관장하였다.

▲ 무신 집권기에 발생한 봉기

Ⅱ. 고려 귀족 사회의 형성과 변천

제4장 고려의 대외 관계

1 고려의 대외 정책

1. **동북아 정세** : 10세기 초 중국은 당이 멸망하고 5대 10국이 흥망하였으며, 후주의 조광윤은 5대의 혼란을 수습하고 중국을 통일하여 송을 건국하였다.
2. **거란의 성장** : 거란족이 요를 세우고 발해를 멸망(926)시킨 뒤 중국을 압박하였다.
3. **고려의 외교 정책**
   (1) **친송 정책** : 고려는 친송 정책을 추진하며 송의 발달된 문물을 받아들였다.
   (2) **북진 정책** : 거란은 송을 공격하기에 앞서 고려와의 관계를 개선하려 하였으나, 태조는 발해를 멸망시킨 거란을 적대시하고 북진 정책을 추진하였다(만부교 사건).

만부교 사건
거란은 고려에 사신을 보내 낙타 50필을 바쳤다. 그러나 고려에서는 거란이 발해를 멸망시킨 무도한 나라라는 이유로 사신을 섬으로 유배 보내고 낙타를 만부교 아래에서 모두 굶겨 죽였다. 이로써 고려와 거란의 외교 관계는 단절되었다.

2 거란의 침입과 격퇴

1. **원인** : 고려는 친송 정책과 북진 정책을 추진하였으며, 거란에 대해서는 강경한 입장을 취하였다.
2. **침입과 격퇴**

1차(993)	거란이 옛 고구려 땅 반환, 송과의 외교 단절 요구 → 서희의 외교 담판, 송과의 관계를 끊기로 약속하고 그 대가로 강동 6주 획득
2차(1010)	고려와 송의 친선 관계 유지, 강조가 목종을 폐위시키고 현종을 옹립한 강조의 정변을 구실로 침입 → 양규의 선전, 고려(현종)가 신하의 예를 갖춘다는 조건으로 철수
3차(1018)	현종의 거란 방문 거부, 강동 6주 반환 거부 → 개경 부근까지 침입 → 강감찬이 격퇴(귀주 대첩, 1019)

3. **영향**
   (1) **세력 균형** : 고려가 거란의 침입에 맞서 싸워 승리하면서 고려·송·거란 사이에 세력 균형이 이루어졌다.
   (2) **나성 축조** : 고려는 전쟁이 종결된 이후 북방 민족의 침입에 대비하여 개경에 나성을 축조하고 도성 수비를 강화하였다.
   (3) **천리장성 축조** : 압록강에서 도련포에 이르는 지역에 천리장성을 축조하여 거란과 여진의 침략에 대비하였다.

▲ 고려의 강동 6주

서희의 외교 담판

서희는 말하였다. "그런 것이 아니다. 우리나라는 고구려를 계승한 나라이다. 그런 까닭에 나라 이름을 고려라 하고 평양에 도읍을 정하였던 것이다. 만약 땅의 경계를 논한다면 상국(거란)의 동경도 모두 우리 땅 안에 있다. 어찌 우리를 침식했다고 하느냐. 더구나 압록강 안팎은 우리나라 땅이지만 여진이 점거하였다. 이들이 교활하고 변덕이 많아 길을 막아서 (중국과) 통하지 못하게 하여 바다를 건너는 것보다 더 어렵게 되었다. 조빙을 하지 못함은 여진 탓이다." - "고려사절요" -

▶ 거란이 고려에 침입하자 고려 정부 내에서 거란의 요구를 들어주자는 논의가 있었으나 서희는 이에 반대하고, 자신이 직접 거란의 장수 소손녕과 담판하여 강동 6주를 획득하였다.

3 여진 정벌과 9성 개척

1. 윤관의 여진 정벌(1107)

(1) 배경
 ① 부족 단위로 흩어져 살던 여진족을 경제적으로 도와주는 회유 정책을 펴서 포섭하였다.
 ② 12세기 초 부족의 통일을 이룬 여진족이 고려의 국경까지 내려오면서 자주 충돌하였다.

(2) 동북 9성 설치
 ① 설치 : 여진이 자주 국경을 침범하자 윤관은 별무반을 편성하여 여진족을 정벌하고 동북 9성을 설치하였다.
 ② 반환 : 9성 간의 거리가 멀어 동북 9성의 방어가 어렵고, 여진이 조공을 바치기로 약속함에 따라 1년 만에 반환하였다.

2. 여진의 성장

(1) 군신 관계 요구 : 세력을 키운 여진은 금을 세우고(1115) 거란(요)과 북송을 멸망시킨 후 고려에 군신 관계를 요구하였다.
(2) 사대 관계 체결 : 당시 고려의 집권자인 이자겸은 정권을 유지하기 위해 금의 사대 요구를 수용하였다(1126).
(3) 서경 천도 운동 : 묘청은 서경 천도 운동을 전개하며 금국 정벌을 추진하였다.

고려는 여진족을 몰아낸 지역에 동북 9성을 쌓고, 사민(徙民) 정책을 실시하였다. 동북 9성의 위치는 아직 분명하게 밝혀지지 않았으나 함흥평야 일대설, 길주 이남설, 두만강 유역설 등이 대립하고 있다.

강동의 역

13세기 초 세력을 키운 몽골이 통일 국가를 세우면서 금을 공격하였다. 그러자 금의 지배에 있던 거란족의 일부가 몽골에 쫓겨 고려로 침입해 오게 되었다. 이때 거란을 추격해 고려에 들어온 몽골이 고려와 연합하여 거란군을 토벌하였다.

4 몽골과의 관계

1. 고려와 몽골의 첫 접촉
고려는 강동의 역 때 몽골과 처음 외교 관계를 맺었으나 몽골이 고려에 지나친 공물을 요구하자 긴장이 고조되었다.

2. 몽골의 침입(총 6차 침입)

1차(1231)	몽골 사신 저고여의 피살(1225)을 계기로 침입 → 박서의 저항(귀주성 전투) 때문에 우회하여 개경 포위 → 최우는 몽골의 요구를 수용하여 강화, 몽골은 다루가치 설치 후 철군 → 몽골의 무리한 공물 요구, 다루가치의 횡포 → 최우의 강화도 천도
2차(1232)	강화도 천도를 빌미로 재침입 → 김윤후가 처인성(용인)에서 적장 살리타 사살 → 몽골 퇴각
3차(1235)	• 당올대가 살리타 보복을 구실로 침략 → 전 국토가 5년여에 걸쳐 유린당함 • 팔만대장경 조판 시작(1236)
4~6차	6차 침입까지 몽골의 침략 지속, 고려 태자가 몽골에 입조하면서 최씨 정권 붕괴

3. 삼별초의 대몽 항쟁(1270~1273)

(1) 개경 환도 : 몽골에 입조하였던 원종이 귀국하여 왕정을 복구하고 개경으로 환도(1270)하였으며, 이때부터 몽골의 실질적인 지배가 이루어졌다.
(2) 반몽 정권 수립 : 강화도에서 배중손의 지휘하에 왕족이었던 승화후 온을 옹립하며 반몽 정권을 수립하였다.
(3) 삼별초의 항전 : 진도에 용장성을 쌓고 항전하였으나 김방경이 이끄는 여·몽 연합군에 의해 함락당하였으며, 이후 다시 제주도로 옮겨 항쟁하였으나 진압된 후 탐라총관부가 설치되었다.
(4) 의의 : 장기간에 걸친 삼별초의 항쟁은 몽골에 굴복하지 않으려던 민중의 의지가 있었기에 가능하였다.

4. 몽골 침입의 결과와 영향

(1) 결과 : 무신 정권이 붕괴되고 왕정이 복구되면서 개경으로 환도하였다.
(2) 영향 : 몽골의 내정 간섭이 심해졌으며, 초조대장경, 황룡사 9층 목탑 등 문화재가 소실되었다.

▲ 몽골의 침입과 대몽 항쟁의 전개

Ⅱ. 고려 귀족 사회의 형성과 변천

제5장 공민왕의 반원 자주 정책과 신진 사대부의 성장

▲ 원 간섭기의 고려

원 간섭 이전		원 간섭 이후
2성	중서문하성	첨의부
	상서성	
6부	이 부	전리사
	예 부	
	호 부	판도사
	병 부	군부사
	형 부	전법사
	공 부	폐 지
도병마사		도평의사사
중추원		밀직사
어사대		순마소
한림원		문한서
국자감		성균관

▲ 원 간섭기 고려의 관제 변화

원 간섭 이전	원 간섭 이후
폐하(陛下)	전하(殿下)
짐(朕)	고(孤)
태자(太子)	세자(世子)
~조(祖), ~종(宗)	충○왕
선지(宣旨)	왕지(王旨)
상서(尙書)	판서(장관)
시랑(侍郞)	총랑(차관)
사(赦)	유(宥)

▲ 원 간섭기 칭호의 격하

1 원의 내정 간섭

1. 일본 원정 동원
(1) **정동행성 설치** : 원은 일본 원정을 위해 정동행성을 설치하고, 고려로부터 선박·식량·무기·인적 자원 등을 징발하였다.
(2) **내정 간섭 기구 변질** : 정동행성은 일본 원정 실패 이후에도 그대로 남아 내정 간섭 기구로 변질되었다.

2. 원의 영토 확보
(1) **쌍성총관부** : 원은 고종 말년 화주(영흥)에 쌍성총관부를 설치하여 철령 이북의 땅을 직속령으로 편입하였으나, 공민왕 5년(1356) 유인우가 무력으로 공략하여 회복하였다.
(2) **동녕부** : 원은 원종 때 자비령 이북의 땅을 차지하여 서경에 동녕부를 두었으나, 충렬왕 16년(1290) 고려의 간청으로 돌려주었다.
(3) **탐라총관부** : 원은 삼별초의 항쟁을 진압한 후 원종 14년(1273) 일본 정벌을 위해 제주도에 탐라총관부를 설치하였으나, 충렬왕 27년(1301) 고려에 반환하였다.

3. 원 간섭하의 변화
(1) **부마국 전락** : 고려는 원의 부마국(사위의 나라)으로 전락하였다.
(2) **왕실 용어 격하** : 왕명은 '~조(祖), ~종(宗)'에서 '충○왕'으로, '폐하'는 '전하'로 격하되었다.
(3) **관제 변경** : 2성 6부에서 1부 4사로 개편되었다.

4. 원의 내정 간섭과 인적·물적 수탈 [중요]
(1) **정동행성 설치(1280)**
  ① 정동행성
    ㉠ 원은 일본 정벌을 위해 개경에 설치한 정동행성을 내정 간섭 기구로 삼았다.
    ㉡ 고려왕이 장(長)인 좌승상이 되었으며, 원은 정동행성을 연락 기관으로 삼았다.
  ② 이문소 : 정동행성의 부속 기구로, 여·원과 관련된 범죄를 단속하는 일을 맡았으나 차츰 부원 세력의 이익을 대변하는 기구로 변하였다.
(2) **만호부 설치** : 고려의 국방과 치안에 영향력을 행사하였다.
(3) **다루가치 파견** : 원은 감찰관인 다루가치를 고려에 파견하여 내정을 간섭하였다.
(4) **결혼도감 설치** : 결혼도감을 통해 고려의 여성을 공녀로 징발하였다.
(5) **특산물 징발** : 원은 인삼·약재·매 등의 특산물을 징발하였고, 특히 매를 징발하기 위해 '응방'을 설치하였다.
(6) **심양왕 제도**
  ① 원이 만주 봉천(선양) 일대에 포로나 유민으로 온 고려인을 통치하기 위해 마련한 제도로, 최초의 심양왕은 충선왕이었다.
  ② 고려의 왕권을 견제하는 수단으로 활용되었고, 특히 충숙왕과 심양왕 고(暠)가 서로 왕이 되려 충돌하는 사건도 발생하였다.
(7) **독로화 정책** : 고려의 세자를 인질로 삼아(뚤루게 : 독로화 제도) 베이징에 머물게 하였다가 부왕이 죽으면 왕위를 계승하도록 하였다.

5. 고려 사회에 미친 영향
(1) **자주성 상실** : 자주성에 심각한 손상을 입었고, 친원파의 책동으로 고려의 정치가 비정상적으로 운영되었다.
(2) **통치 질서 붕괴** : 왕권의 약화되면서 고려의 통치 질서가 붕괴되었다.
(3) **몽골풍 유행** : 원과의 교류가 확대되면서 문화와 풍속의 교류도 활발히 이루어져 몽골어와 몽골식 이름을 사용하고 몽골식 복장이나 변발 등이 유행하였다.

2 반원 자주 정책의 추진

1. 충렬왕
(1) **편민 18사 채택** : 홍자번이 민생 문제 해결과 국가 재정 확충을 위한 대책을 담아 올린 '편민 18사'를 채택하였다.
(2) **영토 반환** : 원의 직속으로 있던 동녕부와 탐라총관부를 돌려받았다.

2. 충선왕
(1) **정방 폐지** : 정방 폐지를 시도하고, 그 권한을 한림원으로 넘기려 하였다.
(2) **관제 개혁** : 한림원을 사림원으로 고쳤으며, 왕명의 출납을 관장하던 승선방을 폐지하고 그 임무를 사림원으로 넘겼다.
(3) **개혁 중심 기관** : 사림원은 시정에 대한 국왕의 고문 기능 및 왕명 출납을 맡는 강력한 권력 기구로 부상하여 개혁의 중심 기관이 되었다.
(4) **각종 기구 설치** : 권문세족의 불법적 토지 침탈 및 노비화를 감시하기 위해 농무사를 설치하였고, 의염창을 설치하여 소금 전매 제도를 실시하였다.
(5) **만권당 설치** : 상왕으로 물러난 이후 원의 수도에 만권당을 설치하였다.

3. 충숙왕 : 개혁 기구인 찰리변위도감을 설치하여 개혁을 시도하였다.

4. 충목왕 : 이제현이 주도하여 개혁 기구인 정치도감을 설치하였다.

3 공민왕의 개혁 정치

1. 공민왕의 반원 정책 : 공민왕은 14세기 중반 원·명 교체기에 신진 사대부를 등용하고 권문세족을 억압하면서 반원 자주 정책을 추진하였다.
(1) **몽골풍과 정방 폐지** : 몽골풍을 금지하고, 권문세족이 장악하였던 정방을 폐지하였다(1352).
(2) **관제 복구** : 원의 연호를 폐지하고, 구 관제를 복구하였다(1356).
(3) **친원파 숙청** : 정동행성 이문소를 폐지하고, 기철 등 친원 세력을 숙청하였다.
(4) **쌍성총관부 탈환** : 유인우로 하여금 쌍성총관부를 공격하게 하여 철령 이북의 땅을 되찾았다(1356).

> **공민왕의 개혁**
> 왕이 원 연호의 사용을 중지시키면서 교서를 내렸다. "근래에 나라의 풍속이 일변해 오직 권세만을 추구하게 되었으니, 기철의 일당이 임금조차도 무시하고 마구 위세를 부려 나라의 법도를 뒤흔드는 일이 벌어졌다. 지금부터는 …… 법의 권위를 확립하고 기강을 정돈함으로써 조종이 세운 법을 회복해 온 나라 백성들과 함께 새롭게 출발하고자 한다." – "고려사" –
>
> ➡ 공민왕은 자주성을 회복하기 위해 친원 세력 숙청, 정동행성 이문소 폐지, 관제 복구, 몽골 풍속 금지 등 반원 자주 정책을 추진하였고, 쌍성총관부를 공격하여 철령 이북의 땅을 되찾았다.

만권당(萬卷堂)
충선왕은 원에 만권당을 설치하여 이제현 등 고려 유학자와 조맹부 등 한족 출신 유학자들을 불러 모아 학문을 연구하게 하였다. 이 과정에서 원과 고려 사이의 문화 교류가 활발히 일어났으며 고려의 성리학이 발전하는 계기가 되었다.

기철
기철은 여동생이 원 순제의 황후가 되어 태자를 낳자 동생 기 황후와 원을 등에 업고 남의 토지를 빼앗고 양민을 노비로 삼는 등의 권세를 부렸다.

▲ 공민왕의 영토 수복

제5장 공민왕의 반원 자주 정책과 신진 사대부의 성장

2. 신돈을 등용한 개혁 정치
(1) **전민변정도감 설치(1366)** : 공민왕은 신돈을 등용하여 전민변정도감을 설치하고 권문세족이 불법적으로 빼앗은 토지를 본래의 주인에게 돌려주거나 불법적으로 노비가 된 자를 양인으로 해방시키는 등 개혁 정책을 실시하여 백성의 지지를 얻었다.
(2) **동녕부 공략** : 이성계를 통해 요동 정벌을 시도하여 원의 세력이 웅거하던 동녕부를 함락하였으나, 추위와 기근 등으로 인해 결국 철수하였다.

3. 신돈과 공민왕의 피살
공민왕의 개혁 정책에 반발하던 권문세족이 신돈을 제거하였고, 이후 공민왕도 시해되면서 개혁은 중단되었다.

> **전민변정도감**
> 고려 말기에 권문세족들이 토지와 노비를 늘려 국가의 재정 기반이 크게 악화되자 이를 시정하기 위하여 설치한 특별 기구이다.

4 신진 사대부의 성장

1. 신진 사대부의 출신 배경과 성장
(1) **출신** : 지방 향리 가문이나 성리학을 수용하고 과거를 통해 중앙 관리로 진출한 지방 중소 지주였다.
(2) **성장** : 공민왕 시기에 권문세족의 비리와 불법에 대항할 정도로 성장하였다.

2. 신진 사대부의 분열
(1) **최씨 무신 정권 시기에 관료 진출** : 학문적 교양과 행정 실무를 겸비한 신진 사대부는 최씨 무신 정권 시기부터 관료로 진출하였다.
(2) **고려의 폐단 비판** : 과거를 통해 중앙 정계에 진출한 신진 사대부는 고려 왕조의 폐단을 비판하며 사회 개혁을 주장하였으나, 이성계의 정권 장악과 새 왕조 개창을 둘러싸고 급진 개혁파와 온건 개혁파로 분열되었다.
(3) **급진 개혁파와 온건 개혁파로 분열** : 급진 개혁파는 왕조 자체를 교체하려는 역성혁명을 주장하였고, 온건 개혁파는 고려 왕조를 유지하면서 점진적인 사회 개혁을 주장하였다.

구분	온건 개혁파	급진 개혁파
개혁 방향	고려 왕조를 유지한 채 점진적 개혁 추진	고려 왕조를 부정하는 역성혁명 추진
중심 인물	이색, 정몽주, 이숭인, 길재 등	정도전, 조준, 윤소종 등
유학 사상	성리학만을 정학으로 인정	성리학 이외의 학문도 인정
군사력	군사력 미비로 혁명파 제거에 실패	신흥 무인 세력(이성계)·농민·군사 와 협력
계승	사림파(16세기 이후 집권)	훈구파(15세기 집권)

▲ 온건 개혁파와 급진 개혁파

5 고려의 멸망

1. 홍건적과 왜구의 침입
(1) **홍건적의 침입**
  ① 제1차 침입 : 홍건적이 서경까지 침입하였으나, 이방실·이승경 등이 이를 격퇴하였다.
  ② 제2차 침입 : 홍건적이 개경까지 침입하여 공민왕이 한때 복주(안동)까지 피난하였으나, 이방실·정세운·안우·최영·이성계 등이 이를 격퇴하였다.
(2) **왜구의 침입** : 최영이 홍산 대첩에서, 이성계가 황산 대첩에서 왜구를 격퇴하였다.
(3) **신흥 무인 세력의 성장** : 홍건적과 왜구의 침입을 격퇴하는 과정에서 최영·최무선·이성계 등 신흥 무인 세력이 성장하였다.

2. 고려의 멸망
(1) **철령위 문제** : 우왕 14년(1388) 명이 쌍성총관부가 있던 철령 이북 지역에 철령위를 설치하고 자국의 영토에 편입시키려 하자 고려와 대립하게 되었다.
(2) **과정** : 최영은 이성계를 시켜 요동 정벌을 단행하였으나 요동 정벌에 반대한 이성계가 위화도에서 군대를 돌렸다(위화도 회군, 1388)
(3) **결과** : 최영이 축출되고 이성계와 급진파 신진 사대부 세력이 정치적 실권을 장악하면서 새 왕조를 개창하는 기틀이 마련되었다.

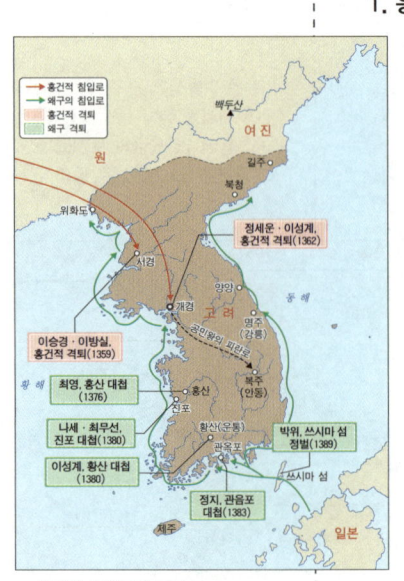

▲ 홍건적과 왜구의 격퇴

Ⅱ. 고려 귀족 사회의 형성과 변천

제6장 고려 시대 전시과와 경제적 특징

1 경제 정책

1. 농업 중심의 산업 발전
(1) **중농 정책**: 민생 안정을 위한 정책을 추진하여 개간을 장려하고 농번기에 잡역 동원을 금지하였다.
(2) **상업 부진**: 개경에 시전을 개설하고 금속 화폐를 제작하였으나, 널리 유통되지 못하였다.
(3) **수공업**: 관청에 기술자를 소속시켜 물품을 생산(관청 수공업)하거나, 소(所)에서 수공업 제품을 생산하였다.

2. 국가 재정의 운영
(1) **수취 체제**: 양안(토지 대장)과 호적(호구 장부)을 작성하여 조세·공물·부역을 징수하였다.
(2) **재정 담당 관청**
  ① 호부는 양안과 호적을 작성하였으며, 삼사는 국가 재정에서 세입과 세출에 관련된 회계 업무를 담당하였다.
  ② 실제로 조세를 징수하고 집행하는 일은 각 관청의 향리가 담당하였다.
(3) **지출**: 국가의 재정은 관리의 녹봉, 일반 비용, 국방비, 왕실 경비, 관청 운영비 등에 지출하였다.

3. 수취 제도
(1) **조세**
  ① 토지를 논과 밭으로 나누고 1결당 생산량을 최고 18석을 기준으로 하여 비옥도에 따라 3등급으로 나누어 부과하였다.
  ② 토지세는 수확량의 10분의 1을, 공전의 소작료는 4분의 1을, 사전의 소작료는 2분의 1을 부과하였다.
(2) **공물**
  ① 집집마다 토산물을 징수하는 제도로, 백성들은 조세보다 공물을 더 부담스러워 하였다.
  ② 공물에는 매년 일정액이 부과되는 상공과 필요에 따라 수시로 부과되는 별공이 있었다.
(3) **역**: 국가가 16세에서 59세의 정남을 군역(국방)과 요역(토목 공사)에 동원하였다.
(4) **잡세**: 상인에게 부과되는 상세와 어민에게 부과되는 어염세 등이 있었다.
(5) **조세 운송**
  ① 조세를 각 군과 현의 조창에 모아 두었다가 조운을 통해 개경의 좌창과 우창으로 운송하였다.
  ② 양계 지역은 현지 세금을 국방비 등으로 사용하여 중앙으로 운송하지 않았다.

2 전시과 제도

1. 운영 원칙
(1) **수조권 지급**: 관리의 직역에 대한 대가로 토지를 지급하였는데, 여기에서 말하는 토지의 지급은 수조권을 의미한다.
(2) **전지와 시지 지급**: 전국을 대상으로 운영되었으며, 전지(농토)와 시지(땔감)를 지급하였다.
(3) **사후 반납 원칙**: 사후에 나라에 반납하는 것이 원칙이었으나 세습하는 토지도 존재하였다.

양안
경작지의 소유자와 크기 등을 기록한 토지 대장이다.

호적
가족 단위의 인구 상황을 기록한 장부이다. 부부를 중심으로 한 가족을 기록하였는데, 경우에 따라서 여러 세대의 가족을 한 호적에 기록하기도 하였다.

종류	부과 대상 (기준)	부담
조세	소유한 토지	수확량의 10분의 1
공물	호(戶)	토산물
역	양인 장정	노동력 제공, 군 복무

▲ 수취 제도

직역
관리, 향리, 군인 등 국가에 소속된 이들이 국가로부터 부여받은 고유 업무이다.

제6장 고려 시대 전시과와 경제적 특징

2. 전시과 제도의 성립과 변천

(1) **역분전(태조 23년, 940)** : 태조는 후삼국 통일 후 통일 전쟁과 고려 건국에 기여한 공신들에게 관품에 상관없이 선악, 공로, 인품 정도에 따라 수조지를 차등 분배하였다.

(2) **시정 전시과(경종 원년, 976)**
  ① 광종 때 제정된 4색 공복(자, 단, 비, 녹)을 기초로 하여 만들었다.
  ② 토지 지급 시 관품의 높고 낮음과 함께 인품을 반영하여 역분전의 성격에서 벗어나지 못하였다.

(3) **개정 전시과(목종 원년, 998)**
  ① 토지 지급 시 인품을 제외하고, 관품의 높고 낮음만을 기준으로 18품계로 나누어 최고 170결에서 최저 20결까지 차등 지급하였다.
  ② 관등에 들지 못한 자들에게는 한외과 규정을 마련하여 전지 17결을 지급하였다.
  ③ 군인전을 전시과에 포함하여 지급하였다.
  ④ 무관에 비해 문관의 대우가 더 좋았다.
  ⑤ 산직(전직)은 실직(현직)보다 1과에서 4과까지 인하된 대우를 받았다.

(4) **경정 전시과(문종 30, 1076)**
  ① 산직을 배제하고 실직을 중심으로 지급하였다.
  ② 한외과를 없애고 18과 내로 흡수하여 전시과의 완결을 도모하였다.
  ③ 무반에 대한 대우가 현저히 상승하였다.

(5) **녹봉제**
  ① 문종 때 완비된 녹봉 제도에 따라 현직 관리는 쌀·보리 등의 곡식을 주로 받았으나, 때로 비단이나 베를 받기도 하였다.
  ② 녹봉은 1년에 두 번씩 녹패라는 문서를 창고에 제시하고 받았다.
  ③ 고려 시대의 관리들은 전시과와 녹봉제의 이중 대우를 받아 여유 있는 생활을 할 수 있었다.

(6) **전시과의 붕괴** : 전시과 제도는 무신 정변 이후 권력자들의 불법적인 농장 확대로 신진 관료에게 지급할 토지가 부족해지면서 붕괴하였다.

(7) **녹과전(원종)**
  ① 전시과 붕괴 후 관리에게 녹봉만 지급하였는데, 몽골의 침략으로 그마저도 어렵게 되었다.
  ② 개경 환도 후 경기 8현에 한정하여 수조권을 지급하는 녹과전을 시행하였다.

3 경제활동의 진전

1. 귀족의 경제생활

(1) **경제적 기반**
  ① 상속받은 토지와 노비를 기반으로 고리대를 하고 대농장을 경영하였다.
  ② 관료로서 과전, 공음전, 공신전 등의 토지와 녹봉 등을 지급받았다.

(2) **화려한 생활** : 중국에서 차와 비단을 수입하여 사용하는 등 사치스러운 생활을 하였다.

2. 농민의 경제생활

(1) **농민의 경제생활**
  ① 본인 소유의 민전을 경작하거나 소작하였으며, 진전이나 황무지 개간을 통해 일정 기간 소작료나 조세를 면제받았다.
  ② 민간 수공업에 종사하였다.

(2) **농업 기술의 발달**
  ① 수리 시설 발달 : 김제의 벽골제와 밀양의 수산제가 개축되는 등 수리 시설이 발달하였고, 농기구(호미·보습)와 종자도 개량되었다.

토지 제도	시기	특징
역분전	태조	공로와 충성도를 기준으로 지급. 호족 통합책
시정 전시과	경종	전·현직 관리에게 관품 및 인품을 기준으로 지급
개정 전시과	목종	전·현직 관리에게 관품을 기준으로 지급
경정 전시과	문종	현직 관리에게 관품을 기준으로 지급
녹과전	원종	경기 8현에 한해 지급
과전법	공양왕	조선 건국 과정에서 실시(농민 우대, 사대부 주도)

▲ 전시과 제도의 변천 과정

종류	지급 대상	특징
과전	문무 관리	직역 수행의 대가로 지급
외역전	향리	
군인전	군인	
한인전	관직이 없는 하급 관리의 자제	신분제 사회의 특징을 반영하여 지배층을 우대한 조치
구분전	하급 관리의 유가족	
공음전	5품 이상의 고위 관리	
내장전		왕실 경비 충당
공해전		중앙과 지방 관청 경비 충당
사원전		사원 경비 충당
민전		일반 농민들이 물려받은 토지

▲ 전시과

② 시비법 발달 : 소를 이용한 깊이갈이가 일반화되고 시비법이 발달하였다.
③ 논농사 : 남부 지방 일부에 모내기법(이앙법)이 보급되었다.
④ 밭농사 : 2년 3작의 윤작법이 점차 보급되었다.
⑤ 농서 보급 : 고려 말 원으로부터 "농상집요"가 소개·보급되었다
⑥ 목화씨 전래 : 공민왕 때 문익점이 목화씨를 전래하였다(1363).

(3) 권문세족의 착취와 농민의 몰락
① 고려 후기 농업 생산력이 상당한 수준에 이르렀으나 권문세족이 농민의 토지를 빼앗아 대규모의 농장을 만들고 지나치게 세금을 거두면서 농민들은 몰락하였다.
② 몰락한 농민은 권문세족의 토지를 경작하거나 노비로 전락하였다.

시비법(施肥法)
풀이나 갈대를 태워 동물의 똥오줌과 함께 섞어 토양에 퇴비를 공급하는 방식을 말한다.

2년 3작
같은 토지에서 2년 동안 3개의 작물을 연이어 경작하는 방식으로, 조, 보리, 콩을 주로 경작하였다.

3. 상업 활동

(1) 도시의 상업 활동
① 시전 설치(개경) : 관청·왕실 및 귀족들의 수요품을 공급하였다.
② 관영 상점 설치 : 서적점, 약점, 주점 등이 있었다.
③ 비정기 시장 : 도시 곳곳에서 비정기 시장이 열렸다.
④ 경시서 : 매점매석과 같은 불법적 상행위를 감독하는 기구인 경시서가 있었다.

(2) 지방의 상업 활동
① 지방 관아 주변에 시장이 개설되었고, 행상이 활동하기도 하였다.
② 농민 대부분은 생산력의 한계와 가혹한 수취로 인해 경제적 여유가 없어 적극적으로 상업 활동에 참여하기 어려웠다.

(3) 고려 후기 상업 활동
① 도시 : 개경의 인구가 증가하면서 상품 수요가 증가하자 시전의 규모가 확대되고 업종별로 전문화되는 현상이 나타났다.
② 지방 : 조운을 통한 미곡 및 소금 거래가 활발하였으며, 행상 활동이 확대되어 육로 교통 요지에 원(여관)이 발달하였다.

▲ 고려의 교통로와 산업 중심지

4. 수공업, 염업, 간척지 개발

(1) 수공업 : 관청 수공업이 중심이었지만 소(所) 수공업과 사원 수공업도 발달하였다.

승려의 상업 활동과 고리대

> 승려들이 심부름꾼을 시켜 절의 돈과 곡식을 각 주군에 장리를 놓아 백성을 괴롭히고 있다. 지금 부역을 피하려는 무리들이 부처의 이름을 걸고 돈놀이를 하거나 농사, 축산을 업으로 삼고 장사를 하는 것이 보통이 되었다. …… 어깨를 걸치는 가사는 술 항아리 덮개가 되고, 범패를 부르는 장소는 파, 마늘의 밭이 되었다. 장사꾼과 통하여 팔고 사기도 하며, 손님과 어울려 술 먹고 노래를 불러 절간이 떠들썩하다.
> – "고려사" –

▶ 국가와 귀족의 지원을 받은 고려 후기의 사원은 경제력을 바탕으로 기술이 좋은 승려와 노비를 통해 베, 모시, 기와, 술, 소금 등을 생산하여 시장에 팔기도 하였다. 그러나 부를 축적하려는 승려들에 의해 사원 경제의 문제점이 발생하였다.

해남 도자소에서 만든 도자기

해남 도자소는 국가로부터 청자 생산을 지정받은 특수 촌락으로서, 완도선은 이곳에서 만든 자기를 싣고 가다가 침몰하였다.

(2) 염업
① 권문세족의 염분 침탈이 심해지자 고려 후기에 각염법(소금 전매법)을 제정하였다.
② 충선왕 때 제도를 개선하여 국가 관부에서 총괄하게 하였다.

(3) 간척지 개발
① 12세기 이후 연해안의 간척지와 저습지가 개간되어 경작지가 확대되었다.
② 강화도 피난 시기 이후 강화도 지역을 중심으로 하여 간척 사업이 추진되었다.

제6장 고려 시대 전시과와 경제적 특징

4 화폐 주조와 고리대의 유행

1. 화폐의 주조

(1) 목적 : 국가는 화폐 발행을 통해 재정 이익을 증가시킬 수 있었고, 경제활동을 장악할 수 있었다.
(2) 성종 : 최초의 철전인 건원중보를 발행하였으나 유통에는 실패하였다.
(3) 의천의 주전론 : 대각국사 의천은 송에서 귀국한 뒤 화폐 주조의 필요성을 건의하였고(주전론), 숙종은 이 건의를 받아들여 주전도감을 설치하고 화폐를 주조하였다.
(4) 숙종 : 동전인 삼한통보·해동통보·해동중보와 활구(은병)를 발행하였으나 널리 유통되지 못하였다.

> **화폐의 유통**
>
> (숙종) 9년 7월에 주현에 명령하여 쌀을 내서 주식점(酒食店)을 열게 하여 백성들에게 사고파는 일을 허락하여 돈의 유용성을 알도록 하였다. 당시 돈이 통용된 지 3년이나 되었지만 백성들이 가난하여 활발하게 두루 쓸 수 없었으므로 이러한 명령을 내렸다.
> – "고려사" –

➤ 숙종은 화폐를 발행한 후 주점과 음식점을 열어 백성들에게 돈의 유용성을 알림으로써 화폐 사용을 활성화시키고자 하였다.

(5) 저화 : 공양왕 때 최초의 지폐인 저화가 처음 만들어졌다(이후 조선 태종 때 사섬서를 설치하고 저화 발행).
(6) 화폐 유통의 한계 : 동전 등은 다점이나 주점 등에서만 사용되었으며, 일반적인 거래는 여전히 곡식이나 삼베를 사용하였다.

2. 고리대의 성행과 보의 출현

(1) 고리대업(차대법) 성행 : 장생고는 귀족과 사원이 경영한 서민 금융 기관으로, 지나친 폭리를 취하여 부를 축적하였다.
(2) 보의 출현 : 일종의 기금으로, 제위보와 같은 빈민 구제 기금이 대표적이다.

5 무역 활동

1. **무역항** : 예성강 하구의 벽란도가 국제 무역항으로 번성하였다.
2. **대송 무역** : 고려 광종 이후 친송 정책으로 활발해졌으며, 수입품으로는 비단·약재·서적 등이 있었고, 수출품으로는 금·은·인삼·종이·먹·부채·나전 칠기·화문석 등이 있었다.
3. **거란·여진과의 무역** : 수입품으로는 은·모피·말이 있었으며, 수출품으로는 식량과 문방구가 있었다.
4. **일본과의 무역** : 수입품으로는 수은·유황이 있었으며, 수출품으로는 식량·인삼·서적이 있었다.
5. **아라비아 무역** : 수입품으로는 수은·향료·산호 등이 있었고, 아라비아 상인들에 의해 '고려(COREA)'라는 명칭이 서방 세계에 알려지게 되었다.
6. **원 간섭기의 무역 활동** : 상인들이 독자적으로 활동하면서 금·은·소·말 등이 지나치게 유출되어 사회적인 문제가 되었다.

시기	화폐
성종	건원중보(최초의 철전) 발행
숙종	대각국사 의천의 건의로 주전도감 설치
숙종	은병(활구, 고려의 지형을 본떠서 주조)
숙종	해동통보·해동중보(동전)
숙종	삼한통보·삼한중보·동국통보·동국중보(동전)
충렬왕	쇄은
충혜왕	소은병
공양왕	저화(최초의 지폐)

▲ 고려 시대의 화폐

종류	목적
학보	교육 장려
광학보	승려 면학
경보	불경 간행
제위보	빈민 구제
금종보	현화사 범종 주조
팔관보	팔관회 경비 조달

▲ 보(寶)

▲ 고려 전기의 대외 무역

II. 고려 귀족 사회의 형성과 변천

제7장 고려 시대 사람들은 어떻게 살았을까?

1 고려의 신분 제도

1. 신분 제도의 특징
(1) **문벌 귀족 사회** : 고려는 가문과 문벌을 중시하는 문벌 귀족 사회로, 폐쇄적인 골품 제도에서 벗어나 상대적으로 개방적이었다(지방 호족, 유교 지식인의 중앙 진출).
(2) **사회 계층 변동**
  ① 고려의 신분 제도는 엄격하였지만 사회 계층 변동이 일어나기도 하였다.
  ② 고려 후기에 향·소·부곡이 점차 일반 군현으로 승격되었고, 외거 노비 중 재산을 모아 양인이 된 자도 생겨났다(천민의 양민화).
(3) **신분 구분** : 지배 계층은 귀족과 중류층(서리·향리·남반·하급 장교 등)으로, 피지배 계층은 양민(백정 농민을 비롯한 수공업자·상인층)과 천민으로 구분되었다.

2. 지배 계급
(1) **문벌 귀족**
  ① 구성 : 왕족을 비롯한 5품 이상의 고위 관료로 구성되었다.
  ② 특권층 : 문벌 귀족들은 음서와 공음전의 혜택을 받는 특권층이었다.

  > **귀족의 특권**
  > (이자연의 손자이고 이자겸의 사촌인) 이자덕은 …… 독서와 불교를 좋아하였다. 음서로 경시서 승에 임명되었다. 여러 번 승진하여 중서시랑 평장사가 되었다.
  > - "고려사" -

  ➤ 고려의 귀족은 음서를 통해 대대로 관직을 독차지하면서 여유로운 생활을 하였다.

(2) **무신** : 무신 집권기에 기존의 문벌 귀족이 도태되면서 새롭게 지배 계급으로 성장하였다.
(3) **권문세족**
  ① 의미 : 원 간섭 이후의 지배 계급을 통칭하며, 전기부터 이어온 문벌 귀족, 무신 집권기에 진출한 무신과 문신, 원 간섭기의 역관 등이 해당된다.
  ② 기반
    ㉠ 음서를 통해 권력을 세습하고 고위 관직을 차지하였으며, 특히 도평의사사를 장악하여 권력을 집중시켰다.
    ㉡ 대농장을 소유하여 경제적 기반을 마련하였다.
(4) **신진 사대부**
  ① 무신 집권기에 등용된 문신인 능문능리가 그 기원이다.
  ② 공민왕 때 개혁된 과거 제도를 통해 정계에 대거 진출하였다.
  ③ 신분적으로는 향리 출신이며, 경제적으로는 중소 지주 출신이었다.
  ④ 성리학을 개혁 이념으로 삼아 구질서의 모순을 비판하면서 사회 개혁과 문화 혁신을 주장하였다.
  ⑤ 전시과의 붕괴로 토지(과전)를 지급받지 못하자 사전의 폐단을 지적하면서 권문세족과 대립하였다.

▲ 아집도대련

능문능리(能文能吏)

학문이나 문장에 능하고, 관리로서의 재능도 뛰어난 인물을 말한다. 최우가 권력을 잡은 뒤 정방을 설치하고 인사권을 독점하면서 '능문'과 '능리' 두 가지를 고과의 기준으로 삼았기 때문에 문학적 소양과 행정 실무 능력을 모두 갖춘 학자 관료로서 사대부가 출현할 수 있었다.

제7장 고려 시대 사람들은 어떻게 살았을까?

	문벌 귀족	권문세족	신진 사대부
대두 시기	전기(성종 이후)	후기(무신 정권 붕괴 이후)	후기(무신 집권기)에 대두 → 공민왕 시기에 성장
출신	호족(대부분)	• 전기부터 이어온 유력 가문 • 무신 집권기에 대두한 가문 • 원을 배경으로 등장한 가문	• 향리 • 하급 관리
정치 성향	• 보수적 • 관직 독점	• 보수적 • 관직 독점(도평의사사 장악)	• 개혁적·진취적 • 신흥 관료 → 능력 중시
경제 기반	• 공음전(세습) • 전시과	농장 운영 대지주(재경 부재 대지주)	재향 중소 지주
정계 진출	음서·과거	대부분 음서	과거
학문	훈고학	훈고학	성리학
불교	지지	지지	비판(정도전의 "불씨잡변")
외교	친송 → 금에 사대 동의	친원	친명
세력 유지	왕실과의 통혼	원과의 관계	능력 중시

▲ 문벌 귀족·권문세족·신진 사대부의 비교

3. 중류층
(1) **종류** : 서리(중앙 관청 하급 관리), 남반(궁궐 하급 관리), 향리, 하급 장교 등이 있다.
(2) **특징**
  ① 조선 시대의 중인보다는 신분 상승의 여력이 컸다.
  ② 지배층과 피지배층 사이의 중간 계층인 중류층은 직역을 세습하고, 그에 따른 토지를 지급받았다.
(3) **호족 출신 향리**
  ① 통혼 관계나 과거 응시 자격에 있어서 하위의 향리와는 구별되었다.
  ② 호족 출신 향리들은 호장·부호장 등을 대대로 배출한 지방의 실질적 지배층이었다.

4. 양민
(1) **농민(백정)**
  ① 신분적으로 자유민으로, 과거 응시가 가능하였고, 중앙 군인으로 선발될 수 있었다.
  ② 공민(公民)으로서 조세·공납·역의 의무가 있었다.
(2) **향·소·부곡 거주민** : 신분적으로는 양민이면서도 일반 백정보다 심한 규제를 받아 과거 응시, 승려 출가, 국학 입학 등이 금지되었다.

5. 천민
(1) **종류** : 대표적으로 공·사 노비(매매, 상속, 증여의 대상)가 있었고, 그 외 진척(뱃사공)·화척(도축업자)·재인(광대) 등이 있었다.
(2) **노비**
  ① 공노비 : 입역 노비(관청 소속)와 외거 노비(규정된 액수 납부)로 구분되었다.
  ② 사노비 : 솔거 노비(주인집 거주)와 외거 노비(독자 생활)로 구분되었다.
  ③ 소유
    ㉠ 귀족들은 노비를 늘리기 위해 부모 중 어느 한쪽이 노비이면, 그 자식도 노비가 되도록 하였다(일천즉천).
    ㉡ 부모가 모두 노비인 경우에는 어머니 쪽 주인이 그 자녀를 소유하였고(천자수모법), 부모 중 한쪽만 노비이면 그 노비의 주인에게 자녀의 소유권이 있었다.

호장(戶長)
향리들의 대표로. 부호장과 함께 호장층을 형성하여 해당 고을의 행정 실무를 총괄하고 감독하였다.

외거 노비
신분상으로는 주인에게 예속된 상태였으나, 경제적으로는 양민 백정과 비슷하게 독립된 경제생활을 하였다. 이에 따라 외거 노비 중에는 신분의 제약을 극복하고 재산을 늘리거나 지위를 높인 사람도 있었다.

2 백성의 생활 모습

1. **농민의 공동 조직(향도)** : 불교 신앙 공동체 조직으로 매향 활동을 하였으며, 후기에 이르러 마을 공동체 생활을 주도하였다.
2. **사회 시책** : 농민 생활의 안정을 통해 국가의 지배 체제를 유지하고자 농번기 잡역 금지, 재해 시 조세 면제, 권농 정책(적전 등), 법정 이자 책정 등을 시행하였다.
3. **여러 가지 사회 제도**
   (1) **의창** : 태조 때 설치된 흑창을 확대하여 성종 때 설치된 빈민 구제 기구이다(986).
   (2) **상평창** : 성종 때 개경과 서경 및 12목에 설치된 물가 조절 기구이다(993).
   (3) **동·서 대비원** : 개경에는 동·서 대비원이, 서경에는 대비원이 설치되어 빈민 환자의 치료와 구휼을 담당하도록 하였다.
   (4) **혜민국** : 빈민 환자들을 위한 약국의 역할을 담당하였다(1112).
   (5) **구제도감, 구급도감** : 재해 발생 시 응급 구조를 위한 임시 기구였다.
   (6) **제위보** : 광종 때 빈민 구제를 위해 설치한 기금이었다.
4. **법률과 풍속**
   (1) **민법** : 전통적인 관습법에 따랐다.
   (2) **형법**
      ① 당의 법률을 참고하여 71개조의 법률이 시행되었다.
      ② 형벌의 종류에는 태·장·도(징역형)·유(귀향형)·사 등이 있었다.
   (3) **연등회와 팔관회**
      ① 연등회 : 음력 1월 15일(거란의 2차 침입 이후 2월 15일)에 전국적으로 거행되던 불교 행사로, 부처님의 공덕을 기리는 의식이었으나 고려 후기에는 신에 대한 제사도 함께 지냈다.
      ② 팔관회
         ㉠ 도교, 토착 신앙, 불교 등이 어우러진 불교 행사로, 여러 토속 신에 대한 제사도 겸하였으며, 개경(11월 15일)과 서경(10월 15일)에서 1년에 두 차례 열렸다.
         ㉡ 겨울에 행한 일종의 기우제로 군신이 함께 참여하여 국가와 왕실의 태평을 기원하였으며, 지방관과 외국인의 진상이 허용되었다.
   (4) **상장제례** : 정부는 유교 의식을 권장하였으나, 일반 백성들은 토착 신앙과 융합된 불교와 도교 의식을 거행하였다.
5. **혼인과 여성의 지위**
   (1) **혼인**
      ① 일부일처제가 원칙이며 여자는 18세, 남자는 20세 전후에 혼인하였다.
      ② 왕실과 일부 귀족 가문에서는 근친혼이 성행하여 사회 문제가 되기도 하였다.
   (2) **여성의 지위**
      ① 여성의 정치 진출에는 제한을 두었으나, 사회·경제적으로는 남성과 대등하였다.
      ② 자녀 균분 상속이 이루어졌고, 남편이 죽으면 아내가 재산 분배권을 행사하였다.
      ③ 태어난 순서대로 호적에 기재하였고, 아들이 없을 경우 딸이 제사를 지냈다(윤회봉사).
      ④ 사위가 처가의 호적에 입적하거나 처가에서 생활하는 경우도 많았다.
      ⑤ 고위 관리에게 아들이 없는 경우, 사위와 외손자에게까지 음서의 혜택이 적용되었다.
      ⑥ 여성의 재가는 비교적 자유롭게 이루어졌고, 재가한 여성의 소생도 사회적 진출에 차별을 받지 않았다.

사천 매향비

1387년에 향나무를 묻고 세운 것으로, 내세의 행운과 국태민안을 기원하는 내용을 담고 있다.

고려 시대의 형벌

- 태 : 가는 몽둥이로 볼기에 매질을 가하는 형벌
- 장 : 곤장형
- 도 : 징역형
- 유 : 귀향형
- 사 : 사형(교수형, 참수형)

귀향형

죄를 지었을 때 자신의 본관지로 돌아가게 한 형벌이다. 이는 거주지를 제한한다는 의미와 함께 중앙의 특권 신분층으로부터 분리시킨다는 의미가 있었다.

고려 시대 여성의 모습

고려 말 문신 박익의 묘 벽화에 그려진 여성의 모습이다.

제7장 고려 시대 사람들은 어떻게 살았을까?

균분 상속제

충혜왕 4년(1342)에 윤선좌는 미질(微疾)에 걸리자 자녀를 불러 앞에 나오게 하고 이르기를 "요즈음 형제들이 서로 사이가 좋지 못한 경우가 많은 것은 다툴 거리가 있기 때문이다."라고 하고 아들 찬에게 명하여 문계(상속의 구체적인 내용을 기록한 문서)를 써서 가업을 균분하였다. 또 훈계하여 이르기를 "화(和)하여 다투지 않는 것으로써 너희의 자손을 가르치라."라고 하였다. – "고려사" –

▶ 고려 시대 여성의 사회·경제적 지위는 남성과 대등하여 재산 상속에 있어서도 부모의 유산이 자녀에게 골고루 분배되었다.

3 고려 후기의 사회 변화

1. 무신 집권기 하층민의 봉기

(1) 배경
  ① 무신정변으로 신분 제도가 동요하면서 하층민에서 권력층이 된 자가 많았다.
  ② 무신들 간의 대립과 지배 체제의 붕괴로 백성들에 대한 통제력이 약화되었다.
  ③ 무신들의 농장 확대로 백성 수탈이 강화되었다.

(2) 전개 과정 : 소극적 저항에서 점차 대규모의 조직적인 봉기로 확대되었다.

(3) 봉기의 확대와 다양화

김보당의 난, 조위총의 난(서경에서 시작)	반무신 정권 표방, 문벌 귀족과 연결
망이·망소이의 난	난이 일어난 이후 공주 명학소에서 일반 군현인 충순현으로 승격
김사미(운문)·효심의 난(초전)	농민 봉기, 신라 부흥 표방
만적의 난	신분 해방 운동
최광수의 봉기	(고구려 부흥 표방), 이연년의 봉기(백제 부흥 표방)

2. 몽골의 침입과 백성의 생활

(1) 피지배 계층의 활약 : 몽골군 격퇴 과정에서 (충주) 다인철소, 처인 부곡의 승리 등 피지배 계급 백성이 크게 활약하였다.

(2) 일본 원정 동원 : 원 간섭 이후 두 차례의 일본 원정에 동원되어 막대한 희생을 강요당하였다.

몽골 침입 시 백성의 생활

3월 여러 도의 고을들이 난리를 겪어 황폐해지고 지쳐 조세·공부·요역 이외의 잡세를 면제하고, 산성과 섬에 들어갔던 자를 모두 나오게 하였다. 그때 산성에 들어갔던 백성들로서 굶주려 죽은 자가 매우 많았고, 늙은이와 어린이가 길가에서 죽었다. 심지어는 아이를 나무에 붙잡아 매고 가는 자가 있었다. …… 고종 42년 4월, 도로가 비로소 통하였다. 병란과 흉년이 든 이래로 해골이 들을 덮었고, 포로가 되었다가 도망하여 서울로 들어오는 백성이 줄을 이었다. 도병마사가 날마다 쌀 한 되씩을 주어 구제하였으나 죽는 자를 헤아릴 수가 없었다. – "고려사절요" –

▶ 몽골 침입 당시 최씨 무신 정권은 백성들에게 산성이나 섬으로 들어가서 전쟁에 임하도록 하였는데, 생활 대책이 전혀 마련되지 않은 상태였기 때문에 백성들은 자력으로 맞서야 하는 처지였다. 백성들은 가는 곳마다 살육을 저지르는 몽골에 속수무책으로 희생당하였고, 굶어 죽는 자가 헤아릴 수가 없을 정도로 많았다. 이러한 상황 속에서 충주 다인철소, 처인 부곡 등의 하층민들이 몽골군에 맞서 싸워 승리하였다.

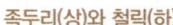
족두리(상)와 철릭(하)

원 간섭기 고려에는 족두리, 철릭 등 몽골풍이 유행하였다.

3. 원 간섭기의 사회 변화

(1) 몽골풍·고려양 : 고려와 원의 교류를 통해 고려에는 몽골풍이 유행하였고, 원에는 고려 문화가 전해져 고려양이 유행하였다.

(2) 공녀 공출 : 고려의 여인들이 원에 공녀로 공출되어 이를 피하기 위한 조혼이 유행하였다.

(3) 새로운 세력의 등장 : 창궐하는 왜구를 격퇴하며 신흥 무인 세력이 성장하였다.

Ⅱ. 고려 귀족 사회의 형성과 변천

제8장 찬란한 중세의 문화

1 유학의 발달

1. 고려 초기(자주적·주체적)
(1) 대표적 유학자 : 최승로, 김심언 등을 중심으로 사회 개혁과 새로운 문화 창조를 추구하였다.
(2) 개혁 : 과거 제도 실시와 최승로의 시무 28조(유교 정치사상 정립)를 통한 개혁이 추진되었다.

2. 고려 중기(보수적·현실적)
(1) 성격 : 문벌 귀족 사회가 발달하면서 보수적이고 현실적인 성격의 유학이 발달하였다.
(2) 대표적인 유학자 : 최충(해동공자, 9재 학당)과 김부식("삼국사기")이 대표적이다.

3. 고려 후기(성리학의 전래)
(1) 성리학 수용 : 성리학은 송의 주자가 정리한 관념적 철학으로, 충렬왕 때 안향이 소개하였다.
(2) 성리학 심화 : 백이정, 박충좌, 이제현(만권당에서 활약) 등이 성리학을 심화시켰고, 이색을 거쳐 정몽주, 권근, 정도전 등 신진 사대부에게 소개되었다.
(3) 실천적 기능 강조 : 현실 사회 개혁을 위한 실천적인 기능을 강조하고 "소학"과 "주자가례"를 중시하였다.
(4) 권문세족 비판 : 권문세족과 불교의 폐단을 비판하면서 새로운 국가의 지도 이념으로 성리학이 제시되었다.

2 교육 기관

1. 국자감(국립대학)
(1) 교육 내용 : 유학 교육과 기술학 교육을 실시하였다.
(2) 신분별 입학
  ① 유학부 : 국자학은 3품 이상, 태학은 5품 이상, 사문학은 7품 이상 관리의 자손만 입학이 가능하였다.
  ② 기술학부(율, 서, 산학) : 8품 이하 관리의 자제 및 일반 평민도 입학이 가능하였다.

2. 사학의 발달 : 사학 12도가 발달하였는데, 최충의 9재 학당(문헌공도)이 대표적이다.

3. 관학 진흥책

시기	관학 진흥 정책
숙종	국자감에 서적포 설치
예종	전문 강좌(7재) 설치, 양현고(장학 재단) 설치, 청연각·보문각 설치
인종	경사 6학 정비, 향교 중심의 지방 교육 강화
충렬왕	섬학전(양현고의 부실을 보충하기 위해 세워진 교육 재단) 설치, 경사교수도감 설치, 국학에 대성전 신축
공민왕	성균관을 순수 유학 교육 기관으로 개편

고려 성균관(개성)

고려 초기에 설치되어 국립 대학의 역할을 하였다. 국학으로 불리다가 1308년부터 성균관으로 개칭되어 조선 시대로 이어졌다.

7재

"주역", "상서", "모시", "주례", "대례", "춘추"를 공부하는 6재와 무학을 공부하는 강예재를 합한 전문 강좌를 말한다.

경사교수도감

고려 때 7품 이하의 관리들에게 경서(經書)와 역사(歷史)를 가르치던 관청이다. 경이나 사서에 능통한 사람들에게 관리들을 교육하게 하는 교서를 내리고 경사교수를 선발하였다.

제8장 찬란한 중세의 문화

3 역사서 편찬

1. 역사 서술 방법

구분	서술 방법	대표 사서	기원(중국 사서)
기전체	본기·세가·열전·지·표	"삼국사기", "고려사"	사마천의 "사기"
편년체	연·월·일별로 사실 서술	"조선왕조실록", "고려사절요", "삼국사절요"	사마광의 "자치통감"
기사 본말체	사건 중심으로 서술	이긍익의 "연려실기술"	원추의 "통감기사본말"
강목체	강·목으로 나누어 서술	안정복의 "동사강목"	주희의 "자치통감강목"

기전체(紀傳體)
사마천의 "사기"처럼 역사를 본기(천자의 활동 기록), 세가(제후의 활동 기록), 열전(주요 인물의 전기), 지(제도와 문물의 분야별 기록), 표(주요 사항을 정리한 연표)의 항목으로 나누어 서술하는 형식이다.

2. 주요 역사서

(1) 김부식의 "삼국사기"
  ① 특징 : 우리나라 현존 최고(最古)의 역사서이며 대표적인 정사이다.
  ② 개관
    ㉠ 인종 때 문하시중 김부식(경주 김씨)의 왕명으로 "구삼국사(구삼국사기)", "고기", "화랑세기" 등 우리나라 역사서와 중국 역사서를 참고해 만든 삼국 시대 관찬 역사서이다.
    ㉡ "삼국사기"는 묘청의 난(1135)으로 서경파가 제거되고 개경파 문벌 귀족이 지배하던 당시 지배 계급의 역사의식인 유교적 합리주의 사관에 기초하였다.
  ③ 구성 : 본기(1~28권)·연표(29~31권)·지(32~40권)·열전(41~50권)으로 구성되어 있다.
  ④ "삼국사기"에 대한 비판
    ㉠ 보수적·유교적·사대적·신라 중심적·개경 중심적으로 편향되어 있다.
    ㉡ 고조선, 부여, 발해의 기록을 생략하고, 삼국 시대에 한정하여 서술하였다.
    ㉢ 신화, 설화, 불교, 도교, 풍수지리 관련 사항을 소략하거나 생략하였는데, 이는 안정복 등 실학자와 신채호 등 민족주의 사학자들도 비판하였다.

(2) 이규보의 "동명왕편" : 고려 초 역사서인 "구삼국사"의 동명왕 본기에 나타난 고구려 건국 설화를 5언시로 표현하였으며, 전통적·친고구려적·민족 주체적·반사대적·반신라적 역사관이 반영되어 있다.

(3) 각훈의 "해동고승전"
  ① 삼국 시대 고승들의 행적기로, 왕명에 의해 편찬된 관찬 사서이며 현재도 일부가 남아 있다.
  ② 민족 문화에 대한 자주 의식이 반영되어 있으나 교종 중심·신라 중심으로 서술되어 있다는 점이 한계이다.

(4) 일연의 "삼국유사"
  ① 시대적 배경 : 충렬왕 때 저술된 것으로 추정되는데, 당시는 원 간섭 초기로 자주적 사관이 고양되던 시기였다.
  ② 개관 및 특징
    ㉠ 설화를 중심으로 편집한 기사 본말체의 야사집이자 사찬 사서이다.
    ㉡ 문벌 귀족이 가졌던 유교적 합리주의 사관에서 탈피하여 한국 고대사를 자주적인 입장에서 서술하였다.
    ㉢ 삼국에 한정하지 않고 단군에서 후삼국까지 우리 역사 전체를 대상으로 하였다(고조선을 국가 기원으로, 단군을 민족 시조로 상정).
    ㉣ "삼국사기"에는 없는 각종 신화와 설화(이차돈의 순교, 김대성의 환생 등), 토속 신앙과 불교사상사 등 고기(古記)의 기록을 원형대로 수록하였다.
    ㉤ 단군의 건국 이야기와 향가 14수가 수록되어 있다는 점에서 역사적 의의가 있다.

"삼국사기"에 대한 평가

긍정적 평가
• 신라의 고유 왕명과 관직명 기록
• 삼국 시대에 사용한 즉위년 칭원법 사용
• 관찬이라는 역사 편찬의 본을 정착시켜 "고려사" 편찬에 기여

부정적 평가
• 신라 중심으로 서술(고조선·삼한 등이 존재한 것을 알면서도 삭제)
• 고구려·백제는 중국 측 사료만 주로 이용
• 신라의 성립 기년이 고구려보다 앞섰다는 사실과 거리가 있는 사료 이용
• 부족 설화·불교 설화 등을 유교적 사관에 맞게 고치거나 탈락(고대 문화 전체의 내용을 빈약하게 함)

▲ "삼국사기"에 대한 평가

▲ 삼국유사

③ 한계 : 발해를 우리 민족사로 인식하지 못하였다.

> **삼국유사**
>
> 임금이 장차 일어날 때는 부명(符命)을 받고 도록(圖錄)을 얻어 반드시 보통 사람과는 다른 점이 있으니, 그런 뒤에야 큰 변화를 타서 기회를 잡아 대업을 이루었다. …… 삼국의 시조들이 모두 신이한 일로 탄생했음이 어찌 괴이하겠는가. 이것이 기이(紀異)편을 책 첫머리에 실은 까닭이며, 그 뜻도 여기에 있다.
> – "삼국유사" –
>
> ➡ 충렬왕 때 "삼국유사"를 저술한 일연은 불교사를 중심으로 민간 설화와 전래 기록을 수록하였으며, 최초로 단군을 우리 민족의 시조로 기록함으로써 민족 문화와 전통을 중시하였다.

(5) 이승휴의 "제왕운기"
  ① 의의
    ㉠ 현전하는 중요 역사서로, 유교적 인식에 기초하고 있지만 단군을 민족의 시조로 삼고 고구려·부여·삼한·옥저·예맥 등과 이들이 통합된 삼국을 단군의 후예라고 보았다.
    ㉡ 대조영이 건국한 발해를 우리 역사로 서술하고, 단군 기년을 사용하는 등 우리 민족 문화의 독자성을 강조하였다.
  ② 한계
    ㉠ '단군 조선-기자 조선-위만 조선'의 3조선설을 처음 사용해 사대적 역사 인식의 틀을 제공하였다(기자 조선 인정).
    ㉡ 을지문덕·강감찬의 기록이 삭제되는 등 중국에 대해서는 철저히 유교 사관에 입각하여 서술하였다.
(6) 이제현의 "사략" : 성리학적 사관에서 고려사를 정리한 책으로, 정통과 대의명분을 강조하며 권문세족의 부패를 비판하였다.

4 불교 사상의 발전

1. 고려 전기 불교 정책
(1) 태조 : 훈요 10조에서 연등회와 팔관회 등 불교 행사를 성대하게 개최하라고 당부하는 등 국가적인 시책으로 불교를 숭상하였다.
(2) 광종
  ① 균여로 하여금 귀법사를 창건하도록 하고, 화엄종의 본찰로 삼았다.
  ② 의통은 중국 천태종의 13대 교조가 되었고, 제관은 "천태사교의"를 저술하였다.
  ③ 승과 제도와 국사(혜거가 최초 임명됨) 제도 및 왕사(탄문이 최초 임명됨) 제도를 실시하여 불교가 국교로서의 권위를 갖게 되었다.
(3) 현종 : 현화사가 건립되었으며, 성종 때 폐지된 연등회와 팔관회가 부활되었다.
(4) 문종 : 고려 시대 최대 사찰인 흥왕사가 완성되었다.

2. 불교 통합 운동과 천태종(의천)
(1) 출신 : 의천은 문종의 넷째 아들로, 송에서 화엄·천태의 교리를 터득하고 돌아왔다.
(2) 천태종 개창 : 의천은 국청사를 본찰로 하는 해동 천태종을 개창하였는데, 천태종은 교종(특히 화엄종)을 중심으로 선종을 통합한 종파로, 원효의 화쟁 사상을 중시하였다.
(3) 천태종의 통합 이론 : '교학(교종)과 선(선종)을 함께 수행하되 교학의 수련을 중심으로 선을 포용하라.'는 교관겸수(敎觀兼修)가 강조되었다.
(4) 속장경 간행 : 흥왕사에 교장도감을 두고 속장경을 간행하였다.
(5) 대표 저서 : "원종문류", "석원사림", "천태사교의주" 등이 있다.

국사 제도, 왕사 제도
국사와 왕사는 국가와 왕의 스승이 될 만한 승려에게 내린 최고의 승직이다.

▲ 대각국사 의천

3. 무신 집권기 이후(조계종 중심)

(1) 조계종
① 지눌은 수선사 결사를 통해 불교 혁신 운동을 전개하였다.
② 조계종은 복잡한 이론을 배격하고 참선에 의한 불교 신앙을 강조하여 무신들에게 친근감을 주었고, 선종의 혁신성은 무신 정권의 성향에 잘 맞았다.
③ 선종을 중심으로 교종을 융합하는 새로운 불교 이론을 정립하였다.
④ 지눌은 통합 이론으로 정혜쌍수(定慧雙修), 돈오점수(頓悟漸修)를 제시하였다.

정혜쌍수	불교 수행의 중심 요소인 참선과 지혜를 함께 수행하되, 선을 중심으로 교학을 포용하자는 이론
돈오점수	• 돈오는 '한꺼번에 깨닫는다.'라는 뜻으로 선종에서 지향 • 점수는 불성을 깨우친 이후에도 잘못된 습관을 고치기 위해서 꾸준한 수행이 필요함을 강조

지눌의 결사 운동

　지금의 불교계를 보면 아침저녁으로 행하는 일들이 비록 부처의 법에 의지하였으나 자신을 내세우고 이익을 구하는 데 열중하며 세속의 일에 골몰한다. 도덕을 닦지 않고 옷과 밥만 허비하니 비록 출가하였다고 하나 무슨 덕이 있겠는가. 하루는 같이 공부하는 사람 10여 인과 약속하였다. 마땅히 명예와 이익을 버리고 산림에 은둔하여 같은 모임을 맺자. 항상 선을 익히고 지혜를 고르는 데 힘쓰고, 예불하고 경전을 읽으며 힘들여 일하는 것에 이르기까지 각자 맡은 바 임무에 따라 경영한다. 인연에 따라 성품을 수양하고 평생을 호방하게 고귀한 이들의 드높은 행동을 좇아 따른다면 어찌 통쾌하지 않겠는가.
　　　　　　　　　　　　　　　　　　　　　　　- "권수정혜결사문" -

▶ 지눌은 세속화된 불교계를 비판하면서 승려 본연의 자세로 돌아가 참선 수행 · 독경 · 노동에 힘쓰자고 주장하며 수선사 결사 운동을 주도하였다. 이 운동은 수선사를 중심으로 크게 확산되어 조계종이 고려 후기 불교의 중심적인 종파로 성장하는 데 기여하였다.

⑤ 진각국사 혜심 : 유불일치설을 통해 성리학 수용의 사상적 토대를 마련하였다.

(2) 요세의 백련 결사 : 천태종 계열로, 강진 만덕사에서 백련 결사를 조직하고, 참회에 바탕을 둔 법화 신앙을 강조하였다.

4. 원 간섭기 이후
① 특징 : 원 간섭기 이후 고려 불교는 귀족적 · 세속적 경향으로 변질되었다.
② 태고화상 보우 : 원의 임제종을 고려에 전래하여 조선 선종의 주류로 발전시키는 토대를 제공하였고, 타락한 불교 교단을 정비하기 위해 노력하였으나 실패하였다.

5 대장경의 간행

1. 초조대장경 : 거란 침입을 막고자 현종 시기부터 간행하였는데, 부인사에 보관되었던 초조대장경은 몽골 침입 시기 소실되었으나, 그중 일부가 일본 교토에 보관되어 있다.

2. 속장경(교장)
(1) 불경 목록 작성 : 대각국사 의천이 송 · 요 · 일본 등지에서 불경을 수집하여 목록인 "신편제종교장총록"을 작성하였다.
(2) 제작 및 소실 : 흥왕사에 교장도감을 설치하여 불경보다는 논 · 소 · 초 중심으로 제작하였는데, 몽골 침입 시기에 대부분 소실되었고 일부가 송광사에 남아 있다.

3. 재조 대장경(팔만대장경)
(1) 조판 : 최우가 강화도에 대장도감과 진주(진양)에 분사대장도감을 설치하고 조판하도록 하여 고종(1236~1251) 때 완성하였다.

▲ 보조국사 지눌

종파	천태종	조계종
융성시기	문벌 귀족 사회의 전성기	무신 집권기
중심사찰	국청사	수선사 (송광사)
주장	교관겸수 · 지관	돈오점수 · 정혜쌍수
특징	• 교종을 중심으로 선종 포섭 • 절충적 성격(정책적인 교단의 통합)	• 선종을 중심으로 교종 융합 • 교리적 통합(교선 통합의 사상 체계 마련)

▲ 천태종과 조계종

대장경
대장경은 삼장(경장 · 율장 · 논장)과 불경의 주석서인 소(경론의 주석서), 초(경론의 주요한 부분을 가려 뽑은 것) 등 모든 경전을 집대성한 것이다.

▲ 해인사 장경판전

(2) 유네스코 세계 기록 유산 등재 : 현재 해인사 장경판전에 보관 중이며, 2007년 유네스코 세계 기록 유산에 등재되었다.

6 도교와 풍수지리 사상

1. 도교
(1) 초제 거행 : 궁중에서 국가의 안녕 및 왕실의 번영을 기원하며 거행한 국가적인 도교 행사이다.
(2) 복원궁 건립 : 예종 때 도교 사원인 복원궁이 건립되었다.
(3) 신앙 형태 : 불교적 요소와 도참사상이 수용되는 등 일관된 체계가 없었으며, 교단이 성립되지 못한 비조직적 신앙 형태였다.

2. 풍수지리 사상
(1) 삼경제
  ① 개경·서경·동경(이후 남경)의 3경을 설치하였다.
  ② 문종 때 남경이 설치되었고, 숙종 때 김위제의 건의에 따라 남경에 궁궐을 짓고 왕이 몇 달 동안 머물었다.
(2) 삼소제 : 명종 때 수도 개경의 지덕을 위하여 좌소·우소·북소의 3소를 지정하였다.
(3) 서경 길지설 : 고려 초 서경이 명당이라는 서경 길지설이 유포되면서 북진 정책과 묘청의 서경 천도 운동의 이론적 근거가 되었다.
(4) 관련 저작 : "도선비기", "해동비록" 등이 있다.

7 과학 기술의 발달

1. 배경
(1) 잡과 실시 : 국자감에서 잡학(율학·서학·산학)을 교육하였고, 과거에서 잡과가 실시되었다.
(2) 농업에 활용 : 농업을 위한 천체 및 기후 관측에 천문학과 역법을 활용하였다.

2. 천문과 역법
(1) 천문 : 사천대(후기, 서운관)에서 천문 관측과 역법의 계산을 맡았다.
(2) 역법 : 초기에는 당의 선명력을, 충선왕 때 원의 수시력을, 공민왕 때 명의 대통력을 사용하였다.

3. 인쇄술 [중요]
(1) 목판 인쇄술 : 대장경을 간행하였다.
(2) 금속 활자
  ① "동국이상국집"에 "상정고금예문" 50권을 인쇄하였다는 기록이 있으나 현존하지 않는다.
  ② 세계 최초의 금속 활자본인 "직지심체요절"은 청주 교외에 있는 흥덕사에서 조판(1377)되었으며, 상하 2권 중 하권 1책만 현존하며 현재 프랑스 국립 도서관에 소장되어 있다.
(3) 출판 기관 : 숙종 때 국자감에 서적포를 설치하여 서적을 간행하였고, 공양왕 때 서적원을 설치하여 금속 활자로 서적을 간행하였다.

4. 화약 제조와 조선 기술
(1) 최무선의 화약 제조 : 화통도감을 설치(1377)하여 화약과 화포를 제조하고, 진포 싸움에서 이 화포를 이용해 왜구를 격퇴하였다.
(2) 대형 범선 제작 : 송과의 해상 무역이 발달하여 길이가 96척이나 되는 대형 범선이 제작되었다.
(3) 조운 체계 확립 : 각 지방에서 거둔 조세를 개경으로 운송하는 조운 체계가 확립되면서 대형 조운선이 등장하였는데, 주로 해안 지방의 조창에 배치되었다.

청자 인물형 주전자

봉황이 장식된 관을 쓰고 도포를 입은 인물이 복숭아를 얹은 그릇을 받쳐 들고 있다. 이 인물은 도교의 제례를 주관하는 도사로 추정된다.

수시력(授時曆)

원의 역법인 수시력은 1년을 365.2425일로 계산하는데, 이는 16세기 말 서양에서 개정한 그레고리우스력과 같은 수치이다. 이슬람 역법까지 수용하여 만든 수시력은 당시 동아시아 문화권에서 가장 앞선 역법이었다.

▲ 고려의 첨성대

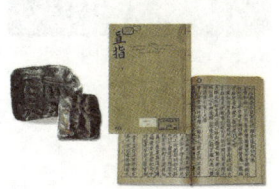

▲ 금속 활자와 직지심체요절

5. 의학

(1) **의학 교육** : 중앙에는 태의감이 있었고, 지방에는 의학박사를 배치하여 의학 교육을 담당하게 하였다.

(2) **의학 서적** : "향약구급방(1236)"은 각종 질병에 대한 처방과 국산 약재 180여 종을 소개한 현존하는 우리나라 최고(最古)의 의서이다.

8 건축과 조각

1. 목조 건축물

▲ 봉정사 극락전

(1) **주심포 양식** : 지붕의 무게를 기둥에 전달하면서 건물을 치장하는 장치인 공포가 기둥 위에만 짜여 있는 건축 양식으로, 봉정사 극락전(현존하는 가장 오래된 목조 건물), 부석사 무량수전, 수덕사 대웅전이 대표적이다.

(2) **다포 양식** : 원의 영향을 받아 공포가 기둥 위뿐만 아니라 기둥과 기둥 사이에도 짜여 있는 건축 양식으로, 석왕사 응진전, 성불사 응진전, 심원사 보광전 등이 대표적이다.

2. 석탑

(1) **특징** : 다각 다층탑이 발달하였으며, 안정감이 부족하나 자연스럽다.

(2) **전기의 석탑** : 불일사 5층 석탑(개성), 현화사 7층 석탑(개풍), 무량사 5층 석탑(부여), 월정사 8각 9층 석탑(오대산, 송의 영향) 등이 있다.

(3) **후기의 석탑** : 경천사 10층 석탑은 원 라마 예술의 영향을 받았으며, 조선 세조 때 만들어진 원각사지 10층 석탑의 원형이 되었다.

3. 부도(승탑)

▲ 원주 법천사지 지광국사탑

(1) **8각 원당형의 기본 양식** : 구례의 연곡사지 동부도와 북부도, 공주의 갑사 부도, 여주 고달사지 원종대사 혜진탑 등이 있다.

(2) **특수한 형태** : 정토사 흥법국사 실상탑(탑신 구형), 원주 법천사지 지광국사탑(평면 방형), 여주 신륵사 보제존자 승탑(석종형, 인도의 영향)이 있다.

4. 불상

▲ 파주 용미리 마애불 입상

(1) **철불 유행** : 석불과 금동불이 주류를 이루었고, 9세기 말부터 철불이 유행하였는데, 대표적인 철불로는 광주 춘궁리 철불이 있다.

(2) **특징**

① 신라 시대에 비해 예술성이 떨어지고 인체의 비례도 균형을 이루지 못하였다.

② 논산 관촉사 석조 미륵보살 입상과 안동 이천동 석불, 파주 용미리 마애불 입상처럼 지역색이 두드러진 거대한 불상이 건립되었다.

③ 부석사 소조 아미타여래 좌상은 신라 조형 미술 양식을 계승하였다.

▲ 월정사 8각 9층 석탑

▲ 경천사지 10층 석탑

▲ 광주 춘궁리 철불

▲ 관촉사 석조 미륵보살 입상

▲ 부석사 소조 아미타여래 좌상

5. 공예와 자기

(1) 공예 : 귀족의 생활 도구와 불교 의식의 불구(佛具)가 중심이다.
(2) 고려자기 : 11세기경에는 송의 자기 기술의 영향을 받은 순청자가 발달하였고, 12세기 중엽 상감 기법이 적용된 상감 청자가 유행하였으며, 고려 말에서 조선 초에는 소박한 분청사기가 만들어졌다.
(3) 은입사 기술 : 청동제 은입사 포류수금무늬 정병이 대표적이다.
(4) 나전 칠기 : 옻칠한 바탕에 자개를 붙여 무늬를 새겼다.

▲ 청자 상감 운학문 매병

▲ 청동제 은입사 포류수금무늬 정병

9 서화와 음악

1. 서예

(1) 전기 : 왕희지체와 구양순체가 귀족들에게 특히 환영을 받았다.
(2) 신품사현 : 유신(柳伸)·탄연(坦然)·최우(崔瑀)·김생(金生, 통일 신라 시대)을 말한다.
(3) 후기 : 조맹부의 우아한 송설체가 유행하였고, 이암(충선왕 때)이 서예가로 유명하였다.

2. 그림

(1) 대표 화가 : 인종 때 이령(예성강도)과 그의 아들인 이광필이 대표적이다.
(2) 후기 : 원 북화의 영향을 받은 공민왕의 천산대렵도가 유명하다.
(3) 불화 : 혜허의 양류관음도(후기)가 일본에 전해졌다.

▲ 천산대렵도

3. 음악

(1) 향악 : 신라 이래 우리 고유 음악(속악)이다.
(2) 아악 : 송에서 수입된 중국 고전 음악인 대성악이 궁중 음악으로 발전하였다.

10 문학의 발달

1. 전기

(1) 향가 : 균여가 지은 보현십원가 11수는 보현보살이 제시한 열 가지 이루고자 하는 바를 작자가 실천하겠다고 다짐하는 내용으로, 균여가 중생 교화를 위하여 어려운 불경을 향가로 풀이하여 불교 대중화에 공헌하였다.
(2) 한문학 : 중국의 것을 모방하던 단계에서 벗어나 독자적인 성격을 가지게 되었다.

2. 중기
전통문화와의 괴리를 보이며, 당·송의 한문학을 숭상하는 등 사대적·보수적인 성격이 나타났다.

3. 후기

(1) 경기체가 : 신진 사대부의 생활상을 반영하였고, 한림별곡·관동별곡·죽계별곡 등이 있다.
(2) 장가·속요 : 동동, 정읍사, 청산별곡, 쌍화점 등이 있다.
(3) 대표 문인 : 이인로("파한집"), 이규보("동국이상국집", 백운소설), 최자("보한집"), 이제현("역옹패설") 등이 있다.
(4) 의인체 소설 : 임춘의 "국순전", 이규보의 "국선생전", 이곡의 "죽부인전" 등이 있다.

통일 신라 → 고려	범종, 나전 칠기, 불상(부석사), 화장법, 둘레돌(12간지)
송 → 고려	도자기, 은입사, 월정사 8각 9층 석탑, 대성악, 악기, 복원궁, 대장경
원 → 고려	성리학, 목화, 화약, 경천사지 10층 석탑, 조맹부체, "농상집요", 천산대렵도, 다포 양식, 수시력, 임제종

▲ 통일 신라 및 외래 문화를 수용한 고려의 문화

최승로의 일생

▲ 최승로

최승로는 972년 경주에서 6두품 출신 최은함의 아들로 태어났으며, 935년 신라 경순왕이 고려에 투항할 때 아버지를 따라 고려에 귀순하였다. 어려서부터 총명했던 최승로는 12살 때 태조에게 불려나가 "논어"를 읽었으며, 이에 감복한 태조가 최승로에게 소금 단지를 하사하고 원봉성의 학생으로 삼았다.

981년 성종이 즉위하여 경관 5품 이상에게 각기 봉사(封事)를 올려 현재 정치의 옳고 그름을 논하라고 명하자, 이에 최승로는 태조부터 혜종, 정종, 광종, 경종에 이르는 5대 임금의 정치에 대한 평론과 함께 성종에게 건의하는 시무 28조를 올렸다. 시무 28조는 정치·경제·문화·사회·국방 등 거의 전 분야에 걸쳐 이루어졌으며, 유교 정치 체제의 수립을 요구하였다. 성종은 최승로의 시무책을 채택하여 개혁을 실시하였고, 최승로는 문하시중이 되었다.

최승로는 후삼국을 통일하고 신라의 경순왕, 후백제의 견훤 등 여러 호족들이 태조에게 귀순한 일이 태조의 덕에서 비롯된 것으로 평가하였다. 또한 광종은 초기 힘센 자들을 억압하고 백성에게 은혜를 베풀어 정치가 훌륭하였다고 평가하였으나 쌍기와 같은 이를 등용하여 나라를 어지럽히고 노비안검법을 실시하여 상하 질서가 문란해졌다고 비판하기도 하였다.

989년 최승로가 죽었을 때 성종은 그의 죽음을 애도하며 장례비로 베 1,000필, 쌀 500석, 유향 100냥 등을 내렸다고 한다.

III 조선 유교 사회의 성립과 변화

01 조선의 건국과 국가 기틀의 마련
02 중앙·지방 조직, 과거 제도, 군사 제도의 특징
03 사림의 성장과 붕당의 형성
04 조선 전기의 경제와 사회
05 조선 전기의 문화
06 조선의 대외 관계와 양 난의 극복
07 붕당 정치의 전개와 탕평책
08 조선 후기의 경제 변화
09 조선 후기의 사회 변동
10 조선 후기 문화의 새 경향

Ⅲ. 조선 유교 사회의 성립과 변화

제1장 조선의 건국과 국가 기틀의 마련

1 조선의 건국

1. 14세기 후반 동아시아의 정세
(1) **중국** : 원의 국력이 쇠퇴하는 상황에서 홍건적을 이끌고 있던 주원장이 한족의 부흥을 내세우며 난징을 수도로 명을 건국하였다(1368).
(2) **일본** : 원과 고려의 침입으로 가마쿠라 막부가 쇠퇴하고 무로마치 막부가 성립하였으며, 이런 상황 속에서 왜구가 고려와 중국의 해안을 노략질하였다.
(3) **고려** : 공민왕의 개혁 정치로 신진 사대부가 성장하였으며, 고려에 침입한 홍건적과 왜구를 격퇴하는 과정에서 신흥 무인 세력이 성장하였다.

2. 조선의 건국 과정
(1) **위화도 회군(1388)**
① 명이 철령 이북의 땅을 돌려 달라고 요구하자 최영이 이성계에게 요동 정벌을 지시하였다.
② 이성계는 요동 정벌이 불가한 네 가지 이유(4불가론)를 들며 반대하였으나 받아들여지지 않았고, 결국 위화도에서 회군하여 개경으로 진격하였다(위화도 회군, 1388).
③ 개경에 돌아온 이성계는 최영을 유배 보낸 뒤 죽이고, 우왕을 폐위한 뒤 창왕을 왕위에 올리고 정치·군사적 실권을 장악하였다.
(2) **조선 건국** : 급진 개혁파와 이성계 세력은 국가 재정 확보와 신진 사대부의 경제적 기반 구축을 위해 과전법을 단행(1391)하고, 온건 개혁파를 제거한 후 이성계를 국왕으로 추대하여 조선을 건국하였다(1392).

> **4불가론(四不可論)**
> 이성계는 '작은 나라가 큰 나라를 거역하는 것, 농번기인 여름에 출병하는 것, 원정군이 나가면 왜구가 그 틈을 노릴 염려가 있는 것, 장마철에 활이 약해지고 전염병 발생의 우려가 있는 것'의 이유를 들어 요동 출병에 반대하였다.

2 유교 정치의 발전

1. 태조
(1) **조선 건국** : 태조 이성계는 고조선 계승 의식을 표방하여 국호를 '조선'이라 하고, 교통과 군사상의 요지인 한양으로 천도하였다.
(2) **정도전의 활약**
① 민본과 덕치에 기반을 둔 통치 체제를 제시하였으며, 재상 중심의 정치를 주장하였다.
② 성리학을 통치 이념으로 삼고 "불씨잡변"을 저술하여 불교의 폐단을 비판하였다.

▲ 태조 어진

> **정도전의 정치사상**
> 임금의 직책은 한 사람의 재상을 정하는 데 있다. 재상은 위로는 임금을 받들고 밑으로는 백관을 통솔하며 만민을 다스리는 것이니, 그 직책이 매우 큰 것이다. …… 재상은 임금의 아름다운 점은 순종하고 나쁜 점은 바로잡으며, 옳은 일은 받들고 옳지 않은 것은 막아서, 임금으로 하여금 가장 올바른 경지에 들게 해야 한다.
> – 정도전, "조선경국전" –
>
> ➤ 정도전은 능력 있는 재상을 선택하여 임금을 올바른 길로 인도하고 만민을 다스리는 중책을 부여해야 한다는 재상 중심의 정치를 주장하였다.

2. 태종
(1) **왕권 강화** : 공신과 왕족이 소유한 사병을 혁파하고, 공신을 제거하여 왕권을 강화하였다.

(2) **관제 개혁** : 왕권을 제약하던 도평의사사를 폐지하고, 의정부를 신설하였다.
(3) **6조 직계제 실시** : 6조 직계제를 시행하여 6조에서 의정부를 거치지 않고 왕에게 직접 보고하도록 함으로써 의정부의 권한을 축소하였다.
(4) **재정 안정** : 전세를 확보하기 위해 양전 사업을 실시하였으며, 호구를 파악하기 위해 호적을 작성하고 호패법을 실시하였다.
(5) **8도제 확립** : 8도제를 확립하고, 고려 시대의 속현을 없앴으며, 모든 군과 현에 지방관을 파견하였다.

3. 세종
(1) **유교 정치의 실현**
 ① 정책 연구 기관으로 집현전을 설치하고, 경연과 학문 연구를 담당하도록 하였다.
 ② 6조에서 올라오는 일을 의정부에서 논의한 후 왕에게 보고하는 의정부 서사제를 실시(1418)하여 왕권과 신권의 조화를 추구하였다.
 ③ 유교 윤리의 사회 윤리화
  ㉠ 국가 행사를 유교화하고, 사대부들에게 주희(주자)의 "주자가례"를 장려하였다.
  ㉡ 4부 학당제를 확립하고 "삼강행실도", "효행록" 등 윤리 서적을 편찬·보급하였다.
(2) **민본 사상의 실현**
 ① 훈민정음을 창제하고 "농사직설", "향약집성방", "의방유취" 등 각종 서적을 편찬하였다.
 ② 측우기, 해시계, 물시계 등을 제작하고, 한양을 기준으로 한 역법(달력)인 "칠정산"을 제작하였다.
 ③ 황희나 맹사성 등 청백리 재상을 등용하여 왕권과 신권의 조화를 이루고자 하였다.
(3) **영토 확장** : 4군과 6진을 개척하여 영토를 확장하고, 왜구의 소굴인 쓰시마 섬을 정벌하였다.

4. 세조
(1) **6조 직계제 부활** : 왕권을 강화하기 위해 의정부 서사제를 폐지하고 6조 직계제를 부활시켰다.
(2) **집현전·경연 폐지** : 언관을 견제하기 위해 집현전을 폐지하고 경연을 중단시켰다(1456).
(3) **법전 편찬** : 통치 체제 확립을 위해 조선 왕조의 기본 법전인 "경국대전"을 편찬하기 시작하였다.

5. 성종
(1) **홍문관 설치** : 집현전을 계승하여 홍문관을 설치하고 경연을 담당하도록 하였다.
(2) **"경국대전" 완성** : 세조 때부터 편찬하기 시작한 "경국대전"을 완성하여 반포함으로써 성리학적 통치 질서를 확립하였다.

> **6조 직계제와 의정부 서사제**
>
> **6조 직계제**
> 의정부 재상의 권한이 너무 막강하여 없애려고 하였으나, 의정부를 없애기는 어려울 듯하여 이를 개선하고자 한다. 앞으로 의정부는 사대문서를 작성하는 일과 중죄수를 심의하는 일만 하도록 하라. 그리고 의정부의 행정 업무는 6조가 나누어 처리하되 먼저 나에게 보고하도록 하라. 내가 직접 보고를 받아 결정하겠노라.
> — "태종실록" —
>
> **의정부 서사제**
> 6조 직계제를 시행한 이후, 모든 업무가 6조에 집중되어 있다. 따라서 업무의 크고 작음과 가볍고 무거움이 제대로 구별되지 않으며, 의정부는 오직 사형수를 심판하는 일만 하게 되므로 재상을 임명한 뜻에 어긋난다. 6조는 모든 업무를 먼저 의정부에 보고하고, 의정부는 협의를 거쳐 나에게 보고하여 명령을 받고 그 내용을 다시 6조에 내려보내 시행하도록 하라.
> — "세종실록" —
>
> ▶ 조선 건국 초기 정도전은 재상 중심의 정치를 강조하여 신권 위주의 국정 운영을 주장하였으나, 태종은 정도전 등 공신 세력을 숙청하고 6조 직계제를 실시하여 왕권을 강화하였다. 이후 세종은 황희와 맹사성 같은 재상에게 권한을 부여하는 의정부 서사제를 실시하였으나 세조는 6조 직계제로 다시 환원하였다.

호패
조선 시대에 신분을 증명하기 위해 16세 이상의 남자가 가지고 다녔던 패이다.

집현전
궁중에 설치한 학문 연구 기관으로, 집현전의 학사들은 경연에 참여하여 왕의 자문 역할도 하였다. 이러한 기능은 성종 때 홍문관으로 이어졌다.

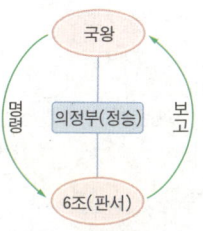

▲ 6조 직계제

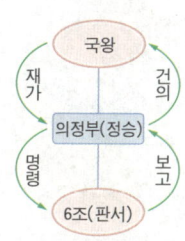

▲ 의정부 서사제

III. 조선 유교 사회의 성립과 변화

제2장 중앙·지방 조직, 과거 제도, 군사 제도의 특징

1 중앙 통치 조직

1. 제도상의 특징
(1) **법제화**: 조선의 중앙 정치 체제는 조선 왕조의 기본 법전인 "경국대전"에 따라 법제화되었다.
(2) **국왕 중심 재편**: 조선의 모든 정치권력이 국왕 중심으로 재편되어 도평의사사의 행정권은 의정부로, 군사권은 삼군부로, 왕명 출납은 승정원으로 각각 이관되었다.

2. 중앙 통치 조직
(1) 의정부와 6조
  ① 조선 시대의 관직은 중앙 관리인 경관직과 지방 관리인 외관직으로 구분되는데, 경관직은 국정을 총괄하는 의정부와 그 아래에서 명령을 집행하는 6조로 편성되었다.
  ② 의정부는 백관과 국정을 총괄하는 최고의 합좌 기구로, 정책을 심의·결정하였다.
  ③ 6조(이조·호조·예조·병조·형조·공조)는 왕의 명령을 집행하는 등 일반 행정 업무를 담당하였으며, 6조의 아래에 여러 관청들을 배속시켜 업무를 나누어 맡도록 하였다.

(2) 삼사
  ① 사헌부·사간원·홍문관을 삼사라 하며, 언론의 기능을 담당하였다.
  ② 사헌부는 관리의 비리를 감찰하고 풍속을 교화하였으며, 사간원과 함께 양사라 불렸다.
  ③ 사간원은 왕이 정책을 집행하는 과정에서 잘못을 저질렀을 경우 비판하는 역할을 하였으며, 왕에 대한 간쟁·논박·서경권을 행사하였다.
  ④ 홍문관은 왕의 자문 기관으로, 경연을 주관하였다.

(3) 승정원과 의금부
  ① 승정원은 왕명의 출납을 맡은 왕의 비서 기관이며, 의금부는 왕족의 범죄, 반역, 강상죄, 사헌부가 논죄한 사건 등 국가의 큰 죄인을 조사하는 특별 재판 기관이었다.
  ② 승정원과 의금부는 왕권 유지와 강화의 역할을 하였다.

(4) **기타**: 한성부는 서울의 행정을 담당하였고, 춘추관은 역사서를 편찬·보관하는 역할을 담당하였으며, 성균관은 조선 시대 최고의 교육 기관이었다.

▲ 조선의 중앙 통치 조직

이조	문관의 인사, 공훈, 상벌
호조	호구, 조세, 광산, 조운, 어염
예조	과거, 외교, 제사, 의식, 학교
병조	무관의 인사, 국방, 우역, 봉수
형조	노비, 법률, 소송
공조	토목, 영선, 파발, 도량형

▲ 6조의 관할 범위

간쟁	왕의 잘못을 논하는 권한
논박	부당한 왕명을 시행하지 않고 돌려보내는 권한
서경	관리의 임명 및 법령의 개정이나 폐지 등에 동의하는 권한

▲ 간쟁·논박(봉박)·서경권

2 지방 행정 조직

1. 특징
(1) **지방 행정 제도 정비**: 전국을 8도로 나누고 도 밑에 부·목·군·현을 두었으며, 속현과 향·소·부곡을 일반 군현에 편입하여 폐지하였다.

(2) 지방관 파견
  ① 약 300여 개의 군현에 종6품의 참상관 이상을 파견하여 중앙 집권 체제를 강화하였다.
  ② 지방관의 임기는 관찰사 360일(1년), 수령 1,800일(5년)로 제한하였다.
  ③ 지방관을 파견할 때 출신 지역에 임명하지 않는 상피제를 적용하여 수령과 지방 세력 간의 결탁에 의한 부정부패를 막고자 하였다.
  ④ 향리는 지방의 관아에 소속되어 행정 실무를 처리하고, 수령을 보좌하는 아전으로 지위가 격하되었다.

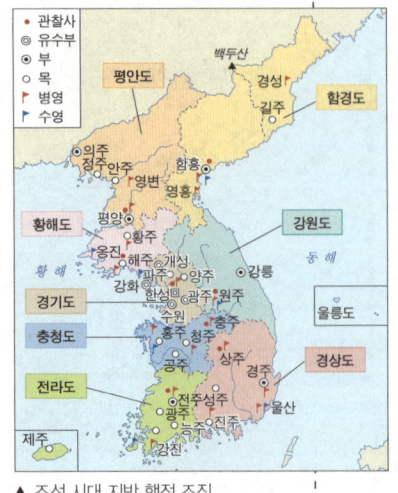

▲ 조선 시대 지방 행정 조직

2. 지방 행정 조직의 정비
(1) 관찰사 : 군사·행정·사법권을 행사하고, 관할 수령을 지휘·감독하였다.
(2) 수령 : 지방의 행정·군사·사법·교육·재정권 등을 행사하는 목민관에 해당한다.
(3) 6방과 향리 : 수령 아래 중앙의 6조를 본 딴 6방 조직이 있었으며, 토착 향리들이 향역을 세습하였다.
(4) 오가작통법
  ① 군과 현 아래에 면(면장), 리(이정·집강, 5통=1리), 통(통주, 5호=1통)이 있었다.
  ② 호구 파악이 주된 목적이었으며, 조선 후기에는 천주교 색출에 활용되었다.

3. 특수 지방 제도
(1) 유향소(향청)
  ① 유향소의 장(長)은 좌수이고 차석은 별감인데, 수시로 향회를 개최하여 향촌의 여론을 수렴하였다.
  ② 유향소는 수령 보좌, 수령과 향리의 비리 감찰, 풍속 교화의 역할을 하였다.
(2) 경재소
  ① 여말 선초에 각 지방 관청에서 서울에 둔 연락소이다.
  ② 각 지방 출신의 중앙 관리로 구성되었으며, 지방 관청의 출장소 역할을 하였다.
  ③ 공납의 조달, 서울과 지방 간의 연락 및 정부와 유향소의 연락 기능을 수행하였으며, 중앙에서 유향소를 직접 통제할 수 있었다.

4. 교통·통신·조운 체계의 정비
(1) 교통·통신 : 역원제, 조운제, 봉수제(병조 관할), 파발제(공조 관할)가 운영되었다.
(2) 운송
  ① 농업 위주의 정책으로 상업이 부진하고 도로가 협소하여 주된 교통 수단은 마필과 가마였다.
  ② 화물 운송 수단으로는 육로의 수레와 수로의 판선(목선)이 이용되었다.
  ③ 현물로 징수한 세금은 주로 수로를 이용하여 운송하였는데, 하천과 해안의 요지에 조창을 설치하였고 중앙에는 경창을 두었다.

구분		고려	조선
합의 기구		도병마사 → 도평의사사, 식목도감	의정부
실무 기구		6부	6조
왕명 출납		중추원	승정원
대간 제도	담당	중서문하성의 낭사	사간원
		어사대	사헌부
실무 담당(조세·공납·역)		향리	지방관
지방 행정 제도		5도 양계	8도
지방관		안찰사, 병마사	관찰사
지방관 파견		일부 군현	모든 군현
지방 통제		사심관	경재소·유향소
특수 행정 구역		향·소·부곡	폐지(일반 군현화)
속현		광범위하게 존재	폐지(일반 군현화)
말단 행정 조직		촌	면, 리(통)

▲ 고려와 조선의 제도 비교

조선 8도의 명칭

강원도 :	강릉+원주
충청도 :	충주+청주
전라도 :	전주+나주
경상도 :	경주+상주
황해도 :	황주+해주
평안도 :	평양+안주
함경도 :	함흥+경성

전국 8도의 명칭은 태종 때부터 사용되었다. 경기를 제외하고 7도의 계수관(후에 관찰사)이 있는 고을 이름의 첫 글자를 따서 정한 것이다.

농상성 (農桑盛)	농업과 양잠을 발전시킬 것.
간활식 (奸猾息)	간사하고 교활한 무리를 제거할 것.
사송간 (詞訟簡)	소송을 간결하게 할 것.
부역균 (賦役均)	부역을 균등히 할 것.
호구증 (戶口增)	호구의 수를 늘릴 것.
학교흥 (學校興)	유교 경전 등의 교육을 진흥할 것.
군정수 (軍政修)	때 맞추어 군사 훈련을 실시하고 군기를 엄정히 할 것.

▲ 수령 7사

파발제
햇불과 연기로 적의 상황을 전달하는 봉수는 구름과 안개가 짙게 끼면 잘 전달되지 않는 등 한계가 있었다. 그리하여 봉수제의 기능을 보완하자는 논의가 거론되다가 1583년(선조 16)부터 급주(急走)인 보발(步撥)이 실시되었고, 1592년에는 이원익의 주장에 따라 경상도에 발마(撥馬)인 기발(騎撥)이 실시되었다.

3 관리 등용 제도와 교육 제도

1. 관리 등용 제도

(1) 문과

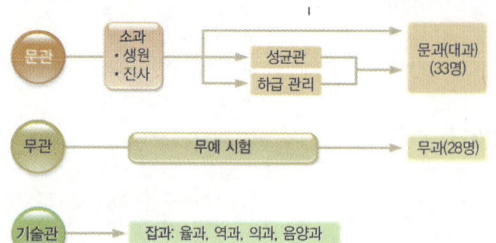
▲ 조선 시대 과거 제도의 운영

① 3년마다 열리는 정기 시험인 식년시, 왕의 즉위 등 나라에 특별한 경사가 있을 때 열리는 시험인 증광시, 왕이 문묘에 참배한 뒤 성균관 유생을 대상으로 열었던 시험인 알성시 등이 있었다.

② 원칙상 양인 이상이면 응시 가능하였으나 경제적인 여건이나 사회적인 처지로 인하여 일반 백성은 과거 시험에서 합격하기 어려웠다.

③ 탐관오리의 아들, 반역 죄인, 재가한 여성의 아들이나 손자, 서얼은 문과에 응시할 수 없었다.

④ 소과는 4서 5경을 시험하는 생원과와 문예 능력을 시험하는 진사과로 구분되었으며, 생원과와 진사과에서 합격한 자는 초급 문관 임명 자격, 대과 응시 자격, 성균관 입학 자격이 부여되었다.

⑤ 대과는 생원·진사나 이미 관리가 된 자들이 응시하여 4서 5경과 부·표·전·책 등의 시험을 치러 초시에서 각 도의 인구 비례로 선발하고, 복시(2차 시험)에서 33명을 선발한 후 전시(최종 시험)에서 순위를 결정하였다.

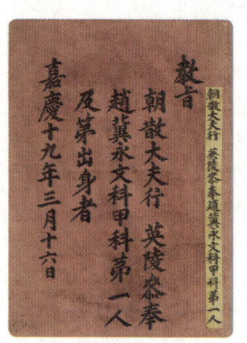
▲ 문과 합격증인 홍패

(2) 무과 : 무예와 병서, 유교 경전을 시험하여 최종 28명의 무관을 선발하였는데, 주로 상민이나 향리의 자제가 응시하였다.

(3) 잡과 : 해당 관청에서 직접 역과, 율과, 의과, 음양과 등을 시험하여 기술관을 선발하였는데, 주로 기술관이나 향리의 자제가 응시하였다.

(4) 특별 채용 : 하급 실무직 관리를 선발하는 취재, 고위 관료의 추천을 받아 간단한 시험을 치른 후 관직에 임용하는 천거, 공신이나 2품 이상의 고관 자제를 무시험 등용하는 음서가 있었다.

> **관리 등용 제도**
>
> …… 본국이 선비를 취함은 으레 자(子)·오(午)·묘(卯)·유(酉)년마다 대비(大比)하여 선비를 뽑는 중국의 예에 의거해서 시험을 실시하되, 문과의 경우는 사서삼경에 통한 자를 취한 다음 또 사장(詞章)을 시험하고, 무과의 경우는 무예를 시험하고 또 글을 강하게 하여 둘 다 3등으로 나눕니다. 그래서 문과는 33인을 취하고 무과는 28인을 취하는데, 이것을 식년출신이라 칭합니다. …… 문음직의 경우는 경대부의 자제로서 그 자질이 관리의 사무를 감당할 만한 자를 취하여 시의 적절하게 서용합니다. 경학에 밝거나 행실이 훌륭하거나 효우(孝友)가 뛰어나거나 유일(遺逸)의 선비가 있을 경우에는 한계를 뛰어넘어 서용하고 있습니다. – 기대승, "고봉집" –
>
> ▶ 조선 시대의 관리 등용 제도는 과거·문음·천거 등의 방식이 있었으며, 과거에는 일반 농민도 응시할 수 있었다.

2. 교육 제도

(1) 성균관 : 조선 최고의 국립 교육 기관으로, 소과에서 합격한 생원과 진사에게 입학 자격이 주어졌다.

(2) 4학, 향교

① 4학은 한양에 설치된 중앙·동학·남학·서학으로, 정원은 각각 100명이었다.

② 향교는 성현에 대한 제사, 유생 교육, 지방민 교화를 위해 지방의 각 군현에 설치하였다.

(3) 서당, 서원

① 서당은 초등 교육 기관으로 평민의 자제도 교육을 받을 수 있었으며, 주로 7~8세 이하의 어린아이에게 기초 한문을 가르쳤다.

▲ 성균관 명륜당

② 우리나라 최초의 서원은 풍기 군수 주세붕이 안향을 추모하기 위해 세운 백운동 서원인데, 이 서원은 뒤에 이황의 건의로 소수 서원이라는 현판을 왕으로부터 하사받았다.
③ 서원은 이름난 선비나 공신에 대한 제사, 봄과 가을에 향약을 읽고 잔치를 벌이는 향음주례, 학문 연구를 통해 향촌 사회의 교화에 이바지하였으며, 사림의 사회적 위상을 강화하는 기반이 되었다.

▲ 소수 서원

▲ 소수 서원 현판

봉족이 납부하는 포(필)
"경국대전"에 한 필의 사이즈는 길이 16m, 폭 33cm로 규정하고 있다. 1승은 80가닥으로, 세금용으로 납부하는 5승포는 400가닥의 고운 천이었다.

4 군역 제도와 군사 조직

1. 군역 제도
(1) 양인 개병제 : 태종 이후 사병을 모두 폐지하였고, 16세에서 60세에 이르는 모든 양인 남자에게 군역의 의무를 지게 하는 양인 개병제를 시행하였다.
(2) 정군과 보인 편성
  ① 정군은 현역 군인(정병)을 뜻하고, 보인(봉족)은 정군이 군역을 지는 동안 매년 포 2필을 납부하여 식량과 의복의 경비를 부담하는 사람을 뜻한다.
  ② 정군은 서울에서 근무하거나 국경의 요충지에 배속되어 일정 기간 동안 교대로 복무하였으며, 복무 기간에 따라 품계와 녹봉을 받았다.
  ③ 현직 관료, 향리, 성균관과 향교의 학생은 군역을 면제받았다.
  ④ 종친, 외척, 공신, 고급 관료의 자제들은 고급 특수군에 편입되어 군역을 부담하였다.

2. 군사 조직
(1) 중앙군
  ① 태조 때 의흥삼군부가, 태종 때 삼군부가, 세조 때 5위도총부가 편성되었다.
  ② 중앙군은 궁궐과 수도를 수비하는 5위가 중심 병력이었다.
  ③ 5위는 위(衛)·부(部)·통(統)·여(旅)·대(隊)·오(伍)로 편성하였다.
(2) 지방 군제
  ① 세조 때 진관 체제가, 명종 때 제승방략 체제가, 선조 때 속오군이 편성되었다.
  ② 지방군은 정병(의무병)으로 구성되었고, 복무 연한에 따라 품계를 받기도 하였다.
(3) 잡색군 : 한량, 전직 관료, 향리, 교생, 양인, 노비로 구성된 향토 방위군으로, 오늘날의 예비군과 유사하였다(농민 제외).

서산 해미 읍성(상)과 순천 낙안 읍성(하)

세조 시기 진관 체제로 군사 제도가 개편되면서 읍성이 주요 군사 거점의 역할을 하였다.

진관 체제와 제승방략 체제
건국 초기에 각 도의 병력은 모두 진관에 각기 소속되어 있어 일이 일어나면 진관이 산하 읍을 통솔하도록 했습니다. 이러한 체제가 잘 정비되어 주장(主將)의 명령을 기다리도록 되어 있습니다. 경상도를 예로 들면 김해·대구·상주·경주·안동·진주가 6개 진으로 되어 있어, 적의 공격을 받아 한 진이 패한다 하더라도 다른 진이 굳게 지킴으로 지역이 한꺼번에 무너지는 폐단을 방지했던 것입니다. 그런데 지난 을묘왜변으로 후에 김수문이 전라도에서 군의 편제를 고쳤습니다. 그는 도내의 여러 읍을 나누어 이를 모두 순변사, 방어사, 조방장, 도원수 및 본도의 병사, 수사에 예속시켰습니다. 이는 제승방략이라는 법인데, 이 법을 여러 도에서 본받아 집행한 까닭에 이제 진관이란 말뿐이요, 실제로는 서로 연락조차 이루어지지 않고 있습니다. 그래서 일이 벌어지면 모든 군사가 한꺼번에 움직이므로 군사들만이 모여 지휘관을 기다리는 형편입니다. 그러나 장수는 오지 않고 적의 공격이라도 받게 되면 군대는 흩어지고 결국 패하게 됩니다. 뒤늦게 장수가 나타난다 하여도 때는 이미 늦은 상태입니다.
— 유성룡, "징비록" —

▶ 세조 때 행정 단위인 군과 현을 군사 조직인 진으로 편성하여 행정과 군사를 일원화하는 진관 체제를 실시함으로써 지역 단위의 독립적인 방위 체제인 진관이 갖추어졌다. 각 지역의 군사를 한곳에 모아 놓고 중앙에서 장수를 파견하여 방어하는 제승방략 체제는 국방력 약화를 초래하여 임진왜란 때 관군이 패퇴한 원인 중 하나가 되었다.

Ⅲ. 조선 유교 사회의 성립과 변화

제3장 사림의 성장과 붕당의 형성

훈구의 유래

훈구는 나라를 세우는 데, 혹은 왕을 옹립하는 데 공이 있는 사람들을 말한다. 태조 이성계가 조선을 개국할 때 공을 세운 사람들(개국공신), 태종 이방원이 왕이 될 때 공을 세운 사람들(좌명공신), 세조가 왕이 될 때 공을 세운 사람들(정난공신, 좌익공신), 중종이 연산군을 몰아내고 왕이 될 때 공을 세운 사람들(정국공신)을 의미한다.

사림의 유래

고려 말 성리학 수입과 더불어 등장한 사대부 가운데 이성계의 역성혁명을 의리로써 배격하고 초야에 묻혀 성리학에 몰두하였던 이들이 서서히 지방의 지주층으로 성장해 가면서 하나의 세력으로 성장하였다. 이들은 길재의 학통을 이어받아 성종 때 영남 일대를 배경으로 크게 뿌리내리게 되었으며, 이들은 흔히 '사림파(士林派)'라고 불린다.

1 사림의 정치적 성장과 훈구 세력 견제

1. 사림 세력의 등장

(1) **사림 세력의 성장** : 조선 건국에 함께하지 않은 온건 개혁파의 후예들은 영남과 기호 지방에서 중소 지주적 경제 기반을 바탕으로 성리학을 연구하며 영향력을 행사하였다.

(2) **중앙 진출** : 김종직과 그의 문인들이 성종 때부터 중앙으로 진출하였다.

(3) **훈구 세력 비판** : 사림 세력은 주로 이조 전랑과 3사의 언관직을 차지하고 훈구 세력의 부정부패와 대토지 소유를 비판하였다.

구분	훈구 세력(15세기)	사림 세력(16세기 이후)
기원	급진 개혁파 신진 사대부(정도전, 권근 계열)	온건 개혁파 신진 사대부(정몽주, 길재 계열)
정치 이념	부국강병, 중앙 집권	향촌 자치, 왕도 정치
경제 기반	대농장 소유, 대지주	지방의 중소 지주
학문 경향	성리학 이외의 사상에 관대	성리학 이외의 사상에 배타적
양성	관학을 통해 양성	사학을 통해 양성

▲ 훈구 세력과 사림 세력

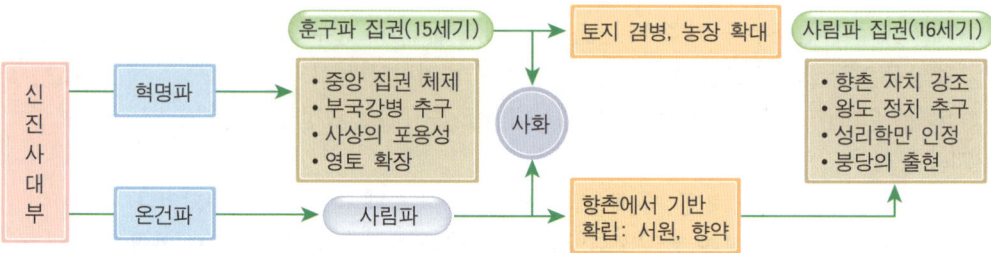

▲ 사림의 성장과 붕당의 형성

2. 사화의 발생과 사림 세력의 확대

(1) **사화의 발생**

① **무오사화(연산군 4년, 1498)** : 이극돈·유자광 등의 훈구파가 세조의 왕위 찬탈을 비방한 김종직의 '조의제문'을 김일손(김종직의 제자)이 사관으로 있을 때 사초에 기록한 사실을 트집 잡아 사림파를 제거하였다.

> **무오사화**
>
> 유자광이 소매 속에서 한 권의 책자를 내놓았는데, 바로 김종직의 문집이었다. 그중에서 조의제문(弔義帝文)과 술주시의 내용을 지적하면서 여러 추관에게 "이는 다 세조를 지목한 것이다. 김일손의 악은 모두가 김종직이 가르쳐서 이루어진 것이다."라고 하였다. 그리고 즉시 스스로 주석을 만들어 글귀마다 풀이하여 왕께 아뢰기를 "김종직이 우리 전하(세조)를 헐뜯는 것이 이에 이르렀으니, 그 부도덕한 죄는 마땅히 대역으로 논해야 하고, 그가 지은 다른 글도 세상에 남아 있는 것이 마땅치 못하오니, 아울러 모두 불태워 버리소서." 하니 왕이 이를 허락하였다. - "연산군일기" -

▶ 조의제문은 김종직이 항우에게 죽임을 당한 초 회왕 의제를 추모하는 제문을 말한다. 훈구 세력은 이 제문을 세조에게 죽임을 당한 단종을 의제에 비유한 것으로 왜곡하여 판단하였다. 이를 세조의 왕위 찬탈을 비난한 것으로 파악하고 문제삼았던 것이다.

② 갑자사화(연산군 10년, 1504) : 임사홍·신수근 등이 연산군의 생모인 폐비 윤씨의 죽음과 관련된 사건을 들추어서 윤필상·한명회 등의 훈구파와 사림파의 잔존 세력(김굉필·정여창 등)을 제거하였다.

③ 조광조의 개혁 정치와 기묘사화(중종 14년, 1519)
  ㉠ 조광조의 개혁 정치
    • 중종은 사림을 다시 등용하여 유교 정치를 일으키려 하였다.
    • 조광조가 중용되면서 천거제의 일종인 현량과를 통하여 사림이 대거 등용되었다.
    • 조광조 등 사림은 3사의 언관직을 차지하고 자신들의 의견을 공론이라 표방하면서 경연의 강화, 언론 활동의 활성화, 위훈 삭제, 소격서(도교 의식 주관) 폐지, "소학" 보급, 방납의 폐단 시정 등 급진적인 개혁을 시행하였다.
  ㉡ 기묘사화 : 조광조의 개혁은 훈구 세력의 반발을 불러일으켜 결국 조광조를 비롯한 사림들이 죽거나 유배 보내졌다.

조광조의 현량과 실시 건의

지난번 조광조가 아뢴바 천거로 인재를 뽑는 일은 관중(館中)에서 여럿이 의논한 일입니다. 각별히 천거하는 것은 한의 현량과와 효렴과를 따르는 것이 가합니다. 이것은 자주 할 수는 없으나 지금은 이를 시행할 만한 기회입니다. 혹 뒷 폐단이 있을까 염려되고 혹 공평하지 못할까 염려되기는 하나, 대체로 좋은 일이니 비록 한두 사람이 천거에 빠진다 하더라도 주저할 것 없이 시행해야 합니다. 공론이 없는 때라면 그만이겠지만 공론이 있으니, 어찌 한두 사람에게 잘못이 있을 것을 염려하여 좋은 일을 폐지하겠습니까?
– "중종실록" –

▶ 조광조는 사림 세력의 정계 진출을 위해 전국에서 학문이 뛰어난 유능한 인재를 천거하여 간단한 시험을 치른 뒤 관리로 등용하는 현량과의 실시를 주장하였다.

④ 을사사화(명종 원년, 1545) : 훈구 세력을 견제하기 위해 중종이 사림을 재등용하였으나 명종이 즉위한 이후 외척 사이의 권력 다툼에 휩쓸려 또다시 정계에서 밀려났다.

(2) 사림 세력의 확대
① 배경 : 사림은 네 차례의 사화로 큰 피해를 입었으나, 서원과 향약을 기반으로 세력을 형성하여 선조 때 중앙에서 정권을 주도하게 되었다.
② 서원
  ㉠ 역할 : 사립 교육 기관으로, 후진 교육, 선현 제사, 학문 토론의 역할을 하였다.
  ㉡ 발달 : 주세붕이 백운동 서원을 건립한 이래 서원 수가 증가하였다.
  ㉢ 영향 : 학문과 교육의 발전에 기여하였고, 붕당의 결속을 강화하였으며, 사림의 사회적 위상을 높여 주었다.
③ 향약
  ㉠ 조직 : 향규와 계에 삼강오륜의 유교 윤리를 가미한 향촌 규약이다.
  ㉡ 4대 덕목
    • 덕업상권(德業相勸) : 좋은 일은 서로 권한다.
    • 예속상교(禮俗相交) : 예의로 서로 사귄다.
    • 과실상규(過失相規) : 잘못은 서로 규제한다.
    • 환난상휼(患難相恤) : 어려운 일은 서로 돕는다.
  ㉢ 보급 : 중종 때 조광조가 보급하려 하였으나 기묘사화로 실패하였고, 이후 이황과 이이의 노력으로 널리 보급되었다.
  ㉣ 운영 : 향민이 모두 참여하였으며, 약정이 운영의 책임을 맡았다.
  ㉤ 기능 : 사림의 농촌 지배력이 강화되었다.

위훈 삭제

사림은 중종반정으로 공신록에 오른 117명 중 상당수가 반정과 아무런 관련이 없음에도 공신의 자리에 올라 나라의 세금을 좀먹는 것으로 인식하고 과대 평가된 공훈을 삭제해야 한다고 주장하였다. 결국 76명이 공신록에서 삭제되었고, 이에 반감을 가진 훈구파의 반격으로 조광조를 비롯한 사림파가 숙청되었다.

제3장 사림의 성장과 붕당의 형성

2 붕당의 형성

1. 배경
(1) **사림의 중앙 정계 진출** : 서원과 향약을 바탕으로 향촌에 깊이 뿌리를 내렸던 사림은 선조 즉위 이후 다시 대거 중앙 정계에 진출하였다.
(2) **사림의 대립** : 정치에 참여하려는 양반의 수는 증가한데 반해 관직과 경제적 특권은 한정되어 있어 이로 인한 양반 상호 간의 대립과 반목이 일어났다.

2. 동·서인의 분열
(1) 대립
① 척신 정치의 잔재 청산 문제로 기성 사림(소극적 개혁)과 신진 사림(적극적 개혁)으로 분열하였다.
② 기성 사림과 신진 사림 간의 갈등이 심화되면서 왕실의 외척이면서 기성 사림의 신망을 받던 심의겸과 당시 명망이 높고 신진 사림의 지지를 받던 김효원 사이에 이조 전랑직 문제를 놓고 대립하였다.

(2) 분열
① 두 세력 중에서 김효원을 지지하는 세력은 '동인'이라 불렸는데, 이황과 조식의 학문을 계승한 신진 사림이었다.
② 심의겸을 지지하는 세력은 '서인'이라 불렸는데, 이이와 성혼의 학문을 계승한 기성 사림이었다.

> **붕당의 출현 배경**
>
> • 지금 열 사람이 모두 굶주렸는데 한 그릇의 밥을 함께 먹게 해보자. 그러면 그릇을 비우기 전에 싸움이 일어날 것이다. 따지자면 말이 공손하지 못한 자가 있을 것이다. …… 드디어 한 사람이 이런저런 말로 외치면 여러 사람이 응하여 처음에는 하찮았던 것이 끝내는 크게 된다. 말할 때에는 입에 거품을 물고 성낼 때는 눈초리가 찢어질 듯하니 어찌 그리 과격한가.
> – 이익, "성호집" –
>
> • 김효원이 과거에 장원으로 합격하여 (이조) 전랑의 물망에 올랐으나, 그가 윤원형의 문객이었다 하여 심의겸이 반대하였다. 그 후에 심충겸(심의겸의 동생)이 장원 급제하여 전랑으로 천거되었으나, 외척이라 하여 김효원이 반대하였다. 이때 양편 친지들이 각기 다른 주장을 내세우면서 서로 배척하여 동인, 서인의 말이 여기서 비롯되었다. 효원의 집이 동쪽 건천동에 있고, 의겸의 집이 서쪽 정동에 있기 때문이다.
> – 이긍익, "연려실기술" –
>
> ▶ 붕당은 한정된 관직을 차지하기 위해 양반들 사이에 일어난 이조 전랑의 임명 문제와 척신 정치의 잔재 청산 문제에 대한 이견 차이로 인해 발생하였다.

3. 남·북인의 분열
(1) **동인의 정국 주도** : 동인과 서인으로 분열된 후 처음에는 동인이 우세한 가운데 정국이 운영되었다.
(2) **동인의 분열**
① 동인인 정여립의 모반 사건(1589)으로 서인 정철이 집권하게 되었다.
② 동인은 건저의 사건(1591)을 둘러싸고 정철을 논죄하는 과정에서 정철에 대한 강경한 처벌을 주장하는 북인과 온건한 처벌을 주장한 남인으로 갈라지게 되었다.
(3) **왜란 이후 북인의 정국 주도** : 처음에는 남인이 정국을 주도하였으나, 임진왜란이 끝난 이후 북인이 집권하여 광해군 때 정국을 주도하였다.

동인과 서인

"연려실기술"에 의하면 서인과 동인이라는 붕당의 명칭은 심의겸과 김효원의 집을 기준으로 붙여졌다고 한다.

이조 전랑

이조의 정5품 관직인 정랑과 정6품 관직인 좌랑을 함께 이르던 말이다. 관리를 선발하고 후임자를 천거하는 권한을 가지고 있었다.

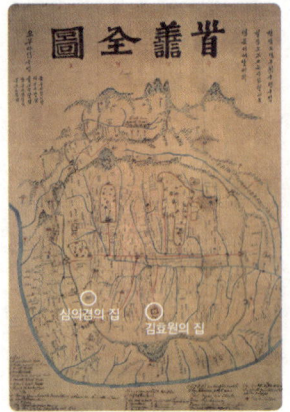

▲ 사림의 계보

건저의 사건

선조가 인빈 김씨의 소생인 신성군을 세자로 책봉하려 마음에 두었으나, 정철이 광해군을 추대하자고 주청하였다. 이에 선조는 '내 나이 마흔도 안 되었는데 세자 책봉을 운운한다.'라고 하면서 정철을 귀양 보냈다.

Ⅲ. 조선 유교 사회의 성립과 변화

제4장 조선 전기의 경제와 사회

1 조선 전기의 경제 정책

1. **성리학적 경제관** : 조선 전기에는 절검과 중농의 성리학적 경제관이 강조되었다.
2. **중농 정책**
   (1) **농본주의 경제 정책** : 농업을 생산 활동의 근간으로 삼는 농본주의 경제 정책을 실시하였다.
   (2) **경지 면적 증가** : 토지 개간을 장려하고 양전 사업을 실시하여 고려 말 50만 결에 불과하던 과세전이 세종 때 160여 만 결로 증가하였다.
   (3) **새로운 농법 발전** : 시비법의 발달, 연작법의 확산, 이앙법의 보급과 같은 새로운 농법이 발전하였다.
3. **상공업의 통제** : 국가의 상공업 활동 통제로 농업 중심의 자급자족 경제에서 벗어나지 못하였다.
4. **16세기 이후의 변화**
   (1) **농업 발전** : 농업 생산력의 발전을 바탕으로 사회·경제적 변화가 진행되었다.
   (2) **상공업과 무역 촉진** : 상공업에 대한 국가의 통제력이 약해지면서 점차 상공업과 무역 활동이 가능하게 되었다.

> **중농 정책**
> 전근대 사회에서는 부의 원천이자 세금 징수원이 토지를 기반으로 한 농업이었기 때문에 농업을 본업(本業)으로 중시하고, 상업은 말업(末業)으로 천시하였다. 신분도 사·농·공·상의 순서로 상인이 천시되었다.

> **조선 시대의 '결(結)' 단위**
> 조선 시대의 결부제는 땅의 넓이가 아니라 생산되는 곡식의 양에 따라 세금을 매기는 방식으로, 1결의 곡식이 나오는 땅의 넓이가 1결이 되었다. 전분 6등법에서 1등급 토지의 1결은 대략 2,750평이었고, 6등급 토지의 1결은 대략 11,030평 정도가 되었다. 1파=곡식 한 줌, 10파=1속(묶음), 10속=1부(등짐), 100부=1결이다.

2 과전법의 시행과 변화

1. **과전법(공양왕, 1391)**
   (1) **배경**
   ① 이성계가 위화도 회군으로(1388) 실권을 장악하자 조준이 전제 개혁 상소를 올렸으나 이색과 조민수의 반대로 실현되지 못하였다.
   ② 개혁의 단행
     ㉠ 양전 사업을 실시하여(1389) 권문세족이 농장을 확대하는 과정에서 은닉한 토지를 적발하였다.
     ㉡ 권문세족이 불법으로 점유한 사전을 국가에 귀속하였으나 경작권은 그대로 인정하였다.
     ㉢ 급전도감을 설치하고 과전법을 공포하였다(1391).
   (2) **시행 목적** : 신진 사대부의 경제적인 기반을 확보하고, 농민 생활의 안정을 통해 국가 재정을 확충하고자 하였다.
   (3) **내용**
   ① 상속을 제외한 토지의 이전을 금지하고, 전·현직 관리에게 18과로 구분하여 최고 150결에서 최하 10결의 과전을 차등 지급하였다.

등급	1과	2과	3과	4과	5과	6과	7과	8과	9과	10과	11과	12과	13과	14과	15과	16과	17과	18과
지급 결수	150결	130결	125결	115결	106결	97결	89결	81결	73결	65결	57결	50결	43결	35결	25결	20결	15결	10결

   ② 경기 지방에 한성하여 수조권을 지급하였으며, 과전을 받은 관료 사후에는 회수하였다.
   ③ 병작반수를 금지하였고, 지대는 수확량의 10분의 1로 정하였다.
   ④ 농민의 경작권을 법으로 보장하였다.

> **과전법의 시행과 토지 문서 소각**
> 조준 등의 개혁 세력은 양전 사업을 실시하여 농경지의 상황을 파악하고, 이를 바탕으로 새로운 왕조 개창에 따른 사전 작업을 마쳤다. 또한 권문세족이 이중 삼중으로 소유하던 토지 문서를 개성(개경)에 모두 모아 놓고 불태워 버렸다.

> **수조권**
> 관료에게 관직 수행에 따른 반대급부로 주는 일종의 월급으로, 토지의 소유권이 아니라 세금을 거둘 수 있는 권리를 준 것이다. 즉 농민은 수확량의 10분의 1을 국가에 조세로 납부하는 대신 과전이나 직전의 수조권을 지급받은 관리에게 납부하게 함으로써 관리의 경제적 기반을 확보할 수 있도록 한 것이다.

제4장 조선 전기의 경제와 사회

(4) 토지의 종류
① 과전
  ㉠ 전·현직 관리를 대상으로 18등급으로 구분하여 경기 지방의 토지를 지급하였는데, 받은 사람이 죽거나 반역을 저지르면 국가에 반환하도록 규정하였다.
  ㉡ 남편이 죽은 후 부인에게 지급하는 수신전과 부모가 죽은 후 어린 자손에게 지급하는 휼양전은 실질적으로 세습이 가능하였다.
② 공신전 : 국가에 공이 있는 공신에게 지급하며, 세습을 허용하였다.

2. 직전법(세조, 1466)
(1) 배경 : 과전법하에서 많은 과전이 세습·지급되자 경기 내 수조권 분급이 부족하게 되었다.
(2) 원칙 : 현직 관리에게만 토지를 지급하도록 하였고, 수신전과 휼양전은 몰수하였다.
(3) 영향 : 국가의 재정이 늘어나고 왕권 중심의 체제가 강화되었으나, 관리들이 재직 중 토지의 집적에 몰두하는 폐단이 나타났다.

3. 관수 관급제(성종, 1469)
공·사전 구분 없이 경작자가 국가에 직접 조를 납부하도록 하여 국가의 토지 지배력을 강화시켜 주었지만, 관리의 토지 소유 욕구를 자극하여 농장의 확대가 가속화되었다.

4. 직전법 폐지(명종, 1556)
16세기 중엽 직전법이 폐지되면서 수조권 지급이 소멸되고 관리는 오직 녹봉만 받게 되었다(현물 녹봉제 확립).

구분	과전법	직전법	관수 관급제	녹봉제
시기	공양왕(1391)	세조(1466)	성종(1470)	명종(16세기)
배경	권문세족의 대농장 소유(재정 궁핍)	경기도의 과전 부족(수신전·휼양전 세습)	과전 경작 농민에 대한 과도한 수취	과전법 체제 붕괴
목적	사대부의 경제 기반 마련	토지 부족 보완 → 국가 재정의 안정	국가의 토지 지배력 강화	관리들의 생활 수단 마련
원칙	전·현직자에 지급, 경기도에만 지급	현직자에게만 지급	국가에서 수조권 행사	현물 녹봉만 지급
영향	농민의 경작권 인정	훈구파의 농장 확대	농장 확대 가속화	농장의 보편화

▲ 조선 시대 토지 제도의 성격

직전법 실시 배경
어린 단종을 몰아내고 왕위를 찬탈한 세조는 초기 사육신과 생육신 등 신하들의 격렬한 반발을 받아야만 하였다. 이에 자신의 권력을 인정하고 옹호해 줄 수 있는 관리들에게 경제적(토지 분급) 특혜를 제공하고 경기 지역 내의 수조권 분급 부족 상황을 해결하기 위해 현직 관리에게 토지의 수조권을 지급하는 직전법을 실시하였다.

3 수취 체제의 확립

1. 조세
(1) 공법 이전 : 공법 이전의 전세 수취율은 1결당 30두 정도였다.
(2) 공법(1444)
  ① 전분 6등법(토지의 비옥도 기준) : 토지 비옥도에 따라 면적의 차이를 두고(6등분) 1결마다 조세를 일정하게 부과하였다.
  ② 연분 9등법(풍흉의 정도 기준) : 그해의 풍흉에 따라(9등급) 최고 20두에서 최하 4두까지 각 등급 당 2두씩 조세를 차등 부과하였다.

2. 역
(1) 대상 : 16세 이상 60세 이하의 정남에게 군역과 요역을 부과하였다.
(2) 종류
  ① 군역 : 정병(정군) 또는 보인(봉족)으로 군역을 수행하였다.

상	상년	20두
	중년	18두
	하년	16두
중	상년	14두
	중년	12두
	하년	10두
하	상년	8두
	중년	6두
	하년	4두

▲ 연분 9등법에 의한 차등 과세

② 요역 : 정남에게 부과하는 육체노동으로, 1년 중 동원 일수가 6일 이내로 규정되었고, 경작하는 토지 8결마다 한 사람을 차출하게 하였다.

3. 공납
(1) 공납 : 중앙 관청에서 각 군·현에 토산물의 품목과 액수를 할당하면 수령이 각 호별로 농민에게 징수하였다.
(2) 종류
  ① 상공 : 매년 지정된 품목의 토산물을 호조에 납부하는 제도이다.
  ② 별공 : 국가의 필요에 따라 수시로 공물을 징수하는 제도이다.
  ③ 진상 : 각 도의 관찰사·병사·수사가 왕실에 지방 특산물을 상납하는 제도로, 진상 역시 군·현에 배당되었으므로 농민의 부담이 되었다.
(3) 방납의 폐단
  ① 품목 선정·수송·저장 등 공납의 불편 때문에 중앙 관청의 서리가 국가에 대신 공물을 납부하고, 그 대가를 비싸게 책정하여 농민에게 받아 내는 방납의 폐단이 발생하였다.
  ② 조광조는 공납의 폐단을 지적하였고, 이이와 유성룡은 공납을 쌀로 통일하여 거두는 대공수미법을 개혁안으로 제시하였다.
(4) 제도의 개선 : 광해군 때 대동법의 시행으로 일단락되었다.

진상품 목록

경상도 지역의 진상품 내역을 기록한 문서이다.

> **방납의 폐단**
>
> 방납의 폐단이 나날이 심해집니다. …… 각 고을에서 공물을 상납하려 할 때 각 관청의 사주인(방납인)들이 여러 가지로 농간을 부려 좋은 것도 불합격 처리하기 때문에 바칠 수가 없습니다. 이리하여 방납인들은 자기가 갖고 있는 물품으로 관청에 대신 내고, 그 고을 농민들에게 자기가 낸 물건 값을 턱없이 높게 쳐서 열 배의 이득을 취하니 ……
> – "선조실록" –
>
> ▶ 16세기에 이르러 수취 체제가 문란해지면서 중앙 관청의 서리들이 공물을 대납하고, 그 대가를 과다하게 징수하는 방납의 폐단이 발생하였다. 방납의 폐단으로 농민들의 부담은 증가하였다.

4. 조운 제도
(1) 의미 : 현물로 징수한 각 지방의 조세를 서울까지 배로 운송하여 수합하는 제도이다.
(2) 조창 : 강변에 강창, 해변에 해창, 서울에 경창을 설치하였다.
(3) 잉류 지역 : 함경도와 평안도는 군사상 또는 거리상의 문제로 잉류 지역으로 설정하여 조세를 경창으로 옮기지 않고 사신 접대비나 국방비로 사용하였다.

5. 재정
(1) 수입과 지출
  ① 수입 : 전세·역·공납이 기본 수입이며, 기타 수입으로는 상인세, 수공업세, 염전·광산·산림·어장세 등이 있었다.
  ② 지출 : 왕실 경비, 관리 녹봉, 군사비, 빈민 구제비 등에 지출되었다.
(2) 재정에 대한 자료
  ① 양안 : 국가 재정을 확보하기 위해 20년마다 작성한 토지 대장으로, 호조·본도·본읍에서 각각 보관하였다.
  ② 공장안 : 국역의 의무가 있는 수공업자의 명단을 기록한 장부이다.
  ③ 호적 : 3년마다 작성한 호구 장부로, 4조(증조·조·부·외조), 성명, 본관, 자녀, 노비, 머슴 등을 기록하였다.

6. 수취 제도의 문란(16세기)
(1) 공납의 폐단 : 중앙 관청 서리의 농간으로 방납의 폐단이 발생하였다.

▲ 조선 시대의 조운로

III. 조선 유교 사회의 성립과 변화 85

제4장 조선 전기의 경제와 사회

공납의 폐단

나라에서 물건이나 세금을 거두는 공부(貢賦)의 제도를 만들 때 각 고을에서 산출되는 토산물로 나누어 책정하여 스스로 해당 관청에 납부하게 하였으니, 그 본래의 뜻이야 아름답지 않은 것이 아니었다. 그러나 해당 관청의 관리가 간사한 꾀를 부려 이익을 취하였으므로 공물을 바칠 때 물품의 중요한 정도와 좋고 나쁨은 따지지 않고 오직 화폐만을 중시하였는데, 그들의 뜻에 차지 않으면 아무리 좋은 공물을 가지고 가도 끝내 일을 마칠 수 없게 되었다. 따라서 공물 하나를 바치려면 하리(下吏)들에게 돌아가는 이익이 열 곱절이 넘어야 바칠 수 있었다. …… 이것이 방납의 폐단인데, 간사한 무리야 말할 것도 없지만 이익을 독점하는 여러 궁가(宮家)에서도 간혹 빼앗아 대신 납부하기도 하였다. 이럴 경우 백성에게 터무니없이 받아들이는 값이 아랫것들보다 곱절이나 되었다. 그러니 어렵게 살아남은 백성들이 어떻게 견디어 내겠는가? 지금의 폐단이 한두 가지가 아니나 이것이 더욱 심하므로 학식과 견문이 있는 이가 탄식하는 바이다.
 - "선조실록" -

▶ 16세기 공물을 대신 납부하고 이자를 받는 방납이 광범위하게 시행되면서 농민의 공납 부담이 더욱 가중되었다.

(2) **군역의 폐단** : 군역의 요역화로 인한 대립과 방군수포 현상이 만연하여 군적수포제를 시행하였으나 농민의 부담은 더욱 가중되었다.

(3) **환곡제의 폐단** : 환곡제가 본래의 취지와는 다르게 고리대화하였고, 지방 수령과 향리들의 중간 수탈로 농민 부담은 더욱 가중되었다.

(4) **결과** : 각 지방의 유민이 도적화하면서 명종 때 임꺽정의 난도 일어났다.

임꺽정의 난

사헌부가 아뢰기를, "근래에 도적이 벌떼처럼 일어나 공공연하게 노략질을 하며 양민을 학살합니다. 방자한 행동이 거리낌이 없는데도 주현에서 금하지 못하고 병사(兵使)도 제대로 잡지 못합니다. 그들의 기세가 점점 뻗쳐 여러 곳에 널리 퍼져 있습니다. 심지어는 서울에서도 나라를 어지럽히는 간사한 무리가 떼로 일어나 빈 집에 진을 치고 밤이면 모였다가 새벽이면 흩어집니다. 간혹 칼로 사람을 다치게 하는데도 포도대장이란 자가 도적을 잡았다는 말은 한 번도 듣지 못했으니 매우 한심합니다. 포도대장 등을 심문하여 죄를 다스린 후에 도적을 잡기 위한 대책을 각별히 계획하소서." 하였다. 명종이 아뢴 대로 하라고 답하였다.
 - "명종실록" -

▶ 16세기 수취 제도의 문란으로 백성들이 부담해야 할 세금이 늘어나면서 조선 사회는 동요하였다. 도산하는 백성이 증가하면서 백성 중 일부는 서로 모여 도적이 되기도 하였다.

4 조선 전기의 신분 제도

1. 신분 제도의 특징

(1) **신분 구조** : 조선 초에는 법제상 양천제가 원칙이었으나("경국대전"), 실제로는 양반과 상민을 구분하는 반상제가 운영되었다.

(2) **신분의 개방성** : 조선 시대는 엄격한 신분제 사회였으나 신분 이동이 가능하였으며, 고려보다 신분 계층 간 이동 요인이 많았다.

▲ 반상도(김득신)

양반의 기득권 유지 노력
- 향리층의 관리 진출 제한
- 양반 상호 간의 결혼을 통한 특권 신분 공고화
- 서얼 차대법을 통해 지배 계급이 더 이상 늘어나는 것을 견제

2. 신분 질서의 확립

(1) **양반**
 ① 정치적으로는 관료, 경제적으로는 지주에 해당한다.
 ② 원래 문반과 무반을 아울러 부르는 명칭이었는데, 점차 사족(문벌이 높은 가문)을 의미하게 되었다.
 ③ 문·무의 관제가 신분화되어 배타적 양반 계층을 형성하였다.
 ④ 원칙적으로는 군역이 부과되었지만 지배층의 특권인 양반 불역의 관행이 호포제가 실시될 때까지 계속되었다.

> **양반**
>
> 하늘이 백성을 낳았는데 그 백성이 넷이다. 그중 가장 귀한 것이 선비인데, 양반이라고 불리며 그 이익도 막대하다. 농사짓지 않고 장사도 하지 않으며, 문사(文史)를 대강 섭렵하면 크게는 문과에 급제하고 적어도 진사가 된다.
> – 박지원, "양반전" –
>
> ▶ 양반은 자신들의 기득권을 유지하기 위해 향리층이 관직에 진출하는 것을 제한하고, 양반 상호 간에 결혼을 하였으며, 서얼 차대법을 통해 지배 계급이 더 이상 늘어나는 것을 견제하였다.

(2) 중인
① 좁은 의미로는 기술관, 넓은 의미로는 향리·서리·군교·토관·역리·서얼 등을 일컫는다.
② 서얼은 재산 상속과 관직 진출에 차별을 받았으며, 문과 응시가 금지되었다.
③ 기술관은 16세기 이후 사림들에게 천시받으면서 중인으로 전락하였으며, 조선 후기에 이르러 하나의 독립 신분층을 형성하였다.

> **중인**
>
> • 사헌부 대사헌 채수가 아뢰었다. "어제 전지를 보니 통역관, 의관을 권장하고 장려하고자 능통하고 재주가 있는 자는 동서 양반에 발탁하여 쓰라고 특별히 명령하셨다니 듣고 놀랐습니다. …… 의관, 역관 무리는 모두 미천한 계급 출신으로서 사족이 아닙니다." – "성종실록" –
> • 서얼의 자손은 문과, 생원·진사시에 응시할 수 없다. – "경국대전" –
>
> ▶ 양반과 상민의 중간 계층인 중인은 역관·의관·율관 등 기술관과 향리 및 서얼을 가리킨다. 이중 서얼은 문과에 응시할 수 없는 등 사회적으로 차별을 받았다.

(3) 상민
① 농민·수공업자·상인을 의미하며, 평민·양민으로도 불렸다.
② 상민의 대부분을 차지한 농민은 출세에 법적 제한은 없었지만 경제적 여건과 교육 기회의 부재로 관직 진출이 거의 불가능하였다.
③ 상민은 조세·역·공납의 의무를 담당하였으며, 수공업자나 상인보다 우대되었다.
④ 수공업자와 상인은 군역은 면제되었으나(수공업자는 일정 기간 동안 관수품을 생산하여 납부하고, 상인은 국가의 필요품을 공급하여 군역을 대신함) 과거 응시가 금지되었다.

(4) 천민
① 최하층의 신분으로 대부분은 노비였으며, 백정·광대·무당 등도 포함되었다.
② 노비는 재산으로 간주되어 매매·증여·상속의 대상이 되었다.
③ 노비는 부모 중 한 명이 노비이면 자식도 노비가 되었으며(일천측천), 노비의 업무는 형조의 속아문인 장례원에서 관장하였다.
④ 노비의 종류
　㉠ 공노비(국가에 소속) : 국가에 신공을 바치거나 관청에 노동력을 제공하였다.
　㉡ 사노비(개인에게 소속) : 매매·증여·상속되는 노비로, 공노비보다 많았다.
　　• 솔거 노비 : 주인집에서 거주하는 잡역 노비로 주인에게 신공을 바칠 의무는 없었다.
　　• 외거 노비 : 독립 재산과 가정을 가질 수 있었고, 주인이나 타인의 토지를 소작하며 주인에게 신공을 바칠 의무가 있었다.

> **노비의 삶**
>
> 무릇 노비의 매매는 관청에 신고하여야 한다. 사사로이 몰래 매매하였을 경우에는 관청에서 그 대가로 받은 물건을 모두 몰수한다. 나이 16세 이상 50세 이하는 가격이 저화 4천 장이고, 15세 이하 50세 이상은 3천 장 이상이다.
> – "경국대전" –
>
> ▶ 천민의 대부분을 차지하는 노비는 재산으로 간주되어 매매·상속·증여의 대상이었다.

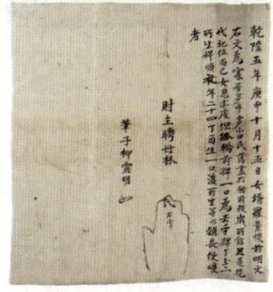

노비 증여 문서

과부 박씨가 사위인 나경직에게 노비를 증여한다는 내용의 문서이다.

III. 조선 유교 사회의 성립과 변화

제5장 조선 전기의 문화

1 한글 창제와 편찬 사업

1. 한글 창제
(1) 창제 : 정음청을 설치하고 집현전 학자 신숙주·성삼문·정인지·박팽년 등이 연구하여 세종 25년(1443)에 한글을 창제하였고, 세종 28년(1446)에 반포하였다.
(2) 한글 서적 편찬 : "용비어천가", "월인천강지곡", "석보상절" 등이 한글로 편찬되었다.
(3) 행정 실무 활용 : 서리들이 한글을 배워 행정 실무에 이용할 수 있도록 하였다.
(4) 한글 사용 반발 : 최만리 등 일부 유학자와 양반은 한글 사용에 반발하였다.
(5) 한글 창제의 의의 : 일반 백성들의 문자 생활이 가능해졌고, 민족 문화가 더욱 발전할 수 있는 계기가 마련되었다.

훈민정음

1997년 유네스코 세계 기록 유산에 등재되었다.

2. 역사서의 편찬
(1) 시기별 특징
  ① 건국 초기 : 왕조 개창의 정통성을 확립하기 위해 "고려국사(정도전)", "동국사략(권근)" 등이 편찬되었다.
  ② 15세기 중엽 이후 : 고려 시대의 역사를 자주적으로 정리하려는 노력이 대두되어 "고려사(기전체)", "고려사절요(편년체)", "동국통감(편년체)" 등이 발간되었다.
  ③ 16세기 : 사림의 존화주의 역사관이 반영되어 단군보다 기자를 더 높이 평가하였다.
(2) "조선왕조실록"
  ① 태조에서 철종까지의 역사적 사실을 연대순으로 기록한 편년체 역사서이다.
  ② 하륜 등에게 명하여 "태조실록"을 처음 편찬한 이래 역대 왕의 실록을 차례로 편찬하였다.
  ③ 왕의 사후 춘추관에 실록청을 만들고, 사초를 기준으로 "승정원일기", "의정부등록", "비변사등록", "일성록", 상소문 등을 참고하여 서술하였다.
  ④ 원칙적으로 개수가 불가능하였으나, 여러 번에 걸쳐 수정본이 발간되었다.

▲ 조선왕조실록

▲ 오대산 사고

4대 사고(임진왜란 이전)	5대 사고(임진왜란 이후)	현재
춘추관 사고(1405)	춘추관 사고(1606)	이괄의 난(1624)으로 소실
전주사고(1439) → 묘향산으로 이전	오대산 사고(1606)	일본으로 이전되어 관동 지진(1923) 때 소실된 후 남은 74책이 현존
성주사고(1439)	태백산 사고(1606)	부산 정부 기록 보존소에 보존
충주사고(1452)	마니산 사고(1606)	정족산 사고본으로 서울 대학교 규장각에 보존
	(묘향산에서 이전) 적상산 사고(1663)	6·25 전쟁 중 북한으로 이전되어 김일성 대학에 보존

▲ 사고의 정비

3. 지도와 지리서의 편찬
(1) 지도의 제작
  ① 혼일강리역대국도지도 : 15세기 초 태종 때 우리나라 최초의 세계 지도가 만들어졌다.
  ② 동국지도 : 세조 때 양성지 등이 완성하였다.

(2) 지리서 편찬
  ① "세종실록지리지(단종)" : 정인지 등이 편찬하였으며, 단군의 건국 이야기가 수록되어 있다.
  ② "동국여지승람(성종)" : 군현의 연혁, 인물, 풍속, 교통 등이 자세히 수록되어 있다.
  ③ "신증동국여지승람(중종)" : "동국여지승람"을 보완하여 편찬하였다.

4. 유교 서적
(1) "삼강행실도(세종)" : 충신·효자·열녀를 뽑아 그 행적을 그림으로 해설한 책이다.
(2) "국조오례의(성종)" : 길례(제사)·가례(관혼)·빈례(빈객)·군례·흉례(장례)의 5례를 정리하여 국가 의식의 기준을 정한 책이다.
(3) "이륜행실도"와 "동몽수지" : 16세기에는 사림이 "소학"과 "주자가례"의 보급 실천에 힘쓰면서 "이륜행실도"와 "동몽수지"를 간행하여 보급하였는데, 전자는 연장자와 연소자, 친구 사이에 지켜야 할 윤리를, 후자는 어린이가 지켜야 할 예절을 기록하였다.

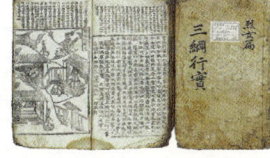
▲ 삼강행실도

5. 법전의 편찬
(1) "조선경국전(태조)" : 정도전이 고려 말·조선 초의 조례를 정리한 최초의 사찬 법전이다.
(2) "경제문감(태조)" : 정도전이 편찬하였으며, 태조 때 제시된 정치 조직의 초안이다.
(3) "경제육전(태조)" : 조준과 하륜이 고려 말·조선 초의 조례를 정리한 법전으로 태종 때 "원육전"으로 증보되었다.
(4) "속육전(태종)" : 하륜이 "경제육전"을 수정·증보하여 "원육전"과 "속육전"으로 분류하였다.
(5) "경국대전(세조~성종)" : 최항과 노사신이 세조 때 편찬에 착수하여 성종 때 반포한 조선의 기본 법전이다.

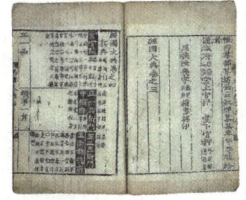
▲ 경국대전

2 성리학의 발달과 불교의 쇠퇴

1. 성리학의 정착
(1) 관학파(정도전·권근 계열)
  ① 고려 사회의 모순을 극복하고, 새로운 문물을 정비하여 부국강병을 이루고자 하였다.
  ② 다양한 사상과 종교를 포용하였고 "주례"를 중시하였다.
(2) 사학파(사림파) : 고려 말의 온건파 신진 사대부를 계승하였고, 성리학적 명분론을 중시하였으며, 건국 공신과 외척의 횡포를 비판하였다.

2. 성리학의 융성(조선 중기) 〈중요〉
(1) 16세기의 학문 경향 : 인간의 심성에 대해 관심을 가졌으며, 도덕과 수신을 중시하였다.
(2) 서경덕 : 기(氣)를 중심으로 세상을 이해하고, 불교와 노장사상에 개방적인 태도를 보였다.
(3) 조식 : 학문의 실천을 강조하면서 노장사상에 대해 포용적인 입장을 취하였다.
(4) 이언적 : 기보다는 이(理)를 중심으로 세계를 이해하였고, 성학 군주론을 제시하였다.
(5) 이황(주리론 완성, 영남학파)
  ① 주자의 이기이원론을 발전시켰다.
  ② "성학십도", "주자서절요"를 저술하였다.
  ③ 도덕적 행위의 근거로 인간의 심성을 중시하였고, 신분 질서 유지에 기여하였다.
  ④ 이황의 성리학은 근본적·이상주의적으로 평가되며, 일본 성리학에 영향을 주었다.
  ⑤ 기대승과 사단 칠정 논쟁을 벌였으며, 예안 향약을 실시하고 도산 서원을 건립하였다.

> 이와 기는 서로 다르면서도 상호 의존적인 관계에 있는 것으로, 이는 기를 움직이게 하는 근본적인 법칙이고, 기는 형질을 갖춘 형이하학적 존재로 이의 법칙에 따라 구체화되는 것이다(이기호발설).

성학십도(이황)
군주 스스로가 성학을 따질 것을 제시하였다. 도덕직 행위의 근거로시 인간의 심성을 중시하였고, 근본적이며 이상주의적인 성격이 강하였다.

제5장 조선 전기의 문화

(6) 이이(주기론 완성, 기호학파)
① 일원론적 이기이원론을 주장하였다.
② "만언봉사(10만 양병설)", "동호문답(수미법)", "격몽요결", "성학집요" 등을 저술하였다.
③ 기의 역할을 강조하고 현실적·개혁적 성격의 사상을 전개하였다.
④ 통치 체제 정비와 수취 제도의 개혁 방안을 제시하였으며, 해주 향약과 서원 향약을 실시하였다.

> 우주 만물의 존재 근원은 기에 있으며, 모든 현상은 기가 움직이는 데 따라 다르게 나타나고, 이는 이러한 기의 작용에 내재하는 보편적 원리에 지나지 않는다(기발이승설).

성학집요(이이)
현명한 신하가 성학을 군주에게 가르쳐 그 기질을 변화시켜야 한다고 주장하였는데, 이이는 이황보다 상대적으로 기의 역할을 강조하여 현실적이며 개혁적인 성격을 갖고 있었다.

	주리론	주기론
선구자	이언적	서경덕
집대성	이황	이이
당파/학파	동인(남인), 영남학파	서인, 기호학파
저서	"주자서절요", "성학십도"	"동호문답", "성학집요"
이론	주자의 이기이원론 심화 발전, 이기호발설	이기일원론(일원론적 이기이원론), 기발이승일도설
성격/영향	근본적이며 이상적, 신분 질서 유지에 기여, 일본 성리학에 영향	현실적, 개혁적 방안 제시

3. 예학의 발달(17세기)

(1) 발달 배경
① "주자가례"에 대한 학문적 연구가 심화되었다.
② 양 난 이후 유교 질서 회복을 강조하는 시대적 분위기가 형성되었다.

(2) 예학의 발달 : 예송 논쟁이 발생하였으며, 대표적인 예학자로는 김장생이 있다.

3 과학 기술·문학·예술의 발달 (중요)

1. 천문·역법과 의학

(1) 천문학·농업 관련 기구
① 천체 관측을 위해 혼의와 간의가 제작되었다.
② 시간을 측정하기 위해 자격루(물시계), 앙부일구(해시계)가 제작되었다.
③ 고구려의 천문도를 바탕으로 천상열차분야지도가 제작되었다.
④ 강우량을 측정하기 위해 측우기가, 토지를 측량하기 위해 인지의와 규형이 제작되었다.

▲ 자격루   ▲ 앙부일구   ▲ 천상열차분야지도   ▲ 측우기

칠정산
칠정(七政)은 해와 달 및 금성, 목성, 수성, 화성, 토성의 5행성이다. 중국 역법은 수도인 베이징을 중심으로 하였는데, 베이징과 서울은 경도와 위도가 다르기 때문에 태양이 뜨고 지는 시각과 달이 뜨고 지는 시각이 달라 예보가 자주 틀렸다. 전통 사회에서 일식이나 월식과 같은 천문 현상은 제왕의 권위와 정치의 잘잘못을 평가하는 민감한 사안이었으므로 우리 실정에 맞는 역법을 갖추려는 세종의 자주적인 의지와 노력에 힘입어 "칠정산" 내·외편이 만들어졌다.

(2) **역법** : 세종 때 이순지 등이 중국의 수시력과 아라비아의 회회력을 참고하여 서울을 기준으로 "칠정산" 내·외편을 제작하였다.

(3) **의학** : 세종 때 우리 풍토에 맞는 약재와 치료법을 제시한 "향약집성방"과 동양 최대의 의학 백과사전인 "의방유취"를 편찬하였다.

2. 인쇄술과 제지술
(1) 인쇄술 : 주자소를 설치하여 계미자(태종)와 갑인자(세종)를 주조하는 등 활자의 개량이 이루어졌다.
(2) 제지술 : 조지서를 설치하여 종이의 대량 생산이 가능해졌다.

3. 병서 편찬과 무기 제조
(1) 병서 편찬 : 고조선에서 고려 말까지의 전쟁사를 정리한 "동국병감"과 군사 훈련 지침서인 "병장도설"을 편찬하였다.
(2) 무기 제조 : 화차, 신기전(화살), 거북선, 비거도선(작고 빠른 전투용 배) 등이 제작되었다.

▲ 신기전과 화차

4. 문학과 예술
(1) 문학
  ① 조선 초기 문학 : 관료 문인 중심의 양반 문화가 발달하였다.
    ㉠ 악장 : 왕조 개창의 업적을 찬양하고 자주 의식을 표현하였으며, "용비어천가", "월인천강지곡" 등이 대표적이다.
    ㉡ "동문선(서거정)" : 우리의 시와 산문 가운데 뛰어난 것을 골라 정리하였다.
    ㉢ 시조 : 유교적 충절(길재·원천석)과 패기(김종서·남이)를 표현하였다.
    ㉣ 설화 문학 : "필원잡기(서거정)", "용재총화(성현)"가 대표적이며, 불의를 폭로하고 풍자하는 내용을 담고 있다.
    ㉤ 소설 : 최초의 한문 소설인 "금오신화(김시습)"가 대표적이다.
  ② 16세기 문학 : 사림 및 여성 문인이 중심이 되어 개인의 감정과 흥취를 표현하였다.
    ㉠ 시조 : 순수한 인간 본연의 감정을 표현하였고, 황진이와 윤선도(어부사시사)가 대표적이다.
    ㉡ 가사 : 풍부한 우리말 어휘를 구사하였고, 정철(관동별곡, 사미인곡)과 송순이 대표적이다.
    ㉢ 기타 : 서얼(어숙권의 "패관잡기", 임제의 풍자시) 및 여성 문인(신사임당, 허난설헌)이 활약하였다.

(2) 건축
  ① 건축의 제한 : 건물주의 신분에 따라 건축물의 크기와 장식을 제한하여 신분 질서를 유지하고자 하였다.
  ② 15세기
    ㉠ 궁궐과 도성 건축이 주로 이루어졌으며, 대표적으로 경복궁, 창덕궁, 창경궁, 숭례문, 돈화문, 개성 남대문 등이 있다.
    ㉡ 불교 건축물도 만들어졌는데, 대표적으로 무위사 극락전, 해인사 장경판전, 원각사지 10층 석탑 등이 있다.
  ③ 16세기(서원 건축)
    ㉠ 서원은 가람 배치 양식과 주택 양식이 결합되어 만들어졌고, 선비들의 사색을 위한 정자도 건축되었다.
    ㉡ 대표적인 건축물로는 경주의 옥산 서원과 안동의 도산 서원 등이 있다.

▲ 원각사지 10층 석탑

(3) 자기
  ① 분청사기(15세기) : 경기도 광주의 사옹원 분원에서 주로 생산되었고, 안정된 모양과 천진스러운 무늬가 특징이다.
  ② 백자(16세기) : 순백의 고상함이 선비의 취향과 어울려 널리 유행하였다.

▲ 분청사기　▲ 백자

제5장 조선 전기의 문화

(4) 그림과 글씨
   ① 그림
      ㉠ 15세기 : 도화서 화원(안견의 몽유도원도)과 문인 화가(강희안의 고사관수도)의 그림이 그려졌다.
      ㉡ 16세기 : 이상좌의 송하보월도, 신사임당의 초충도 등이 그려졌다.

▲ 몽유도원도(안견)

▲ 고사관수도(강희안)

   ② 서예 : 양사언, 한호(석봉체), 안평 대군, 김구 등이 유명하다.

(5) 음악
   ① 음악을 백성 교화의 수단으로 인식하고 국가 의례로 중시하였다.
   ② 세종은 정간보를 창안하고, 스스로 여민락을 작곡하였다.
   ③ 성종 시기에 성현 등이 음악 백과사전인 "악학궤범"을 편찬하였다.

구분	15세기	16세기
문학	• 질서와 조화를 내세우는 경향의 문학 중시 • 악장, 한문학 발달 • 새 왕조의 탄생과 건국 세력들의 업적 찬양 : "용비어천가", "월인천강지곡" • 자주 의식의 표현 : 서거정의 "동문선" • 설화 문학 발전 : "필원잡기", "용재총화", "금오신화"	• 사림 문학이 주류 : 표현 형식보다는 흥취와 정신 중시 • 시조 문학 발달 : 황진이, 윤선도 • 가사 문학 발달 : 정철의 '관동별곡', '사미인곡', '속미인곡' • 여성 문인 활동 : 신사임당, 허난설헌 • 어숙권의 "패관잡기"
건축	• 궁궐 · 관아 · 성문 · 학교 건축 중심 • 건물 규모의 법적 규제 : 국왕의 권위를 높이고 신분 질서 유지 목적 • 해인사 장경판전, 원각사지 10층 석탑	서원 건축 중심 : 주위 자연과의 조화 추구
공예	분청사기 : 소박함	백자 : 순백의 고상함, 선비의 취향
그림	• 화원 : 안견(몽유도원도) • 문인 화가 : 강희안(고사관수도)	다양한 화풍, 선비들의 정신세계를 그린 사군자 유행
음악	아악(궁중 음악) 발달 : "악학궤범"	속악(민간 음악) 발달 : 가사, 시조, 가곡, 민요 등
윤리	유교적 질서 확립 : "삼강행실도", "국조오례의"	• 사림이 "소학"과 "주자가례"의 보급과 실천에 힘씀 • "이륜행실도", "동몽수지" 편찬

▲ 15세기와 16세기 문화의 비교

III. 조선 유교 사회의 성립과 변화

제6장 조선의 대외 관계와 양 난의 극복

1 조선 전기의 대외 관계

1. 명과의 관계 : 조선은 명에 대해 사대 정책을 유지하였는데, 이는 왕권 안정과 국제적 지위 확보를 위한 실리 외교이자 명의 선진 문물을 흡수하기 위한 문화 외교였다.

2. 여진과의 관계

(1) 정책의 내용

① 회유책
  ㉠ 여진족에게 관직·토지·주택을 지급하여 귀순을 장려하고, 동대문 인근에 여진 사신을 위한 북평관을 설치하였다.
  ㉡ 경성과 경원에 무역소를 설치하여 국경 무역과 조공 무역을 허락하였다(1406).
  ㉢ 조선에서는 소금·포목·미곡·농기구 등을 주고 말과 모피류 등을 공물로 받았으나 여진의 약탈 행위는 완전히 그치지 않았다.

② 강경책 : 국경 지방에 진과 보를 설치하여 각 고을을 전략촌으로 편제하고 방비를 강화하였으며, 때로는 대규모 원정군을 파견하여 여진족 토벌에 나섰다.

(2) 국토의 수복

① 압록강 유역 : 세종 시기 최윤덕을 파견하여 4군(여연·우예·자성·무창)을 설치하고 압록강 유역을 확보하였다.

② 두만강 유역 : 세종 시기 김종서를 파견하여 6진(경원·경흥·종성·온성·회령·부령)을 개척하고 두만강 유역을 확보하였다.

(3) 사민 정책과 토관 제도

① 사민 정책 : 충청·전라·경상도의 백성을 북방 지역으로 이주시켰다.

② 토관 제도 실시
  ㉠ 민심을 수습하기 위해 함경도와 평안도 지방의 토착민을 토관으로 임명하였다.
  ㉡ 토관은 기본적으로 향리와 비슷하였지만 향리보다는 사회적 지위가 약간 높았다.

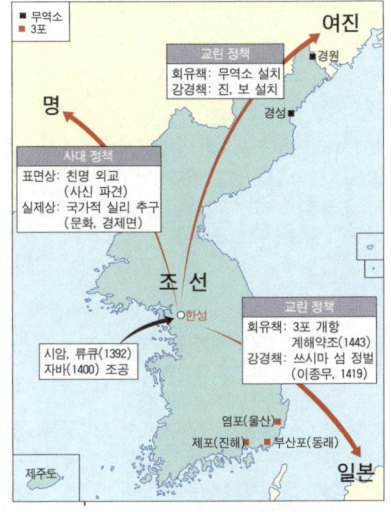
▲ 조선 초기의 대외 관계

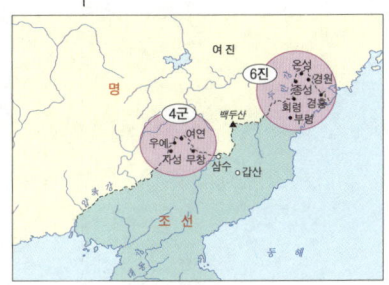
▲ 4군 6진

야연사준도

김종서가 북방의 여진족을 물리치고 6진을 개척한 이후 함경도의 도순문찰리사로 있을 때의 고사를 그린 것이다.

> **세종의 북방 영토 확장과 사민 정책**
>
> • 지난 임자년(1432) 12월에 파저강(압록강 북쪽의 동가 강) 야인들이 우리 북변을 침략하므로, 신(최윤덕)이 명을 받들고 길을 떠났사온데 …… 군사를 일곱 길로 나누어 4월 19일 날이 샐 무렵에 쳐들어가 그 죄를 물어 더러운 오랑캐를 다 평정하였사오매 …… 인의(仁義)의 군사가 오랑캐를 평정하니, 장수와 군사들은 기뻐하여 노래를 부를 뿐이옵니다.
> • "함길도는 국가의 근본이 되는 땅이라 군민의 생업을 소홀히 할 수 없사온데 …… 경상도에서 6백 호, 전라도에서 5백 50호, 충청도에서 4백 50호를 옮겨다 채우게 하시고, 요역을 면제하여 길이 생업을 이루게 하옵소서."
> – "세종실록"

▶ 세종 때 4군 6진을 설치하여 두만강과 압록강까지 영토를 확장하였다. 이후 충청·전라·경상도의 백성을 중종 때 이르기까지 약 백 년간 함경도와 평안도로 이주시켰다.

3. 일본과의 관계

(1) 세종

① 쓰시마 섬 정벌(1419) : 왜구의 침략이 지속되자 이종무가 쓰시마 섬을 정벌하였다.

제6장 조선의 대외 관계와 양 난의 극복

② 3포 개항(1426) : 쓰시마 도주가 조선과의 무역을 요구해 오자, 부산포·염포(울산)·제포(진해)의 3포를 개항하고 무역을 허용하였다.
③ 계해약조(1443) : 세견선(무역선) 50척, 세사미두 200석, 거류 왜인 60명 등 제한된 범위 내에서 교역을 허락하였다.

(2) 중종
① 3포 왜란(1510) : 3포에 출입하던 일본인이 조선 정부의 통제에 불만을 품고 3포 왜란을 일으켰다.
② 임신약조(1512)
  ㉠ 3포 중 제포만 개항하고 세견선과 세사미두는 반(25척, 100석)으로 줄였다.
  ㉡ 군사 기능을 담당하는 임시 기구로 비변사를 설치하였다.

(3) 명종 : 을묘왜변(1555)으로 국교가 단절되었으며, 비변사를 상설 기구로 설치하였다.

4. 동남아시아와의 교류
(1) 교류국 : 조선 초에는 류큐(유구)·시암·자와 등 동남아시아의 여러 나라에서 사절을 보내와 교류하였다.
(2) 교류 물품 : 기호품을 중심으로 한 각종 토산품을 조공(혹은 진상)하였고, 옷·옷감·문방구 등을 회사품으로 가져갔다.
(3) 류큐와의 교역 : 특히 류큐와 활발한 교역이 이루어져 류큐 문화 발전에 기여하였다.

2 왜란의 전개와 극복

1. 왜란의 배경
(1) 조선
① 관료들의 수탈에 항거하여 임꺽정의 난(1560)이 일어나는 등 민심 이반 현상이 심화되었다.
② 포를 받고 군 복무를 면제해 주는 방군수포의 성행으로 군역 제도가 문란해지면서 국방력이 약화되었다.
(2) 일본 : 도요토미 히데요시가 전국 시대의 혼란을 수습하고 통일하였다.

2. 왜란의 경과와 극복
(1) 부산과 동래의 함락
① 고니시 유키나가와 가토 기요마사 등이 15만 명의 대군을 이끌고 조선을 침략하였다.
② 조선은 무기와 군사력의 열세로 부산(정발)과 동래(송상현)에서 왜군에 패배하였다.

> **임진왜란 초기의 전투 상황**
>
> 고니시 유키나가는 1만 5천 명 이상의 전투 병력을 가진 군대를 거느리고 쓰시마를 출발하였다. 조선에 도착해 처음으로 공격한 해안에 있는 성은 부산포라 불리는 곳이었다. …… 성안에서는 두 번에 걸쳐 전투가 벌어졌으며 양측은 모두 전력을 다해 싸웠다. 조선군의 거의 모두는 목숨을 다할 때까지 싸웠고, 오직 소수만 살아남아 포로가 되었다. …… 부산포 성으로부터 내륙으로 15㎞ 떨어져 있는 동래성은 조선군이 최대 방어 기지로 여기고 재원을 최대한 투입한 성이다. …… 성 한쪽에서는 조선인들이 용감하게 싸워 많은 일본군이 부상으로 후퇴하였다. 그러나 조선군은 맹렬하게 공격해 오는 일본군 칼과 조총의 위력을 견디지 못하고 결국 패배하였다. …… 양산·밀양·청도·대구·경주라 불리는 성들의 수비병들은 일본군을 대적하기에는 소용이 없다고 생각하였는지 더 이상 기다리지 않고 성을 텅 비워 둔 채 도망갔다. — 루이스 프로이스, "임진난의 기록" —
>
> ▶ 임진왜란 초기 조선군은 왜군의 우세한 무기와 사기에 눌려 부산에서의 전투를 제외하고 패배를 거듭하여 채 20일도 되지 않는 기간에 한성을 점령당하고 말았다.

(2) 신립의 패배 : 신립이 배수진을 치고 충주의 탄금대에서 항전하였으나 패배하였다.

세견선
조선 시대에 쓰시마 섬[對馬島]의 도주(島主)에게 내왕을 허락한 무역선이다.

세사미두
세종 때 해마다 쓰시마 도주에게 일정한 양의 쌀과 콩을 하사하였으나, 중종 때 일어난 3포 왜란 이후에는 그 양을 반으로 줄였다.

비변사
조선 시대 군국의 사무를 맡아보던 관아이다. 중종 때 3포 왜란의 대책으로 설치한 뒤, 전시에만 두었다가 명종 10년(1555)에 상설 기관이 되었으며, 임진왜란 이후에는 의정부를 대신하여 정치의 중추 기관이 되었다.

동래부순절도
선조 25년(1592) 4월 15일 임진왜란 당시 동래성에서 왜군의 침략에 맞서다 순절한 송상현과 군민들의 항전을 묘사한 그림이다.

(3) **한성 함락** : 한성이 함락되자 선조가 명에 지원군을 요청하고 의주로 피란하였다.
(4) **명군의 원조**
  ① 조선의 요청으로 명군이 전쟁에 참여하면서 전쟁이 새로운 국면으로 돌입하였다.
  ② 조선 관군은 명군과 함께 평양성을 탈환하였으며, 관군과 백성이 합심하여 행주 산성(권율) 등에서 항전하였다.
(5) **수군의 활약**
  ① 이순신이 이끄는 수군은 옥포에서의 첫 승리 이후 한산도, 당포(충무), 당항포(고성) 등지에서 연이어 대승을 거두었다.
  ② 조선 수군이 남해의 제해권을 장악하고 곡창 지대인 전라도 지방을 지켜 냄으로써 왜군의 수륙 병진 정책을 막아 낼 수 있었다.
(6) **의병의 활약**
  ① 경상도 의령의 곽재우, 전라도의 김천일·김덕령·고경명, 충청도 옥천·금산의 승려 영규와 조헌, 묘향산 일대의 서산 대사(휴정), 금강산 일대의 사명당(유정), 함경도 경성과 길주의 정문부 등이 활약하였다.
  ② 의병은 향토 지리에 밝다는 이점을 이용하여 적은 병력으로도 왜군에 타격을 줄 수 있었다.

> **의병의 활약**
>
> 여러 도에서 의병이 일어났다. 경상·전라·충청 3도의 병사들은 모두 인심을 잃어서 왜란이 일어난 뒤에 군인과 양곡을 독촉하자 백성들은 다 이들을 미워하여 왜적을 만나면 흩어져 도망가 버렸다. 마침내 도내의 거족으로 명망 있는 사람과 유생 등이 조정의 명을 받들어 의를 부르짖고 일어나니 소문을 들은 자들은 격동하여 원근에서 이에 응모하였다. 비록 크게 이긴 싸움은 없었지만 민심을 얻어서 국가의 명맥은 이에 힘입어 유지할 수 있었다.
> － "선조수정실록" －

➤ 임진왜란이 일어나자 전국 각지에서 의병이 자발적으로 조직되어 향촌 사회를 지켜 냈다.

▲ 관군과 의병의 활동

3. 전열의 정비와 정유재란

(1) **전열의 정비** : 왜군은 경상도 해안 일대로 물러난 후 휴전을 제안하였고, 휴전 회담이 진행되는 동안 조선은 훈련도감을 설치하고 속오법에 따라 지방군의 편제를 개편하는 한편 무기를 개량하였다.
(2) **정유재란(1597)** : 휴전 회담이 결렬되고 왜군이 재침입하였으나 명량 대첩(1597)과 노량 대첩(1598)에서 조선군이 승리하고, 도요토미 히데요시가 사망하면서 전쟁이 종결되었다(1598).

4. 왜란의 영향

(1) **조선**
  ① **국토의 황폐화** : 굶주림과 질병 등으로 인구가 격감하고 농토가 황폐해졌다.
  ② **신분 질서의 변화** : 국가 재정의 악화로 납속책이 실시되고 공명첩이 대량으로 발급되어 신분제가 동요하였다.
  ③ **양반층의 분화** : 벌열 양반과 몰락 양반으로 양반층의 분열이 가속화되면서 양반의 권위가 추락하였다.
  ④ **농민층의 분화** : 평민 출신의 부농층이 등장하고, 농민의 사회의식 및 정치의식이 성장하였다.
  ⑤ **문화재 소실** : 전란 과정 중 불국사, 경복궁, 4대 사고("조선왕조실록" 전주 사고본 제외) 등이 소실되었으며, 도자기와 그림 등도 약탈당하였다.

징비록

유성룡이 왜란이 끝난 뒤, 뒷날을 경계하고자 하는 뜻에서 1592년부터 1598년까지의 일을 직접 기록한 책이다.

> **임진왜란의 결과**
> • 하루에 죽어 가는 사람이 몇 명이나 되는지 알 수 없을 정도이고, 쓰러져 죽은 사람이 길에 가득하고 썩어 가는 시신이 하천을 막을 정도이다. — "선조실록" —
> • 남의 나라에 붙들려 있은 지 다섯 해, 구차하게 목숨을 보존하고 스스로 죽지 못한 것은 다만 살아서 고국에 돌아가 우리 부모를 다시 보려는 희망 때문입니다. — 신경, "재조번방지" —
> ▶ 임진왜란으로 수많은 조선인이 왜군에 살상당하는 등 고통을 겪어야 하였다.

(2) **일본**
① 도요토미 히데요시가 사망한 후 도쿠가와 이에야스가 에도 막부를 수립하였다.
② 조선의 학자와 도자기 기술자를 포로로 잡아가 성리학과 도자기 문화가 발전하는 계기가 되었다.

(3) **중국** : 재정 파탄과 인적 손실 등으로 명의 국력이 약화되었으며, 이 틈을 타 후금(청)이 성장하였다.

3 광해군의 중립 외교와 인조반정

1. 광해군의 중립 외교

(1) **전후 복구 사업**
① 농경지 개간을 장려하고 토지 대장과 호적 대장을 정비하였다.
② 민생 안정을 도모하기 위해 허준에게 "동의보감"을 편찬하도록 지시하였다.
③ 현물 대신 쌀로 공납을 납부하도록 하는 대동법을 경기도에서 처음 시행하여 농민들의 부담을 줄여 주었다.

▲ 동의보감

(2) **중립 외교**
① 광해군은 국제 정세의 변화 속에서 명과 후금 사이에 중립 외교를 전개하였다.
② 후금의 공격을 받은 명이 조선에 지원군을 요청하자 광해군은 1만 3천 명의 병사를 보내었으나, 장수 강홍립에게 후금을 자극하지 말고 휴전을 맺고 돌아오라고 명하였다.

> **광해군의 중립 외교**
> 요즘 서쪽 변방의 보고를 보건대, 서쪽 변경의 장수와 군사들이 다 적을 격멸하려고 한다니 그들의 의리는 가상하나 먼 앞날에 대한 생각은 없는 것 같다. 쳐들어온 적을 쳐서 얼마간 이긴다 하더라도 달병(達兵) 3만을 우리나라의 잔약한 군사로써 어떻게 당해 낼 것인가 …… 일의 변화란 무궁한 것이니, 만일 적이 먼저 성을 공격하여 어지럽힌다면 어찌 다른 것을 생각할 수 있을 것인가. 정세를 살펴 잘 처리하는 것이 옳을 것이다. — "광해군 일기" —
> ▶ 임진왜란으로 명의 국력이 쇠약한 틈을 타 만주에서 성장한 여진족이 후금을 건국하고 명을 공격하였다. 이렇듯 명이 쇠약해지고 후금이 강성해지고 있는 국제적인 상황을 간파한 광해군은 중립 외교를 통해 명과 후금의 충돌에 휩쓸리지 않고 국가의 안정을 도모하고자 하였다.

2. 인조반정(1623)

(1) **배경**
① 광해군은 불안정한 왕위를 지키기 위해 서인의 지지를 받고 있던 영창 대군을 살해하고 인목 대비를 유폐하여 도덕적으로 비난을 받았다.
② 광해군의 중립 외교는 명에 대한 의리를 주장하던 서인 등 일부 사림의 반발을 불러일으켰다.
③ 무리한 토목 공사로 재정이 악화되었으며 민심의 이탈이 생겨났다.

(2) **인조반정** : 이괄·이귀 등 서인이 북인의 지지를 받던 광해군을 폐위한 후 인조를 왕위에 세웠다.

세검정

세검정의 이름은 인조반정 때 이곳에서 이귀, 김유 등이 모여 광해군의 폐위를 논하고 칼을 씻었다는 데서 유래하였다.

(3) 인조반정 이후의 정국
  ① 서인과 남인의 공존
    ㉠ 반정을 주도한 서인은 남인 일부와 연합하여 정국을 운영해 나갔다.
    ㉡ 서인과 남인은 서로의 학문적 입장을 인정하는 토대 위에서 상호 비판적인 공존 체제를 이루어 나갔다.
  ② 산림의 여론 주재
    ㉠ 여론은 서원을 중심으로 모아져서 자기 학파의 관리들을 통해 중앙 정치에 반영되었다.
    ㉡ 각 학파에서 학식과 덕망을 겸비한 인물이 '산림(山林)'으로 불리며 재야에서 여론을 주재하였다.

서인과 남인

서인과 남인은 학문의 뿌리도 달랐지만, 정치사상도 달랐다. 서인은 상업과 기술 발전에 호의적이며 노비 속량과 서얼 허통에 비교적 적극적이었고 부국강병에 관심이 있었다. 반면, 남인은 수취 체제의 완화와 자영 농민의 육성에 치중하였고 상업과 기술 발전에 소극적이었다. 권력 구조에 있어서도 서인은 대신이 주도하는 정치를 지향한 반면 남인은 왕권 강화와 정책 비판에 큰 비중을 두었다.

4 호란의 발발

1. 정묘호란(1627)

(1) 원인
  ① 인조와 서인 세력이 친명배금 정책을 실시하였다.
  ② 명의 장수 모문룡이 평북 철산 앞바다의 가도에 주둔하며 후금을 위협하였다.
  ③ 인조반정의 공신이었던 이괄이 보상에 불만을 품고 이괄의 난(1624)을 일으켰다가 진압당한 후 그 잔당이 후금에 조선의 사정을 상세히 알려 침략을 유도하였다.
  ④ 후금은 광해군을 위해 보복한다는 명분으로 조선을 침략하였다.
(2) 경과 : 후금이 평안도 의주를 거쳐 황해도 황주까지 침략하였는데, 정봉수가 용골산성에서, 이립이 의주에서 의병을 일으키며 활약하였다.
(3) 결과 : 보급로가 차단된 후금이 강화를 제의하였고, 조선은 이를 받아들여 후금과 형제의 맹약을 체결하였다(정묘약조, 1627).

▲ 정묘호란과 병자호란

2. 병자호란(1636)

(1) 원인
  ① 세력을 키운 후금은 국호를 청으로 고치고 조선에 군신 관계를 요구하였다.
  ② 청의 요구에 조정은 외교적인 교섭을 통해 해결하자는 주화파(주화론)와 전쟁으로 대응하자는 척화파(주전론)로 분열되었는데, 이 중 척화파의 주전론이 우세였다.
(2) 경과
  ① 조선이 청의 요구를 거절하자 청 태종이 10만 명의 대군을 이끌고 침략하였다.
  ② 왕과 대신들이 남한산성에서 45일간 항전하였으나, 결국 청과 화의를 맺었다.
  ③ 인조는 삼전도(송파)에서 청에 굴욕적인 항복을 하였다.
(3) 결과
  ① 청과 군신 관계를 맺었고, 명과의 국교는 단절되었다.
  ② 소현 세자 · 봉림 대군 · 삼학사(홍익한, 윤집, 오달재) 등이 청에 인질로 압송되었다.

▲ 삼전도비

삼전도(三田渡)의 굴욕

인조는 삼전도에서 '삼배구고두례(三拜九叩頭禮)'의 의식을 행하면서 청에 항복 의식을 행하였다. 삼배구고두례는 세 번 절을 하는데 한 번 절할 때마다 이마를 세 번 땅에 찧는 것이다.

5 양 난 이후의 대외 관계

1. 청과의 관계

(1) 북벌 운동(17세기)
  ① 계기 : 호란의 굴욕과 명의 멸망을 계기로 나타났다.
  ② 주장 : 청을 정벌하여 명의 원수를 갚고 삼전도의 치욕을 씻자고 주장하였다(북벌론).

제6장 조선의 대외 관계와 양 난의 극복

③ 전개 : 효종이 송시열·이완 등 서인 세력을 중용하여 북벌을 준비하고 무력 정벌에 필요한 군비를 확장하였으나 실패하였다.

④ 성격 : 서인의 정권 유지에 이용되었고, 민심 수습과 국방력 강화에 기여하였다.

(2) 나선 정벌
① 러시아의 남하 : 북벌 운동이 준비되고 있을 때 러시아 세력이 모피 수집 등의 이익을 위해 헤이룽 강 방면으로 남하하였다.
② 나선 정벌 : 청이 조선에 원병을 요청하자 조선은 조총 부대를 파견하여 큰 성과를 올렸다.

(3) 북학 운동(18세기)
① 계기 : 청의 국력 신장과 발전, 청에서 전래한 서양 문물에 자극받아 형성되었다.
② 주장 : 청을 무조건 배척하지 말고 선진 문물을 받아들이자고 주장하였다(북학론).
③ 전개 : 중국 베이징을 왕래하는 사신을 통해 청과 서양의 문물이 전해졌다.
④ 성격 : 실리적인 부국강병론으로 실학에 영향을 주었다.

(4) 백두산정계비(숙종, 1712)
① 백두산에 정계비를 세워 조선과 청의 국경선을 확정지었다.
② 백두산정계비 비문에서 '토문(土門)'에 대한 해석 차이로 간도 귀속 문제가 발생하였다.
③ 을사조약(1905)으로 한국의 외교권을 강탈한 일제가 청과 간도 협약을 맺고(1909) 간도를 청에 넘겨줌으로써 우리나라는 간도 지방의 영유권을 상실하게 되었다.

▲ 백두산정계비와 정계비의 위치

> **백두산정계비**
>
> 숙종 38년 5월 23일 접반사 박권이 보고하였다. "총관 목극등과 백두산 산마루에 올라 살펴보았더니, 압록강의 근원이 산허리의 남쪽에서 나오기 때문에 이미 경계로 삼았으며, 토문강의 근원은 백두산 동쪽의 가장 낮은 곳에 한 갈래 물줄기가 동쪽으로 흘렀습니다. 총관이 이것을 가리켜 두만강의 근원이라 말하고, 이 물이 하나는 동쪽으로 하나는 서쪽으로 흘러서 나뉘어 두 강이 되었으니 분수령 고개 위에 비를 세우는 것이 좋겠다며, '경계를 정하고 비석을 세우는 것은 황제의 뜻이다. 신하들도 마땅히 비석 끝에다 이름을 새겨야 한다.'라고 말하였습니다. 신 등은 함께 가서 두루 살피지 못하고 비석 끝에다 이름을 새기는 일은 성실하지 못하다는 말로 대답하였습니다."
> – "숙종실록" –

▶ 17세기 후반부터 조선인들이 백두산 일대에 이주하면서 청과의 분쟁이 발생하였다. 이에 조선과 청은 1712년 백두산 일대를 답사하고 국경을 정한 후 비석을 세웠는데, 이 비석이 바로 백두산정계비이다. 조선에서는 간도를 조선 땅으로 인식하여 고종 때 간도 관리사 이범윤을 파견하기도 하였으나 간도 협약(1909)으로 청에 귀속되고 말았다.

2. 일본과의 관계

(1) 과정
① 에도 막부의 국교 재개 요청과 전쟁(왜란) 포로의 귀환을 위해 사명 대사를 일본에 파견하였다.
② 기유약조를 체결하여(1609) 부산포에 왜관을 설치하고 무역을 허용하였지만, 무역량은 조선 전기에 비해 제한적이었다.

(2) 통신사 파견
① 에도 막부의 쇼군은 국제적으로 지위를 인정받고자 일본에 사절 파견을 요청하였다.
② 외교 사절의 역할을 한 통신사는 조선의 선진 문물을 일본에 전파하여 일본 문화 발전에 기여하였는데, 19세기 초까지 12차례에 걸쳐 파견되었다.

(3) 울릉도와 독도 : 안용복이 숙종 때 울릉도와 독도에 침입한 일본의 어민을 내쫓고 조선의 영토임을 확인받았다.

▲ 조선 통신사

Ⅲ. 조선 유교 사회의 성립과 변화

제7장 붕당 정치의 전개와 탕평책

1 조선 후기의 제도 개편

1. 정치 구조의 변화

(1) 비변사의 기능 강화
① 설치: 중종 초에 여진족과 왜구의 침입에 대비하기 위해 국방 문제를 전담하는 임시 기구로 설치하였다.
② 상설 기구: 16세기 중엽 을묘왜변(1555)을 계기로 상설 기구화되었다.
③ 기능 강화: 임진왜란을 계기로 국정 전반을 총괄하는 최고 기구로 기능이 강화되었다.
④ 기능 강화의 결과: 왕권이 약화되었으며, 의정부와 6조의 기능이 유명무실해졌다.

> **비변사의 기능 강화**
> 김익희가 상소하였다. "임시로 비변사를 설치하였는데, 재신(宰臣)으로서 이 일을 맡은 사람을 지변 재상이라고 불렀습니다. 그러나 이것은 일시적인 전쟁 때문에 설치한 것으로 국가의 중요한 모든 일들을 다 맡긴 것은 아니었습니다. 그런데 오늘에 와서는 큰일이건 작은 일이건 중요한 것으로 취급하지 않는 것이 없는데, (의)정부는 한갓 이름만 지니고 6조는 모두 그 직임을 상실하였습니다. 명칭은 '변방 방비를 담당하는 것'이라고 하면서 과거 시험에 대한 판정이나 왕비나 세자빈을 간택하는 등의 일까지도 모두 여기를 경유하여 나옵니다."
> – "효종실록" –
>
> ➤ 비변사는 16세기 초 군사 문제를 논의하기 위해 설치한 임시 회의 기구였으나 임진왜란을 거치면서 국정을 총괄하는 기구로 기능이 강화되었다.

(2) 3사와 전랑권의 변질
① 3사의 언관 기능 변질: 공론의 반영보다 자기 붕당을 유지하기 위해 상대 비판에 앞장섰다.
② 전랑의 권한 변질: 중하급 관리의 인사권과 후임자 추천권을 행사하여 자기 세력 확대와 상대 세력 축출에 이용하였다.

2. 군사 제도의 개편

(1) 중앙군(5군영)
① 설치: 국내외 정세의 변화에 따라 설치하였으며, 왕궁 수비와 수도 방위의 임무를 맡았다.
② 성격: 붕당 정치 시기에 서인 정권의 군사적인 기반으로 이용되었다.

군영	설치 시기	주둔 위치	임무 및 성격
훈련도감	선조(1593)	서울	임진왜란 중 설치, 삼수병(포수·사수·살수) 양성, 상비군
총융청	인조(1624)	북한산성	경기 일대 방어
수어청	인조(1626)	남한산성	수도 남부 방어
어영청	인조(1628)	서울	효종 때 북벌 계획의 중심 군영으로 정비
금위영	숙종(1682)	서울	왕실의 호위 강화, 정병(기병)과 훈련도감 일부 주축

(2) 지방군(속오군 체제)
① 방어 체제의 변화: 진관 체제(15세기)는 많은 수의 적이 침입할 경우 방어에 어려움이 있어 제승방략 체제(16세기 후반)로 바꾸었고, 임진왜란 이후 속오군 체제로 다시 정비하였다.
② 속오군(조선 전기 잡색군과 유사): 양반·농민·노비 등 각계각층으로 편성되었고, 평상시 생업에 종사하다가 전시에 전투에 동원되었다.

▲ 비변사등록

진관 체제와 제승방략 체제
조선 초기 지방 방위 체제는 영진 체제였으나, 세조 때 진관 체제로 바꾸었다. 진관 체제는 군사 요충지에 진관을 설치하여 진관을 중심으로 적을 방어하는 독자적인 체제였다. 을묘왜변(1555) 이후 진관 체제는 제승방략 체제로 바뀌었는데, 제승방략 체제는 각 지역의 군사를 한곳에 집결시켜 한 사람의 지휘 하에 두는 체제로 임진왜란 중 실효를 거두지 못하였다.

제7장 붕당 정치의 전개와 탕평책

2 붕당 정치의 전개와 탕평 정치

1. 붕당 정치의 전개 : 선조 시기부터 현종 시기까지 전개되었으며, 견제와 균형을 통해 붕당 간의 공존 관계를 유지하고 공론을 중시하였다.

(1) 선조
  ① 선조는 훈구 세력을 견제하고 왕권을 강화하기 위해 사림 세력을 대거 등용하였다.
  ② 명종의 외척이 정권을 장악하던 척신 정치의 청산 문제, 이조 전랑의 임명 문제로 사림은 동인과 서인으로 분당되었고, 이를 계기로 붕당 정치가 시작되었다(1575).
  ③ 동인이 정국을 주도하고 서인이 정치에 참여하는 형태로 이루어졌다.
  ④ 동인은 정여립 모반 사건을 계기로 남인과 북인으로 분당되었다.

(2) 광해군 : 북인이 집권하여 임진왜란 이후 전후 복구 사업, 중립 외교 정책을 실시하였으나, 인조반정(1623)을 계기로 몰락하였다.

(3) 인조
  ① 인조반정을 주도한 서인이 정국을 주도하였고, 여기에 남인이 참여하며 상호 비판적인 공존 체제가 유지되었다.
  ② 서인은 비변사를 장악하고, 5군영의 병권을 장악하며 권력을 강화하였다.
  ③ 광해군의 중립 외교를 비판한 서인은 친명배금 정책을 실시하여 호란을 초래하였다.

(4) 효종 : 서인과 북벌 운동을 추진하였으나, 효종의 죽음으로 무산되었다.

(5) 현종
  ① 차남인 효종의 왕위 계승과 관련하여 서인과 남인 사이에 예송이 발생하였다.
  ② 1차 예송(기해예송, 1659) : 효종의 사망 때 자의 대비의 상복 기간을 두고 서인(1년설)과 남인(3년설)의 주장이 대립하였고, 서인이 승리하였다.
  ③ 2차 예송(갑인예송, 1674) : 효종비의 사망 때 자의 대비의 상복 기간을 두고 서인(9개월설)과 남인(1년설)의 주장이 대립하였고, 남인이 승리하였다.

2. 환국과 탕평론의 대두

(1) 환국
  ① 환국의 발생 : 정국을 주도하는 붕당과 견제하는 붕당이 교체되면서 정국이 급격하게 바뀌고 특정 붕당이 독점하는 일당 전제화의 추세가 대두되었다.
  ② 환국의 전개

환국	계기	정국 동향
경신환국	경신대출척 : 서인이 허적(남인의 영수)의 서자가 역모를 꾀하였다고 고변하여 남인을 몰아내고 정권을 잡은 사건	• 서인 집권 → 남인 탄압 • 서인이 노론(송시열)과 소론(윤증)으로 분열 • 일당 전제화의 추세가 나타남
기사환국	장희빈의 아들 균(경종)의 세자 책봉 문제	• 세자 책봉 : 남인 지지, 서인 반대 • 남인 집권 → 서인 축출
갑술환국	폐비 민씨(인현 왕후)의 복위 문제	노론 재집권 → 남인 숙청

  ③ 붕당 정치의 변질
    ㉠ 붕당 정치의 형태가 무너지고 환국 정치가 나타나 일당 전제화가 가속화되었다.
    ㉡ 왕이 환국을 주도하면서 왕과 직결된 집단(외척, 종실)의 정치적 영향력이 증대되었다.
    ㉢ 고위 관료에게 권력이 집중되면서 비변사의 기능이 강화되었고, 언관과 재야 사족의 정치적 위상이 약화되었다.
    ㉣ 언론 기관인 3사는 공론보다 각 붕당의 이해관계를 대변하는 기구로 기능이 변화하였다.

붕당
정치적 견해와 학문적 성향을 같이 하는 사람들이 모여서 만든 사림의 집단을 말한다.

정여립 모반 사건
동인이 정권을 잡았을 때 서인이었던 정여립이 동인으로 옮겨 갔다. 이에 서인 정철이 정여립을 역모죄로 몰면서 동인을 탄압하였다.

예송 논쟁
예송은 차남으로 왕위에 오른 효종의 정통성과 관련하여 전개된 정치적 논쟁이다. 신권 중심의 정치를 지향한 서인은 왕실도 사대부와 같이 "주자가례"를 따라야 한다고 주장한 반면, 왕권 강화를 추구한 남인은 왕실의 예는 사대부의 예와 다르다고 주장하였다.

(2) 탕평론의 대두
① 숙종은 붕당 간의 세력 균형을 위해 공정한 인사 관리를 표방하며 탕평론을 제기하였다.
② 숙종 때 탕평론이 제기되었으나 실제로는 편당적인 인사 관리로 인해 붕당 간의 세력 균형이 무너지고 왕권이 불안해졌다.

3. 영조와 정조의 탕평책
(1) 배경 : 붕당 간의 대립 심화로 왕권이 불안정해지자 정치적 균형 관계의 재정립을 통한 왕권 강화의 필요성이 대두되었다.
(2) 영조의 탕평책
① 탕평책 : 영조는 탕평파를 중심으로 왕권을 강화하고 개혁을 시행하였다.
  ㉠ 정치 개혁
  • 공론을 주재하던 재야의 산림을 정치권에서 배제하고, 붕당의 기반인 서원을 대폭 정리하였다.
  • 붕당의 이익을 대변하던 이조 전랑의 3사 선발권과 후임자 추천권을 폐지하고, 탕평의 의지를 널리 알리기 위해 탕평비를 세웠다.
  ㉡ 사회 개혁
  • 민생을 안정시키기 위해 균역법 시행하여 군역의 부담을 줄여 주었다.
  • 가혹한 형벌을 폐지하고, 사형수에 대한 삼심제를 실시하였다.
  • 홍수 피해를 방지하기 위해 청계천 준설 사업을 실시하였다.
  • 신문고를 부활하여 일반민의 여론을 수렴하였다.
  • 군영을 정비하여 훈련도감, 어영청, 금위영이 도성을 나누어 방비하도록 하였다.
  • 노비공감법 및 상전의 노비 사형 금지 등을 실시하였다.
  ㉢ 문물 정비 : "속대전", "동국문헌비고", "속오례의", "속병장도설" 등을 편찬하였다.
② 한계
  ㉠ 영조의 탕평 정치는 붕당 간의 다툼을 일시적으로 억제한 것에 불과하였고, 붕당 정치의 폐해를 근본적으로 해결할 수 없었다.
  ㉡ 영조가 말년에 자신의 외척을 탕평파로 끌여들여 외척 세력의 힘이 강해지는 척신 정치의 문제가 대두되었다.
  ㉢ 영조가 아들 사도 세자를 뒤주에 가두어 죽인 사건을 두고 붕당은 다시 시파와 벽파로 나뉘어 대립하였다.
  ㉣ 시파는 사도 세자의 죽음이 지나치다고 보았고, 벽파는 사도 세자이 죽음이 당연하다고 보았다.

탕평비

영조가 탕평의 의지를 보이기 위해 성균관 앞에 세운 비석이다.

영조의 탕평 교서

붕당의 폐해가 요즈음보다 심한 적이 없었다. …… 우리나라는 원래 땅이 협소하여 인재 등용의 문도 넓지 못하였다. 그런데 근래에 와서 인재 임용이 당에 들어 있는 사람만으로 이루어지고, 조정의 대신들이 서로 공격하여 공론이 막히고 서로를 반역자라 지목하니 선악을 분별할 수 없게 되었다. 지금 새로 일으켜야 할 시기를 맞아 과거의 허물을 고치고 새로운 정치를 펴려 하니, 유배된 사람은 경중을 헤아려 다시 등용하되 탕평의 정신으로 하라. 지금 나의 이 말은 위로는 종사를 위하고 아래로 조정을 진정하려는 것이니, 이를 어기면 종신토록 가두어 내가 그들과는 나라를 함께 할 뜻이 없음을 보이겠다.

- "영조실록"-

▶ 영조는 붕당의 일당 전제화를 비판하면서 붕당을 없애는 데 동의하는 탕평파를 중심으로 정국을 운영하며 붕당의 근거지인 서원을 정리하고, 산림의 존재를 부정하였다. 또한 조정에서 공론을 대변하던 이조 전랑의 후임자 추천권을 폐지하였다.

제7장 붕당 정치의 전개와 탕평책

초계문신제
정조 때 37세 이하의 젊고 재능 있는 관료들을 선발하여 규장각에서 학문을 연구하도록 한 제도이다. 정조는 초계문신제를 통해 자신의 정치적 기반을 강화하였다.

▲ 수원 화성

(3) 정조의 탕평책 중요

① 탕평 정치
 ㉠ 정조는 즉위 후 탕평책을 적극 시행하여 외척 세력을 제거하고, 권력에서 밀려나 있던 소론과 남인 계열을 중용하였다.
 ㉡ 정조는 탕평파를 통해 왕권을 강화하였고, 이를 바탕으로 여러 가지 개혁을 추진하였다.

왕권 강화	규장각 설치(왕실 도서관, 권력과 정책을 뒷받침하는 세력 육성), 초계문신제 실시(신진 관리 재교육), 장용영 설치(친위 부대, 국왕의 군사 지휘권 강화), 화성 축조(정조의 정치적 이상 실현 목적, 정치·군사적 기능 부여)
사회 개혁	신해통공(육의전을 제외한 시전 상인의 금난전권 폐지), 지방 통치 체제 개편(수령이 향약 주관), 서얼·노비 차별 완화, 서얼 출신 등용(유득공, 이덕무, 박제가)
문물 정비	"대전통편", "탁지지", "증보동국문헌비고", "동문휘고", "일성록", "홍재전서", "규장전운", "시악화성", "무예도보통지" 편찬, 문체 반정

② 한계 : 정조 사후 왕권이 약화되고 붕당 간의 정치 균형이 깨져 세도 정치로 이어졌다.

3 세도 정치의 전개와 폐단

1. 세도 정치의 전개
(1) 배경 : 정조 사후 나이 어린 순조가 즉위하면서 외척 세력이 권력을 독점하였다.
(2) 전개 : 순조(안동 김씨), 헌종(풍양 조씨), 철종(안동 김씨)으로 이어지는 3대 60여 년 동안 지속되었다.

2. 세도 정치의 폐단 중요
(1) 변화 : 특정 외척 가문이 비변사 등 주요 관직을 독점하고 훈련도감 등 군영의 지휘권을 장악하면서 왕권이 약화되고 의정부와 6조의 기능이 상실되었다.
(2) 사회 현실
 ① 남인, 소론, 지방 양반층을 권력에서 배제하여 정치 세력 통합에 실패하였다.
 ② 정치 기강의 문란으로 과거 시험의 부정 운영과 매관매직 현상이 나타났다.
 ③ 삼정의 문란, 탐관오리의 수탈, 자연재해와 전염병의 발생 등으로 농민의 생활이 피폐해지면서 홍경래의 난, 임술 농민 봉기 등이 발생하였다.

전정 (전세 수취 제도)	토지 대장에 없는 토지 혹은 황폐한 토지에 세금 징수, 정액보다 많이 징수, 지주가 소작인에게 세금 전가
군정 (군포 수취 제도)	15세 이하의 어린아이에게 세금 징수(황구첨정), 죽은 사람에게 세금 징수(백골징포), 도망간 사람의 군포를 이웃에게 부과(인징), 도망간 사람의 군포를 친척에게 부과(족징)
환곡 (구휼 제도)	고리대의 형식으로 운영, 강제로 환곡을 떠맡기거나 빌리지 않은 농민에게 이자 부과

세도 정치의 폐단

 가을에 한 늙은 아전이 대궐에서 돌아와서 처와 자식에게 "요즘 이름 있는 관리들이 모여서 하루 종일 이야기를 하여도 나랏일에 대한 계획이나 백성을 위한 걱정은 전혀 하지 않는다. 오로지 각 고을에서 보내오는 뇌물의 많고 적음과 좋고 나쁨에만 관심을 가지고, 어느 고을의 수령이 보낸 물건은 극히 정묘하고 또 어느 수령이 보낸 물건은 매우 넉넉하다고 말한다. 이름 있는 관리들이 말하는 것이 이러하다면 지방에서 거둬들이는 것이 반드시 늘어날 것이다. 나라가 어찌 망하지 않겠는가." 하고 한탄하면서 눈물을 흘려 마지않았다.
 - 정약용, "목민심서" -

▶ 세도 정치 시기에 정치 기강이 문란해지면서 관직을 사고파는 일이 공공연하게 이루어졌다. 돈을 주고 관직을 산 관리는 그 돈을 보상받기 위해 농민을 가혹하게 수탈하였다.

Ⅲ. 조선 유교 사회의 성립과 변화

제8장 조선 후기의 경제 변화

1 수취 체제의 개편

1. 영정법의 실시(1635)
(1) 배경 : 양 난 이후 농경지가 150만 결에서 30만 결로 줄어들었으며, 이로 인해 몰락 농민이 증가하였다.
(2) 실시 내용 : 풍흉에 관계없이 전세를 토지 1결당 미곡 4두로 고정 징수하였다.
(3) 결과 : 전세의 비율이 낮아졌고, 전세가 정액화되면서 지주와 자작농의 부담이 감소하였다.
(4) 한계 : 토지가 없는 농민에게는 적용되지 않았고, 감소된 국가 재정을 보충하기 위해 부과세(수수료, 운송비, 자연 소모 보충비)를 징수하여 농민의 부담이 오히려 증가하였다.

2. 대동법의 실시(1608~1708)
(1) 배경
① 방납의 폐단으로 농민 부담이 가중되고 농촌 경제가 파탄하자 도망 농민이 증가하였다.
② 이이와 유성룡 등은 국가 재정을 확보하고 농민의 부담을 경감시키기 위해 공물을 쌀로 거두는 수미법을 주장하였으나 제대로 시행되지 못하였다.
(2) 실시 내용
① 토지 결수를 기준으로 1결당 미곡 12두를 징수하였고(공납의 전세화), 특산물 대신 쌀, 삼베, 무명, 동전을 선혜청에 납부하도록 하였다.
② 토지를 소유한 양반 지주의 부담이 늘어나자 양반 지주의 반대로 경기도부터 먼저 실시하고, 이후 전국에 확대 실시하였다.
(3) 결과 : 공납이 전세화·금납화되었다.
① 국가의 전세 수입이 늘어나고 농민의 부담이 줄어들었다.
② 관수품을 조달하는 상인인 공인(어용 상인)이 등장하였다.
③ 대동세의 납부로 물품의 수요와 공급이 증가하고 화폐의 유통이 활발해져 상품 화폐 경제가 발전하였다.
(4) 한계 : 지주가 소작농에게 대동세를 전가하였고, 진상과 별공은 여전히 존재하였다.

3. 균역법의 실시(1750)
(1) 배경
① 5군영의 성립으로 모병제가 실시되어 군포 징수가 확대되었다(1년에 2필).
② 군포 부담의 불균등과 군역 재원의 감소로 농민의 군포 부담이 증가하였다.
③ 호포론, 결포론 등 개혁 방안이 논의되었다.
(2) 실시 내용
① 내용 : 군포를 1년에 2필에서 1필로 감하여 징수하였다.
② 재정 보충 방법
㉠ 결작 : 지주에게 토지 1결당 미곡 2두를 징수하였다.
㉡ 선무군관포 : 군역을 면제받던 상층 양인에게 선무군관이라는 칭호를 주고 군포 1필을 징수하였다.
㉢ 기타 : 어장세, 염세, 선박세 등 잡세를 징수하여 재정을 보충하였다.

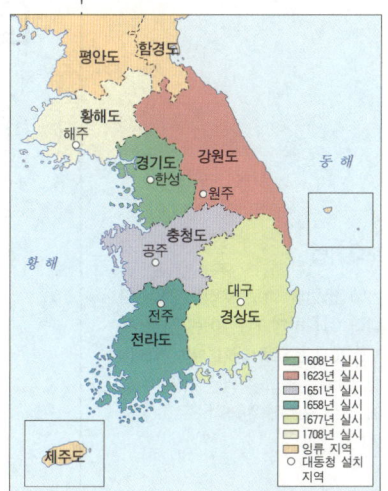

대동법의 실시 현황

정부는 선혜청을 설치(1608)하여 경기도에서 최초로 대동법을 실시하고, 잉류 지역을 제외한 전국으로 확대 실시하였다(1708).

공인

조선 후기 왕실·궁궐·관청에 필요한 각종 물품을 조달하던 특권 상인으로, 물품 납부의 대가로 특정 상품에 대한 독점적 상품 판매권을 인정받았다. 대동법 실시 이후 공인의 활동은 더욱 활발해져 대규모 자본을 축적하였고, 도고로 성장하였다.

선무군관

영조 때 토호나 부유한 집안의 자제 중에서 선발한 무관직이다. 유사시에는 소집하여 군사를 지휘하도록 하였고, 평시에는 매년 군포 1필을 납부하도록 하였다.

제8장 조선 후기의 경제 변화

③ 결과 및 한계
㉠ 일시적으로 농민의 부담이 감소하였으나 토지에 부과되는 결작의 부담을 지주가 소작농에게 전가하였다.
㉡ 인징·족징·백골징포·황구첨정 등의 폐단이 여전하여 농민의 부담이 다시 늘어났다.

균역법의 실시

양역(良役)을 절반으로 줄이라고 명하였다. …… "구전(口錢)은 한 집안에서 거둘 때 주인과 노비의 명분이 문란해지고, 결포는 이미 정해진 세율이 있어 더 부과하기 어렵다. 호포가 조금 나을 것 같아 1필을 줄이고 호전을 걷기로 하였으나 마음은 매우 불편하다. 호포나 결포나 모두 문제점이 있다. 이제는 1필로 줄이는 것으로 온전히 돌아갈 것이니, 경들은 1필을 줄였을 때 생기는 세입 감소분을 보충할 방법을 강구하라."

- "영조실록" -

➤ 왜란과 호란 이후 농민의 군포 부담이 증가하자 정부는 균역법을 실시하여 농민이 부담하는 군포를 1년에 2필에서 1필로 줄여 주었다. 균역법의 실시로 농민의 군포 부담은 어느 정도 줄어들었으나, 지주가 부담해야 할 결작이 소작인에게 전가되었다.

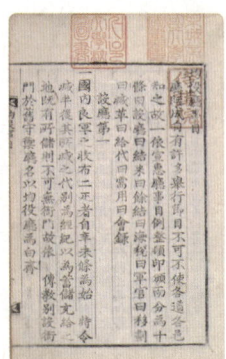
▲ 균역청사목

② 경제 생활의 변화

1. 농업의 발달

(1) 농업 생산력의 발달
① 정부의 노력 : 양 난 이후 수취 체제의 개혁과 개간 사업의 장려로 경지 면적이 확대되었다.
② 농민의 농법 개량
 ㉠ 논농사 : 모내기법(이앙법)이 전국으로 확대되어 김매기 하는 노동력이 절감되었고, 수확량은 늘어났으며, 벼와 보리의 이모작이 가능해졌다.
 ㉡ 밭농사 : 밭이랑에 파종하는 농종법에서 밭고랑에 파종하는 견종법으로 농법이 바뀌었다.
 ㉢ 농민들은 황폐한 농토 개간, 수리 시설 복구, 품종과 농기구 개량, 공동 노동 방식(두레, 품앗이) 확대, 농서 편찬("농가집성", "임원경제지" 등)에 힘썼다.

(2) 영농 방법의 변화
① 광작의 유행 : 이앙법의 실시로 노동력이 절감되고 소득이 증대하자 광작이 가능하게 되었다.
② 상품 작물의 재배
 ㉠ 장시의 증가로 상품의 유통이 활발해지자 일부 농민은 목화, 채소, 담배, 약초 등의 상품 작물을 재배하여 수입을 올렸다.
 ㉡ 쌀의 상품화가 활발히 이루어지면서 쌀 수요가 늘어나자 밭을 논으로 바꾸기도 하였다.
③ 지대 납부 방식의 변화 : 타조법(정률 지대)에서 도조법(정액 지대)으로 변화하였다.

타조법	일정 비율을 지주에게 납부(대략 1/2), 지주에게 유리, 소작농에 대한 지주의 간섭이 심함
도조법	일정 액수를 지주에게 납부(대략 1/3), 소작농에게 유리, 화폐 지대 가능, 지주와 소작농의 관계가 종속적 관계에서 계약적 관계로 전환

(3) 농민층의 분화
① 광작과 상품 화폐 경제의 발달로 농민 계층의 분화가 촉진되어 일부 농민은 부농으로 성장하였으나 다수의 농민은 몰락하였다.
② 지주로 성장한 일부 부농은 경제적 부를 바탕으로 양반 신분을 획득하였다.
③ 몰락 농민은 소작지를 잃고 농촌을 떠나 도시, 광산, 포구의 임노동자가 되거나 상공업으로 생계를 유지하였다.

모내기법
논에 볍씨를 바로 뿌리는 것이 아니라 일정하게 자란 어린 모를 못자리에서 논으로 옮겨 심는 농법이다. 일손은 덜고 수확은 늘릴 수 있어 조선 후기에 전국적으로 보급되었다.

견종법
밭고랑에 콩, 보리 등을 심는 농법이다. 김매기가 쉬워 노동력을 줄일 수 있고, 바람이 불거나 가뭄이 발생할 경우 농작물을 보호할 수 있었다.

▲ 담배썰기(김홍도)

2. 상품 화폐 경제의 발달
(1) 사상의 성장
  ① 배경
    ㉠ 인구 증가 및 농촌 인구의 도시 유입으로 상품 수요가 증가하였다.
    ㉡ 농업 생산력의 증대, 수공업 생산의 활성화, 조세와 지대의 금납화로 상품 화폐 경제가 발전하였다.
    ㉢ 정조 때 시전 상인의 독점 판매권을 인정한 금난전권에 대한 비판이 거세지자 신해통공을 발표하여 육의전을 제외한 시전의 금난전권을 폐지하였다.
  ② 활동
    ㉠ 17세기에는 공인이 상업 활동을 주도하였고, 18세기에는 사상이 서울과 지방 각지에서 상업 활동을 활발히 전개하였다.
    ㉡ 한성(경강상인), 개성(송상), 평양(유상), 의주(만상), 동래(내상) 등에서 장시를 연결하여 상권을 확장하였고, 일부 사상은 독점적 도매 상인인 도고로 성장하였다.
(2) 장시의 발달
  ① 발달 : 15세기 후반 남부 지방에서 처음 개설되었고, 18세기 중엽에 이르면 전국으로 확산되어 1,000여 개소에 이르렀다.
  ② 특징 : 보통 5일마다 농민·수공업자·상인이 일정한 장소에 모여 물화를 교역하였으며, 일부 장시는 상설 시장으로 발전하였다.
  ③ 보부상의 활동
    ㉠ 생산자와 소비자 및 농촌의 장시를 하나의 유통망으로 연계하였다.
    ㉡ 일정 지역이나 전국적인 장시를 무대로 활약하였다.
(3) 포구 상업의 발달
  ① 배경 : 도로와 수레가 발달하지 않아 육로보다는 수로로 물화를 운송하였다.
  ② 특징 : 선상(船商)의 활동으로 전국 각지의 포구가 하나의 유통망으로 연계되었으며, 상품 유통의 거점 역할을 하였다.
  ③ 포구의 상인

선상	선박을 이용하여 지방의 물품을 구매하여 포구에서 매매
경강상인	한강을 무대로 서남 연해안을 오가며 미곡, 소금, 어물 등을 거래하여 거상으로 성장
객주·여각	포구와 큰 장시에서 활동, 매매·중개, 운송업, 보관업, 숙박업, 금융업 등 다양한 상업 활동 전개

3. 민영 수공업의 발달
(1) 배경
  ① 도시 인구의 증가와 대동법의 실시로 수공업 제품의 수요가 늘어나 생산이 촉진되었다.
  ② 관영 수공업이 쇠퇴하고 시장 판매를 위한 민영 수공업 제품 생산이 활발해졌다.
  ③ 18세기 말 장인 등록제(공장안)가 폐지되었다.
(2) 결과
  ① 민간 수공업자가 생산과 판매를 주도하였다.
  ② 민영 수공업자들이 도시에 수공업 작업장을 개설하였고, 점차 농촌에도 개설하였다.
  ③ 17세기에는 선대제 수공업의 성행으로 수공업자들이 상업 자본에 예속되었으며, 18세기 후반에는 제품을 직접 생산하고 판매하는 독립 수공업이 출현하였다.
  ④ 자급자족적 방식에서 소득을 올리기 위한 상품 생산의 형태로 발전하였고, 전문적으로 생산하는 농가도 나타났다(점촌 형성).

금난전권
난전(허가받지 않고 물건을 파는 행위나 가게)을 금지할 수 있는 권리이다. 시전 상인은 국역을 담당하는 대가로 금난전권을 행사하며 사상을 억압하였으나, 정부의 통공 정책으로 육의전을 제외한 시전의 금난전권이 폐지되었다.

▲ 보부상

선대제
민간 수공업자가 공인이나 사상에게 물품 주문 시 자금과 원료를 미리 받고 제품을 생산하는 방식이다.

제8장 조선 후기의 경제 변화

4. 광산 개발의 확대
(1) 배경 : 조선 초기에는 정부만 광산을 경영하였으나 17세기 이후부터는 정부가 민간의 광산 채굴을 허가해 주는 대신 세금을 받는 설점수세제를 시행하였다.

(2) 광산 개발
 ① 은광 : 17세기 중엽 이후 청과의 무역으로 은의 수요가 증대함에 따라 은광 개발이 활기를 띠었다.
 ② 금광 : 18세기 말 사금 채굴에 상업 자본이 유입되면서 금광 개발이 활발해졌다.

(3) 광산 개발 금지와 잠채 성행
 ① 18세기 중엽부터 광산 개발에 농민이 지나치게 몰려들어 농업에 피해를 주자 정부가 광산 개발을 금지하였다.
 ② 정부가 광산 개발을 금지하자 상인들이 몰래 광산을 개발하여 이익을 추구하는 잠채가 성행하였다.

(4) 조선 후기 광산 경영 : 덕대(광산 경영 전문가)가 물주에게 자본을 조달받아 채굴업자, 채굴 노동자, 제련 노동자 등을 고용하는 방식으로 광산을 경영하였다(분업에 토대를 둔 협업).

5. 화폐 유통
(1) 배경 : 상공업의 발달, 조세와 지대의 금납화로 상평통보가 전국적으로 유통되었다.

(2) 결과
 ① 상거래가 활성화되고 시장권이 확대되었으며 상품 화폐 경제가 발달하였다.
 ② 지주나 상인들이 화폐를 재산 축적의 수단으로 사용하면서 유통되는 동전이 부족해지는 전황(錢荒)이 발생하고 빈부 격차가 심화되는 등의 문제가 나타났다.
 ③ 상품 화폐 경제의 진전과 상업 자본의 성장으로 신용 화폐인 어음과 환이 보급되었다.

> **화폐의 유통**
>
> 박문수가 아뢰되, 화폐 운용에 관한 권한은 마땅히 국가에 있어야 하는데, 지금은 그렇지 못합니다. 그 권한이 부자의 집에 있고 부자가 숨긴 엽전이 끝내 널리 유통되지 않는 것은 대체로 그 귀함이 더욱 귀해지길 기다린 뒤에 그 이익을 얻고자 하기 때문입니다. – "비변사등록" –
>
> ➤ 화폐의 보급은 상품의 유통을 촉진시켰다. 그러나 지주와 대상인들이 화폐를 고리대나 재산 축적의 수단으로 활용하면서 동전을 많이 주조해도 제대로 유통되지 않아 동전이 부족한 전황이 발생하였다.

6. 대외 무역의 발달
(1) 청과의 무역
 ① 종류 : 중강·경원·회령에서 개시(공무역)가, 중강·책문에서 후시(사무역)가 이루어졌다.
 ② 무역품 : 청에 수출한 물품은 종이·무명·인삼이었고, 수입한 물품은 비단·약재·문방구 등이었다.

(2) 일본과의 무역
 ① 종류 : 공무역(왜관 개시)과 사무역(왜관 후시)이 있었다.
 ② 무역품 : 일본에 수출한 물품은 인삼·쌀·무명이고, 수입한 물품은 은·구리·황·후추 등이었다.

(3) 무역 상인
 ① 의주에서 활동한 만상은 대청 무역을 주도하였다.
 ② 동래에서 활동한 내상은 대일 무역을 주도하였다.
 ③ 개성에서 활동한 송상은 만상의 대청 무역과 내상의 대일 무역을 중계하였다.

상평통보

숙종 때 발행되어 17세기 말에 전국적으로 유통되었다.

개시와 후시

개시는 조선 후기에 중국과 일본을 대상으로 이루어진 공무역을 말한다. 후시는 조선 후기에 사상들이 전개한 사무역 또는 밀무역으로, 사신 왕래에 동행한 상인들이 주로 참여하였다.

조선 후기 상업과 무역 활동

조선 후기에는 국내 상업이 발달하면서 대외 무역도 활기를 띠었으며, 곳곳에서 사상이 활약하였다.

Ⅲ. 조선 유교 사회의 성립과 변화

제9장 조선 후기의 사회 변동

1 조선 후기 사회 구조의 변화

1. 신분 질서의 동요

(1) **양반층의 분화** : 붕당 정치의 변질과 일당 전제화로 양반층은 중앙에서 정치권력을 행사하는 권반, 향촌에서 벼슬의 기회를 얻지 못한 채 위세를 행세하는 향반, 일반 농민과 다름 없는 몰락 양반인 잔반으로 분화되었다.

(2) **하층민의 신분 상승** : 공명첩과 족보의 매매 및 위조 등을 통해 부를 축적한 상민이 양반 신분을 획득하여 양반 수가 증가하고 상민과 노비의 수는 감소하였으며, 이로 인해 양반 중심의 신분제가 동요하였다.

> **신분제의 동요**
>
> 정선 고을에 한 양반이 살고 있었다. 그는 어질고 글 읽기를 매우 좋아하였다. …… 하지만 몹시 가난하여 환곡을 타 먹은 지 여러 해가 되어 천 섬의 빚을 지게 되어 옥에 갇히게 되었다. …… 때마침 그 동네에 부자가 이 소문을 듣고 가족끼리 비밀회의를 열어 말하였다. "이제 저 양반이 환곡을 갚을 길이 없어서 곤란한 모양이니 그 양반 자리를 더 유지할 수 없을 것이다. 이 기회에 내가 양반 신분을 사서 가지는 것이 어떨까?"
> – 박지원, "양반전" –
>
> ▶ 조선 후기 정권에서 밀려난 양반들 중에는 향촌 사회에서 겨우 위세만 유지하고 향반이 되거나, 혹은 더욱 몰락해 살림살이마저도 보잘 것 없어진 잔반이 된 경우가 있었다.

2. 중간 계층의 신분 상승 운동

(1) **서얼**
① 성리학적 명분론에 의해 사회 활동과 관직 임용에 제한이 있었다(문과 응시 금지).
② 청요직 허용을 요구하는 집단 상소를 올리기도 하였다.
③ 왜란 이후 납속책과 공명첩을 통해 양반으로 신분 상승을 하기도 하였다.
④ 정조 때 유득공, 이덕무, 박제가 등 서얼 출신들이 규장각 검서관에 등용되기도 하였다.

(2) **중인**
① 실무 능력과 경제력을 겸비한 중인이 증가하여 철종 때 신분 상승을 요구하는 소청 운동이 전개되었으나 성과를 거두지 못하고 실패하였다.
② 축적된 경제력과 전문 지식을 토대로 시사를 조직하여 저술 활동과 문예 활동을 하는 등 독자적인 문화를 향유하였다.

3. 양민의 신분 변화

(1) **농민층의 분화** : 농민 중 일부는 부농으로 성장하였고, 대다수는 소작농·임노동자·상공업자로 전락하였다.

(2) **신분 상승** : 부농층은 군포를 면제받고 지배층의 수탈에서 벗어나기 위해 공명첩을 사거나 족보를 구매 또는 위조하는 등 신분 상승을 도모하였다.

4. 노비의 해방

(1) **조선 후기 신분 변화**
① 노비는 군공과 납속, 노비종모법(영조)의 시행으로 신분이 상승하였다.
② 국가가 공노비 중 입역 노비를 신공을 바치는 납공 노비로 전환하였다.

조선 후기의 신분제

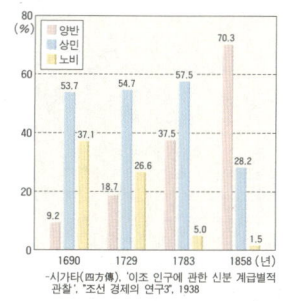

-시가타(四方博), '이조 인구에 관한 신분 계급별적 관찰', "조선 경제의 연구3", 1938

조선 후기에는 부유한 상민이 공명첩을 사거나 족보를 위조하는 방법으로 양반 신분을 얻어 양반의 수가 급격히 증가한 반면, 상민과 노비의 수는 점차 감소하였다.

청요직

홍문관, 사간원, 사헌부 등의 관직을 말한다. 청요직을 거쳐야 고위직으로 진출하는 데 유리하였다.

▲ 공명첩

노비종모법

어머니의 신분에 따라 자식의 신분을 결정하도록 한 제도이다. 집권층은 양인을 증가시키기 위해 어머니가 노비인 경우를 제외하고 어머니의 신분에 따라 양인이 되도록 하고 역을 부담하도록 하였다. 조선 후기 노비제가 해체되는 중요한 요인으로 작용하였다.

제9장 조선 후기의 사회 변동

(2) 도망 노비의 증가
① 노비 신분에서 벗어나기 위해 도망을 가 임노동자, 머슴, 행상으로 살아갔다.
② 남은 노비에게 도망 노비의 신공을 물게 하여 불만이 고조되었다.
③ 정부는 신공 부담을 줄여 주고 도망 노비를 색출하였으나 성과가 적었다.

(3) 노비의 해방
① 중앙 관청의 노비 6만 6,000여 명을 공노비에서 해방하였다(1801).
② 고종은 노비 세습제를 폐지하였다(1886).
③ 갑오개혁 때 공·사노비 제도를 폐지하였다(1894).

2 조선 후기 향촌 질서의 변화

1. 향촌 사회의 변화

(1) 배경 : 양반층의 분화와 부농층의 등장으로 양반 사족 중심의 향촌 질서가 변화하였다.

(2) 변화
① 관권(지방 수령, 향리)의 강화
  ㉠ 부농층(신향)은 향청(유향소)을 장악하고, 향약을 주관하였다.
  ㉡ 사족 중심의 향회는 수령의 세금 자문 기구로 전락하였다.
  ㉢ 관권과 부농층이 결탁하여 구향(사족)과 대립하는 향전이 발생하였다.
  ㉣ 세도 정치 시기 수령과 향리는 농민에 대한 수탈을 강화하였다.
② 양반층의 분화
  ㉠ 향반
    • 양반 지위를 유지하기 위해 족보를 만들고 청금록과 향안에 이름을 등록하였다.
    • 향촌 자치 기구(향약)의 주도권을 장악하기 위해 노력하였고, 동약(촌락 단위)을 실시하여 결속을 강화하였다.
    • 동족 마을을 형성하고 문중을 중심으로 서원 및 사우를 건립하였다.
  ㉡ 잔반 : 양반의 지위를 잃고 상민과 비슷한 처지로 전락하였으며, 농민 봉기를 주도하기도 하였다.
③ 부농층
  ㉠ 신향이 되어 관권과 결탁하여 향회를 장악하였고, 향임직에 진출하여 세금 운영 기구에 참여하였다.
  ㉡ 기존의 양반(구향)을 대신하여 향촌 사회를 장악하려 하였다.
④ 향촌 조직의 변화
  ㉠ 임진왜란 이후 사족만의 촌락 지배 조직인 동계와 농민의 향도계가 하나의 계로 합쳐졌다.
  ㉡ 향도 조직에서 두레 기능이 분리되어 상장의 일만 담당하는 상두꾼이 생겨 났다.

향회
향안에 이름이 올라 있는 지방 양반들의 총회이다.

향전
조선 후기에 향권 장악을 위해 구향과 신향이 대립한 것을 말한다. 사족 중심의 향촌 지배 질서가 무너지고 지방관에 의한 통제가 강화되던 18세기 이후에 집중적으로 발생하였다.

청금록
향교나 서원에 출입하던 양반들이 사용한 출석부(명부)이다.

향임직
향청(유향초)에서 일을 보는 사람이나 그 직책을 말한다.

> **향촌 질서의 변화**
>
> 지방 고을의 향전은 마땅히 금지해야 할 것이다. 반드시 가볍고 무거움에 따라 양쪽의 주동자를 먼저 다스려 진정시키고, 향전을 없애는 것을 위주로 하는 것이 옳다. 이서(서리) 가운데 한쪽으로 쏠리는 자가 있으니, 또한 반드시 아전의 우두머리에게 엄하게 타일러야 한다. 향임을 임명할 때 한쪽 사람을 치우치게 쓰지 않는 것이 옳다.
> – "거관대요" –
>
> ▶ 지방의 전통 사족인 구향과 새롭게 양반이 된 신향은 향촌의 지배권을 둘러싸고 대립하였다. 신향은 구향과 타협하여 향촌 지배에 참여하거나, 구향을 대신하여 향촌을 지배하는 등 다양한 방법으로 자신들의 영향력을 확대해 나갔다. 한편 수령은 구향을 견제하고자 신향을 지원하였고, 이 과정에서 수령과 향리의 권한이 강해져 관 주도의 향촌 질서가 확립되었다.

2. 가족 제도와 혼인 풍습의 변화

(1) 가족 제도
① 성리학적 생활 규범이 정착하여 부계 중심의 가족 제도가 강화되었다.
② 부계 위주의 족보 편찬이 이루어졌고, 장자 우대의 상속과 제사 분배가 이루어졌다.
③ 남자가 여자를 자신의 집으로 데리고 와서 혼례를 올리고 남자 집에서 생활하는 혼인 형태인 친영제가 정착되었다.
④ 양자 제도가 일반화되었으며, 예학과 보학이 발달하였다.

(2) 여성의 지위 하락
① 일부일처제가 기본이었으나 남성의 축첩이 허용되어 실질적으로는 일부일처제라고 말하기 어려웠다.
② 처첩제를 통해 부인과 첩 사이를 엄격하게 구분하였고, 서얼 금고법의 시행으로 서얼 차별이 심화되어 첩의 자식인 서얼은 재산 상속과 제사에서 차별을 받았다.
③ 효와 정절을 강조하였고(효자와 열녀 표창), 여성의 이혼과 재혼이 금지되었다.

3 사회 변혁의 움직임(19세기)

1. 19세기 국내외 상황
(1) 국내 : 지배층의 수탈과 기아, 전염병, 자연재해 등으로 농촌 경제가 파탄에 이르게 되었다.
(2) 국외 : 이양선이 출몰하여 위기의식이 고조되면서 사회 불안이 심화되었다.

2. 새로운 사상의 대두

(1) 예언 사상과 미륵 신앙의 대두
① 백성들 사이에 비기("정감록")와 도참설이 유행하여 말세의 도래와 왕조의 교체 등을 예언하였다.
② 미륵 신앙이 확산되었고 미륵불을 자처하며 민중을 선동하는 무리가 등장하였다.

(2) 천주교의 전파
① 수용
  ㉠ 17세기 청을 왕래하는 사신들에 의해 서학이 학문으로 전래되었다.
  ㉡ 18세기 후반 일부 남인 계열의 실학자들이 신앙으로 수용하여 여성과 하층민에게 확산되었다.
② 특징 : 평등 사상과 내세 신앙을 강조하고, 조상에 대한 유교식 제사 의식을 거부하였다.
③ 박해 : 지배층은 천주교가 성리학적 사회 질서를 부정하는 것으로 인식하고 대대적인 탄압을 단행하여 순조 때 신유박해가 일어났으나(1801), 교세가 더욱 확장되었다.
④ 확산 : 서양인 신부들이 몰래 들어와 포교 활동을 전개하였으며 천주교의 탄압이 완화되자 백성들 사이에 활발히 전파되었다.

천주교의 확산

죽은 사람 앞에 술과 음식을 차려 놓는 것은 천주교에서 금하는 바입니다. 살아 있는 동안에도 영혼은 술과 밥을 받아먹을 수 없거늘 하물며 죽은 뒤에 영혼이 어떻게 하겠습니까? …… 비록 지극한 효자라 하더라도 맛 좋은 것이라 하여 부모가 잠들어 있는 앞에 차려 드릴 수 없는 것은 잠들었을 동안에는 먹고 마시는 때가 아닌 까닭입니다. 잠시 잠들어 있을 동안에도 그러하거늘 하물며 영원히 잠들었을 때는 어떻겠습니까? 사람의 자식이 되어 어찌 허위와 가식의 예로써 이미 돌아간 부모를 섬기겠습니까?
– "상재상서" –

➡ 천주교는 모든 인간이 천주 앞에서 평등하다는 사상과 내세의 영생을 약속하는 교리를 앞세워 민간으로 확산되었다. 그러나 신분 질서를 부정하고 조상에 대한 유교식 제사 의식을 거부한다는 이유로 박해를 받았다.

예학
양반 중심의 신분 질서를 유지하고 안정시키는 과정에서 성립된 학문으로, 도덕규범의 본질적인 문제와 실천 조목, 그리고 이를 보여 주는 구체적인 사례를 연구하였다. 예학은 조선 사회에서 양반 사대부의 신분적 우월성을 강조하는 데 이용되었다.

보학
가족의 내력을 기록한 족보를 연구하는 학문이다. 양반 사림의 문벌 형성과 신분적 우위 확보를 위해 연구되었다.

정감록
조선 후기의 대표적인 예언서이다. 정씨 성의 진인(眞人)이 출현하여 이씨 왕조가 멸망하고 새로운 세계가 도래할 것이라는 내용을 담고 있다.

제9장 조선 후기의 사회 변동

(3) 동학의 발생

① 창시 : 지배 체제의 모순이 심화되고 서양 세력의 접근으로 위기의식이 고조되자 몰락 양반 최제우가 동학을 창시하였다(1860).

② 특징
  ㉠ 유교, 불교, 도교와 민간 신앙을 융합하였다.
  ㉡ 동학은 한울님을 모신다는 시천주(侍天主), 인내천(人乃天) 사상을 강조하고 신분 질서를 부정하였으며, 평등사상을 강조하였다.
  ㉢ 보국안민과 후천개벽을 내세워 반외세·반봉건적 성격을 띠었다.

③ 교세 확장
  ㉠ 삼남 지방 중심으로 교세가 확장되자 정부는 동학을 탄압하고, 교조 최제우를 처형하였다.
  ㉡ 2대 교주 최시형은 "동경대전", "용담유사" 등에 교리를 정리하고, 포와 접 등 교단 조직을 갖추는 등 동학의 교세를 확장시켰다.

▲ 최제우

보국안민(輔國安民)
서양과 일본 등 외세로부터 나라를 구하고 백성을 편안하게 한다는 뜻이다.

3. 농민 봉기

(1) 배경 : 세도 정치 시기 탐관오리의 수탈과 삼정의 문란으로 농촌 사회가 파탄에 이르자 농민의 저항이 발생하였다.

(2) 농민의 항거 : 초기에는 투서, 벽서, 괘서 등 소극적인 형태로 항거가 이루어졌으나, 점차 조세 납부 거부, 집단 항의 시위 등 적극적인 형태로 변화하였다.

(3) 대표 봉기

① 홍경래의 난(1811)
  ㉠ 배경 : 평안도(서북) 지역에 대한 차별 대우와 세도 정치에 대한 불만이 고조되었다.
  ㉡ 전개
    • 평안도 몰락 양반 홍경래를 중심으로 농민, 중소 상인, 광산 노동자 등이 합세하여 가산에서 봉기하였다.
    • 한때 청천강 이북 지역을 장악하였으나, 정주성 싸움에서 패배하며 5개월 만에 평정되었다.

② 임술 농민 봉기(1862)
  ㉠ 배경 : 19세기 중엽 철종 때에 이르러 경상 우병사 백낙신의 부정부패와 지방관의 수탈 및 향리의 부정에 불만에 품은 농민이 늘어났다.
  ㉡ 전개
    • 진주의 몰락 양반 유계춘을 중심으로 경상도 단성에서 봉기하여 진주 지방을 중심으로 전국으로 확산되었다.
    • 진주의 농민들은 유계춘의 지휘하에 백낙신 징벌을 위해 관아를 습격하였고, 한때 진주성을 점령하였다.
  ㉢ 결과 : 정부에서 안핵사와 암행어사를 파견하여 실태를 조사하였고, 삼정이정청을 설치하였다.

▲ 19세기의 농민 봉기

> **임술 농민 봉기**
>
> 이번의 민란은 비록 전에 없는 난이었지만 원래 민심이야 어찌 난을 일으키고자 하였겠느냐? 조정의 영이 여러 번 내렸으나 백성이 그것을 알지 못하여 처음에는 등소를 올릴 의논을 하다가 갑자기 거세게 일어났던 것이다. 이는 무지와 분별없음에서 나온 일이라. 우리 성상께오서는 항상 백성을 근심하시고 전국의 쇠잔함과 삼정의 문란을 애통해 하셨다. 이에 대신들에게 명하여 이정청을 설치하셨다.
> – "일성록" –

➤ 철종 13년(1862) 전국에 농민 봉기가 일어나자 정부는 초기의 무력 진압을 포기하고 사태 수습과 민심 수습의 일환으로 삼정이정청을 설치하였다.

Ⅲ. 조선 유교 사회의 성립과 변화

제10장 조선 후기 문화의 새 경향

1 성리학의 변화

1. 성리학의 변화

(1) 성리학의 절대화
① 인조반정 이후 정국을 주도한 서인은 지배 체제 강화를 위해 주자 성리학을 절대화하고 타사상을 배격하였다.
② 성리학이 국가의 통치 이념이자 정통 정학의 지위를 차지하였다.
③ 성리학이 정통과 명분을 중시하면서 개혁적 · 실천적 측면은 약화되었다.
④ 주자의 경전 해석을 절대적 · 교조적으로 신봉하였다(송시열).

(2) 성리학의 상대화
① 윤휴와 박세당은 유교 경전을 주자와 달리 독자적으로 해석하여 사문난적으로 배척당하였다.
② 소론은 절충적인 성격을 가진 성혼의 사상을 계승하고 양명학과 노장사상을 수용하여 성리학을 탄력적으로 이해하였다.

(3) 학문 논쟁
① 이기론 논쟁 : 16세기 후반 영남학파(주리론)와 기호학파(주기론) 사이에 이기론에 대한 논쟁이 전개되었다.

▲ 송시열

사문난적(斯文亂賊)
유교 교리를 어지럽히거나 유교 교리에 어긋나는 행동을 하는 사람을 비난하는 표현이다. 숙종 때 송시열은 반대파였던 윤휴와 박세당을 사문난적으로 몰아 비난하였다.

영남학파	동인(이황)	남인(이황)	경상 남인(이황 직계) : 향촌에서 학문 연구	
			경기 남인(이익, 정약용) : 중농 학파	
		북인(조식)	절의 중시 : 의병장 배출(정인홍, 곽재우)	
기호학파	서인(이이)	노론(송시열)	호론(충청) : 주기론 고수	호락논쟁
			낙론(서울 · 경기) : 주리론 포용	
		소론(윤증)	성리학 이해에 탄력적(이황에 호의적) → 양명학에 관심	

② 호락논쟁
㉠ 호론 : 인간과 사물의 본성이 다르다고 주장한 인물성이론(충청 지역 노론)이 핵심 사상으로, 위정척사 사상에 영향을 미쳤다.
㉡ 낙론 : 인간과 사물의 본성이 같다고 주장한 인물성동론(서울 · 경기 지역의 노론)이 핵심 사상으로, 북학 사상과 개화사상에 영향을 미쳤다.

2. 양명학의 수용

(1) 전래 : 양명학은 명의 왕수인(왕양명)이 집대성한 유학의 한 계통으로, 조선 중기에 중국에서 전래되었다.
(2) 수용 : 서경덕 학파, 왕실 종친, 소론 및 남인 출신 학자들 사이에서 점차 확산되었다.
(3) 특징
① 사람마다 양지(良知)를 타고났으나, 물욕 때문에 성인과 보통 사람이 나뉜다고 주장하였다.
② 지행합일을 강조하는 실천 유학으로, 성리학의 비현실성을 비판하여 성리학자에 의해 이단으로 배척되었다.
③ 심즉리설과 치양지설을 주장하였다.

호락논쟁
호락논쟁은 인간의 본성이 사물과 같은가(인물성동론), 아니면 다른가(인물성이론)에 대한 논쟁이다. 18세기 이이 학파 내부(서인 노론)에서 이러한 논쟁이 본격적으로 전개되어 호락논쟁으로 전개되었다. 충청 지역의 인물성이론을 호론이라고 하고, 서울 · 경기 지역의 인물성동론을 낙론이라고 한다. 충청 지역의 호론은 노론의 영수인 송시열의 학문을 충실히 계승하여 성인과 범인, 사람과 짐승의 엄격한 구별을 강조함으로써 기존의 신분 제도와 지주 전호제를 공고히 하려고 하였다. 그러나 서울 · 경기 지역의 낙론은 성인과 범인의 마음이 같다는 것을 강조함으로써 당시 성장하고 있던 일반민의 실체를 현실로 인정하고 노비 · 서얼의 문제에서도 개혁적인 입장을 보였다. 이후 호론은 위정척사 사상으로, 낙론은 북학 사상으로 이어졌다.

제10장 조선 후기 문화의 새 경향

(4) **학파** : 18세기 초 정제두가 체계적으로 연구·발전시켜 강화 학파를 형성하였다.
(5) **영향** : 실학과 국학 운동(박은식, 정인보)에 영향을 미쳤다.

> **정제두의 양명학**
>
> 지(知)는 심(心)의 본체이다. 심은 자연히 지를 모이게 한다. 아버지를 보면 자연히 효(孝)를 안다. 형을 보면 자연히 제(悌, 형제간의 우애)를 안다. 어린아이가 우물에 들어가려는 것을 보면 자연히 측은함을 안다. 이것이 양지이다. 마음 바깥에서 미루어 알 수 있는 것이 아니다. …… 양지라는 것은 맹자가 이른바 '시비(是非)의 마음은 모든 사람이 지니고 있다.'라고 한 것이다. 시비의 마음은 생각을 기다려서 아는 것이 아니고, 배워서 알 수 있는 것이 아니다. 그러므로 양지라고 한다.
> – "하곡집" –

▶ 정제두는 모든 진리가 마음에 갖추어져 있으므로 바깥 사물에서 진리를 구한다고 해서 진리가 구해지는 것이 아니고, 오히려 번잡하여 진리에 접근하기 어려워질 뿐이라고 주장하였다. 정제두는 진리의 근본이 인간의 자각된 마음이라고 생각하고 인간을 만물의 중심이라고 여겼다.

2 실학의 발달

1. 실학의 대두

(1) **배경** : 조선 후기 통치 질서의 해이, 성리학의 절대화로 인한 한계 노출, 사회·경제적 변동에 따른 모순 발생, 청 고증학의 영향으로 실학이 나타나게 되었다.
(2) **성격** : 실용적, 실증적, 민본적, 민족적, 근대 지향적인 성격을 지녔다.
(3) **목표** : 부국강병과 민생 안정을 목표로 하였다.
(4) **특징** : 경기 지방 남인 출신이 많았고, 자영농 육성을 목적으로 토지 개혁을 추구하였다.
(5) **학파** : 중농 학파(경세치용 학파), 중상 학파(이용후생 학파), 실사구시 학파로 구분된다.
(6) **한계** : 현실 사회의 문제를 비판하고 사회 개혁을 주장하였으나, 국가 정책에 반영되지 못하고 학문적인 차원에 그쳤다.

2. 농업 중심의 개혁 사상가(중농 학파, 경세치용 학파)

(1) **목표** : 토지 제도 개혁을 통한 자영농 육성과 부국강병을 주장하였다.
(2) **대표 학자** : 유형원, 이익, 정약용 등이 있다.

유형원	균전론	관리, 선비, 농민 등 신분에 따른 토지 차등 지급	"반계수록"
이익	한전론	생계 유지를 위한 영업전 이외 토지의 자유로운 매매 허용	"성호사설", "곽우록"
정약용	여전론	토지를 공동 소유하고 공동 경작하여 노동량에 따라 소득 차등 분배, 일종의 공동 노동제	"목민심서", "흠흠심서", "경세유표"
	정전론	전국의 토지를 국유화하여 정전을 편성한 후 9분의 1은 공전으로 만들어 조세를 충당하고, 나머지는 농민에게 분배	

> **정약용의 여전론**
>
> 이제 농사짓는 사람은 토지를 갖고 농사짓지 않는 사람은 토지를 갖지 못하게 하려면 여전제를 실시하여야 한다. 산골짜기와 시냇물의 지세를 기준으로 구역을 획정하여 경계를 삼고, 그 경계선 안에 포괄되어 있는 지역을 1여(閭)로 한다. …… 1여마다 여장(閭長)을 두며 무릇 1여의 인민이 공동으로 경작하도록 한다. …… 여민들이 농경하는 경우 여장은 매일 개개인의 노동량을 장부에 기록하여 두었다가 가을이 되면 오곡의 수확물을 모두 여장의 집에 가져온 다음 분배한다. 이때 국가에 바치는 세와 여장의 봉급을 제하며, 그 나머지를 가지고 노동 일수에 따라 여민에게 분배한다.
> – 정약용, "여유당전서" –

▶ 정약용은 주민들이 토지를 공동으로 소유하고 공동으로 경작하여 수확량을 노동량에 따라 분배하는 여전론을 주장하였다.

고증학
객관적이고 실증적인 연구 방법을 강조한 학문으로, 청을 통해 조선에 유입되었다.

영업전
한 가정에 필요한 최소한의 토지를 의미한다.

다산초당

정약용이 유배 생활을 하며 많은 저술을 남긴 곳으로, 전남 강진에 있다.

3. 상공업 중심의 개혁 사상(중상 학파, 이용후생 학파, 북학파)

(1) 특징
  ① 상공업 발전과 기술 혁신 및 청 문물의 수용을 주장하였다.
  ② 청에 다녀온 지식인을 중심으로 선진 문물에 대한 관심이 증대되었다.

(2) 대표 학자

유수원	사·농·공·상의 직업적 평등과 전문화, 상공업 진흥과 기술 혁신, 상인 간 합자를 통한 경영 규모 확대, 상인이 생산자를 고용하여 생산과 판매 주관 등을 주장	"우서"
홍대용	기술 혁신, 문벌 제도 폐지, 지전설(지동설) 주장, 중국 중심의 세계관 비판	"담헌서", "의산문답"
박지원	수레와 선박의 이용, 화폐 유통을 통한 상공업 진흥 주장	"열하일기", '양반전', '허생전'
박제가	소비 촉진을 통한 생산력 증대(소비론), 수레와 선박의 이용 확대, 청과의 통상 확대 주장	"북학의" 저술

(3) 한계 : 실학자들이 정권에서 소외되어 있어 이들의 주장이 정부 정책에 반영되지 못하였다.
(4) 영향 : 19세기 후반 개화 사상에 영향을 주었다.

> **박제가의 소비론**
>
> 비유하건대, 재물은 대체로 우물과 같은 것이다. 퍼내면 차고, 버려두면 말라 버린다. 그러므로 비단옷을 입지 않아서 나라에 비단을 짜는 사람이 없게 되면 여공이 쇠퇴하고, 찌그러진 그릇을 싫어하지 않고 기교를 숭상하지 않아서 장인이 작업하는 일이 없게 되면 기예(技藝)가 망하게 되며 농사가 황폐해져서 그 법을 잊게 되므로 사농공상의 사민이 모두 곤궁하여 서로 구제할 수 없게 된다.
> – 박제가, "북학의" –
>
> ➡ 중상학파 실학자들은 상공업의 발달을 부국강병의 근원으로 보고, 유통 경제의 필요성을 강조하였다. 박제가는 청에 다녀온 경험을 토대로 수레와 선박의 이용, 소비의 장려를 주장하였다.

▲ 박지원

▲ 연암집

▲ 박제가

3 국학 연구와 과학 기술의 발달

1. 국학 연구

(1) 역사서 편찬

안정복	"동사강목"	한국사(고조선~고려)를 독자적인 정통론으로 체계화
한치윤	"해동역사"	중국 등 외국 역사서 500여 종을 인용하여 우리 문화의 선진성 서술
이종휘	"동사"	고구려 중시, 고구려에 대한 관심 고조
유득공	"발해고"	발해사 연구, '남북국 시대' 용어 사용
이긍익	"연려실기술"	조선 시대의 정치사를 실증적·객관적으로 정리

(2) 지리서와 지도 제작

국내	지리지	"택리지(이중환)"	인문 지리지	경제적·문화적 목적으로 편찬
		"아방강역고(정약용)"	우리나라의 역대 영역 고증	
	지도	동국지도(정상기)	실측 지도(100리 척 사용)	
		대동여지도(김정호)	실측 지도(10리마다 눈금 표시)	
국외	지리지	"직방외기(알레니)"	세계 지리지	세계관 확대(화이관 극복)
	지도	곤여만국전도(마테오 리치)	세계 지도	

(3) 국어 연구 : 신경준의 "훈민정음운해", 유희의 "언문지"가 유명하다.
(4) 백과사전 편찬 : 이수광의 "지봉유설", 이익의 "성호사설", 서유구의 "임원경제지", 이규경의 "오주연문장전산고" 등이 있으며, 세계관과 문화 인식의 폭 확대에 기여하였다.

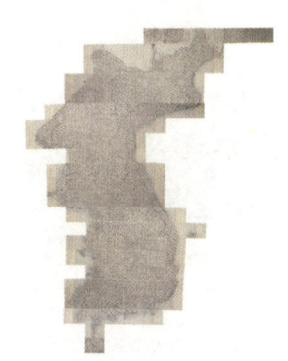
▲ 대동여지도 전도

제10장 조선 후기 문화의 새 경향

2. 과학 기술의 발달

(1) 서양 문물의 수용

① 전래 : 중국 베이징을 왕래하던 조선의 사신들을 통해 화포, 천리경, 자명종, "천주실의", 곤여만국전도 등이 전래되었다.

② 수용 : 실학자들이 서양의 과학 기술을 연구하고 보급하였다.

③ 서양인 표류 : 17세기에 우리나라에 표류해 온 벨테브레는 서양식 대포 제조법을 전수하였으며, 하멜은 네덜란드로 돌아가 "하멜 표류기"를 저술하였다.

(2) 과학의 연구

① 천문학

　㉠ "지봉유설(이수광)" : 일식과 월식, 조수 간만의 차이를 설명하였다.

　㉡ 김대문, 이익, 홍대용, 정약용 : 지전설을 주장하여 화이관(중국 중심의 세계관) 극복에 기여하였다.

② 역법 : 김육은 시헌력(아담 샬)을 도입하였는데, 시헌력은 을미개혁으로 태양력이 사용될 때까지 조선의 기본 역법으로 이용되었다.

③ 의학

허준	"동의보감"	동양 의학 집대성, 관념적 한의학의 단점 극복
허임	"침구경험방"	침구술 집대성
정약용	"마과회통"	종두법에 대한 연구서이자 실험서
이제마	"동의수세보원"	사상 의학(체질 의학) 정리

홍대용의 지전설
지구가 둥글다는 것을 인정하고 일식과 월식 등의 자연 현상을 과학적으로 설명하였다. 또한 혼천의를 제작하여 천체의 운행과 위치를 연구하였다.

4 서민 문화의 발달과 예술의 새 경향 `중요`

1. 문화 주체의 변화

(1) 배경 : 서민의 경제력이 향상되고 서당 교육이 확대되면서 서민층이 새로운 문화 주체로 성장하였다.

(2) 특징

① 중인과 서민층이 문화를 향유하면서 서민 문화가 다양하게 발달하였다.

② 서민이 작품의 주인공으로 등장하였고, 작품의 배경이 현실적으로 설정되었다.

③ 양반의 위선을 비판하는 등 사회의 부정과 비리를 풍자하였다.

(3) 영향

① 민족 문화가 다양하게 발전하였다.

② 민중 의식의 향상과 현실 사회 모순에 대한 비판 의식의 확산에 기여하였다.

2. 문학 활동과 공연 문화

(1) 문학 활동

① '홍길동전', '춘향전' 등 한글 소설이 유행하였다.

② 남녀 간의 사랑과 현실에 대한 비판을 격식에 구애됨이 없이 표현한 사설시조가 유행하였고, 김삿갓·정수동 등 풍자 시인이 활동하였다.

③ 중인층이 시사를 조직하는 등 문학 창작 활동이 활발히 이루어졌다.

④ 박지원은 '양반전', '허생전' 등 한문 소설을 통해 양반의 무능을 풍자하였고, 정약용은 한시 등을 통해 삼정의 문란을 비판하였다.

중인들의 시사

시사는 원래 양반들이 시를 즐기는 모임이었으나, 조선 후기에는 주로 중인들이 조직하였고 서민층도 참여하였다.

(2) 공연 문화
① 광대가 창(노래), 아니리(사설), 발림(몸놀림)을 통해 구체적인 한 편의 이야기를 연출하는 공연인 판소리는 원래 열두 마당이 있었으나, 19세기 신재효에 의해 여섯 마당으로 확립되었고, 지금은 다섯 마당만 전해진다.
② 탈춤은 향촌 마을굿의 일부로 공연되었으며, 산대놀이는 장시와 포구에서 공연되었고 중간층의 지원을 받아 성행하였다.

▲ 평양도 10폭 병풍 가운데 판소리 장면

3. 공예와 건축
(1) **자기** : 16세기 이후 백자가 줄곧 유행하였고, 조선 후기에는 흰 바탕에 청색 안료(코발트)로 그림을 그려 넣은 청화 백자와 흰 바탕에 산화철 안료로 그림을 그려 넣은 철화 백자가 제작되었다.

(2) 건축

17세기	• 규모가 큰 사원 건축물 축조(양반 지주, 부유한 상인의 지원) • 구례 화엄사 각황전, 보은 법주사 팔상전이 대표적
18세기	수원 화성 건립(정조)

▲ 청화 백자

4. 그림과 글씨
(1) 그림
① 진경 산수화
㉠ 조선 후기에 이르러 우리의 자연과 인물을 눈으로 직접 보고 그린 진경 산수화가 유행하였다.
㉡ 정선은 독자적인 화풍을 개척하여 인왕제색도와 금강전도 등 뛰어난 작품을 그렸다.
② 풍속화 : 김홍도는 서민의 일상생활을 익살스럽고 재치 있게 표현하였고, 신윤복은 양반의 풍류와 남녀 사이의 애정을 해학적으로 표현하였다.
③ 민화 : 이름 없는 화가들이 그린 민화가 유행하였는데, 주로 건강, 장수 등 소박한 소망과 기원을 표현하였다.
④ 기타 : 강세황은 서양의 수채화 기법을 동양화에 반영하였고, 장승업은 강렬한 필치와 채색으로 우리 회화의 기틀을 마련하였다.

▲ 인왕제색도(정선)

▲ 서당도(김홍도)

▲ 영통동구도(강세황)

▲ 단오풍정(신윤복)

▲ 까치와 호랑이

(2) **글씨** : 독창적인 추사체를 창안한 김정희가 활동하였다.

조선 최고 교육 기관, 성균관

▲ 성균관 대성전

　조선 시대 교육 기관은 서당, 서원과 같은 사립 학교와 4부 학당, 향교, 성균관 등의 국립 학교로 구분된다. 그중 성균관은 조선 시대 최고의 국립 교육 기관으로, 최고 교육 기관인 만큼 입학 조건이 까다로웠다. 성균관에 입학하기 위해서는 먼저 소과에 합격해야 했으며, 소과는 진사과와 생원과로 구분되었다. 소과에 합격한 진사와 생원은 성균관에 입학한 후 대과를 준비하였다.

　교육 기관이었던 성균관은 선현에게 제사를 지내는 사당이기도 하였는데, 성균관 내 대성전에서는 공자를 비롯한 그의 직계 제자 15명, 주자를 비롯한 중국 성리학의 대가 6명, 이황 등 우리나라 대표 유학자 18명이 모셔져 있다. 대성전에서는 1년에 두 번 제사(문묘 제례)를 지냈는데, 국가의 중요한 행사여서 왕이 직접 제례를 주관하였다. 또한 명륜당이라는 강의실 앞뜰에는 천연기념물 59호인 은행나무 두 그루가 있으며, 양쪽으로 동재와 서재라는 기숙사가, 뒤쪽에는 존경각이라는 도서관이 있다.

IV

국제 질서의 변동과 근대 국가 수립 운동

01 흥선 대원군의 개혁과 통상 수교 거부 정책

02 개항과 불평등 조약의 체결

03 근대적 개혁의 추진과 위정척사 운동

04 개항 시기의 주요 사건들

05 국제적 대립의 격화와 조선의 대응

06 마침내 황제국을 표방하다

07 일제의 국권 침탈 과정은 어떻게 전개되었을까?

08 항일 의병 운동과 애국 계몽 운동

09 개항 이후 사람들은 어떻게 살았을까?

IV. 국제 질서의 변동과 근대 국가 수립 운동

제1장 흥선 대원군의 개혁과 통상 수교 거부 정책

1 19세기 중엽 국내외 정세

1. 국제 정세

(1) 중국
① 제국주의 열강의 침략으로 제1·2차 아편 전쟁을 겪으면서 개항하고, 서양 열강과 불평등 조약을 체결하였다.
② 부국강병을 위해 유교 문화 등 중국의 전통 체제를 유지하면서 서양의 근대 공업 기술을 도입해야 한다는 양무운동이 추진되었다.

(2) 일본
① 군함을 앞세운 미국의 강요에 굴복하여 개항하였다.
② 지방의 개혁적 하급 무사들을 중심으로 미국과 굴욕적인 개항을 한 막부 타도 운동이 일어나고 메이지 천황 중심의 새로운 개혁이 시도되었다(메이지 유신, 1868).

2. 국내 정세

(1) **통치 질서의 붕괴** : 세도 정치로 왕권이 약화되고 통치 질서가 붕괴되었으며, 삼정의 문란으로 농민에 대한 수탈이 심화되어 전국적으로 민란이 일어났다(임술 농민 봉기, 1862).
(2) **서양 세력의 접근** : 이양선의 출몰과 서양의 통상 요구로 위기의식이 고조되었고, 외국인 선교사들의 활동으로 천주교 신자가 증가하였다.
(3) **흥선 대원군의 집권** : 철종이 죽고 고종이 12세의 나이로 왕위에 오르자 고종의 아버지인 흥선 대원군 이하응이 섭정에 올라 정권을 잡았다.

2 흥선 대원군의 개혁 정치

1. 정책 목적 : 통치 체제 정비를 통해 왕권 강화와 민생 안정을 추구하였다.

2. 통치 체제 정비

(1) **비변사 혁파** : 왕권을 제약하던 비변사를 혁파하고, 의정부와 삼군부의 기능을 부활시켰다.
(2) **법전 편찬** : "대전회통", "육전조례" 등 새로운 법전을 편찬하여 법치 질서를 정비하였다.
(3) **서원 정리** : 만동묘를 철폐하고 서원을 47개만 남기고 정비하여 국가 재정을 확충하였다.

> **서원 철폐에 대한 반발**
>
> 서원의 철폐령이 내려지자 각지의 유생들은 분개하여 맹렬히 반대 운동을 전개하여, 유생 대표가 궐문 앞에서 시위하고 탄원하며 호소하였다. 대원군은 "백성을 해치는 자는 공자가 다시 살아난다 하여도 내가 용서하지 않겠다. 하물며 서원은 우리나라에서 존경받는 유학자를 제사 지내는 곳인데 지금은 도둑의 소굴이 되어 버렸으니 말할 것도 없다." 하면서 군졸들로 하여금 유생들을 해산시키고 한강 건너로 축출하였다.
> – 박제형, "근세조선정감" –

▶ 흥선 대원군은 붕당의 근거지이자 백성에 대한 수탈과 면세 혜택을 누리던 서원을 47개 소만 남기고 600여개 소를 철폐하고 서원에 딸린 토지와 노비를 몰수하였다. 이에 유생들은 흥선 대원군의 퇴진을 요구하며 격렬히 반발하였다.

(4) **경복궁 중건**
① 왕실의 권위를 높이기 위해 임진왜란 때 불타 버린 경복궁을 중건하였다.

제국주의
19세기 후반 이후 서구 열강들이 독점 자본주의와 변질된 민족주의를 바탕으로, 다른 지역을 침략하여 식민지로 삼았던 팽창 정책을 말한다.

아편 전쟁
1840년 아편 문제를 둘러싸고 청과 영국 사이에 일어난 전쟁이다. 1842년 청이 패하여 난징 조약을 체결하였다.

▲ 이양선

▲ 흥선 대원군

만동묘
임진왜란 때 조선을 돕기 위해 지원군을 파견한 명의 신종과 의종을 제사 지내기 위해 세운 사당이다. 송시열의 제자들이 충북 괴산 화양동 서원에 세웠다(1703).

② 경복궁 중건 공사비 마련을 위해 원납전이라는 기부금을 강제로 징수하고, 당백전이라는 고액 화폐를 발행하였다.
③ 백성을 노역에 강제로 징발하고 양반의 묘지림을 벌목하였으며, 도성에 출입하는 사람들에게 통행세를 징수하였다.
④ 무리한 경복궁 중건으로 인해 양반과 백성 모두의 불만이 고조되었다.

당백전 발행

- 경복궁을 지을 비용과 백성의 노역에 대한 절차를 논의하는데, 백성의 노역 문제는 신중을 기하고 안으로는 재상 이하, 밖으로는 지방 수령 이하 역량에 따라 보조하며, 선비와 서민층은 중외를 막론하고 자진 납부하는 자는 상을 주기로 하고 이를 팔도에 알리게 하였다. 이미 지금까지 원납이 십만 냥이 되었다.
 — "승정원일기" —
- 대원군이 화폐를 주조하도록 명하였다. 이름하기를 '호대당백(戶大當百)'이라 하였다. 유통된 지 얼마 안 되어 물가가 뛰었다.
 — "대한계년사" —

▶ 당백전은 경복궁 중건에 필요한 재원 마련을 위해 발행된 화폐로, 당시 통용되었던 상평통보의 100배 가치를 지녔다. 발행 결과 화폐 가치의 하락과 물가 폭등으로 경제가 혼란해졌다.

원납전

경복궁 중건에 필요한 공사 비용을 마련하기 위해 종친·양반·백성에게 거둔 기부금이다. 양반들에게 강제로 징수하여 반발을 초래하였다.

▲ 당백전

(5) 삼정의 개혁 [중요]
① 목적 : 흥선 대원군은 민생 안정과 국가 재정 확보를 위해 삼정의 문란을 바로잡고자 하였다.
② 전정 : 왕실의 면세전을 국가에 반납하고, 양전 사업을 실시하여 토지 대장에서 누락된 은결을 찾아내는 한편 관리나 토호의 토지 겸병을 금하였다.
③ 군정 : 호 단위로 면포를 징수하는 호포법을 실시(1871)하여 상민에게만 거두던 군포를 양반에게도 징수하였다.

호포법 실시

나라의 제도로서 인정(人丁)에 대한 세를 신포(身布)라 하였는데, 충신과 공신의 자손은 모두 신포를 면제받았다. 대원군은 이를 수정하고자 동포(洞布)라는 법을 제정하였다. …… 이 때문에 예전에 면제되었던 자라도 신포를 바치지 않을 수 없게 되었다. 조정의 관리들이 이 법의 시행을 저지하고자 하여, "만약 이처럼 하면 국가에서 충신과 공신을 포상하고 장려하는 후한 뜻이 자연히 사라지게 됩니다."라고 하였다. 대원군은 이를 듣지 않으면서, "충신과 공신이 이룬 사업도 종사와 백성을 위한 것이었다. 지금 그 후손이 면세를 받기 때문에 일반 평민이 법에 정한 세금보다 무거운 부담을 지게 된다면 충신의 본뜻이 아닐 것이다."라고 하며 그 법을 시행하였다.
 — 박제형, "근세조선정감" —

▶ 흥선 대원군은 호포제를 실시하여 상민뿐만 아니라 양반들에게도 군포를 거두었다. 이러한 흥선 대원군의 개혁은 양반의 전통적인 특권을 규제한 것이어서 양반의 반발을 사게 되었다.

④ 환곡 : 폐단이 가장 심하였던 환곡제를 폐지하고 지역 단위로 사창제를 실시(1866)하였으며, 사창의 운영을 민간에 맡겨 관리의 중간 수탈을 예방하였다.

3. 흥선 대원군 개혁 정치의 의의와 한계
① 의의 : 세도 정치의 폐단을 제거하여 국가 기강의 확립과 민생 안정에 기여하였다.
② 한계 : 전제 왕권 강화를 목적으로 한 전통 체제를 유지하기 위한 개혁이었다.

사창제(1866)

봄에 곡식을 빌려주고 가을에 거두는 빈민 구휼 제도이다. 면 단위로 덕망 있고 경제력을 갖춘 인물을 추대하여 민간이 직접 운영·관리하게 하였다.

3 통상 수교 거부 정책과 양요

1. 배경
(1) 서구 열강의 접근 : 이양선 출몰과 서양의 통상 요구로 인해 서양에 대한 경계심이 높아졌다.
(2) 통상 수교 거부 정책 : 천주교와 서양 물품이 들어오는 것을 막아야 한다는 양반 유생들의 주장에 대원군은 군사력을 강화하고 열강의 통상 수교를 거부하는 정책을 펼쳤다.

제1장 흥선 대원군의 개혁과 통상 수교 거부 정책

2. 내용

(1) 병인박해(1866)
① 배경 : 흥선 대원군은 프랑스 선교사를 이용하여 러시아의 남하를 견제하고자 하였으나 교섭에 실패하였다.
② 경과 : 천주교를 금지해야 한다는 유생들의 탄압 여론이 고조되자 흥선 대원군은 프랑스 선교사 9명과 천주교 신자 8천여 명을 처형하였다.

(2) 제너럴 셔먼호 사건(1866)
① 배경 : 대포로 무장한 미국 상선 제너럴 셔먼호가 대동강 유역에 들어와 불법적으로 수심을 측량하고, 약탈과 살해를 자행하였다.
② 경과 : 평안도 관찰사 박규수와 평양 군민이 제너럴 셔먼호를 불태워 침몰시켰다.

(3) 병인양요(1866) 중요
① 배경 : 프랑스 극동 함대의 사령관 로즈 제독이 병인박해를 구실로 강화도를 점령하고 통상을 요구하였다.
② 경과
　㉠ 한성근 부대가 문수산성에서, 양헌수 부대가 정족산성에서 프랑스군을 맞아 결사 항전하였다.
　㉡ 철수하던 프랑스군이 외규장각을 불태우고 의궤 등 각종 귀중한 문화재를 약탈하였다.

▲ 병인양요와 신미양요

(4) 오페르트 도굴 사건(1868)
① 전개 : 독일 상인 오페르트가 통상을 요구하다가 거절당하자 흥선 대원군의 아버지인 남연군의 무덤(충남 덕산)을 도굴하려다 실패하였다.
② 영향 : 조선에서 서양인에 대한 증오와 경계심이 확산되었고, 흥선 대원군도 통상 수교 거부 의지를 강화하였다.

> **오페르트 도굴 사건**
>
> **영종 첨사가 오페르트에게 보낸 회답 편지**
> 너희 나라와 우리나라의 사이에는 애당초 소통이 없었고, 또 서로 은혜를 입거나 원수진 일도 없었다. 그런데 이번 덕산 묘소에서 저지른 변고야말로 어찌 인간의 도리상 차마 할 수 있는 일이겠는가? 또 방비가 없는 것을 엿보고서 몰래 침입하여 소동을 일으키고 무기를 약탈하며 백성들의 재물을 강탈한 것도 어찌 사리상 할 수 있는 일이겠는가? 이런 지경에 이르렀기 때문에 우리나라 신하와 백성은 단지 힘을 다하여 한마음으로 너희 나라와는 한 하늘을 이고 살 수 없다는 것을 다짐할 따름이다.
> – "고종실록" –

▶ 통상 요구를 거부당한 오페르트가 흥선 대원군의 아버지인 남연군의 묘를 도굴하려다 실패하였다. 이 사건으로 조선에서 서양에 대한 반감이 더욱 확산되었다.

수(帥)자기

어재연 장군이 신미양요 때 광성보 전투에서 사용하였다. 미군이 약탈하였다가 현재 우리나라에 임대 형식으로 반환하였다.

(5) 신미양요(1871) 중요
① 배경 : 미국이 제너럴 셔먼호 사건을 계기로 조선에 배상금 지불과 개항을 요구하였으나 흥선 대원군이 이를 거부하였다.
② 경과
　㉠ 로저스 제독이 이끈 미국 함대가 강화도에 침략하여 초지진과 덕진진을 점령하고, 광성보를 공격하자 어재연의 부대가 결사 항전하였다.
　㉡ 조선 군민이 거세게 저항하자 조선을 개항시키기 힘들다고 판단한 미군은 철수하였다.
　㉢ 신미양요 이후 흥선 대원군은 전국에 척화비를 세우고 서양과 통상 수교를 하지 않겠다는 의지를 밝혔다.

척화비

'서양 오랑캐가 침범하는데, 싸우지 아니하면 곧 화의하는 것이요, 화의를 주장함은 곧 나라를 파는 것이다(洋夷侵犯 非戰則和 主和賣國).'라는 내용이 적혀 있다.

3. 의의 및 한계
흥선 대원군의 통상 수교 거부 정책은 외세의 침략을 일시적으로 막아 낼 수 있었으나, 격변하는 세계사의 흐름에 능동적으로 대처하지는 못하였다.

IV. 국제 질서의 변동과 근대 국가 수립 운동

제2장 개항과 불평등 조약의 체결

1 강화도 조약의 체결

1. 강화도 조약의 배경
(1) **고종의 친정** : 흥선 대원군이 하야하고(1873), 고종의 친정 체제가 수립되면서 통상 수교 거부 정책이 완화되었다.
(2) **통상 개화론 대두** : 북학론을 계승한 박규수 · 오경석 · 유홍기 등이 열강의 군사적 침략을 피하고 부국강병을 이루기 위해 서양과 교류해야 한다는 통상 개화론을 주장하였다.
(3) **운요호 사건 발생** : 메이지 유신 이후 일본에서는 조선과의 서계 문제로 정한론이 대두되었고, 그 영향으로 운요호 사건이 발생하였다(1875).

2. 강화도 조약(조 · 일 수호 조규, 1876)
(1) **조약 체결** : 신헌을 전권대신으로 삼아 일본의 구로다와 강화도에서 조약을 체결하였다.

조항	주요 내용	일본의 목적 및 결과
제1조	조선국은 자주의 나라이며, 일본국과 평등한 권리를 가진다.	조선에 대한 청의 종주권 부인
제4조	조선은 부산 외에 두 곳(원산, 인천)을 개항하고 일본인이 왕래 통상함을 허가한다.	경제적(부산, 1876) · 군사적(원산, 1880) · 정치적(인천, 1883) 거점 마련
제7조	조선은 연안 항해의 안정을 위해 일본 항해자로 하여금 해안을 측량하도록 허용한다.	해안 측량권을 인정받아 조선의 자주권 부인, 군사 작전 시 상륙 지점의 정탐 가능
제9조	양국 관리는 양국 인민의 자유로운 무역 활동에 일체 간섭하지 않는다.	일본 상인의 자유로운 상행위 보장
제10조	개항장에서 일어난 양국인 사이의 범죄 사건은 속인주의에 입각하여 자국의 법에 의하여 처리한다.	일본의 치외 법권 인정
제11조	양국 상인의 편의를 꾀하기 위해 추후 통상 장정을 체결한다.	조 · 일 수호 조규 부록과 조 · 일 무역 규칙 체결

(2) **강화도 조약의 성격** : 최초의 근대적 조약이었으나 불평등 조약(해안 측량권과 치외 법권)으로 일본 침략의 발판이 되었다.

3. 조 · 일 수호 조규 부록(1876) 및 조 · 일 무역 규칙(1876)
(1) **조 · 일 수호 조규 부록** : 일본인 거류지를 설정하고 개항장에서 일본 화폐 사용을 허용하였다.
(2) **조 · 일 무역 규칙** : 수출입 상품에 대한 무관세, 쌀과 잡곡에 대한 무제한 유출을 허용하였다.
(3) **일제의 침탈 가속화** : 일본은 강화도 조약을 체결한 이후 조 · 일 수호 조규 부록과 조 · 일 무역 규칙을 잇달아 체결하여 침략을 가속화하였다.

조항	주요 내용	의미
제4관	부산 항구에서 일본 인민들이 다닐 수 있는 거리는 부두로부터 계산하여 동서남북 각 지름 10리로 정한다.	일본인 거류지 설정으로 거류지 무역 전개
제7관	일본 인민은 본국에서 통용되는 여러 화폐로 조선 인민이 보유하고 있는 물자와 교환할 수 있다.	개항장에서 일본 화폐 유통

▲조 · 일 수호 조규 부록

서계(書契) 문제

1868년 일본 정부는 메이지 유신이 일어났음을 알리는 서계(외교 문서)를 조선에 보내왔다. 그런데 일본 정부는 이 서계에 '황조(皇朝)', '봉칙(奉勅)' 등 천자국을 지칭하는 용어를 사용하였고, 조선에 대해 '조신(朝臣)'이라고 표현하였다. 이에 조선은 서계를 돌려보냈고, 이후 양국의 외교 관계는 단절되었다.

정한론(征韓論)

서계 문제 이후 일본 내에서는 무력을 동원해서라도 조선을 정벌하여 개항시켜야 한다는 정한론이 대두하였다. 1873년 이후 사이코 다카모리의 주장에 따라 일본은 조선 정복 준비에 열을 올리게 되었다.

운요호 사건

일본이 조선 정부와 통상 조약을 체결하기 위해 군함 운요호를 강화도에 파견하여 무력 도발로 조선군의 발포를 유도하였다. 일본은 이 사건을 구실로 강화도 조약 체결을 강요하였다.

▲ 강화도 조약의 체결

거류지 무역

1876년 개항부터 1882년 조 · 청 상민 수륙 무역 장정이 체결되기까지 개항장의 외국인 거류지를 중심으로 이루어지던 무역을 말한다. 개항 초기에는 개항장 10리(약 4Km)로 일본 상인의 활동 범위가 제한되었기 때문에 일본 상인은 조선 상인(객주 · 여각 · 보부상)을 매개로 무역을 하였다.

제2장 개항과 불평등 조약의 체결

조항	주요 내용	의미
제6칙	조선의 항구에 거주하는 일본인은 쌀과 잡곡을 수출할 수 있다.	조선의 곡식이 일본으로 무제한 유출 가능
제7칙	일본 정부에 소속된 선박들은 항세를 납부하지 않으며, 수출입 상품에도 관세를 부과하지 않는다.	일본 상품에 대한 무관세로 경제적 침략의 발판 마련

▲ 조 · 일 무역 규칙

2 서양 열강에 대한 문호 개방

1. 조 · 미 수호 통상 조약(1882) 중요

(1) 배경
① 2차 수신사 김홍집(1880)이 일본에서 "조선책략"을 국내로 유입하여 미국과의 수교 필요성이 대두되었다.
② 청은 러시아와 일본을 견제하고 조선에 대한 종주권을 강화하기 위해 조약을 알선하였다.
③ 미국 의회에서는 조선과의 평화적 수교 논의가 제기되어 수교에 적극적이었다.

> **황쭌셴의 "조선책략"**
> 오늘날 조선의 급선무는 러시아를 막는 일보다 급한 것이 없다. 러시아를 막는 책략은 무엇인가? 중국과 친하고[親中] 일본과 맺고[結日] 미국과 연합[聯美]함으로써 자강을 도모할 따름이다. …… 미국이 강성함은 유럽의 여러 대지와 더불어 동 · 서양 사이에 끼어 있기 때문에 항상 약소한 자를 돕고 공의를 유지하여 유럽 사람에게 함부로 악한 짓을 못하게 하고 있다.
> ▶ 주일 청국 외교관인 황쭌셴은 러시아의 남하를 견제하기 위해 '친 중국, 결 일본, 연 미국'하여 자강을 도모해야 한다고 주장하였다.

(2) 내용 : 치외 법권, 최혜국 대우, 거중 조정, 관세 자주권(낮은 세율)이 포함되어 있었다.

조항	주요 내용	의미
제1조	조선국과 미국 인민은 각각 영원히 평화 우호를 지키되 만약 어느 한 나라가 제3국으로부터 어려움을 겪을 경우 원만한 타결을 가져오도록 주선을 다함으로써 그 우의를 표시한다.	거중 조정
제4조	미국 인민이 조선국에서 조선인을 때리거나 재산을 훼손하면 미국 영사나 그 권한을 가진 관리만이 미국 법률에 따라 처벌한다.	치외 법권
제5조	일회용품의 수출입품에 관한 관세율은 종가세 10%를 초과하지 않으며, 사치품 등에서는 30%를 넘지 못한다.	관세 자주권 인정
제14조	조약을 체결한 뒤 본 조약에 부여되지 않은 어떠한 권리나 특혜를 다른 나라에 허가할 때에는 자동적으로 미국 관민에게도 똑같이 주어진다.	최혜국 대우

(3) 의의 : 서양과 체결한 최초의 조약이자 불평등 조약이었으며, 다른 서양 국가와의 조약 체결에 영향을 주었다.

2. 서양 각국과의 수교

(1) **영국 · 독일**(1883) : 청의 알선으로 통상 조약을 체결하였다.
(2) **러시아**(1884) : 베베르 공사를 파견하여 독자적으로 조약을 체결하였다.
(3) **프랑스**(1886) : 천주교 공인 문제로 조약 체결이 지연되었고, 수교 이후 천주교 포교의 자유가 인정되었다.
(4) **조약 내용** : 치외 법권, 최혜국 대우를 인정하는 불평등 조약이었다.

치외 법권
외국인이 현재 체류하고 있는 국가의 권력이나 재판권에 복종하지 않을 수 있는 권리와 자격을 말한다. 특별한 국제 조약에 의해 영사가 주재국에서 일어난 자국민과 관계된 재판을 자국의 법률에 따라 재판할 수 있도록 한 권리이다. 영사 재판권이라고도 불린다.

최혜국 대우
통상 조약이나 항해 조약을 체결한 나라가 상대국에 대하여 가장 유리한 혜택을 받는 나라와 동등하게 대우하는 것을 말한다.

거중 조정
양국 중 한 나라가 제3국과 분쟁이 일어날 경우 다른 한 나라가 두 나라 사이에서 분쟁을 조정하는 것을 말한다. 미국은 이를 의례적 표현으로 여겼지만, 조선은 유사시 미국의 개입 또는 조선과의 동맹으로 해석하였다.

IV. 국제 질서의 변동과 근대 국가 수립 운동

제3장 근대적 개혁의 추진과 위정척사 운동

1 정부의 개화 정책 추진

1. 개혁 기구의 설치와 군제 개편

(1) 통리기무아문 설치(1880) : 청의 양무운동 추진 기구인 총리아문을 모방하여 통리기무아문을 설치하여 개혁을 주도하였다.
(2) 군제 개편 : 5군영을 2영으로 개편하고, 신식 군대인 별기군을 신설하였다(1881).

2. 외교 사절과 시찰단 파견

(1) 수신사
  ① 1차 수신사(1876) : 강화도 조약 체결 이후 일본의 요청으로 김기수가 처음 수신사로 파견되었고, 일본에 다녀온 후 "일동기유"를 저술하였다.
  ② 2차 수신사(1880)
    ㉠ 미곡 수출 금지와 관세 규칙 개정을 위해 조선 정부가 김홍집을 일본에 파견하였으나 성과 없이 돌아왔다.
    ㉡ 2차 수신사 김홍집이 "조선책략"을 가지고 돌아와 유생들의 반발을 불러일으켰다.
(2) 조사 시찰단(1881)
  ① 일본의 정세를 파악하고 개화 정책에 대한 정보를 얻기 위해 박정양·어윤중 등 62명이 비밀리에 일본에 파견되었다.
  ② 일본 정부 기관과 각종 산업 시설을 시찰하고 돌아와 시찰 보고서인 '문견사건'을 고종에게 제출하였다.
(3) 영선사(1881)
  ① 김윤식의 인솔하에 학생과 기술자가 청에 파견되어 톈진의 기기국에서 무기 제조법·군사 훈련법 등을 학습하였으나, 재정 부족과 임오군란의 여파로 조기 귀국하였다.
  ② 근대적 무기 제조 공장인 기기창 설치(1883)에 기여하였다.
(4) 보빙사(1883)
  ① 조·미 수호 통상 조약이 체결된 이후 민영익·홍영식·서광범·유길준 등을 미국으로 파견하였다.
  ② 서양 문명을 최초로 견문하고 돌아왔으며, 귀국 후 우편 제도를 신설하였다.

2 위정척사 운동

1. 의미 : 양반 유생을 중심으로 성리학을 지키고, 성리학 이외에 사악하다고 판단되는 모든 종교와 사상을 배척하자는 주장이 제기되었다.

2. 전개

(1) 1860년대(통상 반대 운동)
  ① 배경 : 이양선의 출몰, 서양의 통상 수교 요구, 병인양요 등이 일어났다.
  ② 인물 및 주장 : 기정진·이항로 등은 서양의 무력 침략에 맞서 싸우자는 척화 주전론을 펼치며 대원군의 통상 수교 거부 정책을 사상적으로 뒷받침해 주었다.

통리기무아문

개화 정책을 총괄하던 기구로, 의정부나 6조와는 별도의 기구로 설립되었다. 실무를 담당하는 12사를 두고 외교·통상·군사·산업·외국어·교육 등 여러 분야의 업무를 추진하였다.

보빙사

1883년 7월, 미국 측 공사 파견에 대한 답례와 양국 간 친선을 위하여 민영익을 전권대사로 하는 보빙사를 미국에 파견하였다. 보빙사는 모두 11명으로 대부분 개화에 뜻을 둔 젊은이들이었다. 이들은 근대 문물을 시찰하고 귀국하여 신식 우편 제도 창시, 육영 공원 설치에 기여하였다.

제3장 근대적 개혁의 추진과 위정척사 운동

> **이항로의 척화 주전론(1860년대)**
>
> 지금 국론은 주화와 주전 양론으로 나누어 있습니다. 서양 세력을 공격해야 한다는 것은 우리나라 사람들이 마땅히 가져야 할 생각이고, 서양 세력과 화친해야 한다는 것은 적과 내통한 사람들의 주장입니다. 이것(주전론)에 의하면 우리의 미풍양속이 지켜지지만, 저것(주화론)에 의하면 우리는 짐승과 같아지고 맙니다.
> ― 이항로, "화서집" ―

▶ 이항로를 비롯한 보수적 유생들은 서양 세력과의 화친을 배척하고 전쟁을 해서라도 막아 내자는 척화 주전론을 주장하였다.

(2) 1870년대(개항 반대 운동)
① 배경 : 1870년대 일본이 문호 개방을 요구하였다.
② 인물 및 주장 : 최익현·유인석 등이 대표적이며, 특히 최익현은 왜양 일체론·개항 불가론을 주장하며 개항 반대 운동을 전개하였다.

> **최익현의 개항 반대 상소(1870년대)**
>
> 저들의 물화는 모두가 지나치게 사치하고 기이스러운 노리개이고 공업 생산품이어서 그 양이 무궁한 데 반하여, 우리의 물화는 모두가 백성들의 생명이 달린 것이고 땅에서 나는 것으로 한정이 있는 것입니다. …… 저들이 왜인이라 하나 실은 양적입니다. 강화가 한번 이루어지면, 사학의 서적과 천주의 초상화가 교역하는 속에서 들어올 것입니다.
> ― 최익현, "면암집" ―

▶ 최익현은 국가의 자주성 손상, 일본과의 교역에 의한 전통 산업의 파괴, 천주교 확산에 따른 미풍양속의 파괴 등 5가지 이유를 들어 개항에 반대하였다.

(3) 1880년대(개화 반대 운동)
① 배경 : 정부의 개화 정책 추진과 "조선책략" 유포로 인해 미국과의 수교가 진행되었다.
② 인물 및 주장 : 이만손은 영남 만인소를 통해 김홍집의 처벌을 요구하고 미국과의 수교에 반대하였으며, 홍재학은 만언 척사소를 통해 개화 정책에 반대하였다.

> **이만손의 영남 만인소(1880년대)**
>
> 수신사 김홍집이 가지고 와서 유포한 황쭌셴의 사사로운 책자를 보노라면 어느새 털끝이 일어서고 쓸개가 떨리며 울음이 북받치고 눈물이 흐릅니다. …… 중국은 우리가 신하로서 섬기는 바이며 해마다 옥과 비단을 보내는 수레가 요동과 계주를 이었습니다. 신의와 절도를 지키고 속방의 직분을 충실히 지킨 지 벌써 2백 년이나 되었습니다. …… 일본은 우리에게 매여 있던 나라입니다. 3포왜란이나 임진왜란의 숙원이 가시지 않았습니다. …… 미국은 우리가 본래 모르던 나라입니다. 잘 알지 못하는데 공연히 타인의 권유로 불러들였다가 그들이 재물을 요구하고 우리의 약점을 알아차려 어려운 청을 하거나 과도한 경우를 떠맡긴다면 장차 이에 어떻게 응할 것입니까? …… 러시아는 본래 우리와 혐의가 없는 나라입니다.
> ― 일성록 ―

▶ "조선책략"이 유포되자 양반 유생들은 정부가 전면적인 개방 정책을 추진한다고 생각하여 반발하였다. 특히 이만손이 중심이 된 영남 유생들은 미국과의 수교에 반대하는 상소문을 작성하고 1만여 명에 가까운 유생들의 서명을 받아 궁궐 앞에서 집단 상소 운동을 전개하였다.

(4) 1890년대(항일 의병 운동)
① 배경 : 을미사변과 단발령이 배경이 되었다.
② 인물 및 내용 : 유인석·이소응 등을 중심으로 을미의병이 일어났다(1895).

(5) 위정척사 운동의 의의와 한계
① 의의 : 일본과 서양 열강의 침략에 저항한 반침략·반외세적 자주 운동으로, 이후 항일 의병으로 이어졌다.
② 한계 : 성리학적 지배 질서를 유지하려는 목적이 더 컸고, 이로 인해 근대화를 지연시키는 결과를 가져왔다.

최익현

1873년 흥선 대원군 탄핵 상소를 올려 흥선 대원군을 실각시켰으며, 1876년 개항 반대 운동을 전개하며 '지부복궐 척화의 소'를 올렸다. 1985년 을미개혁 당시 단발령에 강력히 저항하였으며, 1905년 을사조약 체결 후 전북 태인에서 의병을 일으켜 순창까지 진격하였으나 왕의 부대와 싸울 수 없다 하여 일본에 체포되어 쓰시마 섬에 유배되었다가 단식 끝에 순국하였다.

조선책략

1880년경 참찬관인 황쭌셴이 지은 것으로, 원래의 제목은 "사의조선책략"이다. 1880년 제2차 수신사로 일본에 갔던 김홍집이 귀국하는 길에 이 책을 얻어와 고종에게 바치자 영남 유생 이만손 등이 '영남 만인소'를 올려 김홍집 일파를 탄핵하였다. 그러나 이 책은 당시 조선 정부의 외교 정책에 영향을 주어 개화 정책 시행의 계기가 되었다.

IV. 국제 질서의 변동과 근대 국가 수립 운동

제4장 개항 시기의 주요 사건들

1 임오군란(1882)

1. 임오군란의 배경
(1) **서민 생활의 악화** : 외세의 침략과 일본으로의 무제한 곡물 유출로 쌀값이 폭등하는 등 서민 생활이 악화되었다.
(2) **구식 군대에 대한 차별 대우** : 구식 군인은 급료도 제대로 지급받지 못하는 등 별기군에 비해 차별 대우를 받고 있었다.
(3) **정부의 개화 정책에 불만** : 정부의 개화 정책 추진과 민씨 정권의 부정부패에 대한 민중과 보수 세력의 반발이 커져 가고 있었다.

2. 임오군란의 전개 과정
(1) **구식 군인의 봉기**
  ① 구식 군인들은 1년 넘게 월급을 받지 못한 데다 겨우 받은 한 달 치 월급에 겨와 모래가 절반 이상 섞여 있자 폭동을 일으켰다.
  ② 정부가 주동자를 잡아들이자 군인들은 부정부패의 온상이었던 선혜청을 습격하고 책임자 민겸호의 집에 불을 질렀다.
  ③ 별기군의 일본인 교관 호리모토를 살해하고, 일본 공사관을 습격하였다.
  ④ 하층민까지 합세한 시위대는 창덕궁을 습격하고 민겸호, 이최응 등 민씨 정권의 고관들을 살해하였다.
  ⑤ 명성 황후는 충주(장호원)로 피신하였고, 민씨 일파는 청에 원조를 요청하였다.
(2) **흥선 대원군의 재집권과 정부의 개화 정책 중단**
  ① 흥선 대원군은 군란을 수습하고 정부가 추진하던 개화 정책을 중단시켰다.
  ② 별기군과 통리기무아문을 폐지하고, 5군영을 부활시켰다.
(3) **청군의 개입과 민씨 정권의 재집권**
  ① 청은 일본의 무력 개입을 막기 위해 조선에 군대 3,000명을 파견하여 군란을 정리하고, 군란의 책임을 물어 대원군을 청의 톈진으로 압송하였다.
  ② 명성 황후는 청군의 호위를 받으며 궁궐로 돌아왔고 고종은 명성 황후가 살아 있음을 공식 발표하였다.

흥선 대원군의 재집권

• 고종은 난리가 일어났다는 말을 듣고 급히 대원군을 불렀으며, 대원군은 난병을 따라 들어갔다. …… 대원군은 궁궐 안에 있으면서 통리기무아문과 무위영, 장어영을 폐지시키고 5위의 군제를 복구하였다.
— 황현, "매천야록" —

• 왕이 "중전의 시신을 사방에 찾아보았지만 끝내 그림자도 없으니 또한 어찌할 도리가 없다. …… 제반 시행 절차는 입던 옷을 가지고 장사 지내는 것으로 마련한 것이다."라고 말하였다.
— "고종실록" —

▶ 임오군란 시 복귀한 흥선 대원군은 개화 정책을 중단시키고 5군영을 다시 복귀시켰으며, 명성 황후의 죽음을 공포하고 명성 황후가 입던 옷으로 장례를 치렀다.

별기군

일본인 교관을 채용하여 근대식 군사 훈련을 시키고 사관생도를 양성한 신식 군대이다.

선혜청

대동법 실시 이후 대동세를 받던 기구로, 조선 후기 조세 수취와 지출을 담당하면서 부패해졌다.

흥선 대원군의 집권

흥선 대원군은 어린 고종을 대신하여 개혁 정치(1863~1873)를 실시하였고, 1873년 최익현의 탄핵 상소와 고종의 친정 체제가 수립되면서 하야하였다. 임오군란(1882) 직후 고종의 요청으로 군란을 수습하기 위해 정계에 복귀하였으나, 청의 개입으로 톈진에 압송되어 3년간 억류되었다 돌아왔다(1885). 1894년 흥선 대원군을 섭정으로 하는 1차 김홍집 내각 수립 때 다시 정계에 복귀하였으나 실각하였다.

제4장 개항 시기의 주요 사건들

3. 임오군란의 결과와 영향

(1) 국내
① 개항 이후 일어난 최초의 반정부·반외세 운동이었으나, 이후 민씨 정권의 친청 정책이 심화되었다.
② 외국 군대의 주둔, 외국 상인의 내륙 진출, 청·일 양국의 정치·경제적 경쟁을 초래하였다.

(2) 일본
① 조선은 일본과 제물포 조약을 체결(1882)해 배상금 지불, 일본 경비병의 공사관 주둔, 군란 주모자 처벌, 사과 사절단 파견 등 일본의 요구를 받아들였다.
② 조선은 일본과 조·일 수호 조규 속약을 체결(1882)하고 간행 이정 확대, 일본인 외교관과 그 수행원 및 가족의 조선 내지 여행을 인정해 주었는데, 이로 인해 일본 상인의 내지 통상이 가능하게 되어 거류지 무역이 해체되고 청·일 양국 상인이 경쟁하게 되었다.

제물포 조약(1882)과 조·일 수호 조규 속약(1882)

제물포 조약(1882. 7.)
제1조 금일부터 20일 안에 조선국은 흉도를 체포하고, 그 괴수를 엄중히 취조하여 중죄에 처한다. 일본국은 관리를 보내 입회 처단케 한다. 만일 그 기일 안에 체포하지 못할 때는 응당 일본국이 처리한다.
제3조 조선국은 5만 원을 내어 해를 당한 일본 관리들의 유족 및 부상자에게 주도록 한다.
제4조 흉도의 폭거로 일본국이 받은 피해 및 공사를 호위한 육해군 경비 중에서 50만 원은 조선국이 채워 준다. 해마다 10만 원씩 5년 동안 완납한다.
제5조 일본 공사관에 약간의 병사를 두어 경비하게 하며, 그 비용은 조선국이 부담한다.

조·일 수호 조규 속약(1882. 7.)
제1조 부산, 원산, 인천 각 항구의 간행 이정을 이제부터 사방 각 50리로 넓히고, 2년이 지난 뒤 다시 각각 100리로 한다. 지금부터 1년 뒤에는 양화진을 개시(開市)로 한다.
제2조 일본국 공사·영사 및 그 수원과 가족의 조선 각지 유력(여행)을 허가한다. 여행 지방을 지정함은 예조에서 하되 증서를 발급하고, 지방관은 증서를 검사하고 여행자를 호송한다.

▶ 제물포 조약 체결로 조선은 임오군란으로 발생한 일본의 피해를 보상하기 위한 배상금 지불, 일본 경비병 주둔, 군란 주모자 처벌, 사죄 사절단 파견 등을 인정하였다. 또한 제물포 조약을 체결한 당일 조선은 일본과 조·일 수호 조규 속약을 체결하여 일본 상인의 내지 통상권을 인정해 주었다.

(3) 청
① 조선의 내정에 적극적으로 간섭하였다.
② 친군영을 설치하여 조선에 청군을 주둔시켰으며, 위안스카이로 하여금 지휘하게 하였다.
③ 마젠창(내정 고문)과 묄렌도르프(외교 고문) 등 고문을 파견하였다.
④ 조·청 상민 수륙 무역 장정을 체결하였다(1882).
  ㉠ 조선이 청의 속국임을 명시하고, 청의 종주권을 재확인하였다.
  ㉡ 청 상인의 내지 통상권을 허용하여 내륙으로 진출할 수 있는 길을 열어 주었다.
  ㉢ 치외 법권, 연안 어업권 및 무역권, 기선 및 청국 군함의 항해권, 조차 허용 등 청 상인의 통상 특권을 인정하였다.

조·청 상민 수륙 무역 장정(1882)

제2조 조선의 개항장에서 청의 상무위원이 청 상인에 대한 재판권을 행사한다.
제4조 베이징과 한성, 양화진에서 상점을 열어 무역을 허락하되 양국 상민의 내지 행상을 금지한다. 다만 내지 행상이 필요할 경우 지방관의 허가서를 받아야 한다.

▶ 조·청 상민 수륙 무역 장정은 조선이 청의 속국임을 재확인하고, 청의 치외 법권과 청 상인의 내륙 무역을 인정하는 것이었다.

묄렌도르프
청 주재 독일 영사관에서 근무하다가 이홍장의 추천으로 조선에 온 최초의 서양인 고문이었다. 그는 외교와 세관 업무를 담당하면서 민씨 세력과 손잡고 점진적인 개혁을 추진하였다. 개화 방법을 둘러싸고 급진파의 김옥균과 대립하였다. 특히 조선의 재정 확보를 위해 묄렌도르프는 당오전 발행을 주장하였고, 김옥균은 일본 차관 도입을 주장하면서 대립하였다.

조·청 상민 수륙 무역 장정
'장정'은 여러 조목으로 나누어 정한 규정을 의미한다. 조선은 중국의 속국이라 하여 독립된 두 국가가 체결하는 '조약'이 아닌 '장정'이라는 용어를 사용하였다. 조선은 중국의 속국이므로 중국 황제의 특별 허가만으로 효력을 갖게 되는 '장정'이 옳다는 게 청의 주장이었다.

▲ 청이 조선의 내정과 외교에 간섭하는 모습을 그린 풍자화

2 개화사상의 형성과 발전

1. 개화사상의 형성
(1) **통상 개화론자** : 19세기 후반 북학파 실학사상을 계승한 박규수·오경석·유홍기 등은 서구 열강과의 통상 및 서양 문물 수용을 통해 근대적 개혁을 실시하고자 하였다.
(2) **개화파 형성** : 박규수 등의 영향을 받은 양반 자제들은 김옥균·박영효·홍영식·서광범·유길준·김윤식 등이었고, 이들은 정부의 개화 정책에 주도적으로 참여하면서 개화파를 형성하였다.

2. 개화 세력의 분화
(1) **내용** : 임오군란을 전후하여 개화의 방법, 속도, 외교 정책을 둘러싸고 온건 개화파와 급진 개화파로 분화되었다.
(2) **개화파의 분화**

구분	온건 개화파	급진 개화파
중심 인물	김윤식·김홍집·어윤중	김옥균·박영효·홍영식·서광범
개혁 모델	청의 양무운동	일본의 메이지 유신
개혁 주장	동도 서기론(전통적인 사상과 제도는 유지, 서양의 과학 기술만 수용), 전제 군주제 유지	문명 개화론(서양의 과학 기술뿐만 아니라 사상과 제도도 수용), 입헌 군주제 추구
외교 관계	친청 사대 정책 유지	청의 간섭과 청에 대한 사대 외교 비판
특징	민씨 정권과 타협하여 점진적 개혁 추구, 수구당·사대당이라 불림	청에 대한 사대 관계 청산을 주장하며 민씨 정권의 부패와 무능 비판, 개화당·독립당이라 불림

김옥균
갑신정변을 주도하였으며, 짧은 기간 동안 호조 참판으로 신정부를 지휘하였으나 정변이 실패하자 일본으로 망명하였다. 1894년 이홍장을 만나러 상하이에 갔으나 프랑스 유학생 홍종우에게 살해되었다.

박영효
임오군란 사후 수습을 위해 3차 수신사로 일본을 방문하여 일본 정계의 지도자 및 서양 외교 사절과 접촉하였다. 태극기를 만들었으며, 최초의 근대식 인쇄소인 박문국을 설립하여 '한성순보'를 발간하는 데 중추적인 역할을 하였다. 갑신정변에 가담하였다가 실패한 후 일본으로 망명하였다.

3 갑신정변(1884)

1. 갑신정변의 배경
(1) **민씨 정권의 개화당 탄압**
① 임오군란 이후 청의 내정 간섭이 심해지자 급진 개화파들은 청과의 사대 관계 청산을 주장하며 민씨 정권의 부패와 무능을 비판하였다.
② 민씨 정권과 급진 개화파는 국가 재정난 해결 방법을 둘러싸고 대립하였다.
  ㉠ 민씨 정권은 묄렌도르프의 의견을 받아들여 당오전을 발행하여 인플레이션을 야기하였다.
  ㉡ 김옥균은 일본으로부터 차관 3백만 원을 도입하려 하였으나 실패하였고, 이로 인해 급진파는 개혁의 주도권을 잃고 더욱 위축되었다.
(2) **국내외의 정세 변화**
① 베트남 문제로 청·프 전쟁이 일어나자(1884) 서울에 주둔하던 청군의 절반이 철수하였다.
② 일본은 조선 침략의 걸림돌이었던 청과 민씨 정권을 타도하고 조선에서 우위를 차지할 수 있는 기회라고 판단하고 급진 개화파에게 일본군 지원을 약속하였다.

2. 갑신정변의 전개 과정
(1) **정변 돌입**
① 급진 개화파는 우정총국 개국 축하연을 기회로 거사에 돌입하였다.
② 조영하·민태호·민영목·한규직 등 민씨 정권의 고위 관료들을 암살하고, 개화당 정부를 수립하였다(갑신정변, 1884).
③ 고종의 재가를 받은 혁신 정강 14개조를 발표하여 국가 체제의 개혁을 모색하였다.

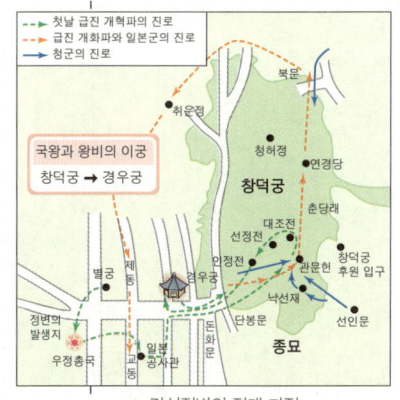
▲ 갑신정변의 전개 과정

제4장 개항 시기의 주요 사건들

혁신 정강 14개조

1. 청에 잡혀간 흥선 대원군을 곧 돌아오게 하며, 종래 청에 대하여 행하던 조공의 허례를 폐한다.
2. 문벌을 폐지하여 인민 평등의 권리를 세워, 능력에 따라 관리를 임명한다.
3. 지조법을 개혁하여 관리의 부정을 막고 백성을 보호하며, 국가 재정을 넉넉하게 한다.
6. 혜상공국을 혁파한다.
8. 급히 순사를 두어 도둑을 방지한다.
12. 모든 재정은 호조에서 관할한다.
13. 대신과 참찬은 의정부에 모여 정령을 의결하고 반포한다.

— 김옥균, "갑신일록" —

▶ 급진 개화파의 혁신 정강 14개조에는 흥선 대원군 복귀(1조), 청의 종주권 부인(1조), 신분제 폐지(2조), 지조법 개혁(3조), 재정의 호조 일원화(12조), 입헌 군주제 지향(13조) 등의 개혁이 담겨 있다.

갑신정변의 주역들

갑신정변을 일으킨 급진 개화파로, 왼쪽부터 박영효, 서광범, 서재필, 김옥균이다.

(2) 3일 천하로 종결
① 청군이 개입해 오자 일본군은 후퇴하였으며, 고종을 수행하였던 홍영식·박영교 등은 청군에 피살되었고, 나머지 개화파 역시 체포되어 사형을 당하였다.
② 갑신정변의 주동자인 김옥균·박영효·서광범·서재필 등은 일본 공사관으로 피신하였다가 일본으로 망명하였다.

(3) 민중의 반응
① 백성들은 급진 개화파가 외세를 끌어들여 국왕을 속이고 중신을 죽인 것으로 여겨 적대적인 반응을 보였다.
② 창덕궁에서 일본군이 후퇴하자 정변 소식에 분개한 백성들이 몰려들어 일본 공사관을 습격하였다.

▲ 우정총국

3. 갑신정변의 결과

(1) **국내** : 청의 내정 간섭이 더욱 심해지고 개화 세력이 도태되는 결과를 초래하였다.
(2) **일본** : 조선이 일본에 배상금을 지불하고, 일본 공사관 신축 비용을 부담한다는 내용을 담은 한성 조약이 조선과 일본 사이에 체결되었다(1884).

한성 조약

제1조 조선국은 일본에 국서를 보내 사의를 표명한다.
제2조 이번에 피해를 입은 일본국 인민의 유가족과 부상자를 돌보아 주고, 아울러 상인들의 화물이 훼손·약탈된 것을 보충하기 위해 조선국은 11만 원을 지불한다.
제4조 일본 공사관을 새로운 곳으로 옮겨 신축해야 하므로 조선국은 땅과 건물을 내주어 공사관 및 영사관으로 사용할 수 있도록 한다. 그것을 수축이나 증축할 경우 조선국이 다시 2만 원을 지불하여 공사비로 충당하게 한다.

▶ 갑신정변 이후 조선과 일본 사이에 맺은 조약으로, 조선이 일본에 배상금을 지불하고 일본 공사관의 신축 비용을 부담하기로 약속하였다.

(3) **청** : 청·일 군대의 동시 철수와 향후 조선 파병 시 상호 통보 내용을 담은 톈진 조약이 청과 일본 사이에 체결되었다(1885).

톈진 조약

제1조 청은 조선에 주둔시키고 있는 군대를 철수하고, 일본은 공사관 경비를 위해 조선에 주둔한 군대를 철수한다.
제3조 조선에 변란이나 중대한 사건이 일어날 경우, 청과 일본이 파병하고자 할 때는 사전에 상호 문서를 보내고, 사건이 진정되면 즉시 철병한다.

▶ 청과 일본이 체결한 조약으로, 청·일 군대의 동시 철수, 조선에 군대 파병 시 상대방에게 알릴 것이 명시되어 있다. 이 조약으로 동학 농민 운동 시기 양군 파병 문제가 청·일 전쟁의 원인이 되었다.

4. 갑신정변의 의의와 한계
(1) **최초의 정치 개혁 운동** : 근대 국가를 지향하는 최초의 정치 개혁 운동으로, 이후 갑오개혁, 독립 협회, 애국 계몽 운동으로 계승되었다.
(2) **위로부터의 개혁** : 개화사상이 널리 보급되지 못한 상황 속에서 소수의 지식인들이 급진적 방식으로 위로부터의 개혁을 추진하였다.
(3) **민중 지지 취약** : 토지 제도 개혁을 주장해 온 민중의 요구를 외면하고, 일본에 의존하는 태도로 민중의 지지를 받지 못하였다.

4 열강의 대립과 거문도 사건(1885)

1. 갑신정변 이후 자주적 외교 노력
(1) **러시아와 비밀 협약 추진** : 청의 간섭에서 벗어나고자 조·러 비밀 협약을 추진하였으나 청의 간섭으로 실패하였다.
(2) **미국과의 관계 강화** : 서양 고문관을 초빙하고 미국에 박정양을 전권 공사로 파견하여 주미 공사관을 개설하였다.
(3) **청의 견제**
  ① 고종이 자주적 외교 정책을 추진하자 청은 흥선 대원군을 환국시키고 위안스카이를 파견하여 견제하였다.
  ② 묄렌도르프가 친러 정책을 취하자 1866년 외교 고문을 미국인 데니로 바꾸었다.

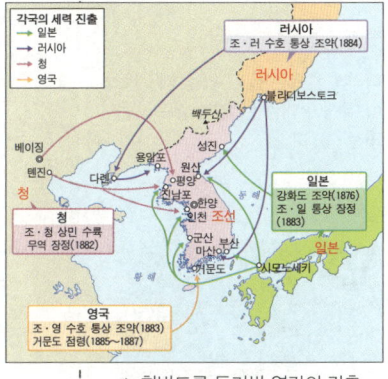
▲ 한반도를 둘러싼 열강의 각축

2. 영국의 거문도 점령(1885~1887)
(1) **거문도 점령** : 러시아의 남하 정책을 견제하려던 영국은 조선과 러시아가 비밀 협약을 체결한다는 소식에 거문도를 점령하여 포대를 구축하였다(1885).
(2) **영국군의 철수** : 청의 이홍장이 중재하여 러시아로부터 조선을 침략하지 않는다는 확약을 받고 철수하였다.

3. 조선 중립화론 대두(1885)
(1) **조선 중립화론** : 조선을 둘러싸고 열강의 대립이 격화되자 조선 중립화론이 제기되었으나 실효를 거두지 못하였다.
(2) **조선의 영세 중립화 건의** : 조선 주재 독일 부영사 부들러가 청과 일본의 충돌을 방지하기 위해 조선의 영세 중립화를 건의하였다.
(3) **유길준** : 열강의 침략으로부터 조선의 안전을 지키기 위해서는 강대국 모두가 보장하는 중립화가 필요하다고 주장하였다.

유길준의 조선 중립화론

이제 우리나라는 지역으로 말하면 아시아의 인후에 처해 있는 것이 유럽의 벨기에와 같다. 지위는 중국에 조공하던 나라로서 불가리아가 터키에 조공하던 나라로서 왕이 책봉을 받던 일은 벨기에에도 없던 일이었다. …… 대저 우리나라가 아시아의 중립국이 된다면 러시아를 방어하는 큰 기틀이 될 것이고, 또 아시아의 여러 대국이 서로 보전하는 정략도 될 것이다. 오직 중립만이 우리나라를 지키는 방책인데, 우리 스스로가 제창할 수도 없으니 중국에 청하여 처리해야 할 것이다. 중국이 맹주가 되어 영국, 프랑스, 일본, 러시아 같은 아시아에 관계있는 여러 나라들과 회합하고 우리나라를 참석시켜 같이 중립 조약을 체결하도록 해야 될 것이다. 이것이 비단 우리나라만을 위한 것이 아니라 중국의 이익도 될 것이고, 여러 나라가 서로 보전하는 계책도 될 것이니 무엇이 괴로워서 하지 않겠는가.
  – 유길준, '중립론' –

▶ 유길준은 조선의 안전이 어느 특정한 강대국의 보장만으로는 이루어지지 않으며 강대국 모두가 보장하는 중립화를 이룰 때에만 가능하다고 보았다.

부들러의 중립화론

독일 영사 부들러는 해양 세력인 일본과 대륙 세력인 청 사이의 충돌을 방지하기 위하여 조선이 중립을 선택할 것을 권유하였다. 그는 조선의 안정을 위해 스위스 같은 영세 중립국 방안을 건의하였으나 조선 정부는 '중국이 이유 없이 군대를 늘리거나 분쟁을 일으키지는 않을 것이며, 일본도 평화 위주의 정책을 써서 경거망동을 하지 않을 것'이라며 이 제안에 관심조차 보이지 않았다.

IV. 국제 질서의 변동과 근대 국가 수립 운동

제5장 국제적 대립의 격화와 조선의 대응

포접제
동학 포교를 위해 마을이나 군 단위로 접을 조직하고, 수십 개의 접을 포로 묶었다. 접의 책임자는 접주, 포의 책임자는 대접주라고 불렸다.

복합 상소
나라에 중요한 일이 있을 때 관료나 유생이 대궐 문 앞에 엎드려 올리는 상소이다.

사발통문

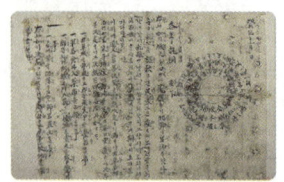

전봉준은 사발통문을 돌려 농민군을 조직하고 봉기를 호소하였다.

동학 농민군 4대 강령(1894. 3.)

> 1. 사람과 남의 물건을 해치지 마라.
> 2. 충효를 다하고 세상을 구하고 백성을 평안하게 하라.
> 3. 일본 오랑캐를 몰아내고 나라의 정치를 깨끗이 한다.
> 4. 군대를 몰아 서울로 들어가 권세가와 귀족을 없앤다.
> — 정교, "대한 계년사" —

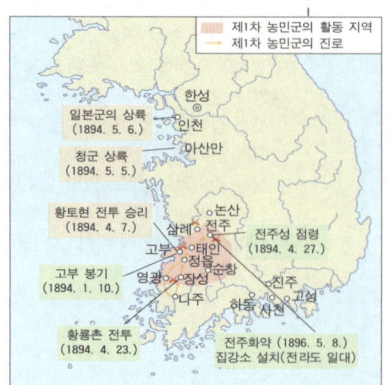
▲ 동학 농민군의 제1차 봉기

1 동학 농민 운동(1894)

1. 배경
(1) 농민의 동요 : 일본의 경제 침략과 지배 관료층의 무능이 확산되고, 농민의 조세 부담이 가중되자 사회 변혁의 욕구가 고조되었다.
(2) 동학의 교세 확산 : 당시 동학은 포접제의 조직망을 정비하고 급속히 세력을 팽창하였고, 동학의 합법화를 위해 교조 신원 운동을 벌였다.

2. 교조 신원 운동
(1) 삼례 집회(1892) : 동학 교도들이 전라도 삼례에 모여 충청도와 전라도 관찰사에게 동학 탄압 중지와 교조 최제우의 누명을 풀어 줄 것을 진정하였다.
(2) 서울 복합 상소(1893) : 동학 교도들이 서울에 상경하여 경복궁 앞에서 복합 상소를 통해 교조 신원과 동학 포교의 자유를 요구하다가 해산당하였다.
(3) 보은 집회(1893) : 동학 교도들이 교조 신원 운동을 전개하다 '제폭구민(除暴救民)', '척왜양창의(斥倭洋倡義)'를 외치며 정치적 성격을 가지게 되었다.

3. 전개 및 결과
(1) 제1기(고부 농민 봉기, 1894. 1.) : 전라도 고부 군수 조병갑의 부정부패와 수탈이 원인이 되어 전봉준을 선두로 봉기가 일어났다.
(2) 제2기(제1차 농민 봉기, 1894. 3.)
 ① 민란을 수습하기 위해 파견된 안핵사 이용태가 동학 농민군을 탄압하자 전봉준이 동학 접주에게 사발통문을 돌려 대규모의 농민군을 조직하고 무장(전북 고창)에서 봉기하였다.
 ② 농민군은 고부를 점령하고 백산에 집결하여 4대 강령과 '보국안민', '제폭구민'의 내용이 담긴 백산 격문을 발표하였다.

> **백산 격문**
> 우리가 의(義)를 들어 이에 이르렀음은 그 뜻이 결코 다른 데 있지 아니하고 창생을 도탄 중에서 건지고 국가를 반석 위에 두고자 함이다. 안으로는 탐학한 관리의 머리를 베고, 밖으로는 횡포한 강적의 무리를 구축하고자 함이다. 양반과 부호 앞에서 고통을 받는 민중들과 방백과 수령의 밑에서 굴욕을 받는 아전들은 우리와 같이 원한이 깊은 자이다. 조금도 주저치 말고 이 시각으로 일어서라. 만일 기회를 잃으면 후회해도 미치지 못하리라.
> — 오지영, "동학사" —

▶ 동학 농민군은 제1차 농민 봉기 당시 4대 강령과 격문을 발표하였는데, 여기에는 반봉건과 반외세라는 동학 농민군의 목표가 드러나 있다.

 ③ 전봉준·김개남·손화중 등이 황토현 전투와 황룡촌 전투에서 승리하고 전라도의 중심인 전주성을 점령하였다.
 ④ 정부에서 홍계훈을 파견하여 동학군을 토벌하도록 하고 청에 원병을 요청하자 일본도 톈진 조약을 구실로 군대를 파병하였다.
(3) 제3기(집강소 설치)
 ① 청·일의 군대가 조선에 상륙하자 사태 악화를 우려한 동학 농민군은 정부와 전주 화약을 체결하고, 자진 해산하였다.

② 이후 농민군은 전라도 일대에 행정과 치안을 담당하는 자치 기구인 집강소를 설치하였다 (폐정 개혁안 12개조 실시 : 반봉건·반외세적 성격).

폐정 개혁안 12개조

1. 동학도는 정부와의 원한을 씻고, 서정에 협력한다.
2. 탐관오리는 그 죄상을 조사하여 엄중히 징벌한다.
3. 횡포한 부호를 엄중히 징벌한다.
4. 불량한 유림과 양반의 무리를 징벌한다.
5. 노비 문서를 소각한다.
6. 천인 차별을 개선하고, 백정이 쓰는 평량갓은 없앤다.
7. 젊어서 과부가 된 여성의 개가를 허용한다.
8. 무명의 잡세는 일체 폐지한다.
9. 관리 채용에는 지벌을 타파하고 인재를 등용한다.
10. 왜와 통하는 자는 엄중히 징벌한다.
11. 공사채를 막론하고, 기왕의 것은 무효로 한다.
12. 토지는 균등히 나누어 경작하게 한다.

— 오지영, "동학사" —

▶ 전주 화약 체결 이후 동학 농민군은 전라도 각지에 집강소를 설치하고 폐정 개혁을 실시하였다.

집강소
전라도 53개 군에 설치되어 치안과 행정을 담당하였다. 한 사람의 집강과 그 아래 서기·집사·성찰 등이 있었다. 대체로 이들 요직에는 행정에 대한 지식이나 경험이 있는 잔반 및 향리 등이 임용되었다. 전주에는 총본부인 대도소가 있어 전봉준이 총지휘를 맡았다.

(4) 제4기(제2차 농민 봉기, 1898. 9.)
① 원인 : 일본이 경복궁을 점령(1894. 6.)하고 내정 간섭을 강화하였으며, 청·일 전쟁(1894. 7.)을 일으켰다.
② 전개 및 결과
  ㉠ 농민군은 재봉기하여 남접과 북접의 연합군을 조직하였다.
  ㉡ 논산에 집결한 농민군이 우금치 전투에서 관군·일본군·민보군 등에 패배하면서 동학 농민 운동은 실패하였다.

남접과 북접의 연합
북접은 충청도의 농민군 조직으로, 손병희가 주도하였고, 남접은 전라도 농민군 조직으로, 전봉준이 주도하였다.

민보군
양반 지주와 토호들이 동학 농민군에 맞서기 위해 조직하였다.

전봉준에 대한 심문 내용(요약)

심문자 : 작년(1894) 3월 무슨 사연으로 고부 등지에서 민중을 크게 모았는가?
전봉준 : 고부 군수(조병갑)의 수탈이 심하여 의거하였다.
심문자 : 흩어져 돌아간 후에는 무슨 일로 군대를 봉기하였느냐?
전봉준 : 문제 해결 책임자 이용태가 내려와 의거 참가자 대다수가 일반 농민이었음에도 불구하고 모두를 동학으로 통칭하고 체포하여 살육하였기에 군대를 봉기하였다.
심문자 : 전주 화약 이후 다시 군대를 일으킨 이유가 무엇이냐?
전봉준 : 일본이 개화를 구실로 군대를 동원하여 왕궁을 공격하고 임금을 놀라게 하였으니, 충군애국의 마음으로 의병을 일으켜 일본과 싸워 그 책임을 묻고자 함이다.

— 국사편찬위원회, "동학란기록" 하 —

▶ 동학 농민 운동을 주도하다가 체포된 전봉준의 재판 기록이다. 이 심문 기록을 통해 고부 농민 봉기부터 제2차 농민 봉기까지의 특징을 파악할 수 있다.

▲ 동학 농민군의 제2차 봉기

4. 의의와 한계

(1) 의의
① 반봉건 개혁 운동 : 신분 차별 철폐와 조세 제도 개혁을 주장하였으며, 이후 갑오개혁에 영향을 주었다.
② 반외세 운동 : 일본의 침략을 물리치려 하였던 반봉건·반침략 운동으로, 이후 농민군 잔여 세력이 항일 의병 운동에 가담하였다.

(2) 한계 : 근대 국가 건설을 위한 구체적인 방안을 제시하지 못하였고, 넓은 지지 기반을 확보하지 못하였으며, 근대 무기로 무장한 일본군에 역부족이었다.

2 갑오개혁과 을미개혁

1. 교정청 설치
(1) 배경 : 동학 농민 운동을 구실로 조선에 들어온 일본군이 청에 조선의 내정 개혁을 공동으로 수행할 것을 제의하였고, 청이 이를 거부하자 일본이 단독으로 조선 정부에 내정 개혁을 요구하였다.
(2) 내용 : 정부는 일본군의 철수를 요구하고 독자적인 개혁을 추진하기 위해 교정청을 설치하였으며, 동학 농민군이 요구한 개혁안을 일부 받아들여 잡세 폐지 등의 개혁을 추진하였다.
(3) 폐지 : 일본은 경복궁을 점령한 후 청·일 전쟁을 일으키고, 기존 정부를 무너뜨리고 조선 정부의 개혁을 중단시켰다.

2. 갑오개혁의 추진
(1) 제1차 갑오개혁 〈중요〉

① 배경 : 일본의 강요로 정부는 김홍집을 총리대신으로 하는 내각을 수립하고, 군국기무처를 설치하여 개혁을 추진하였다.
② 개혁의 주요 내용
  ㉠ 정치
    • 청의 종주권을 거부하며 개국 연호를 사용하였다.
    • 궁내부를 따로 설치하여 왕실과 정부의 사무를 분리하여 국왕의 전제권을 제한하고 의정부에 권한을 집중하였다.
    • 6조를 8아문으로 개편하고 언론 삼사와 과거 제도를 폐지하였다.
    • 경무청을 설치하고 경찰 제도를 실시하였다.
  ㉡ 경제
    • 국가 재정을 탁지아문으로 일원화하였다.
    • 은 본위 화폐 제도를 채택하고 조세를 금납화하였으며, 도량형을 통일하였다.
  ㉢ 사회
    • 노비제 등 신분제를 폐지하였다.
    • 봉건적 악습인 조혼을 금지하고 과부의 개가를 허용하였으며, 고문과 연좌법을 폐지하였다.

(2) 제2차 갑오개혁 〈중요〉
① 배경
  ㉠ 청·일 전쟁에서 승세를 잡은 일본이 조선의 내정에 본격적으로 간섭하였다.
  ㉡ 군국기무처를 폐지하고 일본에 망명해 있던 박영효 등을 귀국시켜 조선을 보호국으로 만들기 위한 정책을 추진하였다.
② 내용 : 박영효와 서광범 등을 입각시켜 제2차 김홍집 연립 내각을 구성하였다.
③ 개혁의 주요 내용
  ㉠ 정치
    • 홍범 14조를 반포하였으며, 의정부를 내각으로 개편하고 지방 제도를 8도에서 23부로 바꾸었다.
    • 지방관의 사법권과 군사권을 배제하는 등 권한을 축소시켰으며, 재판소를 설치하여 사법권의 독립을 꾀하였다.
  ㉡ 문화 : 근대적 교육 제도를 마련하여 한성 사범 학교 관제, 소학교 관제, 외국어 학교 관제 등을 발표하였다.

군국기무처
군국의 기무와 일체의 개혁 사무를 관할한 초정부적인 입법·정책 기구이다. 고문에 오토리 일본 공사, 총재에 김홍집, 박정양, 유길준 등 17명이 임명되었으며, 반 년간 210건의 개혁안을 의결하였다.

8아문
내무아문, 외무아문, 탁지아문, 군무아문, 법무아문, 학무아문, 공무아문, 농상무아문을 말한다.

한성 사범 학교
1895년 초등 교육 기관인 소학교를 널리 보급하고 소학교 교사를 양성하기 위해 설치한 한국 최초의 근대식 관립 학교이다.

> **홍범 14조**
>
> 1. 청에 의존하는 생각을 버리고 자주독립의 기초를 세운다.
> 2. 왕실 규범을 제정하여 왕위 계승의 법칙과 종친과 외척과의 구별을 명확히 한다.
> 3. 임금은 각 대신과 의논하여 정사를 행하고, 종실이나 외척의 내정 간섭을 용납하지 않는다.
> 4. 왕실 사무와 국정 사무를 나누어 서로 혼동하지 않는다.
> 5. 의정부 및 각 아문의 직무와 권한을 명백히 한다.
> 6. 납세는 법으로 정하고 함부로 세금을 거두지 않는다.
> 7. 조세의 징수와 경비 지출은 모두 탁지아문의 관할에 속한다.
> 8. 왕실의 경비는 솔선하여 절약하고, 이로써 각 아문과 지방관의 모범이 되게 한다.
> 9. 왕실과 관부 관청의 1년 회계를 미리 정하여 재정의 기초를 확립한다.
> 10. 지방 제도를 개정하여 지방 관리의 직권을 제한한다.
> 11. 총명한 젊은이들을 파견하여 외국의 학술과 기예를 견습시킨다.
> 12. 장교를 교육하고 징병을 실시하여 군제의 근본을 확립한다.
> 13. 민법과 형법을 제정하여 국민의 생명과 재산을 보호한다.
> 14. 문벌을 가리지 않고 인재 등용의 길을 넓힌다.
>
> – "고종실록" –
>
> ➤ 제2차 갑오개혁을 실시한 연립 내각은 청과의 관계를 끊고 왕비와 종친의 정치 관여 금지와 내정 개혁을 단행하였다. 고종은 종묘에 나가 '독립서고문'을 바치고 국정 개혁의 기본 강령인 홍범 14조를 반포하였다.

홍범 14조
국정 개혁의 기본 강령으로, 자주독립, 행정 및 국가 재정 개혁, 교육 장려, 관리 임용 개선, 민권 보장 등을 규정하였다.

(3) 제3차 갑오개혁(을미개혁) 〔중요〕
  ① 배경
    ㉠ 일본은 청·일 전쟁에서 승리한 이후 청과 시모노세키 조약을 체결(1895)하여 청으로부터 배상금을 지급받고, 랴오둥 반도를 할양받았다.
    ㉡ 러시아가 프랑스와 독일을 끌어들여 일본의 랴오둥 반도 점령을 저지하였고, 삼국 간섭에 굴복한 일본은 랴오둥 반도를 청에 돌려주었다.
    ㉢ 정부가 일본을 견제하기 위해 친러 정책을 추진하자 위기를 느낀 일본은 친러 정책의 핵심 인물인 명성 황후를 시해하였다(을미사변, 1895).
  ② 개혁의 주요 내용
    ㉠ 정치 : '건양'이라는 연호를 사용하였으며, 한성에 친위대를, 지방에 진위대를 설치하였다.
    ㉡ 사회 : 단발령, 종두법, 우편 사무를 실시하고, 태양력을 사용하였으며, 소학교령을 공포하여 소학교를 설립하였다.
  ③ 중단
    ㉠ 을미사변과 단발령에 반발하여 의병(을미의병) 운동이 확산되었다.
    ㉡ 고종이 러시아 공사관으로 처소를 옮기는 아관 파천(1896)을 단행하면서 중단되었다.
(4) 갑오개혁의 의의와 한계
  ① 의의 : 갑신정변과 동학 농민 운동의 요구를 반영한 자주적이고 근대적인 개혁이었다.
  ② 한계 : 일제가 침략의 기반을 마련하기 위해 강요한 개혁이었으며, 민중의 지지를 획득하는 데 실패하였다.

시모노세키 조약

1. 조선이 완전한 자주독립국임을 확인할 것.
2. 청국은 펑톈 남부인 랴오둥 반도 및 타이완·펑후 섬을 일본에 할양할 것.
3. 청국은 배상금 2억 냥을 지불할 것.
4. 청·일 양국의 종래의 조약을 고치고, 다시 청국의 사스(沙市)·충칭·쑤저우(蘇州)·항저우를 개방하고, 일본 선박의 양쯔 강 및 그 부속 하천의 자유 통항을 용인하고, 일본인의 거주·영업·무역의 자유를 승인할 것.
5. 청국 내의 일본군은 3개월 이내에 철퇴하되, 웨이하이웨이(威海衛)에 있는 일본군은 배상금을 완료할 때까지 주둔할 것.

갑오개혁		을미개혁	
제1차 개혁	제2차 개혁	제3차 개혁	
제1차 김홍집 내각 (1894. 7.~1894. 12.)	제2차 김홍집 내각 (1894. 12.~1895. 7.)	제3차 김홍집 내각 (1895. 7.~1895. 10.)	제4차 김홍집 내각 (1895. 10.~1896. 2.)
• 군국기무처 중심 개혁 • 친일 내각 • 흥선 대원군의 섭정	• 김홍집·박영효의 연립 내각 • 친일 내각 • 홍범 14조	• 삼국 간섭 후 성립 (이범진, 이완용 등용) • 친러 내각	• 을미사변 후 개혁 추진 • 친일 내각 • 단발령의 반포 등

▲ 김홍집 내각의 변천

Ⅳ. 국제 질서의 변동과 근대 국가 수립 운동

제6장 마침내 황제국을 표방하다

1 아관 파천과 독립 협회

1. 아관 파천 이후의 국내 상황

(1) **친러파 내각 설립** : 김홍집·정병하·김윤식 등을 중심으로 한 친일 내각이 무너지면서 김병시(총리대신)·박정양(내부대신)·이완용(외·학·농상공부대신)·조병직(법부대신)·이윤용(군부대신) 등 친러파 내각이 성립하였다.

(2) **내정 개혁** : 정부는 민심을 수습하기 위해 단발령을 철회하고 의병의 자진 해산을 권고하였다.

(3) **웨(베)베르-고무라 각서 체결** : 아관 파천을 성공시킨 러시아는 일본과 웨(베)베르-고무라 각서를 체결하여 조선에서의 세력 우위를 인정받았다.

2. 독립 협회

(1) **창립 배경**
  ① 아관 파천으로 친러 정권이 들어서자 러시아의 영향력 행사로 국가의 자주성이 손상되고, 열강의 이권 침탈이 심화되었다.
  ② 1896년 서재필은 국민을 계몽하는 것이 시급하다고 판단하고 정부의 지원을 받아 독립신문 한글판과 영문판을 발행하였다.
  ③ 이완용·윤치호·이상재·김가진 등 14명이 함께 독립 협회를 창립하였다.

(2) **활동**
  ① 독립문, 독립관, 독립공원 등을 건립하였다.
  ② 만민 공동회 개최(1898. 3.)
    ㉠ 러시아의 군사·재정 고문 철수, 한·러 은행 폐쇄, 절영도 조차 요구를 좌절시켰다.
    ㉡ 개화 세력과 민중이 함께 참여한 우리나라 최초의 근대적 민중 집회였다.
  ③ 관민 공동회 개최(1898. 10.) : 만민 공동회의 지탄을 받던 보수 정권이 무너지고, 박정양이 집권한 후 헌의 6조를 채택하여 의회식 중추원 신관제를 반포하였다(1898. 11.).

> **헌의 6조**
> 1. 외국인에게 의지하지 말고 관민이 합심하여 황권을 공고히 할 것.
> 2. 외국과의 이권에 관한 계약과 조약은 각 대신과 중추원 의장이 합동 날인하여 시행할 것.
> 3. 국가 재정은 탁지부에서 관할하고 예산과 결산을 공포할 것.
> 4. 중대 범죄인은 공판하되 피고의 인권을 존중할 것.
> 5. 칙임관을 임명할 때는 정부에 그 뜻을 물어 중의에 따를 것.
> 6. 별항의 규칙을 실천할 것.

▶ 독립 협회는 관민 공동회를 개최하고 헌의 6조를 채택하여 의회식 중추원 관제를 제시하였다.

(3) **해산**
  ① 보수 관료들이 독립 협회가 공화정을 수립하려 한다고 모함하자 고종이 독립 협회의 해산을 명령하고 간부를 체포하였다.
  ② 독립 협회가 만민 공동회를 열고 저항하였으나 고종이 황국 협회와 군대를 동원하여 독립 협회를 강제로 해산하였다(1898).

(4) **의의** : 독립 협회는 민중을 바탕으로 국권 수호와 민권 신장에 기여하였다.

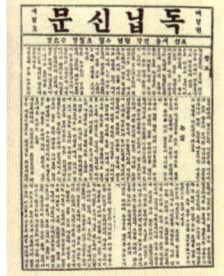
▲ 독립신문

중추원 신관제
정부 관료와 독립 협회의 인사를 절반씩 선임하여 의회 설립 단계까지 갔다. 법률 및 칙령의 개폐, 의정부의 건의 및 자문, 국민의 청원 등을 심의·의결하는 권한을 가지는 기구로 개편되어 황제와 의정부의 권력 남용을 견제할 수 있도록 하였다.

황국 협회
보부상으로 조직된 단체이다. 보수 세력은 만민 공동회가 열리는 곳에서 이들에게 소란을 피우게 하고, 이를 빌미로 독립 협회를 해산시켰다.

> **백정 박성춘의 관민 공동회 연설**
>
> 독립 협회가 중심이 되어 개최하고 정부 관리들도 참석한 관민 공동회에서 백정 신분인 박성춘이 다음과 같은 내용의 연설을 하였다. "나는 대한의 가장 천한 사람이고 배운 것도 없습니다. 그러나 충군애국의 뜻은 대강 알고 있습니다. 이에 나라를 이롭게 하고 국민을 편안하게 하려면 관민이 합심해야 한다고 생각합니다. 저 차일(遮日)에 비유하건대, 한 개의 장대로 받치면 튼튼하지 못하나, 많은 장대로 받치면 매우 튼튼합니다 ……."
>
> ▶ 독립 협회는 정부 대신들까지 참석하는 관민 공동회를 종로에서 개최하였다. 관민 공동회에서 헌의 6조를 채택하고 고종의 재가를 받아 중추원을 새로 구성하도록 하였다.

2 대한 제국(1897)

1. 대한 제국

(1) **수립 배경**: 아관 파천 이후 열강의 이권 침탈 등으로 국내 여론이 악화되고 고종의 환궁을 요구하는 목소리가 높아지자 고종은 아관 파천 1년만에 경운궁으로 환궁하였다.

(2) **수립**
① 고종은 자주독립을 강화하고자 연호를 '광무'라 하고, 국호를 '대한 제국'으로 고쳤다.
② 고종은 대한국 국제를 반포(1899)하여 자주독립과 전제 황권 강화를 표방하였다.
③ 황제가 대원수로서 국방과 군사에 관한 지휘권을 직접 장악하였다.

> **대한국 국제**
>
> 제1조 대한국은 세계 만국이 공인한 자주독립 제국이다.
> 제2조 대한국의 정치는 만세불변의 전제 정치이다.
> 제3조 대한국 대황제는 무한한 군권(君權)을 누린다.
> 제4조 대한국의 신민은 대황제의 군권을 침해할 수 없다.
> 제5조 대한국 대황제는 육해군을 통솔한다.
> 제6조 대한국 대황제는 법률을 제정하여 그 반포와 집행을 명하고, 대사·특사·감형·복권 등을 명한다.
> 제7조 대한국 대황제는 행정 각부의 관제를 정하고, 행정상 필요한 칙령을 발한다.
> 제8조 대한국 대황제는 문·무 관리의 출척(黜陟) 및 임면권(任免權)을 가진다.
> 제9조 대한국 대황제는 각 조약 체결 국가에 사신을 파견하고, 선전·강화 및 제반 조약을 체결한다.
> - 「고종실록」 -
>
> ▶ 대한국 국제는 대한 제국이 전제 정치 국가라고 천명하였으며, 황제가 육해군 통수권·입법권·사법권·행정권·외교권 등을 갖는다고 규정하여 황제의 권한이 무한함을 강조하였다.

2. 광무개혁의 내용

(1) **기본 방향**: 갑오·을미개혁의 급진성을 비판하고, 구본신참을 원칙으로 점진적인 개혁을 추진하였다.

(2) **개혁 정책**
① 경제
㉠ 군주권을 강화하기 위해 궁내부를 확대하고, 황실의 재정을 담당하는 내장원의 기능을 강화하였다.
㉡ 근대적 토지 소유권 제도를 확립하기 위해 양지아문을 설치하고(1898), 양전 사업을 실시하였다(1899).
㉢ 양지아문이 혁파되고(1901) 지계아문이 설치되면서 업무를 지계아문에 이양하였다.

환구단

황제가 하늘에 제사를 드리기 위해 둥글게 쌓은 단으로, 고종은 1897년 환구단을 새로 세우고 즉위식을 거행하였다.

대한국 국제

대한국 국제는 황제의 권한이 강조되었고, 국민의 권리에 대한 규정은 없다는 한계점이 있다.

구본신참(舊本新參)

옛 법을 근본으로 하고 새로운 제도를 참고한다는 뜻이다.

제6장 마침내 황제국을 표방하다

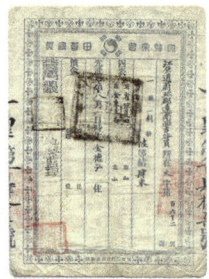

1901년 설치된 지계아문에서 토지 소유권 증명서인 지계를 발급하였다.

　　ⓔ 지계아문에서는 토지를 측량하고 토지 소유권 증명서인 지계를 발급하였다.

지계 발급 사업

제1조　지계아문은 한성부와 13도 각 부와 군의 산림, 토지, 전답, 가옥의 지계를 정리하기 위해 임시로 설치한다.
제10조 대한 제국은 인민이 아닌 사람은 산림, 토지, 전답, 가옥의 소유주가 될 수 없다. 단 개항장은 이 규정의 제한을 받지 않는다.
제11조 산림, 토지, 전답, 가옥의 소유주가 관계(官契)를 발급받지 않았다가 적발되었을 때에는 그 가격의 10분의 4에 해당하는 벌금을 물리고 관계를 발급한다.

－ 지계아문 규정, 1901 －

▶ 대한 제국은 근대적인 토지 제도를 마련하기 위해 양전 사업을 실시하고, 지계아문을 설치하여 토지 소유권 증명서인 지계를 발급하였다. 1898부터 1903년까지 전국 토지의 3분의 2가량 지계가 발급되었으나, 러·일 전쟁의 발발로 중단되었다.

　　ⓜ 중앙 은행을 설립하여 금 본위제에 바탕을 둔 지폐를 발행하였다.

금 본위제 개정 화폐 조례

제1조 화폐의 제도와 발행의 권한은 정부에 속함.
제2조 금 화폐의 순금 양목(量目)은 2푼으로서 가격의 단위를 정하고, 이를 환이라 칭할 것.
제3조 화폐의 종류는 금 화폐(20환·10환·5환), 은 화폐(반환·20전), 적동 화폐(1전)로 할 것.

▶ 대한 제국은 금 본위제 화폐 제도와 중앙 은행 설립을 추진하였다.

　　ⓑ 상세를 징수하고 상무사를 조직하여 영업세를 징수하였다.
　　ⓢ 황실 직영의 방직 공장·유리 공장·제지 공장 등을 설립하였다.
② 군사 : 친위대를 증강하고 시위대와 진위대를 설치하였다.
③ 사회
　　㉠ 환구단과 광제원 등을 세우고 교통·통신 등 근대적 시설이 확충되었다.
　　㉡ 근대적 산업 기술을 습득하기 위해 외국에 유학생을 파견하고 상공 학교, 농림 학교 등을 세웠다.
④ 외교
　　㉠ 블라디보스토크와 간도 지방에 각각 해삼위 통상 사무관과 간도 관리사를 파견하였다.
　　㉡ 중국과 한·청 통상 조약을 체결하여 대등한 관계를 표방하였다.

3. 광무개혁의 평가
① 의의
　　㉠ 자주적인 입장에서 근대적인 개혁을 추진하였다.
　　㉡ 군사력을 강화하였으며 근대적인 토지 제도의 확립과 상공업 진흥을 위해 노력하였다.
② 한계
　　㉠ 열강의 간섭을 배제하지 못하였으며, 위로부터의 개혁이라는 한계점이 있었다.
　　㉡ 황제권 강화에 주력하면서 민권을 보장하는 개혁에 소홀하였다.

IV. 국제 질서의 변동과 근대 국가 수립 운동

제7장 일제의 국권 침탈 과정은 어떻게 전개되었을까?

1 국권 침탈 과정

1. 러·일 전쟁(1904. 2.)

(1) **러시아와 일본의 대립** : 한반도와 만주의 지배권을 둘러싸고 러시아와 일본이 대립하던 중 러시아와 대립하던 영국이 일본을 지원하여 제1차 영·일 동맹을 체결하였다.

(2) **일본의 기습 공격** : 일본이 러시아를 기습 공격하여 러·일 전쟁이 시작되었으며(1904), 전세가 일본에 유리하게 진행되었다.

(3) **일본의 승리** : 일본은 동해에서 러시아의 발틱 함대를 격파하며 승리를 굳혔다.

2. 한·일 의정서(1904. 2.)

(1) **체결 과정** : 일본은 대한 제국의 국외 중립 선언을 무시하고, 한·일 의정서를 체결하였다.

(2) **내용** : 일본군은 러·일 전쟁을 빌미로 전략상 필요한 지점을 마음대로 사용할 수 있는 권리를 확보하였으며, 일본의 동의 없이 제3국과의 조약 체결을 금지하였다.

> **한·일 의정서**
>
> 제1조 한·일 양국 사이에 항구적이고 변함없는 친교를 유지하고 동양 평화를 확립하기 위해 대한 제국 정부는 대일본 제국 정부를 믿고 시정 개선에 관한 충고를 받아들일 것.
> 제2조 일본 정부는 한국 황실의 안전을 도모할 것.
> 제4조 제3국의 침략으로 한국에 위험 사태가 발생할 경우 일본은 이에 신속히 대처하며, 한국 정부는 이와 같은 일본의 행동을 용이하게 하기 위하여 충분한 편의를 제공하고, 일본 정부는 목적을 달성하기 위해 전략상 필요한 지역을 언제나 사용할 수 있도록 할 것.
> 제5조 한국과 일본은 상호 간의 승인을 거치지 않고서는 협정의 취지에 위배되는 협약을 제3국과 맺지 못한다는 것.
>
> ▶ 일본은 대한 제국의 국외 중립 선언을 무시한 채 러·일 전쟁을 일으키고 전쟁 수행에 필요한 지역을 임의로 사용할 수 있는 권리를 확보하였다.

3. 제1차 한·일 협약(1904. 8.)

(1) **체결 과정** : 일본은 러·일 전쟁이 일본에 유리하게 전개되자 대한 제국의 내정에 직접적으로 간섭하기 위해 제1차 한·일 협약을 체결하였다.

(2) **고문 정치** : 일본은 외교(스티븐스)와 재정(메가타) 분야에 외국인 고문을 임명하고, 규정에 없는 각 부에도 일본인을 파견하였다.

> **제1차 한·일 협약**
>
> 제1조 대한 제국 정부는 대일본 제국 정부가 추천한 일본인 1명을 재정 고문에 초빙하여 재무에 관한 사항은 모두 그의 의견을 들어 시행할 것.
> 제2조 대한 제국 정부는 대일본 제국 정부가 추천한 외국인 1명을 외교 고문으로 외부에서 초빙하여 외교에 관한 중요한 업무는 모두 그의 의견을 들어 시행할 것.
> 제3조 대한 제국 정부는 외국과의 조약 체결, 기타의 중요 안건, 즉 외국인에 대한 특권 양여와 계약 등 일의 처리에 관하여는 미리 일본 정부와 협의할 것.
>
> ▶ 러·일 전쟁에서 전세가 우세하였던 일본은 대한 제국에 제1차 한·일 협약 체결을 강요하여 내정 간섭을 본격화하였다.

메가타

제1차 한·일 협약에 따른 일본의 고문 정치가 실시되자 탁지부 고문으로 임명되었다. 1905년 화폐 개혁을 단행하여 새 화폐를 발행하였고, 금융 조합을 설치하였으며, 통감부의 침략 정책 수행에 적극 앞장섰다.

제7장 일제의 국권 침탈 과정은 어떻게 전개되었을까?

4. 일제의 조선 독점 외교

조약	조약 당사국과 주요 내용
가쓰라·태프트 밀약(1905. 7.)	미국의 필리핀 지배, 일본의 한국 지배를 상호 인정
제2차 영·일 동맹(1905. 8.)	영국의 인도 지배, 일본의 한국 지배를 상호 인정
포츠머스 조약(1905. 9.)	러시아가 한국에서의 모든 이권 포기

5. 제2차 한·일 협약(을사조약, 1905. 11.) 〈중요〉

(1) **체결 과정** : 러·일 전쟁에서 승리하고 한반도에 대한 독점권을 인정받은 일본은 대한 제국을 보호국화 하기 위해 제2차 한·일 협약을 체결하였다.

(2) **통감 정치** : 일본은 조선의 외교권을 박탈하고 통감부를 설치하였으며, 초대 통감으로 이토 히로부미를 조선에 파견하였다.

(3) **저항**
  ① 민영환·조병세 등은 자결하였고, 최익현·신돌석 등은 의병 활동을 전개하였다.
  ② 고종은 조약 체결 직후 만국 평화 회의가 열리는 헤이그에 특사를 파견하여 일제 침략의 부당성을 호소하였고, 장지연은 황성신문에 '시일야방성대곡'이라는 논설을 게재하였다.
  ③ 나철·오기호 등은 을사오적을 처단하기 위해 오적 암살단을 조직하였다.

> **을사조약**
>
> 제2조 일본 정부는 한국과 타국 간에 현존하는 조약의 실행을 완전히 하는 책임을 맡고, 한국 정부는 금후에 일본 정부의 중재를 거치지 아니하고 국제적 성질을 가진 어떠한 조약이나 약속을 맺지 않을 것을 서로 약속한다.
> 제3조 일본 정부는 그 대표자로 하여금 한국 황제 폐하의 밑에 1명의 통감을 두되, 통감은 오로지 외교에 관한 사항을 관리하기 위해 경성에 주재하고 친히 한국 황제 폐하를 알현할 권리를 가진다.
>
> ▶ 일본은 러·일 전쟁에서 승리한 후 고종과 대신을 위협해 강제로 제2차 한·일 협약(을사조약)을 체결하여 대한 제국의 외교권을 박탈하고 통감부를 설치하여 보호국화 하였다.

6. 한·일 신협약(정미 7조약, 1907)

(1) **과정** : 일제는 헤이그 특사 파견을 구실로 고종을 강제 퇴위시키고 한·일 신협약을 체결하였다.

(2) **내용** : 통감의 권한을 강화하고(법령 제정, 고등 관리 임면 등) 정부의 각 부에 일본인 차관을 배치하여 대한 제국의 내정을 완전히 장악하였으며, 이후 군대를 해산하였다.

7. 기유각서(1909) : 사법권과 감옥 사무를 박탈하였다.

8. 한국 병합 조약 체결(1910. 8.) : 일본은 한국 병합 조약을 강제로 체결하여 대한 제국의 주권을 소멸시키고 일본의 식민지로 삼았다. 〈중요〉

> **한국 병합 조약**
>
> 제1조 한국 황제 폐하는 한국 정부에 관한 모든 통치권을 완전 또는 영구히 일본 황제 폐하에게 양여한다.
> 제2조 일본국 황제 폐하는 제1조에 기재한 양여를 수락하고 완전히 한국을 일본 제국에 병합함을 승낙한다.
> 제8조 본 조약은 일본국 황제 폐하 및 한국 황제 폐하의 재가를 받은 것으로서 공포일로부터 시행한다.
>
> — 조선 총독부 관보, 1호 —
>
> ▶ 대한 제국의 내각 총리대신 이완용과 통감 데라우치가 형식적인 회의를 거쳐 조약을 통과시켰다. 이 조약에는 '병합'이라는 용어를 사용하였지만, 실제로는 무력으로 이루어진 '병탄'이었다.

을사오적
을사조약 체결에 가담한 다섯 명의 매국노로, 외부대신 박제순, 내부대신 이지용, 군부대신 이근택, 학부대신 이완용, 농상공부대신 권중현을 말한다.

헤이그 특사

1907년 네덜란드 헤이그에서 열린 제2회 만국 평화 회의에 이상설·이준·이위종이 특사로 파견되어 을사조약의 부당성을 알리려 하였으나 일본의 방해로 실패하였다.

한국 병합 조서

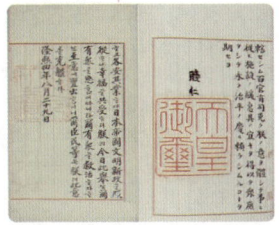

조서에 대한국새가 아닌 행정 결재에 사용되는 '칙명지보(勅命之寶)' 어새가 찍혀 있고, 순종의 친필 서명이 빠져 있어 조약 자체가 성립되지 않는다.

Ⅳ. 국제 질서의 변동과 근대 국가 수립 운동

제8장 항일 의병 운동과 애국 계몽 운동

1 항일 의병 운동

1. 을미의병(1895)

(1) 원인 : 을미사변과 단발령 실시를 계기로 일어났다.

> **을미의병**
> - 국모(國母)가 섬 오랑캐의 해를 입었으니 하늘과 땅이 바뀌었고, 성상(聖上)이 단발의 치욕을 받았으니 해와 달이 빛을 잃었도다.
>   - 민용호, "관동창의록" -
> - 낙동강 좌우 수십 군이 봉기하여 호응하고 수령 중에서 머리를 깎은 사람은 가끔 살해당하였다.
>   - 황현, "매천야록" -
>
> ▶ 을미의병은 일제의 명성 황후 시해와 단발령 시행에 반발하여 일어났다.

(2) 활동 : 제천의 유인석과 춘천의 이소응 등 위정척사 사상을 가진 양반 유생들이 의병장으로 활동하며 을미의병을 주도하였고, 농민과 동학 농민군 잔여 세력이 가담하였다.

(3) 해산
  ① 단발령의 철회와 고종의 해산 권고 조칙으로 해산되었다.
  ② 해산 후 활빈당이 조직되어 관리, 부호, 일본 상인 등을 공격하였다.

2. 을사의병(1905~1906)

(1) 원인 : 러·일 전쟁을 기점으로 일제의 침략이 심해지고, 일제의 강요에 의해 을사조약이 체결되자 국권 회복을 목적으로 일어났다.

> **을사의병**
> - 이근택이 대궐에서 돌아오며 숨이 차서 땀을 흘리며 부인을 대하였다. 그는 을사조약을 맺은 일을 말하며 "내 다행히 죽음을 면하였다." 하니, 하녀가 부엌에 있다가 그 소리를 듣고 칼을 들고 뛰어나오면서 소리쳐 말하기를 "이근택아! 네 놈이 대신이 되어 나라의 은혜가 어떤 것인데 나라가 위태함에 능히 죽지 않고 다행히 목숨을 건졌다고 하느냐, 너는 참으로 개, 돼지만도 못하구나, 내 비록 천인이기로서니 어찌 개, 돼지의 종이 되고 싶겠는가?"하고 다시 한규설의 집으로 도망쳐 왔다.
> - 평양 군대의 상등병 김봉학은 을사조약이 맺어지자 다른 병졸들에게 말하기를 "우리들은 병사라 호칭하면서 나라가 망하였는데 한번 결사 투쟁하지 않고 한갓 국록만 절취하는 것이 옳단 말인가? 어찌 각자 원통한 주먹을 휘둘러 왜놈 하나를 잡아 물어뜯어 죽이지 않느냐?" 하였다.
>   - 황현, "매천야록" -
>
> ▶ 을사조약의 체결로 일제에 외교권을 빼앗기자 이에 대한 반발로 을사의병과 의열 투쟁이 전개되었다.

(2) 특징
  ① 이 시기 대표적인 인물로 민종식, 신돌석, 최익현 등이 있다.
  ② 민종식은 한때 천여 명에 이르는 의병을 모아 충남의 홍주성을 점령하였으며, 평민 의병장 신돌석은 경상도 영해와 평해 일대에서 봉기하였다.
  ③ 최익현은 임병찬 등과 함께 전북 태인에서 봉기하였으나, 순창에서 체포되어 쓰시마 섬에 유배되었다가 그곳에서 순국하였다.

을미사변
일제는 삼국 간섭 이후 친러적 성향의 내각이 출범하자 일본 낭인들을 시켜 명성 황후를 시해하는 만행을 저질렀다.

활빈당
1900년부터 1904년까지 남한 각지에서 반봉건·반외세를 표방하고 봉기하였던 민중 무장 집단이다.

▲ 쓰시마 섬으로 끌려가는 최익현

제8장 항일 의병 운동과 애국 계몽 운동

3. 정미의병(1907)

(1) 원인 : 고종이 강제 퇴위당하고 한·일 신협약이 체결되면서 군대가 해산되었다.

(2) 특징

① 해산된 군인이 합류하자 화력이 크게 증가하였으며, 일본군을 상대로 정규전의 양상을 띠며 저항하였다.
② 이인영은 외국 영사관에 의병 부대를 국제법상의 교전 단체로 인정해 줄 것을 요청하였다.
③ 전국의 의병 부대들은 13도 창의군을 결성하고 양주에 집결하였다.
④ 13도 의병 총대장 이인영과 군사장 허위는 의병 연합 부대를 결성하여 서울 근교까지 진격하였다(서울 진공 작전, 1908).
⑤ 일본의 남한 대토벌 작전(1909)으로 국내 의병 세력은 위축되었다.
⑥ 의병들이 간도와 연해주로 이동하여 항일 독립운동을 전개하였다.

> **정미의병**
> 13도 창의군의 총대장이었던 이인영은 거사를 앞두고 부친상을 당하자, 다음과 같은 글을 남기고 고향으로 되돌아갔다. "나라에 대한 불충은 어버이에 대한 불효요, 어버이에 대한 불효는 나라에 대한 불충이다. 그러므로 나는 3년상을 치른 뒤 다시 의병을 일으켜 일본을 소탕하고 대한을 회복하겠다."
> – '대한매일신보' –

▶ 전국의 의병 부대들은 13도 창의군을 결성하고 이인영을 총대장으로, 허위를 군사장으로 선출하여 서울 진공 작전을 전개하였다. 그러나 이인영은 작전 중 부친상을 이유로 부대에서 이탈하였다.

▲ 의병 전쟁의 전개

의병 전쟁 당시의 의병들

오른쪽에서 두 번째 인물을 통해 해산된 군인임을 알 수 있다.

사회 진화론
다원의 진화론을 인간 사회에 적용시킨 이론으로, 일부 지식인들은 국가 간의 생존 경쟁이 치열하게 전개되는 상황에서 살아남기 위해서는 실력 양성이 시급함을 주장하였다.

▲ 대한 자강회 월보

2 애국 계몽 운동

1. 애국 계몽 운동

(1) 시기 : 을사조약 체결(1905)을 전후하여 관료와 지식인이 중심이 되어 전개되었다.
(2) 목적 : 사회 진화론에 영향을 받아 언론·교육·종교 등 문화 활동과 산업 진흥을 통해 실력을 양성하여 국권을 회복하고자 하였다.

2. 애국 계몽 단체의 활동

(1) 보안회(1904) : 유생과 전직 관리들이 주도하여 설립하였으며, 일본의 황무지 개간권 반대 투쟁을 벌여 일제의 요구를 철회시켰다.
(2) 헌정 연구회(1905) : 독립 협회를 계승하였으며, 입헌 군주제 수립과 민권 확대를 주장하였다.
(3) 대한 자강회(1906)
① 헌정 연구회가 해산된 후 헌정 연구회를 계승하여 창립되었다.
② 교육과 산업의 진흥을 통한 실력 양성을 주장하였으나, 고종의 강제 퇴위를 반대하는 운동을 전개하다 해산되었다.

> **대한 자강회 취지서**
> 우리나라의 독립은 오직 자강의 여하에 있을 따름이다. 우리 대한이 종전에 자강의 방법을 강구하지 않아 인민 스스로 우매함에 묶여 있고 국력이 쇠퇴하여 마침내 오늘의 위기에 다다라 결국 외국인의 보호를 당하게 되었으니, 이는 모두 자강의 도에 뜻을 다하지 않았던 때문이다. …… 자강의 방법을 생각해 보면 다름 아니라 교육을 진작함과 식산흥업에 있다. 무릇 교육이 일어나지 못하면 백성의 지혜가 열리지 못하고 산업이 늘지 못하면 국부가 증가하지 못한다.
> – "대한 자강회 월보" –

▶ 대한 자강회는 헌정 연구회를 모체로 결성되었으며, 국권 회복을 위해 교육과 산업의 진흥을 강조하였다.

(4) 신민회(1907)
  ① 신민회의 구성과 특징
    ㉠ 윤치호(회장)·안창호(부회장)·이동녕·양기탁·이승훈 등 서북 지방(관서 지방) 지식인, 실업가, 중소 자본가, 종교인, 언론인 등이 중심이 되어 평양에서 조직된 한말 최대의 비밀 결사 단체이다.
    ㉡ 베델과 양기탁이 발행한 대한매일신보가 기관지적 역할을 하였다.
    ㉢ 언론인·종교인·교사·학생 등 각계각층이 참여하는 등 800여 명의 회원을 확보하고 전국적인 조직으로 성장하였다.
    ㉣ 공화 정체를 바탕으로 한 근대 국민 국가 건설을 목표로 삼았다.

안창호

안창호는 신민회의 설립과 활동에 주도적인 역할을 하였다.

신민회 설립 취지문

…… 무릇 우리 대한인은 내외를 막론하고 통일 연합으로써 그 진로를 정하고 독립 자유로써 그 목적을 세움이니, 이것이 신민회가 원하는 바이며, 신민회가 품어 생각하는 것이다. 간단히 말하면 오직 신정신을 불러 깨우쳐서 신단체를 조직한 후에 신국가를 건설할 뿐이다.
– 주한일본공사관 기록 –

▶ 신민회는 교육 진흥, 국민 계몽, 산업 진흥 등을 강조하였으며, 공화정에 바탕을 둔 근대 국민 국가 건설을 지향하였다.

  ② 신민회의 활동
    ㉠ 안창호는 평양에 대성 학교를, 이승훈은 정주에 오산 학교를 설립·운영하였다.
    ㉡ 경제적 자립을 위해 평양에 자기 회사를, 평양·서울·대구에 태극 서관을 운영하였다.
    ㉢ 최초의 월간 잡지인 '소년'을 창간하였고, 조선 광문회의 활동을 지원하였다.
    ㉣ 인격 수양 단체로 청년 학우회를 조직하였다.
    ㉤ 양기탁·신채호·이동휘 등은 일제 강점이 현실화되자 애국 계몽 운동의 한계와 허구성을 인식하고 무장 투쟁을 주장하며 국외 독립운동 기지 건설에 나섰다.
    ㉥ 이상룡·이시영 등이 서간도 지역으로 진출하여 삼원보에 한인촌을 조성하고 독립 전쟁을 준비하였으며, 경학사를 통해 신흥 무관 학교 등을 설립하였다.
    ㉦ 안창호는 105인 사건 이후 탄압을 피해 미국으로 망명하여 흥사단을 만들어 실력 양성 운동을 지속하였다.

  ③ 해산
    ㉠ 1910년 12월 안중근의 사촌인 안명근이 데라우치 총독 암살 모의를 했다 하여 일제가 안명근 등 황해도 애국지사 160명을 체포하였다(안악 사건).
    ㉡ 일제는 안악 사건의 배후에 신민회가 있다고 주장하며 양기탁, 윤치호 등 총 600여 명을 검거하여 105명을 구속하였고(105인 사건, 1911), 이로써 신민회의 활동은 중단되었다.

▲ 일본 경찰에 압송되는 신민회 회원들

국외 독립운동 기지 건설

남만주로 집단 이주하려고 기도하고, 조선 본토에서 상당한 재력이 있는 사람들을 그곳에 이주시켜 토지를 사들이고 촌락을 세워 새 영토로 삼고, 다수의 청년 동지들을 모집·파견하여 한인 단체를 일으키고, 학교를 세워 민족 교육을 실시하고, 나아가 무관 학교를 설립하여 문무를 겸하는 교육을 실시하면서, 기회를 엿보아 독립 전쟁을 일으켜 구한국의 국권을 회복하려고 하였다.
– 105인 사건 판결문 –

▶ 신민회는 다른 애국 계몽 운동 단체와는 달리 실력 양성 운동의 한계를 깨닫고 국외 독립운동 기지의 건설을 위해 노력하였다. 신민회는 일제가 조작한 105인 사건으로 와해되었다.

(5) 기타 : 국권 수호를 위한 민중 교육과 신교육의 필요성을 느끼고 서북 학회, 영남 학회, 호남 학회 등 다양한 단체가 결성되었으나 일제의 탄압으로 활동이 어려웠다.

IV. 국제 질서의 변동과 근대 국가 수립 운동

제9장 개항 이후 사람들은 어떻게 살았을까?

1 개항 이후의 경제와 사회

1. 제국주의 열강의 경제 침탈

(1) 배경 : 아관 파천(1896)을 계기로 미국·러시아·프랑스·독일 등 제국주의 열강이 최혜국 대우를 내세우며 광산·철도·산림 등의 이권을 가져갔다.

(2) 서양 열강의 이권 침탈

① 아관 파천으로 영향력이 커진 러시아는 1896년 두만강 삼림 채벌권, 압록강 삼림 채벌권, 울릉도 삼림 채벌권과 함경도 종성 및 경성의 광산 채굴권을 빼앗아 갔다.

② 미국은 1896년 운산(평북) 금광 채굴권과 철도·전기·전차 부설권 등을 차지하였다.

③ 독일은 1898년 당현 금광 채굴권을, 영국은 1898년 은산(평남) 금광 채굴권을 차지하였다.

④ 열강은 철도 부설권을 차지하는 데 큰 관심을 두어 미국은 경인선 부설권을, 프랑스는 경의선 부설권을 차지하였다.

⑤ 이후 일본은 미국인 모스로부터 경인선 부설권을 사들였고, 군사적 목적으로 경부선 부설권을 획득하였으며, 프랑스로부터 경의선 철도 부설권을 넘겨받아 군용 철도 명목으로 부설하였다.

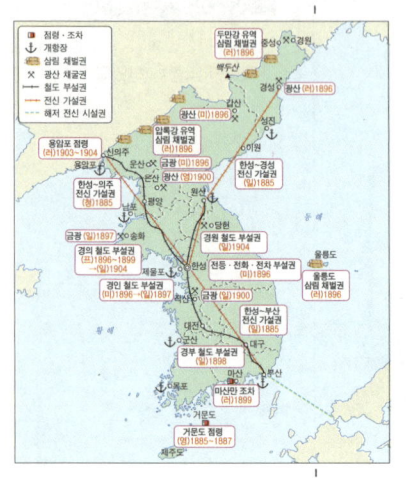

▲ 열강의 이권 침탈

2. 일제의 경제 침탈

(1) 무역 독점

① 일제는 초기 개항장을 중심으로 영국산 면직물을 중계하여 판매하다가 청·일 전쟁 승리 이후 조선 무역을 독점하였다.

② 조·일 통상 장정에 근거하여 방곡령을 무력화시키고 곡식을 일본으로 반출하였다.

(2) 토지 약탈 : 일본은 대한 제국의 국유지를 약탈하기 위해 국유지·미개간지 이용법을 만들었고, 철도 부설 공사를 시행하여 토지를 약탈하였다.

(3) 금융 침투 : 일본 제일은행을 설립하여 일반 은행 업무 외에도 조선의 세관 업무 위탁, 관세의 일본 화폐로의 징수 등을 담당하도록 하였으며, 제일은행권을 유통시켰다.

(4) 화폐 정리 사업(1905)

① 메가타의 주도로 화폐 정리 사업을 단행하여 대한 제국의 화폐 발행권을 박탈하고, 일본 제일은행권을 본위 화폐로 삼았다.

② 국내 화폐 유통 체계의 혼란이 야기되었고, 다수의 조선인 상공업자가 타격을 받았다.

▲ 일본 제일은행 화폐

> **화폐 개혁 조례**
>
> 상태가 매우 좋은 갑종 백동화는 개당 2전 5리의 가격으로 새 돈으로 바꾸어 주고, 상태가 좋지 않은 을종 백동화는 개당 1전의 가격으로 정부에서 사들이며, 팔기를 원치 않는 자에 대해서는 정부가 절단하여 돌려준다. 단 모양과 질이 조잡하여 화폐로 인정하기 어려운 백동화는 사들이지 않는다.
>
> – 탁지부령 제1호, 1905. 6. –

▶ 재정 고문이던 메가타는 화폐 조례를 공포(1905)하고 화폐 정리 사업을 단행하였다. 화폐 정리 사업으로 기존에 사용하던 엽전과 백동화가 일본 제일은행에서 발행하는 새 화폐로 교환되었다. 그러나 백동화의 품질에 따라 교환액을 달리하였을 뿐만 아니라 평가 절하되거나 교환이 거부되기도 하였다. 이로 인해 한국 상인과 은행이 파산하는 등 큰 타격을 입었다.

3. 상권 수호와 근대적 상업 자본의 성장

(1) **상권 수호**
  ① 개항 이후 외국 상인에 대항하기 위해 한성의 시전 상인들은 황국 중앙 총상회를 조직하고 독립 협회와 더불어 상권 수호 운동을 전개하였다.
  ② 경강상인은 증기선을 도입하였고, 개성상인은 수출입 유통업까지 활동 영역을 확대하였다.
  ③ 개항장의 객주들은 외국 상인들의 불법 행위에 대응하고자 대농 상회, 상봉 상회 등 상회사를 설립하였다.
  ④ 정부는 혜상공국을 설치하여(1883) 보부상을 보호하고, 외국 상인의 불법 행위를 단속하였다.

(2) **근대적 산업 자본 육성**
  ① 해운 회사인 전운국(1886), 육운 회사인 이운사(1892), 통운사(1901) 외에도 철도 회사, 광업 회사가 설립되었다.
  ② 산업 자본이 성장하여 조선 유기 상회, 종로 직조사, 대한 직조 공장 등이 설립되었다.
  ③ 금융 자본이 성장하여 조선 은행(1896~1900), 천일 은행(1897), 한성 은행(1897), 한일 은행(1906) 등이 설립되었다.

4. 국채 보상 운동(1907)

(1) **배경** : 일제가 대한 제국을 경제적으로 예속시키기 위해 차관을 적극 제공하였다.
(2) **전개** : 일제의 차관 제공에 의한 경제 예속화 정책에 저항하여 김광제·서상돈 등이 대구에서 국채 보상 기성회를 조직(1907)하고 모금 운동을 전개하였다.
(3) **결과** : '대한매일신보' 등 신문사의 적극적인 후원이 있었으나 일제의 방해로 실패하였다.

> **국채 보상 운동 취지문**
>
> 국채 1,300만 원은 우리 대한의 존망에 관계있는 것이다. 갚아 버리면 나라가 존재하고 갚지 못하면 나라가 망하는 것은 대세가 반드시 그렇게 이르는 것이다. 현재 국고에서는 이 국채를 갚아 버리기 어려운 즉, 장차 삼천리 강토는 우리나라와 백성의 것이 아닌 것으로 될 위험이 있다. 2천만 인이 3개월을 한정하여 담배의 흡연을 폐지하고, 그 대금으로 1인마다 20전씩 징수하면 1,300만 원이 될 수 있다. 우리 2천만 동포 중에 애국 사상을 가진 이는 기어이 이를 실시해서 삼천리 강토를 유지하게 되기를 간절히 바라는 바이다.
> – '대한매일신보', 1907 –

▶ 대구에서 시작된 국채 보상 운동은 '대한매일신보' 등 언론 기관의 홍보로 전국으로 확산되었으며, 경제적 자립을 목표로 전 국민의 호응 속에 진행되었다.

상회사
개항장의 객주들이 개항장에서의 불법 행위를 규탄하고, 고발하는 등 스스로의 권익을 보호하기 위해 근대적인 상인 단체인 상회사를 조직하였다.

▲ 국채 보상 운동 기념비

2 근대 문물의 수용과 근대 문화의 형성

1. 근대 문물의 수용

(1) **수용 과정**
  ① 개항 직후 : 무기 제조 기술과 산업 기술을 도입하였다.
  ② 1880년대 : 양잠·방직·제지·광산 등에 관한 기계를 도입하였다.
  ③ 1890년대 : 해외에 유학생을 파견하고 경성 의학교·철도 학교·광업 학교 등을 설립하였다.
(2) **근대 시설의 수용** : 박문국('한성순보' 발간)·기기창(신식 무기 개발)·전환국(화폐 발행)을 설치하였다.
(3) **광인사** : 우리나라 최초의 근대식 민간 출판사이다.
(4) **전신** : '서울~인천', '서울~의주~청의 봉황성(1885)', '서울~부산~일본(1888)'에 전신이 설치되고, 전보 총국이 설치되었다(1888).

제9장 개항 이후 사람들은 어떻게 살았을까?

(5) **우편 업무**
  ① 우정총국이 설치(1884)되어 근대적인 우편 제도가 시작되었으나 갑신정변으로 폐지되었다.
  ② 을미개혁 때 우체사가 부활하였고, 만국 우편 연합(UPU)에 가입하였다(1900).
(6) **전화** : 경운궁에 처음 설치(1898)되었으며, 이후 '서울~인천'에 설치되었다(1902).
(7) **철도**
  ① 경인선(1899) : 최초의 철도(부설권 : 미국 → 일본)이다.
  ② 경부선(1904), 경의선(1905) : 러·일 전쟁 중 일본이 가설하였다.
(8) **전기** : 한성 전기 회사가 설립되어 발전소를 세웠으며, 서울에 전등과 전차가 가설되었다(최초의 전차는 서대문~청량리 구간).
(9) **의료**
  ① 광혜원(1885) : 선교사 알렌이 세운 최초의 근대식 병원으로, 이후 제중원으로 개명하였다.
  ② 세브란스 병원(1904) : 의료 활동과 의학 교육에 기여하였다.
  ③ 대한 의원(1907) : 지석영이 활동하였으며, 의료 요원 양성과 치료에 기여하였다.
  ④ 자혜 의원(1909) : 도립 병원으로 각 지방에 설립되었다.
⑩ **건축** : 독립문(프랑스 개선문 모방, 1897), 명동 성당(중세 고딕 양식, 1898), 덕수궁 석조전(르네상스 양식, 1909) 등 서양식 건축물이 세워졌다.

2. 근대 교육

(1) **근대 교육의 시초**
  ① 원산 학사(1883) : 함경도 덕원 주민이 세운 최초의 근대적 사립 학교이다.
  ② 동문학(1883) : 외국어 통역관을 양성하기 위해 정부가 설립한 학교이다.
  ③ 육영 공원(1886) : 길모어·헐버트 등 미국인 교사를 초빙하여 상류층 자제에게 영어와 근대 학문을 교육하였다.
(2) **교육 입국 조서(1895)** : 고종이 발표한 교육에 관한 조칙으로, 국민 교육을 강조하였다.

> **교육 입국 조서**
>
> 세계의 형세를 보면, 부강하고 독립하여 잘사는 모든 나라는 다 국민의 지식이 밝기 때문이다. 이 지식을 밝히는 것은 교육으로 된 것이니 교육은 실로 국가를 보존하는 근본이 된다. …… 이제 짐은 정부에 명하여 널리 학교를 세우고 인재를 길러 새로운 국민의 학식으로써 국가의 중흥의 큰 공을 세우고자 하니, …… 왕실의 안전이 국민들의 교육에 있고, 국가의 부강도 국민들의 교육에 있도다.
> – '교육 입국 조서' –
>
> ▶ 교육 입국 조서는 교육을 국가 보존의 근본으로 삼고, 교육 입국의 정신을 들어 학교를 설립하고 인재를 길러내는 것이 국가의 중흥과 보존에 직결된다고 밝히고 있다.

(3) **사립 학교 설립**
  ① 개신교 : 배재·이화·경신·정신·숭실 학교 등을 세웠다.
  ② 민족주의계 : 보성·양정·휘문·진명·숙명·중동·대성·오산 학교 등을 세웠다.
  ③ 일제는 '사립 학교령'을 발표(1908)하여 사립 학교의 설립과 운영을 통제하였다.

3. 국학 연구의 진전

(1) **민족 영웅 전기 편찬** : 신채호는 "을지문덕전", "강감찬전", "이순신전" 등을 저술하였다.
(2) **외국 역사 소개** : "미국독립사", "월남망국사" 등 외국의 독립과 흥망사를 국내에 소개하였다.
(3) **국사 교과서 간행**
  ① 현채의 "유년필독"은 어린이를 대상으로 한 국사 교과서 대용 서적이었다.
  ② "동국사략"은 청소년을 대상으로 한 국사 교과서였다.

경인선 개통식

미국인이 건설하기 시작하였으나 일본이 넘겨받아 완공하였다.

경부선
1901년에 착공하여 1904년에 완공되었다. 1905년 '서울~부산' 간 전 구간이 개통되었다.

경의선
프랑스가 가지고 있던 부설권이 일본에게 넘어갔다. 일제는 러·일 전쟁 중 군수 물자와 병력 수송을 위해 착공하여 1906년 완공되었다.

▲ 근대 문명의 수용

구분	근대 시설		연도
인쇄	박문국		1883
	광인사		1884
화폐 주조	전환국		1883
무기 제조	기기창		1883
통신	전신		1885
	전화		1898
	우편		1895
교통	전차	서대문~청량리	1899
	철도	경인선	1899
		경부선	1904
		경의선	1905
의료	광혜원		1885
	광제원		1889
	세브란스 병원		1904
	대한 의원		1907
	자혜 의원		1909
건축	독립문		1897
	종현(명동) 성당		1898
	덕수궁 석조전		1909

(4) 국사 연구
① 신채호는 '독사신론'에서 역사 서술의 주체를 민족으로 설정하여 왕조 중심의 전통 사관을 극복하고 일제의 식민주의 사학에 맞서 민족주의 사학의 연구 방향을 제시하였다.
② 황현의 "매천야록", 정교의 "대한계년사"는 일제의 침략을 비판하고 민족정신을 강조하였다.
(5) 국어 연구 : 정부는 학부 이래 국문 연구소를 설립하여 한글의 체계적인 연구를 지원하였고, 주시경과 지석영은 국문의 정리와 철자법 등을 연구하였다.

4. 언론 기관의 발달

(1) 한성순보(1883)
① 근대적 신문의 효시로, 박문국에서 순한문체로 간행하였고, 정부의 공문서를 우선으로 취급하여 관보적 성격을 가지고 있었다.
② 이후 '한성주보'로 이름을 바꾸고 최초로 국·한문 혼용체를 사용하였으며, 상업 광고를 최초로 실었다.
(2) 독립신문(1896)
① 서재필이 창간한 우리나라 최초의 민간 신문으로, 국문판과 영문판이 발행되었다.
② 순한글을 사용하여 대중에게 서양의 문물과 제도를 소개하였다.
(3) 제국신문 : 개신 유학자 이종일과 이승만에 의해 발행된 순한글 신문으로 주로 부녀자와 일반 대중 등을 대상으로 하였다.
(4) 황성신문 : 개신 유학자 남궁억 등이 국·한문 혼용판으로 발간하였으며, 을사조약 체결 후 장지연은 '시일야방성대곡'을 실어 을사조약의 부당함을 알렸다.
(5) 대한매일신보 : 양기탁이 한·영 합작으로 설립하였으며, 치외 법권을 적용받아 일제의 검열을 피해 강경한 항일 논조를 펼칠 수 있었고, 국채 보상 운동에 앞장섰다.
(6) 기타 : 만세보는 오세창을 중심으로 한 천도교계 신문이었고, 경향신문은 천주교 기관지였다.

5. 문예와 종교의 새 경향

(1) 신소설
① 언문일치의 문장을 사용하여 봉건적인 윤리 도덕의 배격과 미신 타파를 주장하였으며, 남녀 평등 사상과 자주독립 의식을 고취하였다.
② 대표 작품으로는 이인직의 "혈의 누(1906)"·"귀의 성"·"치악산", 이해조의 "자유종"·"모란병", 최찬식의 "추월색"·"안의 성", 안국선의 "금수회의록" 등이 있다.
(2) 신체시 : 최남선의 '해(海)에게서 소년에게'는 우리나라 최초의 신체시로, '소년' 잡지의 창간호에 발표되었다(1908).
(3) 외국 문학 : "성경", "천로역정", "이솝 이야기", "로빈슨 표류기" 등이 국내에 번역되었다.
(4) 음악과 미술 : 창가가 유행하고, 안중식·고희동·이도영 등이 미술계에서 활약하였다.
(5) 신극 운동 : 1908년 세워진 우리나라 최초의 서양식 극장인 원각사에서 '치악산', '은세계' 등이 최초로 상연되었다.
(6) 종교 운동의 새 국면
① 천도교 : 손병희가 동학을 천도교로 개칭하고 교세를 회복하였다.
② 유교 : 박은식은 "유교 구신론"에서 양명학을 바탕으로 성리학을 비판하면서 유교 개혁을 추진하였고, 유교 교화 활동과 실천적인 유교 정신을 강조하였다.
③ 불교 : 한용운은 "조선 불교 유신론"에서 불교의 혁신을 주장하였다.
④ 대종교 : 나철·오기호 등이 단군 신앙을 발전시켜 대종교를 창시하였으며, 오적 암살단을 조직하고 중광단과 북로 군정서의 주체가 되었다.
⑤ 개신교 : 알렌·언더우드·아펜젤러 등이 교육·의료 사업에 기여하였다.

한성순보
조선 정부가 개화 정책을 홍보하고 국내외의 정세를 소개하기 위해 개화파를 중심으로 발간하였다. 이후 '한성주보'로 바꾸고 상업 광고를 게재하기도 하였으나 1888년 재정난으로 폐간되었다.

▲ 제국신문

▲ 베델

금수회의록
1908년 안국선이 발표한 신소설이다. 여우, 호랑이, 게 등 동물의 입을 빌려 인간 사회의 모순을 비판하였다.

▲ 박은식

간도 협약

제1조 일, 청 양국 정부는 토문강(두만강)을 청국과 한국의 국경으로 하며, 강의 원류 지역은 백두산정계비를 기점으로 하여 석을수(石乙水: 백두산 남쪽에 위치)가 양국 국경임을 성명한다.
제2조 청국 정부는 이전처럼 토문강 이북의 개간지에서 한국인이 거주하는 것을 승인한다. 그 지역의 경계는 별개의 지도로 표시한다.
제3조 토문강 이북 잡거 구역 내에 있는 한국인 소유의 토지와 가옥은 청국 정부가 청국 인민의 재산과 똑같이 완전하게 보호해야 한다.
제6조 청국 정부는 앞으로 길장 철도를 옌지 남쪽 경계까지 연장하여 한국의 회령에서 한국철도와 연계해야 한다.

-"순종실록", 1909. 9. 4.-

19세기 중엽 청의 봉금 정책이 해제되면서, 생활고에 시달리던 우리나라 농민들은 새로운 경작지와 삶의 터전을 찾아 만주와 연해주로 이주하였다. 이에 조선과 청 사이에 간도 귀속 문제가 발생하였다. 그 핵심은 토문강 위치에 대한 해석상의 차이(청은 두만강, 조선은 쑹화 강 유역)였다. 이에 1883년 어윤중을 서북경략사로, 1885년 이중하를 토문감계사로 파견하여 대처하도록 하였다. 1900년 러시아가 간도를 점령하자 1902년 이범윤을 간도 관리사로 파견하여 간도를 함경도에 편입시키고, 조세를 징수하였다. 일본도 처음에는 (용정에) 간도파출소를 두는 등 한국 영토로 관리하였으나, 1909년 대한제국이 불법적으로 외교권을 상실한 상태에서 청과 일본 사이에 간도 협약이 체결되어 청의 영토로 귀속되었다. 일제는 그 대가로 청으로부터 남만주 철도(안봉선) 부설권 및 푸순 탄광 채굴권을 얻었다.

V

일제 강점과 민족 운동의 전개

01 일제의 통치 방식은 어떻게 변화했을까?
02 일제 강점기 국내 독립운동(1)
03 일제 강점기 국내 독립운동(2)
04 일제 강점기 국외 독립운동
05 일제 강점기 사람들은 어떻게 살았을까?

V. 일제 강점과 민족 운동의 전개

제1장 일제의 통치 방식은 어떻게 변화했을까?

1 1910년대 일제의 무단 통치

1. 무단 통치

(1) 조선 총독부 : 일제 식민 통치의 중추 기관이다.

총독	일본 육·해군 현역 대장 임명, 천황 직속으로 입법·사법·행정 및 군대 통수권 장악
조직	총독 아래 행정을 담당하는 정무총감과 치안을 담당하는 경무총감을 둠
중추원	총독의 직속 자문 기관, 친일파 한국인으로 구성

▲ 조선 총독부

(2) 공포 정치
① 헌병 경찰 제도
㉠ 현역 군인인 헌병이 경찰 업무를 지휘하고 일반 경찰 업무를 담당하였으며, 전국에 헌병 분대와 경찰서를 설치하였다.
㉡ 범죄 즉결례를 제정하고(1910. 12.), 태형 제도를 부활시켰다.
② 위협적인 분위기 조성 : 일반 관리나 교원이 제복을 입고 칼을 착용하였다.
③ 기본권 박탈 : 언론·출판·집회·결사의 자유를 제한하였으며, 대한매일신보·황성신문 등 신문을 폐간하였다.

▲ 제복을 입고 칼을 찬 교사들

태형령

> **조선 태형령 시행 규칙(1912)**
>
> 제1조 태형은 수형자를 형판 위에 엎드리게 하고 그 자의 양팔을 좌우로 벌리게 하여 형판에 묶고 양다리도 같이 묶은 후 볼기 부분을 노출시켜 태로 친다.
> 제11조 형장에 물을 준비하여 즉시 수형자에게 물을 먹일 수 있게 한다.
> 제12조 집행 중 수형자가 비명을 지를 우려가 있을 때는 물을 적신 천으로 입을 막는다.
> — 조선 총독부 관보 —

▶ 1912년 3월 제령 제13호로 공포·시행된 조선 태형령은 조선인에게만 적용된 무단 통치의 대표적인 예이다. 헌병 경찰은 즉결 처분권을 가지고 재판 없이 즉결 심판으로 태형을 가하였다. 조선 태형령은 사이토 마코토 총독의 기만적인 문화 통치의 일환으로 1920년 4월 폐지되었다.

경찰서장 및 지역 헌병 대장이 징역 3개월 이하, 벌금 100원에 해당하는 처벌을 재판 없이 즉결로 집행할 수 있도록 하였다.

기한부 계약제 소작농
조선 후기 소작농과 달리 경작권(도지권)이 인정되지 않는 식민지 지주제의 소작농을 의미한다.

회사령
일제가 민족 기업을 규제하기 위하여 제정·공포한 법령이다. 회사령은 기업의 설립을 총독의 허가제로 하고, 허가 조건을 위반할 때는 총독이 사업의 금지와 기업의 해산을 명령할 수 있도록 규제하였다.

2. 토지 조사 사업(1912~1918)과 산업 침탈

(1) 토지 조사 사업
① 임시 토지 조사국을 설치(1910)한 후 토지 조사령을 공포하였다(1912).
② 토지 소유권, 토지 가격, 지형과 지목, 토지의 위치와 면적 등을 신고해야 소유권을 인정하였다.
③ 짧은 신고 기간과 복잡한 구비 서류 및 절차로 인해 발생한 미신고 토지와 공공 기관의 토지 등은 조선 총독부로 귀속되어 동양 척식 주식회사나 일본인 지주에게 헐값에 불하되었다.
④ 조선인들은 경작권을 상실한 기한부 계약제 소작농으로 전락하거나 해외(만주, 연해주 등)로 이주하였다.

(2) 산업 침탈
① 회사 설립을 허가제로 하고, 허가 조건을 어길 경우 총독이 회사를 해산할 수 있는 회사령을 실시(1910)하여 민족 자본의 성장을 억제하였다.

② 삼림령(1911), 어업령(1911), 광업령(1915), 임야 조사령(1918) 등을 제정하여 각종 자원을 독점하고, 소금 · 인삼 · 담배 등의 전매제를 실시하였다.

토지 조사령(1912)

제1조 토지의 조사 및 측량은 본령에 따른다.
제4조 토지 소유자는 조선 총독이 정하는 기간 내에 주소, 씨명, 명칭 및 소유지의 소재, 지목, 자번호, 사표, 등급, 지적, 결수를 임시 토지 조사 국장에게 신고해야 한다. 단, 국유지는 보관 관청이 임시 토지 조사 국장에게 통지해야 한다.

▶ 일제가 실시한 토지 조사 사업으로 미신고 토지, 국 · 공유지 등 수많은 토지가 총독부의 소유가 되었다. 토지를 잃은 우리 농민들은 지주와 기한부 계약에 의한 소작농으로 전락하였다.

2 1920년대 일제의 민족 분열 통치

1. 문화 통치

(1) 배경 : 3 · 1 운동으로 무단 통치의 한계를 인식하였으며, 세계 여론이 악화되었다.
(2) 특징 : 한국인의 문화 창달과 민력 증진을 표방하는 등 유화적인 통치 방식을 내세웠고, 일반 관리와 교원의 제복과 칼 착용을 폐지하고 태형령을 폐지하였다.
(3) 문화 통치의 내용과 실상

문화 통치의 내용	실제 모습
군인 대신 문관 출신의 총독을 임명하도록 규정	해방 때까지 단 한명의 문관 총독도 임명되지 않음
헌병 경찰을 보통 경찰로 전환	경찰의 인원과 장비 증가, 치안 유지법 제정, 특별 고등 경찰 제도 실시
언론 · 출판 · 집회의 자유 허용	언론사 검열 강화
한국인의 교육 기회 확대	초등 학문과 기술 분야의 교육 강화

(4) 문화 통치의 성격 : 친일파를 양성하여 우리 민족 내부의 분열을 조장하는 고도의 기만술로, 일부 지식인들이 일제와 타협하여 자치론, 개조론, 참정론 등을 주장하였다.

조선 민족에 대한 대책

1. 핵심적인 친일 인물을 골라 그 인물로 하여금 귀족, 양반, 유생, 부호, 교육가, 종교가에 침투하여 계급과 사정을 참작하여 각종 친일 단체를 조직하게 한다.
2. 각종 종교 단체도 중앙 집권화해서 그 최고 지도자에 친일파를 앉히고 고문을 붙여 어용화시킨다.
3. 친일 민간인에게 편의와 원조를 주어 수재 교육의 이름 아래 많은 친일 지식인을 긴 안목으로 키운다.
— 사이토 총독, '조선 민족 운동에 대한 대책' —

▶ 일제는 조선인의 문화를 창달하고 민력을 증진한다는 명분으로 문화 통치를 실시하였으나, 실제로는 친일파를 육성하여 민족을 분열시키고자 하는 의도가 숨어 있었다.

2. 1920년대 산미 증식 계획과 일본 자본의 진출

(1) 산미 증식 계획(1920~1934)
① 제1차 세계 대전 이후 일본은 급격한 인구 증가와 공업화 · 도시화로 쌀값이 급등하여 식량 부족 현상이 나타났다.
② 일제는 조선의 쌀을 수탈하여 일본으로 가져가는 산미 증식 계획을 세우고, 쌀 생산량을 늘리기 위해 개간 · 간척 사업 실시, 수리 시설 개선, 종자 개량 등을 하였다.
③ 증산량보다 많은 양의 쌀이 일본으로 유출되어 한국인 1인당 쌀 소비량이 감소하였으며, 쌀의 단작화 현상이 가속화되었다.
④ 조선의 식량 사정이 악화되자 부족한 식량을 보충하기 위해 만주에서 잡곡(조, 수수, 콩 등)을 수입하였다.

보통 경찰제 전환 이후의 변화

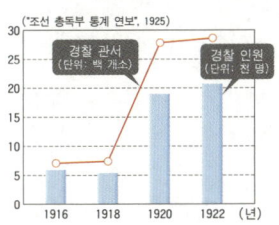

3 · 1 운동 이후 일제는 문화 통치를 표방하였지만, 실제로는 경찰 기관과 결찰 인원이 3배 이상 증가하였다.

치안 유지법

천황제 및 식민 체제를 부정하는 반정부 · 반체제 운동이나 사유 재산제와 자본주의 체제를 부정하는 사회주의 단체의 조직과 활동을 금지하는 법이다.

특별 고등 경찰 제도

특별 고등 경찰은 1911년 창설된 이후 1945년 폐지될 때까지 반체제적인 언론 · 사상 · 종교 · 사회단체에 대한 사찰과 탄압을 행하던 일본의 비밀 경찰로, 조선의 독립운동가 색출과 탄압에 나섰다.

민족 개조론

1922년 5월 이광수가 종합지 '개벽'에 발표한 논설이다. 1920년대 일제의 문화 정치 아래에서 민족 개량주의자들은 민족성 개조를 추진하였는데, 이광수의 민족 개조론이 그 정신적 · 이론적 바탕이 되었다.

▲ 쌀 생산량과 반출량

제1장 일제의 통치 방식은 어떻게 변화했을까?

(2) 일본 자본의 진출
① 회사령을 폐지한 후 신고제로 전환(1920)하고, 관세를 철폐하여 일본 상품의 조선 수출을 증대하였다(1923).
② 신은행령을 발표(1927)하여 조선 소유의 은행을 강제로 합병하였다.

3 1930년대 이후 민족 말살 통치

1. 민족 말살 통치

(1) **목적**: 일제는 조선인을 일본 천황에 충성하는 백성으로 동화시켜 침략 전쟁에 효율적으로 동원하고자 하였다.

(2) **황국 신민화 정책**
① 일제는 중·일 전쟁 이후 본격적으로 황국 신민화 정책을 추진하였다.
② 일제는 내선일체(內鮮一體)와 일선동조론(日鮮同祖論)을 주장하며 민족 말살 정책을 실시하였다.
③ 애국반을 조직하고 신사 참배와 궁성 요배를 강요하였으며, '황국 신민의 서사'를 암송하게 하였다.
④ 우리의 말과 글자를 사용하지 못하도록 하였으며, 우리의 성과 이름을 일본식으로 바꾸도록 강요하였다.

> **황국 신민의 서사**
> - 우리는 대일본 제국의 신민입니다.
> - 우리들은 마음을 합하여 천황 폐하께 충의를 다합니다.
> - 우리들은 괴로움을 참고 견디며 단련을 하여 훌륭하고 강한 국민이 되겠습니다.
>
> ▶ 황국 신민의 서사를 암송하는 학생들
>
> ➤ 1930년대 후반 민족 말살 정책의 하나로, 일제가 내선일체·황국 신민화 등을 강요하면서 암송하도록 한 글이다.

2. 병참 기지화 정책과 농촌 진흥 운동

(1) **병참 기지화 정책**
① 일제는 침략 전쟁에 필요한 군수 물자와 인력을 공급하는 병참 기지로 한반도를 이용하기 위해 병참 기지화 정책을 추진하였다.
② **남면북양 정책**: 원료 부족 현상에 대비하고 일본인 방직 자본가를 보호하기 위해 남부 지방의 농민에게 목화(면화)를, 북부 지방의 농민에게 양을 기르도록 강요하였다.
③ 인적·물적 자원 수탈

인적 자원	육군 지원병제(1938), 징용 제도(1939), 학도 지원병 제도(1943), 징병 제도(1944), 여자 정신대 근무령(1944), 일본군 성노예 등
물적 자원	산미 증식 계획 재개(1939), 공출·배급 제도 시행

(2) **농촌 진흥 운동**: 일제는 경제 공황의 여파로 농민들의 삶이 악화되어 소작 쟁의가 빈번해지고, 사회주의 세력의 확산으로 적색 농민 조합 운동이 전개되는 상황에서 조선 농민에 대한 회유책으로 조선 농촌 진흥 운동을 실시하였다(1932).

신사
일본의 신토 신앙에 근거해 만들어진 종교 시설로, 해당 신사의 장소에 머무는 신을 모시는 제사 시설이다. 장소에 따라서 신전을 해상·산정·빌딩의 옥상 등에 모시기도 한다.

애국반
일제 강점기 전시 체제하에서 조선인의 생활을 감시·통제하기 위해 만들어진 조직이다. 초기에는 신사 참배와 반상회의 참가를 요구하였으나, 전쟁의 확대와 함께 갖가지 동원을 위한 기초 단위가 되었다. 근로 봉사, 저금, 국채 구입, 국어 보급, 금은 식기 공출 등을 위한 말단 조직의 역할을 하였다.

▲ 남면북양 정책

▲ 일본군 위안부를 기리는 평화비

V. 일제 강점과 민족 운동의 전개

제2장 일제 강점기 국내 독립운동(1)

1 1910년대 국내 민족 운동

1. 항일 결사 조직

독립 의군부 (1912)	• 조직 : 임병찬이 고종의 밀명을 받아 조직, 복벽주의 주장 • 활동 : 일제의 총리대신과 조선 총독에게 국권 반환 요구, 대규모 항일전을 준비하였으나 조직이 발각되면서 해체
대한 광복회 (1915)	• 조직 : 박상진을 총사령으로, 김좌진을 부사령으로 한 군대식 조직, 대한 광복단과 조선 국권 회복단의 일부가 통합하여 결성, 공화주의 표방 • 활동 : 각 도에 지부 설치, 충청·황해·경상도 지역을 중심으로 미곡 상점, 여관 등을 운영하며 군자금 조달, 사관 학교 설립 추진
송죽회(1913)	• 조직 : 평양 숭의 여학교의 학생과 여교사를 중심으로 조직 • 활동 : 만주·연해주 등지에 독립운동 자금 전달, 3·1 운동에 적극 참여
조선 국권 회복단(1915)	• 조직 : 윤상태, 서상일 등 단군 신앙을 믿는 경북 지방의 유림들로 구성된 비밀 결사 • 활동 : 군자금 모금, 3·1 운동 당시 만세 운동 주도
기타	민단 조합, 조선 국민회(1915), 자립단(1915), 기성 야구단 등

복벽주의

나라를 되찾아 임금을 다시 세우겠다는 주장으로, 독립 의군부는 국권을 회복한 후 고종을 다시 황제로 복위시키려 하였다.

공화주의

개인의 사적 권리보다는 시민으로서 갖춰야 할 덕을 강조하는 정치적 이데올로기이다. 공화주의는 시민들이 덕을 가지고 정치 활동에 적극적으로 참여하고, 공공선에 대한 헌신 속에서 개인의 자유를 실현하는 것이 중요하다고 보았다.

> **대한 광복회 강령**
> 1. 부호의 의연금 및 일인이 불법 징수하는 세금을 압수하여 무장을 준비한다.
> 2. 남북 만주에 군관 학교를 세워 독립 전사를 양성한다.
> 3. 종래의 의병 및 해산 군인과 만주 이주민을 소집하여 훈련한다.
> 6. 일인 고관 및 친일 반역자를 때와 장소에 상관없이 처단하는 행형부(行刑部)를 둔다.
> 7. 무력이 완비되는 대로 일본인 섬멸전을 단행하여 최후 목적을 달성한다.

➡ 대한 광복회는 우리 민족에게 독립사상을 고취시켰으며, 민족 문화의 우월성을 바탕으로 광복에 대한 희망과 신념을 불어넣어 주었다. 대한 광복회는 항일 비밀 결사 중에서 가장 활발한 활동을 전개하였으나, 1918년 이종국의 밀고로 박상진을 비롯한 37명이 체포됨으로써 활동이 중지되었다.

2 3·1 운동(1919)

1. 배경

(1) 국내적 배경

① 불만 고조 : 일제의 무단 통치와 토지 조사 사업 등으로 인해 불만이 고조되었다.

② 고종의 독살설 : 고종이 승하(1919. 1. 21.)한 후 독살설이 유포되어 반일 감정이 증폭되었다.

(2) 국외적 배경

러시아 혁명	소련이 피압박 약소민족에 대한 지원 약속
민족 자결주의	미국 대통령 윌슨이 파리 강화 회의에서 제시
신한 청년당	김규식을 파리 강화 회의에 파견하여 독립 청원서 제출
무오 독립 선언서(1918)	만주·노령의 독립운동가 39인이 발표
2·8 독립 선언	도쿄에서 유학생들이 독립 요구 선언서와 결의문 발표

민족 자결주의

민족의식을 지닌 한 집단이 독자적인 국가를 형성하고 자신의 정부를 선택할 수 있다는 사상이다.

제2장 일제 강점기 국내 독립운동(1)

독립 선언서의 발표

무오 독립 선언서(대한 독립 선언서)
　궐기하라 독립군! 독립군은 일제히 천지를 휩쓸라! 한 번 죽음은 인간의 면할 수 없는 바이니, 개, 돼지와 같은 일생을 누가 구차히 도모하겠는가? …… 국민의 본령을 자각한 독립임을 기억하고 동양의 평화를 보장하고 인류의 평등을 실시하기 위한 자립임을 명심하여 황천(皇天)의 명령을 받들고 일체의 못된 굴레에서 해탈하는 건국임을 확신하여 육탄 혈전으로 독립을 완성하라.

2·8 독립 선언서
1. 우리는 한·일 합병이 우리 민족의 자유의사에서 나온 것이 아니며, 우리 민족의 생존과 발전을 위협하고, 동양의 평화를 저해하는 원인이 된다는 이유로 독립을 주장하는 것이다.
2. 우리는 일본 의회 및 정부에 조선 민족 대회를 소집하여 대회의 결의로 우리 민족의 운명을 결정할 기회를 주기를 요구한다.
3. 우리는 만국 평화 회의에 민족 자결주의를 우리 민족에게 적용할 것을 청구한다.
4. 앞에서 요구한 내용이 실패할 때는 일본에 대해서 영원히 혈전을 선언한다. 이로써 발생하는 참화는 우리 민족이 그 책임을 지지 않는다.

▶ 대한 독립 선언서는 1918년 국외 망명 독립운동가 39명의 이름으로 만주 지린 성에서 발표된 것으로, 독립 전쟁을 통한 독립운동을 주장하였다. 2·8 독립 선언서는 1919년 일본 유학생들이 도쿄에서 발표한 것으로, 이 독립 선언은 이후 3·1 운동이 촉발되는 데 영향을 주었다.

2. 전개 과정

(1) 독립 선언 준비
　① 독립운동의 대중화·일원화·비폭력을 3대 원칙으로 정하고, 종교계 인사로 구성된 민족 대표 33인과 학생들이 연합하여 거족적인 시위를 준비하였다.
　② 기미 독립 선언서는 최남선이 기초하였고, 공약 3장은 한용운이 작성하였다.

(2) 독립 선언서 낭독
　① 1919년 3월 1일 민족 대표 33인은 인사동 태화관에서 독립을 선언한 후 일본 정부와 의회, 미국의 윌슨 대통령, 파리 강화 회의의 각국 대표에게 독립 선언서와 청원서를 송부하고 자진 체포되었다.
　② 탑골 공원에 운집한 학생과 시민들이 독립 선언서를 낭독하고 시위행진을 진행하자 많은 사람들이 이에 호응하였다.

(3) **일제의 탄압**: 일본군은 2개 사단 규모의 병력을 동원하여 시위하는 군중을 무자비하게 살상하였으며, 수원 화성 인근의 제암리에서 집단 학살을 벌이기도 하였다.

(4) **무력 저항으로 변모**: 시위가 주요 도시에서 농촌으로 확산되는 과정에서 무력 저항으로 변모되었다.

▲ 3·1 운동의 전개 과정

제암리 학살 사건

1919년 4월 5일 제암리 교회 청년들과 민족주의자들은 만세 시위를 벌였다. 시위 10일 후 일본 헌병들은 15세 이상의 남자들을 제암리 교회에 모아 놓고 총격을 가하고 교회당 문을 잠근 후 불을 질렀다. 탈출하려는 사람들에게 무차별 사격을 가하였고, 32가구에 불을 지르는 만행을 저질렀다.

▲ 유관순 열사

시기	발생 장소	단순 시위	투쟁 형태		합계
			폭력 시위		
			일제와 충돌	일제의 발포	
3. 1.~3. 10.	113	97	15	15	127
3. 11.~3. 20.	120	103	23	8	134
3. 21.~3. 31.	214	164	57	24	245
4. 1.~4. 10.	280	173	75	51	299
4. 11.~4. 20.	39	27	5	7	39
4. 21.~4. 30.	4	3	1	-	4
계	770(곳)	567(건)	176(건)	105(건)	848(건)

▲ 소요 사건 일별 도표(1919. 3. 1.~1919. 4. 30.)

3. 의의와 영향
(1) **독립운동의 조직적 기반 마련** : 대한민국 임시 정부의 수립 계기를 마련하였다.
(2) **독립운동의 참여 폭 확대** : 지식인·학생 중심에서 노동자와 농민이 참여하는 운동으로 발전하였다.
(3) **일제의 식민지 통치 방식의 변화** : 무단 통치에서 문화 통치로 변화하는 계기가 되었다.
(4) **세계 약소민족에 영향** : 중국의 5·4 운동, 인도의 비폭력·불복종 운동 등에 영향을 주었다.

3 대한민국 임시 정부의 수립과 활동

1. 배경 : 3·1 운동을 전후하여 체계적이고 조직적인 독립운동에 대한 민족적 요구가 고조되는 상황 속에서 연해주의 대한 국민 의회, 상하이의 대한민국 임시 정부, 서울의 한성 정부 등이 임시 정부를 자처하며 수립되었다.

2. 임시 정부의 통합 〈중요〉
(1) **통합** : 국내에서 수립된 한성 정부의 법통을 계승하고, 연해주의 대한 국민 의회와 상하이의 대한민국 임시 정부를 흡수하여 상하이에 통합 정부인 대한민국 임시 정부를 수립하였다(1919. 9.).
(2) **위치 문제** : 이승만은 임시 정부를 상하이에 두자는 입장이었고(외교론), 이동휘는 상하이보다는 만주에 두자는 입장이었다(무장 투쟁론).

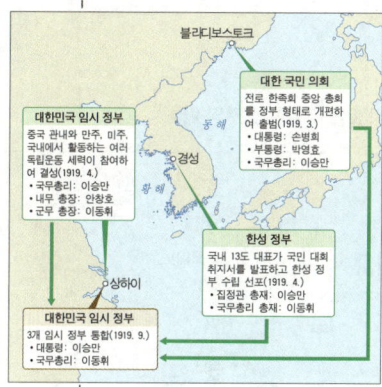
▲ 대한민국 임시 정부

> **대한민국 임시 정부의 위치를 어디에 둘 것인가?**
> 1. 상하이와 러시아령에서 설립한 정부들을 일체 해소하고 오직 국내에서 13도 대표가 창설한 한성 정부를 계승할 것이니 국내의 13도 대표가 민족 전체의 대표임을 인정함이다.
> 2. 정부의 위치는 아직 상하이에 둘 것이니 각지의 연락이 비교적 편리하기 때문이다.
> 3. 상하이에서 설립한 제도와 인선을 없애 버린 후 한성 정부의 집정관 총재 제도와 그 인선을 채택하되 상하이에서 정부 수립 이래 실시한 행정은 그대로 유효 인정할 것이다.
> — 안창호의 제안 —

▶ 대한민국 임시 정부 통합 과정에서 임시 정부를 무장 독립 투쟁에 유리한 만주나 연해주에 두자는 주장과 외교 활동에 유리한 상하이에 두자는 주장이 대립하였다.

3. 대한민국 임시 정부의 체제
(1) **민주 공화 정체** : 행정 기관인 국무원, 입법 기관인 임시 의정원, 사법 기관인 법원으로 구성된 삼권 분립 민주 공화 정체 정부로 출범하였다.
(2) **대통령 지도제** : 임시 대통령에 이승만, 국무총리에 이동휘가 임명되었다.

4. 대한민국 임시 정부의 초기 활동 〈중요〉

비밀 행정 조직	• 연통제 : 국내외의 독립운동을 지휘하고 임시 정부와 연결하는 비밀 행정 조직망, 내무총장 아래 연통부 설치, 전국의 각 도·군·면에 독판·군감·면감 등을 둠 • 교통국 : 정보의 수집·분석·교환·연락 업무 관장 • 군자금 : 애국 공채 발행, 국민 의연금, 이륭 양행, 백산 상회
외교 활동	• 파리 강화 회의에 김규식 파견 • 워싱턴 회의 등 각종 국제회의에 한국인의 독립 열망 전달 • 구미 위원부를 설치하여 외교 활동 전개(이승만), 국제 연맹에 독립 문제 제기
군사 활동	• 육군 무관 학교 설립, 비행사 양성소 설치 • 육군 주만 참의부 결성, 광복군 사령부와 광복군 총영 설치
문화 활동	• 사료 편찬소 : 독립운동 관련 역사 정리, 한·일 관계 사료집 간행 • 독립신문 간행 : 임시 정부의 기관지

이륭 양행
중국 단둥에 소재한 영국인 쇼(G. L. Show)가 경영하던 무역상의 대리점으로, 임시 정부는 이륭 양행의 2층에 교통국의 안동 지부를 설치하고, 이곳에서 국내의 정보를 수집하는 일과 군자금을 전달하는 일 등을 맡아 처리하였다.

백산 상회
1914년 대종교 신도였던 안희제가 영남 지방 지주들의 자본으로 설립한 회사이다. 국내외 독립운동 단체의 연락처와 군자금을 모아 임시 정부에 전달하는 역할을 수행하는 한편, 장학 사업이나 협동조합 운동을 전개하였다.

제2장 일제 강점기 국내 독립운동(1)

이승만의 위임 통치 청원서

> 미국 대통령 각하, 대한인 국민회는 본 청원서에 서명한 대표자로 하여금 다음과 같이 공식 청원서를 각하에게 제출합니다.
> 우리는 자유를 사랑하는 2천만의 이름으로 각하에게 청원합니다. 각하도 평화 회의에서 우리의 자유를 강력하게 주장하여 참석한 열강들과 함께 먼저 한국을 일본의 학정에서 벗어나게 하여 주십시오.
> 장래 완전한 독립을 보증하고 당분간은 한국을 국제 연맹 통치 밑에 둘 것을 바랍니다. 이렇게 되면 대한 반도는 만국의 통상지가 될 것이며, 그리하여 한국을 극동의 완충국이나 한 개 국가로 인정하게 하면 동아시아 대륙에서의 침략 전쟁이 없게 될 것이며, 그렇게 되면 동양 평화는 영원히 보전될 것입니다.
> - 독립운동사 편찬 위원회, "독립운동 자료집" -

▶ 이승만은 미국 대통령 윌슨에게 위임 통치 청원서를 제출하였다. 신채호, 박용만 등은 이승만의 청원서 제출 사실을 들어 임시 정부의 해산을 주장하였다.

대한민국 임시 정부의 이동

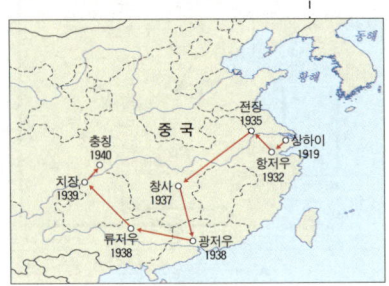

상하이에서 출범한 임시 정부는 1932년 4월 윤봉길의 의거로 일제의 반격을 받아 상하이를 떠나 항저우(1932), 전장(1935), 창사(1937), 광저우, 류저우(1938), 치장(1939)을 거쳐 충칭에 안착하였다(1940).

국무령
국무령제의 우두머리를 말한다. 1925년 대한민국 임시 정부의 의정원은 임시 대통령제를 폐지하고 국무령제를 채택하였다. 김구, 이동녕 등이 역임하였다.

삼균주의
대한민국 임시 정부의 국무 위원인 조소앙이 주장한 것으로, 보통 선거를 통한 정치적 균등, 생산 기관의 국유화를 통한 경제적 균등, 의무 교육을 통한 교육적 균등을 의미한다.

5. 대한민국 임시 정부의 시련

(1) **임시 정부의 활동 약화** : 임시 정부의 외교 활동 성과 미흡, 만주 지역 독립군과의 연결 단절, 비밀 행정 조직망 붕괴 등으로 자금난과 인력난이 가중된 상황에서 무장 투쟁론자들의 비판이 증가하였다.

(2) **국민 대표 회의(1923)**
  ① 각지에서 활동하는 독립운동 단체의 대표들이 상하이에 모여 임시 정부의 활동과 독립운동의 방법을 놓고 격론을 벌였다.
  ② 임시 정부를 해체하고 새로운 정부를 수립하자는 창조파(신채호, 김규식, 이청천, 문창범, 윤해 등)와 임시 정부의 조직을 교체하자는 개조파(안창호, 여운형 등)가 대립하여 결렬되었다.

(3) **결과**
  ① 국민 대표 회의가 결렬된 후 많은 독립운동가들이 임시 정부를 이탈하였고, 임시 대통령 이승만은 1925년 3월 정식으로 파면되었다.
  ② 2대 임시 대통령에 박은식이 취임하였으나 4개월 만에 병사하여 이후 임시 정부는 국무령 중심의 내각 책임제로 개헌하였다.

6. 국민 대표 회의 이후의 임시 정부

(1) **임시 정부의 침체** : 이상룡과 홍진이 국무령으로 취임하여 임시 정부의 쇄신을 위해 노력하였으나 실패하였고, 임시 정부는 명맥만 유지되었다.

(2) **무장 투쟁의 전개** : 김구는 한인 애국단을 조직(1932)하여 일제에 대한 암살과 파괴 공작을 전개하였고, 그 성과를 인정한 중국 국민당의 지원을 받아 충칭에 한국광복군을 조직하고 점차 중국 관내의 독립운동 세력들을 통합해 갔다.

(3) **지도 이념** : 조소앙의 삼균주의는 대한민국 건국 강령에서 임시 정부의 기본 이념 및 정책 노선으로 확정되어 임시 정부의 기초 정당인 한국 독립당의 정강이자 독립군의 강령이 되었다.

7. 헌법 개정 과정

1차 개헌(1919)	대통령 지도 체제(삼권 분립)
2차 개헌(1925)	국무령 중심의 내각 책임제
3차 개헌(1927)	국무위원 중심의 집단 지도 체제
4차 개헌(1940)	주석 중심제
5차 개헌(1944)	주석의 권한 강화, 부주석제 신설

V. 일제 강점과 민족 운동의 전개

제3장 일제 강점기 국내 독립운동(2)

1 1920년대 항일 운동

1. 국내 무장 항일 투쟁
(1) **천마산대** : 평북 의주 천마산을 중심으로 활동하며 식민 통치 기관을 파괴하고 친일파를 숙청하였다.
(2) **보합단** : 평북 의주 동암산을 중심으로 군자금 모금 활동을 전개하였으며, 친일파를 처단하고 일제 관리 및 경찰을 사살하였다.
(3) **구월산대** : 황해도 구월산을 중심으로 활동하였고, 독립운동을 방해하던 은율 군수를 처단하였다.

2. 6·10 만세 운동(1926)
(1) **배경** : 일제의 수탈 정책과 식민지 교육 정책에 대한 반발로 순종의 인산일을 기해 3·1 운동 때와 같은 거족적인 시위운동을 벌이기로 계획하였다.
(2) **전개 과정**
① 사회주의 계열을 중심으로 만세 운동이 추진되었고, 민족주의 계열이 이를 지원하였다.
② 일제의 감시로 지도부가 발각되었으나 조선 학생 과학 연구회를 비롯한 학생 단체들은 발각되지 않아 시위는 예정대로 진행되었다.
③ 6월 10일 학생들이 격문을 돌리며 만세 운동을 전개하였고, 여기에 인산 행렬에 참가하였던 시민들이 참여하면서 시위가 확산되었다.
(3) **의의**
① 민족주의와 사회주의의 갈등을 극복하는 계기가 되어 민족 유일당 운동에 영향을 주었다.
② 국내 민족 운동에 활기를 부여하였고, 학생 운동이 대중적 차원의 항일 민족 운동으로 발전하는 계기가 되었다.

▲ 순종 장례 행렬과 6·10 만세 운동

6·10 만세 운동 시기의 격문

조선 민중아 우리의 철천지 원수는 자본·제국주의 일본이다. 2천만 동포여! 죽음을 각오하고 싸우자. 만세, 만세, 만세, 조선 독립 만세! 우리들의 국권과 자유를 회복하려 함에 있다. 우리는 결코 일본 전 민족에 대한 적대가 아니오, 다만 일본 제국주의의 야만적 통치로부터 탈퇴코자 함에 있다. …… 식민지에 있어서는 민족 해방이 곧 계급 해방이고 정치적 해방이 곧 경제적 해방이라는 것을 알지 않으면 안 된다. 즉 식민지 민족이 모두가 무산 계급이며 제국주의가 곧 자본주의이기 때문이다. 그러므로 현재 우리는 당면한 적인 정복국의 지배 계급으로부터 정치적 또는 경제적인 모든 권리를 탈환하지 않으면 사선에서 탈출하는 것은 불가능하다. 형제여! 자매여! 눈물을 그치고 절규하자!

▶ 1920년대에 들어 사회주의 사상이 유입되면서 학생들의 의식이 성장하게 되었다. 사회주의자와 조선 학생 과학 연구회를 중심으로 한 학생들은 순종의 인산인을 기회로 만세 운동을 계획하였다. 만세 운동의 준비 과정에서 사회주의 세력과 민족주의 세력이 연대함으로써 민족 유일당을 결성할 수 있는 공감대가 형성되었다.

3. 광주 학생 항일 운동(1929)
(1) **배경** : 일제의 민족 차별 교육(일본어로 수업 진행, 한국어 과목은 한국어를 일본어로 해석하는 수업 진행)에 대한 불만이 증가하였고, 6·10 만세 운동 이후 학생들의 항일 의식이 고조되었다.

제3장 일제 강점기 국내 독립운동(2)

▲ 광주 학생 항일 운동 당시 일본인에게 희롱당하였던 피해 여고생

▲ 한·일 학생 간의 충돌을 보도한 동아일보 기사

(2) 전개 과정
① 통학 열차 안에서 일본인 학생이 한국인 여학생을 희롱하는 사건이 일어나 한·일 학생 간 충돌이 일어났고, 이를 처리하는 과정에서 한국인 학생이 차별을 받았다.
② 광주에서 대규모 가두시위가 전개되었으며, 이후 시위가 확산되어 전국적인 규모의 항일 투쟁으로 발전하였다.
③ 2,800여 명의 학생들이 퇴학·무기정학을 당하였다.

(3) 의의 : 5만 4,000여 명의 학생과 시민들이 함께 전개한 3·1 운동 이후 최대의 민족 운동이었다.

광주 학생 항일 운동의 격문

학생, 대중이여 궐기하라! 우리의 슬로건 아래로!
- 검거된 학생들을 즉시 우리 손으로 탈환하자.
- 경찰의 교내 침입을 절대 반대한다.
- 교우회 자치권을 획득하자.
- 언론·출판·집회·결사·시위의 자유를 획득하자.
- 한국인 본위의 교육 제도를 확립하라.
- 식민지적 노예 교육 제도를 철폐하라.
- 사회 과학 연구의 자유를 획득하자.

➤ 광주 시내에서 빚어진 한·일 중학생 간의 충돌은 이후 광주 지역 학생의 대규모 시위운동을 거치면서 전국 각지로 확산되었다. 광주 학생 항일 운동은 신간회의 지원을 받았다.

2 일제하 사회·경제적 민족 운동

1. 농민 운동

(1) 배경
① 일제가 토지 조사 사업과 산미 증식 계획을 실시하여 농촌을 가혹하게 수탈하였다.
② 사회주의 사상이 보급되면서 농민 단체가 조직화되었다.

(2) 전개 과정

1920년대	소작료 인하, 소작권 이동 반대, 일본 이민 반대 등의 생존권 투쟁 전개
1930년대	생존권 투쟁 및 일제의 식민 지배를 부정하는 반제국주의 운동 전개
농민 운동 지도 단체	조선 노동 공제회(1920), 조선 노농 총동맹(1924), 조선 농민 총동맹(1927), 적색 농민 조합(1930) 결성
대표적 소작 쟁의	암태도 소작 쟁의(1923), 동양 척식 주식회사 농장 소작 쟁의

일제 강점기 소작료
일제 강점기 당시 소작료율은 생산량의 60%가 지배적이었고, 소작 계약의 형태는 구두 계약이 73%, 문서 계약이 27%였다. 소작 기간은 미리 기간을 정하는 정기 소작이 19%에 불과하였고, 나머지 81%는 부정기 소작이었는데, 대개 1년~3년의 단기 소작이었다.

2. 노동 운동

(1) 배경 : 일제의 식민지 공업화 추진에 따른 저임금과 열악한 노동 환경으로 인해 노동 쟁의가 일어났다.

(2) 전개 과정

1920년대	임금 인상, 노동 시간 단축, 작업 환경과 비인간적 대우 개선 등의 생존권 투쟁 중심
1930년대	생존권 투쟁 및 일제의 타도를 내세우는 반제국주의 항일 민족 운동 전개
노동 운동 지도 단체	조선 노동 공제회(1920), 조선 노농 총동맹(1924), 조선 노동 총동맹(1927), 적색 노동 조합(1930)
대표적 노동 쟁의	부산 부두 노동자 파업(1921), 영흥 총파업(1928), 원산 총파업(1929)

원산 총파업
일제 강점기에 일어났던 대표적인 노동 쟁의로, 반제 투쟁의 성격을 띠고 있었으며, 노동 쟁의가 민족 운동과 연결되는 양상을 뚜렷하게 보여 주었다. 원산 총파업은 노동자의 사회의식을 높여 주었다.

> **부산 방직 공장 노동자들의 비참한 실태**
>
> 어두컴컴한 공장에서 감독의 무서운 감시를 받고, 100도에 가까운 뜨거운 공기를 마시며 온몸이 쑤시고 뼈가 으스러지도록 노동을 하는 여성 노동자는 대개 15세~16세 또는 20세 전후로, 그 대부분은 각지의 농촌에서 모집되어 온 것이다. …… 노동 시간은 길고 식사는 형편없어 그들의 영양 상태와 건강은 극도로 나빠지고 있다. 이 여성들의 낯빛은 마치 중병 직후의 환자와 같고 몸은 쇠약하여 졸도하는 일이 허다한데, 공장 내에는 특별한 규율이 있어 조금이라도 그 규율을 어기면 바로 매를 맞는 형편이었다.
> – '조선중앙일보', 1936. 7. 2. –

➤ 한국인 노동자들은 일본인에 비해 적은 임금을 받았으며, 열악한 노동 환경에 처해 있었고 일본인 경영자의 민족 차별에 시달렸다.

3. 청년·소년·여성·형평 운동

청년 운동	• 조선 청년 연합회(1920) : 교육 진흥·산업 진흥·도덕 수양을 목표로 하는 민족 독립운동 추구 • 조선 청년 총동맹(1924) : 민족주의와 사회주의 계열의 통합 단체로 발전, 노동·농민 운동 지지, 일제의 식민지 교육에 대항
소년 운동	• 천도교 소년회(1922) : 방정환 중심, 어린이날 제정, 잡지 '어린이' 발간 • 조선 소년 연합회(1927) : 전국적인 조직체, 체계적인 소년 운동 전개
여성 운동	• 조선 여성 동우회(1924) : 여성 해방과 사회주의 운동의 결합 • 근우회(1927) : 민족주의 계열과 사회주의 계열의 여성 운동 세력 통합, 기관지 '근우' 발간, 여성 의식 계몽을 위해 전국 순회 강연·토론회·야학 등 개최, 신간회 해소와 함께 해체(1931)
형평 운동	조선 형평사(1923) : 백정에 대한 차별 폐지, 자녀 교육 문제 해결 주장, 백정의 인권 운동과 더불어 여러 사회 운동 단체들과 협력

▲ 어린이날 표어

조선 형평사

갑오개혁(1894)으로 백정에 대한 신분 차별이 법률적으로 철폐되었으나, 실생활에서는 차별이 여전하였다. 이에 일본 관서 지방에서 전개된 수평 운동의 영향을 받아 진주의 이학찬·강상호·신현수·천석구·장지필 등을 간부로 하여 조선 형평사가 창립되었다(1923).

> **조선 형평사 설립 취지문**
>
> 공평(公平)은 사회의 근본이고 사랑은 인간의 본성이다. 고로 우리는 계급을 타파하고, 모욕적인 칭호를 폐지하여 교육을 장려하고 우리도 참다운 인간으로 되고자 함은 본사(本社)의 뜻이다. 지금까지 조선의 백정은 어떠한 지위와 압박을 받아왔던가? 과거를 회상하면 종일 통곡하고도 피눈물을 금할 수 없다.

➤ 백정들은 계급 타파, 공평한 사회 건설, 모욕적인 칭호 폐지, 교육 균등, 지위 향상, 호적에서 백정이라는 기록 삭제를 요구하며 진주에서 조선 형평사를 창립하였다.

3 민족 실력 양성 운동

1. 물산 장려 운동(1922)

(1) **배경** : 회사령 폐지로 인한 일본 기업의 조선 진출과 총독부의 대일 무역 상품의 무관세 시도로 민족 기업의 위기가 심화되었다.

(2) **전개** : 1920년 평양에서 조만식, 이상재 등 민족주의 계열을 중심으로 조선 물산 장려회가 결성되었으며, '내 살림은 내 것으로'라는 구호를 내걸고 전국으로 확산되었다.

(3) **결과** : 수요의 증가로 토산물의 가격이 상승하였고, 친일 세력의 개입으로 사회주의자들이 비난을 받았으며, 별다른 성과를 거두지 못하였다.

2. 민립 대학 설립 운동(1922)

(1) **배경** : 3·1 운동 이후 일제의 식민지 우민화 교육에 맞서 고등 교육을 통한 민족 역량 강화의 필요성이 제기되었다.

(2) **전개** : 조선 교육회 인사들을 중심으로 조선 민립 대학 기성회가 조직되었으며, 대학 설립을 위한 1천만 원 모금 운동이 전개되었다.

(3) **결과** : 정치 운동으로 파악한 일제의 감시와 탄압으로 좌절되었다.

▲ 조선 물산 장려회의 국산품 선전 포스터

제3장 일제 강점기 국내 독립운동(2)

3. 문맹 퇴치 운동
(1) **배경** : 일제의 식민지 차별 교육으로 문맹자가 증가하였다.
(2) **1920년대** : 조선어를 중심으로 교육 활동을 하는 야학 운동이 전개되었다.
(3) **1930년대** : 조선일보의 문자 보급 운동(1929~1935)과 동아일보의 브나로드 운동(1931~1935) 등 언론 기관을 중심으로 활동이 이루어졌다.

4 신간회

1. 창립 배경
(1) **조선 민흥회(1926)** : 비타협적 민족주의 세력은 사회주의 세력과 연대를 모색하는 가운데 6·10 만세 운동을 함께 준비한 후 조선 민흥회를 결성하였다.
(2) **정우회 선언(1926)** : 일제가 치안 유지법을 만들어 사회주의 운동을 탄압하자 정우회에서 비타협적 민족주의 세력과의 협동 전선을 모색하기 위해 '정우회 선언'을 발표하였다.

> **정우회 선언**
> 우리가 승리를 향해 나아가기 위해서는 현실적으로 가능한 모든 조건을 충분히 이용하지 않으면 안 될 것이며, …… 민족주의적 세력에 대해서도 그것이 타락한 형태로 나타나지 않는 한 적극적으로 제휴하여 대중의 개량적 이익을 위해서도 종래의 소극적 태도를 버리고 세차고 꿋꿋하게 떨쳐 일어나 싸워야 할 것이다.
> – '조선일보' –

▶ 1925년에 들어서자 민족주의자들은 민족 협동 전선을 희망하는 태도를 밝히기 시작하였다. 이는 사회주의에 대한 일제의 탄압과 사회주의 내부의 극심한 파쟁에서 기인하였다. 같은 해 5월 일제가 치안 유지법을 공포하자, 사회주의자들도 파벌을 초월해 민족 협동 전선의 필요성을 공개적으로 표명하게 되었다. 모든 사회주의 단체와 조선 공산당이 민족주의 세력과 일시적 공동 전선을 꾸리자는 내용이 포함된 '정우회 선언'을 지지하면서 1927년 좌우 합작의 신간회가 창립될 수 있었다.

2. 신간회의 창립과 활동
(1) **창립** : 비타협적 민족주의 계열과 사회주의 계열이 결합하여 정치·경제적 각성, 민족의 단결 강화, 기회주의 배격을 내세우고 자치 운동을 배척하였다.
(2) **조직** : 서울에 본부를 두고 각 군 단위에 지회를 설립하여 4만 명의 회원을 보유하였다.
(3) **주요 활동** : 민중 계몽, 노동·소작 쟁의 지원, 청년·여성·형평 운동과 연계, 광주 학생 항일 운동 지원 등을 하였다.

3. 신간회의 해소 : 일제의 탄압, 지도부의 우경화, 코민테른의 지시 등으로 인해 전체 대회에서 해소안이 가결되었다(1931).

> **신간회 해소**
> **사회주의 계열의 해소론**
> 소시민의 개량주의적 정치 집단으로 변질한 현재의 신간회는 무산 계급의 투쟁 욕구에 장애가 되고 있다. 노동자 투쟁과 농민 투쟁을 강력하게 펼치기 위해서는 신간회를 해소하고 노동자는 노동조합으로, 농민은 농민 조합으로 돌아가야 한다.
> – '삼천리' –
>
> **해소파에게 충고함**
> 조선인의 대중적 운동의 목표는 일본 제국주의를 향해 집중되어야 할 것이니, 민족 운동과 계급 운동은 동지적인 협동으로 함께 나란히 나아가야 할 것이다. 그 내부에 영도권이 다른 세력이 섞여 있으므로 전체적으로 협동하여 일을 진행하기는 어려우므로 역량을 분산하거나 제 살 깎아먹는 식의 잘못을 범하지 않도록 유의하여야 한다.
> – 안재홍, '비판' –

▶ 신간회는 민중 대회 사건 이후 지도부가 검거되고 일제의 탄압으로 사회주의 진영과 민족주의 진영의 연대가 약화되어 1931년 해소되었다.

브나로드 운동

동아일보사가 일제의 식민 통치에 저항하기 위해 일으킨 농촌 계몽 운동의 하나이다. 동아일보사는 1931년부터 1934년까지 4회에 걸쳐 전국 규모의 문맹 퇴치 운동을 전개하였는데, 제3회까지 이 운동을 '브나로드'로 부르다가 민중이 이해하기 어려운 이름이라 하여 제4회부터 '계몽 운동'으로 바꾸었다.

▲ 신간회 창립 총회

코민테른

사회주의 세력은 1928년 12월 코민테른 6차 대회에서 '12월 테제'가 발표되자 부르주아 민족주의 세력과의 통일 전선 방침을 폐지하였고, 프로핀테른(코민테른 산하 기관인 적색 노동조합 인터내셔널)에서 '9월 테제'를 채택하여 신간회를 민족 개량주의 전선으로 규정하고 혁명적 노동조합 건설을 제시하였다.

V. 일제 강점과 민족 운동의 전개

제4장 일제 강점기 국외 독립운동

1 1910년대 국외 민족 운동

1. 만주 지방

(1) 서간도(남만주)

삼원보	• 신민회의 이회영, 이시영, 이상룡 등이 중심이 되어 세운 독립운동 기지 • 자치 기관인 경학사(이후 부민단으로 발전) 조직 • 신흥 강습소(이후 신흥 무관 학교)를 세워 독립군 간부 양성, 서로 군정서 설립

(2) 북간도(동만주)

교육 기관	한국인 마을 형성 지역에 서전서숙(이상설 설립), 명동 학교, 정동 학교 등이 설립
중광단	• 대종교계가 설립, 서일 등이 대한 군정서 조직 • 대한민국 임시 정부의 지시로 북로 군정서로 개칭하고 총사령관에 김좌진 선임

▲ 국외 독립운동 기지 건설

2. 연해주

권업회	• 블라디보스토크의 신한촌에서 조직 • 기관지인 권업 신문(주필 : 신채호)을 간행하여 국내, 간도, 미주까지 보급
대한 광복군 정부	권업회가 모체, 블라디보스토크에 이상설과 이동휘를 정·부통령으로 하는 망명 정부 수립
대한 국민 의회 (1919)	• 블라디보스토크의 신한촌에서 전로 한족회 중앙 총회 조직(1917) • 대통령에 손병희, 부통령에 박영효, 국무총리에 이승만 등을 추대하고 대한 국민 의회로 개편

3. 중국

신한 혁명당	1915년 상하이에서 결성, 이상설·이동휘·신규식·박은식 등이 참여
신한 청년당	• 김규식·여운형·김구 등이 발기하여 조직한 독립운동 단체 • 김규식을 파리 강화 회의에 대표로 파견

4. 미국

대한인 국민회	스티븐스 암살 사건을 계기로 1909년 이승만·박용만·안창호 등이 주도하여 조직
흥사단(1913)	샌프란시스코에서 안창호가 중심이 되어 사회 교육을 목적으로 설립

2 1920년대 무장 독립 전쟁

1. 배경

(1) 무장 독립 전쟁의 필요성 인식 : 1910년대부터 만주와 연해주에 독립운동 기지를 건설하였고, 3·1 운동 이후 무장 독립 전쟁의 필요성을 인식하였다.

(2) 국외 독립군 부대의 결성 : 서간도에는 신흥 무관 학교 출신 중심의 서로 군정서, 의병장 중심의 대한 독립단, 광복군 총영 등이 있었고, 북간도에는 대한 국민회, 대한 독립군, 북로 군정서(대종교 세력 중심, 병영과 사관 양성소 운영) 등이 있었다.

서전서숙
1906년 이상설, 이동녕 등이 교포의 자제를 교육하기 위하여 만주 북간도 룽징에 세운 학교이다.

명동 학교
1908년 만주 북간도에 세웠던 민족 교육 기관으로, 1906년에 설립되었다가 1년여 만에 폐교된 서전서숙의 정신을 계승하였다. 서전서숙을 나온 김약연 등이 설립하였다.

신한촌
일제 강점기에 시베리아 동부의 블라디보스토크에 있었던 한인 집단 거주 지역이다.

파리 강화 회의
제1차 세계 대전의 승전국들이 연합국과 동맹국 간의 평화 조약을 협의하기 위해 개최한 국제회의이다. 이 회의는 1919년 1월 18일 개최되어 1920년 1월 21일까지 지속되었다.

제4장 일제 강점기 국외 독립운동

2. 독립 전쟁의 승리

(1) **봉오동 전투**(1920. 6.) : 만주 삼둔자에서 일본군을 대파한 홍범도의 대한 독립군은 군무 도독부군(최진동), 국민 회군(안무) 등과 연합 부대를 형성하여 봉오동을 기습해 온 일본군을 대파하였다.

(2) **청산리 대첩**(1920. 10.)
  ① 봉오동 전투 이후 일제는 훈춘 사건을 조작하여 발표하고, 대부대를 만주로 출병시켜 독립군을 포위하였다.
  ② 북로 군정서(김좌진)와 대한 독립군(홍범도) 등의 연합 부대가 6일간 10여 차례의 전투에서 일본군 1,200여 명을 사살하였다.

(3) **간도 참변**(1920) : 일제가 만주 지역의 독립군 근거지를 없애려는 목적으로 간도 지역 동포를 무차별 학살하고 한인촌을 파괴하였다.

3. 독립군의 이동과 시련

(1) **자유시 참변**(1921)
  ① 독립군의 주요 부대들이 밀산에 모여 서일을 총재로 대한 독립군단을 조직하고 자유시로 이동하였다.
  ② 독립군 내부의 지휘권 다툼과 일본과의 마찰을 우려한 소련군의 무장 해제 요구로 인해 군사적 충돌이 발생하여 다수의 독립군이 희생되었다.
  ③ 일부 독립군은 만주 및 중국 본토로 다시 이동하였으나 많은 독립군이 러시아 적군에 편입되었다.

(2) **미쓰야 협정**(1925)
  ① 독립군이 만주에서 끈질기게 저항하자 조선 총독부 경무국장 미쓰야와 만주 군벌 장쭤린이 미쓰야 협정을 체결하였다.

> **미쓰야 협정**
> 1. 한국인이 무기를 가지고 다니거나 한국으로 침입하는 것을 엄금하며, 위반하는 자는 검거하여 일본 경찰에 인도한다.
> 2. 만주에 있는 한인 단체를 해산시키고 무장을 해제하며, 무기와 탄약을 몰수한다.
> 3. 일본이 지명하는 독립운동 지도자를 체포하여 일본 경찰에 인도한다.

▶ 일제가 만주에서의 독립운동을 탄압하기 위하여 체결한 협정으로, 이 협정에 따르면 중국 관헌들이 조선의 독립군을 체포하여 일본에 인계하면 포상하기로 되어 있었다. 이로 인해 독립군의 활동이 크게 위축되었다.

  ② 만주에서 활동하는 조선인 독립운동가를 중국 당국이 체포·인도할 시 일본은 인계받은 즉시 상금을 지불한다는 내용이다.

4. 독립군의 재정비와 통합

(1) **3부의 성립** : 만주 지역의 독립군은 군사 조직과 행정 조직을 모두 갖춘 참의부(압록강 연안, 1923)·정의부(남만주 일대, 1924)·신민부(북만주 일대, 1925)로 재정비되었다.

(2) **3부 통합 운동**
  ① 1920년대 중반 좌·우 합작 운동이 활발해지면서 3부 통합 운동이 전개되었고, 그 결과 북만주에 혁신 의회(1928), 남만주에 국민부(1929)가 조직되었다.
  ② 혁신 의회(1928) : 김좌진을 중심으로 한족 총연합회를 구성하였으나 김좌진이 암살된 후 지청천을 중심으로 한국 독립당을 창당하고, 한국 독립군을 조직하였다.
  ③ 국민부(1929) : 조선 혁명당을 조직하였고, 산하에 군사 조직으로 조선 혁명군을 편성하였다.

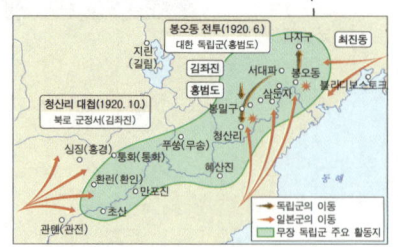

▲ 봉오동 전투와 청산리 대첩 격전지

삼둔자 전투
1920년 6월 만주에 근거를 두고 항일 전투를 전개하던 홍범도와 최진동 휘하의 독립군이 두만강을 건너 함북 종성군 강양동에 주둔하고 있던 일본군을 기습한 전투이다.

훈춘 사건
일제가 마적에게 훈춘에 있는 일본 영사관을 공격하도록 하여 일본인 경찰을 살해한 사건이다. 일제는 이 사건을 구실로 병력을 투입하여 훈춘의 조선인과 독립운동가들을 대량 학살하였다.

간도 참변
1920년 10월 9일에서 11월 5일까지 27일간 간도 일대에서 학살된 사람은 현재 확인된 수만 해도 3,469명에 이른다. 그 외 확인되지 않은 숫자와 3~4개월에 걸쳐 학살된 수를 합하면 피해자는 적어도 수만 명에 이르렀을 것으로 추정되고 있다.

▲ 3부의 위치

5. 의열 투쟁

(1) 의열단과 한인 애국단

구분	의열단(1920년대)	한인 애국단(1930년대)
단장	김원봉	김구
활동	• 신채호의 '조선 혁명 선언(1923)' • 공약 10조, 5파괴, 7가살	암살 파괴 공작
의거	• 부산 경찰서 폭파 의거(박재혁) • 조선 총독부 투폭 사건(김익상) • 종로 경찰서 폭탄 사건(김상옥) • 일본 궁성 이중교 투폭 사건(김지섭) • 동양 척식 주식회사, 식산 은행 투폭 사건(나석주) 등	• 일왕 폭살 기도(이봉창, 1932) • 훙커우 공원 의거(윤봉길, 1932) • 일본군 사령부 폭파 기도(1932)
결과	• 민족 혁명당 조직 • 무장 투쟁을 준비하여 조선 의용대 창설	• 임시 정부의 위상 고조 • 중국 국민당의 지원 계기 마련

▲ 이봉창 열사

▲ 윤봉길 의사

조선 혁명 선언

> 민중은 우리 혁명의 대본영이다. 폭력은 우리 혁명의 유일한 무기이다. 우리는 민중 속으로 가서 민중과 손잡고 폭력·암살·파괴·폭동으로 강도 일본의 통치를 타파하고, 우리 생활에 불합리한 일체의 제도를 개조하여 인류로써 인류를 압박하지 못하며, 사회로써 사회를 박탈하지 못하는 이상적 조선을 건설할지니라.

▶ 조선 혁명 선언은 김원봉의 요청으로 신채호가 작성한 글로, 의열단의 행동 지침이 되었다. '5파괴'의 대상으로 이족 통치, 특권 계급, 경제 약탈 제도, 사회적 불평등, 노예적 문화 사상을, '5건설'의 목표로 고유적 조선, 자유적 조선 민중, 민중적 조선, 민중적 사회, 민중적 문화를 제시하였다.

(2) 다물단(1924) : 김창숙이 조직한 무정부주의 단체이다.

(3) 기타
① 강우규(노인단 소속)는 3·1 운동 후 새로 부임한 사이토 총독에게 폭탄을 던졌으나 실패하였고, 조명하는 타이완에서 일본 국왕의 장인을 폭사시켰다.
② 백정기는 상하이에서 주중 일본 공사를 사살하려다 실패하였고, 양근환은 일본에서 친일파 민원식을 사살하였다.

김창숙
임시 정부의 주요 인물로, 해방 후에는 이승만 정권의 독재에 반대하는 투쟁을 벌였다. 성균관 대학교의 설립자이다.

③ 1930년대 이후 항일 독립운동

1. 한·중 연합군의 활동

(1) 조선 혁명군 : 남만주에서 중국 의용군과 연합 작전을 벌여 영릉가 전투(1932)·흥경성 전투(1932)에서 승리하였으나, 총사령관 양세봉이 피살된 후 역량이 약화되었다.

조선 혁명군과 중국 의용군의 합의 내용(1932)

> 중국과 한국 양국의 군민은 한마음 한뜻으로 일제에 대항하여 싸우고, 인력과 물자는 서로 나누어 쓰며, 합작의 원칙하에 국적에 관계없이 그 능력에 따라 항일 공작을 나누어 맡는다.
> – 한국 광복군 사령부, "광복" –

▶ 만주 사변으로 중국인의 반일 감정이 높은 상황에서 양세봉이 이끄는 조선 혁명군과 중국 의용군이 연합하여 영릉가와 흥경성 등지에서 일본군에 승리하였다.

(2) 한국 독립군 : 북만주에서 지청천을 총사령관으로 중국 호로군과 연합 작전을 벌여 쌍성보·경박호·사도하자·동경성·대전자령 전투에서 승리를 거두었으나, 일제의 거듭된 토벌과 임시 정부의 요청으로 1930년대 후반에 대부분 중국 본토로 이동하였다.

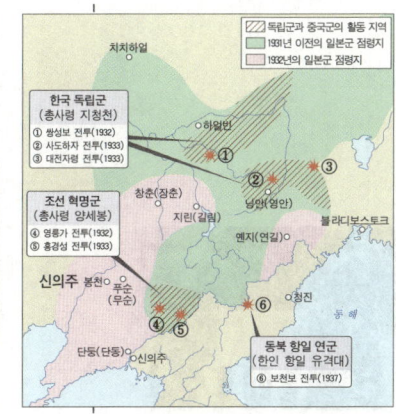

▲ 1930년대 만주 지역의 항일 무장 투쟁

제4장 일제 강점기 국외 독립운동

> **한국 독립군과 중국 호로군의 합의 내용(1931)**
>
> 1. 한·중 양군은 최악의 상황이 오는 경우에도 장기간 항전할 것을 맹서한다.
> 2. 중동 철도를 경계선으로 서부 전선은 중국이 맡고, 동부 전선은 한국이 맡는다.
> 3. 전시의 후방 전투 훈련은 한국 장교가 맡고, 한국군에 필요한 군수품 등은 중국군이 공급한다.
> – 한국광복군 사령부, "광복" –
>
> ▶ 지청천이 이끄는 한국 독립군과 중국 호로군이 연합하여 쌍성보·사도하자·대전자령 등지에서 일본군에 승리를 거두었다.

(3) 동북 항일 연군(1936)
① 만주 일대에 항일 유격대를 결성한 조선인 공산주의자들이 중국 공산당 유격대와 함께 동북 인민 혁명군을 조직한 후 동북 항일 연군으로 확대·개편되었다.
② 동북 항일 연군의 한인 간부들이 중심이 되어 결성되었으며, 국내 진공 작전을 여러 차례 단행하였다(보천보 전투).

국내 진공 작전
일제 강점기에 한국 본토에 침투하여 정보를 수집하고 적을 교란시킬 목적으로 한국광복군과 미군 전략 정보처 간에 수립한 공동 작전 계획이다.

2. 1930년대 중국 관내 민족 연합 전선 [중요]

민족 혁명당(1935)	한국 독립당(조소앙)·조선 혁명당(지청천)·의열단(김원봉) 참여, 김구를 비롯한 임시 정부 계열(한국 국민당) 불참, 김원봉이 주도권을 장악하자 조소앙과 지청천이 탈당하여 조선 민족 혁명당으로 개편
조선 민족 전선 연맹(1937)	중·일 전쟁 이후 조선 민족 혁명당 중심의 좌익계 통일 전선 조직, 조선 의용대 조직
한국 광복 운동 단체 연합회(1937)	민족 혁명당에서 탈당한 조소앙·지청천 계열과 김구 등의 임시 정부 고수파 계열의 우익 통일 전선
전국 연합 전선 협회(1939)	조선 민족 전선 연맹과 한국 광복 운동 단체 연합회의 통일체

3. 중국 관내의 군사 조직

(1) 조선 의용대(1938)
① 조선 민족 전선 연맹의 군사 조직으로, 중·일 전쟁 이후 김원봉이 중국 정부의 도움을 받아 조직하였으며, 심리전, 포로 심문, 문서 번역, 첩보 활동 등을 전개하였다.
② 지도부를 제외한 대부분의 세력이 조선 의용대 화북 지대를 결성하여 호가장 전투, 반소탕전 전투 등 수많은 전투에서 활약하였다.
③ 김원봉을 비롯한 지도부와 나머지 일부는 임시 정부의 한국광복군에 합류하여 광복군 1지대가 되었고 김원봉은 부사령관에 취임하였다.

▲ 조선 의용대의 활동

> **조선 의용대**
>
> …… 500명 이상의 일본군 병력이 새벽에 마을을 포위하였다. 동이 트자마자 전투가 벌어졌다. 조선 의용대는 병력이 거의 20분의 1밖에 안 되는 상황에서도 격렬하게 저항하여 일본군 태반을 사살하고 포위망을 뚫었다.……
> – 대한 매일 특별 취재반, '저기에 용감한 조선 군인들이 있었소' –

(2) 한국광복군(1940)
① 중국 정부의 지원을 받아 충칭에서 지청천을 총사령관으로 창설한 후 1942년 김원봉의 조선 의용대가 한국광복군에 통합되면서 성장하였다.
② 태평양 전쟁 발발 직후 일본에 선전 포고(1941)하고 중국군 부대에 배속되어 선전 작업·포로 심문·문서 번역 등 비정규전에 참여하였으며, 영국군과 연합 작전을 전개하였다.
③ 미국 전략 정보국(OSS)의 도움으로 국내 정진군의 편성 및 특수 훈련을 실시하였으나, 일제의 항복으로 실현하지 못하였다.

▲ 한국광복군

V. 일제 강점과 민족 운동의 전개

제5장 일제 강점기 사람들은 어떻게 살았을까?

1 식민지 문화 정책

1. 일제의 식민지 교육 정책
(1) 목적 : 일제의 식민 통치에 순응하는 국민과 식민지 지배에 이용할 노동력을 양성하고자 하였다.
(2) 내용

제1차 조선 교육령(1911)	보통 학교의 수업 연한 단축, 중등 교육 기회 제한, 초보적 실업 기술 교육 중심, 사립 학교 축소, 조선어와 한문 축소, 일본어와 수신 교과 확대, 서당 규칙 제정(1918)
제2차 조선 교육령(1922)	보통 교육의 수업 연한 연장, 학교 수의 증대, 조선어를 필수 과목에 포함(조선어를 일본어로 해석), 우리 역사와 지리 교육(일본 역사와 지리 과목에서 우리 역사와 지리를 다루도록 규정), 대학 설립 허용
제3차 조선 교육령(1938)	황국 신민화 교육, 우리말과 우리 역사 교육 금지
제4차 조선 교육령(1943)	군부에 의한 교육 통제

2. 일제의 언론 탄압
(1) 1910년대 : 신문지법을 적용하여 일간지를 폐간하고 대한매일신보를 총독부의 기관지화 하였다.
(2) 1920년대 : 문화 통치의 영향으로 조선일보·동아일보·시사신문 등의 신문 발행과 '개벽', '신생활' 등의 잡지 간행을 허가하였으나 검열제를 실시하여 언론을 탄압하였다.
(3) 1930년대 이후 : 언론 탄압은 더욱 강화되었으며, 1940년대에는 조선일보·동아일보를 폐간 조치하였다.

2 민족 문화 수호 운동

1. 국어 연구

조선어 연구회(1921)	최현배와 이윤재가 강습회와 강연회를 통해 한글 보급, 잡지 '한글' 간행, '가갸날' 제정
조선어 학회(1931)	조선어 연구회를 개편하여 조선어 학회로 개칭, 한글 맞춤법 통일안과 표준어 제정, "우리말 큰사전" 편찬 시도, 조선어 학회 사건(1942)으로 강제 해산

▲ 조선어 학회 회원들

2. 국사 연구
(1) 식민사관
① 정체성론 : 한국사는 역사적 발전을 제대로 겪지 못해서 근대 사회로의 이행에 필요한 봉건 사회를 거치지 못하였고, 고대 국가 정도에 머물렀다는 주장이다(중세 부재론).
② 타율성론 : 한국사의 전개 과정이 한국인의 자주적 역량에 의해 자율적으로 이루어지지 못하고, 외세의 간섭과 압력에 의해서 타율적으로 이루어졌다는 주장이다.
③ 당파성론 : 한국인은 분열성이 강하여 항상 분열하고 싸웠다는 주장이다.
④ 반도성론 : 반도 국가의 지리적 특수성을 강조하였으며, 한국사의 독자적인 발전을 부정하였다.

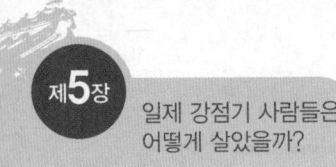

제5장 일제 강점기 사람들은 어떻게 살았을까?

(2) **민족주의 사학** : 우리 역사의 주체적인 발전과 민족의 자주성을 강조하는 반식민사학의 성격을 지니고 있었다.

박은식	• 활동 : 상하이 독립신문 사장(1924), 임시 정부 2대 대통령(1925) • 주장 : 유교 구신론 주장, 민족의 '혼' 강조 • 저술 : "한국통사", "한국 독립 운동 지혈사"
신채호	• 활동 : 성균관 박사, 황성신문 기자, 대한매일신보 주필 역임, 신민회 참여, 의열단의 강령인 '조선 혁명 선언' 작성, 국민 대표 회의 창조파 • 주장 : 역사를 '아(我)'와 '비아(非我)'의 투쟁으로 정의 • 저술 : "조선 상고사", "조선사 연구초", "독사신론"
정인보	• 활동 : 양명학 연구의 대가로 동아일보에 '양명학 연론'을 연재 • 주장 : 조선의 '얼' 강조 • 저술 : "정다산전서", "조선사 연구"
문일평	주장 : 민족 문화의 자주성과 독창성 주장, 식민사관 부정, 조선심 강조

한국통사

박은식이 1915년 상하이에서 편찬한 역사서로, 최초의 근대적 역사 인식에 기초한 한국 근대 역사서이다. '나라는 형(형체, 몸)이며, 역사는 신(정신, 혼)이다.'라고 강조하면서 국가의 외형적 요소는 멸망할 수 있지만 정신 또는 국혼(국어, 국사)이 멸망하지 않으면 반드시 국권을 회복할 수 있다고 강조하였다.

독사신론

기존 유교 사관인 '단군-기자-위만'이나, '단군-기자-삼한'의 고대사 체계를 부정하고, 단군의 전통이 부여, 고구려로 계승된다고 주장하였다. 또한 임나 일본부설을 부정하고 고대 한민족의 일본 경영과 중국에 대한 식민 활동을 강조하면서 민족의 주체성을 부각하였다. 민족주의 사학의 기틀을 마련하였다.

> **신채호의 역사관**
>
> 역사란 무엇이뇨. 인류 사회의 아와 비아의 투쟁의 시간부터 발전하며 공간부터 확대되는 심적 활동의 상태 기록이니, 세계사라 하면 세계 인류의 그리되어 온 상태의 기록이며, 조선사라 하면 조선 민족의 그리되어 온 상태의 기록이니라. 그리하여 아에 대한 비아의 접촉이 많을수록 비아에 대한 아의 투쟁이 더욱 맹렬하여 인류 사회의 활동이 휴식할 사이가 없으며, 역사의 전도가 완결될 날이 없다. 그러므로 역사는 아와 비아의 투쟁의 기록이니라.
>
> – 신채호, "조선 상고사" 총론 –

▶ 신채호가 조선일보에 연재한 글로, 역사가 투쟁 속에 발전해 나간다는 인식을 담고 있다.

(3) **사회 경제 사학**
① 세계사적 보편 발전 법칙인 유물론을 우리 역사에 적용하여 한국사의 특수성만 이야기하는 민족주의 사학자들을 비판하였다.
② 유물 사관에 입각하여 저술한 "조선 사회 경제사"와 "조선 봉건 사회 경제사"를 통해 우리 역사가 세계사의 보편 법칙에 따라 발전하였음을 강조하면서 정체성론을 비판하였다.

> **백남운의 역사관**
>
> 우리 조선의 역사적 발전의 전 과정은, 지리적인 조건·인종적인 골상·문화 형태의 외형적인 특징 등 다소의 차이를 인정한다 하더라도, 외관상 특수성이 다른 문화 민족의 역사적 발전 법칙과 구별되어야 할 독자적인 것은 아니며, 세계사적 일원적인 역사 법칙에 의해 다른 제 민족과 거의 동궤적인 발전 과정을 거쳐 왔던 것이다.
>
> – 백남운, "조선 사회 경제사" –

▶ 식민지 현실 인식에 기초하여 일제의 식민사학에 저항하면서 유물론에 입각한 보편주의적 관점으로 역사를 인식하였다.

무정부주의

정치권력과 사회적 권위를 극단적으로 부정하고, 개인의 자유를 극도로 주장하는 사상과 그 운동이다.

(4) **실증주의 사학**
① 이병도·이상백·김상기 등은 개별 사실을 객관적으로 밝히려는 순수 학술 활동을 목표로 한국사를 실증적으로 연구하였다.
② 청구 학회·조선사 편수회 등 식민 사학자들에 저항하기 위해 이병도·손진태 등이 진단 학회를 결성하고 '진단학보'를 발간하였다.

(5) **신민족주의 사학**
① 해방 이후 계급보다는 민족을 우선시하는 신민족주의 역사관이 제시되었다.
② 주요 역사학자로 안재홍과 손진태가 있다.

진단 학회

1934년 한국인 학자들이 조선 총독부 또는 일본인 학자들이 주도하는 관변적 연구 풍토에서 벗어나 한국 및 인근 지역의 문화를 독자적인 연구 풍토를 구축하기 위해 만든 학회이다.

3. 문학과 예술 활동

(1) 순수 문학 : 동인지로 '창조(자연주의 문학, 1919)', '폐허(퇴폐주의, 1920)', '백조(낭만주의 문학, 1922)' 등을 간행하였다.

(2) 신경향파 문학
① 박영희·김기진 등 신경향파 작가들은 식민지 현실을 고발하고, 계급 의식을 고취시키는 것을 문학의 중요한 역할로 인식하였다.
② 이후 사회주의 문학 단체인 KAPF(조선 프롤레타리아 예술가 동맹)를 결성하였다.

(3) 음악 : 홍난파, 현제명 등은 많은 가곡을 남겼으며, 안익태는 애국가를 작곡하였다.

(4) 연극
① 박승희·김기진 등이 토월회를 조직(1923)하여 신극 운동을 자극하였다.
② 극예술 연구회가 결성되어(1931), 유치진의 '토막' 등을 공연하였다.

(5) 영화
① 일본 실업가들이 최초의 영화 제작사인 조선 키네마 주식회사를 설립하였다(1924).
② 나운규가 아리랑을 감독하여 망국인의 슬픔과 애국심 고취시켰다(1926).

(6) 미술 : 서양화가로는 이중섭과 고희동, 동양화가로는 안중식이 유명하다.

4. 종교계의 활동

(1) 천도교
① 제2의 3·1 운동을 계획하여 1922년 3월 1일 자주독립 선언문을 발표하였다.
② 개벽사를 설립(1920)하여 잡지 '개벽', '신여성', '어린이', '학생' 등을 발행하였다.

(2) 기독교
① 일제의 신사 참배 강요에 반대하여 신사 참배 거부 운동을 벌였다.
② 숭의 학교, 숭실 학교 등이 자진 폐교하였고, 그 외 많은 기독교계 학교들이 폐교를 당하였다.

(3) 원불교
① 영광 간척 사업(1918), 익산의 황무지 개간(1924) 등의 사업과 교화·교육·자선 활동을 추진하였다.
② 허례허식 폐지와 남녀평등 등 새 생활 운동을 전개하였다.

(4) 천주교
① 고아원과 양로원을 세우는 등 사회사업을 전개하였다.
② 만주에 의민단을 조직하여 무장 항일 투쟁을 전개하였다.

(5) 불교 : 일제의 불교 통합 정책에 저항하여 조선 불교 유신회를 조직하였다.

(6) 대종교 : 단군 숭배 사상을 통해 민족의식을 고취하였고, 만주에서 무장 항일 투쟁에 적극 참여하였다.

나운규

영화 제작자·감독·배우·시나리오 작가이다. 일제 강점기 선구적인 영화인으로, 직접 제작·감독·주연한 '아리랑(1926)'은 민족정신을 살린 동시에 흥행에 성공한 좋은 작품으로 평가받았다.

의민단

1919년 3·1 운동 이후 만주 각처에서 무장 독립운동이 흥기할 무렵, 방우룡·김연군 등이 국내 진공 작전과 조국 독립을 목적으로 천주교도들을 모아 의민단을 조직하였다.

자주독립 선언문(1922)

존경하는 천도교인과 민중 여러분.
우리 대한은 당당한 자주독립국이며, 평화를 애호하는 세계의 으뜸 국민임을 재차 선언합니다. 지난 기미년의 독립 만세 운동은 곧 우리의 전통적인 독립 의지를 만방에 천명한 것이고 …… 뜻 맞는 동지끼리 다시 모여 기미년의 감격을 재현하기 위해 다시 일어나 끝까지 조국의 독립을 위해 바칠 것을 결의하고 선언합니다.
— "조선 사회 경제사" —

▶ 천도교의 보성사 사장 이종일과 사원 일동이 1922년 한국의 독립을 선언한 글이다.

사진으로 보는 일제 강점기 조선인의 삶

조선의 국권을 강탈한 일제는 1910년대 무단 통치, 1920년대 문화 통치, 1930년대 이후 민족 말살 통치를 실시하며 우리 민족을 억압하였고, 토지 조사 사업 및 산미 증식 계획, 공출 제도 등을 통해 인적·물적 자원을 수탈하였다. 이러한 일제의 수탈로 조선인의 삶은 힘들고 어려웠다.

▲ 토지 조사 사업　　▲ 동양 척식 주식회사　　▲ 검열로 삭제되어 발행된 동아일보

▲ 일본에 보내려고 군산항에 쌓아 놓은 쌀가마니들　　▲ 일제의 강요로 창씨개명을 하기 위해 나온 사람들　　▲ 구리, 고철 등의 금속 등이 강제 공출되는 모습

▲ 강제로 동원된 어린 학생들　　▲ 일본군 위안부로 끌려간 많은 여성들　　▲ 강제 징용당한 한국인 노동자들

VI

대한민국의 발전과 현대 세계의 변화

01 광복과 대한민국 정부의 수립
02 민주주의의 시련과 발전
03 경제 성장과 사회·문화의 발전
04 북한의 실상과 경제난
05 통일을 위한 노력
06 동북아시아의 영토와 역사 갈등

Ⅵ. 대한민국의 발전과 현대 세계의 변화

제1장 광복과 대한민국 정부의 수립

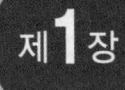

카이로 선언

중·미·영 3국의 대표(왼쪽부터 장제스, 루스벨트, 처칠)가 모여 한국을 적당한 시기에 독립시킬 것을 처음으로 논의하였다.

1 한국의 독립 약속과 건국 준비 활동

1. 한국 독립 약속과 일본의 패망
(1) 카이로 회담(1943) : 한국인의 노예 상태에 유의하여 적당한 절차를 밟아 한국을 독립시켜야 한다고 처음으로 국제 사회가 결의하였다.
(2) 포츠담 회담(1945) : 카이로 선언의 조항이 이행될 것임을 밝힘으로써 우리나라의 독립을 재확인하였다.
(3) 일본의 패망 : 1945년 8월 6일과 9일 히로시마와 나가사키에 원자 폭탄이 투하되었으며, 8월 8일 소련의 일본전 참전을 계기로 마침내 일본은 8월 15일 무조건 항복하였다.

2. 광복을 대비한 건국 준비 활동
(1) 대한민국 임시 정부
  ① 국내외 독립운동 세력들은 광복 직전부터 일본의 패망에 대비하여 건국 준비 활동을 전개하였다.
  ② 대한민국 임시 정부는 기초 정당을 '한국 국민당'에서 '한국 독립당'으로 개편(1940)하고, 조소앙의 삼균주의를 정강 정책으로 채택하였다.
  ③ 1940년 9월 한국광복군을 창설하여 군사적인 측면을 강화하였으며, '대한민국 건국 강령'을 발표하였다(1941).
(2) 조선 독립 동맹(1942)
  ① 중국 화베이 지방에서 활동하던 사회주의 계열의 독립운동가들이 조선 독립 동맹을 결성하였다.
  ② 군사 조직으로 휘하에 조선 의용군을 두었으며, 중국 공산당의 팔로군과 연합하여 항일 전쟁에 참가하였다.
(3) 조선 건국 동맹(1944)
  ① 국내에서 여운형·조동우 등이 중심이 되어 결성한 비밀 결사 조직이다.
  ② 좌·우 합작 성격의 조직으로 산하에 농민 동맹과 군사 위원회를 두었다.

광복의 기쁨

1945년 8월 16일 서대문 형무소에 갇혔던 애국지사들이 시민의 환호를 받으며 풀려났다.

▲ 여운형이 주도하는 조선 건국 준비 위원회의 회의 모습

3. 광복과 조선 건국 준비 위원회의 활동
(1) 광복
  ① 1945년 8월 15일 일제의 패망과 함께 민족의 숙원이던 광복을 맞이하였다.
  ② 광복은 우리 민족의 끊임없는 항일 투쟁과 국제 사회의 약속에 따른 결과였다.
  ③ 일본이 연합국에 무조건 항복한 국제 환경 속에서 이루어진 불완전한 것이었다.
(2) 조선 건국 준비 위원회(1945. 8. 15.)
  ① 조선 건국 동맹의 여운형을 중심(부위원장 안재홍)으로 광복 직후 좌익과 우익의 합작 형태로 출범하였다.
  ② 우리 민족의 완전한 독립과 진정한 민주주의 확립을 목표로 치안대를 조직하고, 전국에 145개의 지부를 두었다.
  ③ 조선 공산당 등의 좌익 세력이 주도권을 장악하자 안재홍 등 우익 세력이 탈퇴하였다.
  ④ 조선 인민 공화국 수립 선포(1945. 9.)
    ㉠ 미군과의 협상에서 유리한 위치를 차지하고, 연합군에게 정부로 인정받고자 선포하였다.

ⓒ 중앙 조직을 정부 형태로 개편하고 주석에 이승만, 부주석에 여운형을 추대하였으며, 각 지방의 지부도 인민 위원회로 개편하였다.
　⑤ 해체 : 미군정의 불인정으로 해체되었다(1945. 9. 6.).

4. 광복 이후 주요 정치 세력의 동향

정당	중심 인물	이념	특징
한국 민주당	김성수, 송진우	우익	미군정과 긴밀한 관계 유지
독립 촉성 중앙 협의회	이승만	우익	'선 좌·우익 통합, 후 친일파 제거' 주장
한국 독립당	김구	우익	대한민국 임시 정부의 요인 참여
조선 공산당	박헌영	좌익	북한에 조선 노동당이 창당되자 남조선 노동당으로 개편

5. 국토의 분단과 미·소 군정의 실시

(1) 38도선의 설정
　① 1945년 8월 8일 대일전에 참전한 소련군은 만주의 관동군을 몰아내고 웅기와 청진을 거쳐 빠른 속도로 한반도에 진입하였다.
　② 소련이 한반도 전체를 장악할 것을 우려한 미국이 소련에 분할 점령을 제의하였고, 소련이 이를 수용함으로써 38도선 이북은 소련군이, 이남은 미군이 분할 점령하였다.

(2) 미군정의 실시
　① 인천을 통해 국내로 진주한 미군은 맥아더 포고령을 발표하여 38도선 이남의 직접 통치를 선언하였다(1945. 9.).
　② 미군정은 대한민국 임시 정부와 조선 인민 공화국을 모두 부인하고, 총독부 관리와 친일 경찰을 그대로 기용하였다.
　③ 미군정은 친미 정부의 수립을 위해 한국 민주당을 비롯한 우익 세력을 지원하고 좌익 세력을 탄압하였다.

(3) 소군정의 실시 : 38도선 이북 지역에는 소련군에 의하여 민정부(民政府)가 설치되어 그 산하에 5도 임시 인민 위원회가 조직되었고, 김일성이 그 중심으로 부상하였다.

▲ 미·소 양군의 한반도 분할 점령

2 모스크바 3국 외상 회의와 좌·우익의 대립

1. 모스크바 3국 외상 회의(1945. 12. 28.)

(1) 개최 : 미국·영국·소련의 3국 외무 장관이 모스크바에 모여 한국의 독립 문제를 논의하였다.
(2) 결정 사항 : 한국에 임시 민주 정부를 세우기 위해 미·소 공동 위원회를 설치하고, 한국 임시 정부를 최고 5년 동안 미·영·중·소 4개국이 신탁 통치하기로 하였다.

> **모스크바 3국 외상 회의의 주요 결정 내용**
> 1. 한국 민주 임시 정부를 수립한다.
> 2. 한국 민주 임시 정부의 수립을 위해 미·소 점령군 사령부의 대표들로 구성되는 공동 위원회를 설치하고 한국의 민주적 정당 및 사회단체와 협의한다.
> 3. 한국 민주 임시 정부와 한국의 민주적 단체의 참가 아래 한국 인민의 정치적·경제적·사회적 진보, 민주적 자치의 발전, 한국의 국가적 독립의 달성을 협력 지원하는 방법 등을 작성하는 것도 공동 위원회의 과제다. 공동 위원회는 한국 임시 정부와의 협의 아래 미·영·중·소 4개국의 최대 5년간에 걸친 한국 신탁 통치안을 작성하여 4개국 공동 심의에 회부한다.
>
> ➡ 1945년 12월 말 소련의 모스크바에서 열린 미·영·소 외무 장관 회의에서 임시 정부 수립, 미·소 공동 위원회 설치, 미·영·소·중 4개국에 의한 5년간의 신탁 통치를 결의하였다.

모스크바 3국 외상 회의

1945년 12월, 미·영·소의 외무 장관이 모스크바에 모여 제2차 세계 대전의 전후 처리 문제를 논의하였다.

제1장 광복과 대한민국 정부의 수립

2. 찬탁과 반탁으로 인한 좌·우익의 대립
(1) **초기 국내 반응** : 모스크바 3국 외상 회의의 결정이 처음 국내에 알려지자 좌·우익 모두 반탁 운동을 전개하였다.
(2) **좌익 세력** : 좌익은 우리 민족의 역량으로 최고 5년간의 신탁 통치 기간을 줄일 수 있으며, 신탁 통치 기간 동안 식민 잔재를 해결해야 한다고 주장하며 찬탁으로 선회하였다.
(3) **우익 세력** : 우익은 남조선 민주 의원(의장 이승만, 부의장 김구, 김규식)을 구성하여 대대적인 반탁 운동을 전개하였다.

3. 제1차 미·소 공동 위원회(1946. 3.)
(1) **개최** : 모스크바 3국 외상 회의의 결정에 따라 한국에 임시 민주 정부를 수립하는 방안을 논의하기 위해 미·소 공동 위원회가 서울 덕수궁에서 개최되었다.
(2) **미·소의 주장** : 미국은 신탁 통치에 반대하는 우익 세력을 미·소 공동 위원회의 협의 대상에 포함시키려한 반면, 소련은 신탁 통치를 지지하는 정당과 사회단체만을 협의 대상에 포함시키고자 하였다.
(3) **결렬** : 미국과 소련 양측이 자신에게 유리한 입장만을 고수하여 회의는 결렬되었다.

4. 이승만의 정읍 발언(1946. 6.)
제1차 미·소 공동 위원회가 결렬된 후 정읍을 방문한 이승만은 남한만의 단독 정부 수립을 주장하였는데, 이에 대해 한국 민주당 등 일부 우익은 지지를 표명하였으나, 거의 모든 세력이 단독 정부 수립에 반대하였다.

> **이승만의 정읍 발언**
>
> 이제 우리는 무기 휴회된 미·소 공동 위원회가 재개될 기색도 보이지 않으며, 통일 정부를 고대하나 여의치 않으니 남한만이라도 임시 정부 또는 위원회 같은 것을 조직하여 38선 이북에서 소련이 물러나도록 세계 여론에 호소하여야 될 것이니, 여러분도 결심해야 할 것이다.

▶ 제1차 미·소 공동 위원회가 결렬되자 이승만은 통일 정부 수립이 어렵다면 남한만의 단독 정부를 수립해야 한다고 주장하여 해방 정국에 큰 파장을 불러일으켰다.

5. 좌·우 합작 운동
(1) **결성** : 여운형과 김규식 등 중도파들은 좌·우의 대립을 극복하고 통일 정부를 수립하기 위하여 좌·우 합작 위원회를 결성하였다(1946. 7.).
(2) **활동**
  ① 좌·우 합작 7원칙에 합의하였으나 좌익과 우익 모두에게 환영받지 못하였다.
  ② 1946년 12월 미군정이 좌·우 합작 위원회와 한민당계를 중심으로 남조선 과도 입법 의원을 구성하자, 여운형의 중도 좌파가 입법 기구 구성에 반대하여 위원회를 탈퇴하였다.
  ③ 미군정은 민정 장관에 안재홍을 임명하고 남조선 과도 정부를 구성하였다(1947).
(3) **결과** : 좌·우익의 반대와 미군정의 지지 철회, 여운형의 암살로 해산되었다(1947).

3 대한민국 정부의 출범

1. 한국 독립 문제의 유엔 이관
(1) **제2차 미·소 공동 위원회(1947. 5.)** : 협의 단체 선정 문제로 대립하다가 결렬되었다.
(2) **한국 문제 유엔 이관(1947. 9.)** : 제2차 미·소 공동 위원회가 결렬되자 미국은 한국 문제를 유엔에 이관하였다.
(3) **유엔 총회 결의(1947. 11.)** : 유엔 한국 임시 위원단을 구성하고, 그 감시 아래 남북한 인구 비례에 따른 총선거를 실시하여 한국에 정부를 수립할 것을 결의하였다.

반탁 운동의 전개

모스크바 3국 외상 회의의 결과가 국내에 알려지자 김구·이승만·한국 민주당 등 우익 세력은 즉시 신탁 통치 반대 운동을 전개하였다.

▲ 1946년 6월 3일 자 서울신문에 실린 이승만의 정읍 발언

남조선 과도 정부

1947년 6월 군정 법령 제141호에 의해 설치된 미군정의 한국인 기관을 말한다. 실권은 거부권을 가진 미국인 고문에게 있었다.

(4) 유엔 한국 임시 위원단 파견 : 유엔 한국 임시 위원단이 파견되자 서울에서는 환영하였으나, 북한과 소련은 이들의 방북을 거부하였다.
(5) 유엔 소총회 결의(1948. 2.) : 선거가 가능한 지역만이라도 총선거를 실시하기로 의결하고, 1948년 5월 10일을 남한만의 단독 선거일로 결정하였다.

▲ 유엔 한국 임시 위원단 환영식

2. 남한만의 단독 선거 반대 움직임
(1) 남북 협상 [중요]
① 협상 제의 : 김구와 김규식은 남한만의 단독 선거가 남북의 영구적인 분단을 초래할 것을 우려하여 통일 정부 수립을 위한 남북 협상을 제의하였다.
② 남북 협상 : 남한 측의 김구와 김규식은 북한 측의 김일성과 김두봉 등과 함께 평양에서 '전 조선 제 정당 사회단체 연석 회의'를 개최하고 통일 정부 수립을 위해 남한만의 단독 선거에 반대하는 공동 성명서를 발표하였다(1948. 4.).
③ 결과 : 여러 정치 단체의 냉담한 반응과 공동 성명을 실행하기 위한 구체적인 방안이 강구되지 못한 채 실패로 끝났다.

▲ 남북 협상을 위해 38도선에 선 김구 일행

김구 '삼천만 동포에게 읍고함'

나는 통일된 조국을 건설하려다 38선을 베고 쓰러질지언정, 일신의 구차한 안일을 위하여 단독 정부를 세우는 데는 협력하지 않겠다. 나는 내 생전에 38선 이북에 가고 싶다. 그쪽 동포들도 제 집을 찾아가는 것을 보고서 죽고 싶다.

▶ 1948년 2월 유엔 소총회에서 남한만의 총선거를 결의하여 분단의 위기에 처하자 김구가 북한에 남북 협상을 제안하고 통일 정부를 수립하기 위해 노력하였다.

(2) 제주 4·3 사건
① 배경 : 미군정의 정책과 남한만의 단독 선거 결정에 대해 좌익 세력의 반감이 고조되었다.
② 경과 : 제주도의 좌익 세력과 일부 주민들이 남한만의 단독 선거에 반대하면서 1948년 4월 3일 무장 봉기를 일으켰으나 군인과 경찰에 의해 진압되었다.
③ 영향 : 진압 과정에서 많은 제주 도민이 희생되었고, 제주도 3개 지역구 중 2개의 선거구에서 선거가 실시되지 못하였다.

(3) 여수·순천 10·19 사건
① 배경 : 제주 4·3 사건의 잔여 세력을 진압하기 위해 이승만 정부가 여수에 주둔하고 있던 군대를 제주도로 출동시키라는 명령을 내리자 여수 지역 부대 내의 좌익 세력이 무장봉기하였다.
② 경과 : 반란군은 여수와 순천을 점령하였으나 정부가 신속하게 대응하여 진압하였다.
③ 영향 : 정부는 군 내부의 좌익 세력을 색출하여 척결하였으며, 국가 보안법을 제정하였다.

3. 대한민국 정부의 수립
(1) 5·10 총선거 [중요]
① 김구와 김규식 등 남북 협상파들이 불참한 가운데 최초의 보통 선거가 실시되었다.
② 제주도 2곳을 제외한 선거구에서 임기 2년의 국회 의원 198명이 선출되어 제헌 국회가 구성되었다.

(2) 제헌 국회의 활동
① 국호를 '대한민국'으로 확정하였으며, 제헌 헌법을 제정·공포하였다(1948. 7. 17.).
② 제헌 헌법에 의거하여 국회에서 이승만을 대통령으로, 이시영을 부통령으로 선출하였다.
(3) 정부 수립 : 대한민국 정부의 수립을 대외에 선포(1948. 8. 15.)하였고, 유엔이 한반도의 유일한 합법 정부로 인정함으로써 정통성을 인정받았다(1948. 12.).

제헌 국회
5·10 총선거 당시 전체 의석은 200석이었으나, 제주도 2곳에서 선거가 실시되지 못하여 198명의 국회 의원이 선출되었다.

제1장 광복과 대한민국 정부의 수립

(4) 북한 정부의 수립 : 김일성을 수상으로 하는 '조선 민주주의 인민 공화국'을 수립하였다(1948. 9. 9.).

4. 친일파 청산을 위한 노력
(1) 법률 제정 : 정부 수립 후 제헌 국회는 '반민족 행위자 처벌에 관한 특별법'을 제정·공포하고(1948. 9.), 국회 직속의 반민족 행위 특별 조사 위원회(반민 특위)를 구성하였다.
(2) 반민족 행위 특별 조사 위원회
  ① 활동 : 반민족 행위 특별 조사 위원회는 친일 행위를 한 박흥식·노덕술·최남선·이광수 등을 조사하고 구속하였다.
  ② 해체 : 이승만 정부의 방해, 경찰 간부 체포에 불만을 품은 친일 경찰의 습격 사건, 반민족 행위 특별 조사 위원회 소속 국회 의원 중 일부가 공산당과 접촉했다는 구실로 구속된 사건(국회 프락치 사건) 등으로 활동을 시작한 지 1년 만에 해체되었다.

▲ 반민족 행위자 검거

4 6·25 전쟁

1. 배경
(1) 북한의 전쟁 준비 : 북한은 남침을 위하여 소련·중국과 비밀 군사 협정을 맺는 등 군사력을 증강하고, 중국 내전에 참전하였던 조선 의용군을 인민군에 편입시켰다.
(2) 미군의 철수 : 대한민국 정부가 수립되자 미군이 한반도에서 철수하고, 대신 한·미 상호 방위 원조 협정이 체결되었다.
(3) 애치슨 선언 : 미국은 소련과 중국의 세력을 견제하기 위한 미국의 태평양 지역 방위선에서 한국과 타이완을 제외한다는 애치슨 선언을 발표하였다(1950. 1.).

애치슨 선언

미 국무 장관 애치슨은 미국의 태평양 지역 방위선이 알류산 열도-일본-오키나와-필리핀임을 선언하였다.

2. 전개 과정 [중요]

전쟁의 발발	북한의 남침(1950. 6. 25.) → 3일 만에 서울 함락 → 낙동강 유역까지 후퇴, 낙동강 방어선 구축(부산으로 수도 이전)
유엔군의 참전	유엔의 결정으로 유엔군 파견 → 인천 상륙 작전(1950. 9. 15.) → 서울 수복(1950. 9. 28.) → 38도선 돌파 → 압록강·두만강 일대까지 진격(1950. 1. 4.)
중국군의 개입	중국군의 개입(1950. 10. 25.) → 흥남 철수 → 서울 재함락(1951. 1. 4.)
전선의 교착	국군과 유엔군의 반격 → 서울 재수복(1951. 3.) → 38선 부근까지 진격 → 38선 부근에서 전선 교착 상태
휴전 협정	소련의 제안으로 휴전 회담 시작(1950. 7.) → 이승만 정부의 반대와 포로 송환 문제(북한은 자동 송환, 유엔은 자유 송환)로 협정 지연 → 이승만 정부의 반공 포로 석방(1953. 6.) → 휴전 협정 체결(1950. 7. 27.)

▲ 6·25 전쟁

3. 결과
(1) 인적·물적 피해 : 한반도 전체에 엄청난 인명 피해와 재산 손실을 가져왔으며, 수많은 미망인, 전쟁고아, 이산가족을 발생시켰다.
(2) 국내 변화 : 적대적 대립 체제가 고착화되었으며, 전쟁으로 인해 반공 체제가 강화되어 이승만 정부가 독재 체제를 유지하는 당위가 되었다.
(3) 국제 변화
  ① 한·미 상호 방위 조약이 체결되어 미군이 남한에 주둔하면서 미국의 영향력이 강화되었다.
  ② 일본은 6·25 전쟁 특수를 계기로 경제 성장의 발판을 마련하였다.

Ⅵ. 대한민국의 발전과 현대 세계의 변화

제2장 민주주의의 시련과 발전

1 이승만 정부의 장기 집권

1. 발췌 개헌(1차 개헌, 1952)
(1) 배경 : 제2대 국회 의원 선거에서 반 이승만 성향의 무소속 후보들이 대거 당선되었다.
(2) 경과 : 이승만은 국회에서의 간접 선거 방식으로는 대통령 당선이 어렵게 되자 임시 수도 부산에서 자유당을 창당하고(1951. 12.) 개헌을 시도하였고, 공포 분위기를 조성하여 기립 표결로 대통령 직선제를 골자로 하는 개헌안을 통과시켰다.
(3) 결과 : 발췌 개헌에 따라 실시된 제2대 대통령 선거에서 이승만이 당선되었다.

2. 사사오입 개헌(2차 개헌, 1954)
(1) 배경 : 제3대 국회 의원 선거(1954)에서 자유당이 원내 압도적 다수를 차지하게 되었다.
(2) 경과
　① 자유당은 초대 대통령에 한해 중임 제한을 철폐하는 개헌안을 제출하여 이승만이 종신 집권할 수 있는 길을 열어 주고자 하였다.
　② 표결 결과 1표 차로 부결되었으나 사사오입을 적용하여 개헌안이 통과되었다고 번복하였다.
(3) 결과 : 개헌안을 반대하던 신익희·장면·윤보선 등이 민주당을 창당하였다.

3. 제3대 정·부통령 선거와 독재 체제 강화
(1) 제3대 정·부통령 선거(1956)
　① 야당인 민주당은 신익희와 장면을 내세워 활발한 득표 활동을 전개하였다.
　② 선거 기간 중 민주당의 대통령 후보 신익희가 갑작스럽게 사망하여 이승만이 당선되었으나 진보 성향의 대통령 후보 조봉암이 30%의 높은 득표율로 선전하였다.
　③ 부통령 선거에서는 민주당의 장면이 자유당의 이기붕을 누르고 당선되었다.
(2) 이승만의 독재 체제 강화
　① 이승만 정권은 향후 유력한 대통령 후보로 부상할 가능성이 있는 조봉암을 제거하기 위해 진보당 간부들이 북한과 내통하였다는 혐의로 조봉암을 처형하였다(진보당 사건, 1958).
　② 공산주의자를 막는다는 명목으로 언론 규제를 골자로 한 국가 보안법을 개정하였고(1958. 12.), 정부에 비판적이던 경향신문을 폐간시켰다(1959. 4.).

2 4·19 혁명과 장면 내각의 수립

1. 4·19 혁명(1960)
(1) 배경 : 1960년 제4대 정·부통령 선거에서 민주당의 조병옥 후보가 병사하여 이승만의 당선이 확실시되자 자유당은 부통령 후보인 이기붕을 당선시키기 위해 부정 선거(대리 투표, 사전 투표, 공개 투표, 투표함 바꿔치기 등)를 자행하였다(3·15 부정 선거).
(2) 경과
　① 3·15 부정 선거에 항의하는 마산 시위가 일어났고, 그 과정에서 김주열 군이 희생되었다.
　② 고려대학교 학생들의 시위를 시작으로 4월 19일 전국적으로 시위가 확산되자 경찰의 발포로 많은 사상자가 발생하였다.
　③ 대학 교수들의 시국 선언으로 궁지에 몰린 이승만 대통령은 결국 4월 26일 하야하였다.

발췌 개헌

1차 개헌은 대통령 직선제와 상·하양원제를 골자로 하는 정부 안과 내각 책임제를 골자로 하는 국회 안이 절충되어 통과되었다. 당시 발췌 개헌은 공포 분위기 속에서 기립 표결로 통과되었다.

사사오입 개헌

당시 개헌 정족수는 재적 의원 203명의 3분의 2 이상인 136명이었다. 국회 표결 결과 135표를 얻어 부결이 선포되었다. 그러나 자유당은 203명의 3분의 2는 135.333…… 명이므로, 135명이 개헌 정족수라고 주장하며 개헌안을 통과시켰다. 위 사진은 사사오입 개헌안이 가결되자 이에 항의하는 민주당 이철승 의원의 모습이다.

제2장 민주주의의 시련과 발전

(3) **허정의 과도 정부 수립**: 이승만 하야 후 허정 과도 정부는 내각 책임제와 양원제를 골자로 하는 개헌을 단행하였고, 이후 총선거에서 민주당이 압승하였다.

2. 장면 내각의 수립

(1) 수립
① 4·19 혁명 이후 새롭게 구성된 국회에서 대통령에 윤보선, 국무총리에 장면이 선출되었다.
② 내각 책임제 아래에서는 국무총리가 국정의 실권을 가졌기 때문에 장면 내각이 성립되었다.

(2) 주요 정책과 한계
① 부정 선거 주모자 처벌을 위해 소급 특별법 제정을 위한 부칙을 개정하였으나 부정 선거 책임자 처벌에 소극적이었다.
② 지방 자치제의 전면 시행과 공무원 공개 채용 및 경찰에 대한 대대적인 인사 조치를 단행하였다.
③ 외자 도입과 군비 축소를 통한 경제 개발 5개년 계획을 수립하였으나 5·16 군사 정변으로 실행되지 못하였다.
④ 억압된 자유에 대한 욕구가 분출되었고, 민간 차원의 통일 논의가 활발히 이루어져 중립국 통일안과 남북 학생 회담 개최 등이 요구되었다.
⑤ 민주당의 내분으로 안정적인 정국 운영이 어려웠고, 민간 차원의 통일 논의와 부정 선거 책임자 및 부정 축재자 처벌에 미온적으로 임하여 국민의 지지를 상실하였다.

3 박정희 정부와 유신 체제

1. 5·16 군사 정변과 군정의 실시

(1) 군사 정변
① 박정희를 비롯한 일부 군인들은 장면 정부의 무능과 사회 혼란을 구실로 1961년 5월 16일 군사 정변을 일으켰다.
② 5·16 군사 정변의 주역들은 혁명 공약을 발표하고 국가 재건 최고 회의를 구성하여 군정을 시작하였다.

> **혁명 공약**
> 1. 반공을 국시(國是)의 제일로 삼고 반공 체제를 강화한다.
> 2. 유엔 헌장을 준수하고 국제 협약을 충실히 이행하며 미국을 비롯한 자유 우방과의 유대를 더욱 공고히 한다.
> 3. 모든 부패와 구악을 일소하고 퇴폐한 국민 도의와 민족정기를 바로잡기 위하여 청신한 기풍을 진작한다.
> 4. 민생고를 시급히 해결하고 국가 자주 경제 재건에 총력을 기울인다.
> 5. 민족적 숙원인 국토 통일을 위해 공산주의와 대결할 수 있는 실력 배양에 전력을 집중한다.
> 6. 이와 같은 우리의 과업이 성취되면 참신하고도 양심적인 정치인들에게 언제든 정권을 이양하고 우리 본연의 임무에 복귀할 준비를 한다.

▶ 1961년 5월 16일 새벽, 박정희 소장을 중심으로 한 일부 군대가 정부 주요 기관을 점령하고 반공을 국시로 정한 후 경제 개발에 주력할 것이라는 '혁명 공약'을 발표하였다.

(2) 군사 정부
① 국가 재건 최고 회의(의장 박정희)는 제1차 경제 개발 5개년 계획을 추진하고, 화폐 개혁, 농가 부채 탕감 등을 실시하였다.
② 군사 정부는 국가 재건 최고 회의를 통해 대통령 직선제와 중임 제한 그리고 단원제 국회를 주요 내용으로 하는 헌법을 개정하였다(제5차 개헌, 1962).

(3) **박정희 정부 출범**: 제5대 대통령 선거에서 민주 공화당의 박정희 후보가 당선되었다(1963).

대학 교수들의 시국 선언

1960년 4월 25일 시국 선언을 발표한 대학 교수들은 '학생의 피에 보답하라.'라는 구호를 내걸고 가두 시위를 벌였다.

5·16 군사 정변 직후의 박정희

박정희 소장과 일부 군인들은 국가 재건 최고 회의를 설치하고 군정을 실시하였다.

2. 박정희 정부

(1) 한·일 국교 정상화(1965)
① 박정희 정부가 경제 개발에 필요한 자금을 확보하기 위해 일본과 비밀 협약을 추진하자 학생과 시민들은 한·일 국교 정상화에 반대하는 시위를 전개하였다(6·3 시위, 1964).
② 시위가 확대되자 정부는 위수령을 선포하고 군대를 동원하여 반대 시위를 진압한 후 한·일 협정을 체결하였다(1965. 6.).
③ 한·일 협정은 독립 축하금 명목으로 일본으로부터 차관을 제공받는다는 내용으로 체결되었는데, 일본의 식민지 지배에 대한 사과와 배상, 독도 문제 등은 제대로 해결되지 못하였다.

(2) 베트남 파병(1964~1973)
① 미국의 파병 요구를 수용하여 국회에서 국군의 베트남 파병안이 통과되어 비전투 부대를 시작으로 전투 부대가 파병되었다.
② 미국은 브라운 각서를 통해 한국군의 전력 증강과 경제 개발에 필요한 기술 및 차관 제공을 약속하였다.
③ 한국 경제는 베트남 특수에 힘입어 고도의 성장을 이루었으나 베트남 파병으로 수많은 젊은이가 희생되었고, 고엽제 피해, 베트남 양민 학살, 한국인 혼혈인(라이따이한) 등의 문제가 발생하였다.

> **브라운 각서**
>
> 1. 군사 원조
>   제1조 한국에 있는 대한민국 국군의 현대화 계획을 위해 앞으로 상당량의 장비를 제공한다.
>   제2조 월남 공화국에 파견되는 추가 병력에 필요한 장비를 제공하며, 또 파월 추가 병력에 따르는 일체의 추가적 원화 경비를 부담한다.
> 2. 경제 원조
>   제3조 (가) 주월 대한민국 부대에 드는 보급 물자와 용역 및 장비를 대한민국에서 구매하며, 주월 미군과 월남군을 위한 물자 가운데 선정된 구매 품목을 한국에 발주한다.
>   제4조 수출 진흥의 전 부문에서 기술 원조를 강화한다.
>   제5조 경제 발전을 지원하기 위해 추가 차관을 제공한다.
>
> ➤ 미국 대통령 존슨의 파병 요청으로 한국군이 베트남에 파병되었다. 한국은 미국과 브라운 각서를 교환하여 한국군의 현대화, 경제 발전을 위한 차관 제공 등을 약속받았다.

(3) 3선 개헌(1969)
① 김신조 등 북한 무장 간첩의 청와대 습격 시도(1·21 사태, 1968), 푸에블로 호 피랍 사건, 울진·삼척 무장 공비 사태 등으로 남북 관계가 경색되었다.
② 1967년 대통령 선거에서 재선에 성공한 박정희는 국가 안보와 지속적인 경제 성장을 빌미로 대통령의 중임 규정을 1회 연장하는 3선 개헌을 추진하였다.
③ 야당과 학생, 시민들의 맹렬한 반대를 무릅쓰고 국회 별관에서 여당 의원들만 참석한 가운데 편법으로 3선 개헌을 통과시켰다(3선 개헌, 1969).
④ 개정된 헌법에 의해 치러진 제7대 대통령 선거에서 민주 공화당의 박정희 후보가 신민당의 김대중 후보를 누르고 당선되었다(1971).

3. 유신 체제

(1) 배경
① 미국이 닉슨 독트린을 발표하고 북한과의 화해를 권유하자 반공 정책이 난관에 처하였고, 경기 침체가 지속되는 경제 위기에 처하게 되었다.
② 박정희 정부는 장기 집권의 길을 열기 위해 1972년 7·4 남북 공동 성명을 발표한 이후 10월 유신을 단행하였다.

6·3 시위

1964년 6월. 박정희 정부의 한·일 국교 정상화에 반대하는 시위가 전국에서 일어났다.

베트남 파병

박정희 정부는 미국의 요청을 수용하여 32만여 명의 군인을 베트남에 파견하였다.

제2장 민주주의의 시련과 발전

긴급 조치권
유신 헌법의 대표적인 독소 조항으로, 대통령은 긴급 조치권을 발동하여 헌법에 보장되어 있는 국민의 자유와 권리를 잠정적으로 정지·제한할 수 있었다(유신 헌법 53조).

통일 주체 국민 회의
국민의 직접 선거로 통일 주체 국민회의 대의원을 선출하고 대의원 2,300여 명이 체육관에 모여 대통령을 선출하였다. 제8대 대통령 선거에서 박정희는 99.2%에 달하는 표를 얻어 당선되었다.

▲ 유신 헌법 공포식(1972)

▲ YH 무역 사건(1979)

(2) 과정
① 박정희 정부는 전국에 계엄령을 선포하고 국회를 해산시켰으며, 모든 정치 활동을 금지하였다.
② 평화 통일을 위해서는 강력한 정부가 필요함을 주장하며 유신 헌법을 제정하고 국민 투표로 통과시켰다.

(3) 유신 헌법의 내용
① 대통령 임기를 6년으로 하고 중임 제한을 없앴으며, 통일 주체 국민 회의에서 간선제로 선출하도록 하여 사실상 영구 집권을 꾀하였다.
② 대통령에게 국회 의원 3분의 1 추천권, 법관 인사권, 긴급 조치권, 국회 해산권 등의 절대 권력이 부여되었다.

> **유신 헌법(1972)**
> 제39조 대통령은 통일 주체 국민 회의에서 토론 없이 무기명 투표로 선거한다.
> 제40조 통일 주체 국민 회의는 국회 의원 정수의 3분의 1에 해당하는 수의 국회 의원을 선거한다.
> 제53조 대통령은 천재지변 또는 중대한 재정·경제상의 위기에 처하거나, 국가의 안전 보장 또는 공공의 안녕질서가 중대한 위협을 받거나 받을 우려가 있어 신속한 조치를 할 필요가 있다고 판단할 때에는 내정·외교·국방·경제·재정·사법 등 국정 전반에 걸쳐 필요한 긴급 조치를 할 수 있다.

▶ 비상 국무 회의에서 발표한 헌법으로, 대통령 간선제, 중임 제한 철폐, 임기 6년, 국회 의원 3분의 1 추천권, 긴급 조치권 등이 포함되어 대통령의 권한을 강화하였다.

(4) 유신 반대 운동 : 재야 인사 등을 중심으로 개헌 청원 100만 인 서명 운동(1973), 3·1 민주 구국 선언이 전개되었고, 유신 체제 반대 운동이 전국적으로 일어났다.

(5) 유신 체제의 붕괴
① 제2차 석유 파동과 중화학 공업에 대한 중복 투자로 인해 경제 위기가 발생하여 박정희 정부가 어려움을 겪게 되었다.
② 1978년 치러진 제10대 국회 의원 선거에서 야당인 신민당이 공화당보다 높은 득표율을 얻는 가운데 반정부 정서가 높아졌다.
③ 가발 제조 업체인 YH 무역이 부당 폐업하자 이 회사의 노동자들이 신민당사에서 농성을 벌였다.

> **YH 무역 사건**
> 각계각층에서 수고하시는 사회 인사 여러분께 저희들의 애타는 마음을 눈물로 호소합니다. …… 수출 실적이 높으면 나라도 더욱 발전할 수 있고 선진국 대열에 서게 된다는 초등학교 시절의 배운 것을 더듬으며 우리는 더욱 더 잘사는 나라를 기대하며 열심히 일해 왔습니다만 뜻하지 않은 폐업 공고에 놀라지 않을 수 없습니다. …… 오갈 데 없는 저희들은 무엇을 먹고 어디서 살란 말입니까? 동생들의 학비와 부모님들 약값은 어떻게 해야 된단 말입니까? 우리 문제가 해결되지 않는다면 저희들은 죽음의 길을 택할 수밖에 없습니다 …….
> – 김삼웅 편, "민족·민주·민중선언" –

▶ YH 무역 여성 노동자들이 신민당사에서 농성을 벌이자 경찰이 이를 진압하는 과정에서 여성 노동자 1명이 사망하였다. 이 사건으로 인해 유신 체제가 붕괴하게 되었다.

④ YH 무역 사건을 강도 높게 비판하던 신민당 총재 김영삼을 국가 모독의 이유로 국회에서 제명시켰다.
⑤ 김영삼의 정치적 기반이던 부산과 마산에서 학생과 시민들이 유신 체제에 반대하는 시위를 전개하였다(부·마 민주 항쟁, 1979. 10.).
⑥ 부·마 민주 항쟁을 수습하는 과정에서 중앙정보부장 김재규가 박정희를 저격하면서 유신 체제는 막을 내렸다.

4 5·18 민주화 운동과 6월 민주 항쟁

1. '서울의 봄'과 5·18 민주화 운동
(1) 12·12 사태(1979) : 전두환과 노태우 등을 중심으로 하는 신군부 세력이 정승화 계엄 사령관을 체포하고 군사권을 장악하였다.
(2) 서울의 봄(1980) : 학생과 시민들이 신군부의 퇴진과 비상계엄 철폐, 유신 헌법 폐지, 민주화 일정을 앞당길 것을 요구하며 대규모 시위를 전개하였다.
(3) 5·17 조치 : 신군부는 학생과 시민들의 시위에 맞서 비상계엄을 전국으로 확대하였고, 민주화 운동 세력 체포와 가택 연금, 정치 활동 금지, 대학 휴교령 등을 발표하였다.
(4) 5·18 민주화 운동
  ① 배경 : 광주에서 비상계엄 확대와 휴교령에 반대하는 시위가 전개되자 계엄군이 과잉 진압하며 시민들에게 발포하였다.
  ② 과정
    ㉠ 계엄군의 발포로 사상자가 발행하자 시민들은 시민군을 조직하여 치안과 질서를 유지하면서 계엄군에 맞섰다.
    ㉡ 계엄군이 시민군을 무력으로 진압하였는데, 이 과정에서 많은 광주 시민이 희생되었다.
  ③ 의의
    ㉠ 1980년대 우리나라 민주화 운동의 기반이 되었으며, 필리핀·타이완 등 아시아 국가들의 민주화 운동에 영향을 주었다.
    ㉡ 5·18 민주화 운동 기록물은 2011년 유네스코 세계 기록 유산으로 등재되었다.

2. 전두환 정부
(1) 출범 과정 : 5·18 민주화 운동을 진압한 신군부는 국가 보위 비상 대책 위원회를 설치하여 7년 단임의 대통령제로 헌법을 개정하고, 개정된 헌법에 따라 대통령 선거인단을 통한 간접 선거로 전두환을 대통령으로 선출하였다.
(2) 유화 정책 : 학도 호국단 폐지, 학원 자율화, 교복 자율화, 야간 통행금지 해제, 해외여행 자율화, 프로 야구단 창설 등 각종 규제를 풀었다.
(3) 강압 정책 : 언론을 탄압하였고, 삼청 교육대를 설치하여 인권을 유린하였으며, 학생 운동과 사회 운동을 탄압하였다.

3. 6월 민주 항쟁(1987)
(1) 직선제 개헌 요구 : 1985년에 시행된 국회 의원 선거에서 야당인 신한 민주당의 후보 전원이 당선되자 신한 민주당은 대통령 직선제 개헌을 요구하며 1천만 명 서명 운동을 전개하였다.
(2) 전두환 정부의 실정
  ① 전두환 정부는 민주화와 직선제를 요구하는 대학생들의 시위를 강경 진압하였는데, 그 과정에서 부천 경찰서 성 고문 사건과 박종철 고문치사 사건이 발생하여 국민의 분노가 확산되었다.
  ② 전두환 정부는 언론에 보도 지침을 내려 언론을 통제하고 직선제 개헌 논의를 금지하는 4·13 호헌 조치를 선언하였다.
  ③ 전두환 정부는 직선제 개헌을 거부하였으나, 결국 6월 민주 항쟁에 굴복하여 6·29 민주화 선언을 발표하고 직선제를 수용하였다.
(3) 헌법 개정(1987. 10.) : 5년 단임의 대통령 직선제를 핵심 내용으로 하는 개헌안을 마련하여 국민 투표로 확정하였으며, 이에 따라 치러진 제13대 대통령 선거에서 민주 정의당 노태우가 당선되었다.

서울의 봄

1980년 5월 15일 학생들이 서울역 광장에서 남대문을 향해 행진하고 있다.

▲ 5·18 민주화 운동

6·29 민주화 선언

1987년 6월 민주 항쟁에 굴복한 전두환 정부는 민주 정의당 대통령 후보였던 노태우를 통해 직선제 개헌 수용과 민주화 단행을 골자로 하는 6·29 민주화 선언을 발표하였다.

제2장 민주주의의 시련과 발전

5 민주화의 진전과 평화적인 정권 교체

1. 노태우 정부
(1) **3당 합당** : 3당 합당을 통하여 민주 자유당을 창당하고 여대야소 국회를 만들어 정치 주도권을 장악하였다.
(2) **활동** : 서울 올림픽의 성공적 개최, 지방 자치제의 부분적 실시, 언론 기본법의 폐지로 언론의 자유를 확대하였다.
(3) **외교** : 동유럽 공산 국가·중국 등 공산권 국가들과의 수교를 추진하였고, 남북한이 유엔에 동시 가입하였다(1991).

2. 김영삼 정부
(1) **개혁 조치** : 5·16 군사 정변 이후 최초의 민간인 정부로 공직자 재산 등록, 금융 실명제 실시, 지방 자치제 전면 실시, 역사 바로 세우기 등 잇단 개혁 조치를 진행하였다.
(2) **경제 협력 개발 기구 가입** : 세계화를 강조하고, 경제 협력 개발 기구(OECD)에 가입하는 등 시장 개방 경제 정책을 실시하였다.
(3) **외환 위기** : 정권 말인 1997년 외환 위기를 맞아 국제 통화 기금(IMF)의 지원을 받는 경제 위기에 처하였다.

3. 김대중 정부 [중요]
(1) **평화적 정권 교체** : 정부 수립 이후 최초로 선거를 통한 여야의 정권 교체가 이루어졌다.
(2) **외환 위기 극복** : 국제 통화 기금의 관리 체제에서 벗어나기 위해 노사정 위원회를 통한 기업의 구조 조정을 실시하였고, 일부 은행과 기업을 해외로 매각하여 외국 자본을 유치함으로써 외환 위기를 극복하였다.
(3) **햇볕 정책** : 대북 화해 협력 정책을 추진하여 2000년 6월 남북 정상 회담을 개최하였으며, 그 공로를 인정받아 노벨 평화상을 수상하였다.

4. 노무현 정부
(1) **제2차 남북 정상 회담** : 참여 민주주의를 표방하여 지역 균형 발전, 권위주의 청산, 정경 유착 단절 등을 실시하였고, 2007년 제2차 남북 정상 회담을 실현시켰다.
(2) **사회 개혁** : 저소득층을 위한 복지 정책을 강화하고 시민 사회를 위한 비정부 기구를 활성화시키는 등 사회 개혁을 추진하였으며, 과거사 진상 규명을 위한 법을 제정하였다.
(3) **행정 수도 이전** : 행정 수도 건설 특별법을 제정하고, 수도권에 소재한 주요 공공 기관을 지방으로 이전하였다.

5. 이명박 정부
(1) **정권 교체** : 한나라당의 이명박 후보가 당선되면서 정권이 다시 교체되었다.
(2) **신자유주의 정책** : 실용주의에 입각한 선진 일류 국가의 건설을 제시하며 경제 성장과 신자유주의 정책을 추진하였다.
(3) **활동** : 한·미 자유 무역 협정을 성사시키고, 4대강 사업을 완성하였으며, 세계 주요 20개국을 회원으로 하는 G20 정상 회의를 개최하였다.

6. 박근혜 정부(2013)
(1) **여성 대통령** : 2012년 제18대 대통령 선거에서 대한민국 최초로 여성 대통령으로 당선되었다.
(2) **정책 기조** : 경제 부흥, 국민 행복, 문화 융성, 평화 통일 기반 구축을 국정 기조로 제시하고, 특히 공공·노동·금융·교육 4개의 부문에서 구조 개혁에 박차를 가하고 있다.

3당 합당
노태우 정부 시기에 여당인 민주정의당은 여소야대 국회로 인한 정국 운영의 어려움을 극복하기 위해 김영삼의 통일 민주당, 김종필의 신민주 공화당과 합당하여 정국 안정을 꾀하였다.

김대중 대통령의 노벨 평화상 수상

김대중 대통령은 민주주의와 인권을 향한 40여 년에 걸친 투쟁과 6·15 남북 공동 선언을 이끌어 낸 공로로 2000년 노벨 평화상을 수상하였다.

VI. 대한민국의 발전과 현대 세계의 변화

제3장 경제 성장과 사회·문화의 발전

1 경제 성장과 자본주의의 발전

1. 광복 직후의 경제 상황
(1) 경제 상황
  ① 극심한 인플레이션, 원자재와 소비재 부족, 식량 부족 등으로 경제 상황이 어려웠다.
  ② 국토 분단으로 생산 활동이 위축되었으며, 북한 동포의 대거 월남으로 실업률이 증가하였다.
(2) 미군정 : 식량 부족으로 쌀값이 폭등하자 식량 원조와 미곡 수집령을 발표하여 식량 가격의 안정을 도모하였다.

2. 대한민국 정부 수립 후의 경제
(1) 기본 방향 : 농·공의 균형 발전, 소작제의 철폐, 사회 보장 제도의 실시, 기업 활동의 자유, 인플레이션의 극복 등을 정책의 우선 과제로 삼았다.
(2) 경제 정책 : 미국과 경제 원조 협정 체결, 일본인 소유의 공장을 민간인에 불하, 귀속 재산 불하 등을 단행하였다.

3. 농지 개혁의 실시
(1) 배경 : 농민들의 토지 소유 열망과 북한의 토지 개혁으로 인해 개혁의 여론이 높아지자 농지 개혁이 실시되었다.
(2) 과정
  ① 제헌 국회에서 농지 개혁법이 제정되어 시행되었다.
  ② 농지 개혁은 6·25 전쟁으로 인해 잠시 중단되었으나 전쟁 후 다시 진행되어 1957년에 마무리되었다.
(3) 내용 : 국가에서 3정보 이상의 농지를 지가 증권을 발급하여 유상 매입하고, 이를 소작농에게 5년에 걸쳐 유상으로 상환하는 조건으로 분배하였다.
(4) 의의 : 농지 개혁으로 지주·소작제가 사라지고, 대부분의 농민이 자기 소유의 토지를 소유하게 되었다.
(5) 한계 : 지주들이 농지를 사전에 처분하여 개혁 대상인 토지의 면적이 축소되었고, 농민들은 분배받은 토지의 가격이 부담이 되어 되팔고 도시로 떠나 소작농이 되는 경우가 많았다.

4. 6·25 전쟁의 피해와 원조 경제
(1) 전쟁의 피해 : 생산 시설의 42%가 파괴되었고, 물자 부족으로 인해 물가가 크게 상승하는 인플레이션이 가속화되었다.
(2) 미국의 경제 원조
  ① 미국의 원조 물품은 식료품과 의복 등 생활필수품이나 밀가루, 설탕, 면화 등 잉여 농산물이 다수였다.
  ② 미국의 주요 원조 농산물인 밀가루, 설탕, 면화를 가공하는 제분·제당·면방직의 이른바 삼백 산업이 발달하였다.
  ③ 미국 원조 농산물 도입에 따른 농산물 가격 하락과 농업 기반 파괴로 농촌 경제가 위축되었다.
  ④ 1950년대 후반 미국이 원조에서 차관으로 지원 방식을 바꾸면서 원조액이 급감하여 경제가 어려움을 겪게 되었다.

미곡 수집령
미군정은 일제 강점기 말에 실시되었던 식량 배급제를 폐지하고 미곡 자유화 정책을 실시하였다. 그러나 일부 상인과 지주의 매점매석으로 쌀값이 폭등하자 직접 쌀을 수매하여 판매하는 미곡 수집령을 실시하였다.

미국 경제 원조의 영향
미국의 원조 농산물은 국내의 부족한 식량 문제를 해결하는 데 큰 도움이 되었다. 그러나 미국 농산물은 우리의 농촌 경제에 위협이 되기도 하였는데, 특히 보리와 밀, 면화 등은 가격 경쟁에 밀려 우리 농촌에서 점차 사라지게 되었다.

제3장 경제 성장과 사회·문화의 발전

5. 경제 개발 계획의 추진과 고도성장

(1) **이승만 정부** : 경제 개발 7개년 계획을 수립하였으나 실천에 옮기지 못하였다.

(2) **장면 내각** : 경제 개발 5개년 계획을 마련하였으나 5·16 군사 정변으로 중단되었다.

(3) **박정희 정부**

① 제1차 경제 개발 5개년 계획(1962~1966)
  ㉠ 노동 집약적 산업을 육성하고 수출 위주의 경제 정책을 실시하였다.
  ㉡ 한·일 국교 정상화와 베트남 파병으로 자금을 마련하였다.

② 제2차 경제 개발 5개년 계획(1967~1971) : 경부 고속 국도 개통 등 사회 간접 자본을 확충하고 비료·시멘트·정유 산업을 육성하여 연평균 9.7%의 고도성장을 이룩하였다.

③ 제3·4차 경제 개발 계획(1972~1981) : 철강·석유 화학·금속·기계·조선 등 중화학 공업에 집중 투자하여 신흥 공업국으로 성장하였다.

④ 성과와 한계
  ㉠ 수출이 늘어나고 국민 소득이 증가하는 등 '한강의 기적'으로 불릴 만큼 고도성장을 이루어 내었다.
  ㉡ 대외 의존의 심화, 재벌 위주의 경제 성장, 정경 유착, 산업 간의 불균형 등의 문제점이 노출되었다.

100억 달러 수출 기념 조형물

1961년 4천 달러이던 수출액이 경제 개발 계획의 성공으로 1977년에는 100억 달러를 달성하였다. 이에 정부는 기념 조형물과 우표를 제작하고, 공로자와 기업에게 포상하였다.

시기	주요 정책
1차(1962)	공업화와 자립 경제 목표, 수출과 기간산업 육성, 사회 간접 자본 확충
2차(1967)	산업 구조의 근대화와 자립 경제 지향, 경공업 중심의 수출 주도형 공업화 정책 추진, 베트남 특수로 경제 활성화, 새마을 운동(1970) 시작
3차(1972)	중화학 공업 중점 개발
4차(1977)	국민 경제의 균형과 조화, 복지 사회 건설 추구
5차(1982)	경제 안정 기반 정착, 국민 복지 증진, 저유가·저금리·저달러의 3저 현상으로 호황
6차(1987)	능률과 형평을 토대로 한 경제 선진화 달성
7차(1992)	경제 선진화와 통일에 대비한 경제의 내실화 및 효율화 추구

▲ 경제 개발 계획의 수립과 시행

3저 호황

전두환 정부 시기에 국제 경기가 저유가·저금리·저달러 상태로 들어가면서 물가가 안정되고, 경제가 호황을 누리며 매년 10% 이상 성장하였다.

우루과이 라운드(1993)

1986년 우루과이에서 개최된 관세 및 무역에 관한 일반 협정(GATT)의 다자간 무역 협상을 의미한다. 그 후속 조치로 1994년 4월, 세계 무역 기구(WTO)가 설립되었다.

6. 경제 위기의 극복

(1) **제1차 석유 파동(1973)** : 제4차 중동 전쟁으로 유가가 폭등하자 정부는 중동에 건설 업체를 파견하여 오일 달러를 벌어들이면서 경제 위기를 극복하였다.

(2) **제2차 석유 파동(1978)** : 이란의 원유 수출 중단으로 인한 석유 파동으로 원유 가격이 급등하여 기업이 도산하고 경제 성장률이 감소하였으나, 1980년대 저유가·저금리·저달러의 이른바 3저 호황으로 극복하였다.

(3) **외환 위기의 극복**

① 1993년 우루과이 라운드 협상이 타결되고, 이를 바탕으로 1995년 세계 무역 기구(WTO)가 설립되면서 농산물과 금융 시장 등의 개방 압력이 고조되었다.

② 김영삼 정부는 시장 개방 압력 속에 공기업 민영화, 금융업 규제 완화, 경제 협력 개발 기구(OECD) 가입 등 신자유주의 정책을 펼쳤다.

③ 정경 유착을 배경으로 방만하게 운영되던 기업들이 부도가 나면서 국제 단기 자금 이탈이 일어나 1997년 외환 위기를 맞고 국제 통화 기금(IMF)의 구제 금융을 지원받았다.

④ 김대중 정부는 강도 높은 기업의 구조 조정과 일부 은행과 기업의 해외 매각을 통한 외자 유치, 국민들의 금 모으기 운동 등에 힘입어 국제 통화 기금으로부터 지원받은 자금을 조기 상환하였다.

금 모으기 운동

1997년 외환 위기 당시 외채를 갚기 위해 온 국민들이 자발적으로 금 모으기 운동에 동참하였다

7. 새로운 과제에 직면한 한국 경제
(1) 시장 개방의 가속화
  ① 칠레를 시작으로 유럽 연합, 미국, 호주, 중국과 자유 무역 협정(FTA)을 체결하였다.
  ② 자유 무역 협정 체결 결과 전자·자동차·반도체 등 공산품 시장은 넓어졌으나, 농축산물과 수산물 시장의 개방이 가속화되었다.
(2) 경제 민주화
  ① 대기업 위주의 경제 정책으로 중소기업과의 격차가 심화되었다.
  ② 대기업이 소상공업까지 진출하여 경제 민주화가 새로운 과제로 대두되고 있다.

2 현대 사회의 변화와 발전

1. 산업화와 도시
(1) 산업화 : 농업의 비중이 감소하고 제조업과 서비스 산업 등 2·3차 산업의 비중이 커지면서 국민 소득과 생활 수준이 크게 향상되었다.
(2) 도시화 : 산업화의 진전으로 신흥 공업 도시가 형성되고, 농촌보다 도시의 일자리가 늘어나면서 도시의 인구가 빠르게 증가하였다.
(3) 사회 현상
  ① 급격한 도시화로 주택 부족·공해·교통난·도시 빈민 문제 등이 발생하였으며, 핵가족화, 개인주의적 성향 강화, 물질 만능주의가 사회에 팽배하게 되었다.
  ② 정부가 대도시 외곽 지역으로 인구 분산과 도시 재개발 정책을 추진하면서 광주 대단지 사건(1971)과 용산 참사(2009)가 발생하였다.

광주 대단지 사건
1971년 경기도 광주 대단지의 주민 5만여 명이 정부의 무계획적인 도시 정책과 약속 파기에 반발하여 일으킨 폭동 사건이다.

2. 농촌 변화와 농민 운동
(1) 새마을 운동
  ① 배경 : 정부의 저곡가 정책으로 도시와 농촌 간의 소득 격차가 커지면서 이촌향도 현상이 발생하자 박정희 정부가 농어촌 근대화를 위해 새마을 운동을 시작하였다(1970).
  ② 전개 : 근면·자조·협동 정신을 바탕으로 농가 소득 향상, 도시와 농촌의 균형 발전, 주택 개량, 도로 및 전기 확충 등을 추진하였다.
  ③ 확산 : 정부의 지원 아래 도시와 직장으로 확산되면서 전국적인 국민 의식 개혁 운동으로 전개되었다.
  ④ 성과와 한계 : 농어촌 근대화에 기여하였으나 유신 체제 유지에 이용되기도 하였다.
(2) 농민 운동
  ① 1970년대 : 정부의 정책에 맞서 추곡 수매 운동, 함평 고구마 피해 보상 운동을 전개하였다.
  ② 1980년대 이후 : 외국의 농축산물 시장 개방 압력이 높아지고 쌀 시장 개방과 자유 무역 협정(FTA)이 타결되어 농축산물 시장 개방 반대 운동을 전개하였다.

새마을 운동

박정희 정부는 1970년부터 근면·자조·협동 정신을 바탕으로 농촌 환경 개선 사업, 농촌 소득 증대 사업 등 농촌 근대화 운동을 벌였다.

3. 노동 계층의 확대와 노동 운동
(1) 배경 : 1960년대 이후 급속한 산업화 과정에서 노동자 수가 증가하였으나, 정부의 저임금 정책으로 노동자들은 저임금과 열악한 작업 환경에 시달렸다.
(2) 1970년대
  ① 1970년 동대문 평화 시장에서 재단사로 일하던 전태일이 근로 기준법 준수를 외치며 분신자살한 사건을 계기로 노동 운동이 활발히 전개되었다.
  ② 1979년 정부의 부당한 폐업에 항의하여 YH 무역 여성 노동자들이 신민당사에서 농성하였는데, 이를 진압하는 과정에서 노동자 1명이 사망하였다.

1970년대
• 전태일 분신 (1970) • YH 무역 사건 (1979)

1980년대
• 6월 민주 항쟁 이후 노동 운동 활성화 • 노동조합 급증

1990년대
• 전국 민주 노동조합 총연맹 설립 (1995) • 노사정 위원회 (1998)

▲ 노동 운동의 전개

제3장 경제 성장과 사회·문화의 발전

(3) **6월 민주 항쟁 이후** : 노동 운동이 활성화되면서 노동조합이 크게 증가하여 민주 노총이 결성되었고(1995), 국제 노동 기구(ILO)에 가입하여 국제적인 수준의 노동 규칙을 따르게 되었다(1991).

> **전태일이 박정희 대통령에게 보낸 탄원서**
>
> …… 저희들은 근로 기준법의 혜택을 조금도 못 받으며, 더구나 2만여 명이 넘는 종업원의 90% 이상이 평균 연령 18세의 여성입니다. …… 또한 2만여 명 중 40%를 차지하는 보조공들은 평균 연령 15세의 어린이들입니다. 이들은 전부가 다 영세민들의 자제이며, 굶주림과 어려운 현실을 이기려고 하루에 90원 내지 100원의 급료를 받으며 1일 15시간씩 작업을 합니다. …… 1일 14시간의 작업 시간을 10시간~12시간으로 단축해 주십시오. 1개월 휴일 2일을 일요일마다 휴일로 쉬기를 희망합니다.
>
> ▶ 노동 운동을 전개하던 평화 시장의 재단사 전태일은 1970년 11월 "근로 기준법을 준수하라.", "우리는 기계가 아니다."라고 외치며 분신자살하였다. 이 사건을 계기로 노동 운동이 본격화되었다.

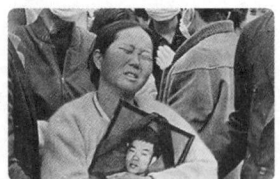

▲ 아들의 사진을 안고 오열하는 전태일의 어머니

4. 시민운동의 성장
(1) **배경** : 6월 민주 항쟁 이후 다양한 시민 단체(NGO)가 결성되었다.
(2) **활동** : 사회·경제의 민주화와 '삶의 질' 향상 등 사회 문제 해결을 위해 노력하였으며, 정부와 기업을 견제하였다.

5. 의식주 생활의 변화
(1) **의**
  ① 6·25 전쟁 이후 나일론 소재로 만든 옷이 유행하였고, 1961년 군사 정권의 권장으로 남성의 재건복과 여성의 신생활복이 유행하였다.
  ② 1970년대에는 기성복 시대에 진입하였고, 1980년대부터 캐주얼 웨어가 유행하였다.
(2) **식** : 6·25 전쟁 이후 미국의 원조와 분식 및 보리 혼식으로 식량난을 해결하였고, 1970년대에는 쌀 자급을 달성하였으나 1980년대 이후 쌀 소비의 극감으로 생산 과잉 상태가 되었다.
(3) **주** : 1964년 서울 마포에 아파트가 처음 등장하였으며, 1990년대 서울 주변에 신도시가 건설되면서 아파트에 사는 사람이 국민의 절반을 넘게 되었다.

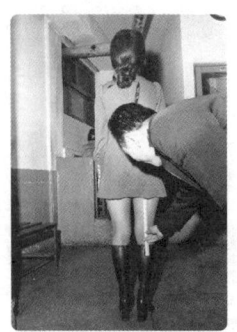

미니스커트 단속
박정희 정부는 1970년대 미풍양속을 저해한다는 이유로 장발과 미니스커트를 단속하였다.

3 현대 문화의 성장과 발전

1. 서구 문화의 수용과 전통문화의 계승
(1) **전통문화 단절 위기** : 일제의 탄압과 왜곡으로 전통문화가 변질된 상황에서 서구 문화가 급속히 유입되어 단절될 위기에 봉착하였다.
(2) **서구 문화 수용** : 국제 사회에 대한 이해 증진이라는 긍정적인 측면도 있으나, 전통적 가치의 파괴와 물질적 향락 문화의 조장 등 부정적인 측면도 많았다.
(3) **전통문화 계승 노력** : 1970년대 이후 대학가를 중심으로 판소리·탈춤·사물놀이 등이 유행하면서 전통문화가 발전하였다.

2. 교육의 확대
(1) **높은 교육열** : 높은 교육열은 국가 발전의 원동력이 되어 문맹자 감소, 경제 발전, 문화 확대 등 순기능을 하였지만, 과도한 입시 경쟁과 사교육비 증가 등의 문제를 낳았다.
(2) **교육 제도의 변화**
  ① 과도한 입시 문제를 해결하기 위해 중학교 무시험 추천제(1969)와 고교 입시 평준화 제도(1973)가 시행되었다.
  ② 1980년대 과외가 전면 금지되었고, 1993년 대학 수학 능력 시험이 실시되었다.

> **국민 교육 헌장**
>
> 우리는 민족 중흥의 역사적 사명을 띠고 이 땅에 태어났다. 조상의 빛난 얼을 오늘에 되살려 안으로 자주독립의 자세를 확립하고, 밖으로 인류 공영에 이바지할 때다. 이에 우리의 나아갈 바를 밝혀 교육의 지표로 삼는다. 성실한 마음과 튼튼한 몸으로 학문과 기술을 배우고 익히며 타고난 저마다의 소질을 계발하고 우리의 처지를 약진의 발판으로 삼아 창조의 힘과 개척의 정신을 기른다. ······ 길이 후손에 물려줄 영광된 통일 조국의 앞날을 내다보며, 신념과 긍지를 지닌 근면한 국민으로서 민족의 슬기를 모아 줄기찬 노력으로 새 역사를 창조하자.   - 1969. 12. 15. -
>
> ▶ 박정희 정부는 한국 교육의 기본 지표로 국민 교육 헌장을 발표하였다. 여기에는 주체성 교육 강화, 안보 교육 체제 강화, 산학 협동 체제 강화의 내용이 담겨 있다.

3. 언론의 발달
(1) 언론의 양적 팽창
  ① 1960년대 중반 라디오가 보급되어 대중문화가 성장하기 시작하였다.
  ② 1970년대 텔레비전이 보급되면서 텔레비전이 대중문화의 중심이 되었다.
  ③ 1980년대 민주화와 사회·경제적 평등의 확산이 대중문화에 영향을 미쳤다.
(2) 권위주의 정권의 언론 장악과 통제
  ① 이승만 정부는 반정부적 언론인 경향신문을 폐간하였으나, 4·19 혁명 이후 장면 정부는 경향신문을 복간하고 신문 발행 허가제를 폐지하였다.
  ② 박정희 정부는 유신 선포 이후 비판적 언론인의 해직, 프레스 카드제, 긴급 조치 등에 저항하던 동아일보 탄압 등 자유로운 언론 활동을 제한하였다.
  ③ 전두환 정부는 언론 통제를 위해 언론 통폐합을 실시하고 보도 지침을 각 언론사에 보내 기사에 대한 통제와 검열을 강화하였다.
(3) 6월 민주 항쟁 이후 : 언론의 자유가 크게 확대되었으며, 최근에는 인터넷의 확산으로 인터넷 신문·인터넷 방송 등 새로운 언론 매체가 등장하였다.

4. 대중문화의 발달
(1) 영화
  ① 1960년대 영화가 유행하여 많은 영화가 제작되었으나 1970년대 텔레비전의 보급으로 위축되었다.
  ② 1980년대 이후 질적 발전을 이루어 최근에는 우리 영화가 큰 인기를 얻고 있다.
(2) 대중음악
  ① 광복 이후 일본 음악의 영향으로 트로트가 주류를 이루었으며, 점차 팝송이 젊은이들 사이에서 유행하였다.
  ② 1990년대 이후 대중가요가 큰 인기를 얻었으며, 최근에는 일부 가수들이 해외에 진출하여 세계적인 인기를 얻고 있다.
(3) 한류 열풍 : 드라마·영화·대중가요가 해외로 수출되어 세계인의 사랑을 받고 있다.

5. 체육 활동의 성장
(1) 프로 스포츠의 등장 : 1980년대 이후 야구·축구·농구·배구 등에 프로 스포츠가 등장하여 큰 인기를 얻고 있다.
(2) 국제 대회 개최
  ① 서울 아시아 경기 대회(1986), 서울 올림픽 대회(1988), 한·일 월드컵 대회(2002)를 성공적으로 개최하였다.
  ② 평창 동계 올림픽 대회(2018)를 유치하여 대회 준비에 박차를 가하고 있다.

▲ 2002년 한·일 월드컵 대회 응원 당시의 모습

Ⅵ. 대한민국의 발전과 현대 세계의 변화

제4장 북한의 실상과 경제난

1 김일성 독재 체제의 확립과 권력 세습

1. 북한 정권의 수립

(1) 북조선 임시 인민 위원회 수립
① 38도선 이북에 소련군이 진주하면서 각 지역의 건국 준비 조직들은 도 단위의 인민 위원회로 통합되었다.
② 중앙 행정 기관인 북조선 임시 인민 위원회가 구성되었고(1946), 위원장에 김일성이 선출되었다.
③ 5정보를 상한으로 무상 몰수·무상 분배 방식의 토지 개혁을 실시하였으며, 노동 법령, 남녀 평등 법령, 주요 산업 국유화 법령을 공포하였다.

(2) 정부 수립 과정
① 북조선 노동당을 결성하고(1946), 북조선 인민 위원회를 조직하였다(1947).
② 총선거를 통해 최고 인민 회의가 구성되었고(1948), 조선 민주주의 인민 공화국이 수립되었다(1948. 9. 9.).

2. 김일성 독재 체제 강화

(1) 김일성 독재 체제로의 변화
① 북한 초기의 권력은 갑산파·연안파·남로당파·소련파의 연합 정권의 형태를 띠고 출발하였으나 점차 김일성에게 권력이 집중되었다.
② 6·25 전쟁을 치르면서 김일성이 전쟁 실패의 책임을 물어 반대파를 축출하고 김일성 중심의 통치 체제를 구축하였다.

(2) 김일성 유일 체제의 성립
① 1960년대 중·소 이념 분쟁이 격화되어 국제적 고립 상태가 되자, 이를 계기로 독자적 자주 노선을 추구하였다.
② 주체사상을 내세우며 김일성 개인 숭배와 김일성 가계의 성역화 작업을 진행하면서 유일 지배 체제를 확립하였다.

(3) 주체사상의 공식화 : 1970년대 사회주의 헌법을 공포하여 주체사상을 공식적인 통치 이념으로 명시하였고, 국가 주석제를 신설하여 김일성이 주석에 취임하였다.

3. 3대 세습 체제의 확립

(1) 김정일 후계화
① 1970년대부터 김정일 후계화 작업이 진행되었는데, 김정일은 3대 혁명 소조 운동을 추진하여 당내 기반을 넓히고, 사회 전반에 대한 세대 교체를 촉진시켰다.
② 제6차 조선 노동당 대회에서 김정일의 후계 세습이 공식화되었다(1980).

(2) 김정일 권력 승계
① 1994년 김일성이 사망하면서 김정일이 권력을 승계하여 북한의 최고 권력자가 되었다.
② 김정일은 국방 위원장의 직함으로 군 중심의 경제와 사회의 통제를 강화하는 이른바 선군 사상을 강조하였다.

(3) 김정은 3대 세습 : 2011년 김정일이 사망하고 김정은이 만29세의 나이로 권력을 세습하면서 3대 세습 체제가 확립되었다.

주체사상

주체사상은 사상의 주체, 정치의 자주, 경제의 자립, 군사의 자위 등을 내세운 북한의 독자적 정치 이론이다. 김일성 유일 지배 체제 구축 및 개인 숭배와 반대파 숙청에 이용되었다.

2 북한 경제의 침체와 대외 개방 정책

1. 토지 개혁
(1) **사회주의 경제 체제** : 사유 재산 제도를 부정하는 북한의 사회주의 경제 체제는 1946년 실시된 토지 개혁에서 시작하였다.
(2) **무상 몰수 · 무상 분배** : 북한은 무상 몰수 · 무상 분배의 방식으로 토지 개혁을 실시하였으며, 초기에는 민심을 얻기 위해 농민의 사유 재산을 허용하였다.

2. 북한 경제의 침체
(1) **1950년대**
  ① 6·25 전쟁 이후 북한은 3개년 계획(1954~1956)과 5개년 계획(1957~1961)을 추진하여 전후 복구 사업을 전개하였다.
  ② 중화학 공업 우선 정책을 실시하여 농업과 공업 간의 불균형이 심화되었으며, 노동자와 농민이 제대로 보상받지 못하자 생산성이 현저히 떨어져 천리마 운동이 시작되었다(1956).
(2) **1960년대** : 북한의 본격적인 경제 계획은 제1차 7개년 계획(1961~1967)부터이지만, 소련과 중국의 원조 감소와 군사비 증가로 인하여 순조롭게 진행되지 못하고 3년을 연장하였다.
(3) **1970년대 이후** : 북한은 6개년 계획(1971~1976), 제2차 7개년 계획(1978~1984), 제3차 7개년 계획(1987~1993)을 시행하였으나, 소련 및 동유럽 사회주의권의 붕괴와 맞물려 실패하였다.

3. 경제 위기 극복을 위한 개방 정책
(1) **부분적 대외 개방** : 북한은 1980년대 이후 경제 위기를 극복하기 위해 부분적인 대외 개방 정책을 추진하였다.
(2) **외국 자본과 기술 유치** : 합작 회사 경영법 제정(1984), 나진·선봉 경제 무역 지대 설치(1991), 외국인 투자법 제정(1992) 등을 통해 외국 자본과 기술을 유치하고자 하였다.
(3) **남한과의 경제 교류 확대** : 1990년대 말부터 북한은 남한과의 경제 교류를 확대하여 신의주 특별 행정구 기본법, 개성 공업 지구법, 금강산 관광 지구법 등을 제정하고 경제특구를 확대하였다.

4. 산업 불균형과 식량·인권 문제
(1) **식량 문제**
  ① 북한은 군사력 강화를 위해 중공업 우선 정책을 실시하여 경공업은 물론이고 농업과 사회 간접 자본 시설의 낙후를 초래하였다.
  ② 세 차례에 걸친 핵 실험으로 국제 사회로부터 각종 제재를 받는 가운데 연이어 발생한 자연재해로 인해 식량난이 극심해져 북한을 탈출하는 주민이 크게 증가하고 있다.
(2) **인권 문제** : 북한은 일상생활 통제, 개인의 자유와 권리 제약, 공개 처형, 정치범 수용소 운영, 종교의 자유 탄압, 거주 이전의 자유 제한 등을 통해 북한 주민의 인권을 크게 억압하고 있다.

> **북한 인권과 주민의 탈북**
>
> 북한의 인권 문제는 국제 사회에 큰 반향을 일으키고 있다. 북한의 인권 침해로는 정치범 수용소의 운영, 공개 처형, 개인의 자유와 권리 제약, 일상생활 통제 등을 꼽을 수 있다. 특히 경제 정책의 실패와 자연재해, 핵 실험으로 인한 국제 사회의 제재 등으로 인해 발생한 극심한 식량난 때문에 북한 주민의 탈북이 가속화되고 있는 상황이다. 2015년 3월 27일, 유엔 인권 이사회는 북한이 여전히 광범위하고 조직적인 인권 유린 행위를 지속하고 있다며 정치범 수용소의 즉각 해체, 성분에 따른 차별 철폐 등을 주요 내용으로 한 북한 인권 결의안을 채택하였다.

천리마 운동

사회주의 계획 경제로 인해 생산력이 현저히 떨어지자 1956년부터 노동 경쟁을 내세운 운동이다. 하루에 천 리를 달리는 천리마처럼 빠른 속도로 사회주의 경제를 건설하기 위해 주민들의 증산 의욕을 고취하려는 노동 경쟁 운동이자 사상 개조 운동이다.

나진·선봉 경제 무역 지대

북한은 외국인의 직접 투자를 추진하기 위해 1991년 북한 최초의 경제 특구인 나진·선봉 경제 무역 지대를 설치하였다.

▲ 중국 주재 일본 총영사관으로 진입하는 탈북 주민(2002)

VI. 대한민국의 발전과 현대 세계의 변화

제5장 통일을 위한 노력

1 남북 대립의 격화

1. **이승만 정부** : 6·25 전쟁 이후 북한에 대한 반감이 고조되어 무력에 의한 북진 통일론을 주장하였으며, 평화 통일론을 주장한 진보당을 탄압하여 조봉암이 처형당하였다.

2. **장면 내각** : 유엔 감시하의 남북 총선거를 통한 통일을 주장하였고, 학생 운동 세력과 혁신계가 중립화 통일론 등을 주장하면서 통일 운동 논의를 활발히 전개하였지만 5·16 군사 정변으로 중단되었다.

3. **박정희 정부**
   (1) **반공 정책** : 박정희 정부는 반공을 국시로 내세우며 '선 건설, 후 통일'을 주장하였다.
   (2) **남북 관계의 냉각** : 북한 무장 간첩이 청와대를 기습하였고(1·21 사태), 미국 푸에블로 호 피랍 사건과 울진·삼척 무장 공비 사건이 연이어 발생하면서 남북 관계는 급속히 냉각되었다.

2 남북 대화의 진전

1. **박정희 정부의 대화 노력**
   (1) **배경** : 1969년 닉슨 독트린이 발표되어 냉전이 완화되면서 남북 대화가 시작되었다.
   (2) **8·15 평화 통일 구상 선언(1970)** : 박정희 정부는 8·15 평화 통일 구상 선언을 통해 무력을 지양하고 선의의 경쟁을 제의하였다.
   (3) **남북 적십자 회담 제안(1971)** : 이산가족 재회를 위한 남북 적십자 회담이 개최되었다.
   (4) **7·4 남북 공동 성명(1972)** 중요
      ① 자주·평화·민족 대단결의 통일에 관한 기본 원칙을 담은 공동 성명을 서울과 평양에서 동시에 발표하고, 공식 대화 기구로서 남북 조절 위원회 구성에 합의하여 3차례 회담을 진행하였다.
      ② 의의 : 남북한 정부가 최초로 합의한 평화 통일 원칙으로, 이후 전개되는 남북 간 통일 논의의 기본이 되었다.
      ③ 한계 : 남북한은 남북 대화를 독재 체제 강화에 이용하였다.

7·4 남북 공동 성명 발표

1972년 남북한 정부는 자주·평화·민족 대단결의 통일 원칙에 합의한 7·4 남북 공동 성명을 발표하였다.

> **7·4 남북 공동 성명의 통일 3대 원칙**
>
> 첫째, 통일은 외세에 의존하거나 외세의 간섭을 받지 않고 자주적으로 해결해야 한다.
> 둘째, 통일은 상대방을 반대하는 무력행사에 의거하지 않고 평화적 방법으로 실현해야 한다.
> 셋째, 사상과 이념, 제도의 차이를 초월하여 우선 하나의 민족으로서 민족적 대단결을 도모해야 한다.
>
> ▶ 1972년에 서울과 평양에서 동시에 발표된 공동 성명으로, 남북 정부 대표들이 통일의 기본 원칙에 합의하였다는 점에서 큰 의의가 있다.

2. **전두환 정부의 대화 노력**
   (1) **민족 화합 민주 통일 방안(1982)** : 전두환 정부는 남북 대표로 민족 통일 협의회를 구성하고 통일 헌법을 마련한 후 총선거를 실시하여 통일 민주 공화국을 수립한다는 통일 방안을 발표하였다.

(2) 이산가족 상봉 : 1984년 남한에 큰 수재가 발생하자 북한이 구호물자를 보내왔는데, 이에 대한 화답으로 처음 이산가족 상봉과 예술 공연단 교환이 실현되었다(1985).

3. 노태우 정부의 대화 노력
(1) 7·7 선언(1988) : 북한을 경쟁 상대로 인정하지 않고, 적극적인 대북 협력 의지를 표명하였다.
(2) 한민족 공동체 통일 방안(1989) : 자주·평화·민주의 원칙 아래 과도적 통일 방안으로 남북 연합 체제의 필요성을 강조하였다.
(3) 남북 기본 합의서(1991) 중요
  ① 배경 : 1991년 남북한이 유엔에 동시 가입하여 남북 관계가 진전되었다.
  ② 내용 : 남북 화해·상호 불가침·교류·협력 등 4장 25조로 구성되었다.
  ③ 의의 : 고위급 회담의 결과 남북한 정부 사이에 이루어진 최초의 공식 합의서이다.
(4) 한반도 비핵화 공동 선언(1992) : 핵무기 시험·제조·생산·사용 금지 등을 명기하였다.

제5차 남북 고위급 회담

1991년 제5차 고위급 회담에서 남북 기본 합의서가 채택되었다.

4. 김영삼 정부의 대화 노력
(1) 남북 관계 경색
  ① 1993년 북한이 핵 확산 금지 조약(NPT)을 탈퇴하여 남북 관계가 악화되었다.
  ② 남북 정상 회담을 개최하고자 하였으나 김일성의 사망으로 실현되지 못하였다.
(2) 3단계 통일 방안 제시(1994) : 한민족 공동체 통일을 위한 3단계 통일 방안을 발표하여 화해 협력·남북 연합·통일 국가 완성의 통일 방안을 제시하였다.

5. 김대중 정부의 대화 노력 중요
(1) 햇볕 정책 : 한반도 평화 정착과 남북 교류 확대를 위해 적극적인 대북 화해 협력 정책을 추진하였으며, 금강산 관광 등 남북 경제 협력을 본격화하였다.
(2) 제1차 남북 정상 회담과 6·15 남북 공동 선언(2000)
  ① 김대중 대통령은 김정일 국방 위원장과 남북 정상 회담을 개최하고 6·15 공동 선언을 발표하여 남북 문제를 자주적으로 해결하고 남측의 연합 제안과 북측의 낮은 단계 연방 제안의 상호 공통점을 인정하기로 하였다.
  ② 이산가족의 방문과 서신 교환이 이루어졌으며, 경의선 철도 복구, 개성 공단 건설 등의 경제 협력 및 사회·문화 교류도 전개되었다.

▲ 제1차 남북 정상 회담(2000)

6·15 남북 공동 선언
1. 나라의 통일 문제를 우리 민족끼리 서로 힘을 합쳐 자주적으로 해결해 나가기로 하였다.
2. 나라의 통일을 위한 남측의 연합제 안과 북측의 낮은 단계의 연방제 안이 서로 공통성이 있다고 인정하고, 이 방향에서 통일을 지향하기로 하였다.
3. 이산가족 방문단을 교환하며 비전향 장기수 문제를 해결하는 등 인도적 문제를 조속히 풀어 나가기로 하였다.
4. 경제 협력을 통해 민족 경제를 균형적으로 발전시키고, 사회·문화·체육 등의 협력과 교류를 활성화하여 서로의 신뢰를 다져 나가기로 하였다.

➤ 2000년 6월 13일부터 6월 15일까지 김대중 대통령과 김정일 국방 위원장이 평양에서 역사적인 상봉과 회담을 실시하고 6·15 공동 선언을 발표하였다. 이 선언으로 남북은 활발한 교류를 진행하게 되었다.

6. 노무현 정부의 대화 노력
(1) 제2차 남북 정상 회담(2007) : 노무현 대통령과 김정일 국방 위원장의 남북 정상 회담이 10월 2일부터 4일까지 평양에서 개최되었다.
(2) 10·4 남북 공동 선언 : 남북 정상 회담에서 평화 정착·공동 번영·화해 및 통일에 대한 현안을 협의하고 8개 항의 공동 선언을 발표하였다.

박정희	7·4 남북 공동 성명 (자주·평화·민족 대단결)
노태우	남북 기본 합의서 채택 (남북 화해와 상호 불가침, 민족 교류)
김대중	6·15 남북 공동 선언 (대북 화해 협력 정책)
노무현	10·4 남북 공동 선언 (평화와 번영을 위한 선언)

▲ 각 정부의 남북 대화

VI. 대한민국의 발전과 현대 세계의 변화

제6장 동북아시아의 영토와 역사 갈등

1 일본과의 분쟁

1. 독도 영유권 분쟁

▲ 독도 경비대의 모습

(1) 일본의 불법 편입 : 일본은 러·일 전쟁 중 독도를 자국의 영토에 불법으로 편입시켰다.

(2) 일본의 영유권 주장
① 샌프란시스코 강화 조약(1951)에 '일본은 제주도·거문도·울릉도를 포함하는 한국에 대한 모든 권리·권원 및 청구권을 포기한다.'라고 기록되어 있는데, 일본은 여기에 독도가 빠져 있다는 사실을 들어 연합국이 독도를 일본 영토로 인정하였다고 주장하고 있다.
② 이승만 대통령은 '인접 해양의 주권에 관한 선언(1952)'을 통해 독도가 우리 영토임을 재확인하였으나, 일본은 이에 항의하며 국제 사법 재판소에 제소하여 독도를 분쟁 지역으로 만들려 하고 있다.
③ 일본 시마네 현 의회는 2005년 '다케시마(竹島)의 날'을 제정하였고, 일본 방위청은 독도를 '다케시마'라고 표기하는 등 지금까지도 독도가 일본의 영유권 아래 있다고 주장하고 있다.

2. 일본의 역사 왜곡

(1) 식민 재배 정당화 : 일본의 우익 세력들은 비인도적 침략 행위에 대한 진정성 있는 반성을 하지 않고, 침략과 식민 지배의 정당화에 주력하고 있다.
(2) 왜곡된 역사 교과서 발행 : 왜곡된 역사를 반영한 후소샤 교과서와 지유샤 교과서를 검정에서 통과시켜 주변 국가와 외교 마찰을 일으키고 있다.

2 중국과의 분쟁

1. 간도 귀속 문제

(1) 간도 협약(1909) : 일제는 남만주 지역 철도 부설권과 푸순 탄광 채굴권을 얻는 대가로 간도를 청의 영토로 인정하는 간도 협약을 체결하였다.
(2) 조·중 변개 조약(1962) : 북한과 중국은 두만강을 국경선으로 확정하고 백두산과 천지를 분할하였는데, 유엔이 합법적으로 인정하지 않은 국가들 사이에 맺어진 조약이었으므로 한반도 통일 후 다시 확정되어야 한다.

2. 동북 공정 문제

동북 공정이 진행되고 있는 동북 3성

중국은 고조선·고구려·발해 등이 중국의 지방 정권이었다고 주장하며 동북 공정을 통해 우리의 역사를 왜곡하고 있다.

(1) 동북 공정 : 중국은 2002년부터 중국의 동북 지방 3성인 랴오닝 성, 지린 성, 헤이룽장 성의 역사와 현재 상황을 연구하는 동북 공정을 진행하고 있다.
(2) 중국 측 주장
① 중국은 한반도 북부와 만주에 있었던 고조선, 고구려, 발해 등이 고대 중국의 동북 지방에 속한 지방 정권이라고 주장하고 있다.
② 동북 공정은 우리나라 고대사를 심각하게 왜곡하여 중국 내에서도 이를 비판하는 학자들이 생겨나고 있다.
(3) 우리의 대응 : 우리 정부는 동북 공정에 대항하여 2004년 고구려 연구 재단을 설립하였고, 2006년 동북아 역사 재단으로 조직을 확대·개편하는 등 적극적으로 대처하고 있다.

휴전 협정의 성립

6·25 전쟁이 38도선 부근에서 교착 상태를 보이자 소련의 제안에 따라 1951년 유엔군과 북한군 사이에 휴전 회담이 시작되었다. 그러나 휴전 협상은 포로 송환 문제 등에서 이견을 좁히지 못하고 2년여 동안 계속되었다. 한편, 이승만 정부는 휴전 협정에 반대하고 그 의지를 표현하기 위해 1953년 거제 포로수용소에서 반공 포로를 석방하였다.

결국 휴전 협정은 전쟁이 시작된 지 3년여 만인 1953년 7월 27일에 조인되었으며, 현재까지 휴전의 효력은 이어지고 38도선 대신 휴전선이 남북을 가르는 군사 분계선이 되었다.

휴전 협정서의 내용
1. 한 개의 군사 분계선을 확정하고 쌍방이 이 선에서부터 각기 2km씩 후퇴함으로써 군대 간에 한 개의 비무장 지대를 설정한다. 한 개의 비무장 지대를 설정하여 이를 완충 지대로 함으로써 적대 행위의 재발을 가져올 수 있는 사건의 발생을 방지한다.
4. 적대 쌍방 사령관들은 비무장 지대와 각자의 지역 간의 경계선에 따라 적당한 표식물을 세운다. 군사 정전 위원회는 군사 분계선과 비무장 지대의 양 경계선에 따라 설치한 일체 표식의 건을 감독한다.
5. 한강 하구의 수역으로서 그 한쪽 강기슭이 일방의 통제하에 있고 그 다른 한쪽 강기슭이 다른 일방의 통제하에 있는 곳을 쌍방 민용 선박의 항행에 이를 개방한다.
6. 쌍방은 모두 비무장 지대 내에서 또는 비무장 지대로부터 비무장 지대에 향하여 어떠한 적대 행위도 감행하지 못한다.
7. 군사 정전 위원회의 특정한 허가 없이는 어떠한 군인이나 민간인이나 군사 분계선을 통과함을 허가하지 않는다.
8. 비무장 지대 내의 어떠한 군인이나 민간인이나 그가 들어가려고 요구하는 지역 사령관의 특정한 허가 없이는 어느 일방의 군사 통제하에 있는 지역에도 들어감을 허가하지 않는다.

한국사능력검정시험
고 급

문제편

I 우리 역사의 형성과 고대 국가의 발전

1. (가) 시대의 생활 모습으로 옳은 것은? [1점]

이것은 연천 전곡리에서 출토된 (가) 시대의 유물입니다. 이와 같은 형태의 석기는 기존에 아프리카, 유럽 등지에서만 사용된 것으로 알려졌는데, 우리나라에서도 발견되어 세계적인 주목을 받았습니다.

① 주로 동굴이나 막집에서 살았다.
② 가락바퀴를 이용하여 실을 뽑았다.
③ 지배자의 무덤으로 고인돌을 만들었다.
④ 거푸집을 이용하여 세형 동검을 제작하였다.
⑤ 빗살무늬 토기를 사용하여 식량을 저장하였다.

> **해설**
> 제시된 사진은 구석기 시대의 대표적인 유물인 주먹도끼이며, (가) 시대는 구석기 시대이다. 구석기 시대의 대표적인 유적지인 경기도 연천군 전곡리 유적에서는 아슐리안형 주먹도끼가 대량으로 출토되어 유럽이나 아프리카에서만 아슐리안형 주먹도끼가 발견된다는 기존의 모비우스 학설을 부정할 수 있었다. ① 구석기 시대 사람들은 사냥과 채집을 위해 이동 생활을 하며 주로 동굴이나 막집에서 살았다.
>
> **오답피하기**
> ② 신석기 시대에는 가락바퀴를 이용하여 실을 뽑고, 뼈바늘을 이용하여 옷과 그물을 제작하는 원시적인 수공업이 이루어졌다.
> ③ 청동기 시대에는 지배자의 무덤으로 고인돌을 만들었는데, 현재 우리나라 고인돌 유적지는 유네스코 세계 문화유산으로 등재되어 있다.
> ④ 초기 철기 시대에는 거푸집을 이용하여 세형 동검을 제작하였다.
> ⑤ 신석기 시대에는 빗살무늬 토기를 제작하여 농경으로 생산한 식량을 저장하였다.
>
> [정답 : ①]

2. (가) 시대에 대한 설명으로 옳은 것은? [1점]

이곳은 제주도 고산리 유적 발굴 현장입니다. 이 유적의 최하층에서 이른 민무늬 토기가 출토됨에 따라 (가) 시대가 기원전 8000년경부터 시작되었음을 알게 되었습니다. 이 외에도 화살촉, 갈돌, 갈판 등의 석기가 출토되었습니다.

① 널무덤과 독무덤을 만들었다.
② 권력을 가진 군장이 백성을 다스렸다.
③ 반량전, 명도전 등의 화폐를 사용하였다.
④ 정착 생활이 시작되면서 움집이 나타났다.
⑤ 우경이 시작되어 깊이갈이가 가능해졌다.

> **해설**
> 제시된 자료의 (가) 시대는 신석기 시대이다. 제주도 고산리 유적(제주특별자치도 제주시 한경면 고산리)은 현재 발견된 신석기 시대 유적지 중 가장 오래된 곳으로, 이곳에서 이른 민무늬 토기, 화살촉, 갈돌, 갈판 등 신석기 시대 유물이 출토되었다. ④ 신석기 시대에는 농경이 시작되면서 움집에서 정착 생활을 하였다. 신석기 시대의 움집터는 원형이거나 모서리가 둥근 사각형이며, 취사나 난방용 불구덩이인 화덕이 중앙에 위치하였다.
>
> **오답피하기**
> ① 널무덤과 독무덤은 초기 철기 시대의 대표적인 무덤이다.
> ② 청동기 시대에는 사유 재산이 형성되고 계급이 발생하였으며, 권력을 가진 군장이 백성을 다스렸다.
> ③ 반량전, 명도전 등은 중국과의 교역을 확인할 수 있는 초기 철기 시대의 유물이다.
> ⑤ 6세기 초 지증왕 시기부터 우경이 시작되면서 깊이갈이가 가능해졌다.
>
> [정답 : ④]

keyword
구석기 시대, 주먹도끼, 경기도 연천군 전곡리, 동굴, 막집, 가락바퀴, 고인돌, 거푸집, 세형 동검, 신석기 시대, 제주도 고산리 유적, 이른 민무늬 토기, 화살촉, 갈돌, 갈판

3. 다음 자료를 통해 알 수 있는 고조선 사회의 모습으로 옳지 않은 것은? [1점]

> 법으로 금하는 8조가 있다. 사람을 죽인 자는 곧바로 죽이고, 남에게 상처를 입힌 자는 곡식으로 갚게 한다. 도둑질을 하면 남자는 노(奴)로, 여자는 비(婢)로 삼는데, 용서받고자 할 때에는 50만 전을 내야 한다.
> — 『한서』 지리지 —

① 신분의 구별이 있었다.
② 형벌 제도가 마련되었다.
③ 사유 재산이 인정되었다.
④ 개인의 노동력이 중시되었다.
⑤ 죄를 지은 사람은 가족까지 처벌받았다.

4. (가) 나라의 사회 모습으로 옳은 것은? [1점]

허리띠 고리(중국 지린 성 라오허선 촌 출토)

이것은 (가) 의 유물로 말 모양 장식이 있는 허리띠 고리이다. 이 유물에 장식되어 있는 말은 농사와 함께 목축을 중시한 이 나라의 특징적인 모습을 잘 보여 준다. 이러한 특성은 마가(馬加) 등 주요 지배 세력의 명칭에서도 나타난다.

① 영고라는 제천 행사가 있었다.
② 민며느리제라는 혼인 풍습이 있었다.
③ 사회 질서를 유지하기 위해 8조법을 만들었다.
④ 대가들이 사자, 조의, 선인 등의 관리를 거느렸다.
⑤ 다른 부족의 영역을 침범하면 소나 말로 변상하였다.

해설

제시된 자료는 고조선의 8조법에 대한 내용이다. 고조선의 8조법은 현재 3개의 조항이 전해지고 있는데, 이를 통해 고조선 사회의 모습을 파악할 수 있다. ⑤ 죄를 지은 사람의 가족까지 처벌하는 연좌제는 8조법에 해당하지 않는다.

오답피하기
① 노비의 존재를 통해 신분의 구별이 있었음을 알 수 있다.
② 나라에서 죄를 지은 자에게 형벌을 내리는 사실을 통해 형벌 제도가 있었음을 알 수 있다.
③ 곡식으로 갚게 한다는 사실을 통해 사유 재산이 인정되었음을 알 수 있다.
④ 살인자에게 가혹한 형벌을 내렸다는 사실을 통해 개인의 노동력이 중시되었음을 알 수 있다.

[정답 : ⑤]

참고 | 고조선 8조법

조항	내용
사람을 죽인 자는 즉시 죽인다.	노동력 중시, 생명 존중, 국가가 공권력을 통해 형벌 집행
남에게 상처를 입힌 자는 곡식으로 갚게 한다.	농경의 발달로 잉여 생산물 발생, 사유 재산 인정
도둑질한 자는 그 집 종으로 삼는다. 스스로 용서를 받고자 하는 자는 한 사람당 50만 전을 내게 한다.	신분제 사회

해설

제시된 자료의 '농사와 함께 목축 중시', '마가' 등을 통해 (가) 나라가 부여임을 알 수 있다. ① 부여에서는 매년 12월에 영고라는 제천 행사를 지냈다.

오답피하기
② 옥저에는 민며느리제라는 혼인 풍습이 있었다.
③ 고조선은 사회 질서를 유지하기 위해 8조법을 만들었는데, 현재 3개의 조항만이 전해진다.
④ 고구려에서는 상가, 고추가 등의 대가들이 사자, 조의, 선인 등의 관리를 거느렸다.
⑤ 동예에는 다른 부족의 영역을 침범하면 소나 말로 변상하는 책화가 있었다.

[정답 : ①]

참고 | 부여

위치	정치	경제	풍속
쑹화 강 유역의 평야 지대	5부족 연맹체	농경과 목축 발달, 특산물(말, 주옥, 모피)	순장, 1책 12법, 영고(12월)

---

keyword
고조선, 8조법, 형벌 제도, 사유 재산 인정, 노동력 중시, 농사, 목축, 연맹 왕국, 부여, 마가, 영고, 민며느리제, 8조법, 대가, 사자, 조의, 선인

5. 밑줄 그은 '이 나라'에 대한 설명으로 옳은 것은? [2점]

> 이 나라의 동쪽에는 큰 굴이 있는데, 수혈(隧穴)이라 부른다. 10월에는 온 나라 사람이 크게 모여 수신(隧神)을 맞아 나라의 동쪽 강가로 모시고 가서 제사를 지내는데, 나무로 만든 수신을 신(神)의 자리에 모신다.
> — 『삼국지』 동이전 —

① 무천이라는 제천 행사가 있었다.
② 가(加)들이 별도로 사출도를 다스렸다.
③ 제가 회의에서 중요한 일을 결정하였다.
④ 제사장인 천군과 신성 지역인 소도가 있었다.
⑤ 사회 질서를 유지하기 위해 8조법을 만들었다.

6. 밑줄 그은 '왕'의 업적으로 옳은 것은? [2점]

> 진나라 왕 부견이 사신과 승려인 순도를 파견하여 불상과 경문을 보내 왔다. 왕이 사신을 보내 답례로 토산물을 바쳤다. …… 처음으로 초문사를 창건하여 순도에게 절을 맡겼다. 또한 이불란사를 창건하여 아도에게 절을 맡기니, 이것이 해동 불법(佛法)의 시초가 되었다.
> — 『삼국사기』 —

① 신라에 침입한 왜를 격퇴하였다.
② 서안평을 공격하여 영토를 확장하였다.
③ 율령을 반포하여 국가 체제를 정비하였다.
④ 천리장성을 쌓아 당의 침략에 대비하였다.
⑤ 국자감을 설립하여 유학 교육을 실시하였다.

해설
제시된 자료의 '이 나라'는 고구려이다. 고구려의 왕과 신하들은 나라 동쪽의 큰 동굴인 국동대혈에 모여 고구려 건국 시조인 주몽과 유화 부인의 제사를 지냈다. ③ 고구려는 제가 회의에서 국가의 중대사를 결정하였다.

오답피하기
① 동예에서는 매년 10월 무천이라는 제천 행사를 열었다.
② 부여에는 왕 아래에 마가·우가·저가·구가 등의 대가들이 있었으며, 이들은 별도로 사출도라 불리는 행정 구역을 다스렸다.
④ 삼한에는 신지·읍차 등 정치적 지배자 외에 제사장인 천군이 있었으며, 천군이 다스리는 신성 지역을 소도라 불렀다.
⑤ 고조선은 사회 질서를 유지하기 위해 8조법을 만들었는데, 현재 3개의 조항만이 전해진다.

[정답 : ③]

참고 | 고구려

위치	정치	경제	풍속
압록강 중류 졸본 지역	5부족 연맹체	산악 지대에 위치 → 소국 정복(옥저와 동예의 공납)	서옥제, 형사취수제, 동맹(10월)

해설
제시된 자료의 밑줄 그은 '왕'은 고구려의 소수림왕이다. 소수림왕은 중국 전진의 순도를 통해 불교를 수용하였다(372). 소수림왕이 즉위하기 직전 고구려는 고국원왕이 백제 근초고왕의 공격을 받아 전사하는 등 국가적인 위기에 처하였다. 소수림왕은 이러한 위기를 극복하기 위해 불교를 수용하여 사상을 통합하고자 하였다. ③ 고구려는 소수림왕 때 태학을 설립하고 율령을 반포하는 등 중앙 집권 체제를 강화하였다.

오답피하기
① 광개토 대왕은 신라에 침입한 왜를 격퇴하여 한반도 남부까지 영향력을 미쳤는데, 이는 광개토 대왕릉비, 호우명 그릇 등을 통해 확인할 수 있다.
② 고구려 미천왕은 한반도의 압록강 하류에서 중국 요동으로 나가는 전략적 요충지인 서안평을 공격하여 점령하였다.
④ 고구려 보장왕 때 부여성에서 비사성에 이르는 천리장성을 쌓고 당의 침략에 대비하였다.
⑤ 고려 성종 11년(992) 국자감을 설립하여 유교 교육을 담당하였다.

[정답 : ③]

keyword
고구려, 국동대혈, 동맹, 무천, 사출도, 제가 회의, 소도, 8조법, 소수림왕, 순도, 초문사, 이불란사, 불교 전래, 왕권 강화

7. 밑줄 그은 '태왕'에 대한 설명으로 옳은 것은? [2점]

> 태왕의 유일한 목적은 북방의 강성한 선비를 정벌하여 지금의 봉천, 직예 등의 땅을 차지하는 것이었다. …… 중국 역사상 일대 효웅(梟雄)들이 모두 그 기세가 꺾이어 할 수 없이 수천 리의 토지를 고구려에 넘겨줌으로써, 태왕이 그 시호와 같이 토지를 광개(廣開)함에 이르렀다.
> — 『조선상고사』 —

① 태학을 설립하여 인재를 양성하였다.
② 영락이라는 독자적인 연호를 사용하였다.
③ 전진의 순도를 통해 불교를 수용하였다.
④ 당의 침입에 대비하여 천리장성을 쌓았다.
⑤ 평양으로 천도하여 남진 정책을 본격화하였다.

해설
제시된 자료의 '광개(廣開)'를 통해 밑줄 그은 '태왕'이 광개토 대왕임을 알 수 있다. ② 광개토 대왕은 '영락'이라는 독자적인 연호를 사용하였다.

오답피하기
① 소수림왕은 태학을 설립하여 유교를 교육하고, 율령을 반포하여 국가 체제를 정비하였다.
③ 고구려는 소수림왕 시기에 전진의 순도를 통해 불교를 수용하였다(372).
④ 고구려의 연개소문은 당의 침입에 대비하여 천리장성을 쌓고 군사력을 강화하였다.
⑤ 장수왕은 평양으로 천도하여 남진 정책을 본격화하였다(427).

[정답 : ②]

참고 | 삼국의 전성기

백제	4세기	근초고왕 : 왕위의 부자 상속 확립, 고구려 평양성 공격, 동진·규슈와 교류, 중국 요서 진출
고구려	5세기	• 광개토 대왕 : 요동과 만주 정벌, 한강 이북 지역 차지, 신라에 침입한 왜 격퇴 • 장수왕 : 남북조와 교류, 평양 천도, 한강 유역 장악
신라	6세기	진흥왕 : 화랑도 개편, 한강 유역 장악, 대가야 정복

8. (가), (나) 사이에 있었던 사실로 옳은 것은? [3점]

> (가) 고구려 왕 거련이 몸소 군사를 거느리고 백제를 공격하였다. 백제 왕 경이 아들 문주를 보내 구원을 요청하였다. 왕이 군사를 내어 구해 주려 했으나 미처 도착하기도 전에 백제가 이미 무너졌다. 경 또한 피살되었다.
> — 『삼국사기』 신라 본기 —
>
> (나) 금관국의 왕인 김구해가 왕비와 세 명의 아들, 즉 큰아들인 노종, 둘째 아들인 무덕, 막내아들인 무력과 함께 나라의 창고에 있던 보물을 가지고 와서 항복하였다.
> — 『삼국사기』 신라 본기 —

① 백제가 웅진으로 천도하였다.
② 신라가 대가야를 멸망시켰다.
③ 고구려가 낙랑군을 축출하였다.
④ 신라가 매소성에서 당을 물리쳤다.
⑤ 신라가 함경도 지역까지 진출하였다.

해설
(가)는 고구려 왕 거련(장수왕)의 남하 정책으로 백제 왕 경(개로왕)이 피살되고 백제의 한성이 함락한 475년의 기록이다. (나)는 신라 법흥왕 때 금관가야가 공격을 받고 멸망한 532년의 기록이다. 따라서 475년에서 532년 사이의 사실을 찾으면 된다. ① 백제는 한성이 함락된 이후인 475년 웅진으로 천도하였다.

오답피하기
② 신라 진흥왕은 고령의 대가야를 정복하고 낙동강 서쪽을 장악하였다(562).
③ 고구려는 미천왕 때 서안평을 점령하고 낙랑군(313)과 대방군(314)을 각각 축출하였다.
④ 신라는 매소성 전투와 기벌포 해전에서 당군을 격파하고 삼국을 통일하였다(676).
⑤ 6세기 중엽 진흥왕 때 신라는 활발한 정복 활동을 전개하여 고구려의 지배 아래에 있던 한강 유역을 빼앗고 함경도 지역까지 진출하였다.

[정답 : ①]

keyword
고구려, 광개토 대왕, 태왕, 연호, 영락, 소수림왕, 태학, 천리장성, 웅진 천도, 낙랑군, 대가야 멸망, 매소성 전투, 기벌포 해전

고급 29회 4번

9. (가), (나) 사이의 시기에 있었던 사실로 옳은 것은?
[3점]

> (가) 여러 신하들이 아뢰기를, "신들의 생각으로는 신(新) 은 '덕업이 날로 새로워진다.'는 뜻이고, 라(羅)는 '사방(四方)을 망라한다.'는 뜻이므로 이를 나라 이름으로 삼는 것이 마땅하다고 여겨집니다."라고 하였다. 왕이 이에 따랐다.
>
> (나) 백제의 왕인 명농이 가량(가야)과 함께 와서 관산성을 공격하였다. …… (신라의) 고간 도도가 급히 쳐서 백제 왕을 죽였다.

① 백제가 웅진으로 천도하였다.
② 백제가 대야성을 함락시켰다.
③ 고구려가 낙랑군을 축출하였다.
④ 신라가 금관가야를 복속시켰다.
⑤ 신라가 매소성에서 당군을 물리쳤다.

고급 29회 5번

10. 다음 전쟁에 대한 설명으로 옳은 것을 〈보기〉에서 고른 것은?
[2점]

> • 양제가 조서를 내려 고구려를 정벌하게 하였다. …… 군사가 모두 113만 3800명이었다. …… 군량을 운반하는 자는 군사 수의 배가 되었다.
> • 우중문의 군대가 오골성에 주둔하였다. …… 고구려에서 군사들을 출동시켜 군수품을 실은 수레를 습격하였다.

〈 보 기 〉

ㄱ. 을지문덕이 살수에서 승리를 거두었다.
ㄴ. 수를 멸망하게 한 원인 중 하나가 되었다.
ㄷ. 안시성의 군사와 백성들이 이세민의 대군을 격파하였다.
ㄹ. 평양에 설치된 안동도호부를 요동의 신성으로 축출하였다.

① ㄱ, ㄴ   ② ㄱ, ㄷ   ③ ㄴ, ㄷ
④ ㄴ, ㄹ   ⑤ ㄷ, ㄹ

해설
제시된 자료의 (가)는 503년, (나)는 554년에 해당한다. (가) 지증왕은 503년 국호를 '신라'로 정하고 '왕'이라는 호칭을 사용하였는데, 이를 통해 신라의 지방 세력 장악과 왕권 강화를 파악할 수 있다. (나) 6세기 백제의 성왕은 신라의 진흥왕과 함께 고구려가 장악하고 있던 한강 유역을 획득하였으나 진흥왕의 배신으로 한강 하류를 빼앗기고 말았다. 이에 백제의 성왕은 신라와 전쟁을 벌였지만 관산성 전투에서 전사하면서 백제의 중흥은 좌절되었다(554). ④ 532년 법흥왕은 김해의 금관가야를 병합하고 낙동강 유역까지 영토를 넓혔다.

오답피하기
① 장수왕의 남하 정책으로 개로왕이 피살되고 백제의 한성이 함락되자 문주왕은 웅진으로 천도하였다(475).
② 백제 의자왕은 신라를 공격하여 대야성을 비롯한 40여 성을 함락시켰다(642).
③ 고구려 미천왕은 대동강 유역의 낙랑을 축출하고(313), 이어 황해도 일대의 대방을 축출하였다(314).
⑤ 신라는 매소성 전투와 기벌포 전투에서 당을 격퇴하고 삼국을 통일하였다(676).

[정답 : ④]

해설
제시된 자료의 '양제', '우중문' 등을 통해 7세기 초 고구려와 수의 전쟁에 대한 것임을 알 수 있다. ㄱ. 수 양제가 113만 대군을 이끌고 고구려를 침략하였으나 을지문덕이 살수에서 크게 격파하였다. ㄴ. 수는 고구려 원정의 실패와 대운하 건설로 인한 재정 악화로 멸망하였다.

오답피하기
ㄷ. 당은 건국 초기 고구려와 화친을 꾀하였으나, 당 태종이 즉위한 이후 두 나라의 관계는 악화되었다. 이 무렵 정변을 통해 실권을 장악한 연개소문은 당에 강경하게 대응하여 국경선에 천리장성을 쌓고 당의 침입에 대비하였다. 당 태종은 연개소문의 정변을 구실 삼아 대규모의 병력을 이끌고 고구려를 공격하였지만 고구려는 이를 안시성 싸움에서 물리쳤다(645).
ㄹ. 나·당 전쟁에서 패배한 당은 평양에 설치된 안동도호부를 676년에 요동으로 옮겼고, 677년에 다시 신성(현재의 심양성)으로 옮겼으며, 699년에는 안동도호부를 안동도독부로 낮추었다.

[정답 : ①]

---

keyword
신라, 지증왕, 백제, 관산성, 웅진 천도, 대야성, 금관가야, 양제, 우중문, 고구려, 수, 살수 대첩, 을지문덕, 안시성, 안동도호부

11. (가)에 들어갈 문화유산으로 가장 적절한 것은? [2점]

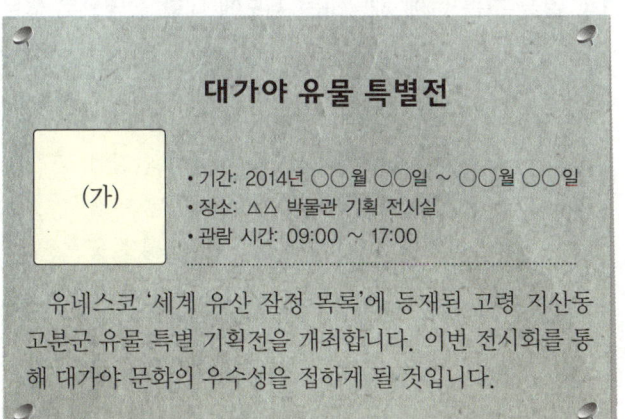

대가야 유물 특별전

- 기간: 2014년 ○○월 ○○일 ~ ○○월 ○○일
- 장소: △△ 박물관 기획 전시실
- 관람 시간: 09:00 ~ 17:00

유네스코 '세계 유산 잠정 목록'에 등재된 고령 지산동 고분군 유물 특별 기획전을 개최합니다. 이번 전시회를 통해 대가야 문화의 우수성을 접하게 될 것입니다.

①
②
③
④
⑤

해설
④ 대가야의 무덤군인 고령 지산동 고분군의 32호분에서 출토된 금관이다. 대가야 지역에서 금관이 출토된 것으로 보아 왕을 비롯한 유력층이 존재하였음을 알 수 있다.

오답피하기
① 부여의 능산리 절터에서 출토된 백제 금동 대향로이다. 백제의 수준 높은 금속공예 기술과 도교 사상을 엿볼 수 있다.
② 신라 천마총에서 출토된 금모자이다. 금관 안에 쓰는 모자로, 거의 완벽한 형태로 발굴되었다.
③ 신라 천마총에서 출토된 나비 모양의 금제 관식이다.
⑤ 백제 무령왕릉에서 출토된 왕과 왕비의 금제 관식이다.

[정답 : ④]

12. (가) 인물에 대한 설명으로 옳은 것은? [3점]

① 당을 몰아내고 삼국을 통일하였다.
② 성골 출신으로 왕이 된 마지막 인물이다.
③ 자장의 건의로 황룡사 9층 목탑을 건립하였다.
④ 김흠돌의 난을 진압하고 귀족들을 숙청하였다.
⑤ 집사부의 설치를 건의하고 친당 외교를 주도하였다.

해설
제시된 자료의 (가) 인물은 김춘추이다. 김춘추는 백제 의자왕의 공격으로 신라의 대야성이 함락될 때 그의 딸과 사위가 죽게 되자(642) 고구려와 동맹을 맺고 백제를 공격하고자 고구려에 들어갔다. 그러나 고구려 왕은 옛 고구려의 땅인 죽령 이북 지역의 땅을 내놓으라며 김춘추를 감금하였다. 이때 고구려의 대신 선도해가 '토끼의 간' 이야기를 들려주었고, 이를 들은 김춘추는 고구려 왕에게 자신이 귀국하여 왕에게 청해 돌려주겠다고 약속하고는 신라로 돌아오게 되었다. ⑤ 김춘추는 진덕 여왕 때 집사부의 설치를 건의하고 친당 외교를 주도하여 나·당 연합을 성사시켰다(648).

오답피하기
① 문무왕은 나·당 전쟁으로 당을 몰아내고 삼국 통일을 이룩하였다(676).
② 진덕 여왕은 성골 출신으로 왕이 된 마지막 인물이다.
③ 선덕 여왕은 자장의 건의를 받아들여 황룡사 9층 목탑을 건립하였다.
④ 신문왕은 김흠돌의 난을 진압하고 귀족 세력을 숙청하여 왕권을 강화하였다.

[정답 : ⑤]

keyword
대가야, 유네스코 세계 문화유산, 고령 지산동 고분군, 백제 금동 대향로, 천마총, 무령왕릉, 김춘추, 삼국 통일, 황룡사 9층 목탑, 김흠돌의 난, 집사부 설치, 친당 외교

고급 22회 6번 | 사실 알기

13. 밑줄 그은 '왕'에 대한 설명으로 옳은 것은? [3점]

> **역사 신문**
> 제△△호　　　　　　　　689년 ○○월 ○○일
>
> ## 왕권 강화를 위한 개혁 단행
>
> 재작년 관료전 지급에 이어 이번에 왕이 귀족의 경제 기반인 녹읍을 폐지하겠다고 전격 발표하였다. 왕은 즉위 초 김흠돌의 난을 진압한 이래 9주 5소경의 지방 행정 조직 개편, 중앙군과 지방군의 정비 등 일련의 개혁 정책을 추진해왔는데, 이번 조치를 통해 왕권을 강화하려는 왕의 개혁 정책이 마무리되었다고 평가할 수 있다.

① 백성에게 정전을 지급하였다.
② 불교 수용을 통해 왕권을 강화하였다.
③ 국학을 설립하여 유학 교육을 실시하였다.
④ 관리 채용을 위해 독서삼품과를 시행하였다.
⑤ 나·당 전쟁에서 승리하여 삼국을 통일하였다.

해설
제시된 자료의 '녹읍 폐지', '김흠돌의 난 진압', '9주 5소경의 지방 행정 조직 개편', '중앙군 정비' 등을 통해 밑줄 그은 '왕'이 신문왕임을 알 수 있다. ③ 신문왕은 왕권 강화 정책으로 국학을 설립하여 유학 교육을 실시하였다.

오답피하기
① 성덕왕 시기 백성에게 정전을 지급(722)하여 토지와 농민에 대한 국가의 지배력을 강화하였다.
② 불교를 공인하여 왕권을 강화한 왕으로는 고구려의 소수림왕(4세기), 백제의 침류왕(4세기), 신라의 법흥왕(6세기)이 있다. 법흥왕은 이차돈의 순교를 계기로 불교를 공인하였다.
④ 원성왕은 유교 진흥을 위해 독서삼품과를 실시하였으나 진골 귀족들의 반발로 큰 성과를 이루지는 못하였다.
⑤ 문무왕은 매소성 전투와 기벌포 해전에서 당군에 승리하고 삼국 통일을 이룩하였다(676).

[정답 : ③]

고급 25회 8번 | 개념 이해

14. 밑줄 그은 ㉠에 해당하는 제도에 대한 설명으로 옳은 것은? [3점]

> (거득공이) 거사의 차림으로 도성을 떠나 …… 무진주를 순행하니, 주의 향리 안길이 그를 정성껏 대접하였다. …… 이튿날 아침 거득공이 떠나면서 말하기를 "…… 도성에 올라오면 찾아오라." 하였고, 서울로 돌아와 재상이 되었다. 나라의 제도에 ㉠ 해마다 외주(外州)의 향리 한 사람을 도성에 있는 여러 관청에 올려 보내 지키게 하였다. 지금의 기인이다. 안길이 올라가 지킬 차례가 되어 도성으로 왔다.
> － 『삼국유사』 －

① 좌수와 별감이라는 향임직을 두어 운영되었다.
② 대간으로 불리며 왕의 권력 행사를 비판하였다.
③ 지방 세력을 견제하기 위한 수단으로 활용되었다.
④ 수령을 보좌하고 풍속을 교정하는 기능을 하였다.
⑤ 국가 운영의 주요 사항을 결정하는 역할을 하였다.

해설
제시된 자료의 '지금의 기인이다.'를 통해 밑줄 그은 ㉠에 해당하는 제도가 상수리 제도임을 알 수 있다. 상수리 제도는 중앙 정부가 볼모를 이용하여 지방 세력을 견제하던 신라의 인질 제도를 말하며, 고려 시대에 기인 제도로 발전하였다.

오답피하기
① 조선 시대 향촌 자치 기구인 유향소에는 좌수와 별감이라는 향임직을 두었다.
② 대간은 관리 감찰, 간쟁, 봉박 등의 권한을 가지고 왕권을 견제하던 관리로, 고려 시대에는 어사대 관원과 중서문하성의 낭사를 의미하였다. 조선 시대에는 사헌부와 사간원에 소속된 관원을 말하였다.
④ 조선 시대 유향소는 수령을 보좌하고 풍속을 교정하는 기능을 담당하였다.
⑤ 국가 운영의 주요 사항은 국가의 최고 관서가 담당하였다. 신라의 집사부, 고려의 중서문하성(전기)과 도평의사사(후기), 조선의 의정부(전기)와 비변사(후기) 등이 이에 해당한다.

[정답 : ③]

---

keyword
신문왕, 관료전 지급, 녹읍 폐지, 정전, 김흠돌의 난, 국학 설립, 독서삼품과, 집사부, 시중, 9주 5소경, 상수리 제도, 기인 제도, 좌수, 별감, 대간

15. 밑줄 그은 ㉠에 해당하는 내용으로 옳은 것을 〈보기〉에서 고른 것은? [2점]

○○ 신문
제△△호   2009년 ○○월 ○○일

중국 지린 성에서 발해 황후 무덤 발굴

지린 성 허룽시 룽터우 산 고분군에서 발해국 3대 문왕(재위 737~793) 부인과 9대 간왕(재위 817~818) 부인 묘지(墓誌)가 출토되었다. 그런데 간왕 부인 묘지에 '발해국 순목 황후'라는 표현이 있어 주목된다. 이는 ㉠ 발해가 황제국임을 나타내는 자료이다. 중국은 현재 이 자료의 전문을 공개하지 않고 있다.

〈 보 기 〉
ㄱ. 등주에 발해관이 설치되었다.
ㄴ. 인안, 대흥 등의 연호가 사용되었다.
ㄷ. 정혜 공주 묘비에 황상이라는 표현이 있다.
ㄹ. 발해에서 신라로 이어지는 교통로가 있었다.

① ㄱ, ㄴ ② ㄱ, ㄷ ③ ㄴ, ㄷ
④ ㄴ, ㄹ ⑤ ㄷ, ㄹ

> **해설**
> '인안(무왕)', '대흥(문왕)' 등의 독자적인 연호와 정효 공주 묘비의 '황상(문왕을 지칭)'이라는 표현은 모두 발해가 중국과 대등한 황제국의 위상을 갖추고 있음을 의미한다.
>
> **오답피하기**
> ㄱ. 발해관은 당을 방문하는 발해의 사신들이 머물던 여관이다. 압록강을 거쳐 당으로 향하는 교통로에 설치되었다.
> ㄹ. 신라도는 발해에서 신라로 가는 교통로이며, 발해 문왕 시기에 적극 활용되었다.
>
> [정답 : ③]

참고 발해의 대외 관계

당과의 관계	• 무왕 : 당의 등주 공격 • 문왕 : 당과 친선 관계
신라와의 관계	• 무왕 : 돌궐, 일본과 연결하여 신라 견제 • 문왕 : 신라도를 통해 교류 • 쟁장 사건, 등제 서열 사건 대립
일본과의 관계	• 무왕 : 신라를 견제하기 위해 처음 국교를 맺음 • 발해 사신 30여 차례 일본 방문

---

16. (가) 신분에 대한 설명으로 옳은 것은? [2점]

> 이것은 무열왕의 8대손인 낭혜화상의 탑비입니다. 이 탑비에는 그의 아버지 범청이 진골에서 한 등급 떨어져 '득난(得難)'이 되었다는 기록이 있습니다. 득난은 [(가)] 을/를 달리 부르는 말로, 이 신분은 재능과 학식이 뛰어나도 17관등 중 제6관등인 아찬까지만 오를 수 있었습니다.

보령 성주사지 낭혜화상 탑비

① 지방의 주요 지역인 담로에 파견되었다.
② 성리학을 바탕으로 불교의 폐단을 비판하였다.
③ 화백 회의에 참여하여 국가의 중대사를 결정하였다.
④ 어려서부터 경당에 들어가 유학과 활쏘기를 배웠다.
⑤ 신라 말기 호족과 연계하여 사회 개혁을 추구하기도 하였다.

> **해설**
> 제시된 자료의 (가) 신분은 6두품이다. 9세기 말 최치원이 지은 낭혜화상 탑비의 '득난'은 6두품의 별칭이다.
>
> **오답피하기**
> ① 백제 무령왕은 22담로를 설치하여 지방을 통제하였다.
> ② 고려 말 신진 사대부는 성리학을 바탕으로 권문세족과 연결된 불교의 폐단을 지적하였다.
> ③ 신라의 진골 귀족들은 화백 회의에 참여하여 국가의 중대사를 결정하였다.
> ④ 고구려 장수왕 시기 지방에 경당이 설치되었다.
>
> [정답 : ⑤]

참고 6두품

신라의 골품제는 골족(骨族)과 두품층(頭品層)으로 구분되어 있으며, 신분 상승이 엄격하게 규제되었다. '득난'이라고 불리는 6두품은 왕권이 전제화되자 왕의 정치적 조언과 행정 실무를 담당하면서 성장하였다. 그러나 신라 하대에 이르자 왕위 쟁탈전과 골품제의 모순 속에서 신분 차별에 대한 불만이 고조되었고, 그 결과 6두품은 현실 정치에 실망하여 은둔하거나, 호족 세력 및 사원 세력과 연계하여 반신라적 활동을 전개하였다. 대표적인 6두품 인물로는 원효(일심 사상), 설총("화왕계", 이두 집대성), 최치원("계원필경", 시무 10여 조), 강수(외교 문서 작성) 등이 있다.

---

keyword
발해, 무왕, 문왕, 인안, 대흥, 정혜 공주, 신라도, 골품 제도, 진골, 6두품, 득난, 17관등, 담로

17. (가) 단체에 대한 설명으로 옳은 것은? [1점]

> **역사 용어 사전**
>
> (가)
>
> 국선도, 풍월도라고도 한다. 명산 대천을 돌아다니며 도의를 연마하였고, 무예를 수련하여 유사시 전투에 참여하였다. 원광이 제시한 '세속 5계'를 행동 규범으로 삼았으며, 신라가 삼국을 통일하는 데 크게 기여하였다.

① 경당에서 글과 활쏘기를 배웠다.
② 진흥왕 때 국가적인 조직으로 정비되었다.
③ 박사와 조교를 두어 유교 경전을 가르쳤다.
④ 정사암에 모여 국가의 중대사를 결정하였다.
⑤ 귀족들로 구성되어 만장일치제로 운영되었다.

해설
제시된 자료의 (가) 단체는 원시 청소년 집단에서 기원한 화랑도이다. 화랑도는 화랑(진골 귀족 자제)과 낭도(평민 자제까지 참여)로 구성되었으며, 진흥왕 때 국가적인 조직으로 정비되었다. 화랑도는 계층 간의 대립과 갈등을 조절·완화하는 역할뿐만 아니라 삼국 통일을 이루는 데 크게 기여하였다.

오답피하기
① 고구려의 지방 교육 기관인 경당은 장수왕 시기 설립되어 한학과 무술을 교육하였다.
③ 백제에서는 박사와 조교를 두어 유교 경전을 가르쳤다.
④ 백제의 귀족들은 정사암에 모여 국가의 중대사를 결정하였는데, 이를 정사암 회의라고 하였다.
⑤ 귀족들로 구성된 신라의 화백 회의는 만장일치제로 운영되었다.

[정답 : ②]

참고 세속 5계

사군이충(事君以忠)	임금을 섬김에 충성을 다함
사친이효(事親以孝)	어버이를 섬김에 효도를 다함
교우이신(交友以信)	믿음으로써 벗을 사귐
임전무퇴(臨戰無退)	싸움에 임해서 물러나지 않음
살생유택(殺生有擇)	함부로 살아 있는 것을 죽이지 않음

18. 다음 자료에 대한 설명으로 옳은 것은? [2점]

이것은 1933년 일본 도다이 사(東大寺) 쇼소인(正倉院)에서 발견된 통일 신라 때의 문서입니다.

① 지방관의 근무 성적을 평가한 문서이다.
② 국가 물품을 생산하는 수공업자 명부이다.
③ 이름을 적는 곳이 비어 있는 관직 임명장이다.
④ 재산 상속과 분배에 대한 내용이 기록되어 있다.
⑤ 호구를 남녀별·연령별로 구분하여 파악하였다.

해설
제시된 자료는 일본 도다이 사 쇼소인에서 발견된 통일 신라 시대의 민정 문서이다. 민정 문서는 조세와 요역의 부과를 위해 만들어진 세금 장부로, 서원경(충주) 주변의 4개 촌에 대한 조사 내용을 담고 있다. 매년 변동 사항을 촌주가 조사하여 3년마다 작성하였으며, 촌락의 토지 면적, 인구 수, 가축과 유실수 등의 구체적인 내용이 수록되어 있다. 인구는 남녀별로 구분하고, 여자와 노비도 조사하였다.

오답피하기
① 조선 시대에는 고관이 하급 관리의 근무 성적을 평가하여 승진 또는 좌천의 자료로 삼는 합리적인 인사 제도를 갖추고 있었는데, 이때 고과 성적을 임금에게 알리는 행정 절차를 등제계문이라고 하였다.
② 국가 물품을 생산하는 수공업자의 명부는 공장안이다.
③ 조선 시대의 백지 임명장인 공명첩은 임진왜란 시기에 등장하였으며, 군공을 세우거나 납속(흉년이나 전란 때 국가에 곡식을 바치는 행위)을 한 경우에 주어졌다.
④ 분재기에는 전통 시대 재산 상속과 분배에 대한 내용이 기록되어 있다.

[정답 : ⑤]

keyword
화랑도, 국선도, 풍월도, 원광, 진흥왕, 세속 5계, 민정 문서, 조세, 공물, 역, 진대법, 동시, 동시전, 녹읍, 식읍, 정전

19. 다음 가상 인터뷰의 주인공에 대한 설명으로 옳은 것은? [2점]

스님께서 저술하신 대승기신론소, 십문화쟁론 등을 통해 주장하고 싶은 내용이 무엇인지요?

모든 것은 한마음에서 나온다고 생각해요. 화합과 회통이 중요합니다.

① 황룡사 구층 목탑의 건립을 건의하였다.
② 무애가를 만들어 불교의 대중화에 힘썼다.
③ 국청사를 중심으로 해동 천태종을 창시하였다.
④ 불교 개혁을 주장하며 수선사 결사를 제창하였다.
⑤ 유불 일치설을 주장하여 유교와 불교의 조화를 도모하였다.

20. (가)~(라) 문화유산에 대한 설명으로 옳은 것을 〈보기〉에서 고른 것은? [2점]

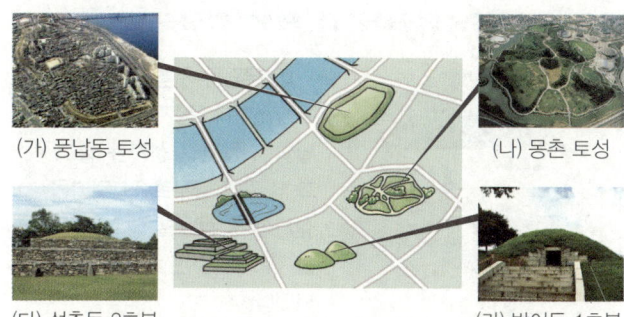

(가) 풍납동 토성
(나) 몽촌 토성
(다) 석촌동 2호분
(라) 방이동 1호분

〈보 기〉

ㄱ. (가) - 백제 도성 관련 유적으로 '대부(大夫)'라는 글자가 새겨진 토기가 발견되었다.
ㄴ. (나) - 인조가 청의 강요를 받아들여 군신 관계를 맺은 곳이다.
ㄷ. (다) - 돌무지무덤으로 백제 건국 세력이 고구려와 같은 계통임을 뒷받침하고 있다.
ㄹ. (라) - 돌무지덧널무덤으로 도굴이 어려워 많은 껴묻거리가 출토되었다.

① ㄱ, ㄴ ② ㄱ, ㄷ ③ ㄴ, ㄷ
④ ㄴ, ㄹ ⑤ ㄷ, ㄹ

해설

제시된 가상 인터뷰의 주인공은 원효이다. 원효는 "대승기신론소", "십문화쟁론" 등을 저술하여 불교 사상의 기준을 마련하였고, 일심 사상과 화쟁 사상을 주장하였다. 원효는 '무애가'를 지어 부처의 가르침을 알기 쉽게 민중에게 설파하였으며, 누구나 '나무아미타불'만 외우면 극락에 갈 수 있다는 아미타 신앙을 전하여 불교의 대중화에 기여하였다.

오답피하기
① 선덕 여왕 때 자장의 건의를 받아들여 황룡사 9층 목탑을 건립하였다.
③ 의천에 대한 내용이다. 의천은 교종(특히 화엄종)을 중심으로 선종을 통합한 교관겸수(교학과 선을 함께 수행, 교학 수련을 중심으로 선 포용)를 강조하였다.
④ 지눌은 수선사 결사를 통해 불교 개혁 운동을 전개하였으며, 돈오점수와 정혜쌍수를 주장하면서 선종 중심으로 교종과 선종을 통합하고자 하였다.
⑤ 지눌의 제자인 혜심은 유·불 일치설을 주장하여 유교와 불교의 조화를 도모하였다.

[정답 : ②]

해설

(가) 풍납동 토성은 1세기경에 건립된 백제의 토성으로, 웅진으로 천도하기 전까지 도성의 기능을 담당하였다. 이곳에서 '대부(大夫)'명 토기를 비롯한 방대한 양의 백제 유물이 출토되었다.
(나) 몽촌 토성은 3세기 후반 백제 성립기에 만들어진 토성으로, 웅진으로 천도하기 전까지 도성의 기능을 담당하였다. 이곳에서 출토된 유물을 통해 백제와 중국 남조의 교류 양상을 파악할 수 있다.
(다) 석촌동 2호분은 돌무지무덤 양식의 백제 무덤으로, 백제의 건국 세력이 고구려와 같은 계통임을 보여 준다.
(라) 방이동 1호분은 방이동 고분 중 가장 서쪽에 위치하는 것으로, 굴식 돌방무덤 양식으로 조성되었으며, 내부에서 백제 토기가 출토되었다. 방이동 고분군은 백제의 무덤으로 알려졌으나 1976년 발굴 시 신라 토기가 출토되면서 백제 고분설과 신라 고분설이 대립하고 있다.

오답피하기
ㄴ. 인조가 청의 강요를 받아들여 군신 관계를 맺은 곳은 서울 송파구의 삼전도이다.
ㄹ. 통일 신라 이전에 축조된 신라의 돌무지덧널무덤으로는 금관총, 천마총, 황남 대총 등이 있다.

[정답 : ②]

---

keyword

원효, 대승기신론소, 일심 사상, 화쟁 사상, 아미타 신앙, 의상, 화엄 사상, 돌무지무덤, 굴식 돌방무덤, 돌무지덧널무덤, 벽돌무덤

21. 다음 자료의 무덤에서 발견된 문화유산으로 옳은 것은? [3점]

이 무덤은 지름 47m, 높이 12.7m이다. 평지 위에 나무 널과 껴묻거리 상자를 놓고, 그 바깥에 나무로 짠 덧널을 설치한 후, 냇돌을 쌓고 그 위를 흙으로 덮는 구조로 축조되었다.

①
②
③
④
⑤

해설
제시된 자료는 통일 이전 신라의 무덤 형태인 돌무지덧널무덤이다. 무덤 구조상 도굴이 어렵고, 벽화가 없는 구조이다. 대표적인 돌무지덧널무덤으로는 금관총, 천마총, 황남 대총 등이 있다. 통일 이후에는 화장을 하거나 굴식돌방무덤에 12지 신상을 둘레돌로 장식하는 양식이 나타났다. ① 돌무지덧널무덤 양식의 천마총에서 발견된 천마도이다. 말의 안장 양쪽에 달아 흙이 튀는 것을 방지한 장니(障泥)에 그려진 그림이다.

오답피하기
② 고구려 강서대묘(평안도)의 사신도 중 현무도이다. 도교에서는 청룡·백호·주작·현무를 각각 동·서·남·북쪽의 방위신으로 여겼다.
③ 고구려 무용총(중국 지안)의 무용도이다.
④ 고구려 각저총(중국 지안)의 씨름도이다. 씨름도의 나무 쪽에 있는 인물은 서역인으로 추정된다.
⑤ 고구려 안악 3호분(황해도)의 인물도이다. 주인공은 '동수'라고 하는 고구려로 망명한 무장이다.

[정답 : ①]

22. (가)에 들어갈 문화유산으로 옳은 것은? [2점]

문화유산 카드

- 종목: 국보 제30호
- 소재지: 경상북도 경주시
- 소개: 현존하는 신라 석탑 중에 가장 오래된 것이다. 백제 석탑이 목탑적 요소를 보이는 것과 달리, 이 탑은 돌을 벽돌 모양으로 다듬어 쌓았다는 점이 특징이다.

①
②
③
④
⑤

해설
제시된 자료는 신라 선덕 여왕 시기에 건립된 경주 분황사 모전 석탑에 대한 설명이다. 경주 분황사 모전 석탑은 중국식 벽돌탑 양식을 따랐지만, 당시 벽돌을 구울만한 기술이 없었던 이유로 돌을 벽돌 모양으로 다듬어 모전 석탑을 만든 것으로 보고 있다.

오답피하기
① 8세기에 건립된 불국사 3층 석탑이다. 통일 신라 시기에 유행한 3층 석탑의 전형을 보여 주며, 1966년 2층 탑신부에서 사리함과 함께 '무구정광대다라니경'이 발견되었다.
② 경주 감은사지 3층 석탑이다. 통일 신라 초기의 대표적인 석탑으로, 동·서에 같은 구조와 크기로 구성되어 있다.
③ 안동 신세동 7층 전탑이다. 통일 신라 시기에 건축되었으며, 국내 최대 규모이자 가장 오래된 전탑이다.
④ 의성 탑리 5층 석탑이다. 통일 신라 시기에 건립된 모전 석탑이며, 분황사 모전 석탑의 지붕을 모방하여 만들었다.

[정답 : ⑤]

keyword
돌무지덧널무덤, 천마도, 사신도, 무용도, 씨름도, 강서대묘, 무용총, 각저총, 안악 3호분, 경주 분황사 모전 석탑, 불국사 3층 석탑, 경주 감은사지 3층 석탑

고급 27회 6번

23. (가) 국가의 문화유산으로 옳은 것은? [2점]

○○ 신문
제△△호   2005년 ○○월 ○○일

러시아 연해주에서 온돌 유적 발굴

러시아 연해주 크라스키노에서 한·러 공동 조사단에 의해 10세기의 것으로 추정되는 온돌 유적이 발굴되었다. 홈을 파서 돌을 양쪽으로 쌓고 강돌을 올려놓은 뒤 그 위를 흙으로 다진 쪽구들 구조로, 전형적인 고구려식의 온돌이다. 이번 발굴로 ____(가)____ 이/가 고구려를 계승한 국가임을 보여 주는 중요한 자료가 하나 더 추가되었다.

해설
제시된 자료의 (가) 국가는 발해이다. 발해의 유적지에서 고구려식 온돌 유적이 발굴되어 발해가 고구려를 계승한 국가임을 보여 주고 있다. ① 이불병좌상은 고구려의 불상 양식을 계승한 대표적인 발해의 불상이다.

오답피하기
② 고구려의 연가 7년명 금동 여래 입상이다. 광배 뒤 명문에 새겨진 '연가'라는 연호는 중국이나 일본에서 사용된 적이 없는 고구려의 독자적인 연호로 추정된다.
③ 통일 신라의 경주 감산사 석조 미륵보살 입상이다. 김지성이란 인물이 감산사를 짓고, 이 석불을 만들어 부모의 명복을 빌었다는 기록이 광배 뒤 명문에 새겨져 있다.
④ 국보 제83호인 금동 미륵보살 반가 사유상이다. 일본 국보 1호인 고류사 목조 반가 사유상과 매우 유사하다.
⑤ 고려 초기의 하남 하사창동 철조 석가여래 좌상이다. 석굴암 본존불의 통일 신라 양식을 충실히 재현하려는 고려 초기의 대표적인 불상이다.

[정답 : ①]

고급 21회 6번

24. (가)~(라)의 문화 전파 내용으로 옳은 것을 <보기>에서 고른 것은? [2점]

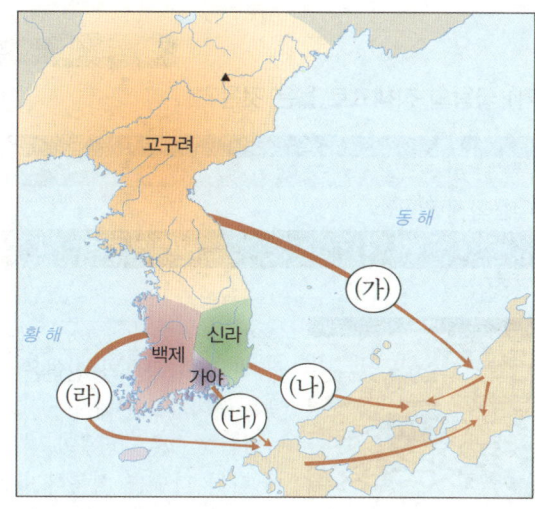

―〈보 기〉―
ㄱ. (가) - 노리사치계는 불경과 불상을 전해 주었다.
ㄴ. (나) - 혜자는 쇼토쿠 태자의 스승이 되었다.
ㄷ. (다) - 스에키 토기의 제작에 영향을 주었다.
ㄹ. (라) - 왕인은 천자문과 논어를 가르쳤다.

① ㄱ, ㄴ   ② ㄱ, ㄷ   ③ ㄴ, ㄷ
④ ㄴ, ㄹ   ⑤ ㄷ, ㄹ

해설
삼국의 문화는 일본으로 전해져 일본 고대 문화 형성에 영향을 주었다.
ㄷ. 1,000℃ 이상의 높은 온도로 제작한 가야의 토기 기술이 일본에 전해져 이전보다 단단한 스에키가 제작되었다.
ㄹ. 백제 근초고왕 시기 왕인은 천자문과 논어를 일본에 전해 주었다. 아직기는 일본 태자에게 한자를 가르쳤고, 오경박사 등이 일본에 건너가 문화를 전해 주었다.

오답피하기
ㄱ. 노리사치계는 성왕 시기 백제의 인물로 일본에 불교를 전해 주었다.
ㄴ. 혜자는 고구려의 인물로 쇼토쿠 태자의 스승이 되었다. 쇼토쿠 태자는 아스카 문화를 융성시킨 인물이다.

[정답 : ⑤]

---

keyword
발해, 이불병좌상, 연가 7년명 금동 여래 입상, 담징, 혜자, 왕인, 아직기, 노리사치계, 스에키

Ⅰ. 우리 역사의 형성과 고대 국가의 발전

Ⅱ 고려 귀족 사회의 형성과 변천

1. (가) 국왕의 정책으로 옳은 것은? [2점]

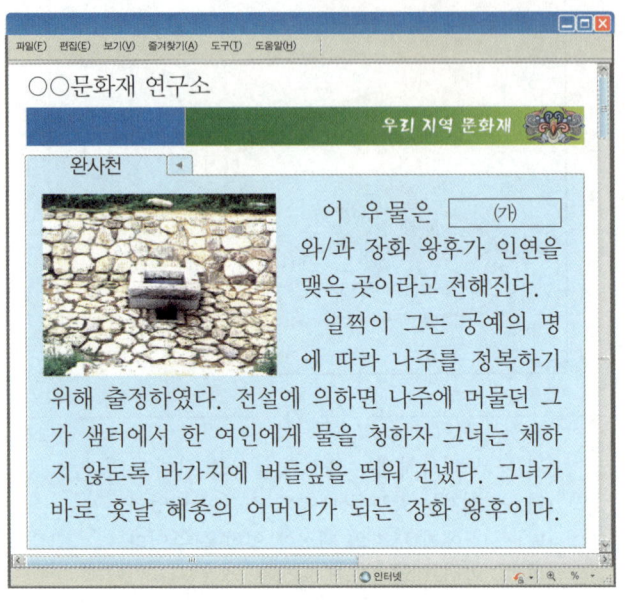

① 5도 양계의 지방 제도를 완비하였다.
② 기인 제도와 사심관 제도를 실시하였다.
③ 과거 제도를 실시하여 인재를 등용하였다.
④ 2성 6부제를 토대로 중앙 통치 조직을 정비하였다.
⑤ 전시과 제도를 마련하여 관리에게 토지를 지급하였다.

해설
제시된 자료는 태조 왕건과 그의 제1비인 나주 오씨와의 인연에 대한 것이다. 태조는 후삼국 통일 과정에서 수군을 동원해 나주 지역을 점령한 이후 나주 지역 호족의 딸과 혼인하였는데, 그녀가 바로 혜종의 어머니인 장화 왕후 오씨이다. ② 태조는 기인 제도와 사심관 제도를 실시하여 호족을 통제하고 지방 통치를 보완하였다.

오답피하기
① 5도 양계의 지방 제도는 현종 시기에 완비되었다.
③ 광종은 쌍기의 건의를 받아들여 과거 제도를 실시함으로써 신구 세력 교체를 통한 왕권 강화를 이루고자 하였다.
④ 성종은 최승로의 시무 28조를 받아들여 지방관을 파견하고, 2성 6부제를 중심으로 하는 중앙 관제를 마련하였다.
⑤ 경종은 인품과 관품을 기준으로 관리에게 토지를 지급하는 시정 전시과 제도를 실시하였다.

[정답 : ②]

2. 다음 왕의 업적으로 옳은 것은? [1점]

> 이제 백성들을 위해 조(租)를 수확량의 10분의 1로 하여 지나친 세금 징수를 금하고, 가난한 백성을 위해 흑창을 설치하라.

① 12목에 처음으로 지방관을 파견하였다.
② 서경을 북진 정책의 전진 기지로 삼았다.
③ 쌍기의 건의를 받아들여 과거제를 실시하였다.
④ 전시과 제도를 마련하여 관리에게 토지를 지급하였다.
⑤ 권문세족을 견제하기 위해 전민변정도감을 설치하였다.

해설
제시된 자료는 고려를 건국한 태조 왕건에 대한 것이다. 태조는 '취민유도(백성에게 세금을 걷을 때는 정도가 있어야 함)'를 원칙으로, 수확량의 10분의 1을 세금으로 내도록 법제화하였고, 빈민 구제 기관인 흑창을 설치하였다.

오답피하기
① 고려 성종 때 12목에 지방관을 파견하였으며, 향리 제도를 마련하여 지방 세력을 견제하였다.
③ 광종은 쌍기의 건의를 받아들여 과거제를 실시하였다.
④ 경종 때 처음 전시과 제도를 마련하였다.
⑤ 공민왕은 신돈을 등용하고 전민변정도감을 설치하여 권문세족의 경제적 기반을 약화시키고 국가 재정을 확대하였다.

[정답 : ②]

참고 | 태조 왕건의 정책

호족 통합 정책	• 호족 통제 정책 : 사심관 제도, 기인 제도 • 호족 회유 정책 : 결혼 정책, 사성 정책, 공신에게 역분전 지급
북진 정책	• 서경을 북진 정책의 전초 기지로 삼아 반거란 정책(만부교 사건이 대표적) 표방 • 태조 말 여진족을 정벌하고 청천강부터 영흥만까지 영토 확보

keyword
태조 왕건, 장화 왕후, 5도 양계, 기인 제도, 사심관 제도, 과거 제도, 2성 6부제, 전시과 제도, 흑창, 12목, 북진 정책, 쌍기

고급 26회 12번 사실 알기

3. 밑줄 그은 '왕'의 재위 기간에 있었던 사실로 옳은 것은? [2점]

- 왕 9년 처음 과거를 시행하였다. 한림학사 쌍기에게 명하여 진사를 뽑았다.
- 왕 11년 백관의 공복을 정하였다. 원윤 이상은 자색 옷, 중단경 이상은 붉은색 옷, 도항경 이상은 비색 옷, 소주부 이상은 녹색 옷으로 하였다.
 — 『고려사』 —

① 5도 양계의 지방 제도를 확립하였다.
② 별무반을 보내어 동북 9성을 개척하였다.
③ 흑창을 처음 설치하여 민생을 안정시켰다.
④ 광덕, 준풍 등의 독자적인 연호를 사용하였다.
⑤ 2성 6부제를 토대로 중앙 통치 조직을 정비하였다.

해설
제시된 자료의 '과거', '쌍기', '백관의 공복 제정'을 통해 밑줄 그은 '왕'이 광종임을 알 수 있다. ④ 광종은 국왕의 권위를 높이기 위해 황제라 칭하고, '광덕', '준풍' 등 독자적인 연호를 사용하였다.

오답피하기
① 5도 양계의 지방 제도는 고려 현종 때 확립되었다.
② 별무반은 고려 숙종 때 윤관의 건의에 따라 편성된 특수 부대이다. 윤관은 별무반을 이끌고 여진을 북방으로 몰아내고 동북 9성을 축조하였다(1107).
③ 고려 태조 때 빈민 구제 기관인 흑창을 설치하여 민생을 안정시켰다.
⑤ 고려 성종은 2성 6부제를 토대로 하여 중앙 통치 조직을 정비하였다.

[정답 : ④]

참고 광종의 왕권 강화 정책

목적	혜종·정종 시대 외척 간의 왕위 계승 다툼으로 인한 불안정한 왕권을 강화하기 위해
대표 정책	노비안검법 시행(956), 과거제 실시(958), 백관의 공복 제정(960), 황제 칭호 사용, 독자적 연호(광덕·준풍) 사용

고급 25회 12번 개념 이해

4. 다음 가상 일기에 나타난 시대의 과거 제도에 대한 설명으로 옳은 것을 <보기>에서 고른 것은? [2점]

○○○○년 ○○월 ○○일 맑음
국자감시에 합격한 지도 벌써 3년이 다 되었다. 예부시 제술업에 응시해야 하는데, 공부가 잘 되지 않아 걱정이다. 크게 기대하시는 부모님을 생각해서라도 더욱 열심히 해야겠다.

〈 보 기 〉
ㄱ. 하급 실무직을 뽑는 취재가 운영되었다.
ㄴ. 제술과, 명경과, 잡과, 승과로 구성되었다.
ㄷ. 지공거와 합격자 사이에 좌주와 문생 관계가 형성되었다.
ㄹ. 인재를 천거받아 대책(對策)으로 시험본 현량과가 실시되었다.

① ㄱ, ㄴ ② ㄱ, ㄷ ③ ㄴ, ㄷ
④ ㄴ, ㄹ ⑤ ㄷ, ㄹ

해설
제시된 자료의 '국자감시', '예부시 제술업'을 통해 고려 시대의 과거 제도에 대한 것임을 파악할 수 있다. 고려 시대의 과거 제도는 후주에서 귀화한 쌍기의 건으로 호족의 세력을 약화시키고, 왕권을 강화할 목적으로 시행되었다(958).

오답피하기
ㄱ. 하급 실무직을 뽑는 취재는 조선 시대에 시행되었다.
ㄹ. 조광조는 인재를 천거받아 대책(일종의 구술 시험)으로 선발하는 현량과의 실시를 주장하였다.

[정답 : ③]

참고 과거 제도

시험 과목	문과(문예 능력을 평가하는 제술업과 유교 경전 해석 능력을 평가하는 명경업으로 구분), 잡과(법률·회계·지리 등 실용 기술학을 시험하여 기술관 선발), 승과(교종과 선종으로 구분하여 승려 선발), 무과(공양왕 때 정식으로 채택, 고려 시대에는 없었던 것과 같음)
응시 자격	법제적으로 양인 이상은 과거에 응시할 수 있었으나 실제로 제술과와 명경과에는 귀족과 향리의 자제들이 응시, 백정 농민은 주로 잡과에 응시
좌주 문생제	과거에 합격한 사람은 시험관인 좌주와의 결속을 강화하여 그들의 도움으로 쉽게 관직에 진출할 수 있었음

---

keyword
광종, 과거 제도, 쌍기, 공복 제정, 5도 양계, 별무반, 동북 9성, 흑창, 광덕, 준풍, 제술과, 명경과, 잡과, 승과, 지공거, 좌주, 문생

5. 밑줄 그은 '왕'의 업적으로 옳은 것은? [2점]

> 왕이 말하기를, "짐이 정무를 새로이 하게 되어 혹시 잘못된 정치가 있을까 두렵다. 중앙의 5품 이상 관리들은 각자 상서를 올려 정치의 옳고 그름을 논하도록 하라."라고 하였다. 이에 최승로가 왕의 뜻을 받들어 시무 28조를 올렸다.

① 관학의 재정 기반을 마련하고자 양현고를 두었다.
② 빈민을 구제하기 위하여 흑창을 처음 설치하였다.
③ 쌍기의 건의를 받아들여 과거 제도를 실시하였다.
④ 전국의 주요 지역에 12목을 설치하고 지방관을 파견하였다.
⑤ 전민변정도감을 두어 권문세족의 경제 기반을 약화시키고자 하였다.

해설
제시된 자료의 밑줄 그은 '왕'은 고려 성종이다. 성종은 최승로의 시무 28조를 수용하여 유교 사상을 정치의 근본 이념으로 삼고 중앙 및 지방 제도를 정비하였다. ④ 성종은 전국의 주요 지역에 지방관을 파견하였으며, 향리 제도를 마련하여 지방 세력을 견제하였다.

오답피하기
① 고려 중기 최충의 문헌공도를 비롯한 사학 12도가 융성하고 국자감 등 관학 교육이 쇠퇴하자 관학 진흥책의 일환으로 장학 재단인 양현고가 설치되었다.
② 고려 태조 왕건은 민생을 안정시키기 위해 빈민 구제 기구인 흑창을 설치하였다.
③ 광종은 쌍기의 건의를 받아들여 과거 제도를 실시함으로써 신·구 세력 교체를 통한 호족 세력 약화와 왕권 강화를 실현하였다.
⑤ 공민왕은 전민변정도감을 설치하여 권문세족이 불법적으로 빼앗은 토지를 원래의 주인에게 돌려주고, 억울하게 노비가 된 자를 양인으로 해방시켜 주어 권문세족의 경제적 기반을 약화시키고 왕권을 강화하고자 하였다.

[정답 : ④]

참고 서경파와 개경파

중앙 통치 기구 정비	2성 6부제(당의 제도 수용, 태봉과 신라의 제도 참작), 송의 관제인 중추원 설치
지방 제도 정비	12목 설치, 지방관 파견(983), 향리 제도 개편
분사 제도 강화	서경을 부도로 중시
유교 교육의 진흥	국자감 정비(992), 12목에 경학박사와 의학박사 파견, 문신월과법 시행

6. 지도에 표시된 군사 활동에 대한 설명으로 옳은 것은? [2점]

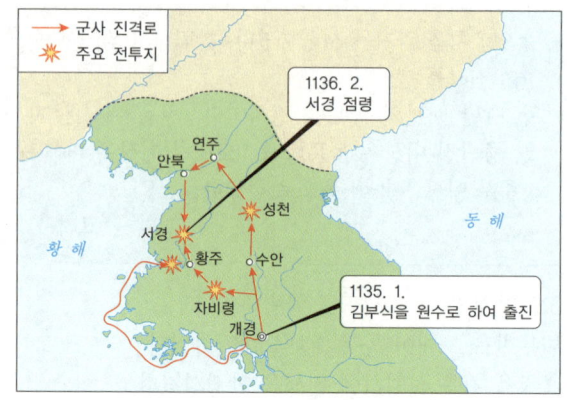

① 퇴각하는 수의 군대를 살수에서 크게 물리쳤다.
② 고구려 부흥 운동군을 후원하면서 당에 맞서 싸웠다.
③ 서경 천도와 금국 정벌을 주장한 세력을 토벌하였다.
④ 강동 6주 반환을 요구하며 침략한 거란을 격퇴하였다.
⑤ 개경까지 쳐들어와 약탈을 일삼던 홍건적을 축출하였다.

해설
제시된 지도의 '1135~1136', '서경 점령', '김부식'을 통해 묘청의 서경 천도 운동과 관련된 것임을 알 수 있다. ③ 개경 세력인 김부식은 서경 천도와 금국 정벌을 주장한 서경 세력을 진압하였다.

오답피하기
① 을지문덕 장군이 지휘한 고구려군은 퇴각하는 수의 군대를 살수에서 크게 물리쳤다(살수 대첩, 612).
② 신라는 고구려 부흥 운동을 후원하면서 당에 맞서 싸웠다.
④ 거란은 강동 6주의 반환을 요구하며 고려를 재침략하였다(거란의 2차·3차 침입).
⑤ 홍건적의 2차 침입 때 홍건적이 개경까지 쳐들어와 공민왕이 복주(안동)까지 피난하였으나 이방실, 최영, 이성계 등이 이를 격퇴하였다.

[정답 : ③]

참고 서경파와 개경파

구분	서경파	개경파
중심 인물	묘청	김부식
지역	서경	개경
사상	풍수지리설	유교 사상
대외 정책	북진 정책	사대 정책
주장	칭제 건원, 금국 정벌	금에 대한 사대 요구 수용
역사의식	고구려 계승 의식	신라 계승 의식

keyword
최승로, 시무 28조, 관학, 흑창, 쌍기, 과거 제도, 12목, 지방관 파견, 전민변정도감, 서경 천도, 금국 정벌, 김부식, 강동 6주, 거란, 홍건적

7. 다음 상소문을 올린 인물에 대한 설명으로 옳은 것은? [2점]

> 엎드려 보건대, 적신 이의민은 성품이 사납고 잔인하여 윗사람을 업신여기고 아랫사람을 능멸하였습니다. 임금 자리를 흔들고자 꾀하니 화의 불길이 커져 백성이 살 수 없으므로 신 등이 폐하의 위령(威靈)에 힘입어 일거에 소탕하였습니다. 원컨대 폐하께서는 옛 정치를 혁신하고 새로운 정치를 도모하시어 태조의 바른 법을 행하여 빛나게 중흥하소서. 삼가 열 가지 일을 조목으로 아룁니다.

① 이자겸과 함께 난을 일으켰다.
② 묘청의 서경 천도 운동을 진압하였다.
③ 성종에게 지방관의 파견을 건의하였다.
④ 외교 담판으로 강동 6주를 획득하였다.
⑤ 교정도감을 설치하여 권력을 행사하였다.

8. (가) 기구에 대한 설명으로 옳은 것은? [2점]

이보게, 최우의 권력 남용이 갈수록 심해지고 있네.

그러게 말이야. 최우 집에 설치한 (가) 에서 인사 행정을 마음대로 처리하고 있으니, 참으로 큰일이네.

① 도당으로 불리기도 하였다.
② 서경, 간쟁, 봉박을 담당하였다.
③ 충렬왕 때 첨의부로 격하되었다.
④ 공민왕의 정치 개혁 과정에서 폐지되었다.
⑤ 중서문하성의 낭사와 어사대의 관원들로 구성되었다.

해설 (7)
경대승이 죽은 후에 이의민이 정권을 잡았으나 최충헌이 이의민을 제거하고 정권을 잡아 4대 60여년 간의 최씨 무신 정권이 전개되었다. 제시된 자료에서는 이의민에 대한 비판과 그를 소탕하였다는 내용이 언급되어 있다. 따라서 이 상소문은 봉사 10조의 일부이며, 이 상소문을 올린 인물은 최충헌임을 알 수 있다. ⑤ 최충헌은 이의민을 제거한 후 최고 권력 기구로 교정도감을 설치하고 국정을 장악하였으며, 사병 집단으로 도방을 부활시켰다.

오답피하기
① 이자겸과 함께 난을 일으킨 사람은 척준경이다.
② 김부식의 개경 세력은 묘청의 서경 천도 운동을 진압하였다.
③ 최승로는 성종에게 시무 28조를 올려 지방관의 파견을 건의하였다.
④ 거란의 1차 침입 시기 서희의 외교 담판으로 강동 6주를 획득하였다.

[정답 : ⑤]

해설 (8)
제시된 자료의 (가)는 정방이다. 최충헌의 뒤를 이은 최우는 교정도감과 도방의 기능을 강화하고, 자신의 집에 정방을 설치하여 인사권을 장악하였으며, 서방을 통해 문신들을 등용하여 정치적 자문을 받았다. ④ 정방은 공민왕의 정치 개혁 과정에서 폐지되었다.

오답피하기
① 원 간섭기 이후 최고의 정무 기관인 도평의사사는 도당으로 불리기도 하였다.
② 고려 시대의 관리 감찰 기구인 어사대의 관원은 중서문하성의 낭사와 함께 대간으로 불렸는데, 대간은 서경, 간쟁, 봉박을 담당하였다.
③ 충렬왕 때 중서문하성과 상서성이 통합되어 첨의부로 개편되었다.
⑤ 대간은 중서문하성의 낭사와 어사대의 관원으로 구성되었다.

[정답 : ④]

Keyword
최충헌, 봉사 10조, 이의민, 교정도감, 이자겸, 묘청, 최우, 정방, 도방, 첨의부, 공민왕, 중서문하성, 대간

고급 28회 12번 개념 이해

9. (가)~(마)에 들어갈 내용으로 옳은 것은? [2점]

⟨무신 집권기 주요 기구⟩

명칭	성격
중방	(가)
도방	(나)
교정도감	(다)
정방	(라)
서방	(마)

① (가) – 국정 자문을 위한 문신들의 숙위(宿衛) 기구
② (나) – 최우의 집에 설치된 인사 행정 담당 기구
③ (다) – 최씨 무신 정권에서 국정을 총괄한 최고 권력 기구
④ (라) – 치안 유지 및 전투의 임무를 수행한 군사 기구
⑤ (마) – 재신과 추신으로 구성되어 법제와 격식을 논의한 회의 기구

해설
제시된 자료의 (가) 중방은 상장군과 대장군이 중심이 된 무신 최고의 합좌 기구이다. 무신 정변(1170) 이후 정중부 등 무신들은 중방을 기반으로 정권을 장악하였다. (나) 도방은 경대승 시기에 설치된 사병 집단으로, 최충헌 시기에 부활되었다. (다) 교정도감은 최씨 무신 정권에서 국정을 총괄한 최고 권력 기구로, 우두머리인 교정별감은 최고의 권력을 행사하였다. (라) 정방은 최우가 자신의 집에 설치한 인사 행정 기구이다. (마) 서방은 무신 정권 시기 국정 자문을 위한 문신들의 숙위 기구이다.

오답피하기
① 서방, ② 정방, ④ 삼별초, ⑤ 식목도감에 대한 설명이다.
[정답 : ③]

참고 무신 집권기의 권력 기구

정중부	경대승	이의민	최충헌	최우(이)	최항 최의	김(인)준	임연·임유무
중방	도방	중방	교정도감·도방	정방·서방			
성립기			최씨 정권(4대 63년)			몰락기(반몽 정책 고수)	

고급 22회 11번 사실 알기

10. 다음 자료에 나타난 봉기의 공통점으로 옳은 것은? [2점]

○ 명학소의 백성 망이·망소이 등이 무리를 모아 공주를 공격하여 함락하였다. 조정에서 채원부와 박강수 등을 보내어 타일렀으나 적(賊)이 따르지 않았다.

○ 남방에 도적이 봉기하였는데, 그중에 세력이 큰 자인 김사미는 운문에 웅거하고 효심은 초전에 웅거하여 떠돌아다니는 자들을 불러 모아 주현(州縣)을 공격하였다.

① 신라 부흥을 내세웠다.
② 무신 집권기에 발생하였다.
③ 몽골의 침입에 항거하여 일어났다.
④ 원 간섭기 권문세족의 수탈에 저항하였다.
⑤ 임술 농민 봉기로 확산되는 계기가 되었다.

해설
제시된 자료는 무신 정권 시기에 발생한 대표적인 하층민 봉기인 망이·망소이의 난(1176)과 김사미·효심의 난(1193)에 해당한다. 무신 정변 이후의 정치 혼란, 무신들의 횡포, 신분제의 동요를 배경으로 하층민의 봉기가 빈발하였다.

오답피하기
① 신라 부흥 운동을 내세운 것은 김사미·효심의 난에만 해당된다.
③ 몽골 침입에 항거하여 일어난 투쟁은 처인 부곡과 다인 철소의 항쟁이 대표적이다.
④ 망이·망소이의 난과 김사미·효심의 난은 원 간섭 시기와 관련이 없다.
⑤ 임술 농민 봉기(1862)는 세도 정치의 폐단(삼정의 문란)으로 인해 일어났다.
[정답 : ②]

참고 무신 정권 시기 하층민의 봉기

망이·망소이의 난	특수 행정 구역인 공주 명학소에서 봉기하여 한때 충청도 일대 점령 → 충순현 승격
전주 관노비의 봉기	관노비와 군인 합세
김사미·효심의 난	경상도의 운문과 청도에서 각각 봉기하여 합세 → 경주·강릉 지역의 봉기 세력과 연합
만적의 난	최충헌의 사노비 만적이 주도 → 신분 해방 운동의 성격
삼국 부흥 운동	고구려의 최광수, 백제의 이언년 형제, 신라의 이비·발좌가 부흥 주장

---

keyword
무신 집권기, 중방, 도방, 교정도감, 정방, 서방, 거란의 침입, 망이·망소이의 난, 김사미·효심의 난, 무신 집권기, 몽골 침입, 원 간섭기

11. (가)의 침입에 대한 고려의 대응으로 옳은 것은? [3점]

> ☐(가)☐의 군사들이 곽주로 침입하였다. …… 성이 결국 함락되었다. 적은 군사 6천 명을 남겨 지키게 하였다. 양규가 흥화진으로부터 군사 7백여 명을 이끌고 통주까지 와 군사 1천여 명을 수습하였다. 밤중에 곽주로 들어가서 지키고 있던 적들을 급습하여 모조리 죽인 후 성안에 있던 남녀 7천여 명을 통주로 옮겼다.
> - 『고려사』 -

① 별무반을 편성하고 동북 9성을 축조하였다.
② 김윤후의 활약으로 처인성에서 승리하였다.
③ 화포를 이용하여 진포에서 대승을 거두었다.
④ 초조대장경을 만들어 적을 물리치기를 기원하였다.
⑤ 쌍성총관부를 공격하여 철령 이북의 땅을 수복하였다.

해설
제시된 자료의 '양규', '흥화진'을 통해 거란의 2차 침입에 대한 것임을 알 수 있다. ④ 초조대장경은 고려 현종 때 부처의 힘을 빌어 거란의 침략을 막고자 제작되었다. 대구 부인사에 보관되던 초조대장경은 몽골 침입 시기에 소실되었으나 그 중 일부가 현재 일본에 남아 있다.

오답피하기
① 고려는 윤관의 건의를 받아들여 별무반을 편성하여 여진족을 정벌하고 동북 9성을 축조하였다(1107).
② 승려 김윤후는 몽골의 2차 침입 시기에 처인성에서 적장 살리타를 사살하고 몽골군을 격퇴하였다.
③ 최무선은 화통도감을 설치하고 화포를 제작하여 진포에 침입한 왜구를 물리쳤다.
⑤ 공민왕은 14세기 원·명 교체기를 이용하여 반원 자주 정책을 추진하였다.

[정답 : ④]

참고 거란의 침입과 격퇴

제1차 침입 (993)	소손녕 침입 → 서희의 외교 담판 → 강동 6주 획득(압록강까지 영토 확대)
제2차 침입 (1010)	강조의 정변을 문제 삼아 요 성종 침입 → 양규의 활약, 현종이 직접 입조를 약속하여 거란군 회군
제3차 침입 (1018)	소배압 침입 → 강감찬의 귀주 대첩 승리

12. (가)에 대한 설명으로 옳은 것을 〈보기〉에서 고른 것은? [2점]

> ○○ 신문
> 제○○호　　　　　　○○○○년 ○○월 ○○일
> **고려 성터의 발굴**
> 몽골의 침략에 대항하여 봉기한 ☐(가)☐이/가 강화도를 떠나 새로운 근거지로 삼았던 성터의 실체가 드러났다. 이번 발굴 조사를 통해 고려 시대 성문의 형식 및 축조 과정과 연대, 그리고 시설물들이 확인되었다. 특히 대근(大近), 해(海) 등이 새겨진 명문 기와는 신안 압해도 건물지에서 출토된 것과 동일하여 세간의 주목을 끈다. 이를 통해 압해도 주민들이 동원됐을 뿐만 아니라 김통정의 지휘 하에 이 성에 주둔한 ☐(가)☐에 의해 축성됐다는 사실이 입증되었다.

〈보 기〉
ㄱ. 여·몽 연합군에 의해 진압되었다.
ㄴ. 승려 출신으로 구성된 항마군이 있었다.
ㄷ. 진도와 제주도로 근거지를 옮기면서 항쟁하였다.
ㄹ. 경대승이 신변 보호를 위해 처음으로 만든 사병 조직이다.

① ㄱ, ㄴ　② ㄱ, ㄷ　③ ㄴ, ㄷ
④ ㄴ, ㄹ　⑤ ㄷ, ㄹ

해설
제시된 자료의 (가)는 삼별초이다. 삼별초는 최씨 무신 정권의 군사적 기반으로, 원래 최우가 도둑을 잡기 위해 만든 야별초에서 기원하였다. 삼별초는 몽골의 침략에 대항하여 강화도에서 거병하여 근거지를 진도와 제주도로 옮기며 항전하였으나, 여·몽 연합군에 의해 진압되었다.

오답피하기
ㄴ. 여진 정벌을 위해 설치된 별무반은 신기군·신보군·항마군으로 조직되었다.
ㄹ. 경대승이 신변 보호를 위해 처음으로 만든 사병 부대는 도방이다. 최충헌 집권 시기에 부활시켜 신변 경호를 담당하도록 하였다.

[정답 : ②]

---

keyword
양규, 별무반, 동북 9성, 김윤후, 진포 대첩, 초조대장경, 쌍성총관부, 삼별초, 여·몽 연합군, 항마군, 진도, 제주도, 김통정, 개경 환도

13. 밑줄 그은 '왕'의 업적으로 옳은 것은? [3점]

> 왕이 이색을 판개성부사 겸 성균대사성으로 삼고 생원의 정원을 늘렸다. 경술(經術)을 공부한 선비인 김구용·정몽주·박상충·박의중·이숭인을 발탁하여 모두 자신들의 관직에 있으면서 교관을 겸하도록 하였다.
> — 『고려사』 —

① 사림원을 설치하여 개혁을 실시하였다.
② 과전법을 공포하여 전제를 개혁하였다.
③ 대장도감을 설치하여 재조대장경을 제작하였다.
④ 정계와 계백료서를 지어 관리의 규범을 제시하였다.
⑤ 친원 세력을 숙청하고 정동행성 이문소를 폐지하였다.

14. 다음 사실이 있었던 시기를 연표에서 옳게 고른 것은? [2점]

> 왜구가 배 500척을 이끌고 진포 입구에 들어와서는 큰 밧줄로 배를 서로 잡아매고 병사를 나누어 지키다가, 해안에 상륙하여 여러 고을로 흩어져 들어가 불을 지르고 노략질을 자행하였다. …… 나세, 심덕부, 최무선 등이 진포에 이르러, 최무선이 만든 화포를 처음으로 사용하여 그 배들을 불태우자 연기와 화염이 하늘을 가렸다.

1270	1351	1392	1510	1592	1627
(가)	(나)	(다)	(라)	(마)	
개경 환도	공민왕 즉위	조선 건국	삼포 왜란	임진 왜란	정묘 호란

① (가) ② (나) ③ (다)
④ (라) ⑤ (마)

해설
제시된 자료의 밑줄 그은 '왕'은 공민왕이다. ⑤ 공민왕은 14세기 중엽 원·명 교체기를 이용하여 반원 자주 정책을 추진하여 기철 등 친원 세력을 숙청하고, 정동행성 이문소를 폐지하였다.

오답피하기
① 충선왕은 사림원을 설치하여 개혁을 실시하였다.
② 혁명파 신진 사대부들이 공양왕 때 과전법을 공포하고 전제를 개혁하였다.
③ 최우는 대장도감을 설치하여 재조대장경(팔만대장경)을 제작하였다.
④ 고려 태조는 "정계"와 "계백료서"를 지어 관리의 규범을 제시하였다.

[정답 : ⑤]

참고 | 공민왕의 개혁 정치

반원 자주 정책	왕권 강화 정책
기철 등 친원 세력 숙청, 정동행성 이문소 폐지, 요동 지방 공략, 쌍성총관부 공격, 철령 이북 지역 회복, 몽골풍 금지	정방 폐지, 전민변정도감 설치(신돈 등용), 유학 교육 강화(성균관), 과거제 정비

해설
제시된 자료의 '진포', '최무선', '화포' 등을 통해 고려 말 우왕 때 왜구를 격퇴한 최무선의 진포 대첩(1380)임을 알 수 있다. 따라서 공민왕 즉위 이후부터 조선 건국 이전까지인 (나)에 해당한다.

[정답 : ②]

참고 | 최무선과 화통도감

최무선의 건의로 화약 및 화기(火器)의 제조를 담당하는 화통도감이 우왕 때 설치되었다(1377). 최무선은 원 출신의 이원에게서 화약 제조 비법을 배웠다. "고려사"에 따르면 최무선은 이원과 같은 동네에 살아 친하게 지내며 은근히 화약 만드는 기술을 물어보고, 자기 집 하인 몇 명을 시켜 화약 제조법을 완전히 익혔다고 한다. 이후 최무선은 고려 정부에 화통도감 설치를 건의하였다. 화통도감을 맡은 최무선은 곧장 화포 제작에 착수하였다. 우왕 8년(1380) 가을에 왜선 3백여 척이 전라도 진포에 침입하였을 때, 조정에서는 최무선의 화약을 시험해 보고자 하여 그를 부원수에 임명하였다. 최무선은 도원수 심덕부, 상원수 나세와 함께 화포를 배에 싣고 왜구가 들끓고 있는 진포로 갔다. 고려군에게 화약이 있는지 모르고 있던 왜구들이 배를 한곳에 집결시키자 최무선은 그곳을 향해 화포를 발사하여 배를 모두 불태워 버렸다.

keyword
공민왕, 정동행성 이문소 폐지, 기철, 쌍성총관부 공격, 신돈, 전민변정도감, 신흥 무인 세력, 왜구, 최무선, 진포 대첩, 나세, 심덕부, 화포

고급 27회 10번 | 상황 인식

15. 다음 자료의 토지 제도에 대한 설명으로 옳은 것은?

[2점]

> 문종 30년, 양반 전시과를 다시 고쳤다. 제1과는 중서령, 상서령, 문하시중으로 전지 100결과 시지 50결을 주며, 제2과는 문하시랑, 중서시랑으로 전지 90결과 시지 45결을 주고, …… 제18과는 한인(閑人), 잡류(雜類)로 전지 17결을 주었다.
> — 『고려사』 —

① 지급 대상 토지를 원칙적으로 경기 지역에 한정하였다.
② 관리가 사망하면 유가족에게 수신전과 휼양전을 지급하였다.
③ 개국 공신에게 인품, 행실, 공로를 기준으로 토지를 분급하였다.
④ 전란으로 국가 재정이 악화되자 관리의 녹봉을 대신하여 지급하였다.
⑤ 현직 관리에게 전답과 임야를 분급하여 수취의 권리를 행사하게 하였다.

해설
제시된 자료는 문종 때 관료들에게 지급할 토지 부족 문제를 해결하기 위해 전시과 제도를 다시 고친 경정 전시과에 대한 것이다. 경정 전시과는 현직 관리에게만 수조권을 지급하였다.

오답피하기
① 과전법은 지급 대상 토지를 원칙적으로 경기 지역에 한정하였으나, 전시과 제도는 전국을 대상으로 운영되었다.
② 과전법은 관리가 사망하면 유가족에게 생계를 유지할 수 있도록 수신전과 휼양전을 지급하였다.
③ 고려 태조는 개국 공신에게 인품 · 행실 · 공로를 기준으로 토지를 지급하였는데, 이를 역분전이라고 하였다.
④ 무신 정권이 몰락한 이후 원종은 관리의 녹봉을 대신하기 위해 경기 8현에 한해 녹과전을 지급하였다.

[정답 : ⑤]

참고 | 전시과 제도

역분전(태조)	인품 · 행실 · 공로에 따라 지급
시정 전시과(경종)	관직의 고하와 인품 반영
개정 전시과(목종)	전 · 현직 관리에게 품계에 따라 차등 지급
경정 전시과(문종)	현직 관리에게만 지급

고급 28회 19번 | 사실 알기

16. (가) 화폐에 대한 설명으로 옳은 것은?

[1점]

> 조서를 내려 이르기를, "금과 은은 국가의 보물인데, 근래에 간악한 백성들이 구리를 섞어 몰래 주조하고 있다. 지금부터 ㅁㅁㅁ(가)ㅁㅁㅁ에 모두 표식을 새겨 이로써 영구한 법식으로 삼도록 하라. 어기는 자는 엄중히 논죄하겠다."라고 하였다. 이것은 은 1근으로 만들어졌는데, 모양은 우리나라의 지형을 본뜨도록 하였다.

① 청과의 교역에 사용되었다.
② 조선 시대에 전국적으로 유통되었다.
③ 우리나라에서 최초로 발행된 화폐였다.
④ 입구가 넓어 활구라고 불리기도 하였다.
⑤ 경복궁 중건의 재원을 마련하고자 발행되었다.

해설
제시된 자료의 (가) 화폐는 고려 숙종 때 발행한 활구이다. 고려 시대에는 고대 국가보다 상업 활동이 활발해지면서 화폐가 발행되었다. 성종 시기에는 우리나라 최초의 철전인 건원중보가 주조되었다(996). 이후 대각국사 의천이 송에서 귀국한 뒤 화폐 주조의 필요성을 건의하였고, 숙종은 이를 받아들여 주전도감을 설치하고 삼한통보, 해동통보, 해동중보 등의 동전과 은 한 근으로 우리나라의 지형을 본뜬 은병(활구)을 주조하여 통용시켰다. 그러나 이러한 화폐들은 정부의 노력에도 불구하고 자급자족적 농업 경제로 인해 널리 유통되지 못하였다.

오답피하기
① 조선 후기 청과의 교역에 은이 결제 수단으로 사용되었다.
② 상평통보는 조선 인조 때 처음 주조되었으며, 숙종 때 전국으로 유통되었다.
③ 고려 성종 때 주조된 건원중보는 우리나라 최초로 발행된 화폐이다.
⑤ 흥선 대원군은 경복궁 중건을 위해 고액 화폐인 당백전을 발행하였다(1866).

[정답 : ④]

---

keyword
역분전, 시정 전시과, 개정 전시과, 경정 전시과, 전지, 시지, 과전, 녹봉, 녹과전, 과전법, 활구, 주전도감, 건원중보, 삼한통보, 해동통보, 해동중보

17. 지도의 (가)~(다) 국가와 고려의 교역으로 옳은 것은? [2점]

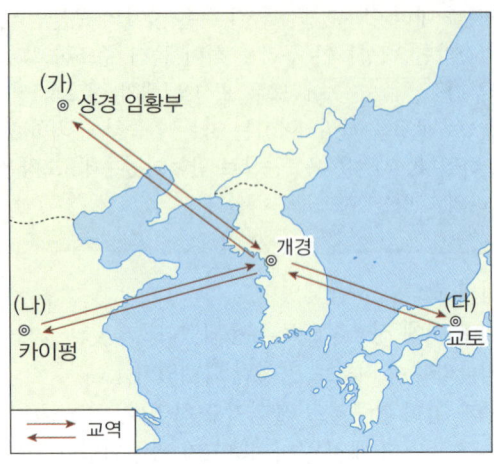

① (가)와 경원 개시를 통해 교역하였다.
② (가)에서 수입한 주요 물품은 수은, 황 등이었다.
③ (나)와의 무역에서 만상이 활동하였다.
④ (나)에 수출한 주요 물품은 금, 은, 인삼 등이었다.
⑤ (다)의 요청으로 3포를 개항하였다.

18. 다음 글을 쓴 인물의 활동으로 옳은 것은? [3점]

성상께서 이르시기를 "삼국에 관한 옛 기록은 문체가 거칠고 졸렬하며 사건의 기록이 빠진 것이 많으므로, 군왕의 선악과 신하들의 충성스러움과 사특함, 국가의 안위와 백성의 다스려짐과 어지러움을 다 드러내어 후세에 권장하거나 경계할 바를 보이지 못하고 있다." 하셨습니다. …… 신은 정신과 힘을 다 쏟아부어 겨우 책을 만들었사오나, 별로 보잘것없어 스스로 부끄러울 따름이옵니다.
— 「진삼국사기표」 —

① 문헌공도를 만들어 사학을 진흥시켰다.
② 만권당에서 원의 유학자들과 교류하였다.
③ 서경에서 묘청이 일으킨 난을 진압하였다.
④ 교정도감을 통하여 정치권력을 행사하였다.
⑤ 불교 사상을 바탕으로 우리 역사를 정리하였다.

해설
제시된 지도의 (가)는 거란, (나)는 송, (다)는 일본이다. 고려는 광종 때 송과 처음 수교한 이후 공무역과 사무역이 활발히 이루어졌다. ④ 고려가 송에 수출하였던 물품으로는 나전 칠기·화문석·금·은·인삼 등이 있으며, 특히 종이와 먹은 송의 문인들이 귀하게 여겨 고가에 수출되었다.

오답피하기
① 조선과 중국의 공무역은 경원 개시를 통해 이루어졌다.
② 거란은 말·모피 등을 수입하였으며, 일본은 수은·유황 등을 수입하였다.
③ 조선 후기 의주를 거점으로 활동하던 상인을 만상이라 하였다.
⑤ 조선 세종 때 일본의 요구로 3포를 개항하였다.

[정답 : ④]

참고 고려 전기 국제 무역

	수입	수출
송	서적, 비단, 약재 등 왕실과 귀족의 수요품	종이, 먹, 인삼, 나전 칠기 등
거란·여진	은, 모피, 말, 무기 등	농기구, 곡식 등
일본	황, 수은 등	인삼, 서적 등
아라비아	각종 사치품, 생활용품 등	인삼, 모시, 말 등

해설
제시된 '진삼국사기표("삼국사기"를 임금에게 올리는 글)'를 쓴 인물은 김부식이다. 김부식은 고려 중기 인종의 명을 받고 유교적 역사관에 입각하여 기전체 형식의 "삼국사기"를 편찬하였다. ③ 김부식은 문벌 귀족 세력(개경파)의 대표적인 인물로, 서경에서 묘청이 일으킨 난을 진압하였다.

오답피하기
① 고려 중기에 최충은 9재 학당을 세우고 유학 교육에 힘썼다. 최충의 제자들은 문헌공도라고 불리며 사학을 진흥시켰다.
② 충선왕은 상왕으로 물러난 이후 원의 수도에 학술 연구 기관인 만권당을 설치하고 고려의 유학자들과 원의 유학자들이 교류하도록 하였다.
④ 이의민을 제거한 최충헌은 교정도감을 설치하여 정치권력을 장악하고, 자신의 신변 보호를 위해 경대승 시기의 사병 집단인 도방을 부활시켰다.
⑤ 고려 후기의 승려 일연은 불교 사상을 바탕으로 우리 역사를 정리한 "삼국유사"를 편찬하였다.

[정답 : ③]

keyword
고려, 교역, 공무역, 사무역, 벽란도, 나전 칠기, 화문석, 인삼, 수은, 유황, 삼국사기, 김부식, 묘청, 서경 천도 운동, 문헌공도, 최충, 만권당, 삼국유사, 일연

고급 26회 17번 사실 추론

19. 다음 역사서에 대한 설명으로 옳은 것은? [2점]

> 임금이 장차 일어날 때는 부명(符命)을 받고 도록(圖籙)을 얻어 반드시 보통 사람과는 다른 점이 있으니, 그런 뒤에야 큰 변화를 타서 기회를 잡아 대업을 이루었다. …… 삼국의 시조들이 모두 신이(神異)한 일로 탄생했음이 어찌 괴이하겠는가. 이것이 기이(紀異)편을 책 첫머리에 실은 까닭이며, 그 뜻도 여기에 있다.

① 왕명을 받아 연대순으로 편찬하였다.
② 불교 중심의 고대 민간 설화를 수록하였다.
③ 현존하는 우리나라 최고(最古)의 역사서이다.
④ 고조선부터 고려 말까지의 역사를 정리하였다.
⑤ 고구려 건국 영웅을 서사시 형태로 서술하였다.

해설
제시된 자료의 '신이', '기이'라는 표현을 통해 원 간섭기에 일연이 저술한 "삼국유사"임을 알 수 있다. ② "삼국유사"는 설화를 중심으로 편집한 기사 본말체의 야사집으로, 문벌 귀족이 가졌던 유교적 합리주의 사관에서 탈피하여 한국 고대사를 자주적 사관에서 서술하였다. 따라서 "삼국사기"에는 없는 각종 신화 및 설화, 토속 신앙과 불교 사상사 등 고기(古記) 등이 원형대로 수록되어 있다.

오답피하기
① 고려 시대 7대 실록은 왕명을 받아 연대순으로 편찬하였는데, 현재 전하지 않는다.
③ 김부식이 저술한 "삼국사기"는 우리나라 최고의 역사서이다.
④ 조선 성종 때 서거정 등이 편찬한 "동국통감"은 고조선부터 고려 말까지의 역사를 정리하였다.
⑤ 이규보가 저술한 "동명왕편"은 고구려 건국 시조인 동명성왕(주몽)을 서사시 형태로 서술하였다.

[정답 : ②]

고급 29회 12번 핵심 내용 분석

20. 다음 글이 수록된 역사서에 대한 설명으로 옳은 것은? [3점]

> 중국은 반고로부터 금(金)까지이고, 우리나라는 단군으로부터 본조(本朝)까지이온데, …… 흥망성쇠의 같고 다름을 비교하여 매우 중요한 점을 간추려 운(韻)을 넣어 읊고 거기에 비평의 글을 덧붙였나이다.
>
> 요동에 따로 한 천지가 있으니
> 뚜렷이 중국과 구분되어 나누어져 있도다.
> …….
> 처음 누가 나라를 열고 풍운을 일으켰던가.
> 하느님[釋帝]의 손자 그 이름하여 단군이라.

① 조선 왕조의 역사를 백과사전식으로 기록하였다.
② 유교 사관에 입각하여 기전체 형식으로 서술되었다.
③ 사초, 시정기 등을 바탕으로 실록청에서 편찬하였다.
④ 불교사를 중심으로 고대의 민간 설화 등이 수록되었다.
⑤ 고조선부터 충렬왕 때까지의 역사를 서사시로 정리하였다.

해설
제시된 자료는 이승휴가 저술한 "제왕운기"이다. "제왕운기"는 요동 동쪽을 중국과 다른 세계로 인식하고, 우리 민족 문화의 독자성과 유구함을 강조하였는데, 이는 단군 기년이 사용된 점에서도 확인할 수 있다.

오답피하기
① 조선 후기 이긍익의 "연려실기술"은 기사본말체 형식의 역사서로, 조선 시대 정치사를 백과사전식으로 기록하였다.
② 김부식이 유교 사관에 입각하여 저술한 "삼국사기"는 기전체로 서술된 대표적인 역사서이다.
③ 실록은 사초, 시정기 등을 바탕으로 실록청에서 편찬하였다.
④ "삼국유사"는 불교사를 중심으로 고대의 민간 설화 등을 수록하였다.

[정답 : ⑤]

참고 | 이승휴의 "제왕운기"

개관	· 상권 : 중국 금(金)까지의 역사를 7언시로 서술 · 하권 : 고조선에서 충렬왕까지의 역사적 사실을 서사시 형태로 7언시, 5언시로 수록
의의	단군을 민족 시조로 삼고 고구려·부여·삼한·옥저·예맥 등과 이들이 통합한 삼국을 모두 단군의 후예로 봄. 발해를 우리 역사에 포함하여 서술
한계	'단군 조선-기자 조선-위만 조선'의 3조선설을 처음 사용(기자 조선 인정), 중국과의 전쟁에서 승리한 을지문덕·강감찬의 기록 삭제, 유교 사관에 입각하여 서술

---

keyword
삼국유사, 일연, 설화, 기사 본말체, 단군, 향가, 삼국사기, 동국통감, 동명왕편, 제왕운기, 이승휴, 기자 조선, 기전체

21. (가), (나) 인물에 대한 설명으로 옳은 것을 <보기>에서 고른 것은? [2점]

(가)	(나)

국청사를 중심으로 해동 천태종을 개창하였으며, 수행 방법으로 교관겸수를 제시하였다.	수선사 결사를 통해 불교계를 개혁하고자 하였으며, 수행 방법으로 정혜쌍수를 제시하였다.

〈보 기〉

ㄱ. (가) - 무애가를 지어 불교의 대중화에 힘썼다.
ㄴ. (가) - 불교 경전에 대한 주석서를 모아 교장(敎藏)을 편찬하였다.
ㄷ. (나) - 화엄일승법계도를 지어 화엄 사상을 정리하였다.
ㄹ. (나) - 돈오점수를 바탕으로 한 꾸준한 수행을 강조하였다.

① ㄱ, ㄴ　② ㄱ, ㄷ　③ ㄴ, ㄷ
④ ㄴ, ㄹ　⑤ ㄷ, ㄹ

해설

제시된 자료의 (가)는 의천이다. 의천은 국청사를 중심으로 해동 천태종을 개창하였다. 천태종은 교종(특히 화엄종)을 중심으로 선종을 통합한 종파이며, 원효의 화쟁 사상을 중시하였다. 천태종의 통합 이론으로는 '교학과 선을 함께 수행하되, 교학의 수련을 중심으로 선을 포용하라.'는 교관겸수가 강조되었다. 한편, 의천은 흥왕사에 교장도감을 설치하고, 불교 경전에 대한 주석서를 모아 교장(속장경)을 간행하였다. 제시된 자료의 (나)는 지눌이다. 지눌은 무신 정권 시기 수선사 결사를 통해 불교계를 개혁하고자 하였으며, 선종을 중심으로 교종을 융합하는 새로운 불교 이론을 정립하여 조계종을 개창하였다. 수행 방법으로 정혜쌍수와 돈오점수를 제시하였다.

오답피하기

ㄱ. 원효는 '무애가'를 지어 부처의 가르침을 알기 쉽게 민중에게 설파하였다.
ㄷ. 의상은 화엄종을 개창하여 왕권 전제화에 기여하였다. 또한 의상은 '화엄일승법계도'를 지어 모든 것이 서로 연관되어 조화를 이룬다는 화엄 사상을 정리하였으며, 현세에서 고난을 구제받고자 하는 관음 신앙을 전파하였다.

[정답 : ④]

22. 다음 자료에 해당하는 문화유산으로 옳은 것은? [2점]

이 건물은 국보 제18호로 경상북도 영주시에 있다. 지붕의 형태는 팔작 지붕이며, 처마를 받치기 위한 공포를 기둥 위에만 올린 주심포 양식이다. 기둥은 배흘림 기법으로 세워졌으며, 건물 내부에는 소조 여래 좌상이 있다.

①
수덕사 대웅전

②
불국사 대웅전

③
쌍계사 대웅전

④
봉정사 극락전

⑤
부석사 무량수전

해설

제시된 자료의 '국보 제18호', '경상북도 영주', '주심포 양식', '배흘림 기법', '소조 여래 좌상' 등을 통해 부석사에 대한 것임을 알 수 있다. ⑤ 경상북도 영주에 소재한 부석사는 의상(625~702)이 세운 사찰이다. 부석사에는 국보 제18호인 무량수전 외에도 조사당(국보 제19호), 소조 아미타여래 좌상(국보 제45호), 조사당 벽화(국보 제46호), 무량수전 앞 석등(국보 제17호) 등이 있다. 이 중 무량수전은 1376년 중수된 배흘림 기법의 주심포 양식 건물이다.

오답피하기

① 수덕사 대웅전(국보 제49호)은 1308년 설립된 고려 시대 주심포 양식 건물이다.
② 불국사 대웅전(보물 제1744호)은 1765년 중건되었으며, 대웅전 앞에는 석가탑과 다보탑이 세워져 있다.
③ 논산 쌍계사, 부안 개암사, 안성 석남사 등은 18세기 부농과 상인의 지원을 받아 세워진 사찰이다.
④ 봉정사 극락전(국보 제15호)은 현존하는 가장 오래된 목조 건축물로서 주심포 양식이 반영되어 있다.

[정답 : ⑤]

keyword
의천, 지눌, 화엄종, 천태종, 조계종, 결사 운동, 교관겸수, 정혜쌍수, 돈오점수, 부석사 무량수전, 수덕사 대웅전, 주심포 양식, 다포 양식

23. 밑줄 그은 '이 탑'으로 옳은 것은? [2점]

> 이 탑의 복원은 국내 문화재 보존·복원 사업의 새로운 전환점을 마련했다는 평가를 받고 있다. 이 탑의 복원 과정은 다음과 같다.
>
> | 연도 | 내용 |
> |---|---|
> | 1348년 | 경기 개성 부소산 사찰에 건립 |
> | 1907년 | 일본 궁내 대신이 해체하여 일본으로 밀반출 |
> | 1907~1908년 | 베델 등이 국내외 언론에 석탑 약탈 기사 보도 후 반환 운동 전개 |
> | 1918년 | 반환되어 경복궁 회랑에 보관 |
> | 1959년 | 경복궁 내 전통 공예관 앞에 복원 |
> | 2005년 | 국립 중앙 박물관으로 이전 후 실내 전시 |

①  ②  ③

④  ⑤

해설
제시된 자료의 '1348년 건립'을 통해 고려 시대 탑임을 알 수 있으며, '경복궁 내 전통 공예관 앞에 복원', '국립 중앙 박물관으로 이전 후 실내 전시' 등을 통해 이 탑이 경천사 10층 석탑임을 알 수 있다. ⑤ 원 라마 불교 양식의 영향을 받은 경천사 10층 석탑은 조선 세조 때 건립된 원각사 10층 석탑의 원형이 되었다.

오답피하기
① 백제의 부여 정림사지 5층 석탑이다.
② 통일 신라의 경주 불국사 다보탑이다.
③ 발해의 지린 성 창바이 현에 위치한 영광탑이다.
④ 고려의 월정사 8각 9층 석탑(송의 영향)이다.

[정답 : ⑤]

참고 | 고려 시대의 탑

특징	다각 다층탑 발달, 안정감이 부족하나 자연스러움
전기의 석탑	송의 영향 : 불일사 5층 석탑(개성), 현화사 7층 석탑(개풍), 무량사 5층 석탑(부여), 월정사 8각 9층 석탑(오대산)
후기의 석탑	원 라마 불교의 영향 : 경천사 10층 석탑

24. 밑줄 그은 '이 불상'으로 옳은 것은? [3점]

> 경상북도 영주에 있는 부석사는 의상이 창건한 사찰이다. 이 사찰의 무량수전에는 흙으로 빚은 대형 소조상이 있는데, 서방 극락 세계를 주관하는 부처를 항마촉지인의 자세로 구현하였다. 이 불상은 통일 신라의 불상 양식을 계승한 것으로 국보 제45호로 지정되었다.

①  ②  ③

④  ⑤

해설
제시된 자료의 '영주 부석사', '무량수전', '대형 소조상', '통일 신라의 불상 양식', '국보 제45호' 등을 통해 이 불상이 신라 조형 예술을 계승한 걸작으로 평가받는 부석사 무량수전의 소조 아미타여래 좌상임을 알 수 있다.

오답피하기
① 보물 제332호인 광주 춘궁리 철불이다.
③ 국보 제63호인 철원 도피안사 철조 비로자나불 좌상이다.
④ 국보 제83호인 삼산관을 쓴 금동 미륵보살 반가 사유상이다.
⑤ 국보 제78호인 탑 모양의 관을 쓴 금동 미륵보살 반가 사유상이다.

[정답 : ②]

참고 | 고려 시대의 불상

특징	석불·금동불이 주류, 9세기 말 부터 철불 제작, 신라 시대에 비해 예술성이 떨어짐, 인체 비례도 균형을 이루지 못함
대표 불상	논산 관촉사 석조 미륵보살 입상, 안동 이천동 석불, 부석사 소조 아미타여래 좌상, 광주 춘궁리 철불

keyword
경천사 10층 석탑, 월정사 8각 9층 석탑, 원각사지 10층 석탑, 부석사 소조 아미타여래 좌상, 금동 미륵보살 반가 사유상, 광주 춘궁리 철불

III 조선 유교 사회의 성립과 변화

1. (가) 인물에 대한 설명으로 옳은 것은? [1점]

도담 삼봉은 단양 팔경의 하나로, 조선 왕조 개창을 주도했던 (가) 의 호가 이곳에서 연유했다고 전해진다. 민본 사상을 강조했던 그는 재상 중심의 정치를 주장하였고, 불교의 폐단을 비판하기 위해 불씨잡변을 저술하였다.

도담 삼봉

① 북방에 6진을 개척하였다.
② 조선경국전을 저술하였다.
③ 금난전권의 혁파를 건의하였다.
④ 향약을 전국적으로 실시하고자 하였다.
⑤ 계유정난을 계기로 정계에서 축출되었다.

2. 밑줄 그은 '그'가 왕이 되어 실시한 정책으로 옳은 것은? [1점]

하륜 등이 청하기를, "정몽주의 난에 만일 그가 없었다면 큰 일을 이룰 수 없었을 것이고, 정도전의 난에 만일 그가 없었다면 또한 어찌 오늘이 있었겠습니까? …… 청하건대, 그를 세자(世子)로 삼으소서."라고 하였다. 임금이 말하기를, "경(卿)들의 말이 매우 옳다." 하고, 드디어 도승지에게 명하여 도당(都堂)에 전지(傳旨)하였다.

— 『정종실록』 —

① 사병을 혁파하였다.
② 칠정산을 간행하였다.
③ 홍문관을 설치하였다.
④ 집현전을 폐지하였다.
⑤ 경국대전을 반포하였다.

해설
제시된 자료의 (가)는 정도전이며, 삼봉은 정도전의 호이다. 정도전은 이색의 문인으로, 이성계를 도와 조선을 개국한 일등 공신이다. 정도전은 훌륭한 재상에게 정치의 실권을 부여하자고 주장하였으며, 불교를 배척하고 민본과 덕치에 기반한 유교 통치 체제를 만들고자 노력하였다. 정도전이 저술한 책으로는 "조선경국전"과 "불씨잡변"이 있다.

오답피하기
① 세종 때 김종서가 여진족을 몰아내고 두만강 유역에 6진을 개척하였다.
③ 정조 때 채제공이 금난전권의 철폐를 건의하였다. 정조는 이를 받아들여 육의전(비단, 명주, 무명, 모시, 종이, 어물)을 제외한 시전 상인의 금난전권을 폐지하는 신해통공을 발표하였다(1791).
④ 조광조는 전국에 향약을 실시하고자 하였으나 실패하였다.
⑤ 김종서와 황보인 등이 계유정난의 과정에서 제거되었다.

[정답 : ②]

해설
제시된 자료의 밑줄 그은 '그'는 태종(이방원)이다. 2차례의 왕자의 난을 거쳐 왕위에 오른 태종은 왕권을 강화하기 위해 사병을 혁파하고 군사권을 장악하였으며, 의정부의 권한을 축소하고 6조 직계제를 실시하였다.

오답피하기
② 칠정산은 조선 세종 때 중국의 수시력과 아라비아의 회회력을 참고하여 만든 역법서로, 서울을 기준으로 제작되었다.
③ 홍문관은 성종 때 설치된 경연 담당 기관으로, 사헌부, 사간원과 함께 언론 3사로 불렸다.
④ 세조는 집현전과 경연을 폐지해 언론 활동을 제한하고 왕권을 강화하였다.
⑤ "경국대전"은 세조 때 편찬을 시작하여 성종 때 완성되었다.

[정답 : ①]

참고 태종의 왕권 강화 정책

중앙 집권 정책	사병 폐지, 의정부 신설, 6조 직계제 채택, 사간원 독립
백성 통제	양전 사업, 호구 파악, 호패법 실시

keyword
삼봉, 정도전, 불씨잡변, 조선경국전, 재상 중심 정치, 태종, 사병 혁파, 의정부 신설, 6조 직계제, 호패법

고급 25회 19번 사실 알기

3. (가) 기관에 대한 설명으로 옳은 것은? [2점]

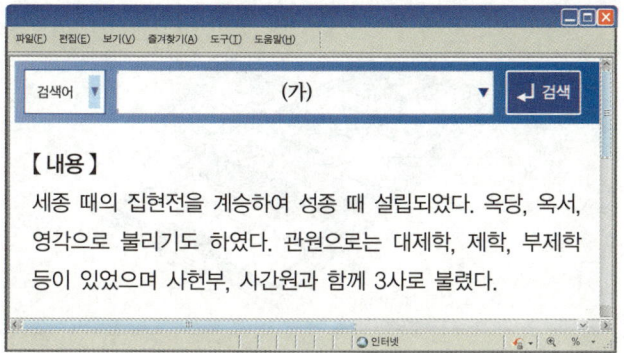

【내용】
세종 때의 집현전을 계승하여 성종 때 설립되었다. 옥당, 옥서, 영각으로 불리기도 하였다. 관원으로는 대제학, 제학, 부제학 등이 있었으며 사헌부, 사간원과 함께 3사로 불렸다.

① 외교와 과거 시험을 관장하였다.
② 역사서 편찬과 보관을 담당하였다.
③ 나라의 큰 죄인을 다루는 업무를 맡았다.
④ 왕의 비서 기관으로 왕명의 출납을 맡았다.
⑤ 경연을 주관하고 왕의 자문 역할을 하였다.

해설
제시된 자료의 (가)는 홍문관이다. 홍문관은 세종 때의 집현전을 계승하여 성종 때 설치되었다. ⑤ 홍문관은 사헌부, 사간원과 더불어 조선 시대 3사 가운데 하나로, 경연을 주관하고 왕의 정치적 자문 역할을 하였다.

오답피하기
① 6조 가운데 하나인 예조는 외교와 과거 시험을 주관하던 관청이다.
② 춘추관은 역사서 편찬과 보관을 담당하였다.
③ 의금부는 왕의 직속 기관으로 나라의 큰 죄인을 다루는 업무를 맡았다.
④ 승정원은 왕의 비서 기관으로 왕명의 출납을 담당하였다.

[정답 : ⑤]

참고 | 중앙 통치 기구

의정부	3정승(영의정·좌의정·우의정)이 국정 협의
6조	이·호·예·병·형·공조로 구성, 실질적인 행정 담당
3사	• 사헌부 : 관리 감찰 • 사간원 : 왕에 대한 간쟁 • 홍문관 : 경연 주관, 왕의 정치적 자문 담당
의금부	국왕 직속의 사법 기관
승정원	왕의 비서 기관, 왕명의 출납
기타	• 춘추관 : 역사 편찬 • 성균관 : 최고 교육 기관 • 한성부 : 서울의 행정, 치안 담당

고급 26회 23번 사실 알기

4. (가)에 대한 설명으로 옳은 것은? [2점]

도내(道內)의 ____(가)____ 에 대한 고과(考課)는 경국대전에 따라 매해 연말에 실시하며, 다음 칠사(七事)에 근거한다.

- 농상을 성하게 함(農桑盛)
- 호구를 늘림(戶口增)
- 학교를 일으킴(學校興)
- 군정을 닦음(軍政修)
- 부역을 고르게 함(賦役均)
- 소송을 간명하게 함(詞訟簡)
- 간사함과 교활함을 없앰(奸猾息)

① 감사, 도백으로도 불렸다.
② 대대로 직역을 세습하였다.
③ 유향소의 좌수로 향리를 규찰하였다.
④ 임기는 함경도와 평안도를 제외하고 360일이었다.
⑤ 국왕의 대리인으로 행정·사법·군사권을 행사하였다.

해설
제시된 자료는 조선 시대 지방관이 해야 할 7가지 업무인 '수령 7사'이다. 조선은 전국을 8도로 나누고 그 아래 부·목·군·현을 설치하여 전국에 수령을 파견하였다. 한편, 지방의 수령을 감시하고 백성의 생활을 살피기 위하여 전국 8도에 수시로 관찰사를 파견하고, 암행어사를 보내기도 하였다. 수령의 임기는 5년(1,800일)이고, 관찰사 임기는 함경도와 평안도를 제외하고는 1년(360일)이었다. ⑤ 수령은 국왕의 대리인으로서 지방의 행정·사법·군사권을 행사하였다.

오답피하기
① 조선 시대의 관찰사는 감사와 도백으로도 불렸다.
② 조선 시대의 향리는 대대로 직역을 세습하였다.
③ 사림을 기반으로 한 향촌 자치 지구인 유향소의 수장을 좌수, 차석을 별감이라고 호칭하였다.
④ 관찰사의 임기는 함경도와 평안도를 제외하고는 360일이었다.

[정답 : ⑤]

keyword
세종, 집현전, 성종, 홍문관, 옥당, 6조, 3사, 경연, 사헌부, 사간원, 수령 7사, 수령, 관찰사

Ⅲ. 조선 유교 사회의 성립과 변화

5. 지도를 통해 알 수 있는 제도에 대한 설명으로 옳은 것은?

[2점]

① 현물로 거둔 조세를 운반하기 위한 목적이었다.
② 공문서를 신속하게 전달하기 위하여 설치하였다.
③ 군사적으로 위급한 상황을 알리기 위해 마련되었다.
④ 마패를 소지한 공무 여행자에게 역마를 제공하였다.
⑤ 춘궁기에 곡식을 빌려주고 추수 후에 갚도록 하였다.

6. 다음 기관에 대한 설명으로 옳은 것은?

[3점]

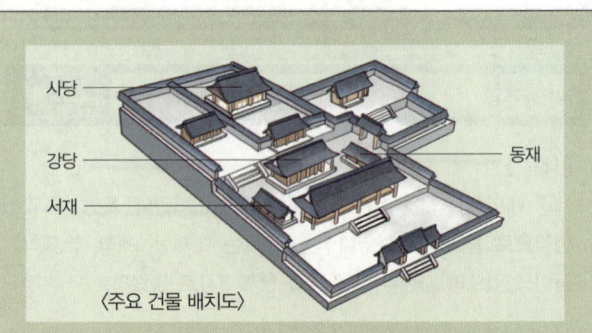

〈주요 건물 배치도〉

선현제향(先賢祭享)과 학문 연구를 위하여 설립된 조선 시대의 사설 교육 기관이다. 향촌 사림의 모임 장소로, 시정을 비판하고 공론을 형성하는 역할도 하였다.
주요 건물로는 선현의 위패를 봉안하고 제향하는 사당, 강연과 회의가 열리는 강당, 일종의 기숙사인 재(齋)가 있다.

① 좌수와 별감을 선발하여 운영되었다.
② 중앙에서 파견된 교수나 훈도가 지도하였다.
③ 국자학, 태학, 사문학으로 나누어 교육하였다.
④ 전국의 부·목·군·현에 하나씩 설립되었다.
⑤ 국왕으로부터 편액과 함께 서적 등을 받기도 하였다.

해설
제시된 지도는 조운 제도에 대한 것이다. 조운 제도란 현물로 거둔 각 지방의 조세를 배를 이용해 경창으로 운반하는 제도였다. 경창과 가까운 곳은 육로를 이용하기도 하였지만, 주로 해로나 수로를 이용해 조세를 운반하였다. 단, 잉류 지역(평안도와 함경도)의 조세는 군사비 충당과 사신 접대비 사용을 위해 경창으로 운송하지 않았다.

오답피하기
② 역원제는 공문서를 신속하게 전달하기 위해 마련한 제도이다.
③ 봉수제는 변방의 위급한 사태를 전달하기 위해 마련되었다.
④ 역원에서는 마패를 소지한 공무 여행자에게 역마를 제공하였다.
⑤ 고려·조선 시대의 환곡 제도는 춘궁기에 곡식을 빌려주고 추수 후에 갚도록 한 제도였다.

[정답 : ①]

해설
제시된 자료는 선현에 대한 제사와 학문 연구를 위해 세운 조선 시대 사설 교육 기관인 서원에 대한 것이다. ⑤ 우리나라 최초의 서원인 백운동 서원은 조선 중종 때 풍기 군수 주세붕이 안향에게 제사지내고, 성리학을 교육하기 위해 세웠다. 이후 풍기 군수로 부임한 이황의 건의에 따라 사액되어 소수 서원으로 개칭되었다. 서원은 사림이 여론 형성을 주도하던 곳이자 향촌 사회를 주도할 수 있었던 세력 기반이었다.

오답피하기
① 조선 시대 유향소는 좌수와 별감이라는 향임직을 두고 운영된 향촌 자치 기구였다.
② 지방의 국립 교육 기관인 향교에서는 중앙에서 파견된 교수나 훈도가 지도하였다.
③ 고려 시대의 최고 국립 교육 기관인 국자감에는 국자학, 태학, 사문학 등 유학부와 기술 학부가 있었다.
④ 향교는 전국의 부·목·군·현에 하나씩 설치된 교육 기관이다.

[정답 : ⑤]

keyword
조운 제도, 조창, 경창, 봉수제, 역원제, 서원, 사림, 향약, 백운동 서원, 사액 서원, 주세붕, 유향소, 향교, 국자감

고급 27회 17번 상황 인식

7. 다음 대화 이후에 전개된 사실로 옳은 것은? [2점]

① 왕자의 난이 일어나 정도전 등이 피살되었다.
② 성삼문 등이 상왕의 복위를 꾀하다 처형되었다.
③ 김종직의 조의제문이 빌미가 되어 사화가 일어났다.
④ 도학 정치를 주장한 조광조 등의 신진 사류가 제거되었다.
⑤ 폐비 윤씨 사사 사건의 전말이 알려져 관련자들이 화를 입었다.

해설
두 사람의 대화 내용 중 '위훈 삭제'를 통해 조광조의 개혁 정책과 관련되어 있음을 알 수 있다. 중종은 훈구 세력을 견제하고자 당시 명망이 높았던 조광조를 비롯한 사림을 중용하였다. 조광조는 사림의 여론을 앞세워 현량과 실시, 위훈 삭제, 소격서(도교 의식 주관) 폐지, "소학" 보급, 방납의 폐단 시정 등 급진적인 개혁을 추진하였다. 이에 훈구 세력이 반발하여 기묘사화가 일어나고, 조광조 등 사림 세력이 제거당하였다.

오답피하기
① 제1차 왕자의 난으로 정도전 등이 피살당하고 정종이 즉위하였다.
② 계유정난으로 수양 대군(세조)이 왕위에 오르자 성삼문 등이 단종의 복위를 꾀하다가 처형당하였다.
③ 무오사화는 김종직의 조의제문이 발단이 되어 일어났다.
⑤ 갑자사화는 연산군의 생모인 폐비 윤씨 사사 사건의 전말이 알려지면서 일어났다.

[정답 : ④]

고급 26회 24번 핵심 내용 분석

8. 지도에 표시된 지역을 개척한 국왕의 대외 정책으로 옳은 것은? [2점]

① 박위를 파견하여 대마도를 정벌하였다.
② 세견선에 관한 계해약조를 체결하였다.
③ 북벌 정책을 추진하기 위해 어영청을 확대하였다.
④ 박권을 보내 국경을 확정하는 백두산정계비를 세웠다.
⑤ 여진과의 무역을 위해 경원에 무역소를 처음 설치하였다.

해설
제시된 지도는 4군 6진에 대한 것이다. 4군은 최윤덕에 의해, 6진은 김종서에 의해 조선 세종 때 확보되었다. ② 세종은 왜구의 침략이 그치지 않자 피해를 줄이기 위해 조선 조정과 쓰시마 섬(대마도) 도주가 제한된 범위 내에서 교역을 허용하는 계해약조를 체결하였다(1443).

오답피하기
① 고려 창왕 때 박위를 쓰시마 섬(대마도)에 파견하여 왜구를 정벌하였다.
③ 효종은 북벌 정책을 추진하기 위해 어영청을 확대하였다.
④ 숙종은 조선과 청의 경계를 표시하기 위해 박권을 보내 백두산정계비를 세웠다(1712).
⑤ 태종 때 경원에 무역소를 처음 설치하고 여진과의 제한적 무역을 허용하였다.

[정답 : ②]

참고 조선과 일본의 관계

쓰시마 섬 토벌 (세종, 1419)	이종무가 쓰시마 섬 토벌
3포 개항(세종, 1426)	부산포, 염포(울산), 제포(진해) 개항
계해약조(세종, 1443)	제한된 조공 무역 허락(세견선 50척, 세사미 두 200석)
3포 왜란(중종, 1510)	3포 폐쇄, 비변사 설치(임시 군무 협의 기구)
을묘왜변(명종, 1555)	국교 단절, 비변사의 상설 기구화

keyword
중종, 조광조, 사림, 훈구, 위훈 삭제, 무오사화, 갑자사화, 기묘사화, 을사사화, 세종, 4군 6진 개척, 쓰시마 섬 정벌, 계해약조, 백두산정계비

Ⅲ. 조선 유교 사회의 성립과 변화

9. 다음 수취 제도에 대한 설명으로 옳은 것은? [2점]

> 각도 감사는 고을마다 연분(年分)을 살펴 정하되, ······ 총합하여 10분으로 비율을 삼아서, 전실(全實)을 상상년, 9분실(九分實)을 상중년, ······ 3분실(三分實)을 하중년, 2분실(二分實)을 하하년으로 한다. 수전과 한전을 각각 등급을 나누어서 모(某) 고을의 수전 모 등년(等年), 한전 모 등년으로 아뢰게 한다. 1분실(一分實)은 9등분에 포함되지 않으니 조세를 면제한다.

① 고려 말 조준 등의 건의로 실시하였다.
② 수확량의 4분의 1에 해당하는 조세를 거두었다.
③ 조세 액수는 1결당 최고 20두에서 최하 4두였다.
④ 토지의 비옥도는 상, 중, 하의 3등급으로 구분하였다.
⑤ 신진 사대부의 경제적 기반을 마련하기 위해 실시하였다.

해설
제시된 자료는 조선 세종 시기의 공법 제도에 해당한다. 공법은 토지의 비옥도에 따라 6등급으로 나눈 전분 6등법과 풍흉의 정도에 따라 9등급으로 나눈 연분 9등법을 통해 1결당 최고 20두에서 최하 4두씩을 차등 과세한 제도이다.

오답피하기
① 위화도 회군 직후 권력을 장악한 혁명파 신진 사대부는 토지 개혁을 실시하고자 상소문을 올렸으나 당시에는 실현되지 못하다가 과전법이 시행(1391)되면서 실현되었다.
② 고려 시대와 조선 시대의 토지 세율은 수확량의 10분의 1이 기본이었다.
④ 고려 시대에는 토지의 비옥도에 따라 상·중·하로 구분하여 수확량을 기준으로 과세하였다.
⑤ 신진 사대부는 과전법을 통해 경제적 기반을 마련하였다.

[정답 : ③]

참고 조선 전기의 수취 제도

조세	공법은 세종(1444) 때 실시, 공법 이전 전세 수취율은 1결당 30두 정도
역	군역과 요역을 의미, 16세 이상 60세 이하의 정남에게 부과
공납	• 상공 : 매년 지정된 품목의 토산물을 호조에 납부하는 제도 • 별공 : 국가의 필요에 따라 수시로 공물을 징수하는 제도

10. 다음 제도에 대한 설명으로 옳은 것은? [2점]

> 무릇 경성(京城)에 거주하여 왕실을 시위(侍衛)하는 자는 *시산(時散)을 막론하고 과(科)에 따라 과전(科田)을 받는다.
> - 『고려사』, 공양왕 3년 -
>
> *시산(時散): 현직, 전직 관리

① 촌주위답을 지급하였다.
② 전지와 시지를 나누어 주었다.
③ 인품과 관품을 고려하여 지급하였다.
④ 세금을 거두어 수조권자에게 분급하였다.
⑤ 경기 지방에 한정하여 지급하는 것이 원칙이었다.

해설
제시된 자료는 과전법(1391)에 대한 내용이다. 과전법은 농민 생활의 안정을 통한 국가 재정 확충과 신진 사대부의 경제적 기반 확보를 목적으로 실시되었다. 과전법은 전·현직 관리에게 경기 지방의 토지를 과전으로 지급하는 것으로, 관료의 사망 이후 반납하는 것이 원칙이었다. 그러나 수신전(남편이 사망한 후 부인에게 지급)과 휼양전(부모가 모두 죽은 후 어린 자손에게 지급)은 세습이 가능하도록 하였다.

오답피하기
① 통일 신라 시대에는 촌주에게 촌주위답을 지급하였다.
② 고려 시대의 전시과 제도는 전지와 시지를 나누어 지급한 토지 제도이다.
③ 고려 경종 때 실시된 시정 전시과는 인품과 관품을 고려하여 지급하였다.
④ 관수 관급제는 관청에서 직접 세금을 거두어 수조권자에게 분급한 것이다.

[정답 : ⑤]

참고 조선 전기의 토지 제도

과전법	직전법	관수 관급제	녹봉제
공양왕 (1391)	세조(1466)	성종(1470)	명종 (16세기)
전·현직 관리에게 수조권 지급	현직 관리에게만 수조권 지급	국가가 전세를 거두어 관리에게 지급	관리에게 녹봉만 지급

---

keyword
조세, 공법, 전분 6등법, 연분 9등법, 과전법, 직전법, 수신전, 휼양전, 관수 관급제, 녹봉제

11. 다음 그림이 그려진 당시에 볼 수 있는 모습으로 옳은 것은? [2점]

이 그림은 안견이 안평 대군의 꿈 이야기를 듣고 그린 것입니다. 그림 왼쪽의 현실 세계와 오른쪽의 이상 세계가 대비를 이루면서도 전체적으로 통일된 분위기를 자아내고 있습니다.

① 삼강행실도를 읽고 있는 양반
② 고구마를 밭에 심고 있는 농민
③ 장용영에서 훈련을 받고 있는 군인
④ 천리경으로 별자리를 보고 있는 관리
⑤ 동의수세보원 처방에 따라 약방문을 짓고 있는 의원

12. 밑줄 그은 '이 자료'에 대한 설명으로 옳지 않은 것은? [1점]

이 자료는 조선 역대 왕들의 역사를 후대에 남기기 위해 실록청에서 편찬되었습니다.

① 기전체 형식으로 서술되었다.
② 태조 왕대부터의 기록이 남아 있다.
③ 사초와 시정기 등을 근거로 편찬되었다.
④ 춘추관 관원들이 편찬 업무에 참여하였다.
⑤ 임진왜란 이전에는 4대 사고에 보관되었다.

해설 (11)
제시된 그림은 현재 일본의 덴리 대학에 소장 중인 안견의 몽유도원도이다. 몽유도원도는 안견이 꿈에 도원경을 거닐었다는 안평 대군의 이야기를 듣고 그린 산수화이다. ① "삼강행실도"는 세종 때 중국의 효자·충신·열녀들의 모범 사례를 모아 백성들이 유교 윤리를 쉽게 알 수 있도록 글과 그림으로 엮어 편찬한 윤리서이다.

오답피하기
② 고구마는 조엄이 18세기 영조 때 일본으로부터 들여온 구황 작물이다.
③ 정조는 왕의 친위 부대인 장용영을 설치하여 왕권을 뒷받침하는 군사 기반으로 삼았다.
④ 천리경(망원경)은 조선 후기 청에 갔던 사신들이 들여왔다.
⑤ 이제마는 19세기 "동의수세보원"을 저술하여 사상 의학을 정립하였다.

[정답 : ①]

참고 15세기와 16세기의 회화 비교

15세기	16세기
화원 안견의 몽유도원도, 문인 화가 강희안의 고사관수도	→ 다양한 화풍, 선비들의 정신세계를 그린 사군자 유행

해설 (12)
제시된 자료의 밑줄 그은 '이 자료'는 "조선왕조실록"이다. ① "조선왕조실록"은 역사적인 사실들을 연대순으로 기술한 편년체 역사서이다.

오답피하기
② "조선왕조실록"은 조선 태조 때부터 철종 때까지 25대 472년 동안의 역사를 기록한 책이다.
③ 실록은 사관들이 기록해 놓은 사초와 시정기 등을 근거로 하여 편찬되었다.
④ 왕이 승하하면 다음 왕 때 임시로 춘추관에 실록청을 설치하여 전왕 때의 실록을 편찬하였다.
⑤ 실록이 완성되면 사고에 넣어 보관하였는데, 처음에는 4대 사고(서울 춘추관, 충주, 성주, 전주)에 보관하였다. 그러나 임진왜란 때 전주 사고만 남고 소실되어 광해군 때 5대 사고로 재편하였다.

[정답 : ①]

keyword
안견, 몽유도원도, 안평 대군, 삼강행실도, 고구마, 장용영, 천리경, 동의수세보원, 조선왕조실록, 편년체, 사고, 춘추관

13. (가) 군사 조직에 대한 설명으로 옳은 것은? [2점]

역사 용어 사전

(가)

조선 후기 5군영 가운데 가장 먼저 설치된 것으로 훈국(訓局)이라고도 하였다. 정예 병사 양성과 기민 구제를 목적으로 양반, 공사천(公私賤) 등을 가리지 않고 병사를 모집하였다. 이들은 이전과는 달리 일정한 급료를 받고 모집된 상비군으로 직업 군인의 성격을 띠었다.

① 을묘왜변을 계기로 설치되었다.
② 순조가 즉위하면서 혁파되었다.
③ 국방상 요지인 영이나 진에 배치되었다.
④ 포수, 사수, 살수의 삼수병으로 편제되었다.
⑤ 응양군과 용호군으로 구성된 국왕의 친위 부대였다.

해설
제시된 자료의 (가)는 훈련도감이다. ④ 훈련도감의 병력은 직업 군인으로 구성되었으며, 포수·사수·살수의 삼수병으로 편제되었다.

오답피하기
① 3포왜란(1510)을 계기로 설치된 비변사는 을묘왜변(1555) 이후 상설 기구가 되었다.
② 정조의 친위 부대인 장용영은 순조가 즉위하면서 혁파되었다.
③ 조선 시대 지방군은 국방상 요지인 영이나 진에 배치되었다.
⑤ 응양군과 용호군은 고려 시대 왕의 친위 부대로서 중앙군인 2군에 해당된다.

[정답 : ④]

참고 조선 후기 중앙군(5군영)
① 훈련도감(1593) : 삼수병(포수·살수·사수)으로 구성, 직업 군인
② 어영청(1624) : 이괄의 난을 계기로 개성에 설치, 북벌 주도
③ 총융청(1624)
④ 수어청(1626)
⑤ 금위영(1682)

14. 다음 논의가 이루어진 직접적인 배경으로 옳은 것은? [2점]

〈윤집〉
명은 우리나라에 있어서 부모와 같은 나라인데, 부모의 원수인 오랑캐와 어찌 화친을 맺을 수 있겠습니까?

〈최명길〉
화친이 그르다고 생각하지 않습니다. 정묘년의 굴욕을 생각하면 의리를 지켜 전쟁을 하는 것보다 화친을 맺어 나라를 보존하는 것이 옳습니다.

① 청이 조선에 군신 관계를 요구하였다.
② 일본의 침략으로 선조가 의주로 피난하였다.
③ 청이 나선 정벌을 위하여 군대 파견을 요청하였다.
④ 강홍립이 이끄는 부대가 명의 요청으로 파병되었다.
⑤ 이괄이 후금의 침입에 대비하여 평안도에 주둔하였다.

해설
두 사람의 대화 내용 중 '정묘년의 굴욕'을 통해 정묘호란(1627) 이후의 상황임을 알 수 있다. ① 정묘호란 이후 세력을 더욱 키운 후금은 국호를 청으로 바꾸고 조선에 군신 관계를 요구하였다. 이에 조선 조정은 명분보다는 실리를 택하여 외교 담판으로 청의 침략을 저지하자는 주화파(최명길 등)와 오랑캐인 청을 명과 동일하게 종주국으로 대우할 수 없다는 척화파(윤집, 김상헌)로 분열하였고, 결국 척화파의 주장이 받아들여졌다. 이에 청은 대군을 이끌고 조선을 침입하였다(병자호란, 1636).

오답피하기
② 임진왜란(1592)이 일어나자 선조는 의주로 피난하였다.
③ 병자호란 이후 효종은 나선 정벌을 위해 군대를 파견하였다.
④ 광해군의 중립 외교와 관련 있다(1619).
⑤ 1624년 이괄이 인조반정 때 공이 컸음에도 불구하고 2등 공신으로 책봉되고 외지에 부임하게 된 데 앙심을 품고 난을 일으켰다.

[정답 : ①]

keyword
5군영, 상비군, 훈련도감, 삼수병, 주화론, 척화론, 정묘호란, 후금, 군신 관계, 병자호란, 윤집, 최명길

15. 다음 대화에 나타난 사건이 일어난 시기를 연표에서 옳게 고른 것은? [2점]

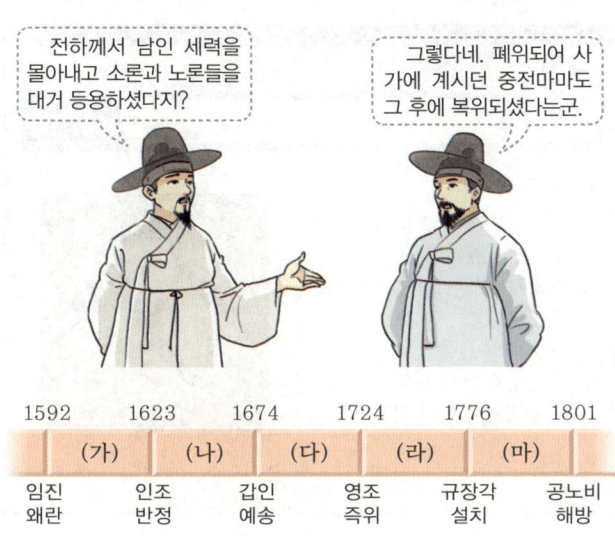

1592	1623	1674	1724	1776	1801
(가)	(나)	(다)	(라)	(마)	
임진왜란	인조반정	갑인예송	영조즉위	규장각설치	공노비해방

① (가) ② (나) ③ (다)
④ (라) ⑤ (마)

해설
두 사람의 대화는 숙종 시기에 발생한 갑술환국에 대한 것이다. 숙종 시기에는 왕권을 안정시키기 위해 붕당을 자주 교체하는 환국이 이루어졌는데, 갑술환국(1694)은 폐위된 인현 왕후를 복위시키고, 남인을 축출한 후 소론과 노론을 대거 등용한 사건이다. 따라서 현종 때 발생한 갑인예송(1674)과 영조 즉위(1724) 사이의 시기를 고르면 된다.

오답피하기
① (가)는 선조, 광해군 시기에 해당하며, 광해군 시기에는 북인이 중립 외교를 실시하였다.
② (나)는 인조 시기에 해당하며, 서인의 친명배금 정책에 의해 호란이 발생하였다.
④ (라)는 영조 시기에 해당하며, 영조는 탕평책, 균역법 등을 실시하였다.
⑤ (마)는 정조 시기에 해당하며, 정조는 규장각과 장용영을 설치하고, 탕평책, 초계문신제, 화성 건설 등을 실시하였다.

[정답 : ③]

참고 | 숙종 시기 환국

경신환국 (1680)	• 서인이 남인을 역모로 몰아 숙청하고 정권 장악 • 서인은 노론과 소론으로 분열
기사환국 (1689)	서인이 희빈 장씨의 아들 균(경종)을 세자로 책봉하는 데 반대하다가 몰락하고 남인이 집권, 반대한 서인 축출
갑술환국 (1694)	폐비 민씨(인현 왕후)가 복위하면서 서인이 재집권, 남인 숙청

16. (가) 왕의 업적으로 옳은 것은? [2점]

역사 신문
제△△호 ○○○○년 ○○월 ○○일

[특집] 주합루, 인재 양성의 산실

(가) 이/가 창덕궁 후원에 세운 주합루에는 조선 왕의 어제(御製)·어필(御筆)과 도서(圖書)를 관리하고 정책 연구를 담당하는 기구가 있었다. 이 기구에서는 37세 이하의 당하관 중에서 뽑힌 문신들을 교육하였는데, 한 달에 두 번의 구술과 한 번의 필답으로 평가하였다. 이를 통해 배출된 대표적인 인물로는 정약용, 김조순 등이 있다.

주합루 전경

① 홍문관을 처음으로 설치하였다.
② 서얼 출신의 학자들을 검서관에 기용하였다.
③ 신진 인사를 등용하기 위해 현량과를 실시하였다.
④ 만권당을 설치하여 중국 학자들과 교류를 확대하였다.
⑤ 관학 진흥을 위해 국자감에 7재라는 전문 강좌를 개설하였다.

해설
제시된 자료의 (가)는 정조이다. ② 정조는 규장각을 강력한 정치 기구로 육성하고, 박제가·이덕무·유득공 등 서얼 출신들을 검서관으로 등용하였다.

오답피하기
① 홍문관은 세조 때 왕실 도서관으로 처음 세워졌으며, 성종 때 왕실 자문과 경연을 담당하는 기구로 기능이 확대되었다.
③ 조광조는 중종 때 추천에 의한 관료 임용 제도인 현량과의 실시를 주장하였다.
④ 충선왕은 상왕으로 물러난 후 원의 수도에 만권당을 설치하여 중국 학자들과의 교류를 확대하였다.
⑤ 고려 예종은 관학 진흥을 위해 국자감에 7재라는 전문 강좌를 개설하였다.

[정답 : ②]

참고 | 정조의 업적
① 규장각과 장용영(왕의 친위 부대) 창설
② 신진 인물이나 중하급 관리들 가운데 능력 있는 사람을 선발하여 재교육시키는 초계문신제 시행
③ 화성에 신도시(수원 화성) 설치
④ 민생 안정을 위해 서얼과 노비에 대한 차별 완화, 통공 정책(신해통공) 실시
⑤ "대전통편", "동문휘고", "탁지지", "무예도보통지" 등 편찬

keyword
숙종, 갑술환국, 인현 왕후 복위, 남인, 노론, 소론, 정조, 주합루, 정약용, 규장각 검서관, 장용영, 화성 건설

17. 다음 글을 쓴 인물에 대한 설명으로 옳은 것은? [2점]

> 대저 우리나라는 지역이 좁은 데다가 물길이 사방으로 통해 있기 때문에 동전이 필요치 않다. …… 지금 동전을 사용한 지 겨우 70년 밖에 되지 않았으나, 폐단이 매우 심하다. 동전은 탐관오리에게 편리하고 사치하는 풍속에 편리하며 도둑에게 편리하나, 농민에게는 불편하다. 많은 사람들이 돈꿰미를 차고 저잣거리에 나아가 무수한 돈을 허비하니, 인심이 날로 각박해진다.
> – 「성호사설」 –

① 양명학을 연구하여 강화 학파를 형성하였다.
② 사변록을 통해 주자의 경전 해석을 비판하였다.
③ 지방 행정의 개혁안을 담은 목민심서를 저술하였다.
④ 영업전 설정 및 매매 금지를 주장하는 한전론을 제시하였다.
⑤ 발해고를 저술하여 고대사 연구 시야를 만주 지방까지 넓혔다.

해설
제시된 자료를 쓴 인물은 이익이다. ④ 이익은 "성호사설"에서 유통 경제의 발전이 농촌 경제를 파탄시킨다고 우려하여 폐전론을 주장하였으며, 농가 경제를 안정시키기 위해 매 호마다 영업전을 갖게 하고, 법으로 매매를 금지하는 한전론을 주장하였다.

오답피하기
① 정제두는 지식과 행동의 통일을 주장하는 양명학을 연구하여 체계를 완성하였다. 이후 거처를 강화도로 옮기면서 강화 학파가 형성되었다.
② 박세당은 "사변록"을 지어 주자의 경전 해석을 비판하였다. 이후 주자의 학설을 비방하였다 하여 사문난적으로 몰려 죽임을 당하였다.
③ 정약용은 지방 관리들의 폐해를 없애고 지방 행정의 쇄신을 위해 지방 행정의 개혁안을 담은 "목민심서"를 저술하였다.
⑤ 유득공은 "발해고"를 저술하여 고대사 연구 시야를 만주 지방까지 넓혔으며, 처음으로 남북국 시대라는 용어를 사용하였다.

[정답 : ④]

참고 중농 학파(경세치용 학파)

인물	저술	주장
유형원	"반계수록"	균전론
이익	"성호사설", "곽우록"	한전론
정약용	"목민심서", "흠흠심서", "경세유표"	여전론

---

18. 다음 검색창에 들어갈 인물에 대한 설명으로 옳은 것은? [2점]

○ 역사 인물 검색
【검색 결과】
○ 생몰: 1737년~1805년
○ 호: 연암(燕巖)
○ 주요 저서: 「열하일기」, 「과농소초」
○ 주요 주장
 – 화폐의 유통
 – 상업적 농업 장려
 – 수레와 선박의 이용
 ……

① 거중기를 제작하여 화성 축조에 활용하였다.
② 북한산의 진흥왕 순수비를 처음으로 고증하였다.
③ 북학의에서 절약보다 적절한 소비를 권장하였다.
④ 양반전을 지어 양반의 무능과 허례를 풍자하였다.
⑤ 사람의 체질을 연구하여 사상 의학을 주장하였다.

해설
제시된 인물은 중상 학파의 대표적인 실학자인 박지원이다. 박지원은 "열하일기", '양반전', '허생전' 등을 저술하고, 수레와 선박의 이용, 화폐 유통을 통한 상공업 진흥을 주장하였다.

오답피하기
① 정약용은 도르래의 원리를 이용하여 무거운 물건을 들어 올리는 거중기를 제작하여 수원 화성 축조에 활용하였다.
② 김정희는 북한산의 진흥왕 순수비의 발견하고 비문을 판독하였다.
③ 박제가는 수레와 선박의 이용, 절약보다는 적절한 소비를 통한 생산력의 증대를 주장하였다.
⑤ 이제마는 사람의 체질을 특성에 따라 유형별로 나누어 연구하고 사상 의학을 주장하였다.

[정답 : ④]

참고 중상 학파(이용후생 학파, 북학파)

인물	저술	주장
유수원	"우서"	사농공상의 직업적 평등과 전문화 주장
홍대용	"의산문답"	중국 중심의 세계관 탈피, 기술 혁신 주장
박지원	"열하일기", '양반전', '호질'	화폐 유통의 필요성 강조, 영농 방법의 혁신과 상업적 농업 육성을 통한 생산력 증대, 수레와 선박의 이용 등 주장
박제가	"북학의"	수레와 선박의 이용, 소비 촉진을 통한 생산력 증대 주장

---

keyword
이익, 성호사설, 폐전론, 한전론, 중농 학파, 정제두, 박세당, 정약용, 유득공, 박지원, 중상 학파, 실학자, 열하일기, 수레와 선박의 이용

19. 다음 건의에 따라 실시된 제도에 대한 설명으로 옳은 것을 〈보기〉에서 고른 것은? [2점]

> 영의정 이원익이 아뢰기를, "각 고을에서 바치는 공물이 각 관청의 방납인에게 막혀, 물건 하나의 가격이 몇 배 또는 몇 십 배, 몇 백 배로 징수되어 그 폐해가 이미 고질화되었고 특히 경기도가 심합니다. 지금 별도의 담당 관청을 설치하여 매년 봄·가을에 백성들에게서 쌀을 거두는데, 토지 1결마다 두 번에 걸쳐 각각 8두씩 거두어들이게 하고 담당 관청은 수시로 물가 시세를 보아 쌀을 방납인에게 지급하여 물건을 조달하도록 해야겠습니다."라고 하였다.

〈보 기〉
ㄱ. 공인이 등장하는 배경이 되었다.
ㄴ. 양반에게도 군포를 부과하였다.
ㄷ. 선혜청에서 관련 업무를 담당하였다.
ㄹ. 토지 소유자에게 결작을 부과하였다.

① ㄱ, ㄴ ② ㄱ, ㄷ ③ ㄴ, ㄷ
④ ㄴ, ㄹ ⑤ ㄷ, ㄹ

20. 밑줄 그은 '이들'에 대한 설명으로 옳은 것을 〈보기〉에서 고른 것은? [2점]

> 이 책은 1858년 유림 단체인 달서정사에서 펴낸 것입니다. 책 이름의 '규(葵)'자는 해바라기를 뜻합니다. '해바라기가 해를 향하는 데는 본가지나 곁가지가 다름이 없듯이 이들의 충성심도 적자(嫡子)와 다를 바 없다.'는 선조(宣祖)의 말에서 따온 것이라고 합니다.

규사

〈보 기〉
ㄱ. 신량역천으로 분류되었다.
ㄴ. 통청 운동을 전개하였다.
ㄷ. 장례원을 통해 국가의 관리를 받았다.
ㄹ. 규장각 검서관에 등용되기도 하였다.

① ㄱ, ㄴ ② ㄱ, ㄷ ③ ㄴ, ㄷ
④ ㄴ, ㄹ ⑤ ㄷ, ㄹ

해설
제시된 자료는 대동법에 대한 설명이다. 대동법은 방납의 폐단을 시정하기 위해 토지 결수를 기준으로 쌀·포(옷감)·전(화폐)으로 대신 내게 한 제도이다. 광해군 시기인 1608년에 이원익, 한백겸 등의 건의로 경기도에서 처음 실시되었으며, 선혜청을 통해 관리하였다. 대동법의 전국적 실시는 숙종 시기인 1708년에 이르러서야 이루어졌는데, 양반층과 방납인 등의 반대가 있었기 때문이다. 대동법 이후 공인(관수품 조달 상인)이 등장하여 도고(독점적 도매 상인)로 성장하였다. 대동법의 실시로 공인이 출현하였고, 화폐로 세금을 내는 현상이 촉진되었다.

오답피하기
ㄴ. 흥선 대원군은 군정의 문란을 바로잡기 위해 양반에게도 군포를 부과하는 호포법을 실시하였다.
ㄹ. 영조 때 백성들의 군포 부담을 줄이기 위해 균역법을 실시하여 군포를 1년에 2필에서 1필로 줄였다. 균역법 실시 후 부족한 군포는 토지 소유자에게 결작(1결당 2두)을 부과하고, 일부 상류층에게 선무군관포를 징수하였다. 또한 어세와 선박세 등 각종 잡세를 국가 재정으로 편입시켜 충당하였다.

[정답 : ②]

해설
제시된 자료의 밑줄 그은 '이들'은 중인층 가운데 '서얼'에 대한 설명이다. 서얼은 성리학적 명분론에 의해 사회 활동과 관직 임용에 제한이 있었는데, 특히 문과 응시가 금지되었다. 왜란 이후 차별이 완화되어 납속책과 공명첩을 이용하여 관직에 진출하고, 집단 상소를 통해 청요직 허용을 요구하기도 하였다. 정조는 유득공, 이덕무, 박제가 등 서얼 출신을 규장각 검서관에 등용하였다.

오답피하기
ㄱ. 조선 시대 신분적으로는 양인이나 천역을 담당하는 사람들을 신량역천, 또는 칠반천역이라고 하였다. 신량역천에는 수군, 조례(관청의 잡역), 나장(형사 업무), 일수(지방 고을 잡역), 봉수꾼, 역졸(역에 근무), 조졸(조운 업무) 등이 있다.
ㄷ. 조선 시대의 노비는 공·사 노비 문서의 관리 및 노비 소송을 관장하였던 장례원을 통해 관리를 받았다.

[정답 : ④]

keyword
대동법, 공물, 선혜청, 공인, 방납, 군포, 결작, 중인, 서얼, 정조, 유득공, 통청 운동, 규장각 검서관

> 고급 28회 27번 상황 인식

21. (가) 종교에 대한 설명으로 옳은 것은? [1점]

> 죽은 사람 앞에 술과 음식을 차려 놓는 것은 (가) 에서 금하는 바입니다. 살아 있을 동안에도 영혼이 술과 밥을 받아먹을 수 없거늘, 하물며 죽은 뒤의 영혼은 어떻게 하겠습니까? …… 사람의 자식이 되어 어찌 허위와 가식의 예로써 돌아가신 부모님을 섬기겠습니까?
> — 「상재상서」 —

① 하늘에 제사 지내는 초제를 거행하였다.
② 왕조 교체를 예언하며 백성의 호응을 얻었다.
③ 인내천 사상을 내세워 인간 평등을 주장하였다.
④ 청을 다녀온 사신들에 의하여 서학으로 소개되었다.
⑤ 유·불·선을 바탕으로 민간 신앙의 요소까지 포함하였다.

해설
제시된 자료의 (가) 종교는 천주교이다. ④ 천주교는 청을 다녀온 사신에 의해 학문의 형태(서학)로 전래되었으며, 남인을 중심으로 신앙으로 발전하였다. 그러나 평등 사상과 제사 의식 거부가 빌미가 되어 박해를 받았다.

오답피하기
① 도교에서 하늘에 제사 지내는 행사를 초제라 하였다. 조선 시대에 초제를 주관하던 관청은 소격서이다.
② "정감록"은 조선 중기 이후 왕조 교체를 예언하며 백성의 호응을 얻었다.
③ 동학은 '사람이 곧 하늘'이라는 인내천 사상을 내세우면서 인간 평등을 강조하였다.
⑤ 동학의 교리에는 유교, 불교, 도교적인 성격과 민간 신앙적인 요소까지 포함되어 있다.

[정답 : ④]

참고 천주교(서학)

수용	17세기 청을 왕래하는 사신들에 의해 서학이라는 학문으로 전래 → 18세기 후반 일부 남인 계열의 실학자들이 신앙으로 수용 → 여성과 하층민으로 확산
특징	평등 사상, 내세 신앙, 조상에 대한 유교식 제사 거부, 지배층은 천주교가 양반 중심의 성리학적 신분 질서를 부정하는 것으로 이해하여 박해
박해	순조 시기 신유박해(1801) 발생

> 고급 27회 20번 사실 알기

22. 밑줄 그은 '우리들'에 대한 설명으로 옳은 것은? [1점]

> 우리들은 짐을 메고 지고 다니면서 장사하여 먹고 산다. 노상에서 보내는 시간이 많아 때로는 병들어 객점에 눕기도 하고, 심지어 길바닥에서 죽기도 한다. 서로 소식을 듣는 대로 달려가 힘써 도우니, 비록 피를 나눈 형제가 아니더라도 형제나 마찬가지다.

① 시전에서 영업하며 금난전권을 행사하였다.
② 상단을 형성하여 지방 장시를 돌아다니며 활동하였다.
③ 공가를 받아 관청에서 필요로 하는 물건을 납품하였다.
④ 포구에 자리 잡고 중개·금융·숙박 등의 영업을 하였다.
⑤ 주로 한강을 무대로 세곡 수송과 곡물 도매업에 종사하였다.

해설
제시된 자료의 '짐을 메고 지고 다니면서 장사하여 먹고 산다.'를 통해 밑줄 그은 '우리들'이 보부상임을 알 수 있다. 보부상은 보부상단을 형성하고 지방 장시를 돌아다니며 활동하였다. 대한 제국이 설립한 황국 협회는 기존의 보부상단을 관리하였다.

오답피하기
① 시전 상인은 국가에 물품을 제공하고, 그 대가로 특정 상품에 대한 독점 판매권을 인정받았다. 특히 조선 후기에는 시전에서 영업하며 허가받지 않은 상인의 상행위를 금지한 금난전권을 행사하였다.
③ 대동법의 실시로 모든 공물을 대동미로 바치게 되어 국가에서 여러 가지 수요품이 필요하게 되었다. 이에 공인은 공가를 미리 받고 관청에서 필요로 하는 물건을 납품하였다.
④ 조선 후기 객주와 여각은 포구에서 중개·금융·숙박 등의 영업을 하였다.
⑤ 조선 후기 경강 상인은 한강을 무대로 세곡 수송과 곡물 도매업에 종사하였다.

[정답 : ②]

참고 조선 후기 대표적인 상인

공인	대동법 실시로 등장, 관수품(국가 필요 물품) 조달
사상	• 종루·칠패·이현·송파 등지에서 활동 • 통공 정책(1791)으로 상업 발전 촉진 • 대표 상인으로 송상(개성, 청과 일본을 연결하는 중계 무역), 만상(의주, 대청 무역), 내상(동래, 대일 무역), 유상(평양), 경강 상인(한성) 등이 있음

keyword
서학, 천주교, 상재상서, 도교, 정감록, 동학, 남인, 평등 사상, 보부상, 장시, 공인, 사상, 시전 상인, 경강상인

23. (가)에 들어갈 작품으로 옳지 <u>않은</u> 것은? [2점]

> **기획 전시**
> # 단원 특별전
> 우리 박물관에서는 영조·정조 시기에 활동했던 단원의 작품을 모아 조선 후기 생활 모습을 엿볼 수 있는 특별전을 마련하였습니다. 관심 있는 분들의 많은 관람 바랍니다.
>
> (가)
>
> • 기간: 2015년 ○○월 ○○일 ~ ○○월 ○○일
> • 장소: △△박물관

①  ②  ③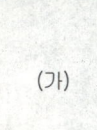

④  ⑤

해설
제시된 풍속화는 단원 김홍도가 그린 '기와이기'와 '벼타작'이다. 조선 후기에는 민중의 일상적인 모습을 생생하게 그린 풍속화가 유행하였다. ⑤ 조선 후기 화가 김득신이 그린 '노상알현도'이다.

오답피하기
① 김홍도의 '서당', ② 김홍도의 '대장간', ③ 김홍도의 '자리짜기', ④ 김홍도의 '씨름'이다.

[정답 : ⑤]

참고 · 조선 후기 서민 문화의 발달
① 배경 : 서민의 경제력 향상, 서당 교육 확대
② 특징 : 중인·서민층의 문화 향유, 서민이 작품의 주인공, 현실적인 작품 배경, 양반의 위선 비판, 사회 부정과 비리 풍자
③ 영향 : 민족 문화가 다양하게 발전, 민중의 의식 수준 향상, 현실 사회 모순에 대한 비판 의식 확산에 기여
④ 서민 문화의 종류 : 진경 산수화, 풍속화, 민화

24. 다음 자료가 저술된 시기에 있었던 사실로 옳은 것은? [3점]

> 오랫동안 체납된 환곡을 탕감하는 것, 대동미의 징수를 정지하거나 연기하는 것, 재해 입은 농지의 조세 징수를 면제하는 것, 이 세 가지는 나라에서는 손실이 있으나 백성에게는 이득이 되지 않는다. …… 오랫동안 체납된 환곡을 징수하는 것을 정지 또는 연기하라는 윤음(綸音)이 내려지는 것을 여러 번 보았으나, 조금의 혜택도 촌민에게는 미치지 않았다.
> — 「경세유표」 —

① 외척 간의 대립으로 을사사화가 발생하였다.
② 왕권을 강화하기 위하여 6조 직계제가 실시되었다.
③ 공신과 왕족의 사병이 혁파되고 군사권이 강화되었다.
④ 비변사를 중심으로 소수의 가문이 권력을 행사하였다.
⑤ 이조 전랑 임명을 둘러싸고 사림이 동인과 서인으로 나뉘었다.

해설
제시된 자료는 조선 후기 정약용이 국정에 관한 일체의 제도 및 법규의 개혁을 순조에게 제안한 "경세유표"라는 책의 일부이다. 순조 시기는 안동 김씨와 풍양 조씨 등 일부 외척 가문에 의해 정치가 주도되던 세도 정치 시기이다. ④ 외척 가문은 조선 후기 최고의 권력 기구였던 비변사를 통해 정권을 장악하였다.

오답피하기
① 인종의 외척인 윤임 일파와 명종의 외척인 윤원형 일파의 대립으로 을사사화가 발생하였다.
② 태종과 세조는 왕권을 강화하기 위해 6조 직계제를 실시하였다.
③ 태종은 왕권을 강화하기 위해 공신과 왕족이 소유하고 있던 사병을 혁파하였다.
⑤ 사림은 인사권을 좌우할 수 있는 요직인 이조 전랑의 임명 문제를 둘러싸고 동인과 서인으로 나뉘었다.

[정답 : ④]

참고 · 세도 정치
① 배경 : 정조 사후 정치 세력 간의 균형 붕괴(탕평책 실패), 왕의 외척이 권력 장악(순조~철종, 3대 60여 년간, 안동 김씨, 풍양 조씨), 세도 가문이 비변사와 훈련도감 장악, 의정부와 6조의 기능 상실, 왕권 약화
② 세도 정치의 폐단

중앙 정치 기강의 문란	과거 제도와 인사 제도의 문란으로 급제자 남발, 매관매직 성행
국가 재정의 문란	삼정의 문란 심화, 수령권 강화, 수령들의 극심한 농민 수탈로 농촌 경제 파탄, 사회 불만 고조

keyword
김홍도, 김득신, 풍속화, 서당, 씨름도, 대장간, 길쌈, 정약용, 경세유표, 환곡, 세도 정치, 비변사

IV. 국제 질서의 변동과 근대 국가 수립 운동

1. 밑줄 그은 '그'가 추진한 정책으로 옳은 것은? [2점]

> 그는 오로지 척양(斥攘)의 의리만을 주장하여 천주교도를 죽였고, 외국을 업신여겼으며 해안 곳곳에 포대를 구축하였다. 이때에 이르러서는 돌을 캐어 종로에 비석을 세웠다. …… 또 먹을 만드는 곳에 명령하여 먹의 표면에 열두 글자를 새겨 넣도록 하고, 먹의 뒷면에는 '위정척사묵(衛正斥邪墨)'이라고 새겨, 사람마다 척화의 의리를 알도록 했다. 후일 구미 각국과 통상하게 되자, 조정에서 논의하여 그 비석을 넘어뜨렸다.

① 서궐로 불리는 경희궁을 창건하였다.
② 군포 징수 체제를 개혁하여 민생 안정을 도모하였다.
③ 재정 업무와 관련된 사례를 모아 탁지지를 편찬하였다.
④ 삼정의 문란을 시정하기 위해 삼정이정청을 설치하였다.
⑤ 비변사의 기능을 강화하여 국제 정세 변화에 대응하였다.

[해설]
제시된 자료의 밑줄 그은 '그'는 흥선 대원군이다. 흥선 대원군은 통상 수교 거부 정책을 취하였으며, 신미양요(1871) 이후 전국 각지에 척화비를 세워 통상 수교 거부 의지를 밝혔다. ② 흥선 대원군은 군역 제도의 폐단을 시정하기 위해 양반에게도 군포를 부과하는 호포법을 시행하였다.

[오답피하기]
① 서궐로 불리는 경희궁은 광해군 때 완성되었으며, 창건 당시에는 이궁으로 지어졌다.
③ 정조 때 재정 업무와 관련된 사례를 모아 "탁지지"를 편찬하였다.
④ 임술 농민 봉기(1862) 이후 정부는 삼정이정청을 설치하여 삼정의 문란을 시정하고자 하였다.
⑤ 흥선 대원군은 세도 가문의 권력 기구였던 비변사를 폐지하여 왕권을 강화하고자 하였다.

[정답 : ②]

[참고] 흥선 대원군의 정책

조직 정비	비변사 혁파, 의정부와 삼군부 부활
법전 편찬	"대전회통", "육전조례" 등 편찬
경복궁 중건	당백전 발행, 원납전 징수
삼정 개혁	왕실 면세전 국가에 반납, 양전 실시, 호포법 실시 (1871), 환곡 제도 폐지, 지역 단위 사창제 시행

---

2. (가) 사건이 일어난 원인으로 옳은 것은? [2점]

외규장각 의궤

"이 의궤는 (가) 때 약탈당해 국외로 유출되었다가 145년 만에 돌아왔습니다."

① 흥선 대원군이 전국에 척화비를 건립하였다.
② 조선 정부가 프랑스인 선교사들을 처형하였다.
③ 제너럴 셔먼호가 평양 군민들에 의해 격침되었다.
④ 오페르트가 남연군의 무덤을 도굴하려고 하였다.
⑤ 일본 군함 운요호가 강화도와 영종도를 공격하였다.

[해설]
제시된 자료의 (가) 사건은 병인양요(1866)이다. 강화도의 외규장각에 보관되어 있던 외규장각 의궤는 병인양요 때 프랑스군이 퇴각하면서 약탈하였다가 최근 임대 형태로 반환하였다. ② 집권 초기 흥선 대원군은 국내에서 활동하던 프랑스 선교사들을 통해 프랑스를 끌어들여 러시아의 남하를 저지하고자 하였으나 성과를 거두지 못하자 천주교를 박해하였다(병인박해, 1886). 이 과정에서 프랑스 선교사 9명이 순교 당하였는데, 이로 인해 병인양요가 발생하였다.

[오답피하기]
① 흥선 대원군은 신미양요 이후 전국 각지에 척화비를 건립하여 통상 수교 거부의 의지를 알렸다.
③ 미국 상선 제너럴 셔먼호가 평양 군민에 의해 격침된 제너럴 셔먼호 사건(1866)으로 신미양요(1871)가 발생하였다.
④ 독일 상인 오페르트가 흥선 대원군의 아버지인 남연군의 무덤을 도굴하려다 실패하였다(남연군 묘 도굴 사건, 1868).
⑤ 일본은 운요호 사건(1875)을 빌미로 강화도 조약 체결을 강요하였다.

[정답 : ②]

---

keyword
흥선 대원군, 통상 수교 거부 정책, 척화비, 호포법, 사창제, 외규장각 의궤, 병인양요, 병인박해, 프랑스인 선교사 처형, 제너럴 셔먼호, 강화도 조약, 운요호 사건

3. 교사의 질문에 대한 학생의 답변으로 옳은 것은? [2점]

① 종로와 전국 각지에 척화비가 세워졌습니다.
② 오페르트가 남연군 묘를 도굴하려 하였습니다.
③ 평양 관민들에 의해 제너럴 셔먼호가 불탔습니다.
④ 외규장각 건물이 불타고 의궤가 약탈당하였습니다.
⑤ 프랑스 로즈 제독의 함대가 양화진을 침입하였습니다.

4. 다음 상소가 올려진 시기를 연표에서 옳게 고른 것은? [2점]

> 이 몇 가지 문제는 실로 전하께서 어려서 아직 정사를 도맡아 보지 않고 계시던 시기에 생긴 일입니다. …… 지금부터 임금의 권한을 발휘하시고, 침식을 잊을 정도로 생각하시며 부지런히 일하셔야 할 것입니다. …… 친친(親親)*의 반열에 속하는 사람은 다만 그 지위를 높이고 녹봉을 후하게 줄 뿐이며, 나라의 정사에는 관여하지 못하게 하셔야 할 것입니다.
> — 호조 참판 최익현의 상소 —
> *친친(親親) : 부모와 자식 간의 친밀한 관계를 말함.

1863	1865	1871	1876	1880	1884
	(가)	(나)	(다)	(라)	(마)
고종 즉위	비변사 폐지	호포제 실시	제1차 수신사 파견	통리기무아문 설치	한성 조약 체결

① (가) ② (나) ③ (다)
④ (라) ⑤ (마)

해설

제시된 자료가 공통적으로 보여 주는 사건은 신미양요(1871)이다. 사진 속 수자기는 신미양요 때 활약한 어재연 장군의 깃발인데, 신미양요 때 미군에 약탈당하였다가 2007년 미국으로부터 장기 대여 방식으로 반환받았다. 수자기는 현재 강화 역사 박물관에 소장되어 있다. ① 흥선 대원군은 신미양요 이후 전국 각지에 척화비를 건립하였다.

오답피하기
② 독일 상인 오페르트가 흥선 대원군의 아버지 남연군의 무덤을 도굴하려다 실패하였다(오페르트의 남연군 묘 도굴 사건, 1868).
③ 미국 상선 제너럴 셔먼호가 평양 군민에 의해 격침되었다(제너럴 셔먼호 사건, 1866).
④ 강화도에 보관되어 있던 외규장각 의궤는 병인양요(1866) 때 프랑스군이 약탈하였다가 최근 임대 형식으로 반환하였다.
⑤ 병인양요는 프랑스의 로즈 제독이 이끄는 함대가 강화도를 침략한 사건이다.

[정답 : ①]

해설

제시된 자료는 일명 흥선 대원군 탄핵 상소로 불리는 최익현의 계유상소(1873)이다. 이 상소를 계기로 흥선 대원군의 집권이 끝나고 고종의 친정이 시작되었다. 1871년은 흥선 대원군이 집권하면서 호포제 실시, 척화비 건립 등이 일어난 해이며, 1876년은 강화도 조약이 체결되고 제1차 수신사 파견이 이루어진 해이다. 따라서 1871년과 1876년 사이의 (다)를 고르면 된다.

[정답 : ③]

참고 최익현

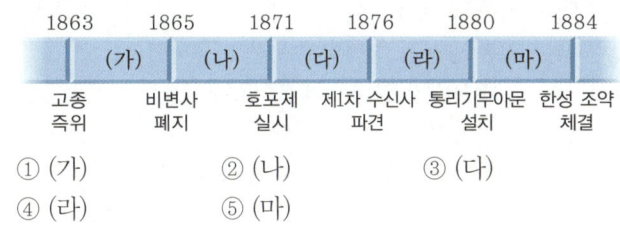

1873년	계유상소를 올려 대원군 하야, 고종 친정
1876년	왜양 일체론 주장, 개항 반대 운동 전개
1895년	을미사변과 단발령에 반대, 을미의병 일으킴
1905년	을사조약의 무효를 국내외에 선포, 을사오적 처단 주장
1906년	일제에 체포되어 쓰시마 섬에서 순국

keyword
광성보 전투, 어재연, 오페르트의 남연군 묘 도굴 사건, 흥선 대원군, 최익현, 계유상소, 호포제 실시, 척화비 건립, 비변사 폐지

5. (가), (나) 조약에 대한 설명으로 옳은 것은? [3점]

> (가) 제1조 조선은 자주국이며 일본과 평등한 권리를 갖는다.
> 제10조 일본국 인민이 조선국에서 지정한 각 항구에 머무르는 동안에 죄를 범한 것이 조선국 인민과 관계 되더라도 모두 일본국 관원이 심의하여 처리한다.
>
> (나) 제4조 미국 인민이 상선이나 해안에서 조선국 인민의 생명과 재산에 손해를 주는 등의 일이 있을 때에는 미국의 영사관 혹은 미국에서 파견한 관원에게 넘겨 미국 법률로 체포하고 처벌한다.
> 제5조 무역을 목적으로 조선국에 오는 미국 상인 및 상선은 모든 수출입 상품에 대하여 관세를 지불해야 한다.

① (가) – 거중 조정 조항이 있었다.
② (가) – 일본 공사관 경비병 주둔을 허용하였다.
③ (나) – 무력시위의 결과로 체결되었다.
④ (나) – 조선이 맺은 최초의 근대적 조약이다.
⑤ (가), (나) – 조약 체결 이후 사절단을 파견하였다.

해설

제시된 자료의 (가)는 강화도 조약(조·일 수호 조규, 1876)이며, (나)는 조·미 수호 통상 조약(1882)이다. (가) 강화도 조약은 조선을 자주국으로 규정하고 청의 종주권을 부인함으로써 일본의 조선 진출을 유리하게 하였으며, 세 개의 항구(부산, 인천, 원산)를 개항시킴으로써 일본의 경제적·정치적·군사적 침략 의도를 드러내었다. 특히 해안 측량권과 치외 법권 규정은 조선의 주권을 침해한 것이다. (나) 조·미 수호 통상 조약은 서구 열강과 최초로 체결한 조약으로, 거중 조정, 최혜국 대우, 치외 법권, 관세 자주권 등이 설정되었다. 조약 체결 이후 사절단으로 보빙사가 미국에 파견되었다(1883).

오답피하기

① 조·미 수호 통상 조약에는 조선과 미국 중 어느 한 나라가 다른 나라의 핍박을 받을 경우 서로 돕고 분쟁을 원만하게 해결하도록 주선한다는 거중 조정 조항이 있었다.
② 임오군란 이후 체결된 제물포 조약으로 일본 공사관 경비병 주둔이 허용되었다.
③ 일본은 운요호 사건(1875)을 구실 삼아 강화도 일대에 침입하여 무력시위를 벌이고, 강화도 조약 체결을 강요하였다.
④ 강화도 조약은 우리가 외국과 맺은 최초의 근대적 조약이었지만 일본에 유리한 불평등 조약이었다.

[정답 : ⑤]

---

6. 밑줄 그은 '사절단'에 대한 설명으로 옳은 것은? [2점]

> **역사 신문**
> 제△△호   ○○○○년 ○○월 ○○일
>
> **전권 대사 민영익 일행, 큰 환대 받아**
>
>
>
> 정부가 민영익을 전권 대사로 임명하여 파견한 사절단이 목적지에 무사히 도착하였다. 전년에 체결한 조약에서의 외교관 왕래 교섭이라는 원칙에 따라 파견된 이들은 현지인들로부터 큰 환대를 받았다. 한편, 수행원 가운데 유길준은 그곳에 남아 유학할 것을 고려하고 있다고 한다.

① 강화도 조약의 후속 조치로 보내졌다.
② 귀국할 때 조선책략을 가지고 들어왔다.
③ 서양 국가에 파견된 최초의 사절단이었다.
④ 개화 반대 여론으로 인해 비밀리에 파견되었다.
⑤ 기기국에서 무기 제조 기술을 습득하고 돌아왔다.

해설

제시된 자료는 1883년 미국에 파견된 보빙사에 대한 것이다. 보빙사는 서양 국가에 파견된 최초의 사절단으로 조·미 수호 통상 조약 체결 후 미국 공사 파견에 대한 답례로 양국 간의 친선을 위해 파견되었다. 보빙사의 구성원 11명은 미국 체류 기간 중에 외국 박람회·병원·신문사·육군 사관 학교 등을 방문 시찰하고, 미국 정치와 농사 개량에 대한 지식도 배웠다. 보빙사 유길준은 미국에 남아 갑신정변이 일어날 때까지 유학하였다. 보빙사가 받아들인 신문물은 신식 우편 제도 창시와 육영 공원 설치에 영향을 미쳤고, 특히 농무 목축 시험장과 경작 기계의 제작 및 수입 등 농업 기술의 연구에 기여하였다.

오답피하기

① 강화도 조약 체결 이후 일본에 수신사가 파견되었다(1차 수신사 김기수, 2차 수신사 김홍집).
② 2차 수신사로 일본에 파견된 김홍집은 귀국할 때 황쭌셴의 "조선책략"을 가지고 들어왔다.
④ 조사 사찰단은 개화 반대 여론을 피해 비밀리에 파견되었다.
⑤ 청에 파견된 영선사는 기기국에서 무기 제조 기술을 습득하고 돌아와 근대적 무기 제조 기구인 기기창을 설치하는 데 기여하였다.

[정답 : ③]

---

keyword

강화도 조약, 조·미 수호 통상 조약, 거중 조정, 경비병 주둔, 치외 법권, 사절단, 민영익, 유길준, 보빙사, 조선책략, 기기국

고급 26회 37번 사실 알기

7. 다음 인물에 대한 설명으로 옳은 것은? [2점]

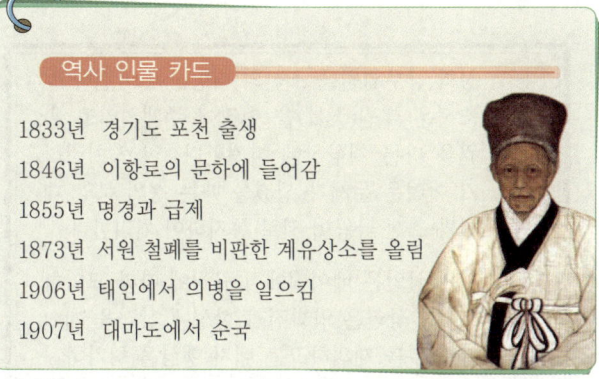

역사 인물 카드
- 1833년 경기도 포천 출생
- 1846년 이항로의 문하에 들어감
- 1855년 명경과 급제
- 1873년 서원 철폐를 비판한 계유상소를 올림
- 1906년 태인에서 의병을 일으킴
- 1907년 대마도에서 순국

① 중추원 고문으로서 자주독립을 강조하였다.
② 대동강에 침입한 제너럴 셔먼호를 불태웠다.
③ 고종의 밀지를 받아 독립 의군부를 조직하였다.
④ 지부복궐척화의소를 올려 왜양 일체론을 주장하였다.
⑤ 13도 창의군을 지휘하여 서울 진공 작전을 전개하였다.

고급 22회 31번 상황 인식

8. (가) 국가에 대한 설명으로 옳은 것은? [2점]

> 황준헌의 조선책략을 보니 머리털이 쭈뼛쭈뼛해지고 쓸개가 떨리며 울음이 북받치고 눈물이 흐릅니다. …… (가) 은/는 우리가 평소 잘 모르던 나라입니다. 저들의 권유를 받아 공연히 끌어들였다가 우리의 약함을 업신여겨 따르기 어려운 청을 강요하고, 과도한 비용을 떠맡긴다면 장차 어떻게 응할 수 있겠습니까.
> ― 「승정원일기」 ―

① 거문도를 불법 점령하여 러시아를 견제하였다.
② 저탄소 설치를 위해 절영도 조차를 요구하였다.
③ 강화읍을 점령하고 외규장각 도서를 약탈하였다.
④ 운요호 사건을 빌미로 불평등 조약을 강요하였다.
⑤ 제너럴 셔먼호 사건을 구실로 통상을 요구하였다.

해설
제시된 자료의 인물은 최익현이다. 최익현은 1876년 왜양 일체론을 주장하면서 '지부복궐 척화의 소(도끼를 들고 궐 앞에 엎드려 화의를 배척하는 상소)'를 올려 개항 반대 운동을 전개하였다. 1895년 을미개혁의 단발령에 강력히 저항하였으며, 1905년 을사조약이 체결되자 곧바로 상소를 올려 조약의 무효를 국내외에 선포하고, 을사조약에 참여한 박제순 등 오적을 처단할 것을 주장하였다. 1906년에는 전북 태인에서 임병찬 등과 함께 의병을 일으켜 순창까지 진격하였으나 일제에 체포되어 쓰시마 섬에 끌려가 순국하였다.

오답피하기
① 서재필은 중추원 고문으로 자주독립을 강조하였다.
② 평안도 관찰사 박규수와 평양의 관민들은 대동강에 침입한 제너럴 셔먼호를 불태웠다.
③ 임병찬은 고종의 밀지를 받아 독립 의군부를 조직하였다.
⑤ 허위는 13도 창의군의 군사장이었으나 대장 이인영이 부친상을 이유로 낙향하자 13도 창의군을 지휘하여 서울 진공 작전을 전개하였다(1908).

[정답 : ④]

해설
제시된 자료는 이만손의 '영남 만인소'이고, (가) 국가는 미국이다. 1880년대 개항 반대 운동을 대표했던 이만손의 영남 만인소에는 황쭌셴의 "조선책략" 유포 및 미국과의 수교를 반대하는 내용이 담겨 있다.

오답피하기
① 영국은 러시아의 남하를 견제하기 위해 거문도를 불법 점령하였다(거문도 사건, 1885).
② 러시아는 저탄소 설치를 위해 절영도 조차를 요구하였으나, 독립협회가 이를 좌절시켰다(1898).
③ 병인양요(1866) 때 프랑스군은 강화읍을 점령하고 외규장각 도서를 약탈하였다.
④ 일본은 운요호 사건을 구실로 조선에 통상을 강요하였고, 그 결과 강화도 조약이 체결되었다(1876).

[정답 : ⑤]

참고 위정 척사 운동

시기	배경	중심 인물	성격
1876년	서양의 통상 요구	이항로, 기정진	통상 반대 운동 (척화주전론)
1905년	일본의 문호 개방 요구	최익현	개항 반대 운동(왜양 일체론, 개항 불가론)
1906년	정부의 개화 정책, "조선책략" 유포	이만손, 홍재학	개화 반대 운동 (영남 만인소 등)

keyword
최익현, 지부복궐 척화의 소, 쓰시마 섬, 왜양 일체론, 영남 만인소, 이만손, 조선책략, 거문도, 외규장각 도서, 제너럴 셔먼호, 운요호 사건, 강화도 조약

Ⅳ. 국제 질서의 변동과 근대 국가 수립 운동

고급 22회 36번

9. 다음 사건에 대한 설명으로 옳은 것은? [2점]

> 난병이 창덕궁에 밀어닥쳤는데, 수문장 등이 이들을 막아 내지 못하여 궐내에 난입하였다. 왕은 급히 대원군의 입궐을 명하였다. 대원군은 곧 무위대장을 동반하여 입궐하였다. …… 서상조가 아뢰기를, "근래 듣자니 중전께서 변란에 대처하시어 누추한 곳에 은신해 계신다고 하니, 삼가 바라건대, 수소문하여 의장(儀裝)을 갖추고 예법에 따라 왕후의 자리로 맞아들이소서." 하니, 왕이 "널리 찾아서 맞아들이는 일을 늦추어서는 안 되겠다."라고 하였다.

① 홍범 14조가 발표되는 배경이 되었다.
② 우정국 개국 축하연을 계기로 일어났다.
③ 구식 군인에 대한 차별 대우가 발단이 되었다.
④ 개화 정책에 반대하는 유생에 의해 주도되었다.
⑤ 일본과 한성 조약을 체결하는 결과를 초래하였다.

고급 22회 34번

10. 다음 내용을 담고 있는 조약에 대한 설명으로 옳은 것은? [2점]

> 1조 청의 상무위원을 조선의 개항장에 파견하고, 조선은 대원(大員)을 톈진에 주재시키고 관원을 다른 개항장에 파견한다. …… 처리하기 어려운 문제가 생겼을 때는 청의 북양 대신과 조선 국왕이 서로 통지하여 처리한다.
> 4조 조선 상인은 베이징에서 규정에 따라 교역하고, 청 상인은 양화진과 한성에 상점을 개설한 경우를 제외하고는 내지 행상을 허가하지 않는다. 두 나라 상인이 내지로 들어가고자 할 때에는 허가증을 발급받아야 한다.

① 조선이 자주국임을 명시하였다.
② 천주교 포교가 허용되는 근거가 되었다.
③ 방곡령을 내릴 수 있는 조건을 규정하였다.
④ 개화파가 일으킨 정변을 계기로 체결되었다.
⑤ 개항장 객주의 활동이 위축되는 결과를 초래하였다.

해설
제시된 자료는 임오군란(1882)에 대한 내용이다. 임오군란은 정부가 개화 정책을 추진하는 과정에서 구식 군대에 대해 차별 대우를 한 것이 발단이 되어 일어났다. 김장손 등 구식 군인은 민겸호, 호리모토(별기군 교관) 등을 살해하고, 일본 공사관을 습격하였다. 이 과정에서 흥선 대원군이 재집권하였으나 민씨 정권의 요청을 받은 청군의 개입으로 흥선 대원군이 청으로 압송되면서 민씨 정권이 재집권하였다.

오답피하기
① 제2차 갑오개혁 시기 공포된 홍범 14조는 최초의 근대적 헌법이었다.
② 갑신정변(1884)은 우정(총)국 개국 축하연을 계기로 일어났다.
④ 이만손과 홍재학 등 유생들은 개화 정책에 반대하는 개화 반대 운동을 주도하였다.
⑤ 갑신정변의 결과, 조선은 일본과 한성 조약을 체결하였다.

[정답 : ③]

해설
제시된 자료는 임오군란(1882) 이후 조선과 청 사이에 체결된 조·청 상민 수륙 무역 장정이다. 조·청 상민 수륙 무역 장정은 조선이 청의 속국임을 명시함으로써 종속 관계를 강화하였고, 청 상인의 내지 통상권을 허용하여 내륙 무역을 허용하였다. 이로써 거류지 무역이 해체되고 외국 상권에 의한 내지 침탈이 가속화되었다. 또한 거류지와 내지를 중개 무역하던 객주·여각·보부상 등의 활동이 위축되었다.

오답피하기
① 일본은 강화도 조약에 조선이 자주국임을 명시하여 청의 간섭을 배제하고자 하였다.
② 조·불 수호 통상 조약(1886)으로 천주교의 포교와 신앙의 자유가 허용되었다.
③ 조·일 통상 장정(1883)이 일부 개정되어 방곡령 규정이 신설되었으나, 방곡령 선포 1개월 전에 일본 측에 통보해야 한다는 규정 때문에 방곡령은 실패하였다.
④ 갑신정변 이후 조선과 일본 사이에 한성 조약이, 청과 일본 사이에 톈진 조약이 체결되었다. 특히 일본은 톈진 조약으로 청과 동등한 파병권을 확보하여 청·일 전쟁 발발의 원인 중 하나가 되었다.

[정답 : ⑤]

keyword
임오군란, 구식 군인, 별기군, 흥선 대원군, 우정(총)국 개국 축하연, 한성 조약, 조·청 상민 수륙 무역 장정, 내지 통상권, 방곡령, 천주교 포교, 개항장, 객주

11. (가) 사건에 대한 설명으로 옳은 것은? [2점]

> 전에는 개화당을 꾸짖는 자도 많이 있었으나, 오히려 개화가 이롭다는 것을 말하면 듣는 사람들도 감히 크게 꺾으려 들지는 않았다. 그런데 김옥균 등이 주도한 ⎯⎯(가)⎯⎯ 을/를 겪은 뒤부터 조야(朝野)에서 모두 말하기를, "이른바 개화당이라고 하는 자들은 충의를 모르고 외국인과 연결하여 나라를 팔고 종사(宗社)를 배반하였다."라고 하고 있다.

① 한성 조약이 체결되는 계기가 되었다.
② 구본신참을 개혁의 원칙으로 표방하였다.
③ 흥선 대원군이 청에 납치되는 원인이 되었다.
④ 부산, 원산, 인천이 개항되는 결과를 가져왔다.
⑤ 김윤식을 청에 영선사로 파견하는 배경이 되었다.

해설
제시된 자료의 '개화당', '김옥균' 등을 통해 (가) 사건이 갑신정변(1884)임을 알 수 있다. 갑신정변은 김옥균 등 개화당이 우정총국 개국 축하연을 계기로 일으킨 사건이다. 급진 개화파는 개혁 정강 14개조를 발표하고 개혁을 추진하였으나, 3일 만에 청군의 개입으로 실패하였다. 갑신정변이 실패하자 흥분한 백성들은 서울에 있는 일본 공사관을 불태우고 일본 거류민들을 죽였는데, 일본은 이를 문제 삼아 한성 조약을 강요하였다. 한성 조약에는 조선 측의 사과와 손해 배상, 일본인 살해 사건의 범인 처벌, 일본 공사관 신축 부지 제공과 신축비 지불 등의 내용이 있었다.

오답피하기
② 대한 제국 시기의 광무개혁은 구본신참의 원칙에 따라 추진되었다.
③ 임오군란을 진압한 청은 흥선 대원군을 사건의 주동자로 지목하고 청으로 압송하였다.
④ 강화도 조약 체결(1876) 이후 조선은 부산 · 원산 · 인천을 개항하였다.
⑤ 개항 이후 조선 정부는 통리기무아문을 설치하고 개화 정책을 추진하였으며, 김윤식을 청에 영선사로 파견하였다.

[정답 : ①]

---

12. (가)~(라) 국가에 대한 설명으로 옳은 것을 <보기>에서 고른 것은? [2점]

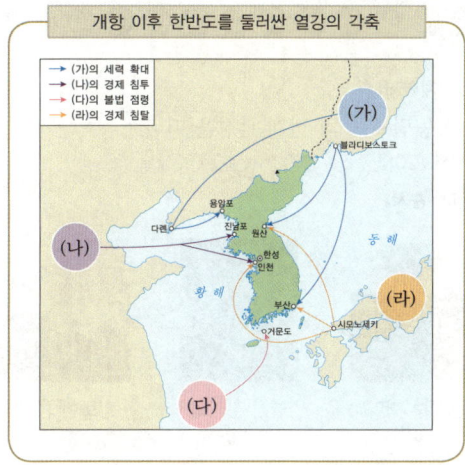

개항 이후 한반도를 둘러싼 열강의 각축

― (가)의 세력 확대
― (나)의 경제 침투
― (다)의 불법 점령
― (라)의 경제 침탈

〈보 기〉

ㄱ. (가) – 조선이 최초로 최혜국 대우를 보장한 국가이다.
ㄴ. (나) – 톈진 조약의 체결로 인해 조선에서 군대를 철수하였다.
ㄷ. (다) – 천주교 선교 문제로 인해 조선과의 조약 체결이 지연되었다.
ㄹ. (라) – 조선과 방곡령 관련 조항이 포함된 통상 장정을 체결하였다.

① ㄱ, ㄴ   ② ㄱ, ㄷ   ③ ㄴ, ㄷ
④ ㄴ, ㄹ   ⑤ ㄷ, ㄹ

해설
제시된 지도의 (가)는 러시아, (나)는 청, (다)는 영국, (라)는 일본이다.
ㄴ. 청과 일본은 갑신정변 이후 톈진 조약을 체결하고 조선에서 군대를 철수하였으며, 조선에 군대를 파병할 경우 상대국에 미리 알릴 것을 약속하였다.
ㄹ. 조선은 일본과 방곡령 관련 조항이 포함된 조 · 일 통상 장정을 체결하였다(1883).

오답피하기
ㄱ. 조선은 미국과 조 · 미 수호 통상 조약을 체결(1882)하여 최혜국 대우를 보장해 주었다.
ㄷ. 조선은 천주교 선교 문제로 인해 프랑스와 조약 체결이 지연되어 다른 열강보다 늦게 조 · 불 수호 통상 조약을 체결하였다(1886).

[정답 : ④]

---

keyword
갑신정변, 개화당, 우정총국 개국 축하연, 개혁 정강 14개조, 김옥균, 한성 조약, 영선사, 톈진 조약, 최혜국 대우, 천주교 선교, 방곡령, 조 · 불 수호 통상 조약

고급 22회 35번

13. (가)~(마)와 관련된 각 시기별 농민군의 활동으로 옳지 <u>않은</u> 것은? [1점]

[답사 계획서]
동학 농민 운동의 전개 과정을 따라서
○ 기간 : 2014. ○○. ○○. ~ ○○. ○○.
○ 답사 순서

만석보 혁파비 (가) → 백산 창의비 (나) → 황토현 전적비 (다) → 전주 입성비 (라) → 우금치 전적비 (마)

① (가) – 자치 조직인 집강소를 설치하였다.
② (나) – 4대 행동 강령을 선포하였다.
③ (다) – 전봉준의 지휘 아래 관군과 싸워 승리하였다.
④ (라) – 탐관오리의 처단 등 폐정 개혁을 요구하였다.
⑤ (마) – 일본군과 관군에 맞서 격렬한 전투를 전개하였다.

해설
집강소는 전주 화약이 체결된 이후 폐정 개혁안을 실현하기 위해 조직된 개혁 기구이므로 (라)와 (마) 사이에 해당한다.
[정답 : ①]

참고 동학 농민 운동
① 제1기 : 고부 군수 조병갑의 탐학 → 전봉준을 선두로 봉기
② 제2기 : 안핵사 이용태의 동학 농민군 탄압 → 백산 집결 → 황토현·황룡촌 전투에서 관군 격퇴 → 전주성 진격
③ 제3기 : 청·일군 개입 → 전주 화약 체결 → 집강소 설치, 폐정 개혁 실현
④ 제4기 : 일본의 경복궁을 점령, 청·일 전쟁 → 농민군 재봉기, 남접과 북접의 연합군 조직 → 우금치 전투 패배

고급 25회 39번

14. 다음 조약이 체결된 이후에 나타난 정세로 옳은 것을 <보기>에서 고른 것은? [1점]

첫째, 청국은 조선의 완전무결한 독립을 인정한다.
둘째, 청국은 랴오둥 반도와 타이완, 펑후 제도를 일본에 할양한다.
셋째, 청국은 배상금 2억 냥을 지불하는 것에 동의한다.
……

〈 보 기 〉
ㄱ. 급진 개화파가 정변을 일으켰다.
ㄴ. 을미개혁으로 단발령이 실시되었다.
ㄷ. 동학 농민군이 황토현에서 관군을 물리쳤다.
ㄹ. 삼국 간섭의 영향으로 친러 내각이 수립되었다.

① ㄱ, ㄴ ② ㄱ, ㄷ ③ ㄴ, ㄷ
④ ㄴ, ㄹ ⑤ ㄷ, ㄹ

해설
제시된 자료는 청·일 전쟁이 일본의 승리로 끝난 후 양국 간에 체결된 시모노세키 조약의 내용 중 일부이다. 청은 시모노세키 조약으로 막대한 전쟁 배상금과 함께 랴오둥 반도와 타이완 등을 상실하게 되었다. 그러나 삼국 간섭(러·프·독)으로 일본이 랴오둥 반도를 청에게 돌려주자 조선 조정 내에 친러 세력이 등장하게 되었다. 이에 미우라를 공사로 임명한 일본은 낭인을 동원하여 을미사변을 일으키고, 을미개혁을 실시하였다. 을미개혁의 내용으로는 단발령 실시, 태양력 사용, 종두법 실시, 소학교 설치, 우편 사무 개시, '건양' 연호 사용 등이 있다. 을미개혁은 이후 을미의병과 아관파천으로 중단되었다.

오답피하기
ㄱ. 급진 개화파는 1884년 갑신정변을 일으켰다.
ㄷ. 동학 농민군은 1894년 황토현 전투에서 관군을 물리치고 승리하였다.
[정답 : ④]

keyword
동학 농민 운동, 황토현 전투, 4대 강령, 폐정 개혁 12개조, 집강소, 전주 화약, 우금치 전투, 청·일 전쟁, 시모노세키 조약, 삼국 간섭, 을미개혁, 단발령

15. 밑줄 그은 '협회'에 대한 설명으로 옳은 것은? [2점]

드디어 우리 협회의 요구가 반영된 헌의 6조가 관민 공동회에서 채택되었습니다. 황제께서도 받아들이셨으니, 이제 관민이 합심하여 황제의 성덕에 보답하고 국운이 융성하게 합시다.

① 고종 강제 퇴위 반대 운동을 주도하였다.
② 자유 민권 운동을 전개하고 의회 설립 운동을 펼쳤다.
③ 대성 학교와 오산 학교를 설립하여 인재를 양성하였다.
④ 황제의 측근 세력을 중심으로 전제 군주제를 지향하였다.
⑤ 일제의 황무지 개간권 요구를 반대하는 운동을 전개하였다.

16. 다음 문서를 발행한 정부에 대한 설명으로 옳은 것은? [2점]

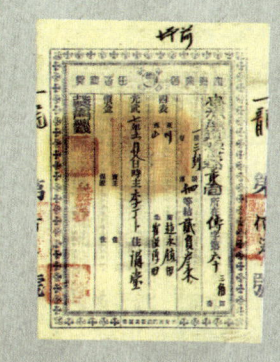

고종은 국호를 고치고 새로운 연호를 선포한 후, 개혁을 추진하였다. 경제 부문에서는 재정 확보를 위해 양지아문과 지계아문을 설치하여, 양전 사업을 실시하고 지계를 발급하였다. 이 새로운 증명서에는 토지 소유권과 관련된 내용이 기록되어 있다.

① 별기군을 창설하였다.
② 군국기무처를 설치하였다.
③ 대한국 국제를 반포하였다.
④ 한성 사범 학교를 설립하였다.
⑤ 공·사 노비 제도를 폐지하였다.

해설

제시된 자료의 '헌의 6조', '관민 공동회' 등을 통해 밑줄 그은 '협회'가 독립 협회임을 알 수 있다. 독립 협회는 영은문 자리에 독립문을 건립하고, 모화관을 헐고 독립관을 건축하였다. 또한 민중 계몽 운동과 함께 만민 공동회를 개최하였다. 만민 공동회는 우리나라 최초의 근대적 민중 집회로, 개화 세력과 민중의 결합을 의미한다. 독립 협회는 한·러 은행 폐쇄와 절영도 조차 요구를 철회시키는 등 러시아의 이권 침탈을 저지하기 위해 노력하였고, 관민 공동회를 개최하여 헌의 6조를 채택하고, 중추원 신관제를 반포하였다(1898). 이는 역사상 최초로 의회 설립 단계까지 갔던 의회 설립 운동이었다.

오답피하기
① 대한 자강회는 고종 강제 퇴위 반대 운동을 주도하였으나 통감부에 의해 해산되었다.
③ 신민회는 대성 학교와 오산 학교를 설립하여 인재를 양성하였다.
④ 대한 제국 선포(1897) 이후 황제의 측근 세력을 중심으로 전제 군주제를 지향하였다.
⑤ 보안회는 일제의 황무지 개간권 요구를 반대하는 운동을 전개하였다.

[정답 : ②]

해설

제시된 사진은 대한 제국 시기 근대적 토지 소유권 제도를 확립하기 위해 발급하였던 지계이다. 아관 파천 이후 열강의 이권 침탈로 국내 여론이 악화되고, 고종의 환궁을 요구하는 목소리가 높아지자 고종은 1897년 경운궁으로 환궁하였다. 고종은 환궁 이후 연호를 '광무'로 정하고, 국호를 '대한 제국'으로 바꾸었다. 이후 대한국 국제를 반포(1899)하고 구본신참을 원칙으로 광무개혁을 실시하였는데, 광무개혁의 특징은 양전 지계 사업의 실시이다.

오답피하기
① 별기군(1881)은 통리기무아문이 설치된 이후 조직된 신식 군대이다.
② 군국기무처는 제1차 갑오개혁 시기에 설치된 초정부적 개혁 기구이다.
④ 고종은 교육 입국 조서를 발표(1895)하고 한성 사범 학교를 설립하였다.
⑤ 제1차 갑오개혁 때 공·사 노비 제도가 폐지되었다.

[정답 : ③]

keyword
독립 협회, 헌의 6조, 관민 공동회, 독립문, 독립관, 광무개혁, 양전 사업, 지계, 대한국 국제

고급 26회 38번 | 사실 알기

17. 다음 논설에서 비판하고 있는 사건에 대한 설명으로 옳은 것은? [2점]

> 皇城新聞
>
> 소위 우리 정부의 대신이라는 자들이 출세와 부귀를 바라고 거짓 위협에 겁을 먹어 뒤로 물러나 벌벌 떨며 매국의 역적이 되기를 달게 받아들였다. 4천 년 강토와 5백 년 종사를 남에게 바치고 2천만 국민을 남의 노예로 만드니 …… 아! 원통하고, 아! 분하도다. 우리 2천만 남의 노예가 된 동포여! 살았는가, 죽었는가! 단군, 기자 이래 4천 년 국민 정신이 하룻밤 사이에 갑자기 멸망하고 말 것인가. 원통하고 원통하다. 동포여, 동포여!

① 고종이 강제로 퇴위당하였다.
② 대한 제국의 외교권이 박탈되었다.
③ 각 부서에 일본인 차관이 배치되었다.
④ 스티븐스가 외교 고문으로 임명되었다.
⑤ 사법권과 감옥에 관한 사무를 빼앗겼다.

고급 22회 37번 | 개념 이해

18. (가), (나) 조약에 대한 설명으로 옳은 것은? [2점]

> (가) ○ 대한 제국 정부는 일본 제국 정부가 추천한 일본인 1명을 재정 고문에 초빙하여 재무에 관한 사항은 모두 그의 의견을 들어 시행할 것
> ○ 대한 제국 정부는 외국과의 조약 체결, 기타 중요한 안건의 처리에 관하여는 미리 일본 정부와 협의할 것
> (나) ○ 대한 제국 정부는 시정 개선에 관하여 통감의 지도를 받을 것
> ○ 대한 제국 정부는 통감이 추천하는 일본인을 대한 제국의 관리로 임명할 것

① (가) - 일본인이 정부의 차관으로 부임하는 배경이 되었다.
② (가) - 화폐 정리 사업을 추진한 메가다가 고용되는 근거가 되었다.
③ (나) - 이토 히로부미가 통감으로 부임하는 계기가 되었다.
④ (나) - 일본이 군사상 필요한 지역을 사용할 수 있도록 하였다.
⑤ (가), (나) - 러·일 전쟁 기간 중에 체결되었다.

해설
제시된 자료는 을사조약 직후 일제의 국권 침탈을 비판한 장지연의 '시일야방성대곡'이 실린 황성신문이다. 일제는 을사조약을 강제로 체결하여 대한 제국의 외교권을 박탈하고, 통감부를 설치하였다.

오답피하기
① 일제는 헤이그 특사 파견(1907)을 빌미로 고종을 강제 퇴위시켰다.
③ 정미 7조약(1907) 이후 정부 각 부서에 일본인 차관이 배치되었다.
④ 제1차 한·일 협약(1904) 이후 스티븐스가 외교 고문에 임명되었다.
⑤ 기유각서(1909) 이후 사법권과 감옥에 관한 사무를 빼앗겼다.

[정답 : ②]

해설
제시된 자료의 (가)는 제1차 한·일 협약(을사조약)이며, (나)는 한·일 신협약(정미 7조약)이다. (가) 제1차 한·일 협약으로 재정 고문에 메가타(화폐 정리 사업 주도)와 외교 고문에 스티븐슨이 파견되었다. (나) 한·일 신협약으로 일본인 차관이 각 부서에 임명되었다.

오답피하기
① 한·일 신협약(정미 7조약) 이후 일본인이 정부의 차관으로 부임하였다.
③ 제1차 한·일 협약(을사조약) 이후 이토 히로부미가 통감으로 부임하였다.
④ 한·일 의정서(1904)의 체결로 일본이 군사상 필요한 지역을 사용할 수 있게 되었다.
⑤ 제1차 한·일 협약(을사조약)은 러·일 전쟁 기간 중인 1904년 체결되었으나, 한·일 신협약(정미 7조약)은 1907년에 조인되었다.

[정답 : ②]

keyword
외교권, 황성신문, 차관, 고문, 스티븐스, 을사조약, 시일야방성대곡, 통감, 화폐 정리 사업, 메가타, 제1차 한·일 협약, 한·일 신협약(정미 7조약), 제2차 한·일 협약

19. 밑줄 그은 '전군'에 대한 설명으로 옳은 것은? [2점]

> 이때에 사기를 고무하여 서울 진공의 영(令)을 발하니, 그 목적은 서울로 들어가 통감부를 쳐부수고 성하(城下)의 맹(盟)을 이루어 저들의 소위 신협약 등을 파기하여 대대적 활동을 기도(企圖)함이라. …… 전군(全軍)에 명령을 내려 일제히 진군할 것을 재촉하여 동대문 밖에 나아가 다다를 때 ……
> – 대한매일신보 –

① 14개조 정강을 발표하였다.
② 선혜청과 일본 공사관을 공격하였다.
③ 국권 회복과 공화정체를 목표로 하였다.
④ 고종의 권고를 받아 대부분 해산하였다.
⑤ 국제법상 교전 단체로 인정할 것을 요구하였다.

20. 밑줄 그은 '이 단체'에 대한 설명으로 옳은 것은? [2점]

미국에서 귀국한 안창호가 대한매일신보 주필인 양기탁과 함께 이 단체를 조직했다는군.

양기탁이 총감독을 맡고, 안창호가 신입 회원들의 자격을 심사하는 집행원을 맡았다고 하네.

① 연통제를 통해 독립운동 자금을 모았다.
② 파리 강화 회의에 독립 청원서를 제출하였다.
③ 대성 학교와 오산 학교를 세워 민족 교육을 실시하였다.
④ 관민 공동회를 개최하여 정부에 헌의 6조를 건의하였다.
⑤ 고종 강제 퇴위 반대 운동을 주도하다가 통감부에 의해 해산되었다.

해설 (19)
제시된 자료의 '서울 진공', '동대문 밖'을 통해 서울 진공 작전(1908)과 관련되었음을 알 수 있다. 일제는 헤이그 특사 사건을 빌미로 고종을 강제 퇴위시켰으며, 정미 7조약 부속 비밀 각서에 따라 대한 제국의 군대를 강제로 해산하였다. 이때 해산당한 군인들이 의병 세력에 합류하였다(정미의병). 정미의병은 13도 창의군을 결성하고(총대장 이인영, 군사장 허위) 서울 진공 작전을 추진하였으나 일본군의 선제공격으로 실패하였다. ⑤ 정미의병은 13도 창의군을 결성하고, 각국 공사관에 의병 부대를 국제법상 교전 단체로 인정해 줄 것을 요구하는 격문을 보냈다.

오답피하기
① 갑신정변(1884)을 일으킨 급진 개화파는 14개조 정강을 발표하였다.
② 임오군란(1882)이 일어나자 구식 군대는 선혜청과 일본 공사관을 공격하였다.
③ 신민회(1907)는 한말 최대의 비밀 결사 단체로, 국권 회복과 공화정체를 목표로 하였다.
④ 을미사변(1895)과 단발령 실시를 계기로 거병한 을미의병은 단발령 철회와 고종의 권고로 대부분 해산하였다.

[정답 : ⑤]

해설 (20)
두 사람의 대화에 나온 '이 단체'는 신민회이다. 신민회는 1907년 안창호가 양기탁·이동녕 등과 함께 국권 회복을 목표로 조직한 항일 비밀 결사 단체이다. 신민회는 평양에 대성 학교, 정주에 오산 학교를 설립하고, 자기 회사와 태극 서관을 운영하여 민족 산업을 육성하였다. 신민회는 공화정을 지향하였고, 만주에 독립운동 기지 건설을 추진하였으나, 일제가 날조한 105인 사건으로 해체되었다.

오답피하기
① 대한민국 임시 정부는 비밀 연락망 조직인 연통제를 통해 독립운동 자금을 모았다.
② 신한청년당은 김규식을 파리 강화 회의에 민족 대표로 파견하여 독립 청원서를 제출하였다.
④ 독립 협회는 관민 공동회를 개최하여 정부에 6가지 개혁 사항인 헌의 6조를 건의하였다.
⑤ 대한 자강회는 고종 강제 퇴위 반대 운동을 주도하다가 통감부에 의해 해산되었다.

[정답 : ③]

참고 애국 계몽 운동

보안회(1904)	일본의 황무지 개간권 요구 반대 운동
헌정 연구회(1905)	입헌 군주제 수립과 민권 확대 주장
대한 자강회(1906)	헌정 연구회의 후신, 교육과 산업의 진흥을 통한 실력 양성, 고종 강제 퇴위 반대 운동 전개
신민회(1907)	국권 회복과 공화 정체의 근대 국민 국가 건설 목표, 안창호·양기탁 등이 중심이 된 비밀 결사, 105인 사건으로 해체(1911), 실력 양성 운동(대성 학교, 오산 학교, 태극 서관, 도자기 회사), 국외 독립군 기지 건설(삼원보)

keyword
정미의병, 군대 해산, 13도 창의군, 서울 진공 작전, 신민회, 안창호, 105인 사건, 삼원보, 대성 학교, 오산 학교, 태극 서관

21. 밑줄 그은 '이 사업'에 대한 설명으로 옳은 것을 〈보기〉에서 고른 것은? [2점]

역 사 신 문
제△△호 1905년 ○○월 ○○일

오늘부터 신화폐로 교환해야

정부는 지난 6월 발표한 탁지부령 제1호에 근거하여 구 백동화를 일본의 제일 은행권으로 교환하는 작업을 오늘부터 실시한다고 발표했다. 이 사업을 주도한 인물은 일본 정부가 추천한 재정 고문 메가타로 알려져 추진 배경에 의구심이 증폭된다.

〈보 기〉
ㄱ. 화폐 주조를 위해 전환국이 설립되었다.
ㄴ. 통화량이 줄어들어 국내 상인들이 타격을 입었다.
ㄷ. 황국 중앙 총상회가 중심이 되어 반대 운동을 전개하였다.
ㄹ. 일본에서 차관이 도입되어 정부의 재정 예속화를 심화시켰다.

① ㄱ, ㄴ   ② ㄱ, ㄷ   ③ ㄴ, ㄷ
④ ㄴ, ㄹ   ⑤ ㄷ, ㄹ

22. 밑줄 그은 '민족 운동'이 일어나게 된 계기로 가장 적절한 것은? [1점]

① 미국이 운산 금광 채굴권을 가져갔다.
② 프랑스가 경의선 철도 부설권을 획득하였다.
③ 일본이 차관을 강요하여 대한 제국의 재정을 악화시켰다.
④ 러시아가 압록강, 두만강, 울릉도의 삼림 채벌권을 차지하였다.
⑤ 중국이 조·청 상민 수륙 무역 장정으로 내지 통상권을 얻어 냈다.

해설
제시된 자료는 화폐 정리 사업(1905)에 해당한다. 화폐 정리 사업으로 기존의 엽전과 백동화가 일본 제일 은행이 발행한 화폐로 교환되었다. 특히 질이 떨어지는 병종의 화폐는 교환이 불가하여 조선 상공인들과 은행의 자산 가치가 급격하게 하락하였다. 반면 일본 상인들은 화폐 정리 사업을 미리 알고 질 좋은 화폐를 보유하고 있어서 피해가 적었다. 그 결과 대한 제국에서는 통화량이 줄어들어 많은 국내 상인들이 도산하고, 농촌 경제는 파탄에 이르렀다.

오답피하기
ㄱ. 전환국은 1883년에 설치된 화폐 주조 기관이다.
ㄷ. 개항 이후 서울의 시전 상인들은 외국 상인들의 상권 침탈을 막고 독점적 이익을 수호하기 위해 황국 중앙 총상회를 조직하였다(1898).

[정답 : ④]

참고 화폐 정리 사업

주도	재정 고문 메가타
내용	상평통보와 백동화를 제일 은행권의 신화폐로 교환
결과	화폐 발행권 탈취, 일본 제일은행이 한국의 중앙은행 역할, 대한 제국의 국채 증가, 한국 상인과 농민이 타격을 받음

해설
제시된 자료의 '빚 덩어리 벗어 보자', '대구', '경제적 민족 운동'을 통해 밑줄 그은 '민족 운동'이 국채 보상 운동(1907)임을 알 수 있다. 국채 보상 운동은 일제의 강요로 도입한 차관을 갚아 경제적 예속에서 벗어나고자 서상돈 등이 대구에서 시작한 민족 운동이다. 모금을 위해 금연 운동이 전개되었고, 부녀자들은 비녀와 가락지까지 성금으로 내어 호응하였다. 대한매일신보 등 언론 기관이 적극적으로 후원하였으나, 일제의 탄압으로 결국 실패하였다.

오답피하기
① 아관 파천 이후 열강의 이권 침탈이 본격화되어 미국은 운산 금광 채굴권을 가져갔다(1896).
② 프랑스는 경의선 부설권을 획득(1896)하였으나, 재정적 어려움으로 인해 대한 제국에 반납하였다.
④ 러시아는 압록강·두만강·울릉도의 삼림 채굴권을 차지하였다(1896).
⑤ 임오군란(1882) 이후 조선과 청 사이에 조·청 상민 수륙 무역 장정이 체결되었다.

[정답 : ③]

keyword
화폐 정리 사업, 메가타, 백동화, 전환국, 황국 중앙 총상회, 국채 보상 운동, 대구, 서상돈, 경의선, 조·청 상민 수륙 무역 장정

23. 다음 자료의 상황이 나타난 당시에 볼 수 있는 장면으로 가장 적절한 것은? [1점]

위 사진은 전차 개통식과 관련된 것으로 개통식을 구경하기 위해 한성 사람들이 모여든 모습이다. 왼쪽 사진에는 흥인지문 앞에 긴 지붕이 덮인 전차 보관소가 보인다. 오른쪽 사진에는 태극기와 성조기가 함께 걸려 있는데, 이는 당시 전차가 미국의 기술로 제작되었기 때문이다.

① 부산으로 가는 기차를 타는 여행가
② 황성신문을 구입하여 읽고 있는 유생
③ 잡지 소년에 실을 원고를 작성하는 작가
④ 원각사에서 신극 치악산을 관람하는 관객
⑤ 국채 보상 기성회에 성금을 보내는 부녀자

해설
전차는 1898년 처음으로 서대문에서 청량리까지 운행을 시작하였다. 황성신문도 같은 해인 1898년 창간되었는데, 을사조약 직후 장지연이 '시일야방성대곡'을 게재하여 일제의 국권 침탈을 비판하였다.

오답피하기
① 경부선은 러·일 전쟁 중인 1905년 개통되었다.
③ 소년사의 잡지 '소년'은 1908년 최남선이 창간하였다.
④ 1908년 이인직이 개설한 최초의 서양식 극장으로, '은세계' 등의 작품이 공연되었다.
⑤ 국채 보상 운동은 1907년 대구에서 서상돈 등의 제안으로 처음 시작되었다.

[정답 : ②]

참고 근대 문물의 도입

우편	우정총국 설치(1884) → 갑신정변으로 중단 → 을미개혁 때 재개, 만국 우편 연합 가입(1900)
전신	청·일에 의해 가설('일본~부산', '인천~서울~의주'), 한성 전보 총국 설립
전화	경운궁에 처음 가설(1898) → 시내 전화 개시(1902)
전기	경복궁에 처음 설치(1887), 한성 전기 회사가 발전소 설치, 서울에 전등·전차 가설
철도	경인선(1899), 경부선(1905), 경의선(1906) 개통

24. 밑줄 그은 '신문'에 대한 설명으로 옳은 것은? [2점]

러·일 전쟁이 일어난 이후에 일본이 우리나라 신문에 대해 검열을 하고 있어.

그래서 양기탁 선생이 영국인 특파원 베델과 함께 새로운 신문을 창간했다더군.

① 시일야방성대곡을 게재하였다.
② 최초로 상업 광고를 게재하였다.
③ 천도교에서 발행한 국한문 혼용의 신문이었다.
④ 최초의 민간 신문으로 민권 신장에 기여하였다.
⑤ 국채 보상 운동을 전국적으로 확산시키는 데 기여하였다.

해설
두 사람의 대화에 나온 밑줄 그은 '신문'은 대한매일신보이다. 양기탁이 영국인 베델과 함께 1904년 창간한 대한매일신보는 일제의 탄압 속에서도 가장 강경한 항일 논조를 펼쳤으며, 국채 보상 운동을 전국으로 확산시키는 데 기여하였다.

오답피하기
① 을사조약이 체결된 직후 장지연은 황성신문에 '시일야성대곡'을 실어 을사조약의 부당성을 알렸다.
② 1886년 창간된 한성주보는 우리나라 최초로 상업 광고를 게재하였다.
③ 만세보는 1906년 천도교의 교주인 손병희가 발행한 국한문 혼용의 신문이다.
④ 독립신문은 1896년 독립 협회의 서재필, 윤치호 등이 창간한 우리나라 최초의 민간 신문이다.

[정답 : ⑤]

참고 신문의 편찬

한성순보	최초의 신문, 박문국에서 발행, 순한문, 관보적 성격
한성주보	국한문, 최초로 상업 광고 게재
독립신문	서재필이 정부의 지원을 받아 발행, 최초의 민간 신문, 한글판과 영문판 발행
제국신문	이종일이 발행, 순한글, 서민과 부녀자 대상
황성신문	남궁억이 발행, 국한문 혼용체, 유림 대상, '시일야방성대곡' 게재
대한매일신보	양기탁·베델이 운영, 국한문, 영문판 발행, 일제의 국권 침탈 비판, 국채 보상 운동 지원
만세보	국한문, 천도교에서 발행

keyword
우정총국, 원각사, 경부선, 소년, 대한매일신보, 베델, 양기탁, 국채 보상 운동, 시일야방성대곡, 황성신문, 독립신문

Ⅴ 일제 강점과 민족 운동의 전개

1. 다음 자료에 나타난 정책의 시행 결과로 옳지 <u>않은</u> 것은? [3점]

> **소유 신고를 명심하시오**
>
> 경성부 관내에서는 임시 토지 조사국의 통첩에 따라 지난 9월 1일까지 토지의 소유 신고를 제출하라고 반포하였다가 12월 말일까지로 그 기한을 연장하였다. 사람들이 아직 기한이 멀었다고 관망만하지만, '만일 제출하지 않는다면 후회가 없지 않을 것'이라고 모 당국자가 말하였다.
>
> –매일신보–

① 총독부의 지세 수입이 늘어났다.
② 소작농의 관습적 경작권이 부정되었다.
③ 식량 사정이 악화되어 배급제가 실시되었다.
④ 한국으로의 일본인 농업 이민이 촉진되었다.
⑤ 동양 척식 주식회사 소유의 농지가 증가하였다.

해설
제시된 자료는 토지 조사 사업에 해당한다. ③ 식량 사정이 악화되어 배급제가 실시된 때는 국가 총동원법(1938)이 제정된 이후이다.

오답피하기
일제는 공정한 지세 부과와 근대적 토지 제도 확립을 명분으로 임시 토지 조사국(1910)을 설치하고, 토지 조사령(1912)을 공포하였다. 그러나 실제로는 식민지 통치에 필요한 지세의 안정적 확보가 이 사업의 근본적인 목적이었다. 일제는 이를 위해 토지 소유주가 직접 토지를 신고하도록 하고 복잡한 신고 절차를 요구하였다. 이로 인해 대규모 미신고 토지가 발생되었고, 이러한 토지는 곧 주인 없는 토지로 간주되어 일본인에게 싸게 불하되었다. 이후 조선인은 소작농으로 전락하거나 화전민이 되어 만주나 연해주 등지로 이주하였다.

[정답 : ③]

참고 | 토지 조사 사업
근대적 토지 소유권의 확립을 명목으로 임시 토지 조사국 설치(1910) → 토지 조사령 공포(1912) → 기한부 신고제, 증거주의에 입각한 복잡한 신고 절차 → 조선인은 기한부 계약에 의한 소작농으로 전락 → 많은 소작농이 연해주나 간도로 이주

---

2. 다음 법령이 제정된 이후 일제의 정책으로 옳은 것은? [3점]

> 제1조 국체를 변혁하는 것을 목적으로 하는 결사를 조직한 자 또는 결사의 임원, 기타 지도자의 임무에 종사한 자는 사형이나 무기 또는 5년 이상의 징역 또는 금고에 처한다. …… 사유 재산 제도를 부인하는 것을 목적으로 결사를 조직한 자, 결사에 가입한 자 또는 결사의 목적 수행을 위해 행위를 한 자는 10년 이하의 징역 또는 금고에 처한다.

① 한국인에 한하여 적용하는 조선 태형령이 시행되었다.
② 한국인의 기업 활동을 억제하기 위해 회사령이 발표되었다.
③ 식민지 교육 방침을 규정한 제1차 조선 교육령이 시행되었다.
④ 식민 통치의 재정 기반을 확대하고자 토지 조사 사업이 실시되었다.
⑤ 독립 운동을 탄압하기 위한 조선 사상범 보호 관찰령이 공포되었다.

해설
제시된 자료는 일제가 공포한 치안 유지법(1925)으로, 천황제나 사유 재산제를 부정하는 반정부 혹은 반체제 운동을 금지하는 법이다. ⑤ 조선 사상범 보호 관찰령(1936)은 독립운동을 탄압하기 위해 공포된 법령이다.

오답피하기
① 조선 태형령(1912)은 일제가 합법적으로 태형을 할 수 있도록 제정한 법령으로, 3·1 운동 이후 문화 통치를 표방하면서 폐지되었다.
② 회사령(1910)은 일제가 조선 민족의 기업 설립을 규제하기 위하여 공포한 법령이다.
③ 일제는 한국인을 우민화시키기 위하여 제1차 조선 교육령을 발표(1911)하여 보통 교육과 실업 교육에만 주력하였다.
④ 토지 조사 사업(1912~1918)은 일제가 근대적 토지 제도의 확립을 명분으로 실시하였으나 실제로는 식민 통치에 필요한 재정 기반을 확대하고자 한 것이었다.

[정답 : ⑤]

---

keyword
경작권, 도지권, 배급제, 동양 척식 주식회사, 임시 토지 조사국, 토지 조사령, 사회주의, 치안 유지법, 태형령, 회사령, 토지 조사 사업, 조선 사상범 보호 관찰령

고급 26회 44번 | 상황 인식

3. 다음 법령이 시행된 시기의 일제 정책으로 옳은 것은?
[2점]

> 제4조 정부는 전시에 국가 총동원상 필요한 때에는 칙령이 정하는 바에 따라 제국 신민을 징용하여 총동원 업무에 종사하게 할 수 있다.
> 제8조 물자의 생산·수리·배급·양도 기타의 처분, 사용·소비·소지 및 이동에 관하여 필요한 명령을 내릴 수 있다.

① 토지를 점탈하기 위해 토지 조사령을 공포하였다.
② 지하 자원을 약탈하기 위해 조선 광업령을 제정하였다.
③ 일본식 성명을 강요하기 위해 조선 민사령을 개정하였다.
④ 민족 자본의 성장을 억제하기 위해 회사령을 공포하였다.
⑤ 조선 불교의 자주성을 말살하기 위해 사찰령을 제정하였다.

해설
제시된 법령은 국가 총동원법(1938)이다. 일제는 인적·물적 수탈을 자행하기 위해 국가 총동원법을 제정·공포하였다. 대표적인 인적 수탈로는 징용·징병·일본군 성 노예로의 동원이 있으며, 물적 수탈로는 공출 제도와 배급제가 있다. ③ 일제는 1930년대 황국 신민화 정책을 실시하고, 조선 민사령을 개정(1939)하여 창씨 개명을 강요하는 등 조선인의 민족성을 말살시키기 위해 여러 정책을 시행하였다.

오답피하기
① 일제는 근대적 토지 제도의 확립을 명목으로 임시 토지 조사국을 설치(1910)하고 토지 조사령을 공포(1912)하였으나 실제로는 토지 수탈을 통한 지세의 안정적 확보가 근본적 목적이었다.
② 일제는 조선 광업령을 제정(1915)하여 조선의 광물 자원을 수탈하였다.
④ 일제는 회사령을 제정(1910)하여 조선 민족 자본의 성장을 억제하였다.
⑤ 일제는 사찰령을 제정하여 사찰의 재산 처분이나 주지 임명에 허가를 받도록 함으로써 조선 불교의 자주성을 말살하였다.

[정답 : ③]

참고 국가 총동원령(1938)
일제는 국가 총동원령을 발표하여 인적·물적 수탈을 강화하였다. 육군 지원병제(1938), 징용 제도(1939), 학도 지원병 제도(1943), 강제적 징병 제도(1944)를 실시하고, 여자 정신대 근무령을 공포(1944)하여 한국의 여성을 군수 공장에서 일하게 하거나 전쟁터로 끌고 가 일본군 성 노예를 강제하였다.

고급 27회 36번 | 개념 이해

4. 다음 시나리오의 (가) 단체에 대한 설명으로 옳은 것은?
[3점]

> S# 23. 서대문 감옥 종로 구치감
> 검 사: (가) 은/는 한국을 독립시킬 목적으로 만든 것인가?
> 박상진: 그렇다.
> 검 사: 어떤 방법으로 한국의 국권을 회복할 계획이었나?
> 박상진: 무기를 구입하여 국권 회복을 준비하고자 하였다.
> 검 사: 무기의 구입 비용은 어떻게 조달하려 하였나?
> 박상진: 부호에게서 의연금을 걷고 일본 사람들이 불법 징수한 세금을 압수하여 조달하려 하였다.

① 무오 독립 선언서를 발표하였다.
② 공화 정체의 국민 국가 수립을 지향하였다.
③ 연해주 이주 한인들이 중심이 되어 조직되었다.
④ 조선 총독부에 폭탄을 투척하는 의거를 일으켰다.
⑤ 국권 반환 요구서를 조선 총독부에 제출하고자 하였다.

해설
제시된 자료의 '박상진', '무기를 구입하여 국권 회복을 준비하고자 하였다.'를 통해 대한 광복회임을 파악할 수 있다. 대한 광복회는 1915년 대구에서 조직된 항일 독립운동 단체로, 공화 정체의 근대 국민 국가 수립을 지향하면서 대한 광복단과 조선 국권 회복단의 일부 인사가 통합하여 결성하였다. 대한 광복회는 박상진·채기중 등을 중심으로 군자금을 모아 만주에 사관 학교를 설립하고자 하였다.

오답피하기
① 무오 독립 선언서는 1918년 만주 지린 성에서 중광단의 인사를 중심으로 독립 운동가 39명이 발표하였다.
③ 연해주 이주 한인들이 중심이 되어 조직한 단체는 대한 광복군 정부, 대한 국민 의회 등이 있다.
④ 의열단 단원인 김익상은 조선 총독부에 폭탄을 투척하는 의거를 일으켰다.
⑤ 독립 의군부는 국권 반환 요구서를 조선 총독부에 제출하고자 하였다.

[정답 : ②]

---

keyword
국가 총동원법, 광업령, 조선 민사령, 사찰령, 토지 조사령, 공화 정체, 무오 독립 선언서, 국권 반환 요구서, 신한촌

5. 밑줄 그은 '만세 운동'에 대한 설명으로 옳은 것은? [2점]

사진은 고종의 인산(因山) 행렬 모습입니다. 손병희 등 종교계 인사들과 학생 대표들은 고종의 인산일을 즈음하여 많은 군중이 모일 것으로 예상하고 대규모 <u>만세 운동</u>을 추진하였습니다.

① 105인 사건의 원인이 되었다.
② 대한매일신보의 후원으로 전국적으로 확산되었다.
③ 일제가 이른바 문화 통치를 실시하는 계기가 되었다.
④ 연해주에서 대한 광복군 정부가 수립되는 배경이 되었다.
⑤ 시위를 준비하는 과정에서 사회주의자들이 대거 검거되었다.

6. 다음 가상 뉴스의 보도 내용이 나타날 시기를 연표에서 옳게 고른 것은? [3점]

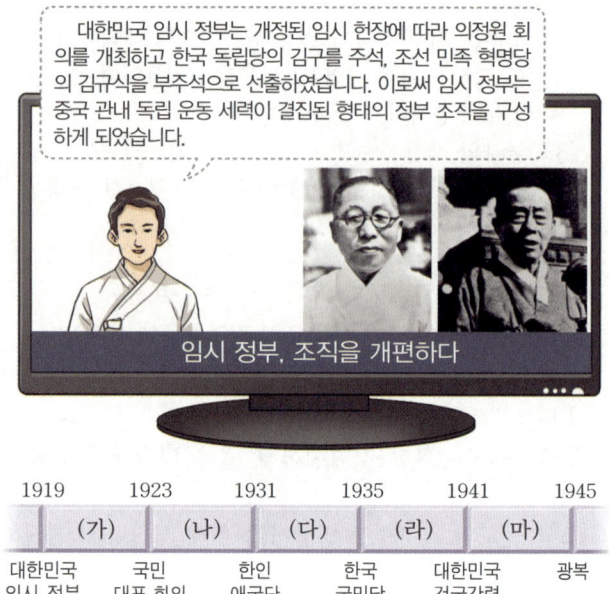

대한민국 임시 정부는 개정된 임시 헌장에 따라 의정원 회의를 개최하고 한국 독립당의 김구를 주석, 조선 민족 혁명당의 김규식을 부주석으로 선출하였습니다. 이로써 임시 정부는 중국 관내 독립 운동 세력이 결집된 형태의 정부 조직을 구성하게 되었습니다.

임시 정부, 조직을 개편하다

1919	1923	1931	1935	1941	1945
	(가)	(나)	(다)	(라)	(마)
대한민국 임시 정부 수립	국민 대표 회의 개최	한인 애국단 조직	한국 국민당 창당	대한민국 건국강령 발표	광복

① (가) ② (나) ③ (다)
④ (라) ⑤ (마)

해설
제시된 자료의 밑줄 그은 '만세 운동'은 3·1 운동이다. 천도교·기독교·불교 등 종교계 인사들과 학생 대표들은 고종의 인산일을 즈음하여 대규모 만세 운동을 계획하였다. ③ 3·1 운동은 일제가 문화 통치를 실시하는 계기가 되었다.

오답피하기
① 신민회는 105인 사건(1911)으로 해체되었다.
② 국채 보상 운동(1907)은 대한매일신보 등 신문사의 후원을 받아 전국적으로 확산되었다.
④ 대한 광복군 정부는 이상설 등이 러시아 블라디보스토크에서 수립한 망명 정부이다. 대한 광복군 정부는 독립군 조직이었으나 이후 대한민국 임시 정부 수립의 길을 열어 놓았다고 평가된다.
⑤ 순종의 인산일을 앞두고 대규모 만세 운동(6·10 만세 운동, 1926)이 계획되었으나, 시위를 준비하는 과정에서 사회주의자들이 대거 검거되었다.

[정답 : ③]

참고 3·1 운동의 영향
- 민족의 독립을 위한 열망을 세계에 과시
- 아시아 약소국가의 독립운동(중국의 5·4 운동, 인도의 비폭력·무저항 민족 운동, 중동 지방의 민족 운동 등)에 영향
- 대한민국 임시 정부 수립의 계기 마련
- 일제의 통치 방식이 무단 통치에서 문화 통치로 변화

해설
제시된 자료는 대한민국 임시 정부에 해당한다. 대한민국 임시 정부는 3·1 운동(1919) 이후 상하이를 거점으로 출범하였다. 대한민국 임시 정부는 3권 분립의 원칙에 입각해 입법 기관인 임시 의정원, 사법 기관인 법원, 행정 기관인 국무원으로 구성된 민주 공화 정체 정부이다. ⑤ 대한민국 임시 정부는 제5차 개헌(1944)을 통해 주석에 김구, 부주석에 김규식을 선임하였다.

[정답 : ⑤]

참고 대한민국 임시 정부의 헌법 개정

1차 개헌(1919)	3권 분립 원칙 아래 대통령 중심제와 내각 책임제 절충
2차 개헌(1925)	국무령을 수반으로 하는 내각 책임제로 개편
3차 개헌(1927)	국무 위원 중심의 집단 지도 체제
4차 개헌(1940)	주석 중심제로 개편(주석 김구)
5차 개헌(1944)	부주석제 신설(주석 김구, 부주석 김규식)

---

keyword
3·1 운동, 인산일, 대한매일신보, 문화 통치, 대한 광복군, 신민회, 대한민국 임시 정부, 국민 대표 회의, 한인 애국단, 대한민국 건국 강령, 김구, 김규식

고급 28회 42번 개념 이해

7. 다음 가상 일기에 나타난 민족 운동에 대한 설명으로 옳은 것은? [2점]

> ○○○○년 ○○월 ○○일
> 오늘은 순종 황제의 인산일이었다. 장례 행렬을 보기 위해 종로 3가 단성사 앞으로 갔다. 길가에는 이미 많은 사람들이 모여들고 있었다. 그런데 8시 반 정도가 되자 30~40여 명의 학생들이 격문을 뿌리고 만세를 불렀다. 길에 떨어진 격문을 주워 읽어보니 '조선 독립 만세'와 '우리의 철천지 원수는 자본 제국주의 일본이다.'라는 구호가 쓰여 있었다. 만세 운동을 보면서 나도 언젠가는 조선의 독립을 위해 기여하겠다고 다짐하였다.

① 신간회의 지원 속에 전국 각지로 확산되었다.
② 이른바 문화 통치로 전환되는 배경이 되었다.
③ 대한민국 임시 정부가 수립되는 데 영향을 주었다.
④ 한·일 학생 사이의 충돌 사건이 발단이 되어 일어났다.
⑤ 국내에서 민족 유일당 운동이 전개되는 계기를 마련하였다.

해설
제시된 자료는 순종의 인산일인 6월 10일을 목표로 사회주의 세력과 학생 운동 세력이 대규모의 만세 운동을 계획하여 실행한 6·10 만세 운동이다. 만세 운동 준비 과정에서 사회주의 계열은 일제에 발각되었으나, 학생들의 만세 시위는 예정대로 진행되어 민족 운동으로까지 발전하였다. ⑤ 6·10 만세 운동을 준비하는 단계에서 조선 공산당(사회주의 계열)과 천도교 계열이 연대하였는데, 이러한 경험은 국내에서 민족 유일당 단체인 신간회가 창립(1927)되는 배경이 되었다.

오답피하기
① 광주에서 시작된 광주 학생 항일 운동(1929)은 전국으로 확대되었는데, 이때 신간회에서 민족 차별에 대한 진상 조사단을 파견하였다.
② 3·1 운동 이후 일제의 통치 방식이 무단 통치에서 문화 통치로 전환되었다.
③ 3·1 운동 이후 대한민국 임시 정부가 독립운동의 구심체로 수립되었다.
④ 광주 학생 항일 운동은 한국과 일본 학생 간의 충돌에서 촉발되어 전국으로 확산되었다.

[정답 : ⑤]

고급 29회 42번 개념 이해

8. (가) 사건에 대한 설명으로 옳은 것은? [3점]

> (가)
> 1. 발생 장소
>   - 함경남도 덕원군
> 2. 발단
>   - 문평 라이징 선 석유 회사 일본인 감독 고다마의 조선인 노동자 구타
> 3. 전개
>   - 문평 제유 노동조합을 중심으로 파업 시작
>   - 노동 연합회가 지원하면서 파업 확대
>   - 노동 조건 개선을 요구하며 파업 지속
> 4. 결과
>   - 함남 노동회를 이용한 회유 및 일제 경찰의 탄압으로 실패
> 5. 의의
>   - 1920년대 최대 규모의 파업

① 암태도 소작 쟁의에 영향을 주었다.
② 비합법적 노동 조합을 중심으로 전개되었다.
③ 일본 상품의 관세가 철폐되는 계기가 되었다.
④ 조선 노동 총동맹이 창립되는 결과를 가져왔다.
⑤ 일본, 프랑스 등의 노동 단체로부터 격려 전문을 받았다.

해설
제시된 자료의 (가) 사건은 원산 총파업(1929)이다. 원산 총파업은 문평 제유 공장 노동자의 파업(1928)이 발단이 되었다. 당시 함경남도에는 영국인이 경영하는 문평 라이징 선 (Rising Sun) 석유 회사가 있었는데, 그 회사의 지배인과 주요 간부는 모두 일본인이었다. 이들은 평소 조선인 노동자들을 멸시하였다. 그중에서도 고다마라는 일본인 감독이 조선인에게 욕설과 구타를 일삼았는데, 1928년 9월 초 또다시 조선인 노동자를 구타하는 사건이 일어났다. 이에 문평 제유 노동조합을 중심으로 고다마의 파면과 생활 조건 개선을 요구하는 파업이 일어났다. 1929년 노동 연합회가 파업을 지원하면서 이 파업은 원산 전 지역으로 확대되었다. 이후 전국 각지의 노동조합·청년 단체·농민 단체 등이 후원하였으며, 일본·중국·프랑스·소련의 노동 단체들로부터 격려와 후원을 받았다.

오답피하기
① 암태도 소작 쟁의는 원산 총파업 발생 이전인 1923년에 발생하였다.
② 노동조합 운동은 1930년대 이후 비합법적 노동조합을 중심으로 전개되었다.
③ 일본 상품에 대한 관세 철폐는 1920년에 실시되었다.
④ 조선 노농 총동맹은 1924년에 조직되었다.

[정답 : ⑤]

---

keyword
6·10 만세 운동, 순종 인산일, 신간회, 민족 유일당 운동, 광주 학생 항일 운동, 암태도 소작 쟁의, 조선 노농 총동맹, 관세 철폐, 원산 총파업, 비합법적 노동조합

9. 다음 자료에 해당하는 민족 운동에 대한 설명으로 옳은 것은? [2점]

우리 생활의 제일 조건은 의식주의 문제, 즉 산업적 기초라. 이 산업적 기초가 파멸을 당하여 우리에게 남은 것이 없으면 그 아무 것도 없는 우리가 사람으로 사람다운 생활을 하지 못하고 사람다운 발전을 하지 못할 것은 당연하지 아니한가.

① 회사령 폐지에 영향을 주었다.
② 대공황을 극복하기 위해 일어났다.
③ 민족 자본의 보호와 육성을 추구하였다.
④ 학생이 중심이 된 농촌 계몽 운동이었다.
⑤ 진주에서 시작되어 전국적으로 퍼져나갔다.

해설
제시된 자료는 1920년대 물산 장려 운동에 해당한다. 1920년 일제는 허가제의 회사령을 폐지하고, 신고제로 전환하였으며, 관세 철폐(1923) 등을 통해 일본 자본의 조선 진출을 용이하게 하였다. 또한 신은행령을 발표(1927)하여 조선 소유의 은행을 강제로 합병하였다. 이러한 일제의 경제적 침탈에 맞서 평양에서 조만식 등이 주도하여 조선 물산 장려회 발기인 대회가 개최(1920)되었고, 서울에서 조선 물산 장려회가 정식으로 출범하였다(1923). ③ 물산 장려 운동은 일종의 국산품 애용 운동으로, 민족 자본의 보호와 육성을 추구하였다. 그러나 사회주의 세력은 물산 장려 운동을 부르주아 운동으로 규정하고 참여하지 않았다.

오답피하기
① 일제는 일본 자본의 조선 진출을 용이하게 하기 위해 회사령을 폐지하였다(1920).
② 일제는 1929년부터 시작된 경제 대공황을 극복하기 위해 침략 전쟁을 시작하였다.
④ 브나로드 운동은 1931년부터 추진된 학생 중심의 농촌 계몽 운동이었다.
⑤ 백정에 대한 사회적 차별을 타파하고자 하였던 형평 운동은 진주에서 1923년 시작되어 전국으로 퍼져나갔다.

[정답 : ③]

10. 다음 결의문의 발표를 주도한 단체에 대한 설명으로 옳은 것은? [3점]

1. 민중 대회를 개최할 것
1. 시위 운동을 조직화 할 것
1. 다음과 같은 표어로 민중 여론을 환기할 것
   ○ 광주 학생 사건의 정체를 알리자
   ○ 구금된 학생을 무조건으로 석방하자
   ○ 경찰의 학교 유린을 배격하자

① 105인 사건으로 해체되었다.
② 6·10 만세 운동을 계획하였다.
③ 민립 대학 설립 운동을 주도하였다.
④ 행정 기능과 군사 조직을 갖추었다.
⑤ 기회주의 배격과 민족 단결을 내세웠다.

해설
제시된 자료는 신간회에 대한 내용이다. 신간회는 1927년 설립된 민족 유일당 단체로, 정치·경제적 각성 촉구, 민족 단결, 기회주의 배격을 강령으로 삼았다. 신간회는 전국 순회 공연을 개최하여 민족의식을 고취시키고, 여성·농민·노동 운동을 지원하였으며, 일제의 식민 통치 정책을 비판하였다. 광주 학생 항일 운동이 일어나자 김병로를 단장으로 한 조사단을 파견하는 등 활발한 활동을 하였으나 일제의 탄압과 사회주의 계열의 이탈로 해소되고 말았다.

오답피하기
① 신민회는 105인 사건(1911)으로 해체되었다.
② 사회주의 세력과 학생 운동 세력이 연합하여 6·10 만세 운동(1926)을 계획하였다.
③ 조선 교육회는 우리의 손으로 대학을 설립하려는 민립 대학 설립 운동을 전개하였다.
④ 1923~1925년까지 만주 지방에 결성된 3부(참의부·정의부·신민부)는 행정 기능과 군사 조직을 갖추고 있었다.

[정답 : ⑤]

참고 신간회 강령
1. 우리는 정치·경제적 각성을 촉구한다.
2. 우리는 민족의 단결을 공고히 한다.
3. 우리는 기회주의자를 일체 부인한다.

---

keyword
물산 장려 운동, 회사령 폐지, 대공황, 농촌 계몽 운동, 조선 형평사, 신간회, 6·10 만세 운동, 민립 대학 설립 운동, 민중 대회

11. 밑줄 그은 '이곳'을 지도에서 옳게 고른 것은? [2점]

민족의 최고 가치는 자주와 독립이다. 이를 수호하기 위한 투쟁은 민족적 성전이며, 청사에 빛난다. …… 1910년 일본에 의하여 국권이 침탈당하자 국내외 지사들은 이곳에 결집하여 국권 회복을 위해 필사의 결의를 다짐했다. 성명회와 권업회 결성, 한민학교 설립, 신문 발간, 13도 의군 창설 등으로 민족 역량을 배양하고 …… 대일 항쟁의 의지를 불태웠다.

— ○○○ 기념탑 비문 —

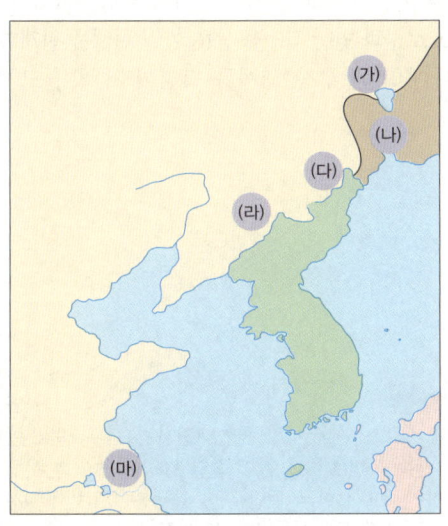

① (가) ② (나) ③ (다)
④ (라) ⑤ (마)

해설
제시된 자료의 밑줄 그은 '이곳'은 연해주 지역으로, 지도의 (나)에 해당한다. 1910년 일제가 국권을 침탈하자 국내외 지사들은 연해주 지역으로 이주하여 한인 집단촌(신한촌)을 형성하였다. 연해주 지역의 대표적인 독립운동 단체로는 권업회(1911)와 대한 광복군 정부(1914) 등이 있다.

오답피하기
(가), (다), (라), (마) 지역은 해당되지 않는다.

[정답 : ②]

참고 1910년대 해외 중요 단체

서간도	삼원보, 경학사(부민단), 신흥 강습소, 서로 군정서
북간도	간민회, 서전서숙, 명동 학교, 중광단
연해주	신한촌 건설, 권업회, 대한 국민 의회
상하이	동제사, 신한 청년당
미주 지역	대한인 국민회, 대조선 국민 군단, 흥사단

12. (가) 무장 투쟁에 대한 설명으로 옳은 것은? [3점]

(가) 의 기억

완루구에서 홍범도 장군은 일본군의 포위 작전을 미리 알아채고 치고 빠지는 전술로 적들을 교란시켰다. 마주오던 일본군은 우리 부대가 이미 진지를 빠져나간 줄도 모르고 자리편끼리 사격을 퍼부었다. 이 틈에 우리는 적의 후미를 공격해 대승을 거두었다. …… 어랑촌에서 적은 병력으로도 적의 총공세에 맞서 싸우던 김좌진 부대는 뒤이어 당도한 우리 부대의 지원 사격에 힘입어 승리를 이끌었다.

① 조선 의용대가 화북 지방에서 일본군과 벌인 전투이다.
② 대한 독립군 등이 봉오동에서 일본군을 격파한 전투이다.
③ 한국 독립군이 대전자령에서 일본군을 크게 이긴 전투이다.
④ 북로 군정서 중심의 연합 부대가 일본군에게 대승을 거둔 전투이다.
⑤ 조선 혁명군이 중국 의용군과 함께 연합 작전을 펼쳐 승리한 전투이다.

해설
제시된 자료의 '완루구', '어랑촌' 등을 통해 청산리 대첩(1920)에 대한 내용임을 알 수 있다. 일제는 봉오동 전투에서 패배한 후 훈춘 사건을 조작하여 만주에 대규모 병력을 파견하였다. 일본군의 토벌 계획을 감지한 김좌진의 북로 군정서군, 홍범도의 대한 독립군 등 여러 독립군들은 연합하여 청산리에서 일본군을 격파하였다.

오답피하기
① 조선 의용대는 김원봉이 중국 관내에서 창설한 최초의 한인 무장 부대였다.
② 홍범도의 대한 독립군은 봉오동에서 일본군을 대파하였다.
③ 한국 독립군은 중국 호로군과 연합하여 사도하자 전투·쌍성보 전투·대전자령 전투 등에서 일본군에 타격을 주었다.
⑤ 양세봉의 조선 혁명군은 중국 의용군과 연합하여 영릉가와 흥경성 등지에서 일본군을 격퇴하였다.

[정답 : ④]

참고 1920년대 무장 투쟁

봉오동 전투(1920. 6.) → 청산리 전투(1920. 10.) → 간도 참변(1920) → 대한 독립 군단 조직(1920) → 자유시 참변(1921) → 미쓰야 협정(1925) → 참의부(1923)·정의부(1924)·신민부(1925)의 3부 설립 → 국민부(조선 혁명군 결성)와 혁신 의회(한국 독립군) 결성

keyword
연해주, 블라디보스토크, 신한촌, 권업회, 대한 광복군 정부, 완루구, 홍범도, 청산리 대첩, 어랑촌, 조선 의용대, 대한 독립군, 한국 독립군, 북로 군정서, 조선 혁명군

13. 다음 단체에 대한 설명으로 옳지 <u>않은</u> 것은? [2점]

○ 창립 단원 : 김원봉, 곽재기, 윤세주 등
○ 활동 방향 : 일제 식민 지배의 근간이 되는 인물 처단 및 시설물 파괴
  • 암살 대상 : 조선 총독 이하 고관, 군부 수뇌, 대만 총독, 매국노, 친일파 거두, 밀정, 반민족적 토호
  • 파괴 대상 : 조선 총독부, 동양 척식 회사, 매일 신보사, 각 경찰서, 기타 왜적 중요 기관

① 민족 혁명당 결성에 참여하였다.
② 조선 혁명 간부 학교를 설립하였다.
③ 신채호의 조선 혁명 선언을 활동 지침으로 삼았다.
④ 단원 중 일부가 황푸 군관 학교에 입학해 군사 훈련을 받았다.
⑤ 침체된 대한민국 임시 정부에 활력을 불어넣기 위해 결성되었다.

해설
제시된 자료는 김원봉이 만주 지린 성에서 창립(1919)한 의열단에 대한 내용이다. 의열단은 신채호가 쓴 조선 혁명 선언을 행동 강령으로 삼고, 의열 활동을 통해 독립을 이루고자 하였다. 그러나 1920년대 후반부터 개별적 의열 활동의 한계를 인식하고, 간부 양성과 정당 조직 등으로 활동 방법을 선회하였다.

오답피하기
⑤ 한인 애국단은 임시 정부의 침체된 분위기를 회복하고자 1931년 김구가 조직한 단체이다. 한인 애국단 소속 단원인 이봉창은 일본 국왕의 마차에 폭탄을 던졌고, 윤봉길은 1932년 상하이 사변 승리와 일본 왕의 생일(천장절) 축하 기념식이 열리던 홍커우 공원에서 폭탄을 던졌다. 윤봉길의 폭탄 투척으로 일본군 장성과 다수의 고관이 처단되자 당시 국민당 정부의 장제스가 감탄하며 임시 정부를 적극 지원하게 되었다. 그러나 일본의 압력으로 임시 정부는 상하이를 떠날 수밖에 없었다. [정답 : ⑤]

14. 다음 자료의 전투에 참여한 독립군 부대에 대한 설명으로 옳은 것은? [2점]

> 대전자령의 공격은 이천만 대한 인민을 위하여 원수를 갚는 것이다. 총알 한 개 한 개가 우리 조상 수천 수만의 영혼이 보우하여 주는 피의 사자이니 제군은 단군의 아들로 굳세게 용감히 모든 것을 희생하고 만대 자손을 위하여 최후까지 싸우라.
> – 지청천, 1933년 중국 대전자령 전투에 앞서서 –

① 대한민국 임시 정부의 직할 부대로 창설되었다.
② 중국 관내에서 결성된 최초의 한인 무장 부대였다.
③ 조선 혁명 간부 학교를 세워 군사력을 강화하였다.
④ 중국 호로군과 연합 작전을 통해 항일 전쟁을 전개하였다.
⑤ 러시아에 의해 무장 해제를 당하여 세력이 크게 약화되었다.

해설
제시된 자료는 한국 독립군의 대전자령 전투(1933)에 해당한다. 만주 사변(1931) 이후 반일 감정이 높아질 무렵 지청천이 북만주에서 한국 독립군을, 양세봉이 남만주에서 조선 혁명군을 조직하여 활동하였다. 이들은 중국군과 연합하여 항일이라는 공동 목표를 위해 독립 전쟁을 전개하였다. ④ 지청천의 한국 독립군은 중국 호로군과 연합하여 쌍성보 전투·사도하자 전투·대전자령 전투 등에서 크게 승리하였다.

오답피하기
① 한국 광복군은 대한민국 임시 정부의 직할 부대로 창설되었다(1940).
② 김원봉을 중심으로 창설된 조선 의용대는 중국 관내 최초의 무장 부대였다.
③ 의열단의 김원봉은 개별 의열 활동의 한계를 느끼고 조선 혁명 간부 학교(1932)를 세워 독립군 간부를 양성하였다.
⑤ 독립군은 일제의 탄압을 피해 자유시로 이동하였으나 러시아 적군에 의해 희생되었다.

[정답 : ④]

참고 조선 혁명군과 한국 독립군

조선 혁명군	조선 혁명당 소속, 사령관 양세봉, 중국 의용군과 연합, 영릉가 전투·흥경성 전투 등에서 승리
한국 독립군	한국 독립당 소속, 사령관 지청천, 중국 호로군과 연합, 쌍성보 전투·사도하자 전투·대전자령 전투·동경성 전투 등에서 승리

keyword
김원봉, 의열단, 민족 혁명당, 신채호, 조선 혁명 선언, 한인 애국단, 지청천, 한국 독립군, 대전자령 전투, 조선 혁명군, 조선 의용대, 중국 호로군, 자유시 참변

고급 25회 41번 | 개념 이해

15. 밑줄 그은 '이 단체'에 대한 설명으로 옳은 것은? [2점]

> 1942년 여름 함흥 영생 고등 여학교 학생 박영옥이 기차 안에서 친구들과 우리말로 대화하다가 적발되는 사건이 일어났다.
> 일본 경찰은 취조 결과 여학생들에게 민족주의 감화를 준 사람이 서울에서 우리말 사전 편찬을 하고 있는 정태진임을 알게 되었다. 같은 해 9월 5일에 정태진을 연행, 취조해 이 단체가 학술 단체로 위장하여 독립운동을 목적으로 활동하고 있다는 자백을 강제로 받아 내어 회원들을 검거하였다.

① 형평 운동을 주도하였다.
② 민립 대학 설립을 추진하였다.
③ 한글 맞춤법 통일안과 표준어를 제정하였다.
④ 국문 연구소를 세워 국어의 이해 체계를 확립하였다.
⑤ 고전 간행, 귀중 문서의 보존과 전파를 목적으로 하였다.

해설
제시된 자료의 '우리말 사전 편찬'을 통해 밑줄 그은 '이 단체'가 조선어 학회임을 알 수 있다. 조선어 학회는 한글 맞춤법 통일안과 표준어를 제정하고, "우리말 큰 사전"을 편찬하고자 하였다.

오답피하기
① 진주에서 백정들이 조선 형평사를 조직하고(1923), 평등한 대우를 요구하는 형평 운동을 전개하였다.
② 1920년대 초 조선 교육회의 주도로 민립 대학 설립 운동이 추진되었다.
④ 국문 연구소(1907)는 학부(學部)에 설치된 한글 연구 기관이다.
⑤ 박은식과 최남선은 고전 간행 및 귀중 문서의 보존과 전파를 목적으로 조선 광문회를 설립하였다.

[정답 : ③]

참고 | 국어 연구

국문 연구소(1907)	주시경, 지석영 등
조선어 연구회(1921)	가갸날 제정, 기관지 '한글' 발행
조선어 학회(1931)	조선어 연구회 계승, 한글 맞춤법 통일안과 표준어 제정, "우리말 큰 사전" 편찬 시도, 조선어 학회 사건(1942)으로 해산

고급 24회 40번 | 사실 알기

16. (가) 종교의 활동으로 옳은 것은? [2점]

> (가) 은/는 1909년 나철에 의해 단군교라는 이름으로 창시되었다. 단군교는 민족의식의 함양을 도모하고 조선을 독립 국가로 존속시키는 것을 목표로 하였다. 그러나 정훈모의 친일 행위로 인해 종단에 내분이 일어나자 일제의 탄압을 예상하여 1910년 단군교의 교명을 바꾸었다.

① 개벽과 신여성 등의 잡지를 발간하였다.
② 중광단의 무장 항일 투쟁을 주도하였다.
③ 위정 척사를 내세워 영남 만인소를 올렸다.
④ 배재 학당을 세워 신학문 보급에 기여하였다.
⑤ 경향신문을 발행하여 민중 계몽에 기여하였다.

해설
제시된 자료의 (가)는 대종교이다. 나철은 국가 재흥(再興)의 비결은 민족혼의 각성과 민족의식의 고취에 있다고 판단하고 1909년 오기호 등과 함께 서울에서 '단군교 포명서'를 공포하였다. 그리고 1년 뒤 대종교로 개칭하고 북간도에 지사를 설치하였으며, 1914년에는 본사를 북간도로 옮겨 만주 일대까지 포교 영역을 넓혔다. ② 대종교 교인들을 중심으로 북간도에서 조직된 중광단은 3·1 운동 전후에 정의단과 군정부를 거쳐 북로 군정서로 개편되었다. 김좌진의 북로 군정서군은 청산리 대첩(1920)의 핵심 부대였다.

오답피하기
① 천도교에서는 '개벽'과 '신여성' 등의 잡지를 발간하였다.
③ 성리학적 봉건 질서를 지키려는 유생들은 1880년대 개화 반대 운동을 전개하였는데, 이만손의 '영남 만인소'가 대표적이다.
④ 개신교 선교사 아펜젤러가 서울에 배재 학당을 세웠다(1885).
⑤ 천주교는 경향신문을 발행하여 민중 계몽에 기여하였다.

[정답 : ②]

참고 | 종교계의 활동

천도교	· 제2의 3·1 운동 계획 · '개벽', '신여성', '어린이', '학생' 등의 잡지 발행
기독교	신사 참배 거부 운동, 교육과 계몽 운동
원불교	남녀 평등과 허례허식 폐지 등 새 생활 운동 전개
천주교	의민단 조직

---

keyword
조선어 학회, 우리말 큰 사전 편찬, 한글 맞춤법 통일안, 국문 연구소, 조선 광문회, 개벽, 천도교, 중광단, 대종교, 영남 만인소, 배재 학당, 경향신문

V. 일제 강점과 민족 운동의 전개

Ⅵ 대한민국의 발전과 현대 세계의 변화

1. 다음 선언을 발표한 회담에 대한 설명으로 옳은 것은? [1점]

3대 연합국은 일본의 침략을 정지시키며 이를 응징하기 위하여 이번 전쟁을 수행하고 있다. …… 일본은 폭력과 탐욕으로 약탈한 다른 일체의 지역으로부터 축출될 것이다. 앞의 3대국은 한국민의 노예 상태에 유의하여 적당한 절차를 거쳐 한국이 자유롭고 독립적인 상태가 되어야 한다고 결의한다.

① 소련의 대일전 참전을 결의하였다.
② 국제적으로 한국의 독립을 처음 보장하였다.
③ 독일 항복 후 전후 처리 문제를 협의하기 위해 개최되었다.
④ 마지막까지 남아 저항하는 일본에 무조건 항복을 요구하였다.
⑤ 미국, 영국, 소련의 수뇌가 모여 한국 독립에 대해 논의하였다.

해설
제시된 자료는 카이로 회담에 대한 내용이다. 제2차 세계 대전 중 미국·영국·중국의 정상은 카이로 회담(1943. 11.)에서 한국인들의 노예 상태에 유의하여 적당한 절차를 밟아 독립을 시켜야 한다고 선언함으로써 처음으로 우리나라의 독립을 결의하였다. 이후 포츠담 선언에서(1945. 7.) '카이로 선언의 조항은 이행될 것'이라고 밝힘으로써 우리나라의 독립을 재확인하였다. 제2차 세계 대전에서 이탈리아와 독일의 항복으로 고립된 일본은 1945년 8월 6일과 9일의 히로시마와 나가사키 원폭 투하, 8월 8일 소련의 참전을 계기로 8월 15일 무조건 항복하였다. 우리 민족의 끊임없는 항일 투쟁에도 불구하고 해방은 연합국의 승리라는 국제적 환경 속에서 이루어진 불완전한 것이었다.

오답피하기
① 얄타 회담으로 소련의 대일 참전이 결정되었다.
③ 포츠담 회담은 독일 항복 후 전후 처리 문제를 협의하기 위해 개최되었다.
④ 포츠담 회담에서 일본에 무조건 항복을 요구하였다.
⑤ 카이로 회담에는 미·영·중의 정상이 모여 한국 문제를 논의하였다.

[정답 : ②]

2. 다음 자료의 단체에 대한 설명으로 옳은 것을 〈보기〉에서 고른 것은? [3점]

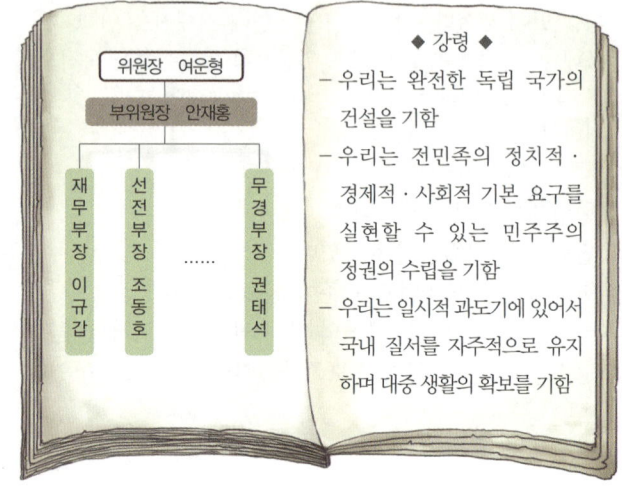

〈보 기〉
ㄱ. 조선 건국 동맹 세력을 바탕으로 조직되었다.
ㄴ. 치안대를 조직하여 질서 유지 활동을 하였다.
ㄷ. 모스크바 3국 외상 회의의 결정을 반대하였다.
ㄹ. 미군정의 후원을 받아 좌우 합작 운동을 전개하였다.

① ㄱ, ㄴ   ② ㄱ, ㄷ   ③ ㄴ, ㄷ
④ ㄴ, ㄹ   ⑤ ㄷ, ㄹ

해설
제시된 자료는 조선 건국 준비 위원회에 대한 것이다. ㄱ. 해방 이전 국내에서는 여운형과 안재홍을 중심으로 좌우 합작적 성격의 조선 건국 동맹이 결성되었고(1944), 해방 직후 이 조선 건국 동맹을 모체로 조선 건국 준비 위원회가 출범하였다. ㄴ. 조선 건국 준비 위원회는 완전한 독립과 진정한 민주주의 확립을 목표로 치안대를 조직하고 전국에 145개 지부를 건설하였다.

오답피하기
ㄷ. 모스크바 3국 외상 회의(1945) 결정 초기에는 좌우익 모두 반탁 운동을 추진하였으나, 좌익은 곧 찬탁으로 입장을 바꾸었다.
ㄹ. 중도파들은 좌우의 대립을 극복하고 통일 정부를 수립하기 위하여 좌우 합작 위원회를 결성(1946)하고 좌우 합작 7원칙을 제시하였으나 좌우 모두에게 환영받지 못하였다.

[정답 : ①]

keyword
카이로 선언, 얄타 회담, 포츠담 회담, 건국 강령, 삼균주의, 조선 건국 동맹, 조선 건국 준비 위원회, 여운형, 모스크바 3국 외상 회의

3. 다음 선언이 발표된 시기를 연표에서 옳게 고른 것은?

[2점]

> 동포여!
> 8·15 이전과 이후 피차의 과오와 마찰을 청산하고서 우리 정부 밑에 모이자. 그리하여 그 지도하에 3천만의 총역량을 발휘하여서 신탁 관리제를 배격하는 국민 운동을 전개하여 자주독립을 완전히 획득하기까지 3천만 전 민족의 피 한 방울까지라도 흘려서 싸우는 항쟁 개시를 선언함.

1945년 8월	8·15 광복
(가)	
1945년 12월	모스크바 3국 외상 회의
(나)	
1946년 3월	제1차 미·소 공동 위원회
(다)	
1947년 5월	제2차 미·소 공동 위원회
(라)	
1948년 1월	유엔 한국 임시 위원단 내한
(마)	
1948년 5월	5·10 총선거

① (가)   ② (나)   ③ (다)
④ (라)   ⑤ (마)

해설

제시된 자료는 신탁 통치 반대 국민 총동원 위원회 선언문(1946)이다. 1945년 12월 개최된 모스크바 3국 외상 회의에서 한국에 임시 정부를 세우기 위해 미·소 공동 위원회를 설치하고, 한국을 최고 5년 동안 미·영·중·소 4개국이 신탁 통치한다는 결정이 국내에 알려지자 좌익과 우익 사이에 격렬한 갈등이 발생하였다. 따라서 모스크바 3국 외상 회의 이후인 (나)가 정답이다.

[정답 : ②]

참고 | 모스크바 3국 외상 회의 주요 결정 내용

1. 한국 민주 임시 정부를 수립한다.
2. 한국 민주 임시 정부의 수립을 위해 미·소 점령군 사령부의 대표들로 구성되는 공동 위원회를 설치한다. 이 위원회는 한국의 민주적 제 정당 및 사회단체와 협의한다.
3. 한국 민주 임시 정부와 한국의 민주적 제 단체의 참가 아래 첫째 한국 인민의 정치·경제·사회적 진보, 둘째 민주적 자치의 발전, 셋째 한국의 국가적 독립 달성을 협력 지원하는 방법 등을 작성하는 것도 공동 위원회의 과제이다. 공동 위원회는 한국 임시 정부와의 협의 아래 미·영·중·소 4개국의 최대 5년간 실시될 한국 신탁 통치안을 작성하여 4개국 공동 심의에 회부한다.
4. 미·소 점령군 사령부의 대표로 구성되는 회의를 2주 안에 개최한다.

4. 다음 성명서가 발표되었던 시기를 연표에서 옳게 고른 것은?

[3점]

> ……
> 2. 남북 제 정당 사회 단체 지도자는 우리 강토에서 외국 군대가 철거한 이후에 내전이 발생될 수 없다는 것을 확인하며, 또한 그들은 통일에 대한 조선 인민의 지망(志望)에 배치되는 어떠한 무질서의 발생도 용허(容許)하지 않을 것이다.
> ……
> 4. 천만여 명 이상을 망라한 남조선 제 정당 사회 단체들이 남조선 단독 선거를 반대하느니만큼 유권자 수의 절대 다수가 반대하는 남조선 단독 선거는 설사 실시된다 하여도 절대로 우리 민족의 의사를 표현하지 못할 것이며 다만 기만(欺瞞)에 불과한 선거가 될 뿐이다.

| 1945. 8. | 1945. 12. | 1946. 3. | 1947. 5. | 1947. 11. | 1948. 7. |
| 광복 | (가) 모스크바 3국 외상 회의 | (나) 제1차 미·소 공동 위원회 개최 | (다) 제2차 미·소 공동 위원회 개최 | (라) UN 총회의 남북한 총선거 결정 | (마) 대한민국 헌법 공포 |

① (가)   ② (나)   ③ (다)
④ (라)   ⑤ (마)

해설

제시된 성명서는 1948년 4월 남북 협상 이후 발표되었다. 모스크바 3국 외상 회의에서 결정된 2차례의 미·소 공동 위원회가 실패하자 미국은 한국에 대한 신탁 통치안을 포기하고 한국 문제를 유엔에 이관하였다. 이후 유엔 소총회에서 선거가 가능한 지역에서만이라도 총선거를 실시하기로 의결하였다. 당시 김구와 김규식은 남한만의 단독 선거가 남북의 영구적 분단을 초래할 것을 우려하여 2·7 구국 투쟁을 통해 단독 정부 수립을 강력히 비판하였다. 이후 김구는 북한 측에 남북 협상을 제의하고 김일성 등과 평양에서 회담하였다(1948).

[정답 : ⑤]

참고 | 제1·2차 미·소 공동 위원회

1946년 3월 서울에서 제1차 미·소 공동 위원회가 개최되었으나, 공동 위원회 참여 세력의 범주를 둘러싸고 미·소 양국이 대립하다가 결국 결렬되었다. 1947년 5월에 개최된 제2차 미·소 공동 위원회도 제1차 때와 똑같은 문제로 결렬되었다.

keyword
모스크바 3국 외상 회의, 신탁 통치, 반탁, 찬탁, 미·소 공동 위원회, 정읍 발언, 유엔 총회, 유엔 한국 임시 위원단, 남북 협상

5. 다음 헌법이 시행된 시기의 사실로 옳지 <u>않은</u> 것은?
[2점]

> 제1조   대한민국은 민주 공화국이다.
> ……
> 제53조 대통령과 부통령은 국회에서 무기명 투표로써 각각 선거한다.
> ……
> 제55조 대통령과 부통령의 임기는 4년으로 한다. 단 재선에 의하여 1차 중임할 수 있다.
> ……

① 반국가 활동 규제를 위한 국가보안법이 만들어졌다.
② 유상 매수, 유상 분배를 규정한 농지 개혁법이 제정되었다.
③ 일제가 남긴 재산 처리를 위한 귀속 재산 처리법이 제정되었다.
④ 친일파 청산을 위한 반민족 행위 특별 조사 위원회가 활동하였다.
⑤ 자립 경제 구축을 위한 제1차 경제 개발 5개년 계획이 추진되었다.

6. (가) 시기에 있었던 사실로 옳은 것을 〈보기〉에서 고른 것은?
[2점]

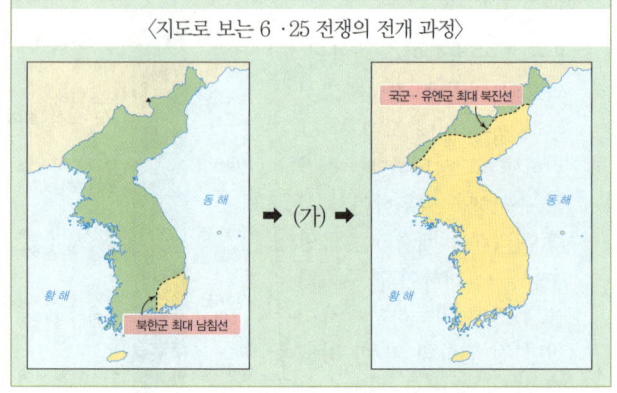

〈보 기〉

ㄱ. 반공 포로 석방
ㄴ. 9·28 서울 수복
ㄷ. 인천 상륙 작전
ㄹ. 휴전 협정 조인

① ㄱ, ㄴ   ② ㄱ, ㄷ   ③ ㄴ, ㄷ
④ ㄴ, ㄹ   ⑤ ㄷ, ㄹ

해설
제시된 자료는 제헌 헌법이다. 1948년 5·10 총선거를 통해 임기 2년의 제헌 국회가 구성되었고, 7월 17일에는 제헌 헌법이 제정·반포되었다. 제헌 헌법은 대통령과 부통령을 국회에서 선출하는 간선제를 채택하였고, 3선은 불가능하였다. ⑤ 1962년부터 경제 개발 5개년 계획이 추진되었다.

오답피하기
① 국가보안법은 1948년 반국가 활동을 규제하기 위해 제정되었다.
② 이승만 정부는 1949년 농지 개혁법을 제정하고 경자유전의 원칙에 따라 토지를 유상 매입, 유상 분배하였다.
③ 이승만 정부는 농지 개혁법에 따라 토지를 농민들에게 유상 분배하고, 그 외 재산(산업 시설 등)은 귀속 재산 처리법(1949)을 통해 민간인 연고자에게 분배하였다.
④ 제헌 국회는 1948년 반민족 행위 처벌법을 제정하고 이에 근거해 반민족 행위 특별 조사 위원회를 조직하였다.

[정답 : ⑤]

해설
6·25 전쟁 당시 북한군의 최대 남침선은 낙동강 유역이었으며, 시기는 1950년 8월부터 9월까지였다. 한편 국군과 유엔군은 1950년 10월 26일 압록강까지 진격하였다. 따라서 위 시기 사이에 해당하는 사실은 ㄴ. 9·28 서울 수복(1950), ㄷ. 인천 상륙 작전(1950)이다.

오답피하기
ㄱ. 이승만 대통령은 1953년 6월 거제도 수용소의 반공 포로를 전격적으로 석방시켰다.
ㄹ. 1953년 7월 27일 휴전 협정이 체결되었다.

[정답 : ③]

keyword
제헌 헌법, 제헌 의회, 귀속 재산 처리법, 국가 보안법, 농지 개혁법, 6·25 전쟁, 인천 상륙 작전, 서울 수복, 반공 포로 석방, 휴전 협정

7. 다음 뉴스에서 보도하고 있는 헌법에 대한 설명으로 옳지 <u>않은</u> 것은? [2점]

대한민국 정부 수립 이후 첫 번째로 개정된 헌법이 7월 7일에 공포되었습니다. 이번 개헌은 정·부통령 직선제 채택을 주요 내용으로 하고 있습니다.

① 계엄하에서 통과되었다.
② 6·25 전쟁 중 부산에서 공포되었다.
③ 국회의 형태를 양원제로 규정하였다.
④ 초대 대통령에 한하여 중임 제한을 철폐하였다.
⑤ 국회에서 토론 없이 표결에 부쳐져 통과되었다.

> **해설**
> 제시된 자료는 발췌 개헌(1952)에 대한 설명이다. 1950년 총선에서 이승만 반대 세력 다수가 국회 의원에 당선되자 이승만은 자유당을 조직하고 대통령 직선제로의 헌법 개정(발췌 개헌 안)을 위해 부산 정치 파동을 일으켰다. 대통령 이승만의 재선을 위한 1952년의 1차 개헌은 여당이 주장한 대통령 직선제 및 양원제 개헌 안과 야당이 주장한 내각 책임제 개헌 안을 발췌하여 마련하였다. 이 발췌 개헌은 국회에서 토론을 거치지 않고 표결하여 통과시켰다는 점에서 절차상 비민주적이라고 평가된다. ④ 초대 대통령에 한하여 연임 횟수에 제한을 없앤 개헌은 사사오입 개헌에 해당된다.
> [정답 : ④]

참고 | 대한민국의 개헌

개헌	주요 내용
1차 개헌 (발췌 개헌, 1952)	대통령 직선제, 양원제, 국무위원에 대한 국회의 불신임 제청권
2차 개헌 (사사오입 개헌, 1954)	초대 대통령에 한해 중임 제한 철폐, 이승만의 장기 집권 의도
3차 개헌(1960)	의원 내각제, 양원제
4차 개헌(1960)	3·15 부정 선거 관련자 처벌
5차 개헌(1962)	대통령 직선제, 국회 단원제
6차 개헌(1969)	3선 개헌, 박정희 장기 집권 의도
7차 개헌(1972)	대통령 간선제(임기 6년, 무제한 연임 가능, 통일 주체 국민 회의), 박정희 종신 집권 가능
8차 개헌(1980)	대통령 간선제(7년 단임), 국가 보위 비상 대책 위원회 주도
9차 개헌(1987)	대통령 직선제(5년 단임), 여야 합의에 의한 현행 헌법

8. 다음과 같은 헌법 개정의 결과로 옳은 것은? [2점]

> 개헌안에 대한 국회 표결 결과, 재적 의원 203명, 재석 의원 202명, 찬성 135표, 반대 60표, 기권 7표였다. 이것은 헌법 개정에 필요한 의결 정족수(재적 의원의 3분의 2 이상)인 136표에 1표가 부족한 135표 찬성이므로 부결된 것이었다. 그러나 자유당 간부회는 재적 의원 203명의 3분의 2는 135.333…이므로 이를 사사오입하면 135명이 개헌 정족수가 된다고 주장하였다. 이들은 이 주장을 자유당 의원 총회에서 채택하고, 국회에서 야당 의원들이 퇴장한 가운데 '번복 가결 동의안'을 상정하여 통과시켰다.

① 국회 의원의 임기가 6년으로 정해졌다.
② 정부 형태가 내각 책임제로 바뀌게 되었다.
③ 초대 대통령에 한해 중임 제한이 철폐되었다.
④ 대통령이 국회 의원의 3분의 1을 추천하게 되었다.
⑤ 임기 7년 단임의 대통령 간접 선거를 실시하게 되었다.

> **해설**
> 제시된 자료는 사사오입 개헌(1954)에 대한 사실이다. ③ 사사오입 개헌은 초대 대통령에 한하여 중임 제한을 철폐여 이승만 대통령의 연임이 가능하도록 하였다.
>
> **오답피하기**
> ① 유신 헌법이 공포(1972)된 이후 지역구 국회 의원의 임기는 6년이었다.
> ② 4·19 혁명(1960)으로 이승만 대통령이 하야하자 허정 과도 정부가 수립되었다. 이후 내각 책임제와 양원제를 중심으로 개헌이 이루어졌다.
> ④ 유신 체제에서는 대통령이 국회 의원 3분의 1을 추천하였으며, 임기는 3년이었다.
> ⑤ 1981년부터 적용된 제5공화국 헌법에서는 대통령 단임제와 임기 7년이 규정되었다.
> [정답 : ③]

참고 | 사사오입 개헌

목적	이승만과 자유당의 장기 집권 시도
경과	초대 대통령에 한해 중임 횟수 제한을 없애는 개헌 안 제출 → 1표 차로 부결 → 사사오입(반올림) 논리로 개헌 안 통과 → 이승만 대통령 당선(3선)

keyword
발췌 개헌, 사사오입 개헌, 정·부통령 직선제, 진보당 사건, 국가 보안법, 이승만, 자유당

9. 다음 선언문이 발표된 민주화 운동에 대한 설명으로 옳은 것은? [2점]

> 민주주의와 민중의 공복이며 중립적 권력체인 관료와 경찰은 민주를 위장한 가부장적 전제 권력의 하수인으로 발 벗었다. 민주주의 이념의 최저의 공리인 선거권마저 권력의 마수 앞에 농단되었다. …… 나이 어린 학생 김주열의 참시를 보라! 그것은 가식 없는 전제주의 전횡의 발가벗은 나상밖에 아무것도 아니다.

① 허정 과도 정부 성립의 배경이 되었다.
② 신군부의 비상계엄 확대에 반대하여 일어났다.
③ 4·13 호헌 조치에 국민들이 저항하며 시작되었다.
④ 관련 기록물이 유네스코 세계 유산으로 등재되었다.
⑤ 직선제 개헌을 약속한 6·29 민주화 선언을 이끌어냈다.

10. (가)~(라)를 일어난 순서대로 옳게 나열한 것은? [2점]

사진으로 보는 현대사
(가) 6월 민주 항쟁
(나) 4·19 혁명
(다) 부·마 민주 항쟁
(라) 5·18 민주화 운동

① (가) – (나) – (다) – (라)
② (가) – (다) – (라) – (나)
③ (나) – (다) – (라) – (가)
④ (나) – (라) – (다) – (가)
⑤ (다) – (나) – (가) – (라)

해설

제시된 자료의 '김주열'을 통해 3·15 부정 선거와 이승만의 독재에 저항하여 일어난 4·19 혁명(1960)에 대한 내용임을 알 수 있다. ① 4·19 혁명으로 이승만 대통령이 하야하고 허정 과도 정부가 수립되어 내각 책임제와 양원제(민의원, 참의원)를 중심으로 개헌을 단행하였고, 이후 총선거에서 민주당이 압승하였다(제2공화국 출범, 대통령 윤보선, 국무총리 장면).

오답피하기

② 5·18 민주화 운동(1980)은 신군부의 비상계엄 확대에 저항하여 일어났다.
③ 대통령 직선제를 요구하는 과정에서 박종철 고문치사 사건(1987. 1.)이 발생하였다. 전두환 정부는 4·13 호헌 조치로 직선제를 거부하다가 6월 민주 항쟁이 일어나 굴복하였다.
④ 5·18 민주화 운동 관련 기록물은 유네스코 세계 기록 문화유산으로 등재되어 있다.
⑤ 6월 민주 항쟁(1987)의 결과 6·29 민주화 선언이 발표되어 대통령 직선제로의 개헌이 이루어졌다(현행 제9차 개헌).

[정답 : ①]

해설

제시된 사진은 대표적인 민주화 운동이다.
(가) 6월 민주 항쟁(1987)의 결과 6·29 민주화 선언이 발표되어 대통령 직선제로의 개헌이 이루어졌다.
(나) 4·19 혁명(1960)은 3·15 부정 선거와 이승만 독재에 저항하여 일어났다.
(다) 부·마 민주 항쟁(1979)은 유신 체제에 반대하며 부산과 마산 지역에서 전개된 시위이다.
(라) 5·18 민주화 운동(1980)은 신군부의 비상계엄 확대 조치에 저항하여 일어났다.
순서대로 (나) 4·19 혁명(1960) → (다) 부·마 민주 항쟁(1979) → (라) 5·18 민주화 운동(1980) → (가) 6월 민주 항쟁(1987)이다.

[정답 : ③]

참고 4·19 혁명

3·15 부정 선거 → 마산 시위 → 시위 중 경찰의 발포로 김주열 사망 → 김주열 시신 발견(4. 11.) → 고려대학교 학생들이 시위 도중 강패와 충돌(4. 18.) → 학생과 시민 주도로 전국적 시위화(4. 19.) → 대학 교수단의 시국 선언 발표(4. 25.) → 이승만 하야(4. 26.)

keyword

3·15 부정 선거, 마산 시위, 김주열, 4·19 혁명, 대학 교수단 시국 선언, 이승만 하야, 사사오입 개헌, 부·마 민주 항쟁, 5·18 민주화 운동, 6월 민주 항쟁

11. (가), (나) 사이에 있었던 사실로 옳은 것은? [3점]

> (가) 대한민국과 미국은 서로의 군사적 안전을 보장하는 한·미 상호 방위 조약을 체결하였다.
> (나) 미국은 브라운 각서를 통해 한국군의 베트남 추가 파병의 대가로 대한민국에 군사·경제적 지원을 약속하였다.

① 남북한이 유엔에 동시 가입하였다.
② 대한민국과 일본이 국교를 정상화하였다.
③ 대한민국이 중화 인민 공화국과 국교를 수립하였다.
④ 대한민국이 동유럽의 사회주의 국가들과 수교하였다.
⑤ 대한민국과 미국이 자유 무역 협정(FTA)을 체결하였다.

해설
한·미 상호 방위 조약은 6·25 전쟁이 종결된 이후인 1953년 10월에 체결되었다. (나)의 브라운 각서는 1966년 미국이 한국군의 베트남 파병을 요청하면서 작성되었다. ② 대한민국과 일본은 한·일 협정(1965)으로 국교를 정상화하였다.

오답피하기
① 남북한은 1991년 유엔에 동시 가입하였다.
③ 대한민국은 1992년 중화 인민 공화국과 수교하였다.
④ 대한민국은 1980년대 말부터 동유럽 사회주의 국가들과 수교하였다.
⑤ 대한민국은 2004년 칠레, 2011년 유럽 연합(EU) 및 미국 등과 자유 무역 협정(FTA)을 체결하였다.

[정답 : ②]

참고 한·일 국교 정상화(1965)

목적	경제 개발에 필요한 자본 확보
과정	김종필·오히라 간 비밀 협약 추진 → 일본의 식민 통치에 대한 사과와 배상이 이루어지지 않고 차관 도입에만 관심을 두어 야당과 학생을 중심으로 6·3 시위 전개 → 시위 탄압 → 한·일 협정 조인(1965)
영향	일본으로부터 자금을 받아 경제 개발, 일본의 식민지 지배에 대한 사과를 받지 못하고 과거사 문제 미해결

---

12. 다음 정부 시기에 볼 수 있는 장면으로 옳은 것은? [2점]

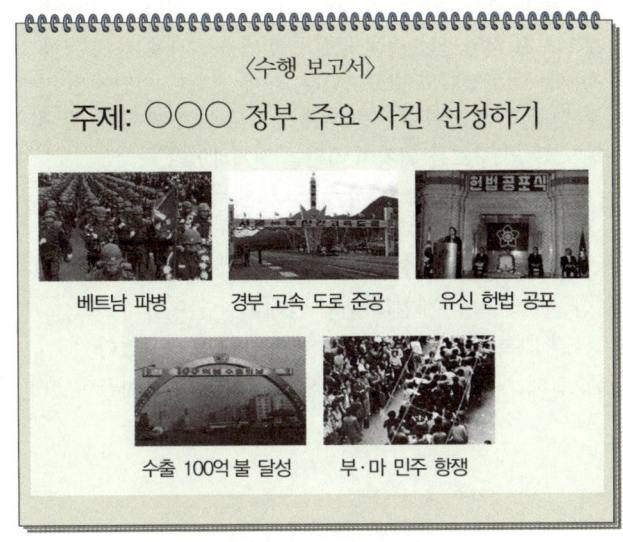

〈수행 보고서〉
주제: ○○○ 정부 주요 사건 선정하기
베트남 파병 / 경부 고속 도로 준공 / 유신 헌법 공포 / 수출 100억 불 달성 / 부·마 민주 항쟁

① 교복 자율화 정책에 기뻐하는 학생
② 프로야구 개막식을 보러 가는 회사원
③ 새마을 운동으로 지붕을 개량하는 농민
④ 금강산 관광을 떠나는 남한 단체 여행객
⑤ 농지 개혁으로 지가 증권을 발급받는 지주

해설
제시된 사진 자료의 베트남 파병(1965), 경부 고속 도로 준공(1970), 유신 헌법 공포(1972), 수출 100억 불 달성(1977), 부·마 민주 항쟁(1979)은 모두 박정희 대통령 집권 시기에 해당한다. ③ 새마을 운동은 1970년부터 실시된 지역 사회 개발 운동이다.

오답피하기
① 교복 자율화는 1983년 전두환 정부 시기에 실시되었다.
② 프로야구는 1982년 전두환 정부 시기에 출범하였다.
④ 금강산 관광 사업은 1998년 김대중 정부 시기에 시작되었다.
⑤ 농지 개혁은 이승만 정부 시기인 1949년 법제화되어 1950년 초부터 실시되었다.

[정답 : ③]

참고 경제 개발 5개년 계획의 추진

1차(1962)	공업화와 자립 경제 목표, 수출 및 기간 산업 육성, 사회 간접 자본 확충
2차(1967)	산업 구조의 근대화, 자립 경제 지향, 경공업 중심의 수출 주도형 공업화 정책, 베트남 특수가 경제 활성화 도움, 새마을 운동(1970) 시작
3차(1972)	중화학 공업의 중점적 개발
4차(1977)	국민 경제의 균형과 조화, 복지 사회 건설

---

keyword
한·미 상호 방위 조약, 브라운 각서, 박정희 정부, 한·일 협정, 경부 고속 도로 준공, 유신 헌법 공포, 베트남 파병, 새마을 운동

13. 다음 민주화 운동에 대한 설명으로 옳은 것은? [1점]

> 4월 13일에 대통령은 개헌에 대한 정치권의 합의가 이루어지지 않았다는 것을 구실로 헌법을 그대로 유지한 채 선거를 치르겠다고 발표하였다. 이에 반발한 시민들은 민주 헌법 쟁취 국민 운동 본부를 중심으로 '호헌 철폐, 독재 타도' 등의 구호를 외치며 시위를 전개하였다.

① 허정 과도 정부 성립의 배경이 되었다.
② 양원제 국회가 출현하는 결과를 가져왔다.
③ 신군부의 비상 계엄 확대에 반대하여 일어났다.
④ 관련 기록물이 유네스코 세계 유산에 등재되었다.
⑤ 직선제 개헌을 약속한 6·29 민주화 선언을 이끌어냈다.

14. (가), (나) 사이의 시기에 있었던 경제 상황으로 옳은 것은? [2점]

> (가) 저금리, 저유가, 저달러의 3저 호황으로 3년 동안 매년 10% 이상의 높은 경제 성장률을 기록하였다.
> (나) 외환 위기로 인해 국제 통화 기금(IMF)으로부터 구제 금융 지원을 받았다. 이로 인해 국가 부도는 모면하였으나 기업 구조 조정, 대규모의 실업 등이 발생하였다.

① 경제 협력 개발 기구(OECD)에 가입하였다.
② 칠레와 자유 무역 협정(FTA)을 체결하였다.
③ 미국의 경제 원조로 소비재 산업이 발달하였다.
④ 제3차 경제 개발 계획으로 중화학 공업이 육성되었다.
⑤ 개성 공단 건설을 통해 남북 간 경제 교류가 이루어졌다.

해설

제시된 자료는 6월 민주 항쟁(1987)에 해당한다. 1980년대 중반 시민과 학생은 선거인단에 의한 간접 선거 방식으로는 군사 정권을 종식시킬 수 없다고 판단하고, 대통령 직선제를 요구하였다. 이 과정에서 박종철 고문치사 사건(1987)이 발생하였으나 전두환 정부는 4·13 호헌 조치로 직선제 개헌을 거부하였다. 그러나 결국 6월 민주 항쟁에 굴복하였다. 이후 정부와 여당은 국민의 뜻에 따라 6·29 선언을 이끌어 내고 '대통령 직선제 개헌'을 시행하였다(현행 9차 개헌).

오답피하기

①, ② 4·19 혁명(1960)으로 이승만 대통령이 하야하고 허정 과도 정부가 수립되어 내각 책임제와 양원제를 중심으로 개헌을 단행하였다.
③, ④ 5·18 민주화 운동은 신군부의 비상계엄 확대에 저항하여 일어났으며, 그 당시 기록물은 현재 유네스코 세계 기록유산으로 등재되어 있다.

[정답 : ⑤]

참고 민주화 운동

4·19 혁명	• 배경 : 3·15 부정 선거, 이승만의 독재 • 결과 : 이승만 하야, 장면 내각 성립
5·18 민주화 운동	• 배경 : 신군부의 12·12 사태, 계엄령 확대 • 결과 : 계엄군의 무력 진압
6월 민주 항쟁	• 배경 : 박종철 고문치사 사건, 4·13 호헌 조치 • 결과 : 6·29 민주화 선언, 대통령 직선제 개헌

해설

(가)는 1980년 중반 전두환 정부 시기, (나)는 1997년 말 김영삼 정부 시기에 해당한다. ① 1993년 출범한 김영삼 정부는 금융 실명제 도입(1993), 경제 협력 개발 기구(OECD) 가입(1996), 역사 바로세우기를 표방하며 조선 총독부 건물 해체 등을 하였다.

오답피하기

② 참여 정부(노무현 정부) 시기에 칠레와 자유 무역 협정(FTA)을 체결하였다(2004).
③ 1950년대 미국 등의 경제 원조로 원조 물자를 가공하는 삼백 산업(밀가루, 면화, 설탕)이 발전하였다.
④ 1972부터 1976년까지 제3차 경제 개발 5개년 계획이 추진되어 중화학 공업을 중점적으로 개발하였다.
⑤ 평양에서 열린 남북 정상 회담(2000)으로 6·15 남북 공동 선언이 발표되었다. 6·15 남북 공동 선언에서 남북 문제는 자주적으로 해결하며, 남측의 연합제 안과 북측의 낮은 단계 연방제 안의 상호 공통점을 인정하기로 하였다. 이 밖에도 비전향 장기수 문제 해결 및 사회·문화·체육 등 여러 분야에 교류와 협력을 합의하였다. 이에 기초하여 개성 공업 지구 건설과 경의선 연결, 남북 이산가족 상봉 등이 실현되었다.

[정답 : ①]

keyword
6월 민주 항쟁, 대통령 직선제, 4·13 호헌 조치, 6·29 선언, 전두환 정부, 김영삼 정부, 경제 협력 개발 기구(OECD) 가입, 외환 위기, 국제 통화 기금(IMF)

15. 다음 취임사와 함께 출범한 정부 시기의 경제 상황에 대한 설명으로 옳은 것은? [1점]

> 오늘 우리는 그렇게도 애타게 바라던 문민 민주주의의 시대를 열기 위하여 이 자리에 모였습니다. …… 저는 14대 대통령 취임에 즈음하여, 새로운 조국 건설에 대한 시대적 소명을 온몸으로 느끼고 있습니다. …… 이제 민족 진운의 새봄이 열리고 있습니다. 우리에게 새로운 결단, 새로운 출발을 요구하고 있습니다. 저는 신한국 창조의 꿈을 가슴 깊이 품고 있습니다.

① 칠레와의 자유 무역 협정이 체결되었다.
② 2차 석유 파동으로 경제의 불황이 심화되었다.
③ 대통령 긴급 명령으로 금융 실명제가 실시되었다.
④ 처음으로 연간 수출액 100억 달러가 달성되었다.
⑤ 미국의 경제 원조를 바탕으로 삼백 산업이 발달하였다.

해설
제시된 취임사의 '문민 민주주의', '14대 대통령'을 통해 1993년 출범한 김영삼 정부에 대한 내용임을 알 수 있다. 김영삼 정부는 금융 실명제 실시, 지방 자치제 전면 실시, 경제 협력 개발 기구(OECD) 가입, 역사 바로 세우기 등을 실시하였다. 그러나 1997년 말 경제 위기에 봉착하여 국제 통화 기금(IMF)에 지원을 요청하였다.

오답피하기
① 노무현 정부 시기에 칠레와 자유 무역 협정(FTA)을 체결하였다(2004).
② 제4공화국 시기에 제1차 석유 파동(1973)과 제2차 석유 파동(1978)이 일어나 경제 불황이 심화되었다.
④ 1977년 처음으로 연간 수출액 100억 달러를 달성하였다.
⑤ 1950년대 미국 등의 대규모 원조로 삼백 산업이 발전하였다.

[정답 : ③]

16. (가)~(라)의 경제 상황을 일어난 순서대로 옳게 나열한 것은? [2점]

> (가) 칠레, 유럽 연합(EU), 미국 등과 자유 무역 협정(FTA)을 체결하였다.
> (나) 제1차 석유 파동으로 원유 가격이 폭등하여 경제 불황에 직면하였다.
> (다) 외환 위기로 인해 국제 통화 기금(IMF)에 구제 금융 지원을 요청하였다.
> (라) 저금리, 저유가, 저달러의 '3저 호황'으로 연 10%가 넘는 고도 성장을 하였다.

① (가) – (나) – (다) – (라)
② (가) – (다) – (라) – (나)
③ (나) – (다) – (라) – (가)
④ (나) – (라) – (다) – (가)
⑤ (다) – (나) – (가) – (라)

해설
제시된 자료는 시기별 경제 상황과 관련되어 있다.
(가) 노무현 정부는 2004년 칠레와, 이명박 정부는 2011년 유럽 연합(EU) 및 미국 등과 자유 무역 협정(FTA)을 체결하였다.
(나) 1973년에 발생한 제1차 석유 파동으로 원유 가격이 폭등하여 경제 위기에 직면하였다.
(다) 1997년 말 외환 위기를 맞아 국제 통화 기금(IMF)에 구제 금융을 요청하였다.
(라) 전두환 정부 시기인 1980년대 중반 3저 호황(저금리, 저유가, 저달러)으로 연 10%가 넘는 경제 성장이 이루어졌다.

[정답 : ④]

참고 우리나라의 경제 발전

1950년대	미국의 경제 원조, 삼백 산업 발달
1960년대	수출 중심, 경공업 중심
1970년대	중화학 공업 중심, 산업 구조의 고도화
1980년대	3저 호황으로 인한 산업 성장
1890년대	우루과이 라운드 타결, 외환 위기, 국제 금융 기구(IMF) 지원
2000년대	한·미 자유 무역 협정(FTA) 타결, 농축산물 시장 개방 확대

keyword
김영삼 정부, 금융 실명제, 지방 자치제 전면 시행, 고위 공직자 재산 등록, 세계 무역 기구, 경제 협력 개발 기구(OECD) 가입, 외환 위기, 국제 통화 기금(IMF)

고급 25회 50번 상황 비교

17. (가)~(라) 정부의 통일 노력으로 옳은 것을 〈보기〉에서 고른 것은? [3점]

(가)	(나)	(다)	(라)
박정희 정부	전두환 정부	노태우 정부	김대중 정부
7·4남북 공동 성명 발표	민족 화합 민주 통일 방안 제시	남북한 유엔 동시 가입	남북 정상 회담 개최

〈보 기〉

ㄱ. (가) - 이산가족 고향 방문단의 교환 방문을 성사시켰다.
ㄴ. (나) - 남북 조절 위원회를 설치하였다.
ㄷ. (다) - 남북 기본 합의서를 채택하였다.
ㄹ. (라) - 개성 공단 조성에 합의하였다.

① ㄱ, ㄴ ② ㄱ, ㄷ ③ ㄴ, ㄷ
④ ㄴ, ㄹ ⑤ ㄷ, ㄹ

고급 24회 48번 흐름 파악

18. (가)~(라)를 일어난 순서대로 옳게 나열한 것은? [2점]

(가) 남북한이 군사적 대결 종식과 평화 체제 정착을 천명한 10·4 선언을 채택하였다.
(나) 남북한이 서로의 체제를 인정하고 상호 불가침에 합의한 남북 기본 합의서를 발표하였다.
(다) 자주·평화·민족 대단결이라는 평화 통일 3대 기본 원칙에 합의한 7·4 남북 공동 성명을 발표하였다.
(라) 남한의 연합제 안과 북한의 낮은 단계의 연방제 안의 공통성을 인정한 6·15 남북 공동 선언을 채택하였다.

① (가) - (다) - (나) - (라)
② (가) - (라) - (나) - (다)
③ (나) - (라) - (다) - (가)
④ (다) - (나) - (라) - (가)
⑤ (다) - (나) - (가) - (라)

해설

ㄷ. 노태우 정부 시기 남북한 유엔 동시 가입이 이루어졌으며, 남북 기본 합의서를 채택하였다.
ㄹ. 김대중 정부 시기 6·15 남북 공동 선언에 기초하여 개성 공단 조성에 합의하였다.

오답피하기

ㄱ. 전두환 정부 시기 이산가족의 고향 방문이 성사되었다.
ㄴ. 박정희 정부 시기 남북 조절 위원회를 설치하였다.

[정답 : ⑤]

참고 각 정부의 통일 노력

박정희 정부	7·4 남북 공동 성명
전두환 정부	이산가족 최초 방문
노태우 정부	남북한 유엔 동시 가입, 남북 기본 합의서 채택
김대중 정부	최초의 남북 정상 회담 → 6·15 남북 공동 선언
노무현 정부	제2차 남북 정상 회담 → 10·4 남북 공동 선언

해설

(가) 노무현 정부는 김대중 정부의 햇볕 정책을 계승하여 2007년 남북 관계의 발전과 평화 번영을 위한 10·4 남북 공동 선언을 채택하였다.
(나) 노태우 정부는 1991년 12월 남북한 간의 최초 공식 합의 문서인 남북 기본 합의서를 채택하였다.
(다) 박정희 정부는 1972년 자주·평화·민족 대단결의 원칙에 합의한 7·4 남북 공동 성명을 발표하였다.
(라) 김대중 정부는 2000년 6·15 남북 공동 선언을 발표하고, 이에 기초하여 개성 공업 지구 건설과 경의선 연결, 남북 이산가족 상봉 등을 실현하였다.
시기별 순서는 (다) 박정희 정부 - (나) 노태우 정부 - (라) 김대중 정부 - (가) 노무현 정부이다.

[정답 : ④]

---

keyword
7·4 남북 공동 성명, 이산가족 상호 방문, 남북한 유엔 동시 가입, 남북 기본 합의서, 비핵화 공동 선언, 6·15 남북 공동 선언

19. (가) 정부 시기의 사실로 옳은 것은? [1점]

① 한·일 협정을 체결하였다.
② 중국, 소련 등과 수교하였다.
③ 금강산 관광 사업을 시작하였다.
④ 한·미 상호 방위 조약을 체결하였다.
⑤ 경제 협력 개발 기구(OECD)에 가입하였다.

20. 다음 선언을 발표한 정부의 통일 노력으로 옳은 것은? [3점]

> 1. 남과 북은 6·15 공동 선언을 고수하고 적극 구현해 나간다.
> ⋮
> 5. 남과 북은 민족 경제의 균형적 발전과 공동의 번영을 위해 경제 협력 사업을 공리공영과 유무상통의 원칙에서 적극 활성화하고 지속적으로 확대 발전시켜 나가기로 하였다.
> 6. 남과 북은 민족의 유구한 역사와 우수한 문화를 빛내기 위해 역사, 언어, 교육, 과학기술, 문화예술, 체육 등 사회문화 분야의 교류와 협력을 발전시켜 나가기로 하였다.
> 7. 남과 북은 인도주의 협력 사업을 적극 추진해 나가기로 하였다.

① 남북 조절 위원회를 구성하였다.
② 남북 기본 합의서를 채택하였다.
③ 남북한이 유엔에 동시 가입하였다.
④ 제2차 남북 정상 회담을 성사시켰다.
⑤ 금강산 해로 관광 사업을 시작하였다.

해설
제시된 자료는 6·15 남북 공동 선언 중 일부이므로 (가)는 김대중 정부에 해당한다. ③ 1998년 김대중 정부가 출범한 이후 남북 교류가 크게 확대되었다. 현대 그룹의 정주영 회장이 소떼 500마리를 이끌고 방북한 것을 기점으로 금강산 관광 사업이 성사되었다.

오답피하기
① 제3공화국 정부는 경제 개발에 필요한 자본을 확보하기 위해 한·일 국교 정상화를 추진하였다.
② 대한민국은 1990년 소련과 1992년 중국과 각각 수교하였다.
④ 한·미 상호 방위 조약은 6·25 전쟁이 종결된 이후인 1953년 체결되었다.
⑤ 김영삼 정부는 1996년 경제 협력 개발 기구(OECD)에 가입하였다.

[정답 : ③]

해설
제시된 자료는 제2차 남북 정상 회담(2007)에서 발표된 10·4 선언이다. ④ 노무현 정부(참여 정부)는 김대중 정부의 햇볕 정책을 계승하고, 10·4 선언을 채택하였다(2007). 10·4 선언의 내용은 6·15 공동 선언에서 합의된 내용을 적극 구현하고 남북 경제 협력 사업을 지속해 나가며, 이산가족 상봉 등 인도주의 협력 사업을 적극 추진한다는 것이다.

오답피하기
① 박정희 정부는 7·4 남북 공동 선언(1972) 이후 남북 대화를 조정하기 위해 남북 조절 위원회를 설치하였다.
② 노태우 정부는 남북 기본 합의서(1991)를 채택하여 남북 관계를 통일을 지향하는 과정에서 형성된 잠정적 특수 관계로 규정하였다.
③ 노태우 정부 시기 남북한이 유엔에 동시 가입하였다(1991).
⑤ 김대중 정부가 출범한 이후 남북 교류가 크게 확대되어 금강산 관광이 성사되었다(1998).

[정답 : ④]

keyword
김대중 정부, 6·15 남북 공동 선언, 금강산 관광 사업, 노무현 정부, 제2차 남북 정상 회담, 10·4 선언

한국사능력검정시험

고 급

사료편

I. 우리 역사의 형성과 고대 국가의 발전

사료로 확인하기 1 단군의 건국 이야기

환인의 아들 환웅이 늘 천하에 뜻을 두어 인간 세상을 연구하였다. 이에 환인은 환웅의 뜻을 알고 아래로 삼위태백(三危太伯)을 내려다보니 널리 인간 세계를 이롭게 할 만하였다. 이에 천부인 세 개를 주어 내려가서 다스리게 하였다. 환웅은 3천 명의 무리를 이끌고 태백산 신단수 아래 내려와 그곳을 신시(神市)라 하였다. 바람·비·구름을 관장하는 자들을 거느리고 곡식·목숨·질병·형벌·선악 등 인간 세상의 360여 가지 일들을 주관하여 인간 세계를 다스리고 교화하였다. 이때 곰과 호랑이가 나타나 인간이 되게 해 달라고 간청하니, 환웅이 그들에게 쑥 한 줌과 마늘 20개를 주었다. 그리고 "이것을 먹고 100일 동안 햇빛을 보지 않으면 사람이 될 것."이라고 하였다. 곰과 호랑이가 이것을 받아먹고, 곰은 잘 참아서 여자의 몸이 되었으나, 호랑이는 참지 못하고 사람이 되지 못하였다. 여자가 된 웅녀는 더불어 혼인할 사람이 없었으므로 신단수 아래에서 아이를 배게 해 달라고 빌었다. 이에 환웅은 사람으로 변신한 뒤 웅녀와 결혼하여 아들을 낳으니 이름을 단군왕검이라 하였다.
– "삼국유사" –

도움글

단군의 건국 이야기는 고려 후기에 집중적으로 등장하는데, 이는 몽골 침략 이후 민족의식을 고취하여 민족의 단결을 도모하기 위함이었다. 단군의 건국 이야기를 통해 천손 사상(환인의 아들 환웅), 농경 사회(바람·비·구름 관장), 토테미즘(웅녀와 혼인), 홍익인간(인간을 널리 이롭게 한다.), 제정일치 사회(단군왕검) 등 고조선 사회의 모습을 파악할 수 있다.

핵심 내용

고조선
① 건국 : 기원전 2333년 단군왕검이 건국
② 단군의 건국 이야기 : 청동기 문화와 농경을 배경으로 건국, 토테미즘 존재, 제정일치 사회
③ 세력 범위 : 랴오둥 지방과 대동강 유역 중심
④ 위만 조선 : 중국의 진한 교체기에 위만이 무리를 이끌고 고조선에 들어옴 → 준왕을 몰아내고 고조선 왕에 즉위(기원전 194)
⑤ 멸망 : 한의 침략 → 고조선인의 저항, 지배층 내분 발생 → 왕검성 함락 → 한군현 설치
⑥ 고조선 사회(8조법) : 노동력과 사유 재산 보호, 형벌과 노비 발생, 가부장적 사회

사료로 확인하기 2 부여의 사회 모습

부여에는 구릉과 넓은 못이 많아서 동이 지역 가운데서 가장 넓고 평탄한 곳이다. 토질은 오곡을 가꾸기에는 알맞지만 과일은 생산되지 않았다. 사람들 체격이 매우 크고 성품이 강직 용맹하며, 근엄하고 후덕하여 다른 나라를 노략질하지 않았다. …… 형이 죽으면 형수를 아내로 삼는 것은 흉노의 풍속과 같았다. 형벌이 엄하고 각박하여 사람을 죽인 사람은 사형에 처하고, 그 집안사람은 노비로 삼는다. 도둑질을 하면 물건 값의 12배를 변상하게 하였다. 남녀 간에 음란한 짓을 한 사람이나 질투하는 부인은 모두 죽였다.
– "삼국지" 위서 동이전 –

도움글

부여 사회에는 형이 죽으면 형수를 아내로 삼는 형사취수제의 풍습이 있었다. 또한 도둑질을 한 사람에게 물건 값의 12배를 배상하도록 하고, 간음과 투기가 심한 부인이나 살인자를 사형에 처하는 엄격한 법률이 있었다.

핵심 내용

부여
① 위치 : 만주 쑹화 강 유역
② 정치 : 5부족 연맹 왕국(왕이 통치하는 중앙과 마가·우가·저가·구가의 사출도)
③ 풍속 : 순장, 영고(12월), 형사취수제
④ 경제 : 농경과 목축 발달, 말과 모피 수출
⑤ 변천 : 1세기 초 왕호 사용, 중국과 교류하여 세력 확대 → 3세기 말 선비족의 침입으로 쇠퇴 → 5세기 말 고구려에 병합(494)

사료로 확인하기 ③ 고구려의 사회 모습

고구려에는 큰 산과 깊은 골짜기가 많고 평원과 연못이 없어서 계곡을 따라 살며 골짜기 물을 식수로 마셨다. 좋은 논이 없어서 힘들여 일구어도 배를 채우기는 부족하였다. 사람들의 성품은 흉악하고 급해서 노략질하기를 좋아하였다. …… 그 풍속은 혼인할 때 구두로 미리 정하고, 여자의 집 몸채 뒤편에 작은 별채를 짓는데, 그 집을 서옥이라 부른다. …… 아들을 낳아서 장성하면 남편은 아내를 데리고 자기 집으로 돌아간다.
— "삼국지" 위서 동이전 —

도움글
압록강의 지류인 동가 강 유역에 건국된 고구려는 산악 지대에 위치하고, 토지가 척박하여 농업 발달이 어려웠다. 고구려에는 서옥제라는 혼인 풍습이 있었다.

핵심 내용 — 고구려
① 위치 : 압록강 중류 지역의 졸본 지방
② 정치 : 5부족 연맹 왕국(왕 아래 상가, 고추가 등의 대가들이 각기 사자, 조의, 선인 등의 관리를 거느림)
③ 풍속 : 서옥제, 형사취수제, 동맹(10월)
④ 경제 : 약탈 경제, 옥저에게 소금이나 해산물 등 공물 수취

사료로 확인하기 ④ 옥저의 사회 모습

큰 나라 사이에서 시달리고 괴롭힘을 당하다가 마침내 고구려에 복속되었다. …… 그들은 장사를 지낼 적에 큰 나무 곽을 만드는데, …… 사람이 죽으면 시체는 모두 가매장을 하되, 겨우 형체가 보일만큼 묻었다가 가죽과 살이 다 썩은 다음 뼈만 추려 곽 속에 안치한다. 온 집안 식구를 모두 하나의 곽 속에 넣어 두는데, 죽은 사람의 숫자대로 살아 있을 때와 같은 모습으로 나무에 모양을 새긴다. …… 혼인 풍속은 여자 나이 10살이 되기 전에 혼인을 약속한다. 신랑집에서는 여자를 맞이하여 클 때까지 길러 아내로 삼는다. 여자가 어른이 되면 친정으로 되돌려 보낸다. 친정에서는 돈을 요구하는데 신랑집에서 돈을 지불한 뒤 다시 신랑집으로 돌아온다.
— "삼국지" 위서 동이전 —

도움글
옥저는 한반도의 변방인 강원도 지역에 세워졌기 때문에 선진 문화를 수용하는 데 어려움을 겪었고, 고구려의 압력을 받아 성장하지 못하다가 결국 고구려에 복속되었다. 옥저의 풍습으로는 민며느리제와 가족 공동 무덤 등이 있었다.

핵심 내용 — 옥저
① 위치 : 강원도 지역
② 정치 : 읍군, 삼로라 불리는 군장이 통치
③ 풍속 : 민며느리제, 가족 공동 무덤
④ 경제 : 어물과 소금 등 풍부, 농경 발달, 고구려에 공물 바침

사료로 확인하기 ⑤ 삼국의 귀족 회의

❶ 감옥이 없는데 범죄자가 있으면 제가들이 모여서 논의하여 사형에 처하고 처자는 몰수하여 노비로 삼는다.
— "삼국지" 위서 동이전 —

❷ 호암사에는 정사암이라는 바위가 있는데, 국가에서 재상을 뽑을 때에는 후보 3~4명의 이름을 써서 상자에 넣고 봉해서 바위 위에 두었다가 얼마 후에 가지고 와서 열어 보고 이름 위에 도장이 찍혀 있는 사람을 재상으로 삼았으므로 정사암이란 이름이 생기게 되었다.
— "삼국유사" —

❸ 중요한 나라 일은 반드시 여러 사람이 논의하였는데, 그것을 화백이라 부른다. 한 사람이라도 의견이 다르면 통과되지 못하였다.
— "신당서" —

도움글
삼국은 국가의 중대사를 귀족 대표 회의를 통해 결정하였는데, 이는 초기 부족 사회에서 여러 부족의 대표들이 함께 논의하여 사회를 이끌어 가던 전통이 반영된 것이다. 고구려의 제가 회의, 백제의 정사암 회의, 신라의 화백 회의가 있다.

핵심 내용 — 삼국의 사회 모습
① 고구려 : 왕족 고씨와 5부 출신 귀족이 지배층 형성, 제가 회의
② 백제 : 왕족 부여씨와 8성의 귀족이 지배층 형성, 정사암 회의
③ 신라 : 골품제 실시, 화백 회의(만장일치제)

사료로 확인하기 ⑥ 고구려와 백제의 국가 체제 정비

❶ (고구려) 소수림왕 2년(372) 여름 6월, …… 진왕 부견이 사신과 승려 순도를 보내 불상과 경전을 보내왔다. …… 태학을 세우고 자제를 교육시켰다.
(고구려) 소수림왕 3년(373), 처음으로 율령을 반포하였다.   - "삼국유사" -
❷ (백제) 고이왕 27년(260) 2월에 6품 이상은 자줏빛 옷을 입고 은꽃으로 관을 장식하고, 11품 이상은 붉은 옷을, 16품 이상은 푸른 옷을 입게 하였다.   - "삼국사기" -

도움글 고대 국가는 중앙 집권 국가로 발전하면서 율령을 반포하고, 불교를 수용하였으며, 활발한 정복 활동을 통해 영토를 확장하였다.

핵심 내용 국가 체제의 정비
① 고구려 : 4세기 후반 소수림왕(율령 반포, 불교 공인, 태학 설립 → 중앙 집권 체제 완성)
② 백제 : 3세기 고이왕(6좌평의 관제 마련, 관복제 도입 → 중앙 집권 국가의 기틀 마련)

사료로 확인하기 ⑦ 백제의 해외 진출

❶ 백제국은 본래 고려(고구려)와 함께 요동의 동쪽 1,000여 리에 있었다. 그 후 고려가 요동을 차지하니 백제는 요서를 차지하였다. 백제가 통치한 곳을 진평군(진평현)이라 한다.   - "송서" -
❷ (백제)는 본래 고구려와 함께 요동의 동쪽에 있었다. 진(晉)대에 고구려가 이미 요동을 차지하니 백제 역시 요서·진평의 두 군의 땅을 차지하여 스스로 백제군을 두었다.   - "양서" -

도움글 백제는 4세기 중엽 근초고왕 때 크게 성장하였다. 중국의 "송서"와 "양서"에는 백제가 중국의 요서 지역까지 진출하였다고 기록되어 있으나, 실제 여부를 두고 학계에서 논쟁 중이다.

핵심 내용 백제의 성장
① 고이왕(3세기) : 한강 유역 장악, 6좌평의 관제 마련, 관복제 제정
② 근초고왕(4세기 후반) : 왕위의 부자 상속, 마한 정복, 동진·가야·왜와 교류, 중국 요서 지역 진출
③ 침류왕(4세기 후반) : 중국 동진으로부터 불교 수용 → 중앙 집권 체제 완성

사료로 확인하기 ⑧ 고구려의 발전

(영락) 9년 기해에 백제가 서약을 어기고 왜와 화통하므로, 왕은 평양으로 순수해 내려갔다. 신라가 사신을 보내 왕에게 말하기를, "왜인이 그 국경에 가득 차 성을 부수었으니, 노객은 백성된 자로서 왕에게 귀의하여 분부를 청한다."라고 하였다. …… 10년 경자에 보병과 기병 5만을 보내, 신라를 구원하게 하였다. …… 관군이 이르자 왜적이 물러가므로, 뒤를 급히 추격하여 임나 가라의 종발성에 이르렀다. 성이 곧 귀순하여 복종하므로, 순라 병을 두어 지키게 하였다. …… 왜구는 위축되어 궤멸되었다.   - 광개토 대왕릉비 -

도움글 고구려 광개토 대왕은 신라를 공격한 왜를 격퇴하고 한반도 남부 지방까지 영향력을 행사하였다. 이는 광개토 대왕릉비의 비문과 경주 호우총에서 출토된 호우명 그릇에 쓰인 글씨(을묘년 국강상 광개토지호태왕 호우십)를 통해 확인할 수 있다.

핵심 내용 고구려의 발전
① 광개토 대왕(4세기 말) : 요동과 만주 정벌, 백제 공격, 신라에 침입한 왜 격퇴, 가야 공격, '영락' 연호 사용
② 장수왕(5세기) : 중국의 남·북조와 교류, 남진 정책(평양 천도), 광개토 대왕릉비 건립, 충주 고구려비 건립

사료로 확인하기 ⑨ 신라의 국호 변화

지증왕 4년(6세기 초) 10월에 군신이 아뢰되 "개국한 이래로 국명이 일정치 아니하여 혹은 '사라'라 하고 혹은 '사로'라 하고 혹은 '신라'라 하였으나 신들은 생각건대 '신'은 덕업이 날로 새로운 뜻이요, '라'는 사방을 망라한다는 뜻인즉 그것으로 국호를 삼는 것이 좋을 듯 하오며, 또 생각건대 자고로 국가를 가진 이가 모두 '제(帝)', '왕(王)'으로 칭하였는데 우리 시조가 건국한 지 지금 22세로되 단지 방언으로만 칭하여 존호를 정하지 않았으니 지금 군신은 한뜻으로 삼가 신라 국왕이란 존호를 올립니다." 하니 왕이 거기에 따랐다.
― "삼국사기" ―

도움글
신라는 지증왕 때 국호를 '신라'로 정하고, '왕'이라는 칭호를 사용하는 등 왕권이 강화되었다. 또한 지방 행정 구역을 주와 군으로 나누어 관리를 파견하고, 우산국(울릉도)을 복속하였다.

핵심 내용 — 신라의 성장
① 건국(기원전 57) : 사로 6촌이 박혁거세 집단을 중심으로 사로국 건국 → 주변 소국 정복
② 내물왕(4세기 후반) : 정복 활동 → 진한 지역 정복, 김씨의 왕위 계승 확립, 마립간 칭호 사용, 고구려 광개토 대왕의 도움으로 가야·왜 연합 격퇴
③ 지증왕(6세기 초) : 국호를 '신라'로, 왕호를 '왕'으로 변경, 우산국(울릉도) 복속, 우경과 수리 사업 장려

사료로 확인하기 ⑩ 신라의 국가 체제 정비

❶ 법흥왕 7년(520) 봄 정월에 율령을 반포하고, 처음으로 모든 관리의 공복과 붉은색, 자주색으로 위계를 정하였다.
― "삼국사기" ―
❷ 대왕(법흥왕)이 분노하여 이차돈의 목을 베라고 명하였다. …… 집집마다 부처를 공경하면 대대로 영화를 얻고 사람마다 불도를 행하면 불법의 이익을 얻었다.
― "삼국유사" ―

도움글
신라는 법흥왕 때 율령을 반포하고, 이차돈의 순교를 계기로 불교를 수용하면서 중앙 집권 국가로의 체제를 정비하였다.

핵심 내용 — 신라의 국가 체제 정비
① 법흥왕(6세기 초) : 율령 반포, 병부 설치, 공복제와 17관등제 마련, 불교 공인, 골품제 정비, 금관가야 병합
② 진흥왕(6세기 중반) : 화랑도를 국가적 조직으로 재편, 영토 확장(단양 신라 적성비, 4개의 순수비 건립), 대가야 병합

사료로 확인하기 ⑪ 나·당 동맹

진덕 여왕 2년(648) 이찬 김춘추와 그 아들 문왕을 당에 파견하였다. …… 태종이 김춘추에게 소원을 묻자 김춘추가 말했다. "신의 나라가 대국을 섬긴 지가 여러 해 되었습니다. 그러나 백제는 강성하고 교활하여 침략을 일삼아 왔습니다. …… 만약 폐하께서 군사를 보내 그 흉악한 무리들을 없애지 않는다면 우리나라 백성들은 모두 포로가 될 것입니다. 육로와 수로를 거쳐 섬기러 오는 일도 다시는 기대할 수 없을 것입니다." 이에 태종이 크게 동감하고 군사를 보낼 것을 약속하였다.
― "삼국사기" ―

도움글
신라의 김춘추가 당에 건너가 나·당 동맹을 제의하자 신라를 이용해 한반도를 장악하려던 당이 이를 수락하였다. 나·당 연합군은 백제를 공격해 멸망시키고(660), 이어 고구려를 멸망시켰다(668).

핵심 내용 — 신라의 삼국 통일
① 나·당 동맹 결성 : 백제의 신라 공격, 당의 고구려 정복 실패 → 김춘추가 당에 건너가 나·당 동맹 제의 → 당의 수락으로 나·당 동맹 체결
② 백제 멸망(660) : 지배층 내부 분열 → 나·당 연합군의 공격(계백의 결사대가 황산벌에서 신라군에 패배) → 사비성 함락
③ 고구려 멸망(668) : 수·당과 지속된 전쟁으로 국력 손실, 연개소문 사후 지배층 분열 → 나·당 연합군의 공격 → 평양성 함락

사료로 확인하기 ⑫ 신문왕의 왕권 강화 정책

❶ 신문왕 즉위 교서

(신문왕이) 교서를 내렸다. "…… 어찌 상중(喪中)에 도성에서 반란이 일어날 줄 생각이나 하였겠는가! 역적의 우두머리 흠돌·흥원·진공 등은 벼슬이 재능으로 오른 것이 아니요, 실로 은혜로운 특전으로 관직에 오른 것이다. …… 날마다 탐욕스러운 뜻을 거리낌 없이 드러내 보이고 나쁜 무리들이 서로 도와 날짜와 기한을 정하여 반란을 일으키려고 하였다. ……지금은 이미 요망한 무리들이 숙청되어 멀고 가까운 곳에 우려할 것이 없으니, 소집하였던 병마(兵馬)들을 빨리 돌려보내고 사방에 포고하여 이 뜻을 알게 하라!"라고 하였다. — "삼국사기" —

❷ 만파식적 설화

왕이 배를 타고 그 산에 들어가니, 용이 검은 옥대를 가져다 바쳤다. …… 용이 대답하였다. "이것은 비유하자면, 한 손으로 치면 소리가 나지 않고 두 손으로 치면 소리가 나는 것과 같아서, 이 대나무라는 물건은 합한 후에야 소리가 납니다. 성왕께서는 소리로 천하를 다스릴 좋은 징조입니다. 대왕께서 이 대나무로 피리를 만들어 불면 천하가 화평할 것입니다. 이제 대왕의 아버님께서는 바닷속의 큰 용이 되셨고, 유신은 다시 천신(天神)이 되셨는데, 두 성인이 같은 마음으로, 이처럼 값으로 따질 수 없는 보배를 보내 저를 시켜 이를 바치는 것입니다." …… 왕이 행차에서 돌아와 그 대나무로 피리를 만들어 월성(月城)의 천존고(天尊庫)에 간직하였다. 이 피리를 불면 적병이 물러가고 병이 나으며, 가뭄에는 비가 오고 장마에는 날씨가 개며, 바람이 잦아지고 물결이 평온해졌다. 이를 만파식적으로 부르고 나라의 보물이라 칭하였다. — "삼국유사" —

> **도움글**
>
> ❶ 신문왕 즉위(681) 후 한 달 만에 신문왕의 장인 김흠돌을 중심으로 반란이 일어났다. 신문왕은 김흠돌의 난을 계기로 진골 귀족을 숙청하며 전제 왕권을 강화하였다.
>
> ❷ 만파식적은 용이 된 문무왕과 천신이 된 김유신이 나라를 수호하기 위해 신문왕에게 내려 준 것으로, 왕권 강화를 상징적으로 보여 준다.

핵심 내용 — 신문왕의 정책
① 김흠돌의 난을 계기로 귀족 세력 숙청
② 문무 관리에게 관료전 지급하고, 녹읍 폐지
③ 9주 5소경 정비, 9서당 조직
④ 국학을 설치하여 관리 양성
⑤ 감은사, 문무 대왕릉 조성
⑥ 만파식적 설화

사료로 확인하기 ⑬ 발해와 신라의 관계

❶ 신라의 발해 공격

(733년) 가을 7월에 당 현종은 발해·말갈이 바다를 건너 등주로 쳐들어오자 김사란에게 (신라로) 귀국하게 하였다. (성덕)왕에게 개부의동삼사영해군사(開府儀同三司寧海軍使)를 더 제수하고는 군사를 일으켜 말갈의 남쪽 도읍을 치게 하였다. (군사를 출병시켰는데) 마침 큰 눈이 한 자 넘게 쌓이고 산길이 험하여 절반이 넘는 병사들이 죽고 아무 공 없이 돌아왔다. — "삼국사기" —

❷ 쟁장 사건

(897년) 발해 하정사인 왕자 대봉예가 (당 조정에) 문서를 올려, 발해가 신라보다 윗자리에 있기를 청하였다. 이에 대해 답하기를, "국명(國名)의 선후는 원래 강약에 따라 일컫는 것이 아니다. …… 마땅히 이전대로 할 것이다."라고 하였다. — "최문창후문집" —

> **도움글**
>
> ❶ 발해 무왕이 당의 등주를 공격하자 당이 신라에게 요청하여 발해를 공격하였다. 이 때문에 당은 결국 패강 이남을 신라의 영토로 인정하였다.
>
> ❷ 쟁장 사건은 발해가 당에 자국 사신의 자리를 신라보다 위에 앉혀 달라고 청하였다가 거부당한 사건이다. 발해와 신라의 경쟁 관계를 엿볼 수 있다.

핵심 내용 — 발해와 신라의 관계
① 발해 무왕 : 당의 요청으로 신라가 발해 공격
② 발해 문왕 : 신라도를 통해 신라와 교류
③ 쟁장 사건(897) : 발해 사신이 신라보다 윗자리에 앉기를 요청하였으나 당에 의해 거부됨
④ 등제 서열 사건(906) : 당의 빈공과 등제 석차에서 신라 최언위가 발해의 오광찬보다 앞서자 발해 사신이 석차 변경을 요구하였으나 거부됨

사료로 확인하기 14 · 신라 말의 사회

❶ 96각간의 난
  혜공왕 4년 대공 각간의 도둑 무리가 일어나자 왕도 및 5도·주군의 96각간이 서로 싸우게 되어 크게 어지러워졌다. …… 난리는 석 달이 지나서야 그쳤다. — "삼국유사" —

❷ 김헌창의 난
  헌덕왕 14년, 웅천주 도독 헌창은 그 아비 주원이 앞서 왕위에 오르지 못할 것을 이유로 반란을 일으켜 국호를 장안이라 하고 연호를 경운 원년이라 하였다. — "삼국사기" —

❸ 적고적의 난
  진성 여왕 10년(896) 도적이 나라의 서남쪽에서 일어나 붉은 바지를 입고 특이하게 행동하니 사람들이 적고적이라 하였다. 주현을 도륙하여 해를 입히고 수도의 서부인 모량리까지 와서 민가를 노략질하고 갔다. — "삼국사기" —

> **도움글**
> 신라는 8세기 후반 무렵부터 진골 귀족 사이에 일어난 왕위 다툼으로 인하여 정치적 혼란이 거듭되었다. 이러한 진골 귀족들의 왕위 쟁탈전과 사치스러운 생활로 인해 농민의 부담이 가중되어 전국에서 저항 운동이 일어났다.

핵심 내용 | 신라 말기의 상황
① 혜공왕 시기 : 대공의 난·96각간의 난 발생으로 왕권 약화
② 혜공왕 사후 : 내물왕계가 집권하면서 왕위 쟁탈전 지속
③ 왕위 쟁탈전 : 김지정의 난, 김헌창의 난, 장보고의 난
④ 농민 봉기 : 원종·애노의 난, 적고적의 난
⑤ 호족·선종 승려·6두품 등이 결탁하여 신라의 사회 모순 비판

사료로 확인하기 15 · 신라 말 지방 호족의 성장

❶ 견훤
  견훤은 상주 가은현(경북 문경) 사람이다. 본래의 성은 이씨였는데, 후에 견으로 성씨를 삼았다. 아버지는 아자개이니, 농사로 자활하다가 후에 가업을 일으켜 장군이 되었다. 견훤이 태어나 어린 아기였을 때 아버지가 들에서 일하면 어머니가 식사를 날라 주었는데, 아이를 나무 수풀 밑에 놓아두면 호랑이가 와서 젖을 먹였다. …… 장성하자 체격과 용모가 우뚝 뛰어났으며, 뜻과 기개가 커서 보통이 아니었다. 군대를 따라 서울에 들어왔다가 서남 해안을 지키러 갔을 때에 창을 베고 자면서 적을 기다렸고, 그의 용기는 항상 병졸보다 앞섰으므로 그 공로로 비장(裨將)이 되었다. …… 드디어 후백제 왕이라 스스로 칭하고 관부를 설치하여 직책을 나누었다. — "삼국사기" —

❷ 궁예
  궁예는 신라 사람으로, 성은 김씨이고, 아버지는 제47대 헌안왕 의정이며, 어머니는 헌안왕의 후궁이었다. …… 머리를 깎고 승려가 되어 스스로 선종(善宗)이라 이름하였다. 신라가 쇠약해진 말기에 …… 도적들이 벌떼처럼 일어나 그 아래 백성이 개미처럼 모여들었다. 선종은 이런 혼란기를 타서 무리를 모으면 자신의 뜻을 이룰 수 있다고 생각하여 …… 죽주의 도적 괴수 기훤에게 의탁하였다. …… 북원의 도적 양길에게 의탁하니, 양길이 잘 대우하며 일을 맡기고 드디어 군사를 나누어 주어 동쪽으로 땅을 점령하도록 하였다. …… 선종이 자기의 무리가 많아졌으므로 나라를 세워 임금을 칭할 수 있다고 생각하여 비로소 내외의 관직을 마련하였다. …… 선종이 왕이라 자칭하고 사람들에게 이르기를 "이전에 신라가 당에 군사를 청하여 고구려를 격파하였기 때문에 옛 서울 평양은 오래 되어서 풀만 무성하게 되었으니 내가 반드시 그 원수를 갚겠다."라고 하였다. — "삼국사기" —

> **도움글**
> 신라 말 왕위 계승에서 밀려난 진골 귀족, 무역을 통해 경제력과 군사력을 가지고 있던 군진 세력, 지방의 토착 세력인 촌주 등이 지방에서 성주나 장군을 자칭하며 행정권과 군사권을 장악하였다. 군인 출신인 견훤은 완산주에 도읍하고 후백제를 건국하였고(900), 신라 왕족 출신인 궁예는 송악에 도읍하고 후고구려를 건국하였다(901).

핵심 내용 | 후삼국의 성립
① 후백제(900)
  ㉠ 성립 : 견훤이 완산주(전주)에 도읍하고 건국
  ㉡ 발전 : 충청도와 전라도의 경제력을 바탕으로 군사적 우위 확보
② 후고구려(901)
  ㉠ 성립 : 궁예가 송악(개성)에 도읍하고 건국, 국호를 '마진', '태봉'으로 변경
  ㉡ 과도한 수취, 미륵 신앙을 이용한 전제 정치로 왕건이 궁예를 몰아내고 왕위에 오름

사료로 확인하기 16 · 통일 신라의 토지 제도

- (신문왕 7년) 교서를 내려 문무 관료들에게 토지를 차등 있게 주었다.
- (신문왕 9년) 봄 정월에 중앙과 지방 관리들의 녹읍을 폐지하고 해마다 조(租)를 차등 있게 주고 이를 일정한 법으로 삼았다.
- (성덕왕 21년) 가을 8월에 처음으로 백성들에게 정전을 지급하였다.
- (경덕왕 16년) 3월에 중앙과 지방의 여러 관리에게 매달 주던 녹봉을 없애고 다시 녹읍을 주었다.
  — "삼국사기" —

도움글
신문왕은 귀족 세력의 경제 기반을 약화시키기 위해 녹읍을 폐지하고 관료전을 지급하였다. 이후 성덕왕은 정전을 지급하여 국가의 토지 지배력을 강화하였다. 그러나 왕권이 약화되기 시작한 경덕왕 시기 녹읍이 다시 부활하였다.

핵심 내용 | 통일 신라의 토지 제도
① 관료전 : 신문왕이 중앙과 지방의 관료에게 지급, 조세 수취만 가능
② 식읍 : 왕족·공신에게 지급, 조세 수취와 토지의 노동력 징발 가능
③ 녹읍 : 신라 시대 관료에게 직무의 대가로 지급한 토지, 조세 수취와 토지의 노동력 징발 가능, 신문왕 시기 폐지되었다가 경덕왕 시기 부활
④ 정전 : 성덕왕 시기 왕토 사상에 근거하여 백성에게 지급한 토지

사료로 확인하기 17 · 통일 신라의 민정 문서

이 현의 사해점촌(沙害漸村)을 조사해 보니, 지형은 산과 평지로 이루어져 있으며, 마을의 둘레는 5,725보, 공연의 수는 합하여 11호가 된다. 계연(計烟)은 4, 나머지 3이다. 이 가운데 중하연(仲下烟) 4호, 하상연(下上烟) 2호, 하하연(下下烟) 5호이다. 마을의 모든 사람을 합치면 147명이며, 이 중 3년 전부터 살아온 사람과 3년 사이에 태어난 자를 합하면 145명이 된다.

정(丁) 29명(노 1명 포함), 조자 7명(노 1명 포함), 추자 12명, 소자 10명이며, 3년 사이에 태어난 소자 5명, 제공 1명이다.

여자는 정녀(丁女) 42명(비 5명 포함), 조여자 9명, 소여자 8명이며, 3년간에 태어난 소여자 8명(비 1명 포함), 제모(除母) 2명, 노모 1명 등이다. 3년 사이에 이사 온 사람은 둘인데, 추자 1명, 소자 1명이다.

가축으로는 말 25마리가 있으며, 전부터 있던 것 22마리, 3년 사이에 더해진 말이 3마리이다. 소는 22마리인데, 전부터 있던 것 17마리, 3년 사이에 더해진 소 5마리이다.

논[畓]은 전부 102결 2부 4속인데, 관모전이 4결, 내시령답이 4결, 연수유답이 94결 2부 4속이며, 그중 촌주가 그 직위로 받은 논이 19결 70부가 포함되어 있다.

밭은 전부 62결 10부 5속인데 모두 연이 받은 것이다. 마전은 전부 1결 9부이다. 뽕나무는 1,004그루인데, 3년 사이에 심은 것이 90그루, 전부터 있던 것이 914그루이다.

잣나무는 모두 120그루이고, 3년 사이에 심은 것이 34그루, 전부터 있던 것이 86그루이다. 호두나무는 모두 112그루이고, 3년 사이에 심은 것이 38그루, 전부터 있던 것이 74그루이다.
  — '민정 문서' —

도움글
통일 신라의 민정 문서는 1933년 일본 도다이 사 쇼소인에서 발견된 세금 장부이다. 촌주가 3년마다 변동 사항을 조사하여 작성한 문서로, 닥나무로 만든 종이 2매에 서원경(지금의 충북 청주) 부근의 4개 촌인 사해점촌·살하지촌·이름이 유실된 2개 촌의 사정이 기록되어 있다. 뿐만 아니라 호구의 등급, 인구, 가출, 토지, 수목, 호구, 가축의 감소 등이 기록되어 있다. 이를 통해 당시 촌락의 경제 상황과 국가의 세무 행정에 대해 파악할 수 있다.

핵심 내용 | 통일 신라의 민정 문서
① 제작 시기 : 정확한 시기 단정 어려움
② 발견 : 1933년, 일본의 도다이 사 쇼소인
③ 작성 목적 : 세금 부과
④ 내용 : 토지 면적, 호수, 인구, 전답, 가축, 유실수 등을 촌주가 매년 조사하여 3년마다 작성

사료로 확인하기 ⑱ 화랑도

(귀산 등이 이르자) 원광법사가 말하기를 "지금 세속 5계가 있으니, 첫째는 임금을 충성으로 섬기는 것이요, 둘째는 부모를 효성으로 섬기는 것이요, 셋째는 벗을 신의로 사귀는 것이요, 넷째는 전쟁에 임하여 물러서지 않는 것이요, 다섯째는 살아 있는 것을 죽일 때는 가려서 죽여야 한다는 것이니, 그대들은 이를 실행함에 소홀하지 말라."라고 하였다.
– "삼국사기" –

도움글
세속오계는 원광이 화랑에게 일러준 다섯 가지 계율로, 사군이충, 사친이효, 교우이신, 임전무퇴, 살생유택이다.

핵심 내용

화랑도
① 기원 : 원시 사회 청소년 집단
② 조직 : 진흥왕 때 국가적으로 조직
③ 구성 : 화랑(귀족 자제)과 낭도(귀족~평민)
④ 역할 : 계층 간의 대립과 갈등 조정, 전통적 사회 질서 습득, 인재 양성

사료로 확인하기 ⑲ 신라의 신분 제도와 6두품

최치원이 서쪽으로 당에 가서 벼슬을 하다가 고국에 돌아왔는데 전후에 난세를 만나서 처지가 곤란하였으며 걸핏하면 모함을 받아 죄에 걸리겠으므로 스스로 때를 만나지 못한 것을 한탄하고 다시 벼슬할 뜻을 두지 않았다. 그는 세속과 관계를 끊고 자유로운 몸이 되어 숲 속과 강이나 바닷가에 정자를 짓고 소나무와 대나무를 심으며 책을 벗하여 자연을 노래하였다. 예컨대 경주의 남산, 강주의 빙산, 합주의 청량사, 지리산의 쌍계사, 합포현의 별장 등은 모두 그가 노닐던 곳이다. 최후에는 가족을 이끌고 가야산 해인사에 숨어 살면서 친형인 승려 현준 및 정현사와 도우를 맺고 조용히 살다가 늙어 죽었다.
– "삼국사기" –

도움글
최치원은 당의 빈공과에 급제하였으며, 황소의 난이 일어나자 '토황소격문'을 지었다. 귀국 후 진성 여왕에게 시무 10여 조를 건의하기도 였으나 신분적 한계를 극복하지 못하고 은둔하였다.

핵심 내용

신라의 신분 제도
① 골품 제도 : 골제(성골·진골)와 두품제(6두품~1두품)로 구성, 법흥왕 때 법제화
② 진골 : 왕이 될 수 없는 왕족, 성골 소멸 후 최고 특권층
③ 6두품
  ㉠ '득난'이라고도 부름
  ㉡ 통일 신라 시기 왕의 조언자·행정 실무자 역할
  ㉢ 신라 말 신분제 모순에 저항하며 반사회적 성향을 갖게 됨
  ㉣ 대표적 인물 : 설총, 강수, 원효, 낭혜화상

사료로 확인하기 ⑳ 신라의 호국 불교

신인(神人)이 말하기를, "지금 그대의 나라는 여자가 왕이 되어 덕은 있으나 위엄은 없소. 그러므로 이웃 나라가 침략을 꾀하는 것이니, 마땅히 속히 본국으로 돌아가시오."라고 하였다. 자장이 묻기를, "귀향하면 장차 무엇이 이익이 되겠습니까?"라고 하였다. 신인이 말하기를 "본국으로 돌아가 9층탑을 절 안에 세우면 이웃 나라가 항복하고 9개 나라가 와서 조공하여 왕조가 길이길이 편안할 것이오."하였다. …… 귀국하여 탑을 세우는 일에 대하여 왕에게 아뢰었다.
– "삼국유사" –

도움글
자장법사는 당에 유학하던 중 신인에게서 들은 황룡사 9층 목탑 건립 이야기를 신라로 돌아와 선덕 여왕에게 전하였다. 황룡사 9층 목탑은 호국 불교의 대표적인 예이다.

핵심 내용

신라의 호국 불교
① 의미 : 불교를 이용하여 왕권을 강화하고 국가를 지키려는 신앙
② 불교식 왕명 : 신라 법흥왕부터 진덕 여왕까지 불교식 왕명 사용
③ 진종 설화 : 왕족은 전생에 부처의 혈통이라는 믿음
④ 왕즉불 사상 : 왕이 곧 부처라는 믿음
⑤ 황룡사 : 진흥왕이 건립, 진흥왕 이후로도 국가에 큰 일이 있을 때마다 백고좌(百高座) 강회를 열어 국가 안위 기원

사료로 확인하기 ㉑ 고구려의 도교 문화

보장왕 2년(643) 3월 연개소문이 왕에게 아뢰기를, "삼교(三敎)는 비유하자면 솥의 발과 같아서 하나라도 없어서는 안 됩니다. 지금 유교와 불교는 모두 흥하는데 도교는 아직 성하지 않으니, 이른바 천하의 도술(道術)을 갖추었다고 할 수 없습니다. 엎드려 청하오니 당에 사신을 보내 도교를 구하여 와서 나라 사람들을 가르치게 하소서."라고 하였다. 대왕이 매우 그러하다고 여기고 표(表)를 올려서 (도교를) 요청하였다. 태종(太宗)이 도사 숙달 등 8명을 보내고, 이와 함께 노자의 "도덕경"을 보내 주었다. 왕이 기뻐하며 불교 사찰을 빼앗아 이들을 머물도록 하였다.
 — "삼국사기" —

도움글

연개소문은 고구려에 도교가 없으므로 이를 수용해야 한다고 보장왕에게 건의하였고, 이를 받아들인 보장왕이 당으로부터 도교를 수용하였다. 보장왕이 불교 사찰을 빼앗아 도사들에게 머물게 한 점이나 고구려의 승려 보덕이 이러한 정책에 불만을 품고 백제로 망명한 사실로 보아 연개소문의 도교 수용에 정치적인 목적이 있었음을 알 수 있다.

핵심 내용

고구려의 도교 문화
① 사신도 고분 벽화 : 동서남북 방위를 지키는 상징적인 동물 그림
② 연개소문의 도교 장려 : 반대 세력 견제 목적

백제의 도교 문화
① 산수무늬 벽돌 : 부여 사비 시대 절터에서 출토
② 금동 대향로 : 백제 나성과 부여 능산리 고분군 사이 절터에서 출토, 신선 세계와 이상향 표현
③ 사택지적비 : 의자왕 시기, 사택지적이라는 인물이 인생의 덧없음을 적은 글

사료로 확인하기 ㉒ 통일 신라의 승려

❶ 의상

옛날 의상법사가 처음 당에서 돌아와 관음보살의 진신이 이 해변의 굴 안에 산다는 것을 들었다. 그러므로 이로 인해 낙산이라고 이름하였는데, …… 의상이 재계(齋戒)한 지 7일째에 방석을 새벽 물 위에 띄웠더니 용천 8부의 시종이 굴속으로 그를 인도하였다. 공중으로 예를 올리자 수정 염주 한 꾸러미를 바치므로 의상은 이것을 받고 물러났다.
 — "삼국유사" —

❷ 원효

원효가 이미 계율을 잃어버려 설총을 낳은 이후 속인의 옷으로 바꾸어 입고 스스로 소성거사(小姓居士)라고 하였다. 우연히 광대들이 놀리는 큰 박을 얻었는데, 그 모양이 괴이하였다. 그 모양대로 도구를 만들어 "화엄경"의 "일체 무애인(無㝵人)은 한 길로 생사를 벗어난다."라는 (문구에서) 이름을 '무애'라고 하고 이에 노래를 지어 세상에 퍼뜨렸다. 일찍이 이것을 가지고 온 마을에서 노래하고 춤추며 교화하고 음영하여 돌아오니 가난하고 무지몽매한 무리까지도 모두 부처의 호를 알게 되었고, 모두 나무[南無]를 칭하게 되었으니, 원효의 법화(法化)가 컸던 것이다.
 — "삼국유사" —

도움글

❶ 의상은 관음보살의 진신을 직접 만난 후 그곳에 낙산사를 세웠다.
❷ 원효는 요석 공주와 결혼하여 설총을 낳았다. 원효는 '무애가'를 지어 부처의 가르침을 중생에게 쉽게 전달하였고, '나무아미타불'을 외우면 신분에 관계없이 누구나 극락왕생할 수 있다고 하여 불교 대중화에 힘썼다.

핵심 내용

통일 신라의 승려
① 의상 : 진골 출신, 당 유학, "화엄일승법계도" 저술, 화엄 사상 주장, 부석사·낙산사 건립, 관음 신앙 주장
② 원효 : 6두품 출신, 요석 공주와 결혼하여 설총을 낳음, "대승기신론소"·"금강삼매경론" 편찬, 일심 사상·화쟁 사상·아미타 신앙 주장
③ 원측 : 당에 유학하여 현장에게 유식론(세상에 존재하는 것은 의식뿐)을 배움
④ 혜초 : "왕오천축국전" 저술

Ⅱ 고려 귀족 사회의 형성과 변천

사료로 확인하기 ① 태조의 호족 견제책

❶ 사심관 제도
  태조 18년 신라왕 김부(경순왕)가 항복해 오니 신라국을 없애고 경주라 하였다. (김)부로 하여금 경주의 사심이 되어 부호장 이하의 (임명을) 맡게 하였다. 이에 여러 공신이 이를 본받아 각기 자기 출신 지역의 사심이 되었다. 사심관은 여기에서 비롯되었다.
  – "고려사" –

❷ 기인 제도
  건국 초에 향리의 자제를 뽑아 서울에 볼모로 삼고, 또한 출신지의 일에 대하여 자문에 대비하게 하였는데, 이를 기인이라 한다.
  – "고려사" –

> **도움글**
> 호족 견제책인 사심관 제도는 중앙으로 올라온 지방 세력을 출신 지역의 사심관으로 임명하여 지방을 통제하도록 한 제도이다. 기인 제도는 지방 호족의 자제를 수도에 볼모로 잡아 두고 출신지의 일에 대하여 자문하도록 한 제도이다.

핵심 내용 — 태조의 정책
① 호족 통합 정책 : 견제 정책(사심관 제도, 기인 제도), 포용 정책(유력한 호족의 딸과 혼인, 왕씨 성 하사)
② 북진 정책 : 독자적인 연호 '천수' 사용, 서경 중시, 거란 배척
③ 민생 안정 정책 : 조세 인하(취민유도), 연등회·팔관회 중시

사료로 확인하기 ② 광종의 왕권 강화 정책

❶ 노비안검법
  광종 7년(956)에 노비를 조사해서 옳고 그름을 분명히 밝히도록 명령하였다. 이 때문에 주인을 배반하는 노비들을 도저히 억누를 수 없었으므로, 주인을 업신여기는 풍속이 크게 유행하였다. …… 왕비도 간절히 말렸지만 받아들이지 않았다.
  – "고려사" –

❷ 과거제
  광종이 쌍기의 의견을 받아들여 과거로 인재를 뽑자, 이때부터 문풍이 일어나기 시작하였다. …… 과거에 관한 법은 대체로 당의 제도를 많이 채용하였다.
  – "고려사" –

> **도움글**
> 태조 왕건 사후 왕위 계승을 둘러싸고 외척 간에 싸움이 일어나 왕권이 미약해졌다. 이에 광종은 호족 견제책인 노비안검법과 과거제를 시행하여 왕권을 강화하고자 하였다.

핵심 내용 — 광종의 왕권 강화 정책
① 노비안검법 : 불법으로 노비가 된 자를 양인으로 해방, 호족의 경제·군사적인 기반 약화, 왕권 강화, 국가 재정 확충
② 과거 제도 실시 : 호족을 견제할 새로운 정치 세력 등용
③ 백관의 공복 제정 : 관리의 기강 확립
④ 칭제 건원

사료로 확인하기 ③ 최승로의 시무 28조

  왕이 말하기를 "짐이 정무를 새로이 하게 되어 혹시 잘못된 정치가 있을까 두렵다. 중앙의 5품 이상 관리들은 각자 상서를 올려 정치의 옳고 그름을 논하도록 하라."라고 하였다. 이에 최승로가 왕의 뜻을 받들어 시무 28조를 올렸다.
  – "고려사" –

> **도움글**
> 성종은 최승로의 상소문을 채택하여 유교를 정치 이념으로 삼고, 중앙 및 지방 제도를 정비하였다.

핵심 내용 — 성종의 정책
① 유교 질서 강화 : 최승로의 시무 28조 채택(유교 정치의 실현)
② 통치 제도 정비 : 2성 6부의 중앙 관제 수립, 12목 지방관 파견, 향리 제도 실시
③ 유학 교육 장려 : 과거 제도 실시, 국자감 정비, 지방에 경학박사 파견, 불교 행사 억제(연등회 축소, 팔관회 폐지)

사료로 확인하기 ④ 도병마사

국가가 도병마사를 설치하여 시중·평장사·참지정사·정당문학·지문하성사로 판사를 삼고, 판추밀 이하로 사를 삼아, 큰일이 있을 때 회의하였기 때문에 합좌라는 이름이 붙게 되었다. 그런데 이는 한 해에 혹 한 번 모이기도 하고 여러 해 동안 모이지 않기도 하였다. 그 뒤에 도평의사로 고쳤고 혹은 식목도감사라 일컫기도 하였다. 원에 사대한 이후 급한 일이 많아 첨의·밀직이 항상 합좌하였다.
— 이제현, "익재집" —

도병마사는 국방과 군사를 담당하는 임시 기구로, 중서문하성의 재신과 중추원의 추신으로 구성되었다. 고려 후기 도평의사사로 개편되었고, 국가 중대사를 담당하는 최고의 정무 기구로 발전하였다.

핵심 내용 고려의 통치 체제
① 중앙 통치 기구 : 2성 6부 체제, 중서문하성(국가 정책 결정, 문하시중이 국정 총괄, 재신과 낭사로 구성), 상서성(6부를 관리하며 정책 집행), 중추원(왕의 비서 기구, 군사 기밀과 왕명 출납), 어사대(관리의 비리 감찰), 삼사(화폐 및 곡식의 출납 등 회계 담당)
② 도병마사와 식목도감 : 도병마사(국방과 군사 문제 담당), 식목도감(대내적 법률·제도 제정)

사료로 확인하기 ⑤ 좌주와 문생과의 관계

문생이 종백을 대할 때는 아버지와 자식 사이의 예를 차린다. …… 평장사 임경숙은 4번 과거의 시험관이 되었는데 몇 해 지나지 않아 그의 문하에 벼슬을 한 사람이 10여 명이나 되었고, …… (유경이) 문생들을 거느리고 들어가 뜰 아래에서 절하니 임경숙은 마루 위에 앉아 있고, 악공들은 풍악을 울렸다. 보는 사람들이 하례하고 찬탄하지 않는 이가 없었다.
— "보한집" —

종백은 과거를 맡아 합격자를 선발하는 시험관인 좌주를 의미한다. 좌주와 문생(합격자)의 관계는 부자 관계와 같아 학벌을 형성하여 정치 세력으로 성장하였다.

핵심 내용 고려 시대 과거 제도(법제상 양민 이상이면 응시 가능)
① 문과 : 문관 선발, 귀족과 향리 자제가 주로 응시, 제술과(문학적인 소양과 정책 시험), 명경과(유교 경전에 대한 이해 시험)
② 잡과 : 기술관 선발, 양민이 주로 응시, 의학·천문·회계·지리 등 실용 학문 시험
③ 승과 : 승계 부여, 불교 경전에 대한 이해 시험

사료로 확인하기 ⑥ 음서의 범위

❶ 조상의 공로로 벼슬을 주는 것은 다 나이 18세 이상인 자에 한하였는데, 목종이 즉위하여(997) 명령하기를 "5품 이상 문무관의 아들에게는 음직을 준다."라고 하였다. 현종 5년(1014) 12월에 명령하기를 "양반으로서 현직 5품 이상인 관원의 자손이나 혹은 아우나 조카 중에서 한 사람에게 벼슬을 시킬 것을 허락한다."라고 하였다.
— "고려사" —

❷ 윤공(尹公)의 이름은 승해요, 자는 자장이니 수주 수안현이 본 고향이었다. …… 거듭 이부의 과거에 응시하였으나 합격하지 못하였다. 가문 덕에 음서를 통해 지수주사판관(知水州事判官)이 되었다.
— "동국이상국집" —

음서는 5품 이상 관리의 자제에게 과거를 거치지 않고 부모의 음덕을 통해 관직에 진출할 수 있도록 한 제도이다. 고려 시대 음서의 혜택은 아들은 물론 사위나 외손자에게도 적용될 정도로 광범위하게 이루어졌다.

핵심 내용 관리 등용 제도
① 과거 제도 : 양인 이상 응시 가능, 문과·잡과·승과로 구성
② 음서 제도 : 왕실·공신·5품 이상의 고위 관리의 자손에게 과거 시험을 보지 않고도 관직 부여, 자손 이외에 사위·외손자·동생·조카 등에게도 혜택 부여

사료로 확인하기 ⑦ 이자겸의 난

이자겸은 다른 가문 출신이 후비가 되어 권력과 은혜를 빼앗길 것을 두려워하여 셋째 딸을 후비로 삼도록 청하였다. 왕이 어쩔 수 없이 따랐는데, 이날 폭풍이 불어 기와가 날리고 나무가 뿌리째 뽑혔다. 그 후 또 넷째 딸을 후비로 보냈는데 그날도 비바람이 심하였다. …… 이자겸의 권세와 총애가 나날이 높아져 자기에게 아부하지 않는 자는 온갖 계략으로 헐뜯고 비난하였다.
– "고려사" –

이자겸은 왕실과의 혼인을 통해 막강한 권력을 차지하였으며, 독단적으로 자기 부하를 송에 사신으로 보내기도 하였다. 결국 스스로 왕이 되고자 난을 일으켰다가 몰락하였다.

핵심 내용

문벌 귀족 사회의 성립과 동요
① 형성 : 지방 호족 출신과 신라 6두품 계통의 유학자가 정계 진출 → 성종 이후 지배층으로 성장
② 특징 : 과거와 음서를 통해 관직 독점, 과전과 공음전을 통해 경제적 기반 마련
③ 정권 유지 : 중첩된 혼인으로 결속력 강화, 정권 장악
④ 이자겸의 난 : 경원 이씨 가문이 왕실의 외척 가문이 되어 권력 장악 → 이자겸의 권력 독점 → 인종 측근 세력의 이자겸 세력 공격 → 이자겸의 난(1126) → 척준경의 이자겸 제거 → 척준경 축출 → 국왕의 권위 실추, 문벌 귀족 사회 분열

사료로 확인하기 ⑧ 묘청의 서경 천도 운동

조선 근세에 종교나 학술이나 정치나 풍속이나 사대주의의 노예가 됨은 무슨 사건에 원인하는 것인가. …… 묘청의 천도 운동에 대하여 역사가들은 왕사가 반란한 적을 친 것으로 알았을 뿐인데 이는 근시안적인 관찰이다. 그 실상은 낭가와 불교 양가 대 유가의 싸움이며, 국풍파 대 한학파의 싸움이며, 독립당 대 사대당의 싸움이며, 진취 사상 대 보수 사상의 싸움이니, 묘청은 전자의 대표요 김부식은 후자의 대표였던 것이다. 묘청의 천도 운동에서 묘청 등이 패하고 김부식이 이겼으므로 조선사가 사대적·보수적·속박적 사상인 유교 사상에 정복되고 말았다. 만약 김부식이 패하고 묘청이 이겼더라면 조선의 역사가 독립적·진취적으로 진전하였을 것이니, 이것이 어찌 일천년래 제일 대사건이라 하지 아니하랴.
– 신채호, "조선사 연구초" –

정지상과 묘청을 중심으로 한 서경 세력은 서경 천도 운동을 전개하였으나 개경 귀족 세력의 반대로 실패하였다. 신채호는 자주 의식을 보여 준 묘청의 서경 천도 운동이 보수적인 개경 세력에게 진압되면서 우리 역사가 보수적·사대적으로 흐르게 되었다고 보았다.

핵심 내용

묘청의 서경 천도 운동
① 배경 : 인종의 정치 개혁(김부식을 중심으로 한 개경 세력과 묘청·정지상을 중심으로 한 서경 세력 사이의 대립)
② 서경 세력의 주장 : 서경 천도, 칭제 건원, 금국 정벌
③ 전개 : 서경 세력의 주장이 개경 세력의 반대로 좌절 → 묘청의 난(1135), 국호를 '대위', 연호를 '천개'라 함 → 개경 세력인 김부식에 의해 진압
④ 결과 : 문벌 귀족 사회의 모순 심화

사료로 확인하기 ⑨ 경계의 난

명종 3년 8월에 동북면 병마사 김보당이 동계에서 군사를 일으켜 정중부, 이의방을 치고 의종을 복위시키고자 하는데 동북면 지병마사 한언국도 군사를 일으켜 이에 호응하고 장순석 등을 보내어 거제의 전왕을 받들고 계림에 나와 살게 하였다. 9월에 한언국은 잡혀 죽고 조금 뒤에 안북도호부에서 김보당을 잡아 보내니, 이의방이 김보당을 저자에서 죽이고 무릇 모든 문신을 살해하였다.
– "고려사" –

고려 의종 24년(1170) 정중부 등에 의해 주도된 무신 정변과 명종 3년(1173) 김보당에 의해 일어난 반무신난을 합쳐서 '경계의 난'이라고 부른다.

핵심 내용

무신 정변(1170)
① 배경 : 무신에 대한 차별 대우 심화, 의종의 실정과 향락
② 경과 : 의종의 보현원 연회 행차 → 정중부·이의방 등 무신이 정변을 일으킴 → 문신 제거, 의종 폐위 → 명종을 세우고 정권 장악
③ 반무신난 진압 : 무신의 집권에 반발한 김보당과 조위총의 난, 귀법사 승려들의 저항 진압

사료로 확인하기 ⑩ 최충헌의 봉사 10조

최충헌이 최충수와 함께 봉사를 올려 다음과 같이 말하였다. 엎드려 보건대, 적신 이의민은 성품이 사납고 잔인하여 윗사람을 업신여기고 아랫사람을 능멸하였습니다. 임금 자리를 흔들고자 꾀하니 화의 불길이 커져 백성이 살 수 없으므로 신 등이 폐하의 위령에 힘입어 일거에 소탕하였습니다. 원컨대 폐하께서는 옛 정치를 혁신하고 새로운 정치를 도모하시어 태조의 바른 법을 행하여 빛나게 중흥하소서. 삼가 열 가지 조목으로 아뢰옵니다. — "고려사" —

도움글
최충헌은 이의민을 제거하고 권력을 잡으면서 명종에게 '봉사 10조'를 올리고 개혁을 주장하였다. 그러나 실제 개혁으로 이어지지는 않았고, 집권 정당화의 명분으로 이용되었다.

핵심 내용 | 무신 정권
① 무신 정권 초기 : 중방을 중심으로 권력 행사, 무신 집권자들의 권력 다툼, 무신의 토지와 노비 소유 확대, 사병 양성, 잦은 집권자 교체
② 최씨 정권 : 최충헌(봉사 10조 제시, 교정도감 설치, 도방 확대), 최우(교정도감 유지, 정방·서방 설치, 야별초 조직)

사료로 확인하기 ⑪ 무신 정권 시기 하층민의 봉기

❶ **망이·망소이의 난**
명학소의 백성 망이·망소이 등이 무리를 모아 공주를 공격하여 함락하였다. 조정에서 채원부와 박강수 등을 보내어 타일렀으나 적(賊)이 따르지 않았다. — "고려사" —

❷ **김사미·효심의 난**
남방에 도적이 봉기하였는데, 그중에 세력이 큰 자인 김사미는 운문에 웅거하고 효심은 초전에 웅거하여 떠돌아다니는 자들을 불러 모아 주현(州縣)을 공격하였다. — "고려사" —

❸ **만적의 난**
최충헌의 사노비인 만적이 개경 북산에 공사노비를 소집하여 말하기를 "경계란 이후 국가의 공경대부는 전부 천예에서 나왔다. 왕후장상이라고 어찌 씨가 따로 있으랴. 때가 오면 누구든지 할 수 있는 것이다. 우리는 먼저 최충헌을 죽이고, 각자의 상전을 죽인 후, 노예 문적을 불살라 삼한에 천인을 없게 하자."라고 하며 반란을 꾀하였으나 순정의 밀고로 실패하였다. — "고려사" —

도움글
무신 정권 시기 무신들의 권력 투쟁이 심해지면서 지방에 대한 통제가 이루어지지 않아 백성에 대한 가혹한 수탈이 이어졌다. 이에 농민과 천민을 중심으로 지배층의 수탈에 항거하는 움직임이 나타났는데, 망이·망소이의 난, 김사미·효심의 난이 대표적이다. 최충헌의 사노비였던 만적의 봉기는 신분 해방의 성격을 띠고 있었다.

핵심 내용 | 무신 정권 시기 농민과 천민의 봉기
① 배경 : 무신들 간의 권력 다툼으로 정부의 지방 통제력 약화, 무신들의 불법적인 토지와 노비 소유 확대, 농민 수탈 → 전국에서 농민과 천민 봉기
② 농민과 천민의 봉기 : 서경 유수 조위총의 반란에 많은 농민 가세, 망이·망소이(공주 명학소), 전주 관노(전주), 김사미(운문), 효심(초전), 만적(개경, 신분 차별에 저항) 등 봉기

사료로 확인하기 ⑫ 별무반

'적에게 패한 까닭이 그들은 기병(騎兵)인데 우리는 보병이라 대적할 수 없었다.'라는 상소에 따라 비로소 이 부대가 설립되었다. …… 무릇 말을 가진 자를 신기군으로 삼았다. 말이 없는 자는 신보, 도탕, 경궁, 정노, 발화 등의 군으로 삼았고, 20살 이상 남자들로 거자(擧子)가 아니면 모두 신보군에 속하게 하였다. …… 승려를 뽑아서 항마군으로 삼아 다시 군사를 일으키고자 하였다. — "고려사" —

도움글
고려군이 여진 기병에게 매번 패하자 윤관의 건의에 따라 신기군(기병), 신보군(보병), 항마군(승병)으로 구성된 별무반이 편성되었다.

핵심 내용 | 여진 정벌과 별무반
① 여진 정벌 : 여진이 고려를 부모의 나라로 섬김 → 12세기 경 완옌부가 여진 통일 → 여진의 국경 침범 → 윤관의 건의로 별무반 편성 → 여진 정벌, 동북 9성 설치 → 여진의 요청과 방비의 어려움으로 반환(1109)
② 여진의 강성 : 여진의 금 건국(1115) → 고려에 군신 관계 요구 → 이자겸 등 집권 세력의 사대 요구 수용

사료로 확인하기 ⑬ 금에 대한 사대

인종 4년 대부분 신하들은 사대를 할 수 없다고 주장하였다. 그러나 이자겸과 척준경이 "옛날의 금은 거란과 우리를 섬겼습니다. 그러나 지금은 갑자기 강성해져 거란과 송을 멸망시키고, 정치적 기반을 군건히 함과 동시에 군사력을 강화하였습니다. 또 우리 영토가 맞닿아 있으므로 정세가 사대하지 않을 수 없게 되었습니다. 작은 나라가 큰 나라를 섬기는 것은 선왕의 법도입니다. 마땅히 먼저 사신을 보내어 예를 닦는 것이 옳습니다." 라고 하였다.
— "고려사" —

1115년 부족을 통일하고 1125년 요를 멸망시킨 금이 고려에 군신 관계를 강요하자 이자겸과 척준경은 정권 유지를 위해 이를 수용하였다.

핵심 내용 — 여진의 성장
① 여진의 금 건국(1115) → 요를 멸망시킴(1125)
② 고려에 군신 관계 요구
③ 이자겸 등 집권 세력이 정권 유지를 위해 사대 요구 수용
④ 송의 금 공격 요구 거절, 남송과의 국교 단절

사료로 확인하기 ⑭ 거란과의 관계

거란의 군사들이 곽주로 침입하였다. …… 성이 결국 함락되었다. 적은 군사 6천 명을 남겨 지키게 하였다. 양규가 흥화진으로부터 군사 7백여 명을 이끌고 통주까지 와 군사 1천여 명을 수습하였다. 밤중에 곽주로 들어가서 지키고 있던 적들을 급습하여 모조리 죽인 후 성안에 있던 남녀 7천여 명을 통주로 옮겼다.
—"고려사"—

도움글
고려가 발해를 멸망시킨 거란을 배척하자 거란이 고려에 여러 차례 침입하였다. 거란의 1차 침입 때 서희가, 2차 침입 때 양규가, 3차 침입 때 강감찬이 활약하였다.

핵심 내용 — 거란과의 관계
① 북진 정책: 발해를 멸망시킨 거란 견제, 고구려 계승 의식
② 거란의 침입과 격퇴: 1차 침입(993년 거란의 침략 → 서희의 외교 담판, 강동 6주 확보), 2차 침입(고려의 친송 정책 유지 → 강조의 정변을 구실로 1010년 재침입), 3차 침입(현종의 거란 방문과 강동 6주 반환 거부 구실로 재침입 → 1019년 강감찬이 귀주에서 격퇴)
③ 결과: 고려·송·요의 세력 균형 유지, 나성(개경)·천리장성(압록강 입구~도련포) 축조를 통한 국방력 강화

사료로 확인하기 ⑮ 대몽 항전

❶ 김윤후는 고종 때의 사람으로 일찍이 중이 되어 백현원에 있었다. 몽골병이 이르자, 윤후가 처인성으로 난을 피하였는데, 몽골의 원수 살리타가 와서 성을 치매 윤후가 이를 사살하였다. 왕은 그 공을 가상히 여겨 상장군의 벼슬을 주었으나 이를 사양하고 받지 않았다.
— "고려사" —

❷ 처음 충주 부사 우종주가 매양 장부와 문서로 인하여 근자에 판관 유홍익과 틈이 있었는데, 몽골병이 장차 쳐들어온다는 말을 듣고 성 지킬 일을 의논하였다. 그런데 의견상 차이가 있어서 우종주는 양반 별초를 거느리고, 유홍익은 노군(奴軍)과 잡류 별초를 거느리고 서로 시기하였다. 몽골병이 오자 우종주와 유홍익은 양반 등과 함께 다 성을 버리고 도주하고, 오직 노군과 잡류만이 힘을 합하여 쳐서 이를 쫓았다.
— "고려사" —

고려가 오랜 기간 동안 몽골의 침입을 견뎌 낼 수 있었던 데는 농민과 천민의 끈질긴 항전이 있었기 때문이었다. 처인성 전투에서는 김윤후가 처인 부곡민을 이끌고 항전하여 몽골 장수 살리타를 사살하는 전과를 올렸으며, 충주성 전투에서는 노군과 잡류가 몽골군의 공격을 격퇴하였다.

핵심 내용 — 몽골의 침입과 대몽 항전
① 몽골의 성장: 13세기 초 몽골 부족 통일 → 고려와 몽골 접촉 → 고려에 막대한 물자를 요구하며 압박
② 몽골의 침입: 몽골 사신 피살을 구실로 고려 침략(1231)
③ 대몽 항쟁: 최우 정권이 강화로 천도, 귀주(박서 활약), 처인성 전투(김윤후와 처인 부곡민의 항쟁), 충주성 전투(노비의 항쟁), 삼별초(진도에서 제주도로 옮기며 3년간 항전)
④ 결과: 국토의 황폐화, 백성의 고통 가중, 황룡사 9층 목탑 등 문화재 소실

사료로 확인하기 ⑯ 신돈의 전민변정도감

신돈이 전민변정도감을 두기를 청하였다. 스스로 판사(장관)가 되어 전국에 알렸다. "요즈음 기강이 크게 무너져서 탐욕스러움이 풍속으로 되었다. 종묘·학교·창고·사사·녹전·군수의 땅은 백성이 대대로 지어 온 땅이나 권세가들이 거의 다 뺏었다. 돌려주라고 판결한 것도 그대로 가지며 양민을 노예로 삼고 있다. …… 이제 그 잘못을 알고 스스로 고치는 자는 묻지 않을 것이다. 하지만 기한이 지났는데도 고치지 않고 있다가 발각되면 조사하여 엄히 다스릴 것이다." 이 명령이 나오자 권세가가 뺏은 땅을 주인에게 돌려주므로 안팎이 기뻐하였다. …… 무릇 천민이나 노비가 양민이 되기를 호소하는 자는 모두 양민으로 만들어 주었다.
— "고려사" —

공민왕은 신돈을 등용하여 권문세족이 부당하게 빼앗은 토지를 본래 소유주에게 돌려주고 억울하게 노비가 된 자를 양민으로 해방시켜 주었다. 이로써 권문세족의 경제적·군사적 기반을 약화시키고 국가 재정 기반을 강화하고자 하였다.

핵심 내용 — 공민왕의 개혁 정치
① 배경 : 원·명 교체기 상황
② 방향 : 신진 사대부를 등용하여 권문세족을 억압하면서 반원 정책 추진
③ 반원 정책 : 몽골풍 폐지, 구관제 복구, 정동행성 이문소 폐지, 친원 세력 숙청, 쌍성총관부 공격
④ 신돈을 등용한 개혁 정치 : 전민변정도감 설치

사료로 확인하기 ⑰ 왜구의 침입과 격퇴

우왕 6년(1380) 8월 추수가 거의 끝나갈 무렵 왜구는 500여 척의 함선을 이끌고 진포로 쳐들어와 충청·전라·경상도의 3도 연해의 주군(州郡)을 돌며 약탈과 살육을 일삼았다. 고려 조정에서는 나세·최무선·심덕부 등이 나서서 최무선이 만든 화포로 왜선을 모두 불태워 버렸다. 배가 불타 갈 곳이 없게 된 왜구는 옥천·영동·상주·선산 등지로 다니면서 이르는 곳마다 폐허로 만들었다.
— "고려사" —

고려 말 왜구의 침입으로 해안 지방은 물론 내륙까지 큰 피해를 당하여 조세 운반이 어려워졌다. 이러한 왜구의 침입을 물리치는 과정에서 최무선(진포 대첩), 이성계(황산 대첩) 등 신흥 무인 세력이 성장하였다.

핵심 내용 — 왜구의 토벌
① 홍산 대첩(1376) : 최영이 홍산(부여)에서 왜구 토벌
② 진포 대첩(1380) : 나세, 최무선 등이 진포(서천)에서 왜구 대파, 화포 사용
③ 황산 대첩(1380) : 이성계가 남해안 일대의 왜구를 황산(남원)에서 토벌
④ 관음포 대첩(1383) : 정지가 관음포(남해)에서 왜구 토벌

사료로 확인하기 ⑱ 고려의 농업

❶ 무릇 토지의 등급은 묵히지 않는 토지를 상으로 하고, 한 해 묵힌 토지를 중으로 하며, 두 해 묵히는 토지를 하로 한다.
— "고려사" —
❷ 수리 시설이 이어져 있는 토지는 밭 혹은 논으로 서로 경작하며, 토지의 등급을 헤아려 비옥한 토지는 해마다 돌려 가며 논을 경작하되, 3월 안에 심을 수 없으면 4월 상순은 넘기지 말아야 한다.
— "농서집요" —

고려 시대에는 시비법을 개선하여 휴경하지 않고 매년 경작할 수 있는 농토를 늘려 갔다.

핵심 내용 — 고려의 농업 기술
① 시비법의 개선 : 휴경하지 않는 농토 증가
② 수리 시설 확충 : 저수지와 보의 확충
③ 모내기법 도입 : 남부 일부 지역에 보급
④ 2년 3작의 연작법 시행, 소를 이용한 깊이갈이 일반화
⑤ 목화 재배 시작

사료로 확인하기 ⑲ 고려의 전시과

갈고 있는 땅 모두를 기름지고 메마름을 분간하여 문·무 백관으로부터 부병(府兵)·한인(閑人)에 이르기까지 모두 과(科)에 따라 지급하고, 또한 과에 따라 땔감을 얻을 땅을 지급하니 이를 전시과라 한다. 죽은 후에는 모두 나라에 반납한다. 오직 부병은 나이 20이 되면 비로소 받아 60에 환수하되, 자손이나 친척이 없는 자는 감문위(監門衛)에 적을 두어 70세 후에 구분전(口分田)을 지급하고 나머지는 환수한다. 후손이 없이 죽은 자와 전쟁으로 죽은 자의 처에게도 모두 구분전을 지급한다
― 『고려사』 ―

고려 시대에는 직역의 대가로 수조권을 지급하였다. 전시과는 전국을 대상으로 운영하였으며, 전지(농토)와 시지(땔감)를 지급하였는데, 반납하는 것이 원칙이었으나 세습하는 토지도 존재하였다.

핵심 내용 — 전시과 제도의 정비
① 시정 전시과 : 경종, 관품과 인품을 기준으로 토지 지급
② 개정 전시과 : 목종, 관품에 따라 지급, 문신 우대
③ 경정 전시과 : 문종, 관품에 따라 현직자에게만 토지 지급, 무신 차별 완화
④ 녹과전 : 원종, 무신 정변 이후 전시과 붕괴, 경기 8현 토지에 한해 현직 관료에게 지급

사료로 확인하기 ⑳ 고려의 상업 활동

❶ 고려의 상업
신우(우왕) 7년(1381) 8월에 서울(개성)의 물가가 뛰어올랐는데 장사하는 자들이 조그마한 이익을 가지고 서로 다투었다. 최영이 이를 미워하여 무릇 시장에 나오는 물건은 모두 경시서로 하여금 물가를 평정하고 세인을 찍게 하겠다고 한 뒤에 비로소 매매하게 하였고 …… 그러나 이 일은 마침내 시행되지 못하였다. ― 『고려사』 ―

❷ 고려의 화폐 정책
선대의 조정에서는 이전의 법도와 양식을 따라서 조서를 반포하고 화폐를 주조하니 수년 만에 돈꿰미가 창고에 가득 차서 화폐를 통용할 수 있게 되었다. …… 문득 근본을 힘쓰는 마음을 지니고서 돈을 사용하는 길을 다시 정하니, 차와 술과 음식 등을 파는 점포들에서는 교역에 전과 같이 전폐를 사용하도록 하고, 그 밖의 백성들이 사사로이 서로 교역하는 데에는 임의로 토산물을 쓰도록 하라. ― 『고려사』 ―

고려 시대에는 민간의 일상적인 상업 활동은 비교적 자유롭게 허용하였지만, 재정 확보와 경제 질서 유지를 위한 상업 활동에 대해서는 규제와 관리를 하였다. 경시서를 두어 매점매석을 감독하였고, 여러 종류의 화폐를 발행하여 정부가 경제 활동을 장악하려 하였다.

핵심 내용 — 고려 시대 화폐의 발행
① 건원중보 : 성종 때 발행된 철전
② 삼한통보·해동통보·해동중보 : 숙종 때 발행된 동전
③ 활구(은병) : 숙종 때 발행된 은전
④ 저화 : 공양왕 때 발행된 최초의 지폐

사료로 확인하기 ㉑ 향·소·부곡민의 생활

왕이 명하기를, "경기의 주현들에서는 상공 외에도 요역이 많고 무거워 백성들이 고통을 견디지 못하고 나날이 점점 도망하여 떠돌아다니고 있다. 이에 주관하는 관청에서는 그들의 공물과 역의 많고 적음을 파악하여 결정하고 시행하라. 구리, 철, 자기, 종이, 먹 등 여러 소에서 별공으로 바치는 물건들을 함부로 징수하여 장인들이 살기가 어려워 도망하고 있다. 해당 기관에 연락하여 각 소에서 별공과 상공으로 내는 물건의 많고 적음을 파악하여 결정한 다음 왕에게 아뢰어 재가를 받도록 하라."라고 하였다. ― 『고려사』 ―

고려 시대에는 전국에 걸쳐 금, 은, 철, 종이 등을 생산하는 다양한 종류의 소가 있었다. 소의 주민은 양민이었지만 일반 양민보다 공물 부담이 더 과중하여 고통받았다.

핵심 내용 — 특수 행정 구역(향·소·부곡)의 주민
① 양민이지만 일반 양민에 비해 규제가 심한 특수 집단
② 양민에 비해 더 많은 세금 부담을 지고 있었음
③ 향·부곡민은 농업을, 소에 거주하는 사람들은 수공업이나 광업 생산을 주된 생업으로 함
④ 고려 후기 점차 일반 군현민이 됨

사료로 확인하기 ㉒ 몽골풍의 유행

왕이 원의 제도를 따라 변발을 하고 호복(胡服)을 입고 전상(殿上)에 앉아 있었다. 이연종이 간하려고 문밖에서 기다리고 있었더니 왕이 사람을 시켜 물었다. (이연종이) 말하기를 "임금 앞에 나아서 직접 대면해서 말씀드리기를 바라나이다."라고 하였다. 이미 들어와서는 좌우를 물리치고 말하기를, "변발과 호복은 선왕(先王)의 제도가 아니오니 원컨대 전하께서는 본받지 마소서."라고 하니, 왕이 기뻐하면서 즉시 변발을 풀어 버리고 그에게 옷과 요를 하사하였다.
– "고려사" –

고려와 원 사이에 강화가 맺어진 이후 문물 교류가 활발해져 고려의 궁중과 지배층에 변발, 몽골식 복장, 몽골어가 널리 퍼졌다. 공민왕은 반원 정책을 추진하여 이러한 몽골풍을 금지하였다.

핵심 내용 — 고려와 원의 교류
① 몽골풍 : 고려의 왕실이나 관리 등 상류층에서 몽골어, 몽골식 이름, 몽골식 의복이나 머리 등이 유행
② 고려양 : 공녀나 원에서 벼슬한 고려인 등을 통해 원에 고려의 의복, 그릇, 음식 등 풍습이 전해짐

사료로 확인하기 ㉓ 성리학의 발전

(공민왕) 16년(1367) 성균관을 다시 세우고 왕이 이색을 판개성부사 겸 성균대사성으로 삼고 생원의 정원을 늘렸다. 경술을 공부한 선비인 김구용·정몽주·박상충·박의중·이숭인을 발탁하여 모두 자신들의 관직에 있으면서 교관을 겸하도록 하였다. 그 이전에는 성균관 생도가 수십 명에 불과했으나 이색이 학칙을 새로 정하고 매일 명륜당에 앉아 경전별로 나누어 수업하고 강의가 끝나면 서로 함께 어려운 점을 의논하면서 게으름을 잊었다. 이에 배우려는 자가 구름처럼 모여 들어 서로 보면서 감동하니 정주의 성리학이 비로소 일어났다.
– "고려사" –

공민왕은 성균관을 부흥시켜 유교 교육을 강화하였고, 이색은 정몽주 등에게 성리학을 가르쳐 더욱 확산시켰다. 이후 성리학은 신진 사대부의 개혁 사상이 되었다.

핵심 내용 — 성리학의 소개와 확산
① 충렬왕 때 안향이 소개
② 백이정, 박충좌, 이제현 등이 심화한 이후 이색, 정몽주, 권근, 정도전 등 신진 사대부에게 소개
③ 현실 사회 개혁을 위한 실천적 기능 강조
④ "소학", "주자가례" 중시
⑤ 권문세족과 불교의 폐단 비판, 조선의 지도 이념으로 제시

사료로 확인하기 ㉔ 사학의 융성과 관학의 진흥

❶ 사학은 문종 때 대사 중서령 최충이 후진을 모아 교육하기를 게을리하지 아니하니 선비와 평민의 자제가 최충의 집과 마을에 가득하였다. 마침내 9재로 나눴다. …… 간혹 선배가 찾아오면 촛불에 금을 긋고 시간을 정하여 시를 짓게 하고 그 순위를 방을 붙여 알리고, 이름을 불러 들어오게 한 후 술자리를 베풀었다. …… 무릇 과거에 나아가려는 자는 모두 9재의 명부 속에 이름을 두게 되었는데, 이를 문헌공도라고 한다.
– "고려사" –

❷ 예종 4년 국자감에 7재를 두어 "주역(周易)" 전공을 여택, "상서"를 대빙, "모시"를 경덕, "주례"를 구인, "대례"를 복응, "춘추(春秋)"를 양정, "무학(武學)"을 강예라 하였다. 대학에서 최민용 등 70명과 무학에서 한자순 등 8명을 시험으로 뽑아 여기에 나누어 공부하도록 하였다.
– "고려사" –

고려 중기 최충의 9재 학당 설립으로 사학이 발달하자 국학에도 7재의 전문 강좌를 설치하는 등 관학 진흥책이 펼쳐졌다.

핵심 내용 — 관학 진흥책
① 숙종 : 국자감에 서적포 설치
② 예종 : 7재의 전문 강좌·양현고·청연각·보문각 설치
③ 인종 : 경사 6학 정비, 향교를 중심으로 지방 교육 강화
④ 충렬왕 : 경사 6학 정비, 향교를 중심으로 지방 교육 강화
⑤ 공민왕 : 성균관을 순수 유학 교육 기관으로 개편

사료로 확인하기 25 "삼국사기"를 올리는 글

성상 전하께서 …… "오늘날의 학사와 대부가 5경·제자의 책이나 진·한 역대의 역사에 대해서는 혹 널리 통하여 자세히 설명하는 자가 있으나, 우리나라의 일에 대해서는 도리어 아득하여 그 처음과 끝을 알지 못하니 매우 한탄스러운 일이다. …… 또한 그에 관한 옛 기록은 표현이 거칠고 졸렬하며, 사건의 기록이 빠진 것이 있으므로, 이로써 군주와 왕비의 착하고 악함, 신하의 충성됨과 사특함, 나랏일의 안전함과 위태로움, 백성의 다스려짐과 어지러움을 모두 펴서 드러내어 권하거나 징계할 수 없다. 그러므로 마땅히 재능과 학문과 식견을 겸비한 인재를 찾아 권위 있는 역사서를 완성하여 만대에 전하여 빛내기를 해와 별처럼 하고자 한다."라고 하였습니다.
— "동문선" —

도움글
"삼국사기"는 우리나라 역사서와 중국 역사서를 두루 참고해 만든 삼국 시대의 관찬 역사서이다. 문벌 귀족이 지배하던 시기에 편찬되었으며, 유교적 합리주의 사관에 기초하고 있다.

핵심 내용

고려 시대 시기별 역사서
① 중기 : 유교 정치의 이념화 → "삼국사기" 편찬
② 후기
  ㉠ 자주성 손상 → "해동고승전", "삼국유사", "제왕운기" 등 자주성을 강조하는 책 편찬
  ㉡ 성리학 수용 → "사략" 등 성리학적 유교 사관을 반영한 책 편찬

사료로 확인하기 26 의천의 사상

교를 배우는 사람은 내(內)를 버리고 외(外)를 구하려는 경향이 강한 반면에 선을 익히는 사람들은 인연 이론을 잊어버리고 내조만 좋아하니, 이 모두가 편집된 것이다. 가만히 생각하면 성인이 가르침을 편 목적은 행을 일으키려는 데 있는 것이므로 입으로만이 아니라 몸으로 행동하게 하려는 것이다. 그러므로 양자를 고루 갖추어 안팎으로 모두 조화를 이루어야 한다.
— "대각 국사 문집" —

도움글
의천은 고려 불교계의 갈등을 극복하고 교와 선을 통합하기 위해 교관겸수를 제창하고 천태종을 창시하여 불교계를 통합하려 하였다.

핵심 내용

불교 교단 통합 운동
① 의천
  ㉠ 종파 : 해동 천태종(교종)
  ㉡ 교리 : 교관겸수
  ㉢ 교단 통합 : 교종 중심 선종 통합
② 지눌
  ㉠ 종파 : 조계종(선종)
  ㉡ 교리 : 정혜쌍수, 돈오점수
  ㉢ 교단 통합 : 선종 중심 교종 통합

사료로 확인하기 27 고려청자

도자기의 빛깔이 푸른 것을 고려 사람들은 비색(翡色)이라 부른다. 근년에 와서 만드는 솜씨가 교묘하고 빛깔도 더욱 예뻐졌다. 술그릇의 모양은 오리 같은데 위에 작은 뚜껑이 있어서 엎드린 오리 형태를 이루고 있다. 또한 주발·접시·술잔·사발·꽃병·옥으로 만든 술잔 등도 만들 수 있지만 모두 일반적으로 도자기를 만드는 법을 따라 한 것들이므로 생략하고 그리지 않는다. 단, 술그릇만은 다른 그릇과 다르기 때문에 특히 드러내 소개해 둔다. 사자 모양을 한 도제 향로 역시 비색이다. …… 여러 그릇들 가운데 이 물건이 가장 정밀하고 뛰어나다.
— "고려도경" —

도움글
12세기 전반에는 고려청자 특유의 비색 청자가 만들어졌으며, 12세기 중반에는 고려만의 독창적인 기법인 상감법이 개발되면서 상감청자가 만들어졌다.

핵심 내용

자기 공예
① 11세기 : 순청자 발달, 송의 자기 기술을 받아 들여 독자적으로 개척
② 12세기 전반 : 고려청자 특유의 비색 청자 제작
③ 12세기 중엽 : 독창적인 상감법 개발
④ 청자 제작소 : 전라도 강진, 부안

III. 조선 유교 사회의 성립과 변화

사료로 확인하기 ① 정도전의 정치사상

임금의 직책은 한 사람의 재상을 정하는 데 있다. 재상은 위로는 임금을 받들고 밑으로는 백관을 통솔하며 만민을 다스리는 것이니, 그 직책이 매우 큰 것이다. …… 재상은 임금의 아름다운 점은 순종하고 나쁜 점은 바로잡으며, 옳은 일은 받들고 옳지 않은 것은 막아서, 임금으로 하여금 가장 올바른 경지에 들게 해야 한다.
- 정도전, "조선경국전" -

정도전은 "조선경국전"과 "경제문감"에서 능력 있는 재상이 정치를 주도해야 한다는 재상 중심의 정치와 국가의 근본이 백성이라는 민본 정치를 주장하였다.

핵심 내용 — 조선 태조의 정책
① 국가의 기틀 마련 : 국호 '조선' 선포, 한양 천도(1394), 궁궐·종묘·사직 등 건립
② 정도전의 활동 : 건국 이후 문물제도 정비, 재상 중심의 정치 강조, "불씨잡변" 저술

사료로 확인하기 ② "경국대전"의 편찬

창업한 처음의 왕은 나라를 다스림에 메이다 보니 법전과 사례를 돌볼 여유가 없었다. …… 역대 임금들은 깊고 인자한 도덕을 가졌으며, 크고 아름다운 법이 법령과 법전에 실려 있으나 이는 "경제육전"의 원전·속전·등록이며, …… 관리들이 어리석고 둔하여 법을 받들어 시행함에 판단이 현혹되는 이유는 진실로 그 목차와 조문이 너무 번잡하고 앞뒤가 서로 맞지 않기 때문이므로, 법을 하나로 통일하지 못한 이유이다. 이제 뺄 것은 빼고 더할 것은 더하여 이치를 모아 하나로 편찬하도록 결정하시어 만세 동안 크게 이룰 법을 만들고자 하셨다.
- "경국대전" -

"경국대전"은 조선 왕조 500여 년간 준수되어 온 기본 법전으로, 조선의 각종 제도와 규범이 집약되어 있다.

핵심 내용 — 유교적 통치 규범의 성문화
① "조선경국전" : 정도전 저술, 조선 건국의 기본 강령을 논한 규범 체계서
② "경제육전" : 조준 저술, 조선 시대 최초의 통일 법전
③ "경국대전" : 조선의 기본 법전, 세조 때 최항·노사신·강희맹 등이 집필 시작, 성종 7년(1476) 완성

사료로 확인하기 ③ 대간의 역할

대간은 마땅히 위엄과 명망이 우선되어야 하고 탄핵은 뒤에 하여야 한다. …… 대개 강의(剛毅)한 뜻과 정직한 지조가 사람들에게 알려지지 못한 채 한갓 탄핵만으로 여러 신하들을 두렵게 하고 안과 밖을 깨끗이 하려 한다면 기강은 떨쳐지지 못하고 원망과 비방이 먼저 일어날까 두렵다. …… 천하의 득실과 백성들을 이해하고 사직의 모든 일을 간섭하고 일정한 직책에 매이지 않는 것은 홀로 재상만이 행할 수 있으며 간관만이 말할 수 있을 뿐이니, 간관의 지위는 비록 낮지만 직무는 재상과 대등하다.
- 정도전, "삼봉집" -

대간이란 사헌부의 대관과 사간원의 간관을 지칭하는 말이다. 대관은 관료들의 부정부패를 감시·탄핵하였고, 간관은 임금의 과실을 간쟁하는 것이 주요 임무였다.

핵심 내용 — 고려 시대와 조선 시대의 대간
① 고려 : 중서문하성의 낭사와 어사대의 관원이 담당
② 조선 : 사헌부의 대관과 사간원의 간관이 담당
③ 사헌부는 관리의 비리 감찰, 사간원은 왕의 잘못을 비판하는 간쟁의 기능, 왕권 견제 역할

사료로 확인하기 ④ 조광조의 개혁

경연에서 조광조가 중종에게 아뢰기를, "국가에서 사람을 등용할 때 과거 시험에 합격한 사람을 중요하게 여깁니다. 그러나 매우 현명한 사람이 있다면 어찌 과거 시험에만 국한하여 등용할 수 있겠습니까. 중국 한을 본받아 현량과를 실시하여 덕행이 있는 사람을 천거하여 인재를 찾으십시오."라고 하였다.
— "중종실록" —

중종 때 등용된 조광조는 왕도 정치를 실현하기 위해 여러 가지 개혁을 추진하였다. 조광조는 경학에 밝고 덕행이 높은 사람을 천거하여 관리로 선발하는 현량과의 실시와 함께 공신의 위훈 삭제, 소학 보급, 소격서 폐지 등을 주장하였다.

핵심 내용

조광조의 개혁 정치
① 조광조의 개혁
  ㉠ 3사의 언론 기능 활성화
  ㉡ 일종의 천거제인 현량과 실시 → 사림의 관직 진출
  ㉢ 도교 행사인 초제를 주관하는 소격서 폐지
  ㉣ 향약과 "소학" 보급
  ㉤ 공신의 과대 평가된 공훈 삭제 주장
② 결과 : 훈구 세력의 반발 → 조광조를 비롯한 사림 제거

사료로 확인하기 ⑤ 향약의 보급

이제부터 우리 고을의 선비들이 하늘이 부여한 본성을 근본으로 하고 국가의 법을 준수하며 집이나 고을에서 각기 질서를 바로잡으면 이는 나라에 좋은 선비가 될 것이요, 서로 출세하든지 궁하게 살든지 서로 의지가 될 것이다. …… 진실로 이를 알지 못하고 의를 범하며 예의를 해쳐 우리 고을의 풍속을 무너뜨리는 자는 바로 하늘의 페민(나쁜 사람)이니 벌을 주지 않으려 해도 어떻게 주지 않을 수 있는가. 이것이 바로 오늘날 부득이하게 향약을 세우지 않으면 안 되는 까닭이다.
— 이황, "퇴계선생문집" —

중종 때 향약이 보급됨에 따라 성리학적 사회 질서가 확립되었으며, 사림이 향약을 주도하면서 지방 사림의 향촌 지배력이 강화되었다.

핵심 내용

향약의 4대 덕목
① 향약 : 향촌의 공동 조직에 유교적 이념을 결합한 자치 조직이자 규약
② 4대 덕목 : 덕업상권(좋은 일은 서로 권함), 과실상규(과실은 서로 규제함), 예속상교(예의 바른 풍속으로 서로 교제함), 환난상휼(재난과 어려움은 서로 도와줌)
③ 확산 : 중종 때 조광조 등이 중국의 "여씨향약"을 도입하여 보급 → 이황과 이이 등 사림의 노력으로 전국에 확산

사료로 확인하기 ⑥ 농업 장려

농사는 천하의 대본이다. 예로부터 성왕(聖王)이 이를 힘쓰지 아니한 사람이 없었다. …… 우리 주상 전하께서는 정사에 힘을 써 더욱 백성 일에 마음을 두셨다. 지방마다 풍토가 같지 아니하여 곡식을 심고 가꾸는 법이 각기 맞는 게 있어 옛글과 다 같을 수 없다 하여, 여러 도의 감사에게 명하여 고을의 늙은 농부들에게 물어 이미 그 효과가 입증된 것을 아뢰게 하시고 …….
— "농사직설" —

세종 때 간행된 "농사직설"은 우리 풍토에 맞는 농법을 모아 엮은 책이다. 조선은 농업을 국가 경제의 근본으로 삼아 중농 정책을 실시하였다.

핵심 내용

조선 전기의 경제생활
① 중농 정책 실시 : 조세 감면, 양전 사업 실시, 토지 개간 장려
② 농서 간행 : "농사직설", "금양잡록" 등 간행
③ 농업 기술 발달 : 조·보리·콩의 2년 3작 발달, 남부 일부 지역에 모내기법 보급, 시비법 개선

사료로 확인하기 ❼ 토지 제도의 변천

❶ 공양왕 3년(1391) 5월, 도평의사사가 글을 올려 과전을 지급하는 법을 정할 것을 요청하니 왕이 따랐다. …… 경기는 사방의 근본이니 마땅히 과전을 설치하여 사대부를 우대한다. 무릇 서울에 거주하여 왕실을 시위하는 자는 현·퇴직자를 막론하고 과에 따라 과전을 받는다. …… 전객(田客)은 자기의 경작지를 멋대로 타인에게 팔거나 증여할 수 없다.
― 「고려사」 ―

❷ 그런데 만약 그 자신이 죽고 그 아내에게 미치게 되면 수신전이라 일컬었고, 부처(夫妻)가 다 죽고 그 아들에게 미치게 되면 휼양전이라 일컬었으며, 과전이라 일컬었는데, 국가에서 수신전과 휼양전은 일없이 먹는다 하여 수전패를 주고 …… 그런데 세조께서 이 제도를 없애고, 벼슬에 종사하는 인원에게 주고 직전이라 일컬었던 것입니다.
― "성종실록" ―

❸ 직전을 사람들이 한결같이 폐단이 있다고 합니다. …… 만약 관이 직접 직전세를 거두어 전주에게 준다면 백성들은 수납의 고통을 덜게 되고 또한 지나치게 걷는 폐단도 없어지게 될 것입니다.
― "성종실록" ―

도움글
조선은 과전법에 따라 경기 지방에 한하여 토지의 수조권을 전·현직 관리에게 지급함으로써 신진 사대부의 경제적 기반을 마련해 주었다. 그러나 점차 수신전·휼양전 등의 명목으로 세습되는 토지가 늘어나면서 관리들에게 지급할 토지가 부족해졌다. 이에 세조는 현직 관리에게만 수조권을 지급하는 직전법을 단행하였다. 그러나 이후 수조권을 받은 관리들이 전세를 과중하게 수취하자 성종은 관수 관급제로 전환하였다.

핵심 내용 — 조선 전기 토지 제도의 변화
① 과전법 : 경기 지방에 한정하여 전·현직 관리에게 과전(토지의 수조권) 지급
② 직전법 : 세조, 현직 관리에게만 수조권 지급
③ 관수 관급제 : 성종, 관리의 수조권 남용을 막기 위해 지방 관청에게 전세를 수취한 후 정부에서 관리에게 지급
④ 녹봉 지급 : 16세기 중엽, 수조권 지급 제도 폐지
⑤ 관리들에게 수조권을 주거나 녹봉을 지급하는 이유 : 관리들이 국가를 위해 복무하는 대가로 생계 유지를 위해 월급에 해당하는 수조권과 녹봉을 지급하는 것임

사료로 확인하기 ❽ 조선의 수취 제도(공법)

각도의 수전·한전의 소출 다소를 자세히 알 수가 없으니 공법(貢法)에서의 수세액을 규정하기가 어렵다. 종래의 하등전 1결의 실적을 기준으로 할 때 상상(上上)의 수전에는 몇 석을 파종하고 한전에서는 무슨 곡종 몇 두를 파종하여, 상상년에는 수전은 몇 석, 하전은 몇 석을 수확하며, 하하년에는 수전은 몇 석, 한전은 몇 석을 수확하는지, 하하(下下)의 수전에서는 역시 몇 두를 파종하고 한전에서는 무슨 곡종을 몇 두를 파종하여 상상년에는 수·한전 각기의 수확이 얼마며, 하하년에는 수·한전 각기의 수확이 얼마인지를, 각 관의 관둔전에 대해서도 과거 5년간의 파종 및 수확의 다소를 위와 같이 조사하여 보고토록 한다.
― "세종실록" ―

도움글
조선 전기에는 세종 때 제정된 공법에 따라 두 가지 기준으로 나누어 전세를 거두었다. 전분 6등법은 토지를 비옥도에 따라 6등급으로 나누고 생산량에 따라 1결의 크기를 정하여 전세를 징수하는 제도이다. 연분 9등법은 전세를 풍흉에 따라서 9등급으로 나누고 최고 20두에서 최저 4두를 징수하는 제도이다.

핵심 내용 — 조선 전기의 수취 체제
① 조세 : 토지 소유자에게 수확량의 10분의 1 수취(최고 30두), 세종 때는 전분 6등법과 연분 9등법의 공법 시행
② 공납 : 각 지방의 토산물을 군·현에 부과, 전세보다 과중한 부담, 방납의 폐단 발생
③ 역 : 16세~59세의 정남에게 군역과 요역 부과, 군역의 문란으로 대립과 방군수포가 성행하여 농민의 부담 증가

사료로 확인하기 ⑨ 조선의 신분제

❶ 우리 조선은 명분으로 나라를 세웠다. …… 종실과 사대부는 조정에서 벼슬하는 집안이 되고 사대부보다 못한 계층은 시골 품관, 중정, 공조 따위가 되었다. 이보다 못한 계층은 사서와 장교, 역관, 산원, 의관과 방외의 한산인이 되었다. 더 못한 계층은 아전, 군호, 양민 따위가 되었으며, 이보다 더 못한 계층은 공·사노비가 되었다.
— 이중환, "택리지" —

❷ 나라에서 서얼의 벼슬길을 막은 것은 태종 을미년(1415)부터 시작되었는데, 실은 미천한 서얼 출신인 정도전 때문이었지만 정도전의 손자인 문형은 그래도 판중추사를 지냈다. 관습이 점차 고질이 되어 인조 즉위 초에 처음으로 병조와 형조, 공조에 한하여 허통(許通)을 허락하였으나 역시 이를 적용받은 서얼은 얼마 없었고, 영조 임진년에 처음으로 서얼도 청직(淸職)에 진출할 수 있게 하였으나, 조정의 논의가 이를 달가워하지 않아 시행한 지 5년 만에 다시 막히게 되었다.
— 성언, "청성잡기" —

도움글
조선의 신분제는 법제상으로 양천제였으나 점차 반상제가 일반화되었다. 반상제는 지배층(양반)과 피지배층(상민)으로 양분하여 양반·중인·상민·천민으로 구분하였다. 서얼은 중인에 속하며, 서는 양인 첩의 자손을, 얼은 천인 첩의 자손을 말한다.

핵심 내용 — 조선의 신분제
① 양반 : 문·무반의 가족과 가문까지 포함, 지주층이자 관료층, 국역 면제
② 중인 : 양반과 상민의 중간 계층, 서리·향리·기술관·서얼 등이 포함, 같은 신분끼리 혼인
③ 상민 : 평민·양인으로 불림, 농민·상인·수공업자로 구성, 국가에 조세·역·공납 납부, 중농억상 정책으로 농민 우대
④ 천민 : 천민의 대다수는 노비, 재산으로 간주되어 매매·상속·증여됨, 부모 중 한쪽이 노비이면 그 자식도 노비로 인정

사료로 확인하기 ⑩ 과학 기술의 발달

❶ 제왕의 정치는 역법과 천문으로 때를 맞추는 것보다 더 큰 것이 없는데, 우리나라 일관(日官)들이 그 방법에 소홀하게 된 지가 오래인지라, …… 천문에는 칠정(七政)에 본받아 중외의 관아에 별의 자리를 배열하여, 들어가는 별의 북극에 대한 몇 도 몇 분을 다 측정하게 하고, 또 고금의 천문도를 가지고 같고 다름을 참고하여서 측정하여 바른 것을 취하게 하고, 그 28수의 돗수·분수와 12차서의 별의 돗수를 일체로 "수시력"에 따라 수정해 고쳐서 석본으로 간행하고, 역법에는 "대명력"·"수시력"·"회회력"과 "통궤"·"통경" 여러 책을 본받아 모두 비교하여 교정하고, 또 "칠정산내외편"을 편찬하였는데, 진실로 이 책에 의하여 이치를 연구하여 보면 생각보다 얻음이 많을 것이며, 더욱이 전하께서 하늘을 공경하고 백성에게 힘쓰시는 정사가 극치에 이르지 않은 것이 없음을 볼 수 있을 것이다.
— "세종실록" —

❷ 호조에서 아뢰기를, "각도 감사가 빗물의 양을 보고하는 법은 이미 있으나 토질의 습도가 같지 않고 흙 속으로 스며든 깊이도 역시 알기 어렵사오니, 청하옵건대 서운관에 대(臺)를 짓고 쇠를 부어 그릇을 만들되, 길이는 2척이 되게 하고 직경은 8촌이 되게 하여, 대 위에 올려놓고 비를 받아, 본관 관원으로 하여금 수량을 재어 보고하게 하고 …… 또 외방 각 고을에도 자기나 와기를 사용하여 그릇을 만들어 관청 뜰 가운데 놓고, 수령이 역시 빗물의 수량을 재어서 감사에게 보고하게 하고, 감사가 전하여 알리게 하소서." 하니, 왕이 그대로 따랐다.
— "세종실록" —

도움글
❶ 원의 수시력은 청의 수도 베이징을 기준점으로 하였기 때문에 우리 실정에 맞지 않았다. 그리하여 조선 세종 때 서울을 기준으로 하여 칠정산을 만들었다. 칠정산은 우리나라 실정에 맞는 기준을 사용하였으므로 자주적 성격을 보여 준다.
❷ 측우기는 강우량을 측정하는 기구로, 세종 23년(1441) 호조의 건의로 제작하여 서울과 각 도의 군현에 설치하였다.

핵심 내용 — 조선 전기 과학 기술의 발달
① 천문, 농업 : 혼의, 간의(천체 관측), 자격루(물시계), 앙부일구(해시계), 측우기(강우량 측정), 인지의, 규형(토지 측량), 천상열차분야지도
② 의학 : "향약집성방(우리 풍토에 맞는 약재와 치료법 제시)", "의방유취(동양 최대의 의학 백과사전)"

사료로 확인하기 ⑪ 광해군의 중립 외교

광해군은 배은망덕하여 천명을 두려워하지 않고 속으로 다른 뜻을 품고 오랑캐에게 성의를 베풀었다. 기미년(1619) 오랑캐를 정벌할 때에는 은밀히 장수를 시켜 동태를 보아 행동하게 하였다. 끝내 전군이 오랑캐에게 투항함으로써 추한 소문이 사해에 펼쳐지게 하였다. 중국 사신이 왔을 때 구속하여 옥에 가두듯이 하였다. 뿐만 아니라 황제가 자주 칙서를 내려도 구원병을 파견할 생각을 하지 않았다.
- "인조실록" -

도움글
광해군은 명이 약해지고 후금이 강성해지는 국제 정세를 살펴 중립 외교를 추진하였으나, 친명배금을 주장하는 서인의 반발을 사 결국 인조반정으로 폐위되고 말았다.

핵심 내용 | 광해군의 개혁 정치
① 대내적 : 전후 복구 사업 실시, 토지 소유와 경작 현황 조사하여 양안 작성, 인구 수 파악과 세금 확보를 위해 호적 정비, 공납 제도를 고쳐 대동법 실시, "동의보감" 보급
② 대외적 : 명과 후금(청) 사이에서 중립 외교 추진
③ 인조반정(1623) : 광해군 축출, 친명배금 정책 → 후금 자극

사료로 확인하기 ⑫ 주화론과 척화론

❶ 주화론
자기의 힘을 헤아리지 아니하고 경망하게 큰소리를 쳐서 오랑캐들의 노여움을 도발, 마침내는 백성이 도탄에 빠지고 종묘와 사직에 제사지내지 못하게 된다면, 그 허물이 이보다 클 수 있겠습니까.
- 최명길, "지천집" -

❷ 척화론
중국(명)은 우리나라에 있어서 곧 부모요, 오랑캐(청)는 우리나라에 있어서 곧 부모의 원수입니다. 신하된 자로서 부모의 원수와 형제가 되어서 부모를 저버리겠습니까.
- "인조실록" -

도움글
청이 조선에 군신 관계를 요구하자 조선 조정에서는 국가의 안전을 위해 화친해야 한다는 주화론과 오랑캐에게 굴복해서는 안 된다는 척화론이 대립하였다. 결국 척화론의 우세로 청의 침입을 받아 병자호란이 일어났다.

핵심 내용 | 병자호란(1636)
① 배경 : 청(후금)이 조선에 군신 관계 요구
② 전개 : 주화론과 척화론의 대립 → 척화론 우세, 군신 관계 거절 → 청의 침입 → 남한산성에서 항전 → 삼전도에서 항복
③ 결과 : 서북 지방 황폐화, 소현 세자와 척화파 인물이 청에 인질로 끌려감, 청에 막대한 공물 부담

사료로 확인하기 ⑬ 붕당 정치의 폐해

신축·임인년 이래로 조정에서 노론·소론·남인의 삼색이 날이 갈수록 더욱 사이가 나빠져 서로 역적이란 이름으로 모함하니, 이 영향이 시골에까지 미치게 되어 하나의 싸움터를 만들었다. 그리하여 서로 혼인을 하지 않을 뿐만 아니라 다른 당색끼리는 서로 용납하지 않는 지경에까지 이르렀다. …… 대체로 당색이 처음 일어날 때에는 미미하였으나 자손들이 그 조상의 당론을 지켜 200년을 내려오면서 마침내 굳어져 깨뜨릴 수 없는 당이 되고 말았다.
- 이중환, "택리지" -

도움글
숙종 때 환국을 거치면서 상대 붕당에 대한 탄압이 강화되고 일당 전제화의 추세가 나타나면서 붕당 정치가 변질되었다.

핵심 내용 | 붕당 정치의 변질
① 현종 : 예송 → 붕당 간 대립 격화
② 숙종 : 환국(서인의 분화, 노론의 정권 장악) → 일당 전제화, 탕평론 제기
③ 영조~정조 : 탕평책 실시
④ 순조~철종 : 소수 가문의 세도 정치

사료로 확인하기 ⑭ 삼정의 문란

❶ 빌려주고 빌리는 건 양쪽 다 원해야지 / 억지로 강제하면 불편해져
봄철에 좀먹은 쌀 한 말 받고서 / 가을엔 온전한 쌀 두 말 바치고
게다가 좀먹은 쌀값 돈으로 내라 하니 / 온전한 쌀 판 돈을 바칠 수밖에
남는 이윤은 교활한 관리 살찌워 / 한 번 벼슬길에 천 마지기 땅이 생기고
백성 차지는 고생뿐이어서 / 긁어 가고 벗겨 가고 걸핏하면 매질이라.

❷ 시아버지 죽어서 이미 상복 입었고 / 갓난아인 배냇물도 안 말랐는데
삼대의 이름이 군적에 올랐구나 / 달려가 호소하려 해도 관가의 문지기 호랑이 같은데
이정(里正)이 호통하며 단벌 소마저 끌고 가네.

– 정약용, "여유당전서" –

삼정은 전정, 군정, 환곡을 가리킨다. 세도 정치 시기 국가의 기강이 해이해진 틈을 타 각 지방의 수령과 향리들은 농민들을 부당하게 수탈하였다. 이에 농민들은 전국적인 봉기를 일으키며 저항하였다.

핵심 내용 | 삼정의 문란
① 전정 : 각종 불법적인 부가세 징수, 토지 대장에 없거나 황폐한 토지에 세금 부과
② 군정 : 고을마다 총액을 정하여 관리들이 백성 수탈, 황구첨정·백골징포·인징·족징
③ 환곡 : 삼정 중 가장 심각, 강제로 환곡을 떠맡기거나 빌리지 않아도 이자 납부, 겨 섞기, 거짓 장부 작성 등

사료로 확인하기 ⑮ 대동법의 실시

선혜청을 설치하였다. 처음에 영의정 이원익이 제의하기를 "각 고을의 진상과 공물이 각급 관청의 방납인에 의해 저지되어, 한 물건의 값이 3~4배 혹은 수십·수백 배까지 되어 그 폐해가 극심하고, 특히 경기 지방은 더욱 그러합니다. 지금 마땅히 별도로 청을 설치하여 매년 봄·가을로 백성들에게 쌀을 거두되, 토지 1결마다 2번에 걸쳐 8두씩 거두어 본청에 수납하게 하고, 본청은 그때 물가의 시세를 보아 쌀로써 방납인에게 지급하여 수시로 무역해서 납부하게 하소서."라고 하니, 임금이 이에 따랐다. 이때 왕의 교지 중에서 선혜라는 말이 있어 이로써 청(廳)의 이름을 삼았다. – "광해군일기" –

방납의 폐단이 극심해지자 이원익의 주장에 따라 광해군 즉위년 경기도에 처음으로 대동법을 실시하였다. 당시에는 토산물 대신 1년에 두 번, 1결당 8두씩 모두 16두를 거두도록 하였다.

핵심 내용 | 대동법 실시
① 배경 : 방납의 폐단으로 농민 부담 증가 → 농민의 토지 이탈
② 내용 : 가호에 부과된 특산물 대신 토지 결수에 따라 쌀로 받도록 함, 토지 결수를 기준으로 1결당 미곡 12두씩 징수, 광해군 때 경기도에서 시작하여 전국으로 확대
③ 의의 : 소작농이나 땅이 적은 농민에게 유리, 지주에게 불리, 어용 상인인 공인 등장, 상품 화폐 경제의 발달

사료로 확인하기 ⑯ 모내기법의 효과

이앙(移秧)을 하는 것은 세 가지 이유가 있다. 김매기의 노력을 더는 것이 첫째요, 두 땅의 힘으로 하나의 모를 서로 기르는 것이 둘째이며, 좋지 않은 것은 솎아 내고 싱싱하고 튼튼한 것을 고를 수 있는 것이 셋째이다. 어떤 사람들은 큰 가뭄을 만나면 모든 노력이 헛되어 버리니 위험하다고 하나 그렇지 않다. – "임원경제지" –

모내기법은 김매기 하는 노동력을 절감하여 광작을 가능하게 하였을 뿐만 아니라 벼와 보리의 이모작도 가능하게 하였다.

핵심 내용 | 조선 후기 농업 기술의 발달
① 논농사 : 모내기법(이앙법) 확대 → 노동력 절감, 수확량 증가, 광작, 벼와 보리의 이모작
② 밭농사 : 견종법 확대 → 노동력 절감, 수확량 증가
③ 기타 : 수리 시설 확충, 농기구 개량 등

사료로 확인하기 ⑰ 설점수세제

조정에서 은이 나는 곳에 은점 설치를 허가만 내주면 돈 많은 장사꾼은 각자 재물을 내어 일꾼을 모집할 것입니다. 땅이 없어 농사짓지 못하는 백성들은 점민이 되기를 원하게 될 것입니다. 그곳에 모여 살며 은을 캐어 호조와 각 영·고을에 세를 바치고, 남는 대로 물주에게 돌릴 것입니다. 땅 없는 백성들도 그것에 의지해서 살아 나갈 수 있으니 공사 간에 유익한 일입니다. 어찌 백성들에게 폐단이 되겠습니까. – 우정규, "경제야언" –

조선 초에는 정부가 농민을 동원해 광물을 채굴하였으나, 16세기 이후에는 광산 개발권을 민간에 넘겨주고 세금을 받는 방식(설점수세)으로 바꾸었다.

핵심 내용 | 조선 후기 광업의 발달
① 배경 : 민영 수공업의 발달로 원료인 광산물에 대한 수요 증가, 17세기 이후 설점수세제 시행
② 결과 : 은광 개발(청과의 무역), 금광 개발(상업 자본 유입), 잠채(몰래 광산 개발) 성행, 자본주의적 생산 관계 등장(덕대와 상인 물주)

사료로 확인하기 ⑱ 도고의 활동 및 폐단

허생은 안성의 한 주막에 자리 잡고서 밤·대추·감·배·귤 등의 과일을 모두 사들였다. 허생이 과일을 도거리로 사 두자, 온 나라가 잔치나 제사를 치르지 못할 지경에 이르렀다. 따라서 과일 값이 크게 폭등하였다. 허생은 이에 10배의 값으로 과일을 되팔았다. 이어서 허생은 그 돈으로 곧 칼·호미·삼베·명주 등을 사 가지고 제주도로 들어가서 말총을 모두 사들였다. 말총은 망건의 재료였다. 얼마 되지 않아 망건 값이 10배나 올랐다. 이렇게 하여 허생은 50만 냥에 이르는 큰돈을 벌었다. – 박지원, "연암집" –

조선 후기에는 공인과 사상의 활약으로 상품 화폐 경제가 발달하였다. 도고는 대규모의 자본을 바탕으로 특정 상품을 매점매석하여 폭리를 취하던 상업 활동이나 그러한 상업 활동을 하던 상인을 일컫는다.

핵심 내용 | 조선 후기 상업의 발달
① 배경 : 농업 생산력 증대, 수공업 생산 활발, 상품 화폐 경제의 발달, 도시의 인구 증가
② 공인 : 관청과 결탁한 특권 상인, 서울 시전과 전국 장시를 중심으로 활동 → 도고로 성장
③ 사상 : 종루·이현·칠패 등지에서 활약하며 시전의 상권 잠식, 금난전권 폐지하면서 크게 성장 → 도고로 성장
④ 대표적인 사상 도고 : 경강상인(한성), 송상(개성), 만상(의주), 내상(동래) 등

사료로 확인하기 ⑲ 조선 후기 신분제의 동요

❶ 옷차림은 신분의 귀천을 나타내는 것이다. 그런데 어찌된 까닭인지 근래 이것이 문란해져 상민·천민들이 갓을 쓰고 도포를 입는 것이 마치 조정의 관리나 선비와 같이 한다. 진실로 한심스럽기 짝이 없다. 심지어 시전 상인들이나 군역을 지는 상민들까지도 서로 양반이라 부른다. – "일성록" –
❷ 근래 아전의 풍속이 나날이 변하여 하찮은 아전이 길에서 양반을 만나도 절을 하지 않으려 한다. 아전의 아들·손자로서 아전의 역을 맡지 않은 자가 고을 안의 양반을 대할때 맞먹듯이 너 나하며 자(字)를 부르고 예의를 차리지 않는다. – 정약용, "목민심서" –

조선 후기에는 부유한 상민이 납속, 공명첩 구입, 족보 매매·위조를 통해 양반으로 신분 상승하는 경우가 많았다. 그래서 조선 후기가 되면 양반의 수가 증가하고 상민과 노비의 수는 감소하였다.

핵심 내용 | 조선 후기 신분 질서의 동요
① 중간 계층의 항거 : 납속과 공명첩 구매를 통한 중인층의 양반 신분 획득, 서얼의 관직 진출 제한 철폐 요구, 기술직 중인의 경제력 축적 → 대규모 소청 운동 전개(실패)
② 농민의 신분 상승 : 부농의 등장 → 납속·공명첩, 족보 매매·위조 등을 통해 신분 상승, 수령에게 뇌물을 바치고 향안에 이름을 올려 군역과 요역 면제
③ 노비 신분의 탈피 : 도망, 군공, 납속을 통한 신분 상승, 노비종모법 실시, 공노비 해방

사료로 확인하기 ⑳ 이익의 한전론

국가는 마땅히 한 집의 생활에 맞추어 재산을 계산해서 토지 몇 부를 한 집의 영업전으로 하여 당 제도처럼 한다. 땅이 많은 자는 빼앗아 줄이지 않고 미치지 못하는 자는 더 주지 않는다. 돈이 있어 사고자 하는 자는 비록 1,000결이라도 허락하여 주고, 땅이 많아서 팔고자 하는 자는 다만 영업전 몇 부 이외에는 허락하여 준다. 많아도 팔기를 원하지 않는 자는 강요하지 않고, 모자라도 사지 못하는 자는 독촉하지 않는다.
― 이익, "곽우록" ―

도움글
이익은 한 가정의 생계 유지를 위한 최소한의 토지로 영업전을 설정하고, 이 토지에 대한 매매를 제한하여 최저 생활을 보장하고 점진적인 토지 소유의 균등을 이루고자 하였다.

핵심 내용 | 중농학파의 토지 개혁론
① 유형원 : 균전론(신분별 차등 지급, 같은 신분 내에서 토지 균등 지급)
② 이익 : 한전론(영업전 매매 금지)
③ 정약용 : 여전론(공동 소유, 공동 경작, 노동량에 따른 수확량 분배), 정전론(전국의 토지를 국유화한 후 정전을 편성하여 8가구가 각각 소유, 나머지 9분의 1은 공동 경작하여 조세 납부)

사료로 확인하기 ㉑ 동학

❶ 내가 또한 동방에서 태어나서 동방의 가르침을 받았으니, 도는 비록 천도이나 학은 동학이니라. 하물며 땅이 동과 서로 구분되어 있으니, 서쪽이 어찌 동쪽이 되고 동쪽이 어찌 서쪽이 될 수 있겠는가? …… 우리 도는 이 땅에서 받았으니 이 땅에서 먼저 펴 나가면 자연히 온 세계로 퍼져 나갈 것이니, 어찌 이것을 서학의 이름으로 말할 수 있겠는가?
― 최제우, "동경대전" ―

❷ 사람이 곧 하늘이라. 그러므로 사람은 평등하며 차별이 없나니 사람이 마음대로 귀천을 나눔은 하늘을 거스르는 것이다. 우리 도인은 모든 차별을 없애고 선사의 뜻을 받들어 생활하기를 바라노라.
― 최시형의 최초 설법 ―

도움글
경주의 몰락 양반 최제우가 창시한 동학은 서양 세력과 연결된 서학을 배격한다는 뜻에서 동학이라 이름 지었다. 동학의 기본 교리인 인내천(사람이 곧 하늘)은 인간의 존엄성과 평등성을 의미한다.

핵심 내용 | 조선 후기 동학
① 창시 : 경주의 몰락 양반 최제우(1860)가 창시
② 특징 : 유교, 불교, 도교와 민간 신앙 융합 → 시천주(천주를 모심), 인내천(사람이 곧 하늘) 강조, 신분 질서 부정, 평등 사상
③ 교세 확장 : 삼남 지방 중심 → 정부 탄압, 최제우 처형 → 최시형의 교리 정리("동경대전", "용담유사")

사료로 확인하기 ㉒ 홍경래의 난

평서 대원수는 급히 격문을 띄우노니 관서의 부로(父老)와 자제와 공·사 천민들은 모두 이 격문을 들으라. 무릇 관서는 기자(箕子)의 옛 터요, 단군 시조의 옛 근거지로 훌륭한 인물이 넘치고 문물이 번창한 곳이다. …… 조정에서는 관서를 버림이 썩은 흙이나 다름없다. 심지어 권세 있는 집의 노비들도 서토 사람을 보면 반드시 '평안도놈'이라 말한다. 어찌 억울하고 원통하지 않은 자 있겠는가. …… 지금 나이 어린 임금이 위에 있어서 권세 있는 간신배가 날로 치성하여 김조순, 박종경의 무리가 국가의 권력을 제멋대로 하니 …… 이제 격문을 띄워 먼저 여러 고을의 군후(郡侯)에게 알리노니, 절대로 동요하지 말고 성문을 활짝 열어 우리 군대를 맞으라.
― "패림" ―

도움글
세도 정치 시기에는 삼정의 문란으로 대표되는 농민에 대한 수탈이 심화되어 전국 각지에서 농민 봉기가 발생하였다. 홍경래의 난(1811)은 평안도 지방에 대한 차별 대우와 수령의 수탈이 발단이 되어 일어났다.

핵심 내용 | 홍경래의 난(1811)
① 배경 : 평안도 지역에 대한 차별 대우, 세도 정치에 대한 불만
② 전개 : 평안도 몰락 양반인 홍경래를 중심으로 농민, 중소 상인, 광산 노동자 등이 합세하여 봉기 → 청천강 이북 지역 장악 → 정주성 싸움 패배, 5개월 만에 평정
③ 결과 : 이후 농민 봉기에 영향

Ⅳ. 국제 질서의 변동과 근대 국가 수립 운동

사료로 확인하기 ❶ 흥선 대원군의 개혁 정치

❶ 호포법

이최응이 아뢰기를, "지방 고을에 호포법을 실시한 것은 대개 균일하게 하고자 한 것이었습니다. 백성들은 동등하다고 말하면서 사족을 업신여기고, 반호(班戶)는 스스로 특별하다고 생각하여 포의 납부를 거절하고 있으니, 분수를 어기고 명령을 어기는 것이 어찌 이와 같을 수 있겠습니까?"라고 하였다.
― "고종실록"

❷ 사창제

반드시 본면(本面)에서 근면성실한 자를 택하여 천거하고 관에 보고한 뒤 뽑는다. 또한 관에서 강제로 정하지 말고 그를 일러 '사수'라 하고 곡식의 분납과 수납의 때를 맡도록 한다. 사수에게 지역 주민으로 창고지기 1명을 뽑도록 하여 그로 하여금 창고를 맡아 지키고, 출납하고 용량을 재서 해당 백서에게 주도록 한다. …… 곡식을 분급하는 규칙은 해당 면에서 각동 대소 빈부로 차등을 삼으며 양반과 상민을 가리지 않고 양을 적절하게 나누어 주되, 만약 유랑하여 곡식을 받지 못한 경우 해당 동에서 골고루 배분하여 채운다.
― "일성록"

도움글

❶ 흥선 대원군이 집권하면서 양반에게도 군포를 징수하는 호포법이 실시되었다. 호포법은 신분과 상관없이 호를 기준으로 2냥씩 군포를 균등하게 부과하였으므로 군포 징수의 대상이 늘어나 국가 재정이 확충되었다.

❷ 흥선 대원군은 환곡을 개혁하기 위해 사창제를 실시하였다. 이는 관에서 운영하던 환곡을 지방 자치 조직인 사(司)에서 운영하여 관리의 부정을 금지하고 재정과 민생의 안정을 추구하기 위한 것이었다.

핵심 내용

흥선 대원군의 개혁 정치
① 세도 정치 타파(안동 김씨 축출), 인재 등용
② 비변사 기능 축소·폐지 → 의정부, 삼군부 부활
③ 법전 편찬 : "대전회통", "육전조례"
④ 서원 정리 : 붕당의 근거지 정리, 농민 보호, 토지, 노비 몰수 → 국가 재정 확충
⑤ 경복궁 중건 : 왕실의 권위 회복, 원납전 징수, 당백전 발행, 백성을 토목 공사에 동원, 양반의 묘지림 벌목 → 양반과 백성의 원성
⑥ 삼정의 문란 시정 : 토지 겸병 금지, 양전 사업, 호포제(양반에게도 군포 징수), 사창제(덕망 있는 자가 곡식 대여)

사료로 확인하기 ❷ 병인양요

❶ 조선 국왕이 프랑스 주교 2인과 선교사 9인 그리고 조선인 신도 다수를 살해했다고 한다. 이러한 잔인한 폭력은 패망을 자초하는 것이다. 조선은 중국에 조공을 하는 나라이므로 본국이 장차 군대를 일으켜 죄를 물으러 가기 전에 알리는 것이 합당한 줄 알고 있다. …… 수일 내로 조선 정복을 위해 출정할 것이다. 조선을 정복해서 국왕을 책립하는 문제는 프랑스 황제의 명령에 따라 시행할 것이다. …… 이에 본관은 중국이 조선 문제에 간섭하지 않는다고 믿고, 지금부터 본국(프랑스)과 조선 사이에 전쟁이 있더라도 간섭하지 말 것을 선언한다.
― 벨로네의 서한 ―

❷ 10월 3일 적군이 정족산성 아래로 몰려오니 양공이 사기를 돋우어 전투를 독려하였다. 전 장병은 일제히 총포를 발사하면서 적군을 공격하였다. 적의 지휘관이 말에서 떨어져 죽으니 오랑캐 병사는 시체를 메고 달아났다. 마침내 양공은 강화부를 수복하고 군사와 백성을 위로하니, 민심이 비로소 안정되었다.
― 양헌수 승전비 ―

도움글

흥선 대원군이 프랑스 선교사와 천주교 신자를 학살하였다는 사실이 알려지자 프랑스 극동 함대의 사령관 로즈 제독이 군함을 이끌고 조선을 침략해 왔다. 이때 정족산성에서 양헌수 부대가, 문수산성에서 한성근 부대가 항전하여 프랑스군을 격퇴하였다. 프랑스군은 철수하며 외규장각에 소장되어 있던 도서를 약탈하였다.

핵심 내용

병인박해와 병인양요
① 병인박해(1866) : 흥선 대원군이 러시아를 견제하기 위해 프랑스 선교사를 이용해 프랑스를 끌어들이려 시도 → 프랑스와의 교섭 실패 → 흥선 대원군이 프랑스 선교사와 천주교 신자 처형
② 병인양요(1866) : 프랑스 함대 침입(로즈 제독) → 양헌수(정족산성), 한성근(문수산성) 분전 → 프랑스 군대 철수, 외규장각 문서 등 문화재 약탈

사료로 확인하기 ③ 제너럴 셔먼호 사건

여름과 가을 사이에 1척의 서양 배가 먼저 호서의 해미현 앞바다에 정박하였고, 다음에는 경기의 강화부 근처에 와서 정박해 있으면서 쉴 새 없이 왔다 갔다 하며 무역할 것을 간청하였다. 그러나 우리나라에서 엄한 말로 굳게 거절하고 끝끝내 들어주지 않자 저들은 포기하고 물러갔었다. 또 이러한 때에 서양 배 1척이 서해로부터 평양부 양각도에 들어가 물건을 약탈하고 사람들을 살해하고 가축들을 죽였다. 그래서 평안 감사가 화공(火攻) 전술을 써서 모두 무찔렀다. 8월 16일에 2척의 서양 배가 남쪽 바다에서 곧바로 경강(京江)에 들어와 사흘 밤을 묵고 돌아갔는데, 말이 서로 통하지 않아 사정도 알 수 없었고, 거동도 따지지 못하였다.
- "고종실록" -

미국 상선 제너럴 셔먼호가 통상 요구를 거절당하자 평양 지역에 들어와 난동을 부렸다. 이에 평안도 관찰사였던 박규수의 지휘 아래 평양 관민이 제너럴 셔먼호를 불태웠고(1866), 미국은 이를 구실로 신미양요를 일으켰다(1871).

핵심 내용 — 제너럴 셔먼호 사건과 신미양요
① 제너럴 셔먼호 사건(1866) : 미국 상선 제너럴 셔먼호의 통상 요구, 횡포 → 평양 관민이 제너럴 셔먼호를 불태움
② 신미양요(1871) : 미국 함대의 강화도 침입 → 어재연의 광성보 전투
③ 척화비 건립(1871) : 통상 수교 거부 의지 강화

사료로 확인하기 ④ 최익현의 흥선 대원군 탄핵 상소

오늘날의 급선무를 논하자면, 만동묘를 다시 설치하고 서울과 지방의 서원을 흥기시킬 것이며, 토목 공사와 원납전의 경우는 그대로 두어서는 안 될 것입니다. 몇 가지 문제는 전하께서 어린 나이라 정사를 전담하지 못하여 생긴 일이니, 종친의 반열에 속하는 사람은 지위는 높이되 나라의 정사에는 간섭하지 못하도록 하소서.
- 최익현, '계유상소' -

흥선 대원군은 서원을 철폐하여 왕권을 강화하고 국가 재정을 확충하고자 하였으나, 이에 반대한 최익현의 계유상소로 인해 결국 하야하게 되었다.

핵심 내용 — 흥선 대원군 개혁의 한계
① 경복궁 중건 : 경복궁 중건과 무리한 공사에 백성을 강제로 동원하여 원성 증가, 당백전 남발로 물가 인상
② 양전 사업, 호포제 실시 : 농민의 관심인 지주제 개혁과 토지 제도 개혁은 이루어지지 못함
③ 서원 철폐 : 민생 안정과 국가 재정의 확충을 위해 서원 철폐 → 양반 유생의 반발 초래 → 최익현의 상소(1873)로 흥선 대원군 하야

사료로 확인하기 ⑤ 강화도 조약

❶ 일본국 정부는 지난번에 특명전권변리대신 육군중장 겸 참의개척 장관 구로다 기요타카와 특명부전권변리대신 의관 이노우에 가오루를 파견하여 조선국에 가서 조선국 정부에서 파견한 대관 판중추부사 신헌과 부대관 도총부 부총관 윤자승을 강화부에서 만나, 일본력 메이지 9년 2월 26일, 조선력 병자년(1876) 2월 2일에 협의하여 타당하게 처리하고 상호간에 조인하였다. ……
- "고종실록" -

❷ 제7관 일본국 인민은 본국에서 통용되는 여러 화폐로 조선 인민이 보유하고 있는 물자와 교환할 수 있다.
- '조·일 수호 조규 부록' -

일본은 운요호 사건(1875)을 일으키고 강제로 조선과 강화도 조약을 체결하였다(1876). 강화도 조약은 조·일 수호 조규, 혹은 병자 수호 조약이라고도 불린다.

핵심 내용 — 강화도 조약(1876)
① 배경 : 국내(흥선 대원군 하야, 통상 개화론 대두), 일본(정한론 대두, 운요호 사건)
② 성격 : 최초의 근대적·불평등 조약 → 일본의 경제·정치·군사적 침략 발판
③ 강화도 조약의 내용 : 조선의 자주성 강조(청의 종주권 부정, 조선 침략 의도), 부산·원산·인천 개방(경제·군사·정치적 침략 의도), 일본의 조선 해안 측량권 허용(조선의 자주권 침해), 영사 재판권 인정(불평등 조약)

사료로 확인하기 ❻ 해외 시찰단 파견

❶ 조사 시찰단

동래부 암행어사 이헌영은 들어 보아라. 일본 조정의 의논, 국세 형편, 인물, 교빙, 통상 등의 대략을 다시 한 번 염탐하는 것이 좋겠다. 그러니 그대는 반드시 이 점을 염두에 두고 일본 배를 빌려 타고 그 나라로 건너가 해관이 관장하는 사무를 비롯한 그 밖의 크고 작은 일들을 보고 듣되, 이에 필요한 날짜의 길고 짧음에 구애받지 말고 낱낱이 탐지해서 뒤에 이를 별도의 문서로 조용하게 보고하라.
― 고종 봉서 ―

❷ 영선사

1882년 음력 1월부터 이들이 받은 교육 내용은 주로 서양의 언어와 문장, 탄피 제조, 탄알 제조, 화약 제조, 제도, 제본, 전기, 소총 수리 등이었다. 그러나 근대 병기 공장 건설에 가장 중요한 부분 중 하나인 소총 제조 기술은 교육 내용에서 빠져 있어 배우지 못하였다. 그 후 조선의 병기 공장은 청의 권유 아래 그의 요청으로 구체화되었다. 그리고 귀국하면서 근대 병기 공장 설립에 필요한 근대 과학 서적들을 구입하여 가져왔다.

❸ 보빙사

대조선국 대군주는 대미국 백니쇠텬덕(President)께 글월을 올리옵니다. 이 사이 두 나라가 조약을 바꾸고 화의가 도타움에 전권 대신 민영익과 부대신 홍영식을 귀국에 파견하여 예물과 함께 예를 갖추오니 …… 바라노니 정성을 미루어 서로 믿어서 더욱 화목하게 한 가지 태평을 누리게 하시옵소서…….
― '뉴욕 헤럴드', 1883. 9. 19. ―

 도움글

❶ 1881년 일본에 파견된 조사 시찰단은 박정양·어윤중·홍영식 등 62명으로 구성되었다. 당시 개화 반대 여론이 심하여 동래까지 암행어사 신분으로 비밀리에 파견되어 일본의 정부 기관과 각종 산업 시설을 시찰하고 보고서를 제출하였다.

❷ 1881년 영선사 김윤식은 유학생 기술자들을 이끌고 청에 가서 무기 제조 기술과 근대적 군사 훈련법을 배우고 돌아왔다. 영선사 파견을 계기로 근대 무기 공장인 기기창이 설치되었다.

❸ 조선은 1882년 미국과 조·미 수호 통상 조약을 체결하고, 1883년 민영익과 홍영식을 미국에 보빙사로 파견하였다. 보빙사는 모두 11명으로 구성되었으며 개화에 뜻을 둔 젊은이였다.

핵심 내용

정부의 개화 사절단 파견

① 일본
  ㉠ 수신사 : 1차 김기수(1876)·2차 김홍집 파견(1880)
  ㉡ 조사 시찰단(1881) → 박정양·어윤중·홍영식 등 비밀리에 파견, 3개월간 시찰 후 보고서 작성
② 중국 : 영선사(1881) → 김윤식의 인솔하에 학생과 기술자를 청에 파견, 텐진 기기국에서 군기 제조 기술 습득, 1년만에 중단(재정 부족, 임오군란) → 기기창 설립(1883)
③ 미국 : 보빙사(1883) → 조·미 수호 통상 조약 체결 → 민영익·홍영식·유길준 등 파견 → 민영익(유럽 순방, 최초 세계 일주), 홍영식(미국식 우편 제도, 우정총국 창설), 유길준(미국 유학, "서유견문")

사료로 확인하기 ❼ 임오군란의 발발

선혜청 당상관 민겸호의 청지기가 미곡에 겨를 섞어 몰래 이득을 취하려 하였다. 이에 군사들이 분노하여 그를 폭행하였다. 민겸호가 주동자를 잡아들여 포도청에 가두고서 죽이겠다고 선언하니, 군중이 더욱 원망하고 분노하였다. 수많은 군중은 더욱 분함을 참지 못하고 칼을 빼어 땅을 치며, "굶어 죽으나 처형당하나 죽기는 마찬가지이다. …… 드디어 들고일어날 것을 결정하고 서로 고함 소리로 호응하여 많은 사람이 모였다. …… 난병(亂兵)이 대궐에 침입하였다. 명성 황후는 밖으로 도망치고, 이최응, 김보현, 민겸호가 살해되었다. 대원군 이하응이 정사를 보좌하였다.
― 황현, "매천야록" ―

 도움글

구식 군인들은 1년 넘게 월급을 제대로 받지 못한 데다 겨우 받은 한 달치 월급에 겨와 모래가 섞여 있자 마침내 폭동을 일으켰다. 정부가 주동자를 잡아들이자 선혜청을 습격하고 책임자인 민겸호의 집에 불을 질렀다.

핵심 내용

임오군란

① 배경 : 구식 군대 차별, 민중 경제 파탄(일본 상인의 침투, 양곡 유출), 개화 정책에 대한 불만
② 전개 과정 및 결과 : 구식 군인 봉기 → 일본 공사관 공격 → 민중 합세 → 민씨 정권 고관과 왕궁 습격(명성 황후 도피) → 흥선 대원군 일시 집권 → 청군의 개입으로 실패 → 흥선 대원군 청에 압송

사료로 확인하기 ⑧ 임오군란의 결과

청 관리 마젠창 등이 "지난번에 이 변고가 황제께 보고되자 황제께서는 장수들에게 명하여 조선에 군사를 파견하셨다. 먼저 일의 진상을 직접 묻기 위해 흥선 대원군을 중국에 들어오게 하시고, 한편으로 난을 일으킨 죄인들을 잡아 엄하게 징벌하되 그 수괴는 처단하고 추종한 자는 석방하여 법을 정확히 준수하도록 하셨다. 이후 북양 수군을 거느린 정여창 제독이 흥선 대원군과 함께 바다를 건너서 황제께서 계신 곳으로 갔다."라고 하였다.

민씨 정권의 요청을 받은 청은 군란을 진압한 후 흥선 대원군을 청으로 압송하였다. 임오군란으로 청의 내정 간섭이 심화되었으며, 조·청 상민 수륙 무역 장정이 체결되었다.

핵심 내용 | 임오군란의 결과와 영향
① 민씨 정권의 친청 정책 심화 → 온건파와 급진파의 갈등 심화 → 갑신정변(1884)
② 청의 내정 간섭 → 청군 주둔, 재정·외교 고문 파견(마젠창, 묄렌도르프)
③ 조·청 상민 수륙 무역 장정 체결 → 청 상인의 내지 통상권 인정, 청의 경제 침략 본격화 → 청·일 대립 본격화
④ 제물포 조약 체결(조선·일본) → 일본 경비병 주둔 허용, 배상금 지불

사료로 확인하기 ⑨ 갑신정변의 전개 과정

❶ 이들은 하늘의 도리를 잊고 평소 분노하는 마음을 품고 있다가 연회를 차려 놓고 사람을 칼로 죽인 뒤 변고가 났다고 선언하였으며, 임금을 강박하여 처소를 옮기게 하였습니다. 일본 사람들을 끼고 무력을 뽐내면서 재상들을 모조리 죽여 대궐 뜰에 피를 뿌리게 하였고, 관료들을 좌지우지하여 종묘 사직이 위태롭게 되었습니다.
— "고종실록" —

❷ 이들은 모두 사대부의 후예로서 가세(家勢)에 의지하여 일찌감치 벼슬길에 올랐으나 일본을 유람하고 나서는 스스로 천하를 편력했다고 여기고 한밤중에 적도를 불러들여 승여를 위협해 옮기도록 한 뒤 며칠 동안 흉악을 부렸습니다. 저희들끼리 관작을 제수하니 권력의 칼자루가 도리어 그들의 손아귀에 있었으며, 종묘사직이 거의 위기 일발의 상태였습니다. 청의 구원병이 들어온 후 결국에는 바다 건너 도피하였습니다.
— "승정원일기" —

급진 개화파는 우정총국 개국 축하연을 기회로 갑신정변을 일으키고 민씨 정권의 고위 관료를 살해한 후 개화당 정부를 수립하였다. 그러나 최초의 근대 국가 설립 운동인 갑신정변은 청군의 개입, 일본의 배신 등으로 결국 3일만에 실패로 끝났고 주도 세력은 일본으로 망명하였다.

핵심 내용 | 갑신정변(1884)
① 배경 : 임오군란 → 청의 내정 간섭 심화, 민씨 정권 개화당 탄압, 청군 일부 철수(청·프 전쟁, 1884), 일본 공사의 지원 약속, 차관 도입 실패
② 전개 : 우정총국 개국 축하연을 계기로 정변 → 개화당 정부 수립, 14개조 개혁 정강 마련 → 청군의 개입·일본의 배신 → 3일 천하로 끝남, 주도 세력 일본으로 망명

사료로 확인하기 ⑩ 조선 중립화론

우리나라 최초의 일본 유학생이었던 그(유길준)는 미국과 유럽을 둘러본 후 돌아왔으나 갑신정변에 연루되었다는 이유로 연금되었다. 그 후 서양 각국을 소개한 "서유견문"을 간행하였는데, 이 책은 국한문 혼용체로 기록되어 있다. 그는 갑오·을미 개혁에 참여하였으나 아관 파천이 일어나자 일본에 망명하였다.

유길준은 갑신정변에 연루되었다는 이유로 연금된 상태에서 "서유견문"을 집필하였다. 유길준은 열강이 조선의 중립을 보장해야 한다는 중립화론을 주장하였다.

핵심 내용 | 갑신정변 이후 열강의 대립(1884~1894)
① 청·일 간의 침략적 대립에 러시아와 영국 가담
② 러시아 : 조·러 통상 조약(1884) 체결 이후 적극 진출 시도 → 조·러 비밀 협약 추진(청의 방해로 실패)
③ 영국 : 러시아 남하 견제 → 거문도 사건(1885~1887) → 청의 중재로 철수
④ 중립화론(1885) : 부들러(조선 주재 독일 부영사), 유길준

사료로 확인하기 ⑪ 사발통문

매일 멸망할 것이라고 노래하던 민중이 곳곳에 모여서 말하되, "났네, 났어, 난리가 났어.", "에이 참 잘 되었지. 그냥 이대로 지내서야 백성이 한 사람이나 남아 있겠나."라고 하며 그날이 오기를 기다리더라. 이때에 도인(道人)들은 전후의 방책을 토의·결정하기 위하여 고부 서부면 죽산리 송두호의 집으로 도소(都所)를 정하고 매일 운집하여 순서를 결정하니 결의된 내용은 다음과 같다.
- 고부성을 혁파하고 군수 조병갑을 효수할 것.
- 군기창과 화약고를 점령할 것.
- 군수에게 아첨하여 인민을 못살게 구는 탐관오리를 응징할 것.
- 전주 감영을 함락하고 서울로 곧바로 나아갈 것.

도움글
고부 군수 조병갑의 비리와 탐학이 심해지자 전봉준 등은 사발통문을 돌려 농민들에게 봉기를 호소하고 고부 관아를 점령하였다. 사발통문은 사발을 엎어 그린 원을 중심으로 이름을 적어 주동자를 찾기 어렵게 만든 것이다.

핵심 내용 | 고부 농민 봉기
① 원인 : 전라도 고부 군수 조병갑의 학정
② 전개 : 전봉준이 사발통문을 돌리고 봉기 호소 → 농민들이 고부 관아를 습격하여 점령, 만석보 파괴 → 조병갑 파면, 새로운 고부 군수로 박원명 임명, 안핵사 이용태 파견
③ 결과 : 신임 고부 군수 박원명의 중재로 농민군 해산

사료로 확인하기 ⑫ 동학 농민군의 폐정 개혁안

1. 전운사를 혁파하고 이전과 같이 각 읍에서 조세를 상납하게 할 것.
2. 균전관을 혁파할 것.
3. 탐관오리를 징계하고 쫓아낼 것.
4. 각 읍에 1천 냥 이상 조세금을 횡령하였으면 그 아전을 사형에 처하고 친족에게서 거두지 말 것.
5. 봄가을 두 번의 호역전은 이전과 같이 매 호 2냥씩으로 할 것.
6. 각종 항목의 결세액은 평균 분배하되 마구 걷지 말 것.
7. 포구에서 사사로이 미곡 무역하는 행위를 엄금할 것.
8. 각 읍 수령이 부임지에서 묘를 쓰고 전답을 사들이는 일을 금할 것.
9. 각국 상인은 항구에서만 매매하게 하되, 서울에 점포를 열거나 각지에서 임의로 행상하지 못하게 할 것.
10. 보부상의 작폐가 많으니 혁파할 것.
11. 각 읍에서 아전을 임용할 때 뇌물을 받지 말고 쓸 만한 사람을 골라 임용할 것.
12. 간신이 권력을 농간하여 국사가 나날이 잘못되니 매관매직을 처벌할 것.
13. 대원군이 국정에 간여하면 백성들의 마음이 돌아올 수 있을 것.

— 정교, "대한계년사" —

도움글
동학 농민군은 전라도 각지에 집강소를 설치하고 폐정 개혁안을 실행하고자 노력하였다. 폐정 개혁안에는 부정부패 척결, 조세 제도 개혁, 신분 차별 철폐 등의 내용이 담겨 있었다.

핵심 내용 | 전주 화약과 집강소 설치
① 전주 화약 : 정부의 요청으로 청군 파견 → 톈진 조약에 따라 일본군 파병 → 정부와 전주 화약을 체결하고 해산 → 전라도 일대에 집강소 설치, 폐정 개혁안 실천
② 집강소의 활동 : 치안 담당, 각종 제도 개혁, 지주와 부호 처벌

사료로 확인하기 ⑬ 제2차 농민 봉기

❶ (관군과 일본군이) 산등에 한 줄로 서서 한꺼번에 사격을 한 다음 산속에 숨었다. 적이 다시 고개를 넘으려 하면 다시 산등에 올라 일제 사격을 하였다. 이같이 하기를 40~50차례 하니 시체가 산에 가득하였다.
— "갑오관보" —

❷ …… 우리나라 총의 사정거리는 100보 정도에 불과하지만, 일본 총의 사정거리는 400~500보도 더 되었다. 불이 총대 안에서 저절로 일어나 불을 붙이는 번거로움이 없었다. 따라서 비록 눈이나 비가 내린다고 하여도 계속 쏠 수가 있었다.
— 이병수, "금성정의록" —

전봉준 등 전라도를 중심으로 활동한 남접과 손병희 등 충청도를 중심으로 활동한 북접은 논산에 집결하여 남접·북접 연합 부대를 형성하고 재봉기하였다. 그러나 농민군은 서울을 향해 진격하던 중 공주 우금치에서 우세한 화력을 갖춘 정부군과 일본군에게 밀려 패하였다.

핵심 내용 — 제2차 농민 봉기
① 배경: 일본군의 경복궁 무력 점령, 친일 내각 수립 → 청·일 전쟁 → 일본의 내정 간섭
② 전개: 손병희의 북접군과 전봉준의 남접군이 논산에서 집결, 서울로 북상 → 공주 우금치 전투에서 정부·일본 연합군에 패배

사료로 확인하기 ⑭ 단발령의 실시

1895년 11월 15일 고종은 비로소 머리를 깎고 내외 신민에게 명하여 모두 머리를 깎도록 하였다. 두루마기를 입으라는 법을 반포한 이래 소문이 점점 퍼지더니 10월 중에 일본 공사가 왕을 위협하여 조속히 머리를 깎도록 하였으나 왕은 인산을 마친 뒤로 미뤘다. 이때 유길준과 조희연 등이 일본군을 인도하여 궁성 주위에 대포를 설치한 후 머리를 깎지 않는 자는 죽이겠다고 선언하니 고종은 긴 한숨을 들이쉬며 정병하를 돌아보고 말하기를 "경이 짐의 머리를 깎는 게 좋겠소."라고 하였다. 이에 정병하는 가위를 가지고 손을 놀려 왕의 머리를 깎았다.
— 황현, "매천야록" —

을미사변을 일으킨 일본은 김홍집을 중심으로 하여 친일 내각을 조직하고 을미개혁을 실시하였다. 을미개혁의 내용으로는 태양력 사용, 연호 제정, 단발령 실시 등이 있었다.

핵심 내용 — 을미개혁(제3차 개혁)
① 과정: 삼국 간섭 이후 친러 정책을 추진하고 박영효가 실각 → 제3차 김홍집 내각 → 을미사변(1895) → 제4차 김홍집 내각 → 아관 파천으로 중단
② 내용: '건양' 연호 제정, 태양력 사용, 친위대·진위대 설치, 종두법과 단발령 시행, 소학교 설립, 우편 사무 재개

사료로 확인하기 ⑮ 독립 협회의 국민 참정권 운동

외국의 경우 민회(民會)는 정부가 정치를 잘못하면 전국에 널리 알려 민중을 모아 질문하고 논박하여, 백성이 승복하지 않으면 물러가지 아니하는 것이니, …… 육대주와 동등하여 만국과 나란히 하는 것은 폐하의 권리이고, 폐하의 백성이 되어 폐하의 강토를 지키고, 그 정치를 거스르고 법률을 어지러이 하는 신하가 있어서 종사를 해롭게 하면 탄핵하여 성토하는 것은 저희들의 권리입니다.
— 윤치호 등의 상소문(1898) —

독립 협회는 국민의 뜻을 정치에 반영하여 근대적 개혁을 추진하려는 국민 참정권 운동을 펼쳤다.

핵심 내용 — 독립 협회
① 독립문 건립, 독립신문 발간, 만민 공동회 개최
② 자주 국권 운동, 자강 개혁 운동, 자유 민권 운동
③ 의의: 주권 수호 노력, 민권 신장 기여, 민중에 바탕을 둔 근대화 운동
④ 한계: 외세 배격이 러시아에 한정, 열강의 침략 의도 파악 미흡

사료로 확인하기 ⑯ 아관 파천

…… 러시아 공사 베베르는 1896년 2월 인천항에 정박 중인 러시아 군함으로부터 러시아 공사관 경비라는 명목으로 완전 무장한 수병 120명을 서울로 거느리고 왔다. 2월 10일 정동파의 이범진·이완용 등은 궁녀용(宮女用)의 가마에 국왕과 세자를 태워 왕궁을 탈출시켜 러시아 공사관으로 옮겼다. 국왕은 러시아 공사관에서 정동파의 포로가 되어 김홍집을 비롯한 개화파 내각의 구성원을 체포·처형할 것을 명령하였다. 이리하여 인민의 반일 감정은 김홍집 내각에 대한 보복의 형태로 폭발하였다.

도움글
일본 군대와 낭인이 경복궁에 난입하여 명성 황후를 살해한 을미사변이 발생하자 고종은 러시아 공사관으로 거처를 옮겼다(아관 파천, 1896. 2.~1897. 2.). 이후 조선에서는 러시아를 비롯한 열강의 이권 침탈이 심화되었다.

핵심 내용 — 아관 파천 이후의 상황
① 러시아의 영향력 증대 : 러시아의 이권 침탈 강화
② 갑오·을미 개혁 중단
③ 열강의 이권 침탈 가속화
④ 한반도를 둘러싼 러시아와 일본의 대립

사료로 확인하기 ⑰ 독립 협회의 활동

❶ 독립 협회의 이권 침탈 반대 운동

근래 우리나라 국유 광산이라든지, 철도 기지·서북 삼림·연해 어업 등 이 모든 것에 대한 외국인들의 권리 취득 요구를 우리 정부에서 한 가지라도 허락해 주지 않은 것이 있었는가. 이렇게 외국인들의 요구가 그칠 줄 모르는데, 오늘에 이르러서는 일인(日人)들이 또다시 국내 산림천택(山林川澤)과 원야(原野) 개발권까지 허가해 줄 것을 요청하기에 이를 정도로 극심해졌으니, 정부는 또 이 요구를 허가할 작정인가. …… 이렇게 되면 그야말로 500년의 마지막 날이 될 것이요, 삼천리의 종국(終局)이 될 것이니, 우리 정부에서는 반드시 이를 거절할 줄로 안다.
— 이상재가 정부에 올린 상서문 —

❷ 중추원 신관제

제1조 중추원은 다음의 사항을 심사하고 의정하는 처소로 할 것.
① 법률과 칙령의 제정, 폐지 혹은 개정에 관한 사항
② 의정부에서 토의를 거쳐 임금에게 상주하는 사항
③ 칙령에 의하여 의정부에서 문의하는 사항
④ 의정부에서 임시 건의에 대해 문의하는 사항
⑤ 중추원에서 임시 건의하는 사항
⑥ 인민이 건의하는 사항

제3조 의장은 대황제 폐하께옵서 문서로 임명하시고, 부의장은 중추원 공천에 의해 임명하시고, 의관 반수는 정부에서 공로가 일찍이 있는 자로 회의하여 추천하고, 반수는 인민 협회에서 27세 이상의 사람이 정치·법률·학식에 통달한 자로 투표 선거할 것.
— "주의" —

도움글
❶ 독립 협회는 만민 공동회를 개최하여 아관 파천 이후 러시아의 내정 간섭과 이권 양도 요구, 한·러 은행 설립, 절영도 조차 요구를 철회시켰다.
❷ 독립 협회가 반포한 중추원 신관제는 의원 50명 중 25명을 황제와 정부가 임명하고, 나머지 25명을 인민 협회에서 투표로 선거하되 당분간 독립 협회가 인민 협회를 대신하는 것으로 되어 있었다. 그러나 보수 세력의 모함으로 이 개혁 계획은 좌절되었다.

핵심 내용 — 독립 협회의 활동
① 민중 계몽 운동 : 독립신문 발간, 독립문과 독립관 건립, 강연회와 토론회 개최
② 자주 국권 운동 : 러시아의 내정 간섭, 이권 양도 요구, 한러 은행 설립, 절영도 조차 요구 → 만민 공동회 개최 → 러시아의 요구 철회
③ 자유 민권 운동 : 신체의 자유, 재산권 보호, 언론·출판·집회·결사의 자유 보장 등 주장
④ 자강 개혁 운동 : 정부 관료의 부정부패 비판, 황제권 제한 운동 전개, 관민 공동회 개최 → 헌의 6조 결의(의회식 중추원 관제 반포) → 수구 세력의 반대로 좌절

사료로 확인하기 ⑱ 지계아문

제1조 지계아문은 한성부와 13도 각 부와 군의 산림·토지·전답·가옥의 지계를 정리하기 위하여 임시로 설치한다.
제10조 대한 제국 인민이 아닌 사람은 산림·토지·전답·가옥의 소유주가 될 수 없다. 단, 개항장은 이 규정의 제한을 받지 않는다.
제11조 산림·토지·전답·가옥의 소유주가 관계(官契)를 발급받지 않았다가 적발되었을 때에는 그 가격의 10분의 4에 해당하는 벌금을 물리고 관계를 발급한다.
– '관보', 1901. 11. 11. –

도움글 고종은 대한 제국을 수립하고 구본신참의 원칙에 의거하여 점진적인 개혁을 추진하였다. 경제적인 측면에서는 양전을 실시하고 지계를 발급하였다. 지계는 토지 소유권을 인정한 증명서로, 전국의 토지를 파악하여 합리적으로 조세를 부과하기 위한 것이었다.

핵심 내용 – 광무개혁의 경제 개혁
① 양전 사업 : 지계 발급(근대적 토지 소유권 확립, 농지 파악) → 국가 재정 확충
② 식산흥업 정책 : 서양의 기술과 기계를 도입하여 상공업 진흥 도모 → 근대적 공장과 회사 설립, 중앙 은행 설립 추진, 민간 은행 설립 허가(한성 은행, 대한 천일 은행)

사료로 확인하기 ⑲ 을미의병

❶ 낙동강 좌우 수십 군이 봉기하여 호응하고 수령 중에서 머리를 깎은 사람은 가끔 살해당하였다. – 황현, "매천야록" –
❷ 국모가 섬 오랑캐의 해를 입었으니 하늘과 땅이 바뀌었고, 성상(聖上)이 단발의 치욕을 받았으니 해와 달이 빛을 잃었도다. – 민용호, "관동창의록" –

도움글 제3차 갑오개혁으로 추진된 단발령과 국모가 시해되는 을미사변의 발생으로 유생 의병장을 중심으로 의병 활동이 진행되었다.

핵심 내용 – 을미의병
① 원인 : 을미사변, 단발령
② 활동 : 유인석, 이소응 등 유생층이 주도, 농민과 동학 농민군의 잔여 세력이 참여
③ 해산 : 단발령 철회, 고종의 해산 권고 조칙으로 일부는 활빈당을 조직하여 저항

사료로 확인하기 ⑳ 고종의 을사조약 무효화 시도

1882년 이래로 아메리카 합중국과 한국은 우호 통상 조약 관계를 유지해 오고 있습니다. …… 이제 일본은 1904년에 체결한 협정(한·일 의정서)에서 서약한 바를 정면으로 위배하는 우리나라에 대한 보호 정치를 선언하고 …… 나는 귀하가 지금까지 귀하의 생애의 특성인 아량과 냉철한 판단력으로 이 문제를 심사숙고해 주기를 바라며, 귀하의 언행이 일치되도록 우리를 도울 수 있는 바가 무엇인가를 성찰해 주기를 바랍니다.
– 미국 대통령 루스벨트에게 보낸 고종 황제의 친서(1905. 12.) –

도움글 고종은 을사조약이 체결되자 조·미 수호 통상 조약을 근거로 미국에 지원을 요청하였다. 그러나 미국은 이미 일본과 가쓰라·태프트 밀약을 체결(1904)하여 일본의 한반도 지배를 인정한 상태였다.

핵심 내용 – 을사조약
① 내용 : 외교권 박탈, 통감부 설치 → 내정과 외교 장악 → 한국 보호국화
② 저항 : 을사의병, 민영환·조병세 등 자결, 나철·오기호 등 5적 암살단 조직, 장지연은 황성신문에 '시일야방성대곡' 게재

사료로 확인하기 ㉑ 신민회 4대 강령

1. 국민에게 민족의식과 독립 사상을 고취할 것.
2. 동지를 찾아 단합하여 민족 운동의 역량을 축적할 것.
3. 교육 기관을 각지에 설치하여 청소년 교육을 진흥할 것.
4. 각종 상공업 기관을 만들어 단체의 재정과 국민의 부력(富力)을 증진할 것.

도움글
신민회는 안창호, 양기탁 등이 을사조약 체결 후 국권 회복을 목표로 결성한 비밀 결사 단체로, 공화정에 바탕을 둔 근대 국민 국가 건설을 지향하였다.

핵심 내용 | **신민회**
① 조직 : 안창호·양기탁 등이 비밀 결사로 조직
② 목표 : 국권 회복과 공화 정체의 근대 국민 국가 건설
③ 활동 : 대성·오산 학교 설립, 태극 서관(출판)·자기 회사 운영, 국외 독립운동 기지 건설(삼원보), 신흥 강습소(신흥 무관 학교) 설립
④ 해산 : 105인 사건으로 국내 조직 와해(1911)

사료로 확인하기 ㉒ 상권 수호 투쟁

근일 외국인이 내지의 각부 각군 요지에 점포와 가옥을 사서 장사를 하고 또 전답을 구입한다고 하니 이는 외국과 통상에도 없는 것이요, 외국인들이 내지에 와서 점포를 열어 장사를 하고 전답을 사들이면 대한 인민의 상권이 외국인에게 모두 돌아가고 …… 우리나라 각부 각군 지방에 잡거하는 외국 상인을 모두 철거하게 하고 가옥과 전답 구매를 일체 엄금하여 대한 인민의 상업을 흥왕케 하여달라.
– '독립신문', 1898. 10. 18. –

도움글
외국 상인의 내륙 진출로 경제적 침략이 이루어지자 국내 상인들은 상권 수호 운동을 전개하였다. 특히 한성의 시전 상인들은 황국 중앙 총상회를 조직하고 외국 상인의 불법적인 상행위 금지를 요구하였다.

핵심 내용 | **상권 수호 운동**
① 배경 : 외국 상인의 내륙 진출
② 내용 : 상인들이 상권 수호 운동 전개, 동맹 철시 단행
③ 황국 중앙 총상회 조직 : 외국 상인들의 불법적 상행위 금지 요구

사료로 확인하기 ㉓ 국채 보상 운동

음력 정월 초 9일에 서상돈 씨 등 달구벌 안팎의 뜻있는 신사 수백 명이 복후정에서 대회를 여니 모인 사람이 남녀노소 무릇 수만 명이라. 신사 박정동 씨가 연단에 올라 통론하기를 "빚쟁이가 독촉하면 필경 강토를 보존할 수 없을 것이니 우리 백성은 장차 어디서 기거하여 생활할 것인가. …… 우리가 일용에 무익한 연초를 3개월 기한으로 끊고 그 비용으로 각자 1원씩만 모으면 전국 인구에 담배 피우지 않는 부녀자를 제하여도 1,200만 원이 될 것이니 국채를 갚음이 어찌 걱정이랴." 하니 이에 만장일치로 박수갈채하고 각자 주머니를 풀어 의연금을 내니, 고취하는 소리가 소나기에 물이 넘쳐흐르듯 하더라.
– 장지연, "대한 자강회 월보" –

도움글
국채 보상 운동은 1907년 대구에서 서상돈 등의 제의로 시작되어 대한매일신보 등 각종 언론 기관의 홍보를 통해 전국으로 확대되었다.

핵심 내용 | **국채 보상 운동**
① 배경 : 일제가 대한 제국을 경제적으로 예속시키기 위해 차관 제공
② 전개 : 대구에서 김광제·서상돈을 중심으로 시작 → 국채 보상 기성회 조직(1907) → 모금 운동 전개, 애국 계몽 운동 단체와 언론 기관의 홍보로 확산
③ 결과 : 일제 통감부의 탄압(대한매일신보 사장 양기탁 구속 등)으로 중단

사료로 확인하기 24 　여권 통문

첫째, 여성은 장애인이 아닌 남성과 평등한 권리를 갖는 온전한 인간이어야 한다. 여성은 먼저 의식의 장애로부터 해방되어야 한다.
둘째, 여성도 남성이 벌어다 주는 것에만 의지하여 사는 경제적으로 무능력한 장애에서 벗어나 경제적 능력을 가져야만 평등한 인간 권리를 누릴 수 있다.
셋째, 여성 의식을 깨우치고 사회 진출 능력을 갖기 위해서는 무엇보다 여성들이 남성과 동등한 교육을 받아야 한다.

> **도움글**
> 한성의 양반 부인 수백 명이 뜻을 모아 '여권 통문'을 발표하였다(1898). 이들은 여성의 권리 향상을 위해 교육을 강조하며 여학교의 설립을 주장하였다.

핵심 내용 　**여성의 지위 향상**
① 여성의 사회 진출 : 여성 단체 조직(찬양회 등), 의료계, 교육계, 종교계 등에 진출
② 여권 통문 발표 : 여성의 지위 향상을 위해 여학교 설립 주장

사료로 확인하기 25 　국사 연구

오호라, 어떻게 하면 우리 이천만 동포의 귀에 애국이란 단어가 못이 박히도록 할까? 오직 역사로써 해야 할 것이다. 오호라, 어떻게 하면 우리 이천만 동포의 눈에 항상 애국이란 단어가 어른거리게 할까? 오직 역사로써 해야 할 것이다. …… 성스럽다 역사여! 위대하다 역사여! 일곱 겹, 여덟 겹의 화려한 누각으로 일국 산하를 장엄하게 수놓을 자, 역사가 아닌가?
　　　　　　　　　　　　　　　　　　　　　－신채호, '역사와 애국심과의 관계'－

> **도움글**
> 신채호는 "이순신전", "을지문덕전" 등 위인 전기를 저술하여 민족 의식을 고취하였으며, "독사신론"을 저술하여 민족 중심의 역사 서술을 강조하고 민족주의 역사학의 연구 방향을 제시하였다.

핵심 내용 　**국사 연구**
① 계몽 사학
　㉠ 애국심 고취
　㉡ 민중 계몽(민족 영웅전 저술, 외국 흥망사 소개)
② 대표 인물
　㉠ 신채호 : "독사신론" 저술, 유교적 역사 인식 극복, "이순신전", "을지문덕전" 등 저술
　㉡ 박은식 : 조선 광문회 조직, 민족의 고전 정리·간행

사료로 확인하기 26 　국어 연구

나라를 뺏고자 하는 자는 그 나라의 글과 말을 먼저 없이 하고, 자기 나라의 글과 말을 전파하며, 자기 나라를 흥성케 하고자 하거나 나라를 보전하고자 하는 자는 자국의 글과 말을 먼저 닦고, 백성의 지혜로움을 발달케 하고, 단합을 공고케 한다.
　　　　　　　　　　　　　　　　　　　　　－ 주시경 선생 유고 －

> **도움글**
> 주시경과 지석영 등은 국문 연구소를 설립하여 국어의 발음, 글자체, 철자법 등을 연구하고 정리하였다.

핵심 내용 　**국어와 국문 연구**
① 언문 운동 : 순한글 신문 간행, 국한문체의 신문과 잡지 발행, 문법 체계 연구(유길준, 주시경)
② 국문 연구소 설립(1907) : 지석영·주시경 중심, 국문 정리, 국어의 이해 체계 확립
③ 일제의 탄압 : 출판법 반포(1909), 교과서와 일반 서적의 발행 및 내용 검열

Ⅳ. 국제 질서의 변동과 근대 국가 수립 운동　295

V 일제 강점과 민족 운동의 전개

사료로 확인하기 ① 토지 조사 사업의 목적

> 토지 조사 사업은 지세의 부담을 공평히 하고 지적을 명확히 하여 그 소유권을 보호하고, 그 매매·양도를 간편·확실하게 함으로써 토지의 개량 및 이용을 자유롭게 하고 또 그 생산력을 증진시키려는 것으로써 조선의 긴요한 시책이라는 것은 말할 필요도 없다.
> — '조선 총독부 시정 연보' —

도움글
일제의 토지 조사 사업은 토지 소유의 근대화를 내세웠지만 궁극적으로는 토지 약탈이 목적이었다.

핵심 내용 — 토지 조사 사업(1912~1918)
① 배경 : 토지 조사국 설치(1910), 토지 조사령 공포(1912)
② 경과 : 신고주의 → 짧은 신고 기간, 경작권 불허 → 미신고 토지, 소유자가 불분명한 토지와 공유지는 총독부 소유
③ 영향 : 농민은 기한부 계약에 의한 소작농으로 전락, 동양 척식 주식회사 소유의 토지 증가, 일본인 이민 증가, 농촌 경제의 파탄, 소작농 증가

사료로 확인하기 ② 회사령

> 제1조 회사의 설립은 조선 총독의 허가를 받아야 한다.
> 제5조 회사가 본령이나 혹 본령에 의거하여 발하는 명령이나 허가 조건에 위반하거나 또는 공공질서와 선량한 풍속에 반하는 행위를 할 때 조선 총독은 사업의 정지, 지점의 폐쇄 또는 회사의 해산을 명한다.

도움글
일제는 한국인의 기업 설립과 자본의 성장을 억제하고 일본 기업의 한국 진출을 용이하게 하기 위해 회사령을 공포하였다(1910).

핵심 내용 — 회사령
① 목적 : 민족 자본 성장 저지, 한국 기업 설립 억제, 일본 기업의 한국 진출
② 내용 : 회사 설립의 총독 허가제, 총독이 회사 해산 가능
③ 결과 : 일본 기업이 전기·철도 등 주요 산업 독점, 한국인 기업은 소규모 제조업이나 매매업에 한정

사료로 확인하기 ③ 치안 유지법(1925)

> 제1조 국체를 변혁하는 것을 목적으로 하는 결사를 조직한 자 또는 결사의 임원, 기타 지도자의 임무에 종사한 자는 사형이나 무기 또는 5년 이상의 징역 또는 금고에 처한다. 사정을 알고 결사에 가입한 자 또는 결사의 목적 수행을 위한 행위를 한 자는 2년 이상의 유기 징역 또는 금고에 처한다. 사유 재산 제도를 부인하는 것을 목적으로 결사를 조직한 자, 결사에 가입한 자, 또는 결사의 목적 수행을 위해 행위를 한 자는 10년 이하의 징역 또는 금고에 처한다.
> — "조선 총독부 관보" —

도움글
일제는 국가 체제와 자본주의 체제를 부정하는 사회주의 단체를 탄압하기 위해 치안 유지법을 제정하였다. 이 법으로 사회주의자는 물론 항일 민족 운동 등이 탄압을 받았다.

핵심 내용 — 문화 통치의 내용과 실상
① 총독 임명 : 문관 총독을 임명할 수 있도록 규정 개정(문관 총독이 한 명도 없었음)
② 경찰 제도 : 보통 경찰제 시행(경찰의 수와 장비 증가, 치안 유지법 제정)
③ 언론 정책 : 언론·출판·집회·결사의 자유 보장(검열·삭제·정간 강화)
④ 교육 정책 : 조선인의 교육 기회 보장(초등 교육과 기술 교육 중심)

사료로 확인하기 ④ 병참 기지화 정책

첫째는 제국의 대륙 병참 기지로서 조선의 사명을 명확히 파악해야 하겠다. 이번 전쟁에서 조선은 대 중국 작전군에게 식량·잡화 등 상당량의 군수 물자를 공출하여 어느 정도의 효과를 올렸다. 그러나 이 정도로는 아직 불충분하다. …… 대륙의 일본군에게 일본 내지로부터 해상 수송이 차단당하는 경우가 있더라도 조선의 힘만으로 이것을 보충할 수 있을 정도로 조선 산업 분야를 다각화해야 한다. 특히 군수 공업 육성에 역점을 두어 모든 준비를 해야 할 필요가 있다.
- 미나미 총독 연설 -

도움글

일제는 만주 사변(1931)을 계기로 조선을 대륙 침략과 태평양 전쟁을 위한 전초 기지로 삼으려는 병참 기지화 정책을 추진하였다. 특히 대륙과 가까운 북한 지역에 군수품을 생산하는 광공업과 중화학 공업을 집중적으로 육성시켰다.

핵심 내용 — 병참 기지화 정책
① 배경 : 일제의 대륙 침략 → 식민지 공업화 정책 추진
② 전개 : 군수품 생산에 필요한 비료·화학·시멘트 등 중화학 공업 집중 육성
③ 영향 : 공업 구조의 불균형 초래, 지역 격차 심화

사료로 확인하기 ⑤ 국가 총동원법(1938)

제1조 국가 총동원이란 전시에 국방의 목적을 달성하기 위하여 국가의 전력을 가장 유효하게 발휘하도록 인적 및 물적 자원을 운용하는 것이다.
제4조 정부는 전시에 국가 총동원상 필요할 때는 칙령이 정하는 바에 따라 제국 신민을 징용하여 총동원 업무에 종사하게 할 수 있다.
제8조 정부는 전시에 국가 총동원상 필요한 때에는 칙령이 정하는 바에 따라 물자의 생산·수리·배급·양도 및 기타의 처분, 사용·소비·소지 및 이동에 관하여 필요한 명령을 내릴 수 있다.

도움글

일제는 중·일 전쟁 이후 전쟁에 필요한 물자를 공급하기 위해 국가 총동원법을 제정하고 조선의 인적·물적 자원을 수탈하였다.

핵심 내용 — 국가 총동원법
① 인적 자원 수탈 : 육군 지원병제(1938), 학도 지원병제(1943), 징병제(1944), 징용제(1944), 여자 정신대 근무령(1944)
② 물적 자원 수탈 : 산미 증식 계획 재개(1938), 식량 배급제 실시, 미곡과 금속류 강제 공출

사료로 확인하기 ⑥ 대한 광복회

- 일본인이 징수한 세금을 압수해 무장을 준비한다.
- 남·북만주에 사관 학교를 설치하여 독립군을 양성한다.
- 우리 대한의 의병·해산 군인 및 남북한 이주민을 소집해 훈련·채용한다.
- 행형부를 설치하여 일본인 관리와 민족 반역자를 처단한다.
- 무력이 완비되는 대로 일본인 살육전을 단행하여 최후 목적 완성을 기한다.
- 대한 광복회 실천 사항 -

도움글

비밀 결사의 형태로 1915년 대구에서 조직된 대한 광복회는 일본인이 징수한 세금이나 부호의 재산을 군자금으로 삼아 만주에 사관 학교를 세우고자 하였으며, 공화정을 바탕으로 한 근대 국가 건설을 추구하였다.

핵심 내용 — 1910년대 비밀 결사
① 독립의군부(1912) : 임병찬이 조직, 복벽주의, 총독부와 일본 내각에 국권 반환 요구서 제출
② 송죽회(1913) : 숭의 여학교 교사와 학생 중심, 자금 모금
③ 조선 국권 회복단(1915) : 국권 회복 운동, 군자금 지원
④ 대한 광복회(1915) : 박상진·채기중·김좌진, 군대식 조직, 공화주의 국가 수립 지향

V. 일제 강점과 민족 운동의 전개 297

사료로 확인하기 ⑦ 3·1 독립 선언서

우리는 오늘 조선이 독립국이라는 것과, 조선인이 자주민이라는 것을 선언한다. 이를 세계만방에 알려 인류의 평등이라는 대의를 명백케 하는 동시에, 자손만대에 알려 민족 자존의 권리를 영원토록 누리게 하겠다.

하나, 오늘 우리들의 이 거사는 정의·인도·생존·번영을 찾는 겨레의 요구이니, 오직 자유의 정신을 발휘할 것이고, 결코 배타적 감정으로 치닫지 말라.

하나, 마지막 한 사람에 이르기까지, 마지막 한 순간에 다다를 때까지, 민족의 올바른 의사를 시원스럽게 발표하라.

하나, 모든 행동은 먼저 질서를 존중하여 우리의 주장과 태도가 어디까지나 공명정대하게 하라.

도움글
3·1 독립 선언서(기미 독립 선언서)는 조선이 주권을 가진 독립국임을 선언한 문서이다. 1919년 3월 1일 독립 만세 운동 때 민족 대표 33인이 3·1 독립 선언서를 낭독하고 한국의 독립을 선언하였다.

핵심 내용

3·1 운동
① 배경 : 러시아 혁명(1917), 민족 자결주의 대두(1918), 파리 강화 회의에 김규식 파견, 고종의 독살설, 대한 독립 선언서(무오 독립 선언서), 2·8 독립 선언서
② 결과 : 모든 계층이 참가, 일제의 통치 방식 변화(무단 통치 → 문화 통치), 대한민국 임시 정부 수립 계기, 반제국주의 민족 운동에 영향

사료로 확인하기 ⑧ 소년 운동

어린이날
- 어린 사람을 헛말로 속이지 말아 주십시오.
- 어린 사람에게 경어를 쓰시되 늘 부드럽게 하여 주십시오.
- 나쁜 구경을 시키지 마시고 동물원에 자주 보내 주십시오.

– '동아일보' –

도움글
방정환 등은 천도교 소년회를 조직하고(1921), 어린이날을 제정하였으며, 잡지 '어린이'를 발간하였다.

핵심 내용

소년 운동
① 천도교 소년회(1921) : 방정환을 중심으로 조직, 어린이날 제정(1922), 잡지 '어린이' 발간 → 조선 소년 연합회로 통합
② 분열 : 지도층의 사상과 이념 대립으로 분열
③ 해산 : 중·일 전쟁 이후 일제의 금지로 해산(1937)

사료로 확인하기 ⑨ 근우회 행동 강령

1. 여성에 대한 사회적·법률적인 일체의 차별을 철폐한다.
2. 일체의 봉건적인 인습과 미신을 타파한다.
3. 조혼을 폐지하고 결혼의 자유를 확립한다.
4. 인신매매 및 공창(公娼)을 폐지한다.
5. 농민 부인의 경제적 이익을 옹호한다.
6. 부인 노동의 임금 차별을 철폐하고 산전 및 산후 임금을 지불하도록 한다.
7. 부인 및 소년공의 위험 노동 및 야근을 폐지한다.

– '동아일보' –

도움글
3·1 운동을 거치면서 민족 운동과 사회 운동에 참여하는 여성들이 계속 늘어났고, 그에 따라 여성 계몽과 여성 권익 신장을 내세우는 많은 여성 단체가 조직되었다. 근우회는 여성에 대한 사회적 차별 금지, 조혼 방지 등 여성의 권리를 주장하였다.

핵심 내용

여성 운동
① 배경 : 여성의 사회의식 고조, 3·1 운동 후 여성 운동 단체 조직
② 활동 : 1920년대 초반(여성 계몽적 성격의 실력 양성 운동) → 1920년대 후반(사회주의와 결합, 여성 인권을 민족의 문제와 연계)
③ 분열 : 사상의 대립으로 인해 분열
④ 근우회(1927) : 신간회 출범 이후 사회주의 계열과 민족주의 계열의 통합, 강연회와 토론회를 통한 여성 계몽, 신간회가 해산되면서 해산(1931)

사료로 확인하기 ⑩ 형평 운동

사칙(社則)
제2조 본사의 위치는 진주에 둔다.
　　　　 단 각 도에는 지사, 군에는 분사를 둔다.
제3조 본사는 계급 타파, 모욕적 칭호 폐지, 교육 권장, 상호의 친목을 목적으로 한다.
제4조 본 사원의 자격은 조선인은 하인(何人)을 불문하고 입사할 수 있다.

도움글
갑오개혁(1894)으로 신분제가 폐지된 이후에도 백정에 대한 사회적 차별은 계속되었다. 이에 백정들은 백정에 대한 편견과 차별 철폐를 요구하며 진주에서 조선 형평사를 창립하였다.

핵심 내용

사회적 민족 운동
① 청년 운동 : 조선 청년 총동맹(1924)
② 소년 운동 : 천도교 소년회(1922), 어린이날 제정
③ 여성 운동 : 근우회(여성계의 민족 유일당)
④ 형평 운동 : 조선 형평사(1923), 사회적 차별 철폐

사료로 확인하기 ⑪ 민립 대학 설립 운동

　수삼 년 이래 각지에서 향학열이 힘차게 일어나 학교의 설립과 교육 시설이 많아진 것은 실로 우리의 고귀한 자각에서 나온 것이다. 모두가 경하할 일이나 우리에게 아직도 대학이 없다. 물론 관립 대학도 불원에 개교될 터인즉 대학이 전무한 것은 아니다 그러나 반도의 장래는 결코 일개의 대학으로 만족할 바 아니요, 또한 그처럼 중대한 사업을 우리 민중이 직접으로 영위하는 것은 차라리 우리의 의무라 할 수 있도다. 그러므로 우리는 감히 만천하 동포에게 향하여 민립 대학 설립을 제창하노니, 자매 형제로 모두 와서 성원하라.
　　　　　　　　　　　　　　　　　　　　　　　　　　　　　　　　　　　　　　　 - '민립 대학 발기 취지서' -

도움글
일제의 우민화 교육 정책으로 우리 민족은 초등 교육과 기술 교육만을 강요받았다. 이에 고등 교육을 통해 식민지 교육의 한계를 극복하고자 민립 대학 설립 운동이 일어났다.

핵심 내용

민립 대학 설립 운동(1922)
① 배경 : 3·1 운동 이후 일제의 식민지 우민화 교육
② 전개 : 조선 민립 대학 기성회 조직(1922), 국내외에서 모금 운동 전개
③ 결과 : 일제의 감시와 탄압 및 모금 활동 부진으로 좌절, 일제는 경성 제국 대학을 설립하여 한국인의 불만을 무마하려고 시도

사료로 확인하기 ⑫ 문맹 퇴치 운동

　농민이 생활을 보라. 노동자의 생활을 보라. 그리고 부인의 생활을 보라. 그들이 아는 것이 없고 사리에 어둡기 때문에 그 생활이 한층 더 어렵고 나아지지 못하고 있다. 전 인구의 1,000분의 20밖에 문자를 이해하지 못하고, 취학 연령 아동의 10분의 3밖에 학교에 갈 수 없는 조선의 현실에서 간단하고 쉬운 문자의 보급은 우리 민족이 해결해야 할 가장 시급한 일이라 하겠다.
　　　　　　　　　　　　　　　　　　　　　　　　　　　　　　　　 - '조선일보' -

도움글
일제의 식민지 차별 교육으로 문맹자가 증가하자 민족 운동가들은 사립 학교, 개량 서당, 야학 등을 통해 한글을 보급하여 민족정신을 고양시키고자 하였다.

핵심 내용

문맹 퇴치 운동
① 배경 : 일제의 식민지 차별 교육 정책
② 야학 운동 : 1920년대 활발히 전개
③ 언론 기관 주도 : 조선일보의 문자 보급 운동, 동아일보의 브나로드 운동이 대표적 → 총독부의 강제 중단(1935)

사료로 확인하기 ⑬ 자치 운동

지금 조선 민족에게는 왜 정치적 생활이 없는가? …… 일본이 조선을 병합한 이래로 조선인에게는 모든 정치 활동을 금지한 것이 첫째 원인이다. 또 병합한 이래로 조선인은 일본의 통치권을 승인해야만 할 수 있는 모든 정치적 활동, 즉 참정권, 자활권 운동 같은 것은 물론이요, 일본 정부를 상대로 하는 독립운동조차 원치 아니하는 강렬한 절개 의식이 있었던 것이 둘째 원인이다. …… 지금까지 해 온 정치적 운동은 모두 일본을 적대시하는 운동뿐이었다. 이런 종류의 정치 운동은 해외에서나 할 수 있는 것이고, 조선 내에서는 허용되는 범위 내에서 일대 정치적 결사를 조직해야 한다는 것이 우리의 주장이다.
– 이광수, '민족적 경륜' –

도움글
민족주의 계열의 지식인 중 일부는 일제의 식민 지배를 인정하고 이들이 허락하는 범위 내에서 운동을 해야 하며, 우리 민족이 정치적 실력을 기르는 것이 중요하다고 주장하였다. 이광수는 '민족 개조론(1922)'과 '민족적 경륜(1923)'에서 자치론을 주장하며 친일 행위를 하였다.

핵심 내용

자치 운동
① 배경 : 1920년대 일제의 친일파 양성책, 실력 양성 운동의 미흡 → 민족 개량주의 세력 점차 친일화
② 전개 : 이광수, 최린 등이 중심이 되어 자치권, 참정권 획득 운동 전개
③ 결과 : 항일 민족 운동 전선에 혼란 초래, 민족 분열 정책에 이용 당함

사료로 확인하기 ⑭ 신간회(1927)

민중 대회를 개최할 것.
시위 운동을 조직화 할 것.
다음과 같은 표어로 민중 여론을 환기할 것.
  – 광주 학생 사건의 정체를 알리자.
  – 구금된 학생을 무조건 석방하자.
  – 경찰의 학교 유린을 배격하자.
– '신간회 결의문' –

도움글
비타협적 민족주의 세력과 사회주의 세력이 연합하여 조직한 신간회는 전국 순회강연을 열고 노동·농민 운동을 지원하였으며, 광주 학생 항일 운동에 김병로를 진상 조사단의 단장으로 파견하였다.

핵심 내용

신간회
① 결성(1927) : 비타협적 민족주의 세력과 사회주의 세력이 연합하여 결성
② 활동 : 강연회(민중 의식 고취, 식민 통치 비판), 노동·농민 운동 지원, 광주 학생 항일 운동 지원, 근우회(자매단체)
③ 해소(1931) : 코민테른의 지시(계급 투쟁), 일제의 지속적인 방해와 활동 방향의 차이

사료로 확인하기 ⑮ 대한민국 건국 강령(1941)

제3장 건국
정치, 경제, 교육의 민주적 시설로 실제상 균형을 도모하며 전국의 토지와 대생산 기관의 국유화가 완성되고 전국 학령 아동의 전수가 고등 교육의 면비 수학이 완성되고 보통 선거 제도가 구속 없이 완전히 실시되어 전국 각 동, 리, 촌과 면, 읍과 도, 군, 부와 도의 자치 조직과 행정 조직과 민중 단체와 조직이 완비되어 삼균제가 배합·실시되고 경향 각층의 극빈 계급에 물질과 정신상 생활 정도와 문화 수준을 높이어 보장되는 과정을 건국의 제2기라 함.

도움글
대한민국 건국 강령은 조소앙의 삼균주의를 기초로 작성되었으며, 광복 이후 새로운 국가에 대한 비전이 담겨 있다.

핵심 내용

한국 광복군(1940. 9.)
① 임시 정부 재정비 : 1940년 충칭에 정착, 한국 독립당과 한국광복군 편성
② 한국 독립당 : 한국 국민당·한국 독립당·조선 혁명당 통합, 주석 중심의 단일 지도 체제, 건국 강령 제정(1941)
③ 한국광복군의 활동 : 임시 정부의 정규군으로 편성(1940), 지청천(사령관)·이범석(참모장)으로 조직, 대일 선전 포고(1941), 국내 진공 작전 준비(일본의 항복으로 무산)

사료로 확인하기 ⑯ 의열단

> 강도 일본을 쫓아낼 것을 주장하는 가운데 또 다음과 같은 논자들이 있으니, 첫째는 외교론이다. …… 둘째는 준비론이다. …… 조선 민족의 생존을 유지하자면 강도 일본을 쫓아낼 것이며, 강도 일본을 쫓아내자면 오직 혁명으로써 할 뿐이니, 혁명이 아니고는 강도 일본을 쫓아낼 방법이 없는 바이다. …… 구시대의 혁명으로 말하면, 인민은 국가의 노예가 되고 그 위에 인민을 지배하는 상전 곧 특수 세력이 있어 이른바 혁명이란 것은 특수 세력의 이름을 바꾸는 것에 불과하였다. …… 오늘날 혁명으로 말하면 민중이 곧 자신을 위하여 하는 혁명이기에 '민중 혁명', '직접 혁명'이라 부르며 …….
> – 신채호, '조선 혁명 선언' –

도움글
의열단은 1919년 만주 지린 성에서 김원봉을 중심으로 조직되었다. 의열단은 신채호의 '조선 혁명 선언'을 행동 강령으로 삼고 무력을 통한 조선의 독립을 추구하였는데, 이는 3·1 운동 이후 실력 양성론 혹은 외교론에 의존한 운동 방식의 한계를 인식하였기 때문이다.

핵심 내용 · 의열단의 활동
① 결성(1919) : 만주에서 김원봉을 중심으로 결성
② 활동 강령 : 신채호의 '조선 혁명 선언(1923)'
③ 활동 : 박재혁(부산 경찰서 폭파 의거), 김익상(조선 총독부 투폭 사건), 김상옥(종로 경찰서 투폭 사건), 김지섭(일본 도쿄 궁성 폭탄 투척), 나석주(조선 식산 은행·동양 척식 주식회사 폭탄 투척)

사료로 확인하기 ⑰ 한국 독립군

> 대전자령의 공격은 이천만 대한 인민을 위하여 원수를 갚는 것이다. 총알 한 개 한 개가 우리 조상 수천 수만의 영혼이 보우하여 주는 피의 사자이니 제군은 단군의 아들로 굳세게 용감히 모든 것을 희생하고 만대 자손을 위하여 최후까지 싸우라.
> – 지청천, '1933년 중국 대전자령 전투에 앞서서' –

도움글
지청천을 총사령관으로 한 한국 독립군은 중국의 호로군과 연합하여 쌍성보·동경성·대전자령 전투에서 일본군 격퇴하였다.

핵심 내용 · 한·중 연합군의 활동
① 배경 : 일제의 만주 침략(만주 사변, 1931)과 만주국 수립(1932), 중국 내의 반일 감정 고조
② 한국 독립군(총사령 지청천) : 북만주 지역(중국 호로군과 연합), 쌍성보·경박호·사도하자·동경성·대전자령 전투에서 승리, 1930년대 후반 대부분 중국 본토로 이동

사료로 확인하기 ⑱ 박은식의 역사관

> 대개 국교, 국학, 국문, 국사는 혼에 속하는 것이요, 전곡, 군대, 성지, 선박, 기계는 백에 속하는 것이다. 그런데 혼의 됨됨은 백에 따라서 죽고 사는 것이 아니다. 그러므로 국교, 국사가 망하지 않으면 그 나라는 망하지 않는다. 오호라, 한국의 백은 이미 죽었으나 이른바 혼은 살아 있는가 없는가. …… 내가 세상에 태어난 이후 목격한 최근의 역사는 힘써 볼만한 일이다. 이에 갑자년(1864)부터 신해년(1911)에 이르기까지 3편 114장을 지어 통사(痛史)라 이름 하니 감히 정사(正史)를 자처하는 것은 아니다. 다행히 우리 동포들이 국혼(國魂)이 담겨 있는 것임을 인정하여 버리거나 내던지지 않기를 바랄 뿐이다.
> – 박은식, "한국통사" –

도움글
일제는 식민 통치를 정당화하기 위해 한국사를 왜곡하였다. 이에 민족주의 역사학자들은 우리 역사의 주체적인 발전과 민족의 우수성을 강조하며 독립운동의 일환으로 한국사를 연구하였다. 박은식은 "한국통사", "한국독립운동지혈사"를 저술하였다.

핵심 내용 · 역사 연구
① 민족주의 사학 : 우리 역사의 독창성과 주체성 강조, 박은식·신채호·정인보·안재홍 등
② 사회·경제 사학 : 한국사의 보편적 발전 법칙 강조
③ 실증주의 사학 : 이병도·손진태 중심, 진단 학회

VI. 대한민국의 발전과 현대 세계의 변화

사료로 확인하기 ❶ 한국 독립 약속, 카이로 선언

3대 연합국은 일본의 침략을 정지시키며 이를 응징하기 위하여 이번 전쟁을 수행하고 있다. …… 일본은 폭력과 탐욕으로 약탈한 다른 일체의 지역으로부터 축출될 것이다. 앞의 3대국은 한국민의 노예 상태에 유의하여 적당한 절차를 거쳐 한국이 자유롭고 독립적인 상태가 되어야 한다고 결의한다. 이 목적으로써 위 3대 동맹국은 동맹 제국 중 일본국과 교전 중인 제국과 협조하여 일본국의 무조건 항복을 받기에 필요한, 어렵고 또 장기적인 작전을 속행한다.
― "조선해방연보" ―

도움글: 1943년 11월 22일 미·영·중 3국의 대표들이 이집트의 수도, 카이로에 모여 한국을 적당한 시기에 독립시킬 것을 처음으로 논의하였다.

핵심 내용 — 한국 독립을 위한 국제 사회의 움직임
① 카이로 회담(1943. 11. 22.) : 미·영·중 정상 참여, 한국의 독립을 최초로 선언
② 얄타 회담(1945. 2. 11.) : 미·영·소 정상 참여, 소련의 대일 전쟁 참전 결정
③ 포츠담 회담(1945. 7. 17.) : 미·영·소 정상 참여, 카이로 선언 재확인, 일본의 무조건 항복 요구

사료로 확인하기 ❷ 조선 건국 동맹 강령

1. 각인 각파를 대동단결하여 거국일치로 일본 제국주의 제 세력을 구축하고 조선 민족의 자유와 독립을 회복할 것.
2. 반추축국 여러 나라와 협력하여 대일 연합 전선을 형성하고 조선의 완전한 독립을 방해하는 일체의 반동 세력을 박멸할 것.
3. 건설 부면에 있어서 일체의 시행을 민주주의적 원칙에 의거하고 특히 노농 대중의 해방에 치중할 것.

도움글: 여운형을 비롯한 인사들은 태평양 전쟁으로 일제의 패망이 예견되자 조선 독립을 목표로 1944년 국내에서 조선 건국 동맹을 결성하였다.

핵심 내용 — 건국 준비 활동
① 대한민국 임시 정부 : 충칭에 정착(1940), 한국 독립당과 한국광복군 편성, 삼균주의에 입각한 건국 강령(1941) 발표
② 조선 독립 동맹 : 옌안에서 사회주의 계열 독립운동가 중심으로 결성(1942), 조선 의용군 편성, 건국 강령 발표
③ 조선 건국 동맹 : 국내에서 여운형과 안재홍 중심으로 좌우 합작으로 결성(1944), 산하에 농민 동맹과 군사 위원회 조직

사료로 확인하기 ❸ 조선 건국 준비 위원회 강령

3대 강령
1. 우리는 완전한 독립 국가의 건설을 기함.
2. 우리는 전 민족의 정치적·경제적·사회적 기본 요구를 실현할 수 있는 민주주의 정권의 수립을 기함.
3. 우리는 일시적 과도기에 있어서 국내 질서를 자주적으로 유지하며 대중 생활의 확보를 기함.

도움글: 1945년 해방과 함께 조직된 조선 건국 준비 위원회는 완전한 독립 국가 건설, 민주주의 정권 수립 등을 내걸고 건국을 준비하였다.

핵심 내용 — 조선 건국 준비 위원회의 활동
① 조선 총독부 행정권 이양 교섭 : 정치 활동 불간섭 약속
② 활동 : 치안대 조직, 전국에 지부 설치, 치안 유지 활동 → 좌익 중심 운영, 우익 이탈
③ 조선 인민 공화국 수립 : 미군의 남한 진주 결정 → 건국 준비 위원회 해체 후 좌익 세력이 선포
④ 미군정 : 조선 건국 준비 위원회와 조선 인민 공화국 미인정

사료로 확인하기 ④ 신탁 통치를 둘러싼 좌·우익의 대립

❶ 우익 진영의 반탁 운동
3천만의 총 역량을 발휘하여서 신탁 관리제를 배격하는 국민운동을 전개하여 자주독립을 완전히 획득하기까지 3천만 전 민족의 최후의 피 한 방울까지라도 흘려서 싸우는 투쟁 개시를 선언한다.

❷ 좌익 진영의 지지 운동
이 신탁이 5개년이란 기간 내에 어느 때든지 우리 민족의 역량에 의하여 철폐할 것을 결정한 것이라고 보아야 한다. …… 따라서 이번 국제적 결정을 총체적인 의미에서 지지한다.

> **도움글**
> 모스크바 3국 외상 회의의 결과가 국내에 알려지자 우익 세력은 즉시 반탁 운동을 전개하였다. 좌익 세력은 처음에는 신탁 통치에 반대하였으나 이후 지지로 입장을 바꾸었다.

핵심 내용 — 신탁 통치를 둘러싼 좌·우익의 대립의 격화
① 우익 : 김구, 이승만, 한국 민주당 등은 신탁 통치에 반대
② 좌익 : 조선 공산당 등은 처음에는 반대를 표방하였으나 곧 지지로 선회
③ 대립 : 입장 차이로 인해 좌·우익이 격렬하게 대립

사료로 확인하기 ⑤ 좌우 합작 7원칙(1946. 10.)

1. 모스크바 3국 외상 회의의 결정에 따라 남북의 좌우 합작으로 민주주의의 임시 정부를 수립할 것.
2. 미·소 공동 위원회의 속개를 요청하는 공동 성명을 발표할 것.
3. 토지는 몰수, 유조건 몰수, 매수하여 농민에게 무상으로 분배하고, 중요 산업은 국유화할 것.
4. 친일파 및 민족 반역자 처리 문제는 장차 구성될 입법 기구에서 처리할 것.
5. 정치범을 석방하고 남북, 좌우의 테러를 중지할 것.
6. 입법 기구의 구성 방법 및 운영 등은 본 합작 위원회에서 적극 실행할 것.
7. 언론·집회·결사·출판·교통·투표 등의 자유가 절대 보장되도록 할 것.

> **도움글**
> 김구는 좌우 합작에 적극 지지를 표명하였으나, 이승만은 좌익과의 합작에 반대하였다. 한국 민주당은 토지의 유상 몰수와 무상 분배에 반대하였으며, 조선 공산당도 유상 몰수는 지주를 위한 것이라 하여 반대하였다.

핵심 내용 — 좌우 합작 운동
① 배경 : 제1차 미·소 공동 위원회 결렬, 이승만의 정읍 발언
② 추진 : 좌우 합작 위원회 결성 → 좌우 합작 7원칙 발표
③ 주요 내용 : 통일 임시 정부 수립, 토지 개혁(유상 매상·무상 분배), 반민족 행위자 처벌 등
④ 입장 차이 : 이승만과 한국 민주당의 협조 거부, 박헌영이 이끄는 좌익(무상 몰수·무상 분배 주장) 불참
⑤ 결과 : 여운형이 암살되면서 해체(1947)

사료로 확인하기 ⑥ 김구의 통일 정부 수립 운동

한국이 있고야 한국 사람이 있고, 한국 사람이 있고서야 민주주의도 공산주의도 또 무슨 단체도 있을 수 있는 것이다. 그러면 우리의 자주독립적 통일 정부를 수립하여야 하는 이때에 있어서 어찌 개인이나 자기 집단의 사리사욕을 탐하여 국가 민족의 백년대계를 그르칠 자가 있으랴. …… 나는 통일된 조국을 건설하려다 38선을 베고 쓰러질지언정 일신의 구차한 안일을 위하여 단독 정부를 세우는 데는 협력하지 않겠다.
— 김구, '삼천만 동포에게 읍고함' —

> **도움글**
> 김구와 김규식은 남한만의 단독 선거가 남북의 영구적인 분단을 초래할 것을 우려하여 2·7 구국 투쟁을 통해 단독 정부 수립을 강력히 비판하고 남북 협상을 추진하였다.

핵심 내용 — 남북 협상
① 협상 : 김구, 김규식(남)과 김두봉, 김일성(북)이 평양에서 회담
② 결의 사항 : 총선거를 통한 통일 정부 수립, 남한 단독 선거 반대
③ 대한민국 정부 수립 후 지속 → 김구 암살(1949) 후 단절

사료로 확인하기 ⑦ 사사오입 개헌

제31조 입법권은 국회가 행한다. 국회는 민의원과 참의원으로 구성한다.
제55조 대통령과 부통령의 임기는 4년으로 한다. 단, 재선에 의하여 1차 중임할 수 있다. 대통령이 궐위된 때에는 부통령이 대통령이 되고 잔임 기간 중 재임한다.
부칙 이 헌법 공포 당시의 대통령에 대하여는 제55조 제1항 단서의 제한을 적용하지 아니한다.

– 헌법 제3호, 1954. –

도움글
1954년 표결 당시 개헌 정족수는 재적 의원 203명의 3분의 2 이상인 136명이었다. 표결 결과 135표를 얻어 부결되었으나 자유당은 사사오입을 주장하며 개헌안을 통과시켰다.

핵심 내용 | 이승만 정부의 장기 집권과 독재
① 배경 : 반 이승만 성향 국회 의원 대거 당선, 전쟁 중 국민 방위군 사건, 거창 양민 학살 사건
② 헌법 개정 : 발췌 개헌(1952), 사사오입 개헌(1954)
③ 독재 강화 : 조봉암 제거, 국가 보안법 개정, 경향신문 폐간

사료로 확인하기 ⑧ 반민족 행위 처벌법

제1조 일본 정부와 통모하여 한·일 합병에 적극 협력한 자, 한국의 주권을 침해하는 조약 또는 문서에 조인한 자와 모의한 자는 사형 또는 무기 징역에 처하고, 그 재산과 유산의 전부 혹은 2분의 1 이상을 몰수한다.
제2조 일본 정부로부터 작위를 받은 자, 일본 제국 의회의 의원이었던 자는 무기 또는 5년 이상의 징역에 처하고, 그 재산과 유산의 전부 혹은 2분의 1 이상을 몰수한다.
제4조 다음 각 호 가운데 하나에 해당하는 자는 10년 이하의 징역에 처하거나 15년 이하로 공민권을 정지하고, 그 재산의 전부 혹은 일부를 몰수할 수 있다.
  1. 일제에 작위를 받은 자
  4. 밀정 행위로 독립운동을 방해한 자
  6. 군·경찰의 관리로서 악질적인 행위로 민족에게 해를 가한 자

도움글
제헌 국회는 친일파를 청산하기 위해 반민족 행위 처벌법을 제정·공포하였다(1948). 이어 국회 직속으로 반민족 행위 특별 조사 위원회(반민 특위)를 구성하고, 박흥식·최린·최남선·이광수 등 친일 분자를 체포하였다.

핵심 내용 | 반민족 행위 특별 조사 위원회의 활동
① 친일파 청산 노력 : 반민족 행위 처벌법 제정(1948. 9.)
② 반민족 행위 특별 조사 위원회 구성(1948. 10.)
③ 박흥식·최린·최남선·이광수 등 친일 분자 체포 및 구속
④ 반민족 행위 특별 조사 위원회의 해체 : 이승만의 특별 담화, 공산당과 내통하였다는 구실로 소속 국회 의원을 구속하여 해체

사료로 확인하기 ⑨ 농지 개혁

제5조 정부는 다음에 의하여 농지를 매수한다.
  1. 다음의 농지는 정부에 귀속한다.
    (가) 법령 및 조약에 의하여 몰수 또는 국유로 된 농지
    (나) 소유권의 명의가 분명하지 않은 농지
  2. 다음의 농지는 본법 규정에 의하여 정부가 매수한다.
    (가) 농가 아닌 자의 농지
    (나) 자경하지 않는 자의 농지
    (다) 본법 규정의 한도를 초과하는 부분의 농지
제12조 농지의 분배는 1가구당 총 경영 면적 3정보를 초과하지 못한다.

도움글
대한민국 정부는 1949년 농지 개혁법을 제정하고, 이듬해 3월부터 농지 개혁을 시행하였다. 한 가구당 3정보의 농지 소유를 상한으로 하고, 그 이상의 토지는 국가가 유상 매입하고 소작농에게 유상 분배하였다.

핵심 내용 | 농지 개혁의 실시
① 농지 개혁법 (1949) : 경자유전 원칙, 유상 매수·유상 분배
② 결과 : 농민 중심의 토지 소유 실현
③ 문제점 : 농지 이외의 토지 제외, 반민족 행위자 소유의 토지 제외, 유상 분배에 따른 농민 부담 → 농민이 농지를 되팔고 소작농화, 중소 지주층이 산업 자본가로 전환되지 못함

사료로 확인하기 ⑩ 휴전 협정

1. 한 개의 군사 분계선을 확정하고 쌍방이 이 선에서부터 각기 2km씩 후퇴함으로써 군대 간에 한 개의 비무장 지대를 설정한다. 한 개의 비무장 지대를 설정하여 이를 완충 지대로 함으로써 적대 행위의 재발을 가져올 수 있는 사건의 발생을 방지한다.
4. 적대 쌍방 사령관들은 비무장 지대와 각자의 지역 간의 경계선에 따라 적당한 표식물을 세운다. 군사 정전 위원회는 군사 분계선과 비무장 지대의 양 경계선에 따라 설치한 일체 표식의 건을 감독한다.

도움글 1950년 북한의 남침으로 시작된 6·25 전쟁은 남과 북에 막대한 피해를 남기고 1953년 휴전 협정이 체결되면서 휴전 상태에 들어가게 되었다.

핵심 내용 — 휴전 협정의 체결
① 휴전 제의 : 1951년 전쟁의 교착 상태, 소련의 제의로 휴전 회담 진행
② 휴전 협상 지연 : 이승만 정부의 반대, 포로 송환 문제, 이승만 정부의 반공 포로 석방
③ 휴전 협정 체결(1953. 7. 27.) : 휴전선 확정, 비무장 지대 설치, 군사 정전 위원회와 중립국 감시 위원단 설치

사료로 확인하기 ⑪ 4·19 혁명

❶ **4·19 혁명 선언문**
민주주의와 민중의 공복(公僕)이며 중립적 권력체인 관료와 경찰은 민주를 위장한 가부장적 전제 권력의 하수인으로 발 벗었다. 민주주의 이념의 최저의 공리(公利)인 선거권마저 권력의 마수 앞에 농단되었다. …… 나가자! 자유의 비결은 용기일 뿐이다.

❷ **서울대학교 문리대 학생의 4·19 선언문**
상아의 진리탑을 박차고 거리에 나선 우리는 질풍과 같은 역사의 조류에 자신을 참여시킴으로써 지성과 진리, 그리고 자유의 대학 정신을 현실의 참담한 박토에 뿌리려 하는 바이다. …… 보라! 우리는 기쁨에 넘쳐 자유의 햇불을 올린다.

도움글 마산 시위(1960)에 참여하였던 김주열의 죽음을 계기로 시위가 전국적으로 확산되어 대학생을 중심으로 4·19 혁명 선언문이 발표되었다.

핵심 내용 — 4·19 혁명의 전개(1960)
① 3월 15일 : 마산 시위에서 경찰 발포, 사망자 발생
② 4월 11일 : 김주열의 시신 발견 → 전국으로 시위 확산
③ 4월 19일 : 시위 군중을 향한 경찰의 발포, 사상자 증가
④ 5월 25일 : 대학 교수들의 시위 동참, 시국 선언 발표
⑤ 4월 26일 : 이승만 대통령 하야 성명 발표
⑥ 5월 29일 : 이승만 대통령 미국 망명

사료로 확인하기 ⑫ 내각 책임제 헌법

제32조 양원은 국민의 보통·평등·직접·비밀 투표에 의하여 선거된 의원으로써 조직한다.
제53조 대통령은 양원 합동 회의에서 선거하고 재적 국회 의원 3분의 2 이상의 투표를 얻어 당선된다.
제71조 국무원은 민의원에서 국무원에 대한 불신임 결의안을 가결한 때에는 10일 이내에 민의원 해산을 결의하지 않는 한 총 사직하여야 한다.

도움글 4·19 혁명(1960)으로 이승만 대통령이 사임하고 허정의 과도 정부가 수립되었다. 허정의 과도 정부는 내각 책임제와 양원제(민의원, 참의원)를 중심으로 한 개헌을 단행하였다.

핵심 내용 — 주요 헌법 개정
① 발췌 개헌(1952) : 대통령 직선제
② 사사오입 개헌(1954) : 초대 대통령의 중임 제한 폐지
③ 3차 개헌(1960) : 내각 책임제 개헌
④ 5차 개헌(1962) : 대통령 직선제, 중임 제한
⑤ 7차 개헌(1972) : 대통령 간선제, 연임 가능
⑥ 8차 개헌(1980) : 대통령 간선제, 7년 단임
⑦ 9차 개헌(1987) : 대통령 직선제, 5년 단임

사료로 확인하기 ⑬ YH 무역 사건

오늘 미국 정부는 한국 경찰이 야당 본부를 습격하여 한 여성이 사망하고 수십 명이 부상당한 사건을 정도를 넘어선 야만적 행위로 규정하고 비난하였다. 미 국무성 대변인 토머스 레스턴은 해고에 항의하여 신민당사에서 농성 중이던 여성 섬유 노동자들을 끌어내기까지의 사건 경위는 불확실하다고 기자들에게 말하였다.

도움글

YH 무역이 부당 폐업하자 여성 노동자들이 신민당사에서 농성을 벌였다. 그런데 이 농성을 진압하는 과정에서 여성 노동자 1명이 경찰에 의해 사망하는 사건이 벌어졌다. 이 사건을 계기로 유신 체제가 붕괴하게 되었다.

핵심 내용 — 유신 체제의 붕괴
① 1978년 국회 의원 선거에서 야당인 신민당의 득표율이 여당인 공화당 능가
② YH 무역 사건(1979) → 김영삼 의원 제명 → 부·마 민주 항쟁(1979) → 유신 체제 반대 시위 확산
③ 10·26 사태(1979) : 중앙정보부장 김재규가 박정희 대통령 살해

사료로 확인하기 ⑭ 광주 시민 궐기문

우리는 왜 총을 들 수밖에 없었는가? 그 대답은 너무나 간단합니다. 너무나 무자비한 만행을 더 이상 보고 있을 수만 없어서 너도나도 총을 들고 나섰던 것입니다. …… 정부 당국에서는 17일 야간에 계엄령을 확대 선포하고 …… 18일 오후부터 공수 부대를 대량 투입하여 시내 곳곳에서 학생, 젊은이들에게 무차별 살상을 자행하였으니, …… 시민 여러분! 우리 시민군은 온갖 방해에도 불구하고 여러분의 안전을 끝까지 지킬 것입니다. 또한 협상이 올바른 방향으로 진행되면 우리는 즉각 총을 놓겠습니다.

도움글

5·18 민주화 운동(1980) 당시 광주 시민들은 신군부 퇴진과 비상계엄 해제, 민주화 등을 요구하며 계엄군에 맞서 시민군을 결성하였다.

핵심 내용 — 5·18 민주화 운동 전개 과정(1980)
① 5월 17일 : 신군부의 비상계엄 전국 확대 실시
② 5월 18일 : 광주의 민주화 시위 과잉 탄압 → 계엄군이 시위대에 발포 → 시민군 조직
③ 5월 22일 : 시민 수습 대책 위원회 구성, 자발적 무기 회수, 평화적 협상 요구
④ 5월 27일 : 계엄군의 무력 진압, 전남 도청 장악

사료로 확인하기 ⑮ 6·29 민주화 선언

첫째, 여야 합의로 조속히 대통령 직선제 개헌을 하고 새 헌법에 의한 대통령 선거를 통해 1988년 2월 평화적 정부 이양을 실현토록 해야겠습니다. 오늘의 이 시점에서 저는 사회적 혼란을 극복하고 국민적 화해를 이루기 위해서는 대통령 직선제를 택하지 않을 수 없다는 결론에 이르게 되었습니다.
둘째, 직선제 개헌이라는 제도의 변경뿐만 아니라 이의 민주적 실천을 위해서는 자유로운 출마와 공정한 경쟁이 보장되어 국민의 올바른 심판을 받을 수 있는 내용으로 대통령 선거법을 개정해야 합니다. 또한 새로운 법에 따라 선거 운동, 투개표 과정 등에서 최대한 공명정대한 선거 관리가 이루어져야 합니다.

도움글

전두환 정부의 4·13 호헌 조치에 맞서 직선제 개헌 요구가 전국적으로 확산되자 민주 정의당의 대통령 후보였던 노태우가 직선제 수용과 민주화 실시를 선언하였다.

핵심 내용 — 6월 민주 항쟁
① 원인 : 전두환 정부의 독재와 4·13 호헌 조치
② 전개 : 천주교 정의 구현 사제단의 박종철 사망 원인 폭로, 이한열 뇌사 상태 → 민주 헌법 쟁취 국민 운동 본부의 범국민 민주 항쟁 선언(1987. 6. 10.) → 범국민적 반독재 민주화 투쟁으로 발전 → 차기 대통령 후보로 내정된 노태우의 6·29 민주화 선언 발표
③ 의의 : 학생과 시민이 함께 참여한 평화적 시위, 군사 독재를 끝내고 평화적 정권 교체의 길을 열어 놓음

사료로 확인하기 ⑯ 남북 기본 합의서

남과 북은 …… 7·4 남북 공동 성명에서 천명된 조국 통일 3대 원칙을 재확인하고, 정치적·군사적 대결 상태를 해소하여 민족적 화해를 이룩하고 …… 쌍방 사이의 관계가 나라와 나라 사이의 관계가 아닌 통일을 지향하는 과정에서 잠정적으로 형성되는 특수 관계라는 것을 인정하고, …… 다음과 같이 합의하였다.
제1조 남과 북은 서로 상대방의 체제를 인정하고 존중한다.
제4조 남과 북은 상대방을 파괴·전복하려는 일체 행위를 하지 아니한다.
제9조 남과 북은 상대방에 대하여 무력을 사용하지 않으며 상대방을 무력으로 침략하지 아니한다.
제15조 남과 북은 민족 경제의 통일적이며 균형적인 발전과 민족 전체의 복리 향상을 도모하기 위하여 자원의 공동 개발, 민족 내부 교류로서의 물자 교류, 합작 투자 등 경제 교류와 협력을 실시한다.

도움글 남북 기본 합의서는 남북한 정부 간에 이루어진 최초의 공식 합의서로, 서로의 체제를 인정하고 침략하지 않겠다는 상호 불가침 및 경제 교류와 협력의 실시를 약속하였다.

핵심 내용

노태우 정부의 통일 정책
① 7·7 선언(1988) : 북한을 경쟁 상대로 인정하지 않고, 적극적인 대북 협력 의지 표명
② 한민족 공동체 통일 방안(1989) : 자주·평화·민주의 원칙 아래 과도적 통일 방안으로 남북 연합 체제의 필요성 강조
③ 남북한 유엔 동시 가입(1991), 남북 기본 합의서(1991) : 남북 화해, 상호 불가침, 교류·협력 등 4장 25조로 구성
④ 한반도 비핵화 공동 선언(1992) : 핵무기 시험, 제조, 생산, 사용 금지 등 명기

사료로 확인하기 ⑰ 10·4 남북 공동 선언

1. 6·15 공동 선언을 고수하고 적극 구현해 나간다.
4. 현 정전 체제를 종식시키고 항구적인 평화 체제를 구축하기 위한 종전 선언을 협력해 추진하기로 하였다.
5. 경제 협력 사업을 적극 활성화하기로 하였다.
6. 역사·언어·교육·과학 기술·문화 예술·체육 등 사회 문화 분야의 교류와 협력을 발전시켜 나가기로 하였다.
8. 국제 무대에서 민족의 이익과 해외 동포들의 권리와 이익을 위한 협력을 강화해 나가기로 하였다.

도움글 2007년 10월 2일부터 4일까지 평양을 방문한 노무현 대통령과 김정일 사이에 제2차 남북 정상 회담이 개최되었다. 회의 결과 10·4 남북 공동 선언이 발표되었다.

핵심 내용

노무현 정부의 통일 정책
① 김대중 정부의 대북 화해 협력 정책 계승, 경제적 지원과 개성 공단 실행
② 제2차 남북 정상 회담 개최(2007) : 10월 2일~10월 4일, 평양 개최
③ 10·4 남북 공동 선언 발표 : 평화 정착·공동 번영·화해 및 통일에 대한 현안 협의, 8개 항의 공동 선언 발표

한국사능력검정시험
고 급

테마편

유네스코 세계 문화유산과 자연유산

해인사 장경판전(1995)

팔만대장경을 보관하기 위해 지어진 목조 건축물로, 온도 및 습도 조절이 잘 되도록 과학적으로 설계되었다.

종묘(1995)

조선 시대의 역대 왕과 왕비의 신위를 모신 사당으로 사적 제125호로 지정되어 보존되고 있다. 임진왜란 때 불탔으나 광해군 때 복원되었다.

석굴암과 불국사(1995)

통일 신라 경덕왕 때 김대성이 석굴암과 불국사를 창건하였다. 통일 신라 시대 건축 기술과 조형 감각을 보여 준다.

창덕궁(1997)

조선 시대 궁궐로, 임진왜란 이후 정궁 역할을 하였다. 주변 자연환경과의 조화와 배치가 탁월한 건축물이다.

수원 화성(1997)

조선 정조 때 건설된 성곽으로, 군사적·상업적 기능을 가지고 있으며, 과학적·실용적 구조로 축성되었다.

고창·화순·강화 고인돌 유적(2000)

고인돌은 청동기 시대의 대표적인 무덤으로, 세계 곳곳에서 발견되며 고창, 화순, 강화 고인돌 유적이 대표적이다.

경주 역사 유적 지구(2000)

신라 천 년의 역사와 문화를 한눈에 파악할 수 있으며, 남산 지구, 월성 지구, 대릉원 지구, 황룡사 지구, 산성 지구로 구분되어 있다.

제주 화산섬과 용암 동굴(2007)

한라산 천연 보호 구역, 성산 일출봉, 거문오름 용암 동굴계 등 제주에서 가장 보존 가치가 뛰어난 곳들이 세계 자연유산으로 선정되었다.

조선 왕릉(2009)

조선 시대 왕과 왕비의 무덤으로, 44기 중 40기가 등재되었으며, 유교의 예법을 구현하여 공간 및 구조물을 배치한 것이 특징이다.

하회와 양동(2010)

양반 주거 문화의 원형을 그대로 보존한 곳으로, 안동 하회 마을은 풍산 류씨, 경주 양동 마을은 경주 손씨와 여강 이씨의 집성촌이다.

남한산성(2014)

임진왜란 이후 5군영 중 수어청이 남한산성을 담당하며 수도 외곽의 수비를 전담하였다. 병자호란 때 인조가 청에 대항한 곳으로 알려져 있다.

유네스코 세계 기록 유산

훈민정음(1997)
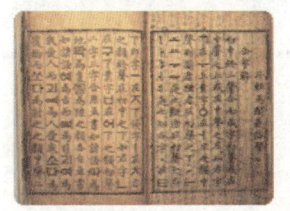
조선 세종 때 만들어진 독창적인 문자인 훈민정음의 창제 목적을 밝힌 서문과 그에 대한 해설서로 국보 제70호로 지정되어 있다.

조선왕조실록(1997)

조선 태조부터 철종까지 25대 역사를 편년체로 기록한 것으로, 조선 시대 정치, 외교, 군사, 제도, 법률 등을 기록한 역사 기록물이다.

직지심체요절(2001)

청주 흥덕사에서 1377년 인쇄된 현존하는 최고(最古)의 금속 활자본으로, 현재 프랑스 국립도서관에 보관중이다.

승정원일기(2001)
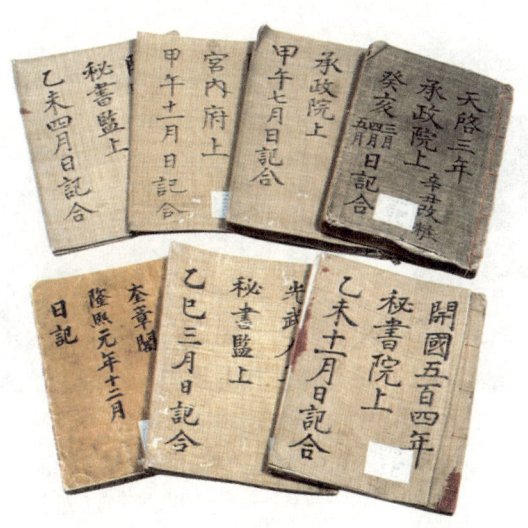
조선 시대 국왕의 비서 기관인 승정원에서 있었던 일을 기록한 책으로, 세계 최대의 1차 사료로 가치를 인정받았으며 국보 제303호로 지정되어 있다.

조선왕조의궤(2007)

조선 왕실의 주요 행사를 기록한 것으로, 행사의 진행 과정과 참여한 사람들의 명단, 비용과 재료, 의식에 쓰인 도구와 장면을 세밀하게 시각화한 자료이다.

고려대장경판 및 제경판(2007)

국보 제32호로, 팔만대장경이라고 부르며, 몽골의 침입 당시 강화도에서 만들어졌다. 당대 최고의 인쇄 기술을 보여 준다.

동의보감(2009)

조선 광해군 때 허준이 저술하였으며, 동아시아 의학 지식을 종합한 서적이다. 의학 서적 최초로 세계 기록 유산으로 등재되었다.

일성록(2011)
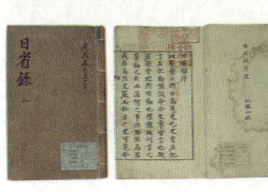
정조가 세손 시절부터 쓰기 시작한 일기로, 국왕의 수양을 위해 편찬되었고 내용과 형식의 독창성을 인정받았다.

5·18 민주화 운동 기록물(2011)
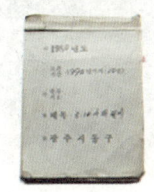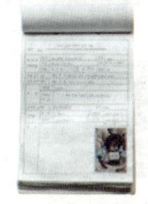
5·18 민주화 운동의 발발·진압·진상 조사 활동·보상과 관련된 문건, 사진, 영상 자료들로, 세계사적 중요성을 인정받아 등재되었다.

난중일기(2013)

임진왜란 때 이순신이 7년간 작성한 일기로, 역사적 사실과 학술 연구 가치를 인정받아 등재되었다.

새마을 운동 기록물(2013)
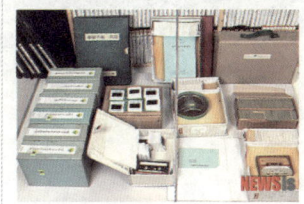
1970년대 전개된 새마을 운동과 관련된 대통령의 연설문, 결재 문서, 교재, 관련 사진과 영상 등의 기록물이다.

유네스코 인류 무형 유산

종묘 제례 및 종묘 제례악(2001)

종묘 제례는 종묘에서 행하는 제향 의식이며, 종묘 제례악은 종묘에서 제사를 지낼 때 연주하는 기악, 노래, 춤을 말한다.

판소리(2003)

한 명의 소리꾼이 고수의 장단에 맞춰 소리, 아니리, 발림을 섞어가며 연기하는 일종의 종합 예술이다. 초기에는 열두 마당이 있었으나 판소리 다섯 마당으로 정착되었다.

강릉 단오제(2005)

강릉 단오제는 단옷날을 전후하여 펼쳐지는 강릉 지방의 향토 제례 의식이다. 단오굿, 가면극, 농악, 농요 등 다양한 무형 문화유산과 그네뛰기, 창포 머리 감기 등의 풍속 등이 전승되고 있다.

강강술래(2009)

우리나라 남서부 지역에서 널리 행해졌으며, 주로 한가윗날 밤 여성들이 풍작과 풍요를 기원하며 이루어진 집단 놀이이다. 밝은 보름달이 뜬 밤에 수십 명의 여성들이 손을 맞잡아 둥그렇게 원을 만들어 돌며 노래를 불렀다.

영산재(2009)

영산재는 부처가 인도의 영취산에서 법화경을 설법하던 모습을 재현한 것이다. 죽은 사람의 영혼이 극락왕생하기를 기원하는 의식으로 불교의 철학적이며 영적인 메시지를 표현하고 있다.

남사당놀이(2009)

조선 후기 사회적으로 천대받던 사람들이 떠돌아다니며 벌인 전통 민속 공연이다. 풍물, 사발 돌리기, 땅재주 묘기, 줄타기, 가면극, 꼭두각시 놀음 등이 대표적이다.

제주 칠머리 영등굿(2009)

제주도 전역에서 행해지는 굿으로, 영등 할망을 맞이하여 해녀와 어부의 안전, 마을의 평안, 풍어 등을 기원하였다.

처용무(2009)

통일 신라 시대에 기원하는 처용 설화를 바탕으로 한 춤으로 악귀를 몰아내고 복을 구하는 의미가 있다.

매사냥(2010)

'매사냥'이란 매를 길들여서 야생 상태에 있는 사냥감을 잡도록 하는 전통 사냥 방식으로, 4,000년 이상 지속되어 왔다.

가곡(2010)

조선 시대 상류 사회의 문화로, 소규모 국악 관현악 반주에 맞춰 시조를 부르는 성악곡이다.

대목장(2010)

궁궐이나 사찰, 가옥과 같은 큰 규모의 목조 건축물을 짓는 일을 하는 장인을 가리키며, 대목장은 건축과 관련된 전 공정을 책임졌다.

줄타기(2011)

한국의 전통 공연 예술로, 음악이 함께 연주되며 줄을 타는 곡예사와 땅에 있는 어릿광대 사이에 대화를 주고받는다.

택견(2011)

한국의 전통 무예로, 춤을 연상시키는 동작으로 상대를 차거나 넘어뜨리는 기술이 특징이다. 무술 뿐만 아니라 모든 사람이 즐길 수 있는 운동으로 가치를 인정받았다.

한산 모시짜기(2011)

한산 모시는 충남 서천군 한산 지역에서 제작되는 품질 좋은 모시로, 모시짜기는 모시풀을 이용하여 모시 옷감을 짜는 전통 기술이다.

아리랑(2012)

우리나라의 대표적인 민요로, 각 지역마다 가사와 곡조가 다르며 여러 세대에 걸쳐 전승·보존되었다. 정선 아리랑, 밀양 아리랑, 진도 아리랑이 대표적이다.

김장 문화(2013)

우리나라 사람들이 춥고 긴 겨울을 나기 위해 많은 양의 김치를 담그는 것을 말한다. 자연 재료를 창의적으로 이용하며, 나눔과 결속, 정체성과 소속감을 제공하는 유산으로 평가된다.

우리민족의 세시풍속

🌸 봄

[음력 1월 1일] 설날
음력 정월 초하룻날로, 차례, 세배, 연날리기, 윷놀이, 널뛰기, 머리카락 태우기 등의 세시풍속이 있다.

[음력 1월 15일] 정월대보름
'가장 큰 보름'이라는 뜻으로 다양한 놀이가 행해진다. 줄다리기, 부럼깨물기, 더위팔기, 지신밟기, 달맞이, 쥐불놀이 등이 있다.

[음력 2월 1일] 영등날
바람을 관장하는 영등신이 인간 세상으로 내려오는 날로, 농경신인 영등할머니를 잘 대접하여 농사의 풍년을 기원하였다.

[음력 3월 3일] 삼짇날
강남에 간 제비가 돌아와 추녀 밑에 집을 짓는다는 때로 봄을 알리는 명절이다. 화전놀이를 즐겼다.

☀️ 여름

[동지로부터 105일째] 한식
양력으로 4월 5일 무렵이며 일정 기간 불의 사용을 금지하며 조상을 위한 제례를 지내고 찬 음식을 먹는다.

[음력 4월 8일] 초파일
석가탄신일로 연등회, 탑돌이, 관등놀이가 대표적인 풍속이다.

[음력 5월 5일] 단오
수릿날이라고도 하며 단오떡을 해 먹고 여자는 창포물에 머리를 감고 그네를 뛰며 남자는 씨름을 하는 풍속이 있다.

[음력 6월 15일] 유둣날
동쪽으로 흐르는 물에 머리를 감고 목욕을 한다는 뜻의 날로 햇과일과 여러 가지 음식을 먹으며 하루를 보낸다.

[음력 6월] 삼복
1년 중 가장 더운 시기로 초복, 중복, 말복을 의미한다. 더위를 이기고 몸을 보호하기 위해 보양식이나 여름 과일을 즐겨 먹었다.

🍂 가을

[음력 7월 7일] 칠석
견우와 직녀가 1년에 한 번 만나 회포를 푸는 날로 여자들이 길쌈을 잘 할 수 있도록 비는 풍속이 있다.

[음력 7월 15일] 백중
풍년을 일구어낸 농군들이 스스로 즐기는 날로 농사를 도와준 일꾼들과 머슴을 대접하고 휴가를 주는 날이다. 들돌들기가 대표적인 놀이이다.

[음력 8월 15일] 추석
한가위, 가배, 한가위, 중추절이라고 하며, 성묘, 차례, 강강술래, 가마싸움, 씨름 등의 풍속이 있었다.

[음력 9월 9일] 중양절
단풍놀이를 즐기며 국화전, 화채 같은 음식을 먹었다. 또한 계절 음식을 준비하여 조상에게 차례를 지내기도 하였다.

❄️ 겨울

[음력 10월] 상달
새로 난 곡식을 신에게 드리기 가장 좋은 달로 제물로 시루떡과 술을 준비하여 제사를 지내는 추수 감사제의 성격을 지녔다.

[양력 12월 22일경] 동지
연중 밤이 가장 긴 시기로 동짓날은 부적을 붙여 악귀를 쫓고 팥죽을 쑤어 먹는 풍속이 있다.

[음력 12월 30일] 섣달그믐
1년의 마지막 날로 섣달그믐날 밤을 말한다. 새벽녘 닭이 올 때까지 잠을 자지 않고 새해를 맞이하는 풍속이 있다.

지역의 역사

평양 지역의 역사

- 백제 근초고왕(4세기) 고구려 평양 공격
- 고구려 장수왕의 평양 천도(427)
- 고구려 멸망 후 당의 안동도호부 설치
- 고려 태조 북진 정책의 전진 기지
- 묘청의 서경 천도 운동 발생
- 조선 후기 유상들의 활약
- 제너럴 셔먼호 사건 발생(1866)
- 1920년대 초 조만식 등을 중심으로 물산 장려 운동 시작
- 남북 협상 회의 개최(1948)
- 최초로 남북 정상 회담 개최(2000)

원산 지역의 역사

- 동예는 강원도 북부의 동해안 지역에 위치
- 신라의 삼국 통일 후 국경선인 대동강~원산만 일대에 해당
- 강화도 조약 당시 개항
- 최초의 근대적 사립 학교인 원산 학사 설립
- 일제 강점기 원산 총파업 발생

울릉도와 독도의 역사

- 신라 지증왕 때 이사부의 우산국 정복
- 조선 숙종 때 안용복의 울릉도와 독도의 주권 수호 운동 전개
- 러·일 전쟁 당시 일본의 독도 불법 약탈

강화도 지역의 역사

- 청동기 시대의 고인돌 유적(유네스코의 세계 문화유산 등재)
- 몽골의 침입 때 강화도로 천도 후 40여 년간 항전
- 4대 사고 중 정족산 사고가 위치
- 정제두 등 강화학파 형성
- 병인양요, 신미양요 당시 프랑스와 미국 침입

청주 지역의 역사

- 통일 신라 민정 문서는 서원경(청주) 부근의 조세 관련 자료
- "직지심체요절" 간행(청주 흥덕사)

공주의 역사

- 구석기 유적지인 공주 석장리 유적 발견
- 백제는 고구려의 남진 정책에 밀려 웅진(공주)으로 천도
- 백제 무령왕릉 발견
- 고려 망이·망소이의 농민 봉기 발생

제주도의 역사

- 가장 오래된 신석기 시대 유적지인 고산리 유적 발견
- 원 간섭기 탐라총관부 설치
- 삼별초의 대몽 항쟁 과정에서 최후 항전
- 조선 시대의 잉류 지역
- 제주 4·3 사건 발생(1948)

부여의 역사

- 백제 성왕의 사비 천도, 국호 '남부여' 선포
- 백제 금동 대향로 발견
- 백제 정림사지 5층 석탑 위치

진주 지역의 역사

- 조선 후기 진주 농민 운동 발생
- 백정들이 주도한 형평 운동 발생

인물 한국사

고대

57	신라 건국
37	고구려 건국
18	백제 건국
372	고구려, 불교 전래
384	백제, 불교 전래
427	고구려, 평양 천도
527	신라, 불교 공인
612	살수 대첩
660	백제 멸망
668	고구려 멸망
676	신라의 삼국 통일
698	발해 건국(~926)
828	청해진 설치

원효(617~686)
신라의 승려로, 통일 신라가 삼국을 통일한 뒤 백성의 마음을 하나로 모으기 위하여 일심 사상, 화쟁 사상을 주장하였고, 아미타 신앙(나무아미타불)을 통해 이전까지 주로 왕과 귀족들이 믿었던 불교를 대중화하였다. 또한 "대승기신론소"와 "십문화쟁론"을 저술하였다.

을지문덕(?~?)
고구려 영양왕 때의 장군으로, 지략과 무용에 뛰어나 중국 수 양제가 쳐들어왔을 때 살수에서 크게 물리쳤다.

의상(625~702)
신라의 승려로, 당에서 유학한 후 귀국하여 화엄 사상을 정립하였다. 관음 신앙을 통해 불교 대중화에 이바지하였고, 부석사 등 많은 절을 창건하였다. 또한 "화엄일승법계도"를 저술하였다.

장보고(?~846)
신라의 평민 출신으로, 당으로 건너가 무관이 되었다. 흥덕왕 때 청해진 설치를 건의하여 완도에 청해진을 건설하고 수군을 훈련시켜 해적들을 소탕하였다. 청해진을 중심으로 당-신라-일본을 연결하는 국제 무역을 주도하였고, 산둥 반도 적산촌에 법화원을 건립하였다.

최치원(857~?)
신라 말 6두품 출신 학자로, 당에 유학하여 빈공과에 합격하였다. 당에서 귀국한 후 진성 여왕에게 시무책 10여 조를 건의하였으나 실효를 거두지 못하였으며, 관직을 버리고 은둔하였다. '토황소격문'을 지었으며, "계원필경"을 저술하였다.

중세

918	고려 건국
936	고려, 후삼국 통일
993	거란과 담판
1019	귀주 대첩
1086	의천, 교장도감 설치
1107	윤관, 여진 정벌
1126	이자겸의 난
1135	묘청의 난
1170	무신 정변
1176	망이·망소이의 난
1198	만적의 난
1231	몽골의 침입
1270	개경 환도
1388	위화도 회군
1392	고려 멸망

서희(942~998)
거란의 군대가 청천강까지 공격해 오자 서희는 거란 장수 소손녕과 외교 담판을 벌여 송과의 관계를 끊기로 약속하고 그 대가로 강동 6주를 획득하였다. 이로써 고려의 영토는 압록강까지 확대되었다.

의천(1055~1101)
고려 중기의 승려로, 화엄종을 중심으로 교종을 통합하였고, 국청사를 중심으로 천태종을 창시하였다. 교관겸수를 제시하고 교종을 중심으로 선종을 통합하려 하였다.

지눌(1158~1210)
고려 중기의 승려로, 선종을 중심으로 교종을 포용하고자 하였다. 순천 송광사에서 수선사 결사를 조직하였으며, 불교의 세속화를 비판하며 돈오점수와 정혜쌍수를 강조하였다.

묘청(?~1135)
고려 중기의 승려로, 풍수지리설을 내세워 서경 천도를 추진하고 칭제 건원과 금국 정벌을 주장하였다. 서경 천도가 거부된 이후 국호 '대위', 연호 '천개'로 정하고 서경에서 반란을 일으켰으나 김부식이 이끄는 관군에 진압되었다.

만적(?~?)
최충헌의 사노비였던 만적은 신분 해방을 주장하며 개경의 노비들과 함께 각자의 주인을 죽이고 노비 문서를 불태우기로 하였으나 사전에 발각되어 실패하였다.

최무선(1325~1395)
고려 말의 과학자이자 발명가로, 화통도감을 설치하여 화약과 화포를 제작하였다. 특히 진포 싸움에서 화포를 이용해 왜구를 격퇴하였다.

정몽주(1337~1392)
고려 말 유학자이자 문신으로, 호는 포은이다. 온건 개혁파 사대부로 새 왕조 건설에 반대하고 고려 왕조를 유지할 것을 주장하였다. 개성 선죽교에서 이방원의 수하에 죽임을 당하였다.

근세

1388	위화도 회군	**정도전(1342~1398)** 조선의 개국 공신으로, 호는 삼봉이다. 조선 건국 후 한양 천도에 결정적인 역할을 한 정도전은 '인, 의, 예, 지, 신'에 따라 4대문은 흥인지문(동대문), 돈의문(서대문), 숭례문(남대문), 소지문(숙청문, 북문)으로, 종루의 이름은 보신각(종각)으로 지었다.
1392	조선 건국	
1394	한양 천도	**장영실(?~?)** 장영실은 원래 노비였으나 뛰어난 재능을 인정받아 태종 때부터 궁중 기술자로 일하였고, 이후 세종의 신임을 얻어 중국 유학을 다녀왔다. 이후 앙부일구, 자격루, 측우기 등 여러 과학 기구들을 발명하였다.
1441	측우기 제작	
1446	훈민정음 반포	**조광조(1482~1519)** 조선 중기 문신으로, 호는 정암이며 훈구파와 대립하였다. 현량과 실시, 소격서 폐지, 위훈 삭제 요구 등을 추진하였으며 유교적 도덕 정치를 주장하였다. 또한 향약을 시행하고 "소학"을 보급하였으나 기묘사화로 사사되었다.
1498	무오사화	**이황(1501~1570)** 조선 중기 유학자이자 문신으로, 호는 퇴계이다. 이기론에서 이(理)의 역할을 중시하였다. "성학십도"와 "주자서절요"를 저술하였으며, 일본의 성리학 발전에 이바지하였다.
1519	기묘사화	**이이(1536~1584)** 조선 중기 유학자이자 문신으로, 호는 율곡이다. 이기론에서 기(氣)의 역할을 강조하였다. "성학집요"와 "동호문답"을 저술하였으며, 통치 체제와 수취 제도의 개혁을 주장하였다.
1545	을사사화	
1592	임진왜란, 한산도 대첩	**이순신(1545~1598)** 임진왜란 당시 거북선을 이용하여 일본 수군에 큰 피해를 입혔다. 특히 한산도 대첩, 명량 대첩 등에서 큰 승리를 거두었으며, 노량 해전 승리와 함께 전사하였다.
1598	노량 해전	**송시열(1607~1689)** 조선 후기 유학자이자 문신으로, 호는 우암이다. 효종과 효종 비 사망으로 남인과 예송 논쟁을 벌인 노론의 영수이다. 주자학의 대가로, 윤휴를 사문난적으로 몰아 비판하였다.
1608	대동법 실시	**유형원(1622~1673)** 조선 후기 실학자로, 호는 반계이다. 균전론을 주장하며 농업 중심 개혁론을 체계화하였으며, "반계수록"을 저술하였다.
1610	허준, "동의보감"	
1623	인조반정	**이익(1681~1763)** 조선 후기 실학자로, 호는 성호이다. 한전론을 주장하였으며, 나라를 좀먹는 여섯 가지 폐단을 지적하였다. "성호사설"과 "곽우록"을 저술하였고, 성호 학파를 형성하였다.
1627	정묘호란	**유수원(1694~1755)** 조선 후기 실학자로, 호는 농암이다. 상공업 중심 개혁론자의 선구자로, 사농공상의 직업적 평등과 전문화를 주장하였고, "우서"를 저술하였다.
1636	병자호란	
1654	나선 정벌	**홍대용(1731~1783)** 조선 후기 실학자로, 호는 담헌이다. 지전설을 주장하며 중국 중심의 세계관에서 탈피하였다. 천체의 운행과 위치를 측정하는 혼천의를 제작하였으며, "의산문답"을 저술하였다.
1678	상평통보 유통	**박지원(1737~1805)** 조선 후기 실학자로, 호는 연암이다. 수레와 선박의 이용, 화폐의 유통을 주장하였으며, "열하일기"를 저술하였다. 또한 양반전, 허생전, 호질 등의 한문 소설에서 양반의 무능을 비판하였다.
1696	안용복, 독도에서 일본인 쫓아냄	
1712	백두산정계비 건립	**박제가(1750~1805)** 조선 후기 실학자로, 서자 출신이나 규장각 검서관으로 임명되었다. "북학의"를 통해 청 문물을 적극적으로 수용할 것을 주장하였고, 수레와 선박의 이용, 소비 촉진을 통한 생산력의 증대를 권장하였다.
1725	영조, 탕평책 실시	**정약용(1762~1836)** 조선 후기 실학자로, 호는 다산이다. 여전론과 정전제를 주장하였으며, 수원 화성을 건설할 때 거중기를 사용하였고 한강에 배다리를 설계를 하였다. 전남 강진에서 18년 간 유배하였으며, "목민심서", "경세유표", "흠흠신서", "아방강역고" 등을 저술하였다.
1750	균역법 실시	
1776	규장각 설치	**김만덕(1739~1812)** 제주도 최고의 상인이 되어 굶는 사람들을 도운 선행으로 정조에게까지 알려졌다. 당시 우의정 채제공은 "만덕전"이라는 책을 지어 만덕의 선행을 널리 알렸다.
1801	신유박해	**안용복(?~?)** 울릉도와 독도에 출몰하는 왜인을 쫓아내고 일본으로 건너가 두 섬이 우리 영토임을 알리고 돌아왔다. 이를 계기로 조선은 울릉도와 독도 귀속 문제를 확정하고 중앙에서 관리를 파견하였다.
1811	홍경래의 난	

인물 한국사

근현대

1860	최제우, 동학 창시	**박규수(1807~1876)** 연암 박지원의 손자로, 박지원의 실학사상을 계승하고 오경석, 유홍기 등과 통상 개화론을 주장하였다. 또한 평양 감사일 때 제너럴 셔먼호를 대동강 유역에서 불태워 침몰시켰다.
1876	강화도 조약 체결	
1884	갑신정변	**최제우(1824~1864)** 서양에서 전래한 종교인 서학에 대응하며 어지러운 세상을 구하기 위해 동학을 창시하였다. 1861년 포교를 시작하였고, 이후 교세가 크게 확장되었으나 조정에서는 백성들을 현혹시킨다는 이유로, 그를 체포·사형하였다.
1894	동학 농민 운동, 갑오개혁	**최익현(1833~1906)** 조선 말의 문신이자 위정척사론자이며, 의병장이다. 강화도 조약 체결 전후에는 개항에 반대 운동을 전개하였으며, 을사의병 때 전북 태인에서 의병을 모집하여 활동하였다. 그러나 관군이 출동하자 항전을 중지하고 체포되어 쓰시마 섬에 유배되었고, 단식을 하다 사망하였다.
1895	을미사변, 단발령, 을미의병	
1905	을사조약 체결, 을사의병	**유인석(1842~1915)** 조선 말의 위정척사론자이자 의병장이다. 을미사변과 단발령에 반발하여 의병 운동을 전개하였으나 이후 만주로 망명하여 활동하였다. 1909년 블라디보스토크에서 13도 의군을 창설하였다.
1907	신민회 설립, 헤이그 특사 파견, 고종 강제 퇴위, 군대 해산	
1908	의병, 서울 진공 작전	**전봉준(1854~1895)** 서른 살이 넘어 동학에 들어가 동학 농민 운동의 지도자가 되었다. 전라도 고부 군수인 조병갑의 횡포에 항거하여 동학 농민 운동이 일어났다.
1909	안중근, 이토 히로부미 사살	**유길준(1856~1914)** 한국 최초의 일본과 미국 유학생이며, 조사 시찰단과 보빙사로 활동하였다. '중립화론'을 통해 조선의 중립국화를 주장하였으며, "서유견문"을 저술하였다.
1910	국권 피탈	
1919	3·1 운동	**박은식(1859~1925)** 민족주의 사학자이자 독립운동가이다. 황성신문과 대한매일신보의 논설위원을 역임하였으며, 대한민국 임시 정부의 제2대 대통령이었다. 유교 구신론을 주장하였으며, "한국통사"와 "한국독립운동지혈사"를 저술하였다.
1920	봉오동 전투, 청산리 대첩	
1923	의열단 조직	**서재필(1864~1951)** 급진 개화파로, 갑신정변을 일으켰으나 이후 미국에 망명하였다. 귀국 후 1896년 독립신문을 창간하고 독립 협회를 창립하였으며, 상하이 임시 정부의 외교 위원장으로 활약하였다.
1926	6·10 만세 운동	**홍범도(1868~1943)** 조선 말기 의병장이자 독립운동가이다. 함경도 갑산에서 포수를 이끌고 의병 활동을 전개하였으며, 만주로 건너가 독립군을 양성하였다. 대한 독립군을 이끌고 봉오동을 습격한 일본군을 맞아 큰 승리를 거두었다.
1927	신간회 결성	
1929	광주 학생 항일 운동	**이상설(1870~1917)** 독립운동가로, 1904년 일본의 황무지 개간 요구 반대 상소를 올렸고, 1907년 헤이그에 특사로 파견되었다. 밀산 한흥동을 건설하고 신한촌에 권업회를 조직하였다. 또한 1914년 대한 광복군 정부를 수립하였다.
1931	한인 애국단 조직	
1940	한국광복군 창설	**김구(1876~1947)** 정치가이자 독립운동가로, 1926년 대한민국 임시 정부의 국무령에 취임하였으며, 1931년 한인 애국단을 조직하여 의열 투쟁을 전개하였다. 또한 1940년 대한민국 임시 정부의 주석을 역임하였으며, 1948년 남한만의 단독 선거를 반대하며 남북 협상을 추진하였다.
1945	8·15 광복	**신돌석(1878~1908)** 평민 출신 의병장으로, 강원도와 경상도 등지에서 의병 세력을 구축하여 의병 운동을 전개하였다. '태백산 호랑이'로 불리며 을사조약 체결 이후 영해, 울진, 원주, 삼척, 강릉 등지에서 크게 활약하였다.
1948	남북 협상	

연도	사건	인물
1948	5·10 총선거 실시, 대한민국 정부 수립	**안창호(1878~1938)** 교육자이자 독립운동가이다. 비밀 결사인 신민회를 조직하였으며, 평양에 대성 학교를 설립하였다. 1912년 대한인 국민회에 회장으로 선임되었으며, 1913년 미국에서 흥사단을 조직하였다.
1950	6·25 전쟁	
1952	발췌 개헌	**안중근(1879~1910)** 국내외에서 항일전을 전개한 독립운동가이다. 1909년 10월 26일 만주 하얼빈에서 이토 히로부미를 사살하여 민족 독립의 의지를 보여 주었다. "동양평화론"을 저술하였으며, 1910년 뤼순 감옥에서 순국하였다.
1954	사사오입 개헌	
1960	4·19 혁명	**신채호(1880~1936)** 민족주의 사학자이자 독립운동가이다. 황성신문 기자, 대한매일신보 주필을 역임하였으며, 대한민국 임시 정부에 참여하였다. 1923년 조선 혁명 선언을 발표하였으며, 국민 대표 회의에서 창조파로 활동하였다. '독사신론', "조선상고사", "조선사연구초" 등을 저술하였으며, 타이완에서 체포되어 뤼순 감옥에서 순국하였다.
1961	5·16 군사 정변	
1965	한·일 협정	**김규식(1881~1950)** 외교 활동가이자 독립운동가이다. 신한 청년당 대표로 파리 강화 회의에 파견되었으며, 대한민국 임시 정부 부주석을 역임하였다. 여운형과 함께 좌우 합작 위원회를 조직하였고, 김구와 함께 남북 협상을 추진하였다.
1972	10월 유신	
1979	부·마 민주화 운동, 10·26 사태, 12·12 사태	**여운형(1886~1947)** 정치가이자 독립운동가이다. 대한민국 임시 정부의 외무부 차장, 조선 중앙일보 사장을 역임하였으며, 조선 건국 동맹을 결성하였다. 또한 조선 건국 준비 위원회를 결성하여 위원장으로 활동하였고, 김규식과 함께 좌우 합작 위원회를 조직하였다.
1980	5·18 민주화 운동	**조소앙(1887~1958)** 정치가이자 독립운동가이다. 스웨덴 스톡홀름 국제 사회당 대회에 한국 문제를 의제로 제출하였고, 대한 독립 선언서를 기초하여 독립운동가 39명의 공동 서명으로 발표하였다. 또한 김구·안창호 등과 한국 독립당을 창립하였으며, 대한민국 임시 정부 건국 강령의 이론적 기초를 마련하였다.
1987	6월 민주 항쟁, 6·29 민주화 선언	
1988	서울 올림픽 대회 개최	**지청천(1888~1957)** 군인이자 독립운동가이다. 만주로 망명한 후 신흥 무관 학교의 교관이 되었고, 서로 군정서 사령관으로 취임하였다. 한국 독립군 총사령관으로 활동하였으며, 조선 혁명당을 창당하였다. 또한 충칭 임시 정부의 한국광복군 총사령관으로 취임하였다.
1991	남북한 유엔 동시 가입	
1993	금융 실명제 실시	**김좌진(1889~1930)** 군인이자 독립운동가이다. 1919년 북로 군정서 총사령관으로 취임하였고, 1920년 청산리 대첩을 승리로 이끌었으며, 대한 독립 군단을 조직하였다.
1997	IMF 구제 금융 요청	
2000	남북 정상 회담 6·15 남북 공동 선언	**김원봉(1898~1958)** 정치가이자 독립운동가로, 1919년 만주에서 의열단을 조직하여 의열 투쟁을 전개하였다. 1932년 조선 혁명 간부 학교를 창설하였으며, 1935년 민족 혁명당을 창당하였다. 이후 조선 민족 혁명당을 창당하고 조선 의용대를 창설하였다. 1948년 북한으로 망명하였으나 김일성의 연안파 제거로 숙청되었다.
2002	한·일 월드컵 대회 개최	

1판 1쇄 2016년 6월 10일

편저자_이대희 외 15명
발행인_성진희
발행처_헤아림북스
주소_경기도 고양시 일산동구 중앙로 1123, 상가동 220-2호(백석동, 흰돌마을 청구코아상가)
대표 전화_031-903-9930 |**팩스**_031-903-9920
출판등록_제396-2013-000092호
홈페이지_http://www.hearimbooks.com
ISBN 979-11-955032-5-4

정가_19,000원

© 2016 헤아림북스
출판사의 서면 허락 없이 내용의 일부 또는 전부를 인용하거나 발췌를 금합니다.
© 2016 by
All rights reserved including the rights of reproduction in whole or part in any form.
Printed In KOREA

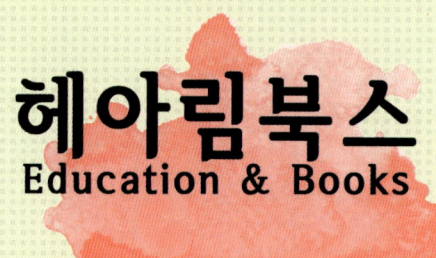

헤아림북스
Education & Books

http://www.hearimbooks.com

 Q&A 교재 내용에 대한 문의는
'헤아림북스 교재 Q&A'에서 질문하세요~
선생님과 연구원들이 직접 답변해 드립니다.

 헤아림북스 교육연구소에서
제공하는 한국사·수학의 모든 자료들을
지금! 클릭하여 이용하세요~

한국사·수학을 공부하는 모든 선생님과 학생들을 위한 Internet Service
작지만, 대한민국 수학·한국사선생님과 학생들이 함께 하나씩 만들어가는......
그래서 매일매일, 새롭고 알찬 내용을 제공합니다.

- 선생님의 현장 경험을 살려 학생들에게 꼭! 필요한 교재 만들기
- 학생들이 궁금해 하는 한국사·수학 학습 방법 질문하기
- 풀리지 않는 한국사·수학 문제를 질문하고 선생님과 친구들이 답변해 주기
- 한국사·수학의 자신감을 심어주는 우리들만의 작은 공간!

 www.hearimbooks.com

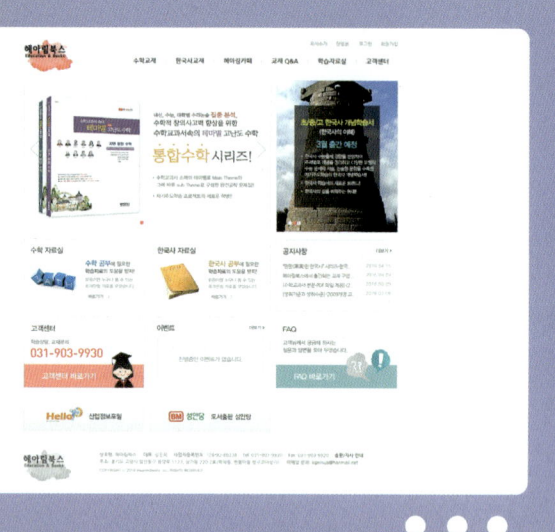

대한민국 교육커뮤니케이션의
전략 파트너!
헤아림북스와의 만남!